SCRIPTORVM CLASSICORVM

BIBLIOTHECA OXONIENSIS

OXONII

E TYPOGRAPHEO CLARENDONIANO

PROCLI

IN PLATONIS PARMENIDEM
COMMENTARIA

EDIDIT

CARLOS STEEL

TOMVS III

LIBROS VI–VII ET INDICES CONTINENS

TEXTUM GRAECUM RECOGNOVERVNT
BREVIQUE ADNOTATIONE CRITICA INSTRVXERVNT
LEEN VAN CAMPE ET CARLOS STEEL
VLTIMAM PARTEM EX LATINO IN
GRAECUM VERTIT
CARLOS STEEL

OXONII
E TYPOGRAPHEO CLARENDONIANO
MMIX

OXFORD
UNIVERSITY PRESS

Great Clarendon Street, Oxford OX2 6DP

Oxford University Press is a department of the University of Oxford.
It furthers the University's objective of excellence in research, scholarship,
and education by publishing worldwide in

Oxford New York

Auckland Cape Town Dar es Salaam Hong Kong Karachi
Kuala Lumpur Madrid Melbourne Mexico City Nairobi
New Delhi Shanghai Taipei Toronto

With offices in

Argentina Austria Brazil Chile Czech Republic France Greece
Guatemala Hungary Italy Japan Poland Portugal Singapore
South Korea Switzerland Thailand Turkey Ukraine Vietnam

Oxford is a registered trade mark of Oxford University Press
in the UK and in certain other countries

Published in the United States
by Oxford University Press Inc., New York

British Library Cataloguing in Publication Data

Data available

Library of Congress Cataloging in Publication Data

Library of Congress Control Number : 2007297162

Printed in Great Britain
on acid-free paper by
CPI Antony Rowe, Chippenham, Wiltshire

ISBN 978-0-19-929182-3

3 5 7 9 10 8 6 4

PREFACE

nec homines a legendo longum opus labore deterreat,
cum nos non inpedierit ad scribendum[1]

This third and final volume of Proclus' monumental
commentary on Plato's *Parmenides* contains books VI and VII,
which are devoted to the exposition of the first hypothesis on
the One. According to Proclus, this hypothesis reveals through
a radical negation of all possible attributes the absolute One, the
ineffable principle of all beings. Book VI opens with a long
introduction in which Proclus presents a history of the
interpretation of the hypotheses in the Platonic school since
Plotinus, sets out his doctrine of the One and the divine henads,
and discusses the fundamental principles of negative theology.
Book VII concludes with the explanation of the last lemma of
the first hypothesis, where Parmenides reaches 'the most
paradoxical conclusion', the negation of all negations, which
leaves us without any words in absolute silence: 'silentio
conclusit eam que de ipso [uno] theoriam' (VII 521.25-26). We
know from Damascius that Proclus also explained the following
eight hypotheses of Parmenides, but this second part of his
commentary did not survive.

The preparation of this last volume confronted the
editors with serious difficulties. In the transmission of the
Greek text, the final part of Proclus' commentary covering
Parm. 141e7–142a8 is not preserved, probably because the last
quire of the archetype manuscript got lost. We have, however,
the complete text in the Latin translation of William of
Moerbeke. This translation is often very difficult to interpret,
not only because of the recalcitrant Latin of the translator, but

---

[1] Boethius, *In Peri hermeneias*, ed. secunda, VI, cap. 13 (p. 422.5).

also because of its many defects, which were probably already present in the original Greek text. A full understanding of this final section of Proclus' commentary is not possible without first reconstructing the lost Greek starting from the Latin version. The very literal character of Moerbeke's translation makes such an enterprise possible, but it remains an arduous task, as it requires an expert knowledge in both Moerbeke's translation technique and Proclus' style of writing: 'peculiari quadam scientia rationis artisque vertendi ipsius Guilelmi, quae diuturna tantum industria et studio comparari potest, opus est.'[2] In 1997, I published together with the late Friedrich Rumbach (Aachen) a Greek retroversion of the final section of the commentary.[3] It was a Herculean labour, which took us many months to finish. Thanks to the Thesaurus linguae Graecae, I could later improve considerably this first version. I also greatly profited from the many corrections in vocabulary and style that were proposed by Benedikt Strobel (Deutsche Forschungsgemeinschaft, Würzburg), who is preparing an annotated Greek retroversion of Moerbeke's translation of the Tria Opuscula.[4] After years of editing and polishing, it now seems as if we are reading again the original text of Proclus, though uncertainties remain about the order of words, the use of some particles or the choice of some Greek equivalents. We publish this Greek retroversion together with the corresponding Latin translation at the end of this volume. On the verso side one will find Moerbeke's translation, though with a reduced critical apparatus, on the recto the Greek text as

---

[2] H. Boese, *Procli Diadochi Tria Opuscula* (Berlin, 1960), p. v.

[3] Cf. *Documenti e studi sulla tradizione filosofica medievale*, 8 (1997), 211–67.

[4] Cf. B. Strobel, 'Einige Vorschläge zur Wiederherstellung des griechischen Texts des Schlussteils von Proklos' *Parmenides*-Kommentar' in M. Perkams and R. M. Piccione (eds.), *Proklos: Methode, Seelenlehre, Metaphysik* (Leiden and Boston, 2006), 98–113.

reconstructed from the medieval translation. A full scholarly justification of this retroversion, indicating all parallels both in Proclus' preserved works and in Moerbeke's translations and analysing Moerbeke's translation method, would require a companion volume. Within the format of this series, however, we had to limit ourselves to sparse comments whenever we assumed that Moerbeke misinterpreted the Greek text or a Latin copyist had made errors, or when we were confronted with a Latin vocabulary with no evident Greek equivalent. The philological notes are to be found in the first apparatus of the Latin text. The critical apparatus of the Greek text gives conjectures and interventions in the Greek text that are not based upon the Latin. Even after all efforts to retrieve faithfully Proclus' lost text, I am well aware that this version is not the final one: 'at veram integramque formam auctoris eo modo exprimi posse nemo harum rerum peritus asseveraverit'.[5] The edition concludes with the indices of the sources of the three volumes and a list of *corrigenda et addenda*, some of them resulting from a comparison with the Budé edition of Book I.[6]

With this third volume an editorial project that started thirty years ago has been accomplished felicitously. The accomplishment of the edition comes when I am approaching the end of my academic career. Looking back, I do not regret that it took such a long preparation. Our knowledge of Proclus' thought and language has improved immensely in recent years. New editions and digital search instruments are now available which facilitate the editor's task. Thanks to a research project 'Plato Transformed' funded by the University of Leuven and

---

[5] R. Klibansky and Ch. Labowsky, *Parmenides usque ad finem primae hypothesis* (London, 1953), p. xi.

[6] See my forthcoming review of the Budé edition in *Mnemosyne*, 63 (2010).

PREFACE

the Flemish Fund for Research I could, together with my colleague Gerd Van Riel, count on the collaboration of a group of talented young scholars at the De Wulf-Mansion Centre: Caroline Macé, Pieter d'Hoine, Aurélie Gribomont, and Leen Van Campe. Without their substantial contribution it would never have been possible to complete the long expected edition. It has been a privilege to work with Leen Van Campe as the co-editor of this third volume. She is the prime responsible for the collation and constitution of the Greek text of books VI and VII and she published a first version of the edition in her Ph.D. dissertation in Leuven 2008. She also had an indispensable role in the complex technical preparation of the whole volume. We greatly benefited from the careful reading of the whole text by Benedikt Strobel, who saved us from many errors and proposed several brilliant conjectures. We could also count on the advice of Guy Guldentops (Thomas-Institut, Cologne) and Basile Markesinis. In all these years, Richard Sorabji has been a source of support and an inspiration. Special thanks should go to the board of Oxford Classical Texts for granting Proclus the honours of entering the 'classics'.

Carlos Steel
Leuven, 2 February 2009

CONTENTS

Sigla

A	= Parisinus gr. 1810, saec. XIII ex.
A[1]	= lectio primi librarii
A[2]	= lectio secundi librarii (ante 1358)
A[3]	= lectio tertii librarii (ante 1358)
A[4]	= lectio recentioris librarii (saec. XV?)
M	= Ambrosianus gr. 159 (B 165 sup.), saec. XIV
M[b]	= lectio post Bessarionis correctionem
M[t]	= lectio post Leonici Thomaei correctionem
F	= Laurentianus plut. LXXXV 8, saec. XV (a. 1489)
G	= Scorialensis T. II. 8 (gr. 147), saec. XVI (a. 1559–63)
R	= Vaticanus Rossianus gr. 962, saec. XVI
W	= Vindobonensis phil. gr. 7, saec. XVI (a. 1561)
P	= Monacensis gr. 425, saec. XVI
Σ	= consensus codicum FGPR
g	= interpretatio latina Guillelmi de Moerbeka, saec. XIII ex. (ante a. 1286), secundum editionem C. Steel
Γ	= exemplar graecum Guillelmi de Moerbeka (deperditum)
A[g]	= interpretatio Guillelmi de Moerbeka in codice Ambrosiano A 167 sup., saec. XVI (a. 1508)
R[g]	= interpretatio Guillelmi de Moerbeka in codice Vaticano latino 11600, saec. XV
PLAT. B	= Bodleianus Clark. 39, saec. IX (a. 895)
PLAT. C	= Tubingensis Mb 14, saec. XI
PLAT. D	= Marcianus gr. 185, saec. XII

PLAT. T	= Marcianus App. class. IV 1, saec. X medio
PLAT. W	= Vindobonensis Suppl. gr. 7, saec. XI
PLAT. codd.	= consensus codicum PLAT. BCDTW

Rarius citatur:

L	= Laurentianus Conv. Soppr. 103, saec. XIV (a. 1358)

Sigla in textu:

< >	additio
⌊ ⌋	additio ex interpretatione latina
{ }	textus delendus
††	locus nondum sanatus
•••	lacuna

In apparatu:

X^a	lectio ante correctionem
X^c	lectio post correctionem
X^{mg}	in margine
X^{sl}	supra lineam
X^{am}	alia manu

In scholiis:

[ ]	textus suppletus ex cod. L ubi non legitur cod. A

Compendia

FVS	= *Die Fragmente der Vorsokratiker*, ed. H. Diels. VI impr. cur. W. Kranz (Berolini, 1951–2).
Or. chald.	= *Oracles Chaldaïques*, ed. et interpr. É. des Places (Lutetiae, 1971).
Orph., B.	= *Orphicorum et orphicis similium testimonia et fragmenta*, ed. A. Bernabé (Monaci, 2004).
Orph., K.	= *Orphicorum fragmenta*, coll. O. Kern (Berolini, 1922).
SVF	= *Stoicorum Veterum Fragmenta*, coll. I. ab Arnim, I-III (Lipsiae, 1903–5); IV: Indices, conscr. M. Adler (Lipsiae, 1924).

add.	= addidit
cens.	= censuit
coni.	= coniecit
corr.	= correxit
del.	= delevit
hab.	= habet/habent
inv.	= invertit
iter.	= iteravit
litt.	= litterae (-arum, -is)
om.	= omisit
ras.	= rasura
spat. vac.	= spatium (-o) vacuum (-o)
transp.	= transposuit

EDITIONES

Cous   = consensus editionum Cous[1] et Cous[2].

Cous[1]   = editio princeps: *Procli Philosophi Platonici opera e codd. mss. Biblioth. Reg. Parisiensis*, ed. V. Cousin, t. VI: Libri VI et VII, cum supplemento Damasciano (Lutetiae, 1827).

Cous[2]   = secunda editio: *Procli Philosophi Platonici opera inedita*, ed. V. Cousin, coll. 617–1244 (Lutetiae, 1864, iter. Hildesiae, 1961).

g   = C. Steel, Proclus. *Commentaire sur le Parménide de Platon. Traduction de Guillaume de Moerbeke. Tome II: Livres V à VII et Notes marginales de Nicolas de Cues* (Lovanii, 1985).

PLAT. ed.   = Platonis *Parmenides, Phaedrus*, recognovit brevique adnotatione critica instruxit C. Moreschini (Romae, 1966).

Stallbaum   = *Platonis Parmenides cum quattuor libris prolegomenorum et commentario perpetuo. Accedunt Procli in Parmenidem commentarii nunc emendatius editi*, ed. G. Stallbaum (Lipsiae, 1839).

EMENDATIONES

Chaignet   = Proclus le philosophe, *Commentaire sur le Parménide suivi du commentaire anonyme sur les VII dernières hypotheses*, interpr. A.-Ed. Chaignet, 3 voll. (Lutetiae, 1900–3; iter. Francofurti ad Moenum, 1962).

Dillon   = *Proclus' Commentary on Plato's Parmenides*, interpr. G.R. Morrow et J.M. Dillon (Princetoniae, 1987).

Sigla et Compendia Auctorum

Fülleborn   = *Fragmente des Parmenides*, ed. G.G. Fülleborn (Zullichouiae, 1795).

Lewy   = H. Lewy, *Chaldean Oracles and Theurgy. Mysticism, Magic and Platonism in the Later Roman Empire* (Lutetiae, 1978).

Saffrey-Westerink = Proclus, *Théologie Platonicienne*, ed. et interpr. H.D. Saffrey et L.G. Westerink, 6 voll. (Lutetiae, 1968-1997).

Strobel   = emendationes ab hoc viro docto communicatae

Westerink   = emendationes huius viri docti a Dillon laudatae

Εἶεν δή, φάναι· ⌊*εἰ*⌋ *ἓν ἔστιν, ἄλλο τι οὐκ ἂν*   1039
εἴη πολλὰ τὸ ἕν. — Πῶς γὰρ ἄν; — Οὔτε ἄρα
μέρος αὐτοῦ οὔτε ὅλον αὐτὸ δεῖ εἶναι. — Τί δή;
[*Parm.* 137c4-6]

    Πρῶτον περὶ τοῦ πῶς τὸ πλῆθος τῶν ὑποθέσεων ὁ Παρμε-   5
νίδης τοσοῦτον ὂν ἀπέφηνεν, ὅσον δὴ καὶ ἔστιν, ἐπισκεπτέον
ὥσπερ ἐξ ἀρχῆς ἡμῖν μετιοῦσι τὴν ζήτησιν· εἴτε γὰρ τέτταρες,
εἴτε ἕξ εἰσιν αἱ ὑποθέσεις, εἴτε ὀκτώ, εἴτε ἐννέα, εἴτε δέκα, πόθεν
τὸ πλῆθος τοῦτο παρεισέδυ, κατιδεῖν ἄξιον· καὶ γὰρ ἄν τις
ἀπορήσειε λογικῶς τὴν πρώτην μήποτε παρέλκουσιν αἱ πλεῖ-   10
σται, καὶ οὐδὲν πρὸς τὴν εἰρημένην μέθοδον· ἀπὸ γὰρ ταύτης,
εἴπερ ἄρα, δύο μόνας ὑποθέσεις ἔχομεν, τὴν μὲν εἰ ἔστι τὸ
ἕν, τὴν δὲ εἰ μὴ ἔστι, τί χρὴ συμβαίνειν; πλείους δὲ
τούτων οὐκ εἰσίν, εἴγε μεμνήμεθα τῶν προειρημένων κανόνων.
πῶς οὖν τοσαῦται γεγόνασιν ἀντὶ δυοῖν; βούλομαι δὴ πρὸς   15
ταύτην πρῶτον ἀπαντήσας τὴν ζήτησιν οὕτω τῆς
πραγματειώδους ἀντιλαβέσθαι τῶν προκειμένων ἐξετά-

1039.8 ὀκτώ: cf. infra, 1052.25-1053.27 | ἐννέα: cf. infra, 1053.28-1057.4
δέκα: cf. infra, 1057.5-1061.16   **11** τὴν...μέθοδον: cf. *In Parm.* I 622.17-
624.19; V 997.13-1007.26, 1032.13-1035.18   **12–13** = *Parm.* 137b3-4   **14**
τῶν...κανόνων: cf. *In Parm.* I 622.17-624.19, 637.16-26   **17** = *Parm.* 137b2

1039.1 εἰ addidimus ex Ag PLAT. codd. (cf. infra, 1064.15) : om. Σ | ἄλλο
τι Ag PLAT. codd. : ἀλλ᾽ ὅτι Σ   **2** εἴη Σg PLAT. codd. (cf. infra, 1064.15) :
εἴη ᾖ A   **6** ὂν ἀπέφηνεν Strobel : ἐναπέφηνεν ΑΣ *produxit* g ἀναπέφηνεν
Cous²   **10—11** πλεῖσται ΜΣ : πλείους A³ *multe* g   **14** εἴγε A³M : εἴτε Σ
sique g   **17—18** ἐξετάσεως AFg : ἐξετάσεων GPR

σεως· καὶ δὴ καὶ λέγω τὸ πλῆθος τῶν ὑποθέσεων ἀκολούθως
ἀναπεφάνθαι τοῖς ὅροις ἐξ ὧν ἡ ὑπόθεσις· εἴτε γὰρ ἔστι τὸ ἕν,

20 πέντε γένοιντο ἂν ὑποθέσεις διὰ τὴν τοῦ ἑνὸς διάφορον ὕπαρξιν,
ὃ καὶ πρότερον ἐνεδειξάμην· εἴτε μὴ ἔστι, τέτταρες διὰ τὴν τοῦ
μὴ ὄντος διάφορον ἐπίνοιαν· τό τε γὰρ ἓν λέγεται τριχῶς, τὸ
μὲν ὡς κρεῖττον τοῦ ὄντος, τὸ δὲ ὡς τῷ ὄντι σύστοιχον, τὸ δὲ ὡς
ὑφειμένον τοῦ ὄντος, καὶ τὸ μὴ ὂν διχῶς, τὸ μὲν ὡς μηδαμῶς ὄν,

25 τὸ δὲ ὡς πῇ μὲν ὄν, πῇ δὲ οὐκ ὄν. ἀναγκαίως τοίνυν κατὰ πάντα
τὰ σημαινόμενα προϊὼν ὁ λόγος τῶν δύο τούτων ὅρων ποικίλλει

1040 τὰς ὑπο|θέσεις· ἐν μὲν τῇ πρώτῃ ζητῶν πῶς ἔχει τὸ ἓν τὸ
κρεῖττον τοῦ ὄντος πρός τε ἑαυτὸ καὶ πρὸς τὰ ἄλλα· <ἐν δὲ τῇ
δευτέρᾳ, πῶς> τὸ τῷ ὄντι συνόν· ἐν δὲ τῇ τρίτῃ, πῶς ἔχει τὸ ἓν
τὸ καταδεέστερον τοῦ ὄντος πρός τε αὐτὸ καὶ πρὸς τὰ ἄλλα· ἐν

5 δὲ τῇ τετάρτῃ, πῶς τὰ ἄλλα μετασχόντα τοῦ ἑνὸς ἕξει πρός τε
αὐτὰ καὶ πρὸς τὸ ἕν· ἐν δὲ τῇ πέμπτῃ, πῶς τὰ ἄλλα μὴ μετα-
σχόντα τοῦ ἑνὸς ἕξει πρός τε αὐτὰ καὶ πρὸς τὸ ἕν· ἐν δὲ τῇ ἕκτῃ,
πῶς τὸ ἕν, εἰ μὴ ἔστιν οὕτως ὡς πῇ μὲν ὄν, πῇ δὲ μὴ ὄν, ἕξει
πρός τε αὐτὸ καὶ πρὸς τὰ ἄλλα· ἐν δὲ τῇ ἑβδόμῃ, πῶς τὸ ἕν, εἰ

10 μὴ ἔστιν οὕτως ὡς μηδαμῶς ὄν, ἕξει πρός τε αὐτὸ καὶ πρὸς τὰ
ἄλλα· ἐν δὲ τῇ ὀγδόῃ, πῶς τὰ ἄλλα πρός <τε> αὐτὰ καὶ πρὸς τὸ
ἓν μὴ ὂν ἕξει, συντασσόμενα τῷ πῇ μὲν ὄντι, πῇ δὲ οὐκ ὄντι
<ἑνί>· ἐν δὲ τῇ ἐννάτῃ, πῶς τὰ ἄλλα πρός τε αὐτὰ καὶ <πρὸς> τὸ
ἓν μὴ ὂν ἕξει, συντασσόμενα τῷ ἑνὶ μηδαμῶς ὄντι. καὶ οὕτως ἐν

1039.21 ὃ...ἐνεδειξάμην: cf. *In Parm.* V 1034.30-1035.18

1039.21   ἐνεδειξάμην M^cΣg : ἐνεδειξάμεν (sic) M ἐνεδειξάμεθα A³
1040.2−3 ἐν...πῶς¹ add. A   4 αὐτὸ Ag : αὐτὸ Σ   6 αὐτὰ Mg : αὐτὰ AFGP
ἑαυτὰ R   7 αὐτὰ A : αὐτὰ Σg   9 αὐτὸ AG : αὐτὸ FPRg | πρὸς P : om.
AFGR   10 μηδαμῶς Σg : μηδαμῇ A | αὐτὸ Ag : αὐτὸ Σ   11 τε addidi-
mus | αὐτὰ M : αὐτὰ AΣg   13 ἑνί addidimus | πρὸς addidimus

ταύτῃ λαμβάνει τέλος ἡ μέθοδος, ἐπεξελθοῦσα πᾶσι τοῖς σημαι-   15
νομένοις τοῦ τε ἑνὸς καὶ τοῦ μὴ ὄντος καὶ διὰ πάντων τελεωσα-
μένη τὴν θεωρίαν εἰς ἐννέα συνῃρημένην ὑποθέσεις.

Ἐπὶ μὲν γὰρ ἑνὸς σημαινομένου τοῦ ἑνὸς ἀληθεύειν καὶ τὰ
ἀποφατικὰ <καὶ τὰ καταφατικὰ> καὶ τὰ συναμφότερα τῶν
ἀδυνάτων ἦν· οἷον ὅτι τὸ ἓν οὔτε ταὐτόν ἐστιν οὔτε ἕτερον, καὶ   20
τὸ αὐτὸ τοῦτο ταὐτὸν καὶ ἕτερον· καὶ πάλιν τὸ αὐτὸ τοῦτο καὶ
ταὐτὸν καὶ οὐ ταὐτόν, καὶ ἕτερον καὶ οὐχ ἕτερον. ἀνάγκη γοῦν ἦν
τὸν θέλοντα πάντα ἐπὶ τοῦ αὐτοῦ συνάγειν ὄντως ἀ θ ύ ρ ε ι ν
καὶ π α ι δ ι ὰ ν οὐ π ρ ε σ β υ τ ι κ ὴ ν ἀλλὰ παιδαριώδη μετιέναι
κατ'ἐκείνης φερόμενον. εἰ δὲ δεῖ πάντα ἀληθεύειν ὅσα | συμπε-   **1041**
ραίνεται περὶ τοῦ ἑνός, εἶναι λαβὼν τὸ ἕν, ἀναγκαίως ἑπόμενα
τῷ εἶναι τὸ ἕν, ὥσπερ ψεύδεσθαι τὰ ἑπόμενα τῷ μὴ εἶναι τὸ ἕν –
ἀδύνατον γὰρ ἢ ἀληθῆ τοῖς μαχομένοις ἀμφοτέροις ἀκολουθεῖν
ἢ τῷ αὐτῷ τὰ μαχόμενα ὑπάρχειν, εἰ μὴ κατ'ἄλλο καὶ ἄλλο   5
τῶν ἑπομένων ἀναγκαίων ὄντων –, δῆλον δήπουθεν ὅτι τὸ ἓν
ληπτέον ἄλλως καὶ ἄλλως, ἵν'ἐπ'ἄλλου μὲν αἱ ἀποφάσεις
ἀληθεύωσιν, ἐπ'ἄλλου δὲ αἱ καταφάσεις, ἀναγκαίως ἑπόμεναι
τῇ θέσει τοῦ ἑνός. καὶ οὕτω δὴ πλῆθος εἰσακτέον τῶν ὑποθέ-

1040.20 cf. *Parm.* 139b4-e5   **21** cf. *Parm.* 146a8-147b7   **21–22** cf. *Parm.*
155e4-157b5   **23** = *Leg.* VII 796b7 (ex Hom., *Il.* XV 364)   **24** = *Leg.* III
685a7; cf. *Parm.* 137b2   **25–1041.3**   cf. Ar., *Met.* IV 3, 1005b17-25; 7,
1011b23-29   **1041.4–5** cf. Ar., *Met.* IV 3, 1005b17-25

1040.19 ἀποφατικὰ Ag : ἀποφαντικὰ Σ | καὶ¹...καταφατικὰ addidimus
(post ἀληθεύειν add. Cous²)   **22** ἦν MᶜΣg : δὴ A   **24** παιδιὰν Aᶜ *ludum*
g : παιδείαν ΑΣ   **1041.2** τοῦ ἑνός correximus ex g (*uno*) : τοῦ ἓν ὡς FGP
τὸ ἓν ὡς ΑΚ | λαβὼν τὸ ΛΣ : *sumentia* g (λαβόντα Γ?)   **3** ὥσπερ correxi-
mus ex g (*sicut*) : ὡς περὶ Σ ὥστε A   **4** ἢ Cous² *aut* g : ἢ Σ' ἢ A
9 εἰσακτέον corr. Strobel ex g (*inducendum*) : εἰς ἑνώσεις ἀκτέον ΑΣ

10 σεων, κἂν ὦσι πᾶσαι περὶ τοῦ Παρμενιδείου ἑνός, τοῦ λόγου
θεωροῦντος αὐτὸ καθὸ ἓν ἢ καθὸ ὂν ἢ ἅμα καθὸ ἓν καὶ καθὸ ὂν
καὶ διάφορα διὰ ταῦτα συνάγοντος, καὶ πάλιν ὅταν μὴ εἶναι
τεθῇ τὸ ἕν, ἢ τό πῃ μὴ ὂν ἡμῶν λαμβανόντων ἢ τὸ ἁπλῶς μὴ
ὄν, καὶ συνάγοντος ἐπ᾽ ἀμφοτέρων ἀδύνατα, διὰ δὲ τούτων
15 πάντων ἐννέα τὰς ὑποθέσεις ἀποτελοῦντος, ὡς διείλομεν. καὶ
ὅτι μὲν τὸ ἓν τριχῶς, ἢ τὸ μόνως ἕν, ἢ τὸ μετεχόμενον μὲν ὑπὸ
τοῦ ὄντος, αὐτοτελὲς δὲ ὑπάρχον, ἢ τὸ μετεχόμενον μέν, οὕτω δὲ
ὡς ἕξις, δῆλον· καὶ γὰρ νοῦς ὁ μὲν ἀμέθεκτος, ὁ δὲ μετεχόμενος,
ἀλλ᾽ οὐσιώδης, ὁ δὲ μετεχόμενος, ἀλλ᾽ ὡς ἕξις· καὶ ψυχὴ ἡ μὲν
20 ἀμέθεκτος, ἡ δὲ μετεχομένη μέν, χωριστὴ δὲ τῶν μετεχόντων,
ἡ δὲ καὶ μετεχομένη καὶ ἀχώριστος. καὶ ἔχομεν πάντα ταῦτα τὰ
σημαινόμενα παρ᾽ αὐτῷ καὶ τοῦ νοῦ καὶ τῆς ψυχῆς ἐν Τιμαίῳ
διακεκριμένως. ὅτι δὲ καὶ τὸ μὴ ὂν διχῶς, ἢ τὸ πῃ <μὲν> ὄν, πῇ
δὲ μὴ ὄν, ἢ τὸ μηδαμῶς ὄν, αὐτὸς ἐν Πολιτείᾳ διεῖλεν· ὥστε εἰ
25 τὸ μὲν τριχῶς, τὸ δὲ διχῶς, εἰκότως τοσοῦτόν ἐστι τῶν ὑποθέ-
σεων πλῆθος· καὶ γὰρ τὰ ἄλλα, τοῦ ἑνὸς ὑποτεθέντος μὲν εἶναι,
διχῶς ἐξ ἀνάγκης διὰ τὸ ἢ μετέχειν τοῦ ἑνὸς ἢ μὴ μετέχειν·
πάλιν δὲ ὑποτεθέντος μὴ εἶναι, διχῶς ἢ τοῦ πῃ <μὴ> ὄντος ἑνὸς
ἄλλα ὄντα ἢ τοῦ μηδαμῶς ὄντος ἑνός, καὶ ἔχοντα ἢ τό πῃ <μὴ>
30 ὂν {καὶ} ἕν, ἢ τὸ μηδαμῶς ὄν, ὥστε ἐννέα ἂν εἶεν ἐξ ἀνάγκης αἱ

1041.15 ὡς διείλομεν: cf. In Parm. V 1034.30-1035.18   21–23   cf. Tim.
30b1-6, 34b3-9   23–24 cf. Resp. V 477a1-b2

1041.10 περὶ AᵃᵐΣg : παρὰ A   11 αὐτὸ Cous² : αὐτὸν ΑΣ   13 μὴ¹ ΑΣ :
quidem g (μὲν Γ?)   14 ἐπ᾽ ΑΣ : ab g (ἀπ᾽ Γ?)   17 αὐτοτελὲς Σg : ἀτελὲς
A   18 ὡς ἕξις Aᶜ : habitus g ὡς ἑξῆς A ἐξῆς Σ   23 μὲν add. A   27 διὰ...
ἢ¹ correximus ex g (propter aut) : διὰ τοῦ ΑΣ   28   μὴ² addidimus
29 ἄλλα correximus ex g (alia) : ἀλλὰ ΑΣ | ὄντα Σ : ὄντος A om. g | μὴ
addidimus 30 καὶ delevimus ex g | ὄν correximus ex g (ens) : ἕν ΑΣ

ὑποθέσεις.

| Ὅτι γὰρ τοσοῦτόν ἐστιν αὐτῶν τὸ πλῆθος, ἱκανῶς ἐπιστώ-   **1042**
σαντο καὶ οἱ τὸ λογικὸν ἐπισκεψάμενοι τοῦ διαλόγου μόνον καὶ
οἷον τὰ ἴχνη τῶν τοῦ Πλάτωνος λόγων μ ε τ α δ ι ώ ξ α ν τ ε ς·
ἀπ' αὐτῶν γὰρ τούτων, ὥσπερ ἰχνῶν, οἱ πρὸ ἡμῶν καὶ τῆς
ἀληθοῦς τοῦ φιλοσόφου διαθέσεως καὶ τῆς π ρ α γ μ α τ ε ι ώ-   5
δ ο υ ς οἰκονομίας οὐκ ἠστόχησαν. καὶ τί δεῖ πολλὰ λέγειν;
αὐτὸς γὰρ ἡμῖν ὁ φιλόσοφος ποιήσει κατάδηλον τὴν διαίρεσιν,
ὅταν εἴσω αὐτῶν γενώμεθα τῶν ῥημάτων· ὥσ<τε> ὅσοι τὸ
πλῆθος αὐτῶν ἢ συνέστειλαν ἢ ἐμήκυναν, οὐ δέον, οἱ μὲν τὰς
διαφερούσας συνέχεαν, οἱ δὲ τὰς ⌊συν⌋ηνωμένας καὶ ἐκ μιᾶς   10
ἀρχῆς ἠρτημένας κατέτεμον· ἡμῖν δὲ ἐπὶ τούτων μενετέον τῶν
ὅρων, καὶ τοσαύτας εἶναι τὰς ὑποθέσεις ῥητέον ὁπόσας καὶ
αὐτὸν οἰόμεθα τὸν Πλάτωνα γνωρίμους ἡμῖν ποιήσειν τοῦ
λόγου προϊόντος· οὐ γὰρ ἀλλαχόθεν ἢ ἐκ τῶν κειμένων δεῖ
λαμβάνειν τὴν ὅλην διαίρεσιν. εἰσὶ τοίνυν ἐννέα ὑποθέσεις,   15
τοσαῦται γενόμεναι κατὰ τὸν εἰρημένον τρόπον τοῦ τε ἑνὸς καὶ
τοῦ μὴ ὄντος διαφόρως ἐπινοουμένων, ὥστε πρὸς ταύτην γε τὴν
ζήτησιν οὐδὲν δεῖ πλείω λέγειν, ἀλλ' ἱκανὰ τὰ εἰρημένα πρὸς
τὴν λογικὴν τῶν προκειμένων ἐπίσκεψιν.

1042.3   = *Resp.* III 410b1-2, VIII 553a10   **4**   οἱ...ἡμῶν: cf. *In Parm.* I
630.26-635.18   **5–6**   = *Parm.* 137b2   **16**   τὸν...τρόπον: cf. supra,
1039.20-1040.1

1042.1–2 ἐπιστώσαντο A³M : ἐπιστώσατο Σ *notauerunt* (ἐπέστησαν Γ?)
2 μόνον AFg : μόνου GPR   **8** γενώμεθα Ag : γιγνώμεθα Σ | ὥστε
scripsimus : ὡς ΑΣ *ut* g   **10** συνηνωμένας correximus ex g (*counitas*) :
ἠνωμένας ΑΣ   **11** κατέτεμον AM^c (cf. infra, 1058.16) : κατένεμον A¹Σ
distribuerunt g (κατένειμαν Γ?)   **13–14** τοῦ λόγου Ag : τοὺς λόγους Σ

20   Ἤδη δέ τινες πραγματειωδεστέρων ἁπτόμενοι λόγων οὐκ
ἀξιοῦσι πολλὰς εἶναι τὰς ὑποθέσεις, οὐδὲ ὅλως εἶναι περὶ
πολλῶν καὶ διαφερόντων τὰς πολυτρόπους καὶ ποικίλας
ἐπιφοράς, ἀλλ᾽ ἐρωτῶσι πότερον ἓν καὶ ταὐτὸν παραλαμβάνεται
σημαινόμενον τοῦ ἑνὸς ἐν ταῖς ὑποθέσεσι πάσαις ἢ οὐχ ἕν, ἀλλὰ
25   ἄλλο κατ᾽ἄλλην· εἰ μὲν γὰρ μοναχῶς παραλαμβάνοιτο τὸ ἕν,
οὔτε πολλαὶ αἱ ὑποθέσεις, ἀλλὰ μία – καθ᾽ἕκαστον γὰρ πρᾶγμα
μία ὑπόθεσις –, οὔτε περὶ ἀρχῶν ὁ διάλογός ἐστιν, ὥς φατε,
φαῖεν ἄν, ἀλλ᾽εἰ ἄρα, περὶ ἀρχῆς· τὸ γὰρ ἓν περὶ οὗ ὁ λόγος,
ἀρχὴ μέν ἐστιν, ἀρχαὶ δὲ οὐδαμῶς. εἰ δὲ πλεοναχῶς λέγε-
30   ται τὸ ἕν, καὶ ἄλλοτε ἐπ᾽ἄλλῳ σημαινομένῳ πλέκει τὰ
συνημμένα καὶ ποικίλλει τὰς ὑποθέσεις, ἁμαρτάνει τοῦ σκοποῦ
1043   τῆς προειρη|μένης μεθόδου· δεῖ γὰρ ἓν καὶ τὸ αὐτὸ τιθέμενον
καὶ ἀναιροῦντα σκοπεῖν τὰ συμβαίνοντα καὶ μὴ μεταπηδᾶν
ἐπ᾽ἄλλο καὶ ἄλλο σημαινόμενον. ἔστι μὲν οὖν, ὅπερ ἔφην, ἡ
ζήτησις αὕτη πραγματειώδης μᾶλλον, λογικωτέρα δὲ ἡ πρὸ
5   αὐτῆς. δεῖ δέ με, πρὶν ἐπὶ τὴν διάλυσιν αὐτῆς τράπωμαι, καὶ
περὶ ἀρχῆς ὀλίγα ἄττα διελθεῖν, ὁπόσα πρὸς τὴν τῶν
προκειμένων ἡμῖν συντελέσει διάρθρωσιν.

Τὴν τοίνυν ἀρχὴν τῶν ὄντων ἁπάντων καὶ μὴ ὄντων τὸ ἓν
λέγοντες, ἐπειδὴ τὸ ἡνῶσθαι πᾶσίν ἐστιν ἀγαθὸν καὶ τὸ τῶν

1042.29–30 = Ar., Met. I 9, 992a9   32–1043.1 τῆς...μεθόδου: cf. In Parm.
I 622.18-624.19; V 997.13-1007.26, 1032.13-1035.18   1043.3 ὅπερ ἔφην: cf.
supra, 1042.5-6

1042.20   πραγματειωδεστέρων ΑΣ : realius (πραγματειωδέστερον Γ?)
23   παραλαμβάνεται FGMᵇg : περιλαμβάνεται PR παραλαμβάνετε Α
25 παραλαμβάνοιτο Α : παραλαμβάνοι FGg περιλαμβάνοι PR   26 οὔτε
scripsimus : οὔτι ΑΣg   28 ἀλλ᾽εἰ scripsimus : ἀλλ᾽ἢ Σg ἀλλὰ Α   29 δὲ²
Ag : δ᾽ἓν Σ (δὲ ἓν R)

ἀγαθῶν μέγιστον, τὸ δὲ πάντῃ ἀπὸ τοῦ ἑνὸς διαιρεῖσθαι κακὸν   10
καὶ <τὸ> τῶν κακῶν ἔσχατον – ἀνομοιότητος γὰρ καὶ ἀσυμπα-
θείας ἡ διαίρεσις αἰτία γίγνεται καὶ τῆς τοῦ κατὰ φύσιν ἐκστά-
σεως –· τὴν δ᾽οὖν ἀρχὴν τῶν ὅλων, ὡς τοῦ μεγίστου τῶν
ἀγαθῶν πᾶσι χορηγόν, ἐνοποιὸν τῶν πάντων καὶ ἓν διὰ τοῦτο
προσαγορεύσαντες, ἐντεῦθεν ἤδη καὶ πᾶσαν ἀρχήν, καθὼς   15
ταύτην ἔλαχε τὴν ἀξίαν ἐν τοῖς οὖσιν, ἑνάδα τινά φαμεν ὑπάρ-
χειν, καὶ τὸ ἐν ἑκάστῃ τάξει τῶν πραγμάτων ἑνικώτατον,
πρῶτον μὲν οὐκ ἐν τοῖς μέρεσιν, ἀλλ᾽ἐν τοῖς ὅλοις τιθέμενοι
τοῦτο τὸ ἀρχικόν, οὐδὲ ἔν τινι τῶν πολλῶν, ἀλλ᾽ἐν ταῖς μονάσι
ταῖς συνεκτικαῖς τοῦ πλήθους, ἔπειτα καὶ τῶν μονάδων ἐν ταῖς   20
ἀκρότησι καὶ τοῖς ἑνικωτάτοις αὐτὸ μάλιστα θεωροῦντες, καθὸ
καὶ αὗται συνήνωνται πρὸς τὸ ἓν καὶ τεθέωνται καὶ ἀνεκφοίτη-
τοι τῆς μιᾶς εἰσιν ἐκείνης ἀρχῆς.

Οἷον ὃ λέγω – γιγνέσθω γὰρ ἐπ᾽αὐτῶν τῶν πραγμάτων
ἡμῖν ὁ λόγος –, τοῦ φωτὸς αἴτια πολλὰ | καθορῶμεν, τὰ μὲν   1044
οὐράνια, τὰ δὲ ὑπὸ σελήνην· καὶ γὰρ ἐκ τοῦ ἐνύλου πυρὸς καὶ
ἀπὸ σελήνης καὶ ἀπὸ τῶν ἄλλων ἄστρων πρόεισιν ἄλλο ἄλλως
<φῶς> εἰς τὸν τῇδε τόπον. ἀλλ᾽εἴ τις παντὸς τοῦ ἐγκοσμίου
φωτὸς τὴν μονάδα τὴν μίαν ἐπιζητήσειεν, ἀφ᾽ἧς καὶ τὰ ἄλλα   5
φωτεινὰ καὶ χορηγὰ φωτός ἐστιν, οὐκ ἄλλην, οἶμαι, θήσεται
ταύτην ἢ τὴν φαινομένην ταύτην τοῦ ἡλίου περιφοράν· αὕτη γὰρ

1043.10 πάντῃ...τοῦ correximus ex g (omniquaque ab) : παντεπόπτου ΑΣ
παντελῶς τοῦ coni. Taylor   11 τὸ addidimus | τῶν om. Α   14 τοῦτο Ag :
τούτων Σ   18 τιθέμενοι Cous² : τιθέμενον ΑΣ ponentibus g (τιθεμένοις
Γ?)   19 ἔν τινι ΑΣ : in uno aliquo g (ἐν ἑνί τινι Γ?)   21 post τοῖς iter.
ἔπειτα καὶ τῶν μονάδων ἐν ταῖς ἀκρότησι καὶ τοῖς Σ   1044.1 καθο-
ρῶμεν Μᶜ consideramus g : καθορώμενον Σ καθορώμενα Α   4 φῶς
addidimus   6 οἶμαι θήσεται Α : οἱ μαθήσεται Σ addiscet g

ἄνωθέν ποθεν ἐκ τοῦ κ ρ υ φ ί ο υ φ ω τ ὸ ς προελθοῦσα καὶ
ὑ π ε ρ ο υ ρ α ν ί ο υ διακόσμου, π ᾶ σ ι ν ἐ ν έ σ π ε ι ρ ε τοῖς
10 ἐγκοσμίοις τὸ σύμμετρον ἑκάστου φῶς. ἢ πόθεν ἄλλοθεν τά τε
ἄστρα καὶ τὸ ἀφεγγὲς τῆς ὕλης τοῦ φωτὸς μεταλαγχάνει· τί
οὖν; ἆρα τὸ φαινόμενον τοῦτο σῶμα τοῦ φωτὸς ἀρχὴν προσε-
ροῦμεν; ἀλλὰ διαστατόν ἐστι καὶ μεριστόν, καὶ ἄλλο ἐξ ἄλλου
μορίου τῶν ἐν αὐτῷ πρόεισι φῶς· ἡμεῖς δὲ ἐπιζητοῦμεν τὴν μίαν
15 ἀρχὴν τοῦ φωτός. μήποτε οὖν τὴν ψυχὴν τὴν π ο δ η γ ο ῦ σ α ν
αὐτὸ γεννητικὴν ὑποληπτέον τοῦ φωτός· ἀλλὰ γεννᾷ μὲν καὶ
αὕτη τὸ φῶς, οὐ μέντοι πρώτως· πλῆθος γάρ ἐστι καὶ αὕτη· τὸ
δὲ φῶς ἔμφασιν ἔχει τῆς ἁπλῆς καὶ ἑνοειδοῦς ὑποστάσεως.
μήποτε οὖν ὁ νοῦς ὁ τῆς ψυχῆς αἴτιος· ἀλλὰ καὶ οὗτος μᾶλλον
20 μὲν ἥνωται τῆς ψυχῆς, οὔπω δὲ ἡ κυρίως ἀρχὴ καὶ πρώτως.
λείπεται δὴ τὸ ἕν, τ ο ῦ ν ο ῦ τούτου καὶ τὴν ὕπαρξιν καὶ τὸ οἷον
ἄ ν θ ο ς, τοῦτο εἶναι τὴν πρώτην ἀρχὴν καὶ τούτου τοῦ φωτός·
τοῦτο γάρ ἐστιν ὁ κυρίως ἥλιος ἐ ν τ ῷ ὁ ρ α τ ῷ β α σ ι -
λ ε ύ ω ν, ἔ γ γ ο ν ο ς ὢν ἀ γ α θ ο ῦ· πᾶσα γὰρ ἑνὰς ἐκεῖθεν, καὶ
1045 πᾶσα θεότης | ἐκ τῆς ἑνάδος τῶν ἑνάδων καὶ τῆς πηγῆς τῶν
θεῶν. καὶ ὥσπερ ἐκείνη τοῦ ἐκεῖ φωτός ἐστιν ἀρχὴ τοῖς νοητοῖς,
οὕτω δὴ καὶ <ἡ> τῆς ἡλιακῆς τάξεως ἑνὰς τοῦ τῇδε φωτός ἐστιν
ἀρχὴ τοῖς ὁρατοῖς. ὥσ⌊τ᾽ ⌋ εἰ χρὴ μίαν αἰτίαν καὶ ἀρχὴν λαβεῖν
5 παντὸς τοῦ ἐγκοσμίου φωτός, ταύτην τὴν ἑνάδα ληπτέον, ἀνά-

1044.8 = *Or. chald.* fr. 198 (cf. *In Tim.* I 430.6)　**9** = *Phdr.* 247c3　| = *Or. chald.* fr. 39.2　**15–16** cf. *Leg.* X 899a2-4　**21–22** = *Or. chald.* fr. 1.1, 34.2, 35.3, 37.14　**23–24** = *Resp.* VI 509d2-3　**24** = *Resp.* VI 507a3, 508b12-13

1044.8 φωτὸς Ag : φασὶ Σ　**10** ἑκάστου ΑΣ : *unicuique* g (ἑκάστῳ Γ?)
12 ἆρα Cous : ἄρα ΑΣ | ἀρχὴν Σ : ἀρχὴ Α　**20** τῆς ψυχῆς Σg : τῇ ψυχῇ
Α³Μ　**23** κυρίως Α³Mg : κύριος Σ　**1045.3** ἡ addidimus l | ἡλιακῆς Ag :
ἡλίκης Σ | ἑνὰς Σg : ἑνὸς Α　**4** ὥστ᾽ correximus ex g (*quare*) : ὡς ΑΣ

λογον οὖσαν τῷ ἑνὶ καὶ ἐν αὐτῷ κρυφίως ἱδρυμένην καὶ ἀνεκφοί-
τητον οὖσαν ἐξ αὐτοῦ. ταύτης δὲ τῆς ἑνάδος πρὸ τοῦ νοῦ τοῦ
ἡλιακοῦ τεταγμένης, ἔστι καὶ ἐν τῷ νῷ, καθὸ νοῦς, τὸ ἓν
ὑπ᾽ αὐτοῦ μετεχόμενον, οἷον σπέρμα καταβεβλημένον εἰς αὐτόν,
δι᾽ οὗ συνῆπται πρὸς ἐκείνην, καὶ οὐκ ἐν τούτῳ μόνον, ἀλλὰ καὶ   10
ἐν τῇ ἡλιακῇ ψυχῇ· καὶ γὰρ αὕτη κατὰ τὸ ἑαυτῆς ἓν ἀνάγεται
διὰ μέσου τοῦ ἐν τῷ νῷ ἑνὸς πρὸς αὐτήν. ὡς δὲ αὕτως καὶ ἐν τῷ
σώματι τῷ ἡλιακῷ πάντως ἐστί τι καὶ ἐκείνης ἀπήχημα· καὶ
γὰρ τοῦτο δεῖ μετέχειν τῶν ὑπὲρ αὐτό, τῆς μὲν ψυχῆς κατὰ τὴν
ζωὴν τὴν εἰς αὐτὸ σπαρεῖσαν, τοῦ δὲ νοῦ κατὰ τὸ εἶδος, τῆς δὲ   15
ἑνάδος κατὰ τὸ ἕν, ἐπεὶ καὶ ἡ ψυχὴ καὶ νοῦ μετέχει καὶ ἐκείνης,
καὶ αἱ μεθέξεις ἄλλαι τῶν μετεχομένων. καὶ εἴποις ἂν τοῦ
ἡ λ ι ο ε ι δ ο ῦ ς φωτὸς αἴτιον εἶναι προσεχῶς τοῦτο τὸ ἕν, ὅπερ
ἔχει κατὰ τὴν τῆς ἑνάδος ἐκείνης μέθεξιν.

Ὡς δὲ αὕτως καί, εἰ ζητοίημεν τὴν πάντων σωμάτων οἷον   20
ῥίζαν, ἀφ᾽ ἧς ἐβλάστησε τὰ ἐν οὐρανῷ καὶ τὰ ὑπὸ σελήνην, τά
τε ὅλα καὶ τὰ μέρη, λέγοιμεν ἂν ταύτην εἶναι τ ὴ ν φ ύ σ ι ν οὐκ
ἀπεικότως, ἀ ρ χ ὴ ν κ ι ν ή σ ε ω ς οὖσαν καὶ ἠ ρ ε μ ί α ς πᾶσι
τοῖς σώμασιν, ἐν αὐτοῖς ἡδρασμένην τ ο ῖ ς κ ι ν ο υ μ έ ν ο ι ς
κ α ὶ ἠ ρ ε μ ο ῦ σ ι – λέγω δὲ φύσιν τὴν μίαν ζωὴν τοῦ κόσμου   25
παντὸς ὑπάρχουσαν καὶ μετασχοῦσαν μετὰ νοῦν καὶ ψυχήν, διὰ

1045.18 = *Resp.* VI 508b3, 509a1   **22–23** = Ar., *Met.* V 4, 1015a14-15; cf.
Phys. II 1, 192b21-23; III 1, 200b12; VIII 3, 253b6; cf. Simpl., *In Phys.* II 1,
266.2-3

1045.10 ἐκείνην ΑΣ : *illud* g (ἐκεῖνο *Γ*?) | μόνον ΑΣg : μόνῳ Aˢˡ   **12** ὡς...
αὕτως Σ (ὡς δὲ οὕτως F) *eodem autem modo* g : ὡσαύτως A   **19** κατὰ
ΑΣ : *et* g   **20**   Ὡς...αὕτως Σ *eodem autem modo* g : ὡσαύτως A
καί...ζητοίημεν scripsimus : καὶ ἐζητοίημεν (sic) Σ *et queremus* g
ⁱζητοίημεν Aʲᴹ   **26** ὑπάρχουσαν Taylor *existentem* g : ὑπερέχουσαν ΑΣ

νοῦ καὶ ψυχῆς, ἐνώσεως –, καὶ ταύτην μᾶλλον ἢ τῶν πολλῶν τι
καὶ μερικῶν· οὐ μὴν οὐδὲ ταύτην κυρίως ἀρχήν· καὶ γὰρ αὕτη
1046 πλῆθος ἔχει δυνάμεων, | καὶ δι᾽ ἄλλων ἄλλα κατευθύνει μέρη
τούτου <τοῦ> παντός. ἡμεῖς δὲ τὴν μίαν καὶ κοινὴν πάντων
ἀρχὴν ἐν τῷ παρόντι ζητοῦμεν, ἀλλ᾽ οὐ τὰς διῃρημένας καὶ
πολλὰς ἀρχάς. ἀλλ᾽ εἰ δεῖ τὴν μίαν ἐκείνην ἀρχὴν ἀνευρεῖν, ἐπὶ
5 τὸ ἑνικώτατον τῆς φύσεως ἀναδραμεῖν χρὴ καὶ τὸ ἄνθος
αὐτῆς, καθὸ καὶ ἡ φύσις θεός, καὶ ὃ τῆς οἰκείας ἐξήρτηται
πηγῆς, καὶ ὃ συνέχει τὸ πᾶν καὶ ἑνοῖ καὶ ἑαυτῷ ποιεῖ συμπαθές.
ἐκεῖνο οὖν ἐστι τὸ ἕν, ἡ ἀρχὴ πάσης γεννήσεως καὶ ταῖς πολ-
λαῖς τῆς φύσεως δυνάμεσι καὶ ταῖς μερικαῖς φύσεσι καὶ ἁπλῶς
10 πᾶσι τοῖς ὑπὸ φύσεως βασιλευομένοις.

Τὸ δὴ τρίτον λέγομεν ἐπὶ τῆς γνώσεως· φαμὲν γὰρ εἶναι
καὶ γνώσεως ἀρχήν, οὐ δήπου φαντασίαν καὶ αἴσθησιν λέγον-
τες· οὐδὲν γὰρ ἐν ταύταις ἀμερές ἐστι καὶ ἄυλον καὶ ἀσχημάτι-
στον γνωστόν· ἀλλ᾽ οὐδὲ τὴν δοξαστικὴν καὶ διανοητικὴν
15 γνῶσιν ἀρχὴν γνώσεως ἐροῦμεν· ἡ μὲν γὰρ οὐκ οἶδε τὰς αἰτίας,
ἀλλ᾽ ἔστιν ἄ λ ο γ ο ς, ὥς φησι καὶ ἡ Διοτίμα – τὸ γὰρ ὅτι
μόνον δ ι ε ρ ε υ ν ᾶ τ α ι τ ῶ ν π ρ α γ μ ά τ ω ν –· ἡ δέ, εἰ καὶ τὴν
αἰτίαν οἶδεν, ἀλλὰ μεριστῶς ἀντιλαμβάνεται τῶν πραγμάτων

1046.5 *Or. chald.* fr. 1.1, 34.2, 35.3, 37.14   **11–13** cf. Ar., *Anal. post.* I 31,
87b28-88a17   **16** = *Symp.* 202a6   **16–17** cf. *Theaet.* 174b5-6

1045.27 νοῦ Ag : νοῦν Σ | ἐνώσεως Saffrey-Westerink : γενέσεως ΑΣg
28 αὕτη correximus ex g (*hec*) : αὐτὴ ΑΣ   **1046.2** τούτου τοῦ scripsimus :
huius g τούτου Σ τοῦ Α   **4** εἰ Σg : οὐ Α   **6** ἐξήρτηται Σg : ἐξήρηται Α
7 ὃ Ag : ᾧ Σ   **13** ἀμερές M^b *impartibile* g : μέρος ΑΣ   **14** δοξαστικὴν P
opinatiuam g : δοξαστὴν AFGR   **17** διερευνᾶται Σg : διερευνώμενον Α
ἡ Cous² *hec* g : οἱ Σ εἰ A¹ | εἰ om. Α   **18** τῶν πραγμάτων Α : τῶν(...) Σ *ea
quorum* g (ὦν Γ?)

καὶ οὐκ ἔχει τὸ ὅλον, οὐδὲ τὸ ἀεὶ ὡσαύτως καὶ τὸ ἄθρουν καὶ τὸ
ἀσύνθετον καὶ τὸ ἁπλοῦν· οὐδ᾽ ἄρα ταύτας ἀρχὰς τῆς γνώσεως   20
θετέον. μήποτε οὖν ὁ νοῦς ἀρχὴ τῆς γνώσεως· καὶ γὰρ ὁμοῦ
πᾶσα ἡ ἐν αὐτῷ γνῶσις καὶ ἀμετάβατος καὶ ἀκατάληκτος καὶ
ἀμέριστος. ἀλλ᾽ εἰ μὲν ἀπλήθυντος ἦν ἡ τοῦ νοῦ γνῶσις, ὡς
ἀπλήθυντος εἶναι πάντη καὶ μία, τάχα ἂν αὐτὴν ἀρχὴν ἐθέμεθα
γνώσεως· ἐπεὶ δὲ οὐ μία μόνον ἐστίν, ἀλλὰ καὶ ποικίλη, καὶ   25
νοήσεις ἐν αὐτῷ πολλαί, καὶ ἡ ⌊ἄλ⌋λου νόησις οὐχὶ καὶ τῶν
ἄλλων ἐστὶν ὁμοίως νοητῶν – ὡς γὰρ τὰ νοητὰ διακέκριται
ἀλλήλων, οὕτω καὶ αἱ νοήσεις –, ἀνάγκη μηδεμίαν τούτων εἶναι
γνώσεως ἀρχήν· ὁμοίως γάρ εἰσι πᾶσαι νοήσεις. | ἀλλ᾽ εἰ χρὴ   1047
τὴν μίαν ἀρχὴν τῆς γνώσεως εἰπεῖν, τὸ ἓν αἰτιατέον τοῦ νοῦ, τὸ
γεννητικὸν πάσης τε τῆς ἐν αὐτῷ γνώσεως καὶ τῆς ἐν ταῖς
δευτέραις τάξεσι τῶν ὄντων θεωρουμένης· τοῦτο γὰρ ἐξηρη-
μένον τῶν πολλῶν ἀρχὴ τῆς γνώσεώς ἐστιν αὐτοῖς, οὐ τοιοῦτον   5
ὑπάρχον οἷον ἡ τῶν νοερῶν ταυτότης· αὕτη ⌊μὲν⌋ γὰρ τῇ
ἑτερότητι σύστοιχος καὶ καταδεεστέρα τῆς οὐσίας ἐστί· τὸ δὲ ἓν
ἐπέκεινα τῆς νοερᾶς οὐσίας καὶ συνεκτικὸν αὐτῆς, καὶ διὰ τοῦτο
τὸ ἓν θεός ἐστι καὶ <ὁ> νοῦς, ἀλλ᾽ οὐ διὰ τὸ ταὐτὸν οὐδὲ διὰ τὴν

1046.21 cf. Ar., Anal. post. I 33, 88b36

1046.19 ἀεὶ correximus ex g (semper) : ἀεὶ(...) Σ ἀεὶ καὶ Α | τὸ⁴ om. A
20 ταύτας ΑΣg : ταῦτα Cous   21 μήποτε Α¹ ˢ¹g : μήτε Σ   22 καὶ ἀκατά-
ληκτος correximus ex g (et indesinens) : καὶ ἀκάληπτος (sic) F καὶ
ἀκαλυπτος (sic) R καὶ οὐκ ἄληπτος GP om. A   26 αὐτῷ Σg : αὐτὴν A
ἡ...νόησις correximus ex g (que alterius intelligentia) : ἥλου νοήσεις FGR
ὅλου νοήσεις AP   27 ὡς Μᶜ ut g : οὐ ΑΣ   1047.1 ἀλλ᾽ εἰ Ag : ἀλλ᾽ ἀεὶ Σ
4 – 5 ἐξηρημένον Ag : ἐξηρημένων Σ   6 νοερῶν Cous (cf. infra, 1047.6) :
νοητῶν ΑΣg | μὲν addidimus ex g (quidem)   7 σύστοιχος Ag : συστοί-
χως Σ   9 ὁ addidimus

10 οὐσίαν· οὐδὲ γὰρ ὅλως, καθὸ νοῦς, θεός· νοῦς γὰρ δὴ καὶ ὁ
μερικὸς νοῦς, ἀλλ᾽ οὐ θεός· καὶ νοῦ μὲν ἴδιον τὸ νοεῖν καὶ θεω-
ρεῖν τὰ ὄντα καὶ κρίνειν, θεοῦ δὲ τὸ ἑνίζειν, τὸ γεννᾶν, τὸ προ-
νοεῖν, ἕκαστον τῶν τοιούτων. τῷ οὖν ἑαυτοῦ μὴ νῷ θεός ἐστιν ὁ
νοῦς, καὶ τῷ ἑαυτοῦ μὴ θεῷ νοῦς ἐστιν ὁ ἐν αὐτῷ θεός· καὶ ὁ
15 θεῖος νοῦς, τὸ ὅλον, οὐσία νοερὰ μετὰ τῆς οἰκείας ἀκρότητος καὶ
τῆς οἰκείας ἐστὶν ἑνότητος, ἑαυτὴν μὲν γιγνώσκουσα καθ᾽ ὅσον
νοερά, μ ε θ ύ ο υ σ α δέ, ὥς τίς φησι, τ ῷ ν έ κ τ α ρ ι, καὶ γεν-
νῶσα τὴν ὅλην γνῶσιν, καθ᾽ ὅσον ἐστὶν ἄ ν θ ο ς τοῦ νοῦ καὶ
ὑπερούσιος ἑνάς.

20   Πάλιν οὖν καὶ τὴν ἀρχὴν τῆς γνώσεως ζητοῦντες ἐπὶ τὸ ἓν
ἀναβεβήκαμεν. καὶ οὐκ ἐπὶ τούτων μόνον, ἀλλὰ καὶ ἐπὶ τῶν
ἄλλων πάντων ὁμοίως ἂν εὕροιμεν τὰς μὲν μονάδας ἡγουμένας
τῶν οἰκείων ἀριθμῶν, τὰς δὲ τῶν μονάδων ἑνάδας ἀρχὰς
κυριωτάτας τῶν πραγμάτων ὑπαρχούσας· πανταχοῦ γὰρ ἀρχὴ
25 τὸ ἕν ἐστι· καὶ περὶ ταύτης ἂν φήσειε τῆς ἀρχῆς καὶ ὁ ἐν τῷ
Φαίδρῳ Σωκράτης τὸ ἀ ρ χ ὴ δ ὲ ἀ γ έ ν η τ ο ν· εἰ γὰρ καὶ
μηδὲν τῶν εἰδῶν ὅλον ἐκλείπειν δυνατόν, πολλῷ δήπου μᾶλλον
καὶ τὴν μίαν ἀρχὴν ἑκάστου σῴζεσθαι καὶ μένειν ἀϊδίως ἀναγ-
καῖον, ἵνα περὶ ταύτην καὶ πᾶν ⌊ὁτιοῦν⌋ ὑφίστηται τὸ πλῆθος
1048 οἰκείως ἀφ᾽ ἑκάστης ὁρμώ|μενον. ταὐτὸν <οὖν> ἐστιν εἰπεῖν

1047.17 = Plot., *Enn.* VI 7 [38] 30.27, 35.25; cf. *Symp.* 203b5   **18** = *Or.*
chald. fr. 1.1, 34.2, 35.3, 37.14   **26** = *Phdr.* 245d1

1047.15 νοῦς Ag : νοῦν Σ   **21** μόνον Σg : μόνων A   **23** ante τῶν² cens.
πρὸ addendum Saffrey-Westerink ex g (*ante*)   **26** ἀγένητον A : ἀγέννη-
τον Σg   **27** ὅλον AFGR : ὅλων P *totalium* g   **29** ὁτιοῦν addidimus ex g
(*quecumque*) | ὑφίστηται A³ *subsistat* g : ὑφίσταται ΜΣ
1048.30 — 1048.1   ὁρμώμενον coni. Chaignet *orta* (sc. *multitudo*) g :
ὁρμωμένων ΑΣ   **1** οὖν addidimus (lacunam stat. Saffrey-Westerink)

ἑνάδα καὶ ἀρχήν, εἴπερ ἡ ἀρχὴ πανταχοῦ τὸ ἑνικώτατον, ὥστε ὁ
περὶ τοῦ ἑνὸς πάντως διαλεγόμενος περὶ ἀρχῶν ἂν ποιοῖτο τὸν
λόγον, καὶ οὐδὲν ταύτῃ διενήνοχε περὶ ἀρχῶν λέγειν εἶναι τὴν
πρόθεσιν ἢ περὶ τοῦ ἑνός. πᾶσαν γοῦν τὴν ἀσώματον οὐσίαν ἓν   5
ἠξίουν καὶ οἱ ἄνδρες ἐκεῖνοι προσαγορεύειν, ἄλλα δὲ τὴν
σωματικὴν καὶ ὅλως μεριστήν. ὥστε ὅπως ἂν λαμβάνῃς τὸ ἕν,
οὐκ ἐκβαίνεις τὴν τῶν ἀσωμάτων ὑποστάσεων καὶ τῶν ἀρχι-
κῶν ἑνάδων θεωρίαν· πᾶσαι γὰρ αἱ ἑνάδες ἐν ἀλλήλαις εἰσὶ καὶ
ἥνωνται πρὸς ἀλλήλας, καὶ πολλῷ μείζων ἡ ἕνωσις ἐκείνων   10
τῆς ἐν τοῖς οὖσι κοινωνίας καὶ ταυτότητος· ἔστι μὲν γὰρ καὶ ἐν
τούτοις σύγκρασις τῶν εἰδῶν καὶ ὁμοιότης καὶ φιλία καὶ μέθε-
ξις ἀλλήλων, ἡ δὲ ἐκείνων ἕνωσις, ἅτε ἑνάδων οὖσα, πολλῷ
μᾶλλόν ἐστιν ἑνοειδὴς καὶ ἄρρητος καὶ ἀνυπέρβλητος· πᾶσαι
γάρ εἰσιν ἐν πάσαις, ὃ μή ἐστιν ἐν τοῖς εἴδεσι· ταῦτα γὰρ μετέ-   15
χει μὲν ἀλλήλων, πάντα δὲ ἐν πᾶσιν οὐκ ἔστιν. ἀλλ᾽ ὅμως καὶ
τοιαύτης οὔσης ἐκεῖ τῆς ἑνώσεως, οὕτω θαυμαστή τίς ἐστι καὶ
ἀμιγὴς αὐτῶν καθαρότης, καὶ ἡ ἑκάστων ἰδιότης πολλῷ
τελεώτερον τῆς τῶν εἰδῶν ἑτερότητος, ἀσύγχυτα τηροῦσα τὰ
θεῖα καὶ διακεκριμένας τὰς οἰκείας δυνάμεις, ὥστε ἄλλα μὲν   20
εἶναι τὰ ὁλικώτερα, <ἄλλα δὲ τὰ μερικώτερα>, καὶ ἄλλα μὲν τὰ
κατὰ τὴν μονήν, ἄλλα δὲ τὰ κατὰ τὴν πρόοδον, ἄλλα δὲ τὰ

1048.2–3   cf. *Parm.* 137b3-4   5–7   sc. Pythagorei, cf. Archytas FVS
47A13.18-20 (= Ar., fr. 207 Rose; = Dam., *In Parm.* III, p. 74.14-17); cf.
infra, 1059.7-9

1048.3   πάντως Saffrey-Westerink : παντὸς ΑΣg   7   λαμβάνῃς Σ :
λαμβάνοις Α   14   πᾶσαι Αg : πάσαις Σ   17   τοιαύτης scripsimus :
ταύτης ΑΣg   18   αὐτῶν Σg : αὐτῷ Α | ante καθαρότης add. ἡ Α
20   διακεκριμένας Cous² *discretas* g : διακεκριμένα ΑΣ   21   ἄλ-
λα¹...μερικώτερα add. Α

κατὰ τὴν ἐπιστροφήν, καὶ ἄλλα μὲν τὰ γεννητικά, ἄλλα δὲ τὰ
ἀναγωγά, ἄλλα δὲ τὰ δημιουργικά, καὶ ἁπλῶς ἄλλας ἄλλων
25 εἶναι θεῶν ἰδιότητας, συνοχικήν, τελεσιουργόν, δημιουργικήν,
ἀφομοιωτικήν, καὶ ὅσας μετὰ τούτων ὑμνημένας παρειλήφα-
μεν. οὔσης δὲ ἐκεῖ καὶ ἑνώσεως ἀφράστου καὶ τῆς ἑκάστων
1049 ἰδιότητος – καὶ γὰρ πᾶσαι ἐν πάσαις αἱ ἑνάδες καὶ ἑκά|στη
χωρίς –, ἡμεῖς ἀπὸ τῶν δευτέρων καὶ τῶν ἐξηρτημένων τήν τε
ἕνωσιν αὐτῶν καὶ τὴν ἰδιότητα γιγνώσκομεν· καὶ γὰρ ἐπὶ τῶν
ἐμφανῶν θεῶν ἄλλην μὲν εἶναι τὴν ἡλιακὴν ψυχήν, ἄλλην δὲ
5 τὴν χθονίαν λέγομεν, ὁρῶντες καὶ τὰ φαινόμενα σώματα
πολλὴν ἔχοντα τὴν ἐξαλλαγὴν κατά τε τὴν οὐσίαν καὶ τὰς
δυνάμεις καὶ τὴν ἐν τοῖς ὅλοις ἀξίαν. ὥσπερ οὖν ἐκ τῆς αἰσθή-
σεως ὁρμώμενοι τὴν τῶν ἀσωμάτων οὐσιῶν διαφορὰν λαμβά-
νομεν, <οὕτω> δὴ καὶ ἐκ τῆς τῶν ἀσωμάτων οὐσιῶν ἐξαλλαγῆς
10 τὴν τῶν πρώτων ἑνάδων καὶ ὑπερουσίων ἀμιγῆ διάκρισιν
γιγνώσκομεν καὶ τὰς ἑκάστων ἰδιότητας· ἑκάστη γὰρ ἑνὰς ἔχει
πλῆθος ἐξηρτημένον, ἡ μὲν νοητόν, ἡ δὲ καὶ νοητὸν ἅμα καὶ
νοερόν, ἡ δὲ νοερὸν ἔχουσα ἁπλῶς, καὶ ταύτης ἡ μὲν ἀμέθεκτον,
ἡ δὲ μεθεκτόν, καὶ ταύτης ἡ μὲν ὑπερκόσμιον, ἡ δὲ ἐγκόσμιον·
15 καὶ μέχρι τούτων ἡ τῶν ἑνάδων πρόοδος. θεωροῦντες οὖν τὸ
πλάτος τῆς ἀσωμάτου πάσης ὑποστάσεως τῆς ὑπεστρωμένης

1048.24   ἄλλας correximus ex g (alie) : ἄλλα FR ἄλλως GP ἄλλην A
25   ἰδιότητας correximus ex g (proprietates) : ἰδιότητος Σ ἰδιότητα A
26 ὑμνημένας Σ : ὑμνουμένας A[1]   1049.8 ὁρμώμενοι A : ὁρώμενοι Σ
uidemus g (ὁρῶμεν Γ?)   9 οὕτω add. A   11 ante καὶ add. autem g
12 ἡ[2] correximus ex g (hec) : τῆς ΑΣ   13 ἡ[1]...ἔχουσα huc transposuimus :
post νοητόν (l. 12) hab. ΑΣg | δὲ scripsimus : μὲν ΑΣ om. g | ἔχουσα
correximus ex g (habens) : ἐχούσης ΑΣ | ἡ[2] ΑΣg : ᾗ Cous[2]   13–14 ἡ[2]...
ταύτης om. g   14 ἡ[1] ΑΣg : ᾗ Cous[2] | ἡ[2] ΑΣg : ᾗ Cous[2] | ὑπερκόσμιον Ag :
ὑπερκόσμιος Σ | ἡ[3] ΑΣg : ᾗ Cous[2]

αὐταῖς καὶ τὴν κατὰ μέτρα προϊοῦσαν ἐξαλλαγὴν ἀπὸ τοῦ
κρυφίου πρὸς τὸ διακεκριμένον, εἶναι δήπου καὶ ἐν αὐταῖς ταῖς
ἑνάσιν ἰδιότητα καὶ τάξιν μετὰ τῆς ἑνώσεως πιστεύομεν· ἐκ
γὰρ τῆς τῶν μετεχόντων διαφορᾶς τὴν τῶν μετεχομένων   20
διάκρισιν γνωρίζομεν· οὐ γὰρ ἂν τοῦ αὐτοῦ μετέχοντα ἀπαραλ-
λάκτως τοσαύτην ἔσχε τὴν πρὸς ἄλληλα διαφοράν.

Ἀλλὰ ταῦτα μὲν εἰρήσθω περί τε τῆς ὑποστάσεως τῶν
πρώτων ἑνάδων καὶ τῆς ἐν ἀλλήλαις αὐτῶν κοινωνίας τε καὶ
διακρίσεως, ὧν τὴν μὲν ἰδιότητα, τὴν δὲ ἕνωσιν καλεῖν εἰώθα-   25
μεν, ἀντιδιαστέλλοντες αὐτὰς καὶ τοῖς ὀνόμασιν ἀπὸ τῆς ἐν ταῖς
οὐσίαις ταυτότητος καὶ ἑτερότητος· ὑπερούσιοι γὰρ αἱ ἑνάδες
αὗται καί, ὥς φησί τις, ἄνθη καὶ ἀκρότητες. οὔσης δὲ ἐν
αὐταῖς, ὥσπερ εἴπομεν, καὶ τῆς ἑνώσεως καὶ τῆς διακρίσεως,
τοῦτο πραγματευόμενος ὁ Παρμενίδης, ὅπως ἂν ἐκφήνῃ πᾶσαν   30
αὐτῶν τὴν | πρόοδον ἄνωθεν ἀπὸ τῆς ἐξῃρημένης ἑνάδος,   **1050**
παραλαμβάνει μὲν εἰς ὑπόθεσιν τὸ ἓν τὸ ἑαυτοῦ, τοῦτο δέ
ἐστι τὸ ἐν τοῖς οὖσι θεωρούμενον, καὶ τοῦτο τεθέαται ποτὲ μὲν ᾖ
ἕν, ποτὲ δὲ ᾖ ⌊ἓν ἅμα καὶ ὄν, ποτὲ δὲ ᾖ⌋ ὂν μετέχον ἑνός· καὶ τὸ
μὲν ἡγούμενον φυλάττει ταὐτὸν ἀεὶ θεωρῶν αὐτὸ πλεοναχῶς,
ἐξαλλάττει δὲ τὸ ἑπόμενον, ἵνα διὰ μὲν τῆς τοῦ ἡγουμένου   5
ταυτότητος τὴν ἕνωσιν ἐνδείξηται τῶν θείων ἑνάδων – ἢν γὰρ
ἂν τούτων λάβῃς, τὴν αὐτὴν ταῖς ἄλλαις λαμβάνεις, διότι δὴ

1049.25–26   καλεῖν εἰώθαμεν: cf. supra, 1048.27-1049.2; *El. theol.* § 123,
p. 108.25-28   **28**   = *Or. chald.* fr. 1.1, 34.2, 35.3, 37.14 | = *Or. chald.* fr.
76.2, 82.1   **29** ὥσπερ εἴπομεν: cf. supra, 1048.9-14   **30–1050.2** = *Parm.*
137b2-3

1049.17   αὐταῖς scripsimus : αὐτοῖς ΑΣ   **1050.3** ἕν...ᾖ² addidimus ex g
(*unum simul et ens, quandoque autem qua*) | μετέχον ἑνός correximus
ex g (*participans uno*) : μετεχόμενον ΑΣ   **7** λάβῃς Σ : λάβοις Α

πᾶσαι καὶ ἐν ἀλλήλαις εἰσὶ καὶ ἐνερρίζωνται τῷ ἑνί· καθάπερ
γὰρ τὰ δένδρα ταῖς ἑαυτῶν κορυφαῖς ἐνίδρυται τῇ γῇ καὶ ἔστι
10 γηϊνώτα⌊τα⌋ κατ' ἐκείνας, τὸν αὐτὸν τρόπον καὶ τὰ θεῖα ταῖς
ἑαυτῶν ἀκρότησιν ἐνερρίζωται τῷ ἑνί, καὶ ἕκαστον αὐτῶν ἑνάς
ἐστι καὶ ἓν διὰ τὴν πρὸς τὸ ἓν ἀσύγχυτον ἕνωσιν –, διὰ δὲ τῆς
ἐξαλλαγῆς τοῦ ἑπομένου, ποτὲ μὲν τὸ ὅλον, ποτὲ δὲ τὸ
σχῆμα, ποτὲ δὲ ἄλλο τι προσλαμβάνων, καὶ ταῦτα καταφατι-
15 κῶς ἢ ἀποφατικῶς, τὴν διάκρισιν αὐτῶν καὶ τὴν ἰδιότητα τῶν
θείων τάξεων ἑκάστης, διὰ δὲ τοῦ συνημμένου παντὸς ὁμοῦ τήν
τε κοινωνίαν τῶν θείων καὶ τὴν ἄμικτον ἑκάστων καθαρότητα·
καὶ διὰ τοῦτο ἓν μὲν τὸ ἡγούμενον, πολλὰ δὲ τὰ ἑπόμενα καὶ
πολλὰ τὰ συνημμένα καὶ ὑποθέσεις πλείους δυοῖν, τοῦ Παρμενί-
20 δου διὰ τῆς τοῦ ἑνὸς ὄντος ὑποθέσεως ποτὲ μὲν ἐπὶ τὸ ἓν τὸ πρὸ
τῶν μεθεκτῶν ἑνάδων ἀνατρέχοντος, ποτὲ δὲ τὸ ἐν τοῖς οὖσι
πλάτος αὐτῶν διεξιόντος, ποτὲ δὲ τὴν ὑφειμένην τοῦ ὄντος
αὐτῶν ὑπόστασιν ἀνευρίσκοντος. ὅλως δέ, ἐπειδὴ προείρηται
περὶ τῆς μεθόδου ταύτης, ὅτι σκοπὸς αὐτῇ θεμένη τόδε τι
25 κατιδεῖν τί ἔπεται αὐτῷ πρὸς αὐτὸ καὶ <πρὸς> τὰ ἄλλα, καὶ τί
οὐχ ἔπεται, καὶ αὖ τοῖς ἄλλοις πρός τε ἄλληλα καὶ πρὸς τὸ
ὑποτεθέν, ὀψόμεθα ὅπως καὶ αὐτὸς κατὰ μὲν τὴν πρώτην ὑπόθε-
σιν λαμβάνει τίνα οὐχ ἔπεται τῷ ἑνὶ καὶ πρὸς αὐτὸ καὶ πρὸς τὰ

1050.8–10 cf. *Tim.* 90a4-b1   **13** cf. *Parm.* 137c5-d4   **13–14** cf. *Parm.*
137d9-138a1   **23** προείρηται: cf. *In Parm.* V 1034.30-1035.18   **27–29** cf.
Parm. 137c4-142a8

1050.9 ἐνίδρυται scripsimus : ἐνίδρυνται ΑΣ   **10** γηϊνώτατα correximus
ex g (*terrenissime*) : γηῖνα τὰ ΑΣ   **11** ἐνερρίζωται Σ (ἐννερρίζωται R) :
ἐνερρίζωνται Α   **23** ἀνευρίσκοντος Ag : ἐνευρίσκοντος Σ   **25** αὐτὸ Μ :
αὐτὸ Ag αὐτὰ Σ | πρὸς² addidimus   **26** τὸ Α³Μ deest in g : τοῦτο Σ
28 αὐτὸ Α : αὐτὸ Σg

ἄλλα, κατὰ δὲ τὴν δευτέραν τίνα τὰ ἑπόμενα, κατὰ δὲ τὴν
τρίτην τίνα τὰ ἑπόμενα καὶ οὐχ | ἑπόμενα, καὶ ὅπως ἐν ταῖς δύο 1051
πάλιν ὑποθέσεσι θεωρεῖ τίνα τὰ ἑπόμενα τοῖς ἄλλοις πρὸς αὐτὰ
καὶ <πρὸς> τὸ ὑποτεθὲν καὶ οὐχ ἑπόμενα, καὶ αὖ ὅπως ἐν ταῖς
λοιπαῖς τέτρασι διαποικίλλει τὰς ὑποθέσεις ὁμοίως, ὥστε οὐ
χρὴ ταράττεσθαι πρὸς τὸ πλῆθος βλέποντα τῶν ὑποθέσεων, 5
οὐδὲ οἴεσθαι αὐτὸν ἐκβαίνειν τὴν προειρημένην μέθοδον, οὐδὲ
ἀφίστασθαι τῆς περὶ τῶν ἀρχικῶν ἑνάδων θεωρίας, ἀλλ᾽ ὁμοῦ
τήν τε ἕνωσιν αὐτῶν ἐπιδεικνύναι καὶ τὴν διάκρισιν· πᾶσαι γάρ
εἰσιν ἓν τῷ μένειν ἐν ἑνὶ καὶ διακέκρινται τῷ διάφορον τὴν
πρόοδον ἀπὸ τοῦ ἑνὸς πεποιῆσθαι. καὶ μὴ θαυμάσῃς εἰ ἐπὶ τῶν 10
θείων ἑνάδων ταῦτα λέγομεν· ἀλλὰ γὰρ καὶ ἐπὶ τῶν νοερῶν
οὐσιῶν οὕτως εἰώθαμεν καλεῖν ἀμέριστον οὐσίαν καὶ
μίαν πᾶσαν τὴν νοεράν, καὶ τοὺς νοῦς πάντας ἕνα καὶ τὸν ἕνα
τοὺς πάντας διὰ τὴν ταυτότητα τὴν συναγωγὸν καὶ συνεκτικὴν
πάσης τῆς νοερᾶς ὑποστάσεως. εἰ δὲ ἐπὶ τούτων οὕτω, τί χρὴ 15
περὶ αὐτῶν οἴεσθαι τῶν ἐν τοῖς οὖσιν ἑνάδων; οὐχ ὡς ἥνωνται
διαφερόντως; οὐχ ὡς ἐν ἀλλήλαις εἰσίν; οὐχ ὡς ἡ σύγκρασις
αὐτῶν ἐστιν ἀνυπέρβλητος; οὐχ ὡς ἀνεκφοίτητοι τοῦ ἑνός εἰσιν;

1050.29 cf. *Parm.* 142b1-155e3   **29–1051.1**   cf. *Parm.* 155e4-157b5
1051.1–3 cf. *Parm.* 157b5-160d2   **3–4** cf. *Parm.* 160d3-166c5   **6** τήν...
μέθοδον: cf. *In Parm.* V 1032.13-1035.18 (ad *Parm.* 137b1-4)   **9** = *Tim.*
37d6   **12** εἰώθαμεν: cf. *In Parm.* II 754.19-755.1; *In Tim.* II 146.3 | =
Tim. 35a1-2, 37a5-6

1050.29 δὲ τὴν¹ om. A   **1051.2** αὐτὰ Cous² : αὐτὰ ΑΣg   **3** πρὸς addidi-
mus | αὖ ὅπως scripsimus : αὐτὸ πῶς ΑΣg αὐτὸς πῶς Cous²   **6** αὐτὸν
scripsimus : αὐτῶν ΑΣg | προειρημένην Σg : προκειμένην Α   **7** ἀρχικῶν
ἑνάδων correximus ex g (*principalibus unitatibus*) (cf. supra, 1048.8-9) :
ἀρχικῶν ἑνάδος Σ ἀρχῶν ἑνάδος Α   **9** ἓν scripsimus : ἐν ΑΣ | ἐν om. Σ
post ἑνὶ add. συνηνωμέναι Α

οὐχ ὡς μορφὴν ἔχουσι πᾶσαι τοῦ ἑνός; πανταχοῦ γοῦν τὰ πρῶτα
20 μορφὴν ἔχει τῆς ἑαυτῶν αἰτίας· καὶ γὰρ τῶν σωμάτων τὸ
πρώτιστον ζωτικώτατον ψυχῇ παραπλησίως, καὶ <τῶν> ψυχῶν
ἡ πρώτη νοοειδής, καὶ νοῦς ὁ πρώτιστος θεός· ὥστε καὶ τῶν
ἀριθμῶν ὁ πρώτιστος ἑνοειδὴς καὶ ἑναδικός ἐστι καὶ ὑπερού-
σιος, ὡς τὸ ἕν. εἰ οὖν καὶ ἑνάδες καὶ ἀριθμός ἔστι, καὶ τὸ πλῆθος
25 ἐκεῖ καὶ ἡ ἕνωσις.

Ταῦτα μὲν οὖν προειρήσθω περὶ τούτων ἡμῖν. ἐπεὶ δὲ ἄλλα
κατ᾽ἄλλας ὑποθέσεις καὶ ἀναιρεῖ καὶ τίθησιν ὁ Παρμενίδης καὶ
τὰ αὐτὰ πολλάκις ὡδὶ μὲν ἀποφάσκει, καταφάσκει δὲ ἐπ᾽
ἄλλων, καὶ ὅλως δῆλός ἐστιν ὄντως π ρ α γ μ α τ ε ι ώ δ η π α ί-
30 ζ ω ν π α ι δ ι ά ν, καὶ δι᾽αὐτῆς ὁδεύων τῆς φύσεως, ἀλλ᾽οὐχ,
1052 ὥς τινες ᾠήθησαν, ἄψυ|χόν τινα καὶ κενὴν τῶν πραγμάτων
μετιὼν τὴν λογικὴν γυμνασίαν, οὐδὲ ἐπὶ τοῖς ἐνδόξοις ἐπιχειρή-
μασι μεγαλοπρεπῶς καλλωπιζόμενος ἔδοξε τοῖς πρὸ ἡμῶν,
ὅσοι δὴ καὶ γνησίως ἐφήψαντο τῆς τοῦ Πλάτωνος ἀκροάσεως,
5 καὶ πράγματα ἄττα ταῖς ὑποθέσεσιν ἐφήρμοσαν ταύταις οἰ-
κείως, ἵνα καθ᾽ἑκάστην ὑπόθεσιν ἀναφαίνηταί τις τάξις τῶν
ὄντων, ἀνευρισκομένη ταῖς τοῦ Παρμενίδου μεθόδοις καὶ

1051.29–30 = Parm. 137b2 1 τινες: cf. In Parm. I 630.26-635.18 1052.3
cf. In Parm. I 652.21-653.3; cf. Ar., Top. I 2, 101a34-101b3, VIII 14,
163a36-163b4 4 ὅσοι: ueri interpretes Platonis quos Proclus sequitur, cf.
In Parm. I 635.19-645.6

1051.19 ἔχουσι A¹Σg : ἔχουσαι A 21 τῶν addidimus 22 νοοειδής
scripsimus : ἑνοειδής AΣg νοειδής Cous² | νοῦς AΣg : ὁ νοῦς Cous²
26 ἐπεὶ A : ἐπὶ Σ om. g 28 ἐπ᾽ A : ἀπ᾽ Σg 29 ἄλλων Ag : ἀλλήλων Σ
post πραγματειώδη add. ἐγὼ δὴ Σ 29–30 παίζων παιδιάν inv. A
1 ᾠήθησαν Ag : εἰώθεισαν Σ ὕθλησαν Mᶜ 1052.3 ἔδοξε AΣ : ut putauit g
5 ἐφήρμοσαν correximus ex g (adaptauerunt) : ἐφαρμόσαι AΣ

θεωρουμένη τῷ διαφέρει τῶν ἄλλως ὑφεστηκότων, καὶ <τίς ἡ
ἰδιό>της αὐτῆς, καὶ ἣν ἔχει πρὸς τὰ ἄλλα συντέλειαν. καὶ τοῦτο
δόξαν αὐτοῖς, ἄλλοι κατ'ἄλλας ἀτραποὺς τῶν πραγμάτων   10
πεποίηνται διανομήν. τοσοῦτον μὴν προδιοριστέον τῶν ῥηθησο-
μένων, τί καλοῦσιν ὑπόθεσιν, οἷς ἐμέλησε πράγμασί τισιν
ἐφαρμόσαι τὰς ἀποδείξεις· καὶ ὅτι οὐ πρὸς τὴν μέθοδον ἁπλῶς
ὁρῶσι – δύο γάρ εἰσι κατ'ἐκείνην ὑποθέσεις, ἡ μὲν εἶναι τιθεῖσα
τὸ προκείμενον, ἡ δὲ μὴ εἶναι μόνον –, ἀλλὰ ταύτην ὀνομάζου-   15
σιν ὑπόθεσιν, ἥτις ἀναλαβοῦσα τῆς μεθόδου τι μέρος συνάγει τὰ
ὅμοια συμπεράσματα ἢ πάντα καταφατικὰ ἢ ⌊πάντα⌋ ἀποφατι-
κὰ ἢ ἀμφότερα· διαφέρει δὲ αὐτοῖς οὐδὲν εἴτε πρὸς ἑαυτὸ εἴτε
πρὸς ἄλλο τι ταῦτα συνάγομεν, ἀλλ'εἰ τὸ ποιὸν εἴη μόνον
ταὐτόν. καὶ οὑτωσὶ ποιοῦσιν ἄλλας μὲν ὑποθέσεις ἐπὶ τοῦ ἑνός, 20
ἄλλας δὲ ἐπὶ τῶν ἄλλων τοῦ ἑνός· ἐφ'ἑκάστων δὲ ἁπλῶς τῶν
αὐτῶν ἡγουμένων, ἐὰν τὰ ἑπόμενα τῷ ποιῷ διαφέρῃ, τοῦτο
καλοῦσιν ὑπόθεσιν. τούτου δὲ διορισθέντος, ἐπὶ τὰ ἑπόμενα
χωρῶμεν.

Οἱ μὲν οὖν εἰς ὀκτὼ τὰς ὑποθέσεις πάσας διελόντες ἐν μὲν   25
τῇ πρώτῃ φασὶ περὶ τοῦ ἑνὸς αὐτῷ γεγονέναι τὸν λόγον· ἐν δὲ
τῇ δευτέρᾳ περὶ νοῦ καὶ τῆς νοερᾶς ὑποστάσεως· ἐν δὲ τῇ τρίτῃ
περὶ ψυχῶν τῶν λογικῶν· ἐν δὲ τῇ τετάρτῃ περὶ τῶν ἀλόγων
ψυχῶν· ἐν δὲ τῇ πέμπτῃ περὶ ὕλης ᾗ πρόσεστιν ἤδη τις ἐπιτη-

1052.25 οἱ μὲν: sc. Amelius (cf. scholia)

1052.8 τῷ Aᶜ : τε Σ τὸ A om. g | διαφέρει Σg : διάφορον A   8 – 9 τίς...
ἰδιότης add. Strobel : τῆς ΑΣ   11 μὴν Σ : μὴν A   12 πράγμασί scripsi-
mus : τοῦ πράγματος ΑΣg   17 καταφατικὰ...πάντα correximus ex g
(affirmatiuas aut omnes negatiuas) : κἀποφατικὸν Σ (ἀποφ. R) καταφατι-
κὸν ἢ ἀποφατικὸν A   24 χωρῶμεν correximus ex g (procedamus) :
χωροῦμεν ΑΣ   27 post περὶ add. τοῦ Cous²

30 δειότης πρὸς τὴν μετουσίαν τῶν εἰδῶν· ἐν δὲ τῇ ἕκτῃ περὶ ὕλης,
1053 ἀλλὰ τῆς κεκοσμημένης λοιπὸν καὶ κατ'ἐνέργειαν τὰ εἴδη |
κατεδεδεγμένης· ἐν δὲ τῇ ἑβδόμῃ περὶ ὕλης μέν, ἀλλὰ τῆς
ἐστερημένης πάντῃ τῶν τε εἰδῶν αὐτῶν καὶ τῆς πρὸς τὴν
μετουσίαν ἐπιτηδειότητος, αὐτῆς καθ'ἑαυτὴν ψιλῶς λαμβανο-
5 μένης· ἐν δὲ τῇ ὀγδόῃ περὶ τοῦ ἐνύλου εἴδους· τοῦτο γάρ ἐστιν
ὑπόλοιπον μὲν ταῖς ἀρχαῖς μετὰ τὸ ἕν, μετὰ τὸν νοῦν, μετὰ τὰ
διττὰ γένη τῶν ψυχῶν, μετὰ τὴν πολυθρύλλητον ὕλην·
ἀλλ'αὕτη μὲν ἡ διάταξις κατορθοῦσα τῷ φυλάττειν ἑκάστην
περὶ ἀρχῶν – καὶ γὰρ τὸ ἔνυλον εἶδος ἀρχή τίς ἐστιν, εἰ καὶ
10 στοιχειώδης, καὶ <ἡ> ὕλη· καὶ ἡ ψυχὴ δὲ ἀρχὴ πάντως, εἰ καὶ
ἄλλως μὲν ἡ ἄλογος, ἄλλως δὲ ἡ λογική· καὶ αὐτὸς πρὸ τούτων
ὁ πολυτίμητος νοῦς, καὶ πολλῷ πλέον ὁ θεός –· ταῦτα δ'οὖν
φυλάττουσα πλημμελεῖ περὶ τὸν ἀριθμὸν καὶ τὴν τάξιν αὐτῶν·
σαφῶς γὰρ ἐννέα τῶν ὑποθέσεων οὐσῶν, ὡς ἐπ'αὐτῶν δειχθή-
15 σεται τῶν τοῦ Πλάτωνος λέξεων, συστέλλει τὸν ἀριθμὸν αὐτῶν
οὐ δεόντως, καὶ δὴ καὶ τὴν τάξιν ἀναιρεῖ τῶν πραγμάτων,
ἔσχατον εἰσάγουσα τὸ εἶδος, ὃ κρεῖττόν ἐστι τῆς ὕλης τῆς
ἐστερημένης οὐχὶ τῶν εἰδῶν μόνον, ἀλλὰ καὶ τῆς ἐπιτηδειότη-
τος αὐτῆς, καὶ ἄλλως πρὸ τῆς κεκοσμημένης ὕλης τάττουσα
20 τὴν ἀκόσμητον καὶ ἐμφάσεις ἔχουσαν ψιλὰς τῶν εἰδῶν. τοῦτο
μὲν οὖν καὶ λόγου τινὸς παρ'αὐτοῖς ἐπιστήσασιν ἔτυχε· πρώτη
γάρ, φασίν, ἡ κατ'ἐπιτηδειότητα μόνον τῆς ὕλης ὑπόθεσις
<εἰσ>άγεται, διότι τρανεστέρα μέν ἐστι τῆς μηδὲ τὴν ἐπιτηδειό-
τητα ταύτην καταδεδεγμένης, ἀμυδροτέρα δὲ τῆς ἤδη κεκοσμη-

1053.6 μὲν om. g 8 τῷ Σg : τὸ A 10 ἡ¹ addidimus 11 πρὸ τούτων Σg :
πρὸς τούτων A πρὸς τούτοις Stallbaum 18 μόνον A¹ ˢ¹Σg : μόνων A
19 ἄλλως Ag : ἄλλης Σ 23 εἰσάγεται Strobel : ἄγεται AΣg 24 ταύτην
Σg : ταύτης A

μένης, καὶ μᾶλλον μὲν δεικνύναι δύναται τὴν τῆς ὕλης φύσιν   25
τῆς ἤδη τοῖς εἴδεσι κατεχομένης, ἧττον δέ ἐστιν ἄληπτος
λογισμῷ τῆς πάντῃ μετὰ τῆς στερήσεως θεωρουμένης.

Ἀλλὰ τούτοις μὲν καὶ ἄλλοι πλείους καὶ ἐπέστησαν καὶ
ἀντέγραψαν. τῶν δὲ εἰς ἐννέα πεποιημένων τὰς τῶν ὑποθέσεων
διαιρέσεις οἱ μὲν οὕτω τὰ πράγματα διανέμουσιν· ἡ πρώτη περὶ   30
θεοῦ τοῦ πρωτίστου – πάντες γὰρ τοῦτο | κοινὸν ἔχουσιν –· ἡ   1054
δευτέρα περὶ τοῦ νοητοῦ πλάτους· ἡ τρίτη περὶ ψυχῆς ⌊καὶ
πάσης ψυχῆς⌋, ἀλλ᾽οὐχὶ τῆς λογικῆς μόνον, ὡς οἱ πρὸ αὐτῶν
ἔλεγον· ἡ τετάρτη περὶ σώματος κεκοσμημένου τινός· ἡ πέμ-
πτη περὶ ἀκοσμήτου σώματος· ἡ ἕκτη περὶ ὕλης κεκοσμημένης·   5
ἡ ἑβδόμη περὶ ὕλης, ἀκοσμήτου δὲ ταύτης· ἡ ὀγδόη περὶ τῶν
ἐνύλων εἰδῶν ἐν τῷ ὑποκειμένῳ μέντοι θεωρουμένων· ἡ ἐννάτη
περὶ τῶν ἐνύλων εἰδῶν ἐφ᾽ἑαυτῶν χωρὶς τῆς ὕλης ἐξεταζομέ-
νων. τούτοις δὲ ὑπάρχει μὲν ἡ τάξις ἔστιν ὅπῃ καὶ τὸ εὐδιαίρε-
τον· δὶς δὲ τὰ αὐτὰ παραλαμβάνουσιν· ἡ γὰρ κεκοσμημένη ὕλη,   10
τίνι διαφέρει τοῦ ἀκοσμήτου σώματος ἢ κεκοσμημένου, λέγειν
οὐχ ἕξομεν· εἴτε γὰρ τὸ ἄποιον γενομένη σῶμα κεκόσμηται,
ταὐτόν ἐστι τῷ ἀκοσμήτῳ σώματι, ⌊εἴτε καὶ τὴν ποιότητα
προσλαβοῦσα, ταὐτόν ἐστι τῷ κεκοσμημένῳ σώματι⌋, καὶ δὶς

1053.26–27   cf. Tim. 52b2; Plot., Enn. II 4 [12] 10.4-11   28–1054.30   =
Porph., fr. 170 Smith   30   οἱ μέν: sc. Porphyrius (cf. scholia)   1054.1-2
cf. Porph., fr. 236.5-6 Smith   2–3   cf. Porph., fr. 236.6-7 Smith   3–4
ὡς...ἔλεγον: cf. supra, 1052.27-28   4–6   cf. Porph., In Tim. fr. 47 Sodano

1053.25 μέν om. A   26 ἄληπτος Kroll[1] incomprehensibilis g : ἄμεμπτος
ΑΣ   1054.2–3 καὶ...ψυχῆς addidimus ex g (et de omni anima) (cf. Theol.
plat. I 11, p. 49.18)   13–14 εἴτε...κεκοσμημένῳ addidimus ex g (siue et
qualitatem assumens, idem est cum ornato)   14 σώματι addidimus ex
Rᵍ (corpore) | δὶς Strobel : δὴ ΑΣg

15 ἔσται ταὐτόν. καὶ ἔτι οὐκ ἀρχὰς τῶν ὄντων εἰσάγουσι· πῶς γὰρ
ἡ ἀρχὴ τὸ σῶμά τι κεκοσμημένον; πῶς δὲ οὐχὶ τοῦτό ἐστι τὸ ἐκ
τῶν ἀρχῶν ὑφιστάμενον· πῶς δὲ καὶ ἡ πέμπτη περὶ ἀκοσμήτου
σώματος; αὕτη μὲν συνάγει διαρρήδην, ὡς οὔτε ἔστηκεν
οὔτε κινεῖται τὰ ἄλλα μὴ μετέχοντα τοῦ ἑνός· τὸ δὲ ἀκό-
20 σμητον σῶμα πλημμελῶς μὲν καὶ ἀτάκτως, κινού-
μενον δὲ ὁ Τίμαιος προσηγόρευκε· πῶς δὲ καὶ τὸ ἄνευ ὕλης
κατ᾽ἐπίνοιαν λαμβανόμενον εἶδος ἀρχὴ ἂν εἴη τινός; αἱ γὰρ
ἀρχαὶ κατ᾽ἐπίνοιαν τὴν ὑπόστασιν οὐκ ἔχουσιν, ἀλλὰ
καθ᾽ὕπαρξιν. ἐφ᾽ὧν γοῦν ἡ ἐπίνοια τὸ κῦρος ἔλαχεν, ἀρθείσης
25 τῆς ἐπινοίας οἴχεται καὶ ἡ τῶν ἐπινοουμένων ὑπόστασις· αἱ δὲ
ἀρχαὶ δι᾽ἑαυτάς εἰσιν ἀρχαὶ καὶ οὐ διὰ τὰς ἡμετέρας ἐπινοίας,
καὶ ὅλως πολλὰ καὶ πρὸς ταύτην ἀντείρηται τὴν δόξαν σαφῶς,
καὶ τῆς ἐννάτης ὑποθέσεως πάντα ἀνατρεπούσης, καὶ οὐδὲν οὐδὲ
κατ᾽ἐπίνοιαν ἐώσης τῶν ὄντων τινός, καὶ ἀντιφθεγγομένης
30 πρὸς τοῦτο τὸ κατ᾽ἐπίνοιαν λεγόμενον εἶδος.

Οἱ δὲ μετὰ τούτους κατ᾽ἄλλον τρόπον εἰσάγοντες τὰ ὄντα·
τὴν μὲν πρώτην λέγοντες εἶναι περὶ θεοῦ καὶ θεῶν – οὐ γὰρ
1055 μόνον περὶ τοῦ ἑνός, ἀλλὰ καὶ | περὶ πασῶν τῶν θείων ἑνάδων

1054.15–17 cf. Porph., In Tim. fr. 49.2-3 Sodano   18–19 = Parm. 160a4
20–21 = Tim. 30a4-5   **31–1055.14** = Iambl., In Parm. fr. 2 Dillon (cf.
scholia)   **32–1055.2**   cf. Iambl., In Parm. fr. 2b Dillon; Iambl., fr. 308
Dalsgaard Larsen; Iambl. ap. Dam., De princ. II, p. 64.8-9, 90.9-13; Theol.
plat. III 23, p. 82.4-22; cf. infra, 1064.17-1065.2; VII 499.4-13 (Moerbeke)

1054.16   τὸ¹...τι correximus ex g (corpus aliquid) : τὸ σώματι Σ τῷ
σώματι Α¹ τὸ σῶμα Α   20 καὶ om. Σ   25 ἐπινοουμένων correximus ex g
(intellectorum) : ὑπονοουμένων ΑΣ   28   οὐδὲ scripsimus : οὔτε ΑΣ
31 Οἱ Ag : αἱ Σ

αὐτὴν ποιεῖσθαι τὸν λόγον –· <τὴν δὲ δευτέραν οὐ μόνον περὶ
τῶν νοερῶν, ἀλλὰ καὶ περὶ τῶν> νοητῶν· τὴν δὲ τρίτην οὐκέτι
περὶ ψυχῆς, ὡς οἱ πρὸ αὐτῶν, ἀλλὰ περὶ τῶν κρειττόνων ἡμῶν
γενῶν, ἀγγέλων, δαιμόνων, ἡρώων· ταῦτα γὰρ τὰ γένη προσε-   5
χῶς ἐξηρτῆσθαι τῶν θεῶν καὶ εἶναι καὶ αὐτῶν κρείττονα τῶν
ὅλων ψυχῶν – τοῦτο δὴ τὸ παραδοξότατον –, φασί, καὶ διὰ
τοῦτο τὴν πρὸ τῶν ψυχῶν ἐν ταῖς ὑποθέσεσι τάξιν λαβεῖν· τὴν
δὲ τετάρτην περὶ ψυχῶν τῶν λογικῶν· τὴν δὲ πέμπτην περὶ
τῶν προσυφαινομένων ταῖς λογικαῖς ψυχαῖς δευτέρων ψυχῶν·   10
τὴν δὲ ἕκτην περὶ τῶν ἐνύλων εἰδῶν καὶ πάντων τῶν σπερματι-
κῶν λόγων· τὴν δὲ ἑβδόμην περὶ αὐτῆς λοιπὸν τῆς ὕλης· τὴν δὲ
ὀγδόην περὶ τοῦ οὐρανίου σώματος· τὴν δὲ ἐννάτην περὶ τοῦ
γεννητοῦ καὶ ὑποσελήνου σώματος· οὗτοι δὲ κατορθοῦσι μέν, ὅτι
δὶς ταὐτὸν οὐ παραλαμβάνουσι, τὰ δὲ κρείττονα γένη παρεισκυ-   15
κλοῦσιν οὐ δεόντως· εἴτε γὰρ νοερά ἐστιν, ἔχομεν ἐν τῇ δευτέρᾳ
ὑποθέσει περὶ παντὸς τοῦ νοεροῦ πλάτους λόγον, εἴτε ψυχικά,
δῆλον ὡς {εἰς} ἡ περὶ ψυχῆς ὑπόθεσις περιλήψεται καὶ τὴν
τούτων θεωρίαν· πρόσεστι δὲ καὶ τούτοις ἀποτελέσματα παρα-
λαμβάνειν, ἀλλ' οὐκ ἀρχὰς ἐν ταῖς τελευταίαις ὑποθέσεσιν.   20

1055.3–5 cf. Iambl., *In Parm.* fr. 12 Dillon   **4** οἱ...αὐτῶν: sc. Amelius et
Porphyrius, cf. supra, 1052.27-8, 1054.2   **7** φασί: cf. Iambl., *De Myst.* I 3,
42.14-16, I 4, 44.11-14   **12–14** sc. Iambl., *In Parm.* fr. 14 Dillon   **13–14**
sc. Iambl. ap. Dam., *In Parm.* IV, p. 84.5-8

1055.2—3 τὴν...τῶν² addidimus, τὴν δὲ δευτέραν περὶ τῶν νοερῶν,
ἀλλ' οὐ περὶ τῶν add. Saffrey-Westerink   **14** ὑποσελήνου Σg : ὑπὸ
σελήνην A³M   **17** λόγον AᶜΣg : λόγων A   **18** ὡς om. g | εἰς delevimus
ex g | ἡ...ὑπόθεσις correximus ex g (*que de anima hypothesis*) : τὴν περὶ
ψυχῆς ὑπόθεσιν ΑΣ

1056   *Κοινὸν δὲ πάν|των ἐστὶ παρόραμα τουτί,* τὸ μὴ κατιδεῖν ὡς
αἱ μὲν πέντε τῶν ὑποθέσεων ἀληθῆ συνάγουσιν, αἱ δὲ λοιπαὶ
τέτταρες ἄτοπά τινα δεικνύουσι· καὶ γὰρ τοῦτο ἦν τὸ τῷ Παρ-
μενίδῃ προκείμενον, δεῖξαι πῶς τοῦ ἑνὸς ὄντος πάντα ἀπογεν-
5   νᾶται τὰ ὄντα, καὶ πῶς μὴ ὄντος ἀναιρεῖται τὰ πάντα καὶ οὐδὲν
ἔτι οὐδαμοῦ ἔσται· καὶ ἡ πᾶσα μέθοδος τοῦτο παρεκελεύετο
δεικνύναι καὶ διὰ τῆς θέσεως τῶν ἀληθῶν καὶ διὰ τῆς ἀναιρέ-
σεως τῶν ψευδῶν. οἷον ἐστι τὸ ὑποτεθέν, εἰ μὲν ἔστι πρόνοια,
πάντα ὀρθῶς ἕξει τὰ ὄντα· εἰ δὲ μὴ ἔστι πρόνοια, οὐδὲν ἕξει
10   καλῶς, ἀλλὰ καὶ τὰ ὅλα καὶ τὰ μέρη πολιτεύσεται κακῶς· ἔστιν
ἄρα πρόνοια· καὶ γὰρ τὸ εἶναι αὐτὴν ἀγαθῶν αἴτιον, καὶ τὸ μὴ
εἶναι κακῶν. ἔδει τοίνυν ἐπιστῆσαι καὶ ἐν τούτοις ὅτι τῷ Παρ-
μενίδῃ σκοπὸς δεῖξαι τῷ μὲν εἶναι τὸ ἓν πάντα τὰ ὄντα λαγχά-
νοντα τὴν ὑπόστασιν, τῷ δὲ μὴ εἶναι πᾶσαν ἄρδην ἀφανιζομέ-
15   νην τῶν πραγμάτων τὴν φύσιν – ὃ δὴ καὶ ἐν τῷ συμπεράσματι
πασῶν τῶν ὑποθέσεων λέγει διαρρήδην αὐτός –, καὶ τοῦτο
συνιδόντας μὴ πάντως καὶ ἐν ταῖς λοιπαῖς τέτρασι τῶν ὑποθέ-
σεων πράγματα εἰσάγειν ἕτερα, μηδὲ οἷον <κατ'> εὐθεῖαν
1057   ὁδεύειν, ἀλλὰ διὰ μὲν τῶν πέντε ὑπο|θέσεων θεωρεῖν τὰς τῶν
ὄντων ἀρχάς, διὰ δὲ τῶν τεττάρων ἰδίας μὲν φύσεις μὴ ζητεῖν,
ἀπελέγχειν δὲ ὅπως ἀναιρουμένου τοῦ ἑνὸς πολλὰ καὶ ἀδύνατα
συμβαίνει τῶν δοκούντων ἡμῖν εἶναι δυνατῶν.

1056.3   *ἦν*: cf. supra, 1040.25-1041.3; cf. infra, 1056.12-1057.4, 1059.19-22
15–16 cf. *Parm.* 166c1-6

1056.1 *τουτί* scripsimus : *τούτοις* Σ *hiis* g *ἐν τούτοις* A   **5** *ἀναιρεῖται*
Ag : *ἀναιρεῖ* Σ   **6** *παρεκελεύετο* correximus ex g (*iubebat*) : *περικελεύε-*
ται Σ *παρακελεύεται* A   **12** *ἐν τούτοις* Σg : *τούτους* A   **13** *τῷ* Ag : *τὸ*
A¹Σ   **18** *κατ'* addidimus (cf. infra, VII 1226.25)

Τοῦτο δὴ τὸ παρόραμα πρῶτος ὧν ἡμεῖς ἴσμεν φυλαξά-
μενος ὁ ἐκ τῆς Ἀσίνης φιλόσοφος ἄλλον τρόπον καὶ αὐτὸς
διατίθησι τὰς ὑποθέσεις· δέκα μὲν γὰρ ποιεῖ τὰς πάσας, ἀντι-
παρατείνει δὲ ταῖς πέντε τὰς λοιπὰς πέντε, τὴν μὲν πρώτην
δεικνύναι τιθέμενος ὡς εἰ ἔστι τὸ ἕν, ἀκολουθεῖ τὰ ἐνθουσιαστι-
κώτατα δόγματα φιλοσοφίας, ὅσα περὶ τοῦ ἑνὸς ὁ Πλάτων καὶ
ἐν ἄλλοις ἡμᾶς ἀνεδίδαξε, τὴν δὲ ἕκτην, ὡς εἰ μὴ ἔστι τὸ ἕν,
οὐδὲν συμφωνήσει τῇ ὑποθέσει ταύτῃ τῶν περὶ τοῦ ἑνὸς φιλοσο-
φεῖσθαι δυναμένων· ἐν δὲ τῇ δευτέρᾳ καὶ ἑβδόμῃ τὰ περὶ νοῦ
καὶ νοητῶν ἐξετάζεσθαι, ὅπου μέν, ὡς εἰ ἔστι, πάντα ἕπεται τὰ
κάλλιστα δόγματα περὶ αὐτῶν, ὅπου δέ, ὡς εἰ μὴ ἔστι, πᾶσαν
ἀνατρέπομεν τὴν περὶ αὐτῶν ἀλήθειαν· ἐν δὲ τῇ τρίτῃ καὶ
ὀγδόῃ περὶ τῶν διανοητῶν – ταῦτα γὰρ ἐφεξῆς εἶναι τοῖς
νοητοῖς –, ὅπου μέν, ὡς εἰ ἔστι, δεικνυμένων ταῖς ἐννοίαις ἡμῶν
συμφώνων, ὅπου δέ, διαφώνων ἀποφαινομένων, εἰ μὴ ἔστιν· ἐν
δὲ τῇ τετάρτῃ καὶ ἐννάτῃ, περὶ τῶν σωματικῶν εἰδῶν – ταῦτα
γάρ ἐστι μετὰ τὰ διανοητὰ κατὰ τὴν ἐν Πολιτείᾳ διαίρεσιν τῆς
γραμμῆς –, ὡς ὄντος μὲν τοῦ ἑνός, ἔστι ⌊καὶ⌋ ταῦτα, μὴ ὄντος

1057.5–1058.16 cf. H.D. Saffrey, Le Philosophe de Rhodes est-il Théodo-
re d'Asiné? Sur un point obscur de l'histoire de l'exégèse néoplatonicie-
nne du Parménide. In LUCCHESI, E. – SAFFREY, H.D. (edd.), Mémorial
André-Jean Festugière: Antiquité païenne et chrétienne (Geneuae, 1984),
65-76   6   sc. philosophus Rhodiniensis   11   ἐν ἄλλοις: cf. Soph.
244b6-245e5   20–22 cf. Resp. VI 511b6-c2

1057.6 τῆς Ἀσίνης Saffrey : ῾Ρόδου ΑΣg | φιλόσοφος ΑΣg : φιλόσοφος
Θεόδωρος φιλοσοφεῖ Saffrey | αὐτὸς ΑΣg : οὕτω Saffrey   8 ταῖς Ag : τὰς
Σ   10 post δόγματα add. τῆς Saffrey   11 ἕκτην ὡς Σg : ἐκ τῶν Α | ἔστι
Α : τι Σg   14 νοητῶν Σg : νοητοῦ Α   18 ὅπου scripsimus : ποῦ Σg που Α
19 ὅπου Σg : ποῦ Α   21 μετὰ scripsimus : μὲν ΑΣg   22 καὶ addidimus
ex g (et)

δέ, οὐδὲ ταῦτα εἶναι δυνατόν· ἐν δὲ ταῖς λοιπαῖς δύο, τῇ τε
πέμπτῃ καὶ τῇ δεκάτῃ, περὶ τῆς ὑποδοχῆς τῶν σωμάτων, ὅπου
1058   μὲν | συμφωνούσης τῇ {πέμπτῃ} ὑποθέσει τοῦ εἶναι τὸ ἕν, ⌊ὅπου
δὲ καὶ ταύτης ἀφανιζομένης τῷ μὴ εἶναι τὸ ἕν⌋. ταῦτα καὶ τῆς
τάξεως μὲν ἕνεκα θαυμάζειν χρὴ καὶ τῆς συνέσεως τοῦ πότε
μὲν ὡς ἄτοπα τὰ συναγόμενα ληπτέον, πότε δὲ ὡς ἀληθῆ καὶ
5   ἐπόμενα τῇ φύσει τῶν πραγμάτων. ἄλλως δὲ καὶ ὅτι καινοτομεῖ
περὶ τὸν ἀριθμὸν τῶν ὑποθέσεων καὶ οὐδὲν συνεισφέρουσαν
ὑπόθεσιν ἀναπλάττει μίαν τινά, παραιτητέον, καὶ ὅτι πάντως
σπουδάζει ταῖς πέντε τοσαύτας ἄλλας ἀντιπαρατείνειν, ἑκάστην
πρὸς ἑκάστην· ὅλως γὰρ οὐδὲ ἄτοπόν ἐστι τὸ λέγειν μὴ εἶναι τὸ
10   ἕν, οὐδ' ἂν συναγάγοι τις περὶ αὐτοῦ οὐδὲν τῶν ἀδυνάτων,
τοιαύτην ὑπόθεσιν παραλαβών· ἐκεῖνο γὰρ τὸ ἓν τὸ πρώτιστον
τῶν ὅλων οὐκ ἔστιν, ἀλλὰ καὶ τοῦ εἶναι κρεῖττόν ἐστιν· ἀλλὰ τὰ
ἄτοπα περὶ τὰ μετ' αὐτὴν ἀκολουθεῖν ἀναγκαῖον, ὥστε οὐκ ἂν
τὴν ἕκτην ὑπόθεσιν πρὸς τὴν πρώτην ἀποδιδοῖμεν· οὐδ' ἄρα τὰς
15   ἄλλας πρὸς τὰς ἄλλας· αὕτη γὰρ αὐτὸν ἡ τάξις ἀνέπεισε καὶ
κατατεμεῖν τὴν μίαν ὑπόθεσιν καὶ πλείω ποιῆσαι τὸν ἀριθμόν.

Ἐπὶ δὴ τούτοις Πλούταρχος ὁ ἡμέτερος προπάτωρ, ἐκ μὲν
τῆς τῶν παλαιῶν διδασκαλίας λαβὼν ὡς ἐννέα τὸν ἀριθμὸν αἱ
ὑποθέσεις, ἐκ δὲ τῆς νεωτέρας ταύτης ὅτι κατὰ μὲν τὰς πέντε
20   τῷ εἶναι τὸ ἓν συνάγει τὰ ἀληθῆ τῶν δογμάτων, ἐν δὲ ταῖς

1057.24 cf. *Tim.* 49a6, 51a5   **1058.12** cf. *Resp.* VI 509b9-10   **17–1061.16**
= Plut. Ath., fr. 62 Taormina (cf. scholia)   **17–18** cf. supra, 1053.28

1058.1 πέμπτῃ del. Saffrey   **1—2** ὅπου...ἕν addidimus ex g (*alicubi
autem et hac exterminata per non esse le unum*)   **6** τῶν ὑποθέσεων Σg :
τῆς ὑποθέσεως A   **10** αὐτοῦ Cous² : αὐτῆς ΑΣ   **11** παραλαβών Ag :
παραλαβεῖν FG περιλαβεῖν PR   **15** αὐτὸν ΑΣ : *ipsarum* g (αὐτῶν Γ?)
16 post ἀριθμόν spat. vac. Σ   **17** Ἐπὶ δὴ FPg : ἐπειδὴ GR ἐπὶ δὲ A

λοιπαῖς ἄτοπα δείκνυσιν ἑπόμενα τῷ μὴ εἶναι τὸ ἕν, καὶ ὅτι περὶ
ἀρχῶν ἡ πραγματεία, παραλαμβάνει τὰς πρωτίστας καὶ
ἀρχικὰς τῶν ὄντων ὑποστάσεις τῷ εἶναι τὸ ἕν, τάς τε ἐξῃρημέ-
νας καὶ τὰς ἐν αὑτοῖς τοῖς πράγμασιν | ἀναφαινομένας, καὶ τῷ   1059
μὴ εἶναι τὸ ἓν ἄρδην ἀφανιζομένην εὑρίσκει τὴν τάξιν τῶν
πραγμάτων. καὶ ταῦτα λαβών, τὴν μὲν πρώτην ὑπόθεσιν εἶναι
περὶ θεοῦ διατάττεται, τὴν δὲ δευτέραν περὶ νοῦ, τὴν δὲ τρίτην
περὶ ψυχῆς, τὴν δὲ τετάρτην περὶ τοῦ ἐνύλου εἴδους, τὴν δὲ   5
πέμπτην περὶ τῆς ὕλης, ἐν αἷς τὰ ἄλλα ὑπόκειται τοῦ ἑνός· ἔθος
γὰρ ἦν, ὡς εἴπομεν, καὶ τοῖς Πυθαγορείοις ἓν μὲν προσαγο-
ρεύειν πᾶσαν τὴν ἀσώματον καὶ χωριστὴν οὐσίαν, ἄλλα δὲ
τὴν σωματικὴν καὶ ἐν σώμασιν ὑφεστηκυῖαν, ὥστε εἰκότως αἱ
μὲν τρεῖς αἱ ζητοῦσαι πῶς ἔχει πρός τε αὐτὸ καὶ πρὸς ἄλλα τὸ   10
ἓν περὶ τῶν τριῶν εἰσιν ἀρχικῶν αἰτίων τῶν χωριστῶν, αἱ δὲ
λοιπαὶ δύο ζητοῦσαι πῶς ἔχει τὰ ἄλλα πρός τε ἄλληλα καὶ
<πρὸς> τὸ ἓν εἰσάγουσι τό τε εἶδος καὶ τὴν ὕλην· ταῦτα γὰρ
ἄλλα ἐστὶν ὄντως καὶ ἄλλων, ἀλλ' οὐχ ἑαυτῶν, καὶ συναίτια
μᾶλλον ἢ αἴτια, ὡς ἐν Φαίδωνι διώρισται. ⌊ἐν δὴ⌋ ταῖς πέντε   15
ταύταις ὑποθέσεσι τὰς ἀρχὰς ταύτας τάς τε ἔξω τῶν πραγμά-
των καὶ τὰς ἐν αὑτοῖς οὔσας καταθεασάμενος τῷ εἶναι τὸ ἓν τῷ
Παρμενίδῃ εἰσενηνεγμένας, ἐν ταῖς λοιπαῖς τέτρασι δείκνυσθαί
φησιν ὡς εἰ μὴ ἔστιν ἐκεῖνο τὸ ἓν τοῖς οὖσιν ἕν, εἰ μὲν οὕτω
λάβοις τὸ μὴ ὂν ὡς πῇ μὲν ὄν, πῇ δὲ οὐκ ὄν, μόνον ἔσται τὸ   20
αἰσθητόν – νοητὸν γὰρ οὐκ ὄν, αἰσθητὸν ἔσται μόνον τὸ ἕν – καὶ

1059.6–9   sc. Pythagorei, Archytas FVS 47A13.18-20 (= Ar., fr. 207 Rose; =
Dam., *In Parm.* III, p. 74.14-17)   7   ὡς εἴπομεν: cf. supra, 1048.5-7
14–15 cf. *Phd.* 99a4-b6

1058.21 τῷ Ag : τὸ Σ   1059.10 αὐτὸ APg : αὑτὸ GR   13 πρὸς addidimus
15 ἐν δὴ addidimus ex g (*in...itaque*)   19 ἐν A : ἐντὸς Σg

τῶν γνώσεων αἴσθησις, ὅπερ ἐν τῇ ἕκτῃ δείκνυται ὡς ἄτοπον,
τὸ μόνην εἶναι τὴν αἴσθησιν ἐν ταῖς γνώσεσι καὶ μόνα τὰ
αἰσθητὰ ἐν τοῖς γνωστοῖς· εἰ δὲ μὴ ἔστιν οὕτω τὸ ἓν ὡς μηδαμῇ

25 μηδαμῶς ὄν, οἰχήσεται καὶ πᾶσα γνῶσις καὶ πᾶν τὸ γνωστόν,
ὅπερ ὡς ἄτοπον ἐν τῇ ἑβδόμῃ δείκνυται τῶν ὑποθέσεων. τά τε
ἄλλα, οὕτω μὲν τοῦ ἑνὸς μὴ ὄντος ὡς εἶχεν ἡ ἕκτη ὑπόθεσις,
ὀνείρασιν ἐοικότα ἔσται καὶ σκιαῖς, ὃ δείκνυσιν ὡς ἄτοπον ἡ
ὀγδόη τῶν ὑποθέσεων, οὕτω δὲ μὴ ὄντος ὡς τοῦ μηδαμῶς ὄντος,

1060 οὐδὲ μέχρι τῆς ὀνειρατικῆς φαντασίας ἕξει τὴν ὑπόστασιν, ὃ
δείκνυσι περιφανῶς ἡ ἐννάτη τῶν ὑποθέσεων· ὥστε εἰ φαίης τὴν
μὲν πρώτην ὑπόθεσιν τοῦτον ἔχειν πρὸς τὰς ἄλλας λόγον, ὃν ἡ
μία τῶν ὅλων ἀρχὴ πρὸς τὰ ὄντα, τὰς δὲ λοιπὰς τέτταρας τῶν

5 πρώτων περὶ τῶν μετὰ τὸ ἓν ἀρχῶν πραγματεύεσθαι, τὰς δὲ
μετὰ ταύτας τέτταρας συνάγειν ὅτι τοῦ ἑνὸς ἀνῃρημένου πάντα
ἄρδην ἀναιρεῖται τὰ ἐν ταῖς τέτρασι δεδειγμένα, τάχα ἂν ὀρθῶς
εἰσηγήσαιο· τῆς γὰρ δευτέρας δεικνύσης <ὡς εἰ ἔστι τὸ ἕν, ἔσται
πᾶσα ἡ τοῦ νοῦ τάξις, ἡ ἕκτη δείκνυσιν ὡς εἰ μὴ ἔστι, μόνον

10 ἔσται τὸ αἰσθητὸν καὶ τῶν γνώσεων αἴσθησις· τῆς δὲ τρίτης
δεικνύσης> ὡς εἰ ἔστι τὸ ἓν ὄν, ἔσται πᾶσα ἡ τῆς ψυχῆς τάξις, ἡ
ἑβδόμη δείκνυσιν ὡς εἰ μὴ ἔστιν, ἀνῄρηται πᾶσα γνωστικὴ
δύναμις, αἰσθητική, φανταστική, λογική· τῆς δὲ τετάρτης
δεικνύσης ὡς εἰ ἔστιν ἐκεῖνο τὸ ἕν, ἔστι πως καὶ τὰ ἔνυλα εἴδη –

1059.22–24 cf. Plut. Ath., fr. 63 Taormina (= Dam., *In Parm.* IV, p. 84.8-9)
27 εἶχεν: cf. supra, 1059.27-28

1059.23 μόνην A³M : μόνον Σ   **24** οὕτω A³Σg : ὄντως M   **29** δὲ om. Σ
30 οὐδὲ correximus ex g (*neque*) : οὐ ΑΣ | ὀνειρατικῆς scripsimus :
somnialem g ὀνειρωτικῆς ΑΣ   **1060.6** ἀνῃρημένου Cous² *interempto* g :
ἀπειρημένου ΑΣ   **7** ταῖς scripsimus : τοῖς ΑΣ   **8 – 11** ὡς...δεικνύσης
addidimus (cf. supra, 1059.4, 20-21)   **12** δείκνυσιν om. A

καὶ γὰρ ταῦτα μετέχει πως τοῦ ἑνὸς ὄντος –, ἡ ὀγδόη δείκνυσιν   15
ὡς εἰ μὴ ἔστιν ἐκεῖνο, σκιαὶ μόνον ἔσονται τὰ αἰσθητὰ πολλὰ
καὶ ὀνειρατικὰ καὶ οὐδαμῶς οὐσίας μετέχοντα καὶ διακρίσεως
εἰδητικῆς· τῆς δὲ πέμπτης ἀποφαινούσης ὡς εἰ ἔστι τὸ ἕν, ἔσται
καὶ ἡ ὕλη, μὴ μετέχουσα μέντοι τοῦ ἑνὸς ὄντος, καθ' ὅσον ἐστὶν
ὄν, ἀλλὰ καθ' ὅσον μόνον ἕν, ἡ ἐννάτη δείκνυσιν ὡς οὐδὲν ὅλως   20
ἔσται οὐδὲ μέχρι σκιᾶς, εἰ μὴ ἔστι τὸ ἕν· ποῦ γάρ, ἀνῃρημένης
ἐκείνης τῆς αἰτίας, εἶναί τι τῶν πάντων δυνατόν; ἔχομεν οὖν
κατὰ ταύτην τὴν διάταξιν τὴν μὲν πρώτην περὶ τοῦ ἑνός, ὃ καὶ
ἐν Πολιτείᾳ διαρρήδην ὁ Πλάτων ἐπέκεινα οὐσίας ἔθετο
καὶ τοῦ ὄντος· τὰς δὲ λοιπὰς τέτταρας περὶ τῶν ὄντων, ὧν αἱ   25
μὲν δύο περὶ τῶν ἀεὶ ὄντων, αἱ δὲ δύο περὶ τῶν γεννητῶν κατὰ
τὴν ἐν Τιμαίῳ διαίρεσιν τῶν νοήσει μετὰ λόγου
περιληπτῶν ἀπὸ τῶν δόξῃ μετ' αἰσθήσεως γνω-
στῶν· ἤ, εἰ βούλει, κατὰ τὴν ἐν Πολιτείᾳ γραμμὴν αἱ τέτταρες,
ἧς τὸ μὲν ἀπένειμε τοῖς νοητοῖς, τὸ δὲ τοῖς αἰσθητοῖς – τὸ μὲν   30
ταῖς ἑνάσι, τὸ δὲ τοῖς ἄλλοις ἐνταῦθα κεκλημένοις –, καὶ τοῦ
μείζονος τὸ μὲν {ἐν} τοῖς νοητοῖς, τὸ δὲ τοῖς διανοητοῖς, | ὥσπερ   1061
τῶν δύο τούτων ὑποθέσεων ἡ μὲν περὶ νοῦ, ἡ δὲ περὶ ψυχῆς, καὶ
τοῦ ἐλάττονος τὸ μὲν τοῖς αἰσθητοῖς, τὸ δὲ τοῖς εἰκαστοῖς,
ὥσπερ καὶ ἐνταῦθα τὴν μὲν τετάρτην περὶ τῶν ἐνύλων εἰδῶν
εἰρήκαμεν εἶναι, ἅ ἐστι κυρίως αἰσθητά, τὴν δὲ πέμπτην περὶ   5

1060.24 = *Resp.* VI 509b9   **26–29** = *Tim.* 28a1-4   **29–31** cf. *Resp.* VI
509d6-511e5   **1061.5** εἰρήκαμεν: cf. supra, 1060.13-15

1060.16 σκιαὶ correximus ex g (*umbre*) : τὸ αὐτὸ GR τὸ αὐτὸς FP αὐτὸ A
17 ὀνειρατικὰ correximus ex g (*somnialia*) : ὀνείρατα ΑΣ   **20** ὄν Mᵇ *ens*
g : ἕν ΑΣ   **21** οὐδὲ scripsimus : οὔτε ΑΣ | μέχρι ΑΣg : μετέχει Stall-
baum | ποῦ ΑΣ : *qualiter* g   **32** ἐν delevimus ex g   **1061.2** τούτων
correximus ex g (*harum*) : τῶν Σ om. A

ὕλης, ἥτις ἐστὶν ἀνάλογον τοῖς εἰκαστοῖς διὰ τὴν ἀοριστίαν τῆς
περὶ αὐτῆς ἡμῖν ἐπιγιγνομένης γνώσεως. τέτταρες οὖν αἱ ἀρχαὶ
μετὰ τὴν μίαν, δύο μὲν ἐξῃρημέναι, δύο δὲ συμπληρωτικαί·
τέτταρες δὲ καὶ ὑποθέσεις μετὰ τὴν πρώτην, τεθέντος εἶναι τοῦ
10 ἑνός, καὶ ἄλλαι τέτταρες αἱ δεικνῦσαι τὰ ἑπόμενα ἄτοπα τοῖς
ἀναιροῦσι τὸ ἕν· ταῦτα καὶ παρὰ τούτου ληπτέον τοῦ ἀνδρὸς
ἐπιστημόνως διακρίναντος ἀπ' ἀλλήλων τοὺς τῶν ὑποθέσεων
σκοποὺς καὶ τὰς κυριωτάτας εἰσαγαγόντος ἀρχὰς πάσας
ἀπαραλείπτως καὶ συνιδόντος τὴν ὅλην τοῦ Παρμενίδου μετα-
15 χείρισιν καὶ διαρθρώσαντος τὰ παρὰ τοῖς πρεσβυτέροις συγκε-
χυμένως ἀναγεγραμμένα.

   Τί δὴ οὖν ἡμεῖς ἐροῦμεν ἐπὶ τοσούτοις καὶ τοιούτοις ἐξηγη-
ταῖς τοῦ Πλάτωνος, καὶ τί προσθήσομεν ἐκ τῆς ἡμετέρας
ἑστίας; τάχα γὰρ δὴ καὶ ἡμῖν ἁρμόσει τοῦτο δὴ ἐκεῖνο τὸ
20 Ὁμηρικὸν ἀνακραγεῖν λοῖσθος ἀνὴρ ὥριστος ὁ τούτων
ἡμῖν τῶν λόγων καθηγεμὼν γενόμενος Ἀθήνησι, καὶ φῶς
ἀνάψας νοερὸν ταῖς περὶ ταῦτα πραγματείαις, τὰ μὲν ἐπὶ
θεολογικώτερον εἶδος τῆς ἐξηγήσεως ἀνενεγκών, τὰ δὲ καὶ
ὀλίγον μεταθεὶς αὐτῷ τῷ Πλάτωνι καὶ τοῖς τοῦ Πλάτωνος
25 ῥήμασιν ἑπομένως· δοκεῖ μὲν γὰρ δὴ καὶ αὐτῷ τήν τε πρώτην
ὑπόθεσιν εἶναι περὶ θεοῦ τοῦ πρωτίστου καὶ τὴν δευτέραν περὶ
τῶν νοητῶν· ἀλλ' ἐπειδὴ πλάτος ἐστὶν ἐν τοῖς νοητοῖς καὶ
πολλαὶ αἱ τάξεις εἰσὶ τῶν θεῶν, ἑκάστην τούτων τῶν θείων
τάξεων συμβολικῶς ὑπὸ τοῦ Πλάτωνος ὀνομάζεσθαι, καὶ
30 πάσας δι' ὀνομάτων φιλοσόφων ἐκφέρεσθαι, καὶ οὔτε τῶν

1061.20   = Hom., *Il.* XXIII 536; cf. *Theol. plat.* I 10, p. 42.13-14   20–21
ὁ...καθηγεμὼν: sc. Syrianus (cf. scholia)   21–22   = *Tim.* 39b4

1061.10   αἱ Ag : καὶ Σ   11   παρὰ M[sl] *penes* g : περὶ ΑΣ   15   παρὰ Ag :
περὶ Σ   24 αὐτῷ A : αὐτῶν Σg   30 τῶν A[1]Σ : τῷ A

εἰωθότων ὑπὸ τῶν τὰς θεο∣γονίας γραψάντων ὑμνεῖσθαι, οὔτε   1062
τῶν τὰς ὑπάρξεις αὐτῶν δηλούντων, οἷαι δή εἰσιν αἱ παρὰ τῶν
θεῶν ἐκδεδομέναι τῶν θείων ἐπωνυμίαι γενῶν, ἀλλ᾽ ὡς ἔφην,
διὰ τῶν γνωρίμων τοῖς φιλοσόφοις, οἷον ὁ λ ό τ η τ ο ς, π λ ή -
θ ο υ ς, ἀ π ε ι ρ ί α ς, π έ ρ α τ ο ς, οἰκείως ἐχόντων πρὸς αὐτὰς   5
παραδίδοσθαι, τάξιν ἐχόντων πρέπουσαν, καὶ πάσας ἀπαραλεί-
πτως ἀφερμηνεύεσθαι τὰς θείας προόδους, νοητάς, νοεράς,
ὑπερκοσμίους· καὶ διὰ τοῦτο παραλαμβάνεσθαι τὰ ἑπόμενα
πάντα, σύμβολα τῶν θείων ὄντα διακόσμων· καὶ ἐπὶ τούτοις
πάντα ὅσα καταφατικῶς ἐν τῇ δευτέρᾳ λέγεται τῶν ὑποθέσεων,   10
ταῦτα ἀποφάσκεσθαι κατὰ τὴν πρώτην εἰς ἔνδειξιν τοῦ τὴν μὲν
πρώτην αἰτίαν πασῶν ἐξῃρῆσθαι τῶν θείων διακοσμήσεων,
ἐκείνας δὲ ἄλλας κατ᾽ ἄλλας ἀφωρισμένας ἰδιότητας προεληλυ-
θέναι· τὸ γὰρ ἐν ταύτῃ ἓν οὔτε τὸ πρῶτόν ἐστι – συμπέπλεκται
γὰρ πᾶν τῷ ὄντι – οὔτε τὸ ἀχώριστον τοῦ ὄντος καὶ οὕτως ὡς   15
ἕξις τις ἐν αὐτῷ ὄν· σαφῶς γοῦν αὐτὸ διακρίνει καὶ χωρὶς εἶναί
φησι τοιοῦτον τὸ ἓν τοῦτο. δῆλον δὴ ὅτι θείας ἑνάδος ἐστὶν
αὐτοτελοῦς σημαντικόν· πᾶν γὰρ τὸ χωριστὸν αἴτιον πλήθους
ἡγούμενον διττὸν ἀπογεννᾷ πλῆθος, τὸ μὲν χωριστὸν ἑαυτῷ
ὅμοιον, τὸ δὲ ἀχώριστον τῶν μετεχόντων· ὡς γοῦν ἡ μία ψυχὴ   20
τὰς μὲν ἐγεννήσατο ψυχὰς σωμάτων χωριστάς, τὰς δὲ ἀχωρί-
στους, ὡς ὁ εἷς καὶ ὅλος νοῦς ὑπέστησε τοὺς μὲν νόας χωριστοὺς
τῶν ψυχῶν, τοὺς δὲ ἐν αὐταῖς ὄντας καθ᾽ ἕξιν, οὕτω καὶ τὸ ἓν

1062.2–3 cf. Or. chald. passim   3 ὡς ἔφην: cf. supra, I 646.9-647.18

1061.31 τὰς A : τὰ Σ   1062.9 ὄντα Ag : ὄντων Σ   13 ἄλλας κατ᾽ ἄλλας
correximus ex g (alias secundum alias) : ἄλλας κατ᾽ ἄλλην Σ (ἄλλας
κατ᾽ ἄλλων R) ἄλλοις κατ᾽ ἄλλας A | ἀφωρισμένας A : ἀφορισμένας Σ
15 πᾶν...ὄντι Saffrey-Westerink : πάντα οὖν ΜΣg πάντα νῦν A³ πάντα τῷ
ὄντι Cous²   16 ὄν ΑΣ : le ens g   17 post φησι add. δὲ Σg

παρήγαγε τὰς μὲν αὐτοτελεῖς ἑνάδας ἐξῃρημένας τῶν μετεχόν-
25 των, τὰς δὲ ὡς ἑνώσεις ἄλλων οὔσας τῶν κατ' αὐτὰς ἡνωμένων
καὶ ἐν οἷς εἰσι· πᾶσαν οὖν τὴν δευτέραν ὑπόθεσιν ἐκφαίνειν ἡμῖν
ἑνάδων πλῆθος αὐτοτελῶν, ὧν ἐξήρτηται ταῦτα περὶ ὧν
διδάσκει ἡ δευτέρα ὑπόθεσις, τὰς ἰδιότητας αὐτῶν διὰ τούτων,
1063 ὁποῖαι δή τινές εἰσιν, | ἡμῖν ἐμφανίζουσα πάσας ἐφεξῆς. εἰ δὲ
τοῦτο ἀληθές, δεῖ σκοπεῖν ἕκαστα τῶν συμπερασμάτων ποίαις
προσήκει τάξεσι θείαις, καὶ οὕτω δὴ κ α τ ' ἄ ρ θ ρ α ποιεῖσθαι
τὴν τῆς δευτέρας ὑποθέσεως διαίρεσιν. τήν γε μὴν τρίτην οὐχ
5 ἁπλῶς εἶναι περὶ πάσης ψυχῆς, ἀλλ' ὅση μετὰ τὴν θείαν
προελήλυθε· πᾶσαν γὰρ τὴν θείαν ἐν τῇ δευτέρᾳ περιέχεσθαι·
σαφῶς γοῦν ἐν ἐκείνῃ καὶ αὐτὸς ὁ Πλάτων εἴρηκεν ὅτι ἄρα τ ὸ
ἓ ν κ α ὶ χ ρ ό ν ο υ μ ε τ έ χ ε ι· τὸ δὲ χρόνου μετέχειν ψυχαῖς
προσήκει πρώταις, καὶ οὐ ταῖς νοεραῖς οὐσίαις παρ' αἷς οὔτε τ ὸ
10 ἦ ν οὔτε τ ὸ ἔ σ τ α ι, ἀλλὰ μόνον τ ὸ ἔ σ τ ι τὸ αἰώνιον.
διῃρημένης οὖν τῆς ὅλης οὐσίας εἴς τε τὴν ἐκθεουμένην καὶ τὴν
καθ' ἑαυτὴν ὁρωμένην, πᾶσαν ἁπλῶς τὴν ἐκθεουμένην ἐν τῇ
δευτέρᾳ παραδίδοσθαι τῶν ὑποθέσεων, εἴτε νοητήν, εἴτε νοεράν,
εἴτε ψυχικὴν ὑπάρχουσαν, ὥστ' εἴπερ ἐθέλοις καὶ κατὰ ταύτην
15 τὴν θεωρίαν ἀκοῦσαι τὰς ὑποθέσεις ἐξῆς ὅπως διετάχθησαν,
τὴν μὲν πρώτην ὑπόθεσιν τίθει περὶ τοῦ ἑνὸς εἶναι θεοῦ πῶς
1064 γεννᾷ καὶ διακοσμεῖ πάσας τὰς τάξεις τῶν θεῶν· τὴν δὲ |

1062.26–1063.1 cf. Parm. 142b1-155e3 1063.3 = Phdr. 265e1 4–6 cf.
Parm. 155e4-157b5 7–8 = Parm. 151e3 9–10 cf. Tim. 37e3-38a2
16–17 cf. Parm. 137c4-142a8 17–1064.3 cf. Parm. 142b1-155e3

1062.27 ἐξήρτηται Cous² : ἐξῄρηται ΑΣg   28 post διδάσκει add. ἡμᾶς
Cous² 1063.7 ἐκείνῃ Ag : σκηνῇ Σ   14 κατὰ ταύτην Dillon : κατ' αὐτὴν
ΑΣg 15 διετάχθησαν Σg : ἐτάχθησαν Α

δευτέραν περὶ τῶν θείων τάξεων πασῶν πῶς προεληλύθασιν
ἀπὸ τοῦ ἑνός, καὶ <περὶ> τῆς συνεζευγμένης ἑκάσταις οὐσίας·
τὴν δὲ τρίτην περὶ τῶν ψυχῶν τῶν ὁμοιουμένων μὲν θεοῖς,
οὐσίαν δὲ ἐκθεουμένην οὐ κληρωσαμένων· τὴν δὲ τετάρτην περὶ   5
τῶν ἐνύλων πῶς παράγεται ⌊καὶ⌋ κατὰ ποίας τάξεις ἀπὸ τῶν
θεῶν· τὴν δὲ πέμπτην περὶ ὕλης ὅπως ἀμέτοχός ἐστι τῶν
εἰδητικῶν ἑνάδων, ἄνωθεν ἀπὸ τῆς ὑπερουσίου καὶ μιᾶς ἑνάδος
λαχοῦσα τὴν ὑπόστασιν· μέχρι γὰρ τῆς ὕλης τὸ ἓν καὶ ἡ τοῦ
ἑνὸς ἔλλαμψις ἥκει, φωτίζουσα καὶ τὸ ταύτης ἀόριστον. ταῦτα   10
μὲν οὖν κοινῇ προειρήσθω μοι περὶ τῶν ὑποθέσεων. δεῖ δὲ καὶ
περὶ ἑκάστης χωρὶς ἀποδοῦναι τοὺς οἰκείους λόγους. ἀρκτέον
οὖν ἡμῖν πάλιν ἀπὸ τῆς ἀρχῆς τῶν λέξεων τῆς πρώτης ὑποθέ-
σεως, καὶ θεωρητέον τὸν ἴδιον περὶ αὐτῆς λόγον.

Εἶεν δή, φάναι· εἰ ἓν ἔστιν, ἄλλο τι οὐκ ἂν εἴη   15
πολλὰ τὸ ἕν; – Πῶς γὰρ ἄν; [Parm. 137c4-5]

Πρῶτον εἰπεῖν χρὴ τίς ὁ τῆς πρώτης ὑποθέσεως σκοπός,
ἆρα περὶ θεοῦ μόνον, ἢ περὶ θεοῦ | καὶ περὶ θεῶν, καθάπερ   1065
λέγουσί τινες· ὅτι μὲν γὰρ περὶ πράγματος ὕπαρξιν ἔχοντος ὁ
λόγος καὶ οὐχ, ὥσπερ ὑπέλαβόν τινες, ἀνυπόστατόν ἐστι τοῦτο

1064.4–5 cf. *Parm.* 155e4-157b5   5–7 cf. *Parm.* 157b5-159b4   7–10 cf.
Parm. 159b5-160d2   **13–14**   cf. *Parm.* 137c4   **1065.2** τινες: sc. Iam-
blichus, cf. supra, 1054.32-1055.2; cf. infra, VII 499.4-13 (Moerbeke)   **3**
τινες: sc. Origenes Neoplatonicus, fr. 7 Weber; cf. infra, 1087.10-1088.2,
1110.9-11; VII 515.3-30 (Moerbeke)

1064.2 προεληλύθασιν Mg : προσεληλύθασιν A³Σ   3 περὶ addidimus
οὐσίας correximus ex g (*substantia*) : οὐσίαις AΣ   5 οὐ om. A   6 καὶ
addidimus ex g (*et*)   10 ἔλλαμψις ἥκει inv. A   15 εἴη Σg PLAT. codd. (cf.
supra, 1039.2) : εἴη ἢ A   1065.1 θεῶν Ag : θεοῦ Σ

τὸ μόνως ἕν, καὶ ἀδύνατα συνάγει ἡ ὑπόθεσις, εἰ καὶ μαρτύρον-
5 ται τὸ πρὸς τῷ τέλει τῆς ὑποθέσεως εἰρημένον· ἢ ο ὐ δ υ ν α τ ὰ
τ α ῦ τ α π ε ρ ὶ τ ὸ ἕ ν· ἐκεῖνο μὲν γὰρ ἀφ᾽ ἧς εἴρηται διανοίας,
ἐκεῖ ῥηθήσεται παρ᾽ ἡμῶν· ὅτι δέ, ὥσπερ ἔφην, οὐκ ἀνυπόστατον
τοῦτο οὗ πάντα ἀποφάσκει νῦν ὁ λόγος, δῆλον· πᾶν γὰρ ὅσον
ἀδύνατόν τι συμπέρασμα διὰ συνημμένου δείκνυται ὄν, ⌊ἢ⌋ διὰ
10 τὴν ὑπόθεσιν δείκνυσι τὸ ἀδύνατον, ἢ διὰ τὴν ἀκολουθίαν·
ἀμφοῖν δὲ ὄντοιν τούτοιν δυνατοῖν καὶ τὸ δεικνύμενον δυνατόν·
ἀλλὰ μὴν καὶ ἡ ὑπόθεσις ἀληθὴς εἶναι τὸ ἕν· δηλοῖ δὲ καὶ ὁ
Ἐλεάτης ξένος ὡς εἰς ἄτοπον ἀπάγων τὸ μὴ εἶναι τὸ ἓν τοῦ τὸ
ἓν πεπονθότος μόνου ὑφεστῶτος, πανταχοῦ τοῦ ὡς ἀληθῶς
15 προϋπάρχοντος τοῦ πεπονθότος αὐτὸ καὶ οὐκ ἀληθῶς ὑπάρχον-
τος· καὶ γὰρ αὖ καὶ ὡρίσατο ἐκεῖ τὸ ἀ λ η θ ῶ ς ε ἶ ν α ι ἓ ν
π ά ν τ ω ς ἀ μ ε ρ έ ς. τοῦτο δέ ἐστι τὸ ἐν τῇ ὑποθέσει ταύτῃ
πρῶτον δεικνύμενον, τὸ ἓν μὴ ἔχειν μέρη, καὶ τούτῳ πάντα ἑξῆς
ἕπεται τὰ λοιπὰ συμπεράσματα ἐξ ἀναγκαίων δεικνύμενα
20 λημμάτων. εἰ οὖν ἀνάγκη εἶναι τὸ ἀληθῶς ἕν – καὶ γὰρ πάντα
τἆλλα ἐστὶ τἀληθῶς πρὸ τῶν ⌊μὴ⌋ ἀληθῶς· γελοῖον γοῦν

1065.5–6 = *Parm.* 142a7   **7** ῥηθήσεται...ἡμῶν: cf. infra, VII 514.36-521.25
(Moerbeke)   **8–11**   cf. Ar., *Anal. pr.* I 15, 34a1-33   **12–17**   cf. *Soph.*
244d15-245c4   **16–17** = *Soph.* 245a8-9   **17–18** cf. *Parm.* 137c5-d4

1065.4 τὸ om. AG | ἀδύνατα correximus ex g (*impossibilia*) : ἀδύνατον
ΑΣ   **9** διὰ¹ correximus ex g (*per*) : λίαν ΑΣ | δείκνυται ΑΣ : an δείκνυσι
corrigendum ex g (*ostendit*) ? | ἢ addidimus ex g (*aut*)   **11** τούτοιν Cous :
τούτων ΑΣ   **13** ἀπάγων scripsimus : ἀπάντων Ag ἀπαντῶν Σ | ἓν Σg :
ὂν Α   **15 –16** τοῦ...ὑπάρχοντος om. Α   **15 –16** ὑπάρχοντος scripsimus :
προϋπάρχοντος Σg   **20** post τὸ add. ὡς Α   **21** τἀληθῶς Σg : ἀληθῶς Α
μὴ addidimus ex g (*non*)

ἀνύπαρκτον φάναι τὸ ἀληθῶς –, τ ὸ δ ὲ ἀ λ η θ ῶ ς ἔ ν ἐ σ τ ι τ ὸ
ἀ μ ε ρ έ ς · τοῦτο δὲ τὸ ⌊μὴ ἔχον μέρη, τοῦτο δὲ τὸ⌋ ἐν τῇ πρώτῃ
ὑποθέσει δεικνύμενον ἐπέκεινα πάντων, εἴπερ τῷ μέρη μὴ ἔχειν
ἕπεται πάντα δι᾽ ὧν δείκνυται πρὸ πάντων τὸ ἕν, ἀνάγκη δήπου   25
πάντως εἶναι τοῦτο τὸ ἕν, οὗ πάντα ἀποφάσκεται· καὶ γὰρ αὐτὸ
ἔστιν ἀναγκαίως, εἴπερ ἀληθῶς ἐστιν ἓν τ ὸ ἀ μ ε ρ έ ς . τοιοῦ-
τον γάρ, | ὡς ἐν Σοφιστῇ λέλεκται, τ ὸ ἀ λ η θ ῶ ς ἔ ν , οἷον καὶ   **1066**
ἐνταῦθα δέδεικται τὸ ἕν. δηλοῖ δ᾽ οὖν καὶ ἡ ἀκολουθία τῶν
συνημμένων ἀναγκαία οὖσα· πάντα ἄρα δείκνυται δι᾽ αὐτῆς
περί τι τῶν ὕπαρξιν ἐχόντων. εἰ οὖν ὑφεστώς τί ἐστι περὶ οὗ ὁ
λόγος, πάλιν ὅτι μὲν οὐχὶ οὐσιῶδές ἐστι, δῆλον· καὶ γὰρ αὐτὴν   5
ἀποφήσει τοῦ ἑνὸς τὴν οὐσίαν. λείπεται οὖν ἢ τῶν μετὰ τὴν
οὐσίαν εἶναι τοῦτο πάντως, οἷον γένεσιν ἢ ὕλην, ἢ τῶν ὑπὲρ τὴν
οὐσίαν. ἀλλὰ μὴν οὐχὶ τῶν μετὰ τὴν οὐσίαν· πᾶν γὰρ τὸ τοιοῦ-
τον μετέχει χρόνου, ὡς γένεσις· τοῦ δὲ ἑνὸς ἀποφάσκει καὶ αὐτὸ
τοῦτο τὸ χρόνου μετέχειν· καὶ ἔστι πως, ὡς ἡ ὕλη· τοῦτο δὲ οὐδὲ   10
εἶναι δείκνυσιν· ὑπὲρ τὴν οὐσίαν ἄρα ἐστὶ τοῦτο, περὶ οὗ αἱ
ἀποδείξεις εἰσὶ κατὰ τὴν πρώτην ὑπόθεσιν.

Ἀνάγκη τοίνυν, εἴπερ μόνον καὶ ἅπαν τὸ θεῖον ὑπὲρ οὐσίαν
ἐστίν, ἢ περὶ τοῦ πρώτου θεοῦ μόνον εἶναι τὸν παρόντα λόγον,
ὃς δὴ μόνος ἐστὶν ὑπὲρ οὐσίαν, ἢ περὶ πάντων θεῶν καὶ τῶν   15
μετ᾽ ἐκεῖνον, ὥσπερ ἀξιοῦσί τινες τῶν ἡμῖν α ἰ δ ο ί ω ν . ἐπειδὴ

1065.22–23 = Soph. 245a8   27 = Soph. 245a8   1066.1 = Soph. 245a8
1–2 cf. Parm. 137c4-142a8   5–6 cf. Parm. 141e7-142a1   9–10 cf. Parm.
141d8-e7   16 τινες: sc. Iamblichus, cf. supra, 1054.32-1055.20 | cf.
Hom. Il. III 172, XVIII 394; Od. VIII 22; Theaet. 183e5-6

1065.22 ἀνύπαρκτον ΑΣ : anypostaton g | ἕν Cous² unum g : ἑνός ΑΣ
23 μὴ...τὸ² addidimus ex g (non habet partes, hoc autem quod), ἓν add.
Cous² 1066.8 τὸ om. Α 10 τὸ Α : τοῦ Σ

γὰρ πᾶς θεός, καθὸ θεός, ἑνάς ἐστι – τοῦτο γάρ ἐστι τὸ πάσης
οὐσίας ἐκθεωτικόν, τὸ ἕν –, διὰ δὴ τοῦτο συνάπτειν ἀξιοῦσι τῇ
περὶ θεοῦ τοῦ πρώτου θεωρίᾳ τὴν περὶ θεῶν ἁπάντων ὑφήγησιν·
20 πάντες γάρ εἰσιν ἑνάδες ὑπερούσιοι καὶ τοῦ πλήθους τῶν ὄντων
ὑπερανέχουσαι καὶ ἀκρότητες τῶν οὐσιῶν. ἀλλ᾽ εἰ μὲν ὡσαύτως
τήν τε πρωτίστην αἰτίαν ἓν ἐλέγομεν καὶ τοὺς ἄλλους θεούς,
ἔδει μίαν αὐτοῖς ὑπόθεσιν ἀποκληροῦν· οὐδὲν γὰρ ἂν {ἄλλο}
μᾶλλον περὶ τοῦ πρώτως ἑνὸς ἢ τῶν λοιπῶν ἑνάδων φαμὲν
25 αὐτὸν ποιεῖσθαι τὸν λόγον· εἰ δὲ τὸ μὲν πρώτιστον ἕν, ὡς δοκεῖ
1067 που καὶ αὐτοῖς, | μάλιστα πάντων μόνως ⌊ἕν⌋ ἐστι καὶ ἀ σ ύ ν -
τ α κ τ ο ν πρὸς τὰ ἄλλα πάντα καὶ ἀμέθεκτον ἁ ρ π ά σ α ν,
φασίν, ἑ α υ τ ὸ πρὸ τῶν ὅλων, καὶ ἄγνωστον τοῖς πᾶσιν ἐξῃρη-
μένον, ἑκάστη δὲ τῶν ἄλλων ἑνάδων μεθεκτή πώς ἐστι, καὶ οὐ
5 μόνον ἑνάς, ἀλλὰ καὶ πλήθους οἰκείου μετέχουσα καὶ οὐσίας ἢ
νοητῆς ἢ νοερᾶς ἢ ψυχικῆς ἢ καὶ σωματικῆς – μέχρι γὰρ
ταύτης πρόεισιν ἡ μέθεξις –, τί χρὴ τὸ μὴ συναριθμούμενον
τοῖς οὖσιν ἕν, μηδὲ συνταττόμενον ὅλως τοῖς πολλοῖς εἰς μίαν
ὑπόθεσιν ἀναφέρειν ταῖς μετεχομέναις μὲν ἀπὸ τῶν ὄντων,
10 συνεκτικαῖς δὲ τῶν πολλῶν ἑνάσιν; οὐδὲ γὰρ περὶ ψυχῆς τῆς τε
ἀμεθέκτου καὶ τῆς μεθεκτῆς ὁ αὐτὸς λόγος. οὐδ᾽ αἱ τῆς μεθε-
κτῆς ἰδιότητες ἐφαρμόσειαν ἄν ποτε τῇ ἀμεθέκτῳ, οὐδὲ αἱ τῆς
κρείττονος ταῖς τῆς καταδεεστέρας· οὐδὲ γὰρ ἂν ἡ μὲν ἐξῄρητο

1066.21 cf. supra, 1049.28 **1067.1–2** = Iambl. ap. Dam., *De princ.* II, p.
1.6 **2–3** = *Or. chald.* fr. 3.1; cf. *In Parm.* I 707.25-26, V 1033.22

1066.22 ἐλέγομεν correximus ex **g** (*dicebamus*) : λέγομεν ΑΣ   **23** ἄλλο
delevimus ex **g**   **1067.1** ἕν addidimus ex **g** (*unum*)   **3** ἑαυτὸ scripsimus :
σαυτῷ Σ *se ipso* **g** αὐτὸ AMᶜ αὑτῷ Aˢˡ | πρὸ scripsimus : πρὸς ΑΣ**g**
6 νοητῆς Aᶜ**g** : νοητοῖς Σ | νοερᾶς AGP**g** : νοεροῖς FRᶜ | ἢ² Cous : καὶ ΑΣ**g**
11 οὐδ᾽ αἱ Aᶜ : οὐδὲ Σ

τῶν πολλῶν αὐτὴ καθ᾽αὑτήν, ἡ δὲ συνετάττετο τῷ πλήθει τῶν
ψυχῶν. ἀλλ᾽οὐδὲ νοῦν τὸν ἀμέθεκτον συναριθμεῖν χρὴ τοῖς   15
πολλοῖς, οὐδὲ αἱ αὐταὶ πάντων ἰδιότητες· οὐδὲ γὰρ ἂν ὁ μὲν
μονάδος ἐπεῖχε λόγον, οἱ δὲ ἀριθμοῦ περὶ τὴν μονάδα ταύτην
ὑφεστηκότος. εἰ δὲ καὶ τοὺς τρεῖς βασιλέας τοὺς ἐν Ἐπιστολαῖς
διὰ τοῦτο δευτέρους εἶναι τοῦ ἑνὸς ἀξιοῦσιν οἱ τούτων πατέρες
τῶν περὶ τῆς πρώτης ὑποθέσεως λόγων – ὥσπερ οὖν ἀξιοῦσιν   20
ἐν τοῖς περὶ αὐτῶν λόγοις οἱ τὴν πρώτην ὑπόθεσιν οὐ μόνον
εἶναι περὶ θεοῦ λέγοντες, ἀλλὰ καὶ περὶ πάντων ἁπλῶς θεῶν –,
ἵνα μὴ συναριθμῆται τοῖς δευτέροις τὸ ἕν, κρεῖττον ὑπάρχον
ἁπάσης πρὸς τὰ μετ᾽ αὐτὸ συναριθμήσεως καὶ οὐδενὶ συντάτ-
τεσθαι δυνάμενον – ταῦτα γοῦν γράφουσι περὶ τῆς Πλάτωνος   25
θεολογίας γράφοντες –, πῶς ἔτι κατὰ μίαν ὑπόθεσιν θεὸν καὶ
θεοὺς τάξομεν καὶ τὰς αὐτὰς ἀποφάσεις ὁμοίως τοῖς πᾶσιν
ἐφαρμόσομεν;

| Ἔστω μὲν γὰρ καὶ πᾶς θεὸς ἕν, ἀλλ᾽οὐχ οὕτω χωριστὸν   1068
ἐν αὐτῷ τὸ ἕν, οὐδ᾽οὕτως ἄγνωστον, οὐδ᾽οὕτως ἀπερίγραφον,
ὡς αὐτὸ τὸ πρώτιστον ἕν. εἰ δὲ καὶ αὐτὸς ὁ Πλάτων ἐπὶ τέλει
τῆς πρώτης ὑποθέσεως οὐδὲ οὐσίας καὶ τοῦ εἶναί φησι μετέχειν
τὸ ἕν, οὐδὲ εἶναι ἓν τὸ ὑπὸ οὐσίας τινὸς μετεχόμενον, πῶς ἐστι   5
τοῦτο ταῖς ἄλλαις ἑνάσιν ἐφαρμόσαι δυνατόν; πᾶσαι γὰρ ὑπὸ
οὐσιῶν μετέχονται. καθάπερ οὖν εἴ τις μηδενὶ σώματι χρῆσθαι

1067.18–28   cf. supra, 1054.32-1055.20, 1066.16   **18**   cf. *Ep.* II 312e1-4
25–26   cf. Iambl. ap. *Theol. plat.* III 23, p. 82.4-22; Iambl. ap. Dam., *De
princ.* II, p. 1.6   **1068.4–5**   cf. *Parm.* 141e7-10   **5**   cf. *Parm.* 141e10-142a3

1067.19 τοῦτο correximus ex g (*hoc*) : τοῦ ΑΣ | δευτέρους correximus ex
g (*secundos*) : δευτέρου ΑΣ   **23**   συναριθμῆται Aˢˡ *connumeretur* g : οὖν
ἀριθμῆται ΑΣ   **24**   αὐτὸ correximus ex g (*ipsum*) : αὐτοῦ ΑΣ   **26** γρά-
φοντες om. A   **1068.4** πρώτης ARg : πρώτην FGP

τὴν ψυχὴν ἔλεγεν, οὐ περὶ πάσης ἂν ἐποιεῖτο ψυχῆς τὸν λόγον,
ἀλλὰ περὶ τῆς ἀμεθέκτου μόνης, καὶ εἰ μηδὲ ὅλως μετέχεσθαι
10 τὸν νοῦν ὑπὸ ψυχῆς, μόνον ἂν ἔλεγεν νοῦν τὸν ἀμέθεκτον, κατὰ
τὰ αὐτὰ δὴ καὶ ὁ τὸ ἓν ὑπερούσιον παντελῶς τιθέμενος, πάσης
οὐσίας καὶ τοῦ εἶναι παντὸς ἐξῃρημένον, μόνον τὸ πρώτιστον ἓν
λέγει καὶ ἀμέθεκτον, ἀλλ' οὐ πᾶν τὸ ὁπωσοῦν ἕν. εἰ δὲ δὴ καὶ
τοῦ ἑνὸς ἐπέκεινα <καὶ> τῆς οὐσίας φησὶν αὐτὸς εἶναι τὸ ἕν –
15 οὐδὲ γὰρ τοῦτο κυρίως ἓν ὀνομάζεσθαι –, πῶς ἂν ἐπὶ τῶν μετὰ
τὸ πρῶτον ἐνάδων ἐπαληθεύσειε; τὸ γὰρ ὑπὸ πλήθους μετεχό-
μενον ἓν καὶ τὸ τοῖς οὖσι συνὸν οὐκ ἔστι κρεῖττον καὶ τοῦ ἓν
ὀνομάζεσθαι παντελῶς, ὃ μηδὲ ἁπλῶς ἐξῄρηται τοῦ ὄντος,
ὅμοιον ὡς εἴ τις καὶ τὴν ψυχὴν τὴν σώματι κοινωνήσασαν
20 κρείττονα ἔλεγεν εἶναι ψυχῆς. εἰ δὲ καὶ πᾶν τὸ πλάτος τῶν
θεῶν καὶ πᾶν τὸ ἓν τὸ μετεχόμενον ὑπὸ τοῦ ὄντος ἔχομεν ἐν τῇ
δευτέρᾳ παραδεδομένον ὑποθέσει, τοῦτο ἐκεῖνο, ὅπερ ζητοῦντες
συνωθοῦσι τὸν περὶ θεῶν λόγον εἰς τὴν πρώτην ὑπόθεσιν, τί
χρὴ ταράττειν ἐνταῦθα τὸν λόγον, τοῖς περὶ τοῦ πρώτου σκέμ-
25 μασι προστιθέντα τὴν περὶ τοῦ πλήθους τῶν θεῶν ἐξήγησιν; τί
γὰρ ἄλλο ἐστὶ τὸ ἓν ἐκεῖνο τὸ τῷ ὄντι συντεταγμένον καὶ μετὰ
1069 τοῦ ὄντος προϊὸν ἢ τὸ πλῆθος τῶν | θεῶν, τὸ πάσης ἐκθεωτικὸν
τῆς τοῦ ὄντος ὑποστάσεως καὶ παντὸς τοῦ οὐσιώδους πλήθους
συνεκτικόν; πᾶσα γὰρ θεία οὐσία ταῖς ἑνάσιν ὑπέστρωται τῶν

1068.13–14 cf. *Parm.* 141e10-142a1   22–23 cf. Iambl., *In Parm.* fr. 2
Dillon (= supra, 1054.32-1055.20)

1068.13 δὴ AᶜM : δεῖ AΣg   14 καὶ add. Mᵇ *quod* g   15 τοῦτο AΣ : *de hiis*
g | ἓν ὀνομάζεσθαι scripsimus : ἐπονομάζεσθαι AΣg   17 τοῖς om. A
18 ἁπλῶς Σg : αὐτὸς A | ἐξῄρηται Taylor *exaltatum est* g : ἐξῄρτηται
AΣ   19 σώματι correximus ex g (*corpori*) : σώμασι AΣ   20 πλάτος
AΣg : πλῆθος Cous²   1069.1 πάσης Σg : πᾶσαν A

θεῶν, καὶ πᾶν τὸ μεθεκτὸν ἐν οὐσίας ἐστὶν ἐνωτικόν, νοητῆς ἢ
νοερᾶς, ἢ πρὸς ταύτῃ καὶ ψυχικῆς ἢ σωματοειδοῦς. καὶ οὐδὲν   5
ἄλλο ἐστὶν ἕκαστος τῶν θεῶν ἢ τὸ μετεχόμενον ἕν· ὡς γὰρ ὁ
κυρίως ἄνθρωπος κατὰ ψυχήν, οὕτως ὁ κυρίως θεὸς κατὰ τὸ ἕν·
ἑκάτερον γὰρ κυριώτατον τῶν συμπληρούντων ἑκάτερον· κατὰ
δὲ τὸ κυριώτατον ἕκαστον ὑφέστηκε τῶν πάντων.

Ἀναγκαῖον ἄρα τὴν πρώτην ὑπόθεσιν περὶ θεοῦ μόνον εἶναι,   10
καθ' ὅσον ἐστὶ γεννητικὸς οὗτος τῶν πολλῶν θεῶν, αὐτὸς
ἐξῃρημένος τοῦ πλήθους καὶ ἀσύντακτος ὢν πρὸς τοὺς
ἀπ' αὐτοῦ προεληλυθότας. διὸ καὶ πάντα ἀποφάσκεται τούτου
τοῦ ἑνός, ὡς πάντων ὑπεριδρυμένου καὶ ἀπὸ πάντων ἐξῃρημέ-
νου, καὶ πάσας μὲν παράγοντος τὰς τῶν θεῶν ἰδιότητας, αὐτοῦ   15
δὲ ἀπεριορίστου καὶ ἀπεριγράφου τοῖς πᾶσιν ὑπάρχοντος· οὐ
γάρ τι ἕν ἐστιν, ἀλλ' ἁπλῶς ἕν, καὶ οὐδὲ νοητὸν ἢ νοερόν, ἀλλὰ
ὑποστατικὸν καὶ τῶν νοητῶν καὶ τῶν νοερῶν ἑνάδων· πάσης
γὰρ ἀρχικῆς τάξεως ἡγεῖσθαι χρὴ πρὸ τοῦ μετεχομένου πλή-
θους τὸ ἀμέθεκτον αὐτῶν καὶ πρωτουργὸν εἶδος, ἢ καὶ εἴδους   20
κρεῖττον αἴτιον. οὕτω δήπου καὶ πρὸ τῶν ἐνύλων εἰδῶν ἔστι τὰ
ἄϋλα, καὶ πρὸ τῆς ἐν ἄλλῳ γενομένης ζωῆς ἡ χωριστὴ καὶ
ἑαυτῆς οὖσα καὶ ἀμιγής, καὶ πανταχοῦ τῶν ἄλλου γεγονότων
προηγεῖται τὰ ἐν ἑαυτοῖς ὑφεστηκότα· καὶ τῶν πολλῶν ἄρα | 1070
ψυχῶν καὶ τὰ σώματα κατανειμαμένων ἡγεῖται κατ' οὐσίαν ἡ
ἀμέθεκτος ψυχή, τὸν ὑ π ε ρ ο υ ρ ά ν ι ο ν τ ό π ο ν ἐ π ι σ τ ρ ε φ ο-

---

1069.6–7   cf. *Alc.* I 130c3   18–20   cf. Iambl., *In Tim.* fr. 54.6-8 Dillon
1070.3 = *Phdr.* 247c3   3–4 = *Phdr.* 247a5

1069.4   θεῶν Cous² *deorum* g : θείων ΑΣ   6   ἕκαστος Ag : ἕκαστο Σ
(ἕκαστον G)   15 παράγοντος Ag : παράσσοντος Σ (παράσοντος R)   20 ἢ
Westerink : εἰ ΑΣg   21   οὕτω Σg : εἰ δὲ Α | δήπου correximus ex g
(*etiam*) : ποῦ Σ πω Α | ἔστι Αᶜ Σg : ἐπὶ Α

μένη, καὶ τῶν πολλῶν νόων ὁ εἷς καὶ ἀμέθεκτος νοῦς, ὁ
5   χωριστὸς καὶ ἐν ἑαυτῷ διαιωνίως ἱδρυμένος καὶ συνέχων
ἄνωθεν πᾶσαν τὴν νοερὰν οὐσίαν. καὶ τῶν πολλῶν νοητῶν τὸ
πρώτιστον ὑπερήπλωται νοητόν, τὸ ἄμικτον καὶ καθ᾽ἑαυτὸ
μονοειδῶς ὑφεστηκός· ἄλλο γὰρ τὸ ἐν ἑκάστῳ νῷ νοητὸν καὶ
ἄλλο τὸ ἐφ᾽ἑαυτοῦ προϊδρυμένον· καὶ τοῦτο μὲν μόνως νοητόν,
10   ἐκεῖνο δὲ ὡς <ἐν> νοεροῖς νοητόν. καὶ τῶν πολλῶν ἄρα καὶ
μετεχομένων ἑνάδων ἐπέκεινα τὸ ἀμέθεκτόν ἐστιν ἕν, πάντων,
ὥσπερ εἴρηται, τῶν θείων διακόσμων ἐξῃρημένον.

Πολλοῦ ἄρα δεήσομεν ἡμεῖς τὴν ἀκρότητα τοῦ νοητοῦ
λέγειν τὸν θεὸν τὸν πρῶτον, ὥσπερ ἀκούω τινῶν ἐν θεολογίᾳ
15   πρωτευσάντων, καὶ τὸν ἐκεῖ πατέρα ποιεῖν τῷ πάντων αἰτίῳ
τὸν αὐτόν. οὗτος μὲν γὰρ ἑνάς ἐστι μεθεκτή· νοητὸς γοῦν λέγε-
ται πατὴρ καὶ ἡ τῶν νοητῶν ἀκρότης, καὶ εἰ παντὸς τοῦ νοητοῦ
συνεκτικός, ἀλλὰ πατήρ. ὁ δὲ πρῶτος θεὸς ὁ διὰ τῆς πρώτης
ὑποθέσεως ὑμνούμενος οὔτε πατήρ, ἀλλὰ κρείττων καὶ πάσης
20   τῆς πατρικῆς θεότητος – ἐκεῖνος μὲν γὰρ ἀντιδιῄρηται πρὸς
τὴν δύναμιν καὶ τὸν νοῦν ὧν λέγεται πατήρ, καὶ συμπληροῖ
τριάδα μίαν μετ᾽ἐκείνων· οὗτος δὲ ὁ πρῶτος ὄντως θεὸς ἐξῄρη-
ται πάσης πρὸς πάντα καὶ ἀντιδιαιρέσεως καὶ συντάξεως –
οὔτε πολλῷ πλέον νοητὸς πατήρ· οὐδενὸς γάρ ἐστι τῶν δευτέ-
1071 ρων, οὐδὲ μεθεκτὸς ὅλως ἐστίν οὔτε {ὢν} ὑπὸ | νοερᾶς οὔτε ὑπὸ

1070.12 ὥσπερ εἴρηται: cf. supra, 1067.2-3   14   τινῶν: sc. Porphyrii ap.
Dam., De princ. II, p. 1.11-13   20–22 cf. Or. chald. fr. 4, 5

1070.8 ὑφεστηκός AF^c : ὑφεστηκώς Σ   10 ἐν add. Cous²   17 εἰ ΑΣ : om.
g   22 ὄντως Σg : οὕτως A   24 οὔτε Σg : οὕτω A   25 ὧν delevimus ex g
1071.1   νοερᾶς correximus ex g (intellectuali) : νοερὰν ΑΣ (ὑπερ νοερὰν
M^c)

νοητῆς οὐσίας, ἀλλ᾽ ὑπερήνωται μὲν πασῶν τῶν μετεχομένων
ἑνάδων, ὑπερήρπασται δὲ πασῶν τῶν τοῦ ὄντος προόδων.

Σκοπὸς μὲν οὖν οὗτος ἡμῖν νοείσθω τῆς πρωτίστης ὑποθέ-
σεως, ἀναδραμεῖν ἀπὸ τοῦ ἑνὸς ὄντος ἐπ᾽ αὐτὸ τὸ ἓν ὡς ἀληθῶς   5
καὶ θεωρῆσαι πῶς ἐξῄρηται τῶν ὅλων ἐκεῖνο, καὶ πῶς οὐδενὶ
συναριθμεῖται τῶν θείων διακόσμων. δεύτερον δὲ ἐπὶ τούτῳ
κατίδωμεν ποῖος τρόπος ἁρμόσει τῶν λόγων πρὸς τὴν τοιαύτην
θεωρίαν, καὶ πῶς ἂν πρεπόντως ἀντιλαβοίμεθα τῆς τῶν προκει-
μένων ἐξηγήσεως, εἰ λογικῶς, φαίην ἂν ἐγώ, καὶ νοερῶς ὁμοῦ   10
καὶ θείως ἐνεργῆσαι δυνηθείημεν, ἵνα καὶ τὴν ἀποδεικτικὴν τοῦ
Παρμενίδου δύναμιν ἑλεῖν δυνηθῶμεν καὶ ταῖς ἐπιβολαῖς αὐτοῦ
ταῖς τῶν ὄντως ὄντων ἐχομέναις παρακολουθήσωμεν καὶ πρὸς
τὴν ἄρρητον καὶ ἀπερίληπτον τοῦ ἑνὸς συναίσθησιν ἐνθεαστι-
κῶς ἀναδράμωμεν· ἔχομεν γὰρ δὴ καὶ ἡμεῖς, ἅτε κατὰ ψυχὰς   15
τεταγμένοι, τῶν πρωτίστων αἰτίων εἰκόνας καὶ μετέχομεν τῆς
τε ὅλης ψυχῆς καὶ τοῦ νοεροῦ πλάτους καὶ τῆς θείας ἑνάδος· καὶ
δεῖ τὰς ἐν ἡμῖν ἐκείνων δυνάμεις ἀνεγείρειν πρὸς τὴν ἀντίληψιν
τῶν προκειμένων. ἢ πῶς ἐγγυτέρω τοῦ ἑνὸς ἐσόμεθα μὴ τὸ ἓν
τὸ τῆς ψυχῆς προανεγείραντες, ὅ ἐστιν ἐν ἡμῖν οἷον εἰκὼν τοῦ   20
ἑνός, καθὸ καὶ μάλιστα τὸν ἐνθουσιασμὸν γίγνεσθαί φασιν οἱ

1071.3 cf. *Or. chald.* fr. 3

1071.2 νοητῆς οὐσίας correximus ex g (*intelligentiali substantia*) : νοητὴν
οὐσίαν ΑΣ   5 ἓν om. A   7 ἐπὶ τούτῳ correximus ex g (*post hoc*) : ἐπὶ
τούτου ΑΣ ἐπὶ τούτων Cous   13 τῶν...ὄντων Σg : τοῦ ὄντως ὄντος Α
ἐχομέναις ΑΣ : *applicatis* g   19 προκειμένων ΛΓPg : προσκειμένων FR
20 τὸ om. A | προανεγείραντες correximus ex g (*preexcitantes*) : ἀνεγεί-
ραντες ΑΣ   21 ἐνθουσιασμὸν Mᶜ *enthusiasmon* g : ἐνουσιασμὸν (sic) ΑΣ

ἀκριβέστεροι τῶν λόγων· πῶς δ'ἂν τὸ ἓν αὐτὸ τοῦτο καὶ τὸ
ἄνθος τῆς ψυχῆς ἀναλάμψαι ποιήσαιμεν, εἰ μὴ κατὰ νοῦν
πρότερον ἐνεργήσαιμεν· ἡ γὰρ κατὰ νοῦν ἐνέργεια πρὸς τὴν
25   ἤρεμον κατὰ τὸ ἓν ἐνέργειαν ἄγει τὴν ψυχήν. πῶς δ'ἂν τῆς
νοερᾶς ἐνεργείας τελείως τύχοιμεν μὴ διὰ τῶν λογικῶν ἐπιβο-
λῶν πορευθέντες καὶ πρὸ τῶν ἁπλουστέρων νοήσεων ταῖς
1072 συνθετωτέραις χρησάμενοι· δεῖ τοίνυν ἀποδεικτικῆς μὲν δυ|
νάμεως ἐν ταῖς προσλήψεσι, νοερᾶς δὲ ἐνεργείας ἐν ταῖς τοῦ
ὄντος διερευνήσεσιν – αἱ γὰρ τοῦ ὄντος τάξεις ἀποφάσκονται
τοῦ ἑνός –, ἐνθεαστικῆς δὲ ὁρμῆς ἐν τῇ συναισθήσει τοῦ πάντων
ἐξῃρημένου τῶν ὄντων, ἵνα μὴ λάθωμεν ἐκ τῶν ἀποφάσεων εἰς
5   τὸ μὴ ὂν καὶ τὴν ἀχάνειαν αὐτοῦ διὰ τῆς ἀορίστου φαντασίας
ἀπωσθέντες, ἀλλὰ τὸ ἐν ἡμῖν ἓν ἀνεγείραντες καὶ ἀναθάλψαν-
τες διὰ τούτου τὴν ψυχὴν συνάψωμεν πρὸς αὐτὸ τὸ ἓν καὶ οἷον
ὁρμίσωμεν, ὑπὲρ πᾶν τὸ ἐν ἑαυτοῖς νοητὸν στάντες καὶ πᾶσαν
ἄλλην ἡμῶν ἐνέργειαν ἀφελόντες, ἵνα ἐκείνῳ μόνῳ συγγενώ-
10   μεθα καὶ ἐκεῖνο περιχορεύσωμεν, ἀπολιπόντες τὰς περὶ τὰ
δεύτερα στρεφομένας τῆς ψυχῆς νοήσεις.

Ὁ μὲν οὖν τρόπος τῶν λόγων τοιοῦτος ἡμῖν ἔστω, λογικός,
νοερός, ἐνθεαστικός· οὕτω γὰρ ἂν τῆς προκειμένης ὑποθέσεως

1071.22–23   = Or. chald. fr. 1.1, 34.2, 35.3, 37.14; cf. Iambl., In Phdr. fr. 6
Dillon 1072.6–7 cf. Phdr. 251b1-4

1071.22   λόγων ΑΣg : θεολόγων coni. Chaignet   25   κατὰ...ἐνέργειαν
correximus ex g (secundum unum operationem) : κατὰ τὸ(...)ἐνερ^γ Σ
κατὰ καὶ ἐνέργειαν Α κίνησιν <καὶ στάσιν> καὶ ἐνέργειαν Α^{t mg}   27   πο-
ρευθέντες Α^tΜΣg : πορευθέντων Α   1072.1   δὲ Σg : δὴ Α   5 ἀχάνειαν Σg :
ἀφάνειαν Α   8   ὁρμίσωμεν Σg : ὁρμίσομεν Α   10   ἐκεῖνο ΑG : ἐκείνῳ
FPRg   10 – 11 τὰ δεύτερα Dillon : τὰς δευτέρας ΑΣg   13 τῆς Μ^bΑ^{sl} : τις
ΑΣ

ἀντιλάβοιτο δεόντως. σκεπτέον τρίτον ἄλλο, τίνες αἱ ἀποφάσεις
αὗται καὶ πότερον κρείττους εἰσὶ τῶν καταφάσεων ἢ χείρους·   15
δοκεῖ γὰρ πᾶσιν ἡ κατάφασις σεμνοτέρα τῆς ἀποφάσεως εἶναι·
στέρησις γοῦν ἡ ἀπόφασις· ἡ δὲ κατάφασις, φασίν, εἴδους
παρουσία καὶ ἕξις τίς ἐστιν. ἀλλὰ τοῖς μὲν εἴδεσι καὶ τοῖς
εἰδοπεποιημένοις προτιμοτέρα τῆς ἀποφάσεως ἡ κατάφασις –
αὐτὸ γὰρ τοῦτο δεῖ τοῖς εἴδεσιν ὑπάρχειν, τὴν ἑαυτῶν ἕξιν καὶ   20
τὴν τῆς στερήσεως φυγήν –, καὶ ὅλως τοῖς οὖσιν, ἐπεὶ τὸ εἶναι
τοῦ μὴ εἶναι, καὶ ἡ κατάφασις οἰκειοτέρα τῆς ἀποφάσεώς ἐστι·
τὸ μὲν γὰρ ὂν τῆς καταφάσεώς ἐστι παράδειγμα, τὸ δὲ μὴ ὂν
τῆς ἀποφάσεως· ὅπως δὲ αὐτὸς ἐν Σοφιστῇ τὸ μὴ ὂν ἔφατο
πρὸς τὸ ὂν ἔχειν, οὐκ ἄδηλον, καὶ ὅτι κρεῖττον τὸ ὄν· οὐ παρ'   25
ἔ λ α τ τ ο ν μὲν γὰρ οὐδὲ τ ὸ μ ὴ ὂ ν εἶναί φησιν ἢ τὸ ὄν, ἀλλὰ
προσθεὶς τὸ ε ἰ θ έ μ ι ς ε ἰ π ε ῖ ν, ἐδήλωσε τὴν τοῦ ὄντος ὑπερο-
χήν. ἐν πᾶσιν ἄρα τοῖς οὖσι | κρείττων ἡ κατάφασις ἁπλῶς τῆς   1073
ἀποφάσεως· ἐπειδὴ δὲ π ο λ λ α χ ῶ ς τ ὸ μ ὴ ὄ ν, τὸ μὲν ὡς
κρεῖττον τοῦ ὄντος, τὸ δὲ ὡς τῷ ὄντι συντατττόμενον, τὸ δὲ ὡς
στέρησις τοῦ ὄντος, δῆλον δήπουθεν ὅτι τριττὰ καὶ ἀποφάσεων
εἴδη θεωρήσομεν, τὸ μὲν ὑπὲρ τὴν κατάφασιν, τὸ δὲ καταφά-   5

1072.17 cf. Ar., *Met.* V 22, 1022b32-33 | φασίν: sc. Peripatetici, cf. Ar.,
Anal. post I 25, 86b33-36 **25–26** = *Soph.* 258b1-2 **27** = *Soph.* 258b2
28–1073.2 cf. Ar., *Anal. post.* I 25, 86b33-39 **1073.2** = Ar., *Met.* XI 11,
1067b25, XIV 2, 1089a16

1072.15 πότερον M *utrum* g : πρότερον ΑΣ | καταφάσεων ΑᶜΣg : ἀποφά-
σεων Α **17** γοῦν Σ : γὰρ Α **21** τῆς στερήσεως Σg : τῶν στερήσεων Α
ἐπεὶ Strobel : ἐπὶ Σg καὶ Α²Μ **25** οὐ παρ' correximus ex g (*non in*) (cf.
In Parm. V 999.28, 1012.9-10) : νοῦ περ Σ νοῦ περὶ Α οὖπερ Cous²
26 φησιν Cous : φασιν ΑΣg **1073.1** κρείττων MFP : κρεῖττον GR
κρεῖττον μὲν Α²

43

σεως ἀπολειπόμενον, τὸ δὲ παρισούμενόν πως πρὸς τὴν κατά-
φασιν. οὐκ ἄρα μονοειδῶς ἡ κατάφασις ἀεὶ τῆς ἀποφάσεως
κρείττων, ἀλλ᾽ ἔστιν ὅπου καὶ τὴν δευτέραν ἔλαχε τάξιν, ὅταν ἡ
ἀπόφασις ἐκεῖνο λέγῃ τὸ μὴ ὂν ὅ ἐστιν ἐπέκεινα τοῦ ὄντος.
10 ἀλλ᾽ ἐπειδὴ διττὸν καὶ τοῦτο τὸ μὴ ὄν, τὸ μὲν ὑπὸ τοῦ ὄντος
μετεχόμενον, τὸ δὲ οὐδενὶ τῶν ὄντων συναριθμούμενον, δῆλον
ὡς ἐπὶ τούτου μὲν κυρίως οὔτε κατάφασις <οὔτε ἀπόφασις>
ἁρμόσειεν ἄν, ἐπ᾽ ἐκείνου δὲ μᾶλλον ἡ ἀπόφασις, ἔστι δὲ ὅπῃ
καὶ ἡ κατάφασις καθ᾽ ὅσον τῷ ὄντι κεκοινώνηκεν· ἀλλ᾽ εἰ καὶ
15 μηδεὶς ἐπ᾽ ἐκείνου κυρίως λόγος ἀληθής – λέγω δὲ τοῦ ἀσυντά-
κτου πρὸς τὸ ὄν –, κυριώτερον ἂν ἡ ἀπόφασις ἐπ᾽ αὐτοῦ ῥηθείη
τῆς καταφάσεως· ὡς γὰρ ἐπὶ τῶν ὄντων αἱ καταφάσεις, αἱ
ἀποφάσεις ἐπὶ τοῦ μὴ ὄντος· ὅλως γὰρ ἡ κατάφασις εἴδους
θέλει δράττεσθαί τινος, καὶ ὅταν ἡ ψυχὴ ἄλλο ἄλλῳ λέγῃ
20 παρεῖναι καὶ ποιῇ κατάφασιν, τίθησί ⌊τι⌋ τῶν ἑαυτῇ συγγενῶν·
τὸ δὲ πρῶτον ὑπὲρ εἶδός ἐστι, καὶ οὐδὲν αὐτῷ προσήκει τῶν ἐν
τοῖς δευτέροις προσάγειν, οὐδὲ τὰ ἡμῖν οἰκεῖα μεταφέρειν
ἐπ᾽ αὐτό· λήσομεν γὰρ ἑαυτοὺς καὶ οὐκ ἐκεῖνο λέγοντες· οὐκ ἄρα
καταφάσεσιν ἐπ᾽ αὐτοῦ χρησόμεθα δεόντως, ἀλλὰ μᾶλλον ταῖς
25 τῶν δευτέρων ἀποφάσεσι· καὶ γὰρ αἱ μὲν καταφάσεις γιγνώ-
σκειν τι σπεύδουσιν ἄλλο ἄλλῳ ὑπάρχον, τὸ δὲ πρῶτον καὶ
ἄγνωστόν ἐστι ταῖς συμφύλοις πρὸς τὰ ὄντα γνώσεσι, καὶ οὐκ

1073.16–18 cf. Ar., *Anal. post.* I 25, 86b33-36   17–18 cf. Ar., *Anal. post.*
I 13, 78b17; *De Int.* 5, 17a8-9

1073.6   ἀπολειπόμενον correximus ex g (*deficientem*) : λειπόμενον ΑΣ
παρισούμενόν Α *adequantem* g : παρισοῦν ὄν Σ   11   μετεχόμενον Σg :
κατεχόμενον Α   12   μὲν om. Α | οὔτε ἀπόφασις hic addidimus : post ἄν
add. Α deest in Σg   15   δὲ Σg : δὴ Α   20   τι addidimus ex g (*aliquid*)
ἑαυτῇ Αg : ἐν αὐτῇ Σ

ἔστιν αὐτῷ τι λαβεῖν ὡς ὑπάρχον, ἀλλὰ μᾶλλον ὡς μὴ ὑπάρχον·
συνθέσεως γὰρ πάσης ἐξ|ῄρηται καὶ μεθέξεως· καὶ ἔτι πρὸς   1074
τούτοις, αἱ μὲν καταφάσεις ὡρισμένον τι δηλοῦσιν, αἱ δὲ ἀποφά-
σεις ἀόριστον ἔχουσι δύναμιν· τὸ γὰρ οὐκ ἄνθρωπος ἀπειρότε-
ρόν ἐστι τοῦ ἄνθρωπος. τὴν οὖν ἀπερίληπτον καὶ ἀπεριόριστον
τοῦ ἑνὸς αἰτίαν οἰκειότερόν ἐστιν ἐνδείκνυσθαι διὰ τῶν ἀποφά-   5
σεων· ἀποτεμαχίζουσι γὰρ αἱ καταφάσεις τὰ ὄντα, ἀναπλωτι-
καὶ δέ εἰσιν αἱ ἀποφάσεις ἀπὸ τῶν περιγεγραμμένων ἐπὶ τὸ
ἀπερίγραφον καὶ ἀπὸ τῶν διῃρημένων ὅροις οἰκείοις ἐπὶ τὸ
ἀόριστον. πῶς οὖν οὐχ αὗται μᾶλλον πρέπουσι τῇ θεωρίᾳ τοῦ
ἑνός; τὴν γὰρ ἀπεριήγητον αὐτοῦ καὶ ἄληπτον καὶ ἄγνωστον   10
ταῖς μερισταῖς ἐπιβολαῖς δύναμιν, εἰ θέμις εἰπεῖν, διὰ τούτων
ἐνδείκνυσθαι μόνων δυνατόν· κρείττους ἄρα τῶν καταφάσεων αἱ
ἀποφάσεις καὶ πρέπουσαι τοῖς ἀναγομένοις ἀπὸ τοῦ μερικοῦ
πρὸς τὸ ὅλον καὶ ἀπὸ τοῦ κατατεταγμένου πρὸς τὸ ἀκατάτα-
κτον καὶ ἀπὸ τοῦ τετεμαχισμένου τῆς γνώσεως εἴδους ἐπὶ τὸ   15
ἀπεριόριστον καὶ ἑνιαῖον καὶ ἁπλοῦν τῆς ἐνεργείας εἶδος.

Πῶς οὖν αὗται καὶ τίνα τρόπον ἐπὶ τῆς πρώτης αἰτίας
ἁρμόσουσι, τέταρτον νοήσωμεν. οὐχ οὕτω φαίην ἂν ὡς ἐπὶ τῶν
δεκτικῶν μὲν τῆς καταφάσεως, οὐ μέντοι δεδεγμένων, οἷον εἰ
τὸν Σωκράτη φαῖμεν μὴ εἶναι λευκόν· ὅλως γὰρ   20
οὐδενὸς τὸ ἕν ἐστι δεκτικόν, ἀλλ᾽ἐξῄρηται παντὸς τοῦ ὄντος καὶ
πάσης μετοχῆς. οὐδὲ αὖ οὕτως ὡς τὸ ἄδεκτον πάντῃ τῆς κατα-
φάσεως, καὶ στέρησιν ἔχον αὐτῆς καὶ ἀμιξίαν πρὸς τὸ εἶδος,
οἷον εἴ τις λέγοι τὴν γραμμὴν οὐ λευκόν, διότι δὴ λευκότητός

1074.20 = Ar., De Int. 7, 17b28-29

1074.29 −1074.1 ἐξῄρηται om. A   1 καὶ ἔτι correximus ex g (et adhuc) :
καίτοι ΑΣ   10 ἀπεριήγητον Σg : ἀπερίληπτον A   12 μόνων ΑΣ : solum
g   18 νοήσωμεν Fg : νοήσομεν AGPR

25 ἐστιν ἀμέτοχος· τὸ γὰρ πρῶτον οὐχ ἁπλῶς ἀπέσπασται τῶν
ἀποφασκομένων, οὐδὲ ἀκοινώνητά ἐστι πάντη ταῦτα πρὸς τὸ ἕν,
ἀλλὰ παράγεται ἐκεῖθεν. καὶ οὐχ ὡς ἡ λευκότης οὔτε γεννᾷ τὴν
1075 γραμμὴν οὔτε γεννᾶται ἀπ' αὐτῆς, οὕτω καὶ τὰ μετὰ | τὸ ἕν
οὔτε γεννᾷ τὸ ἕν οὔτε γεννᾶται ἀπὸ τοῦ ἑνός· ὑφέστηκε γὰρ
ἐκεῖθεν. ἀλλ' οὐδὲ οὕτως ὡς ἂν φαῖμεν κατὰ τὸν μέσον τοῦτον
τρόπον λέγεσθαι τὴν ἀπόφασιν κατὰ τῶν μὴ δεκτικῶν μέν,
5 ἄλλοις δὲ ἐν οἷς ἐστι τοῦ δέχεσθαι τὴν κατάφασιν αἰτίων, οἷον ἡ
κίνησις οὐ κινεῖται, ἀλλὰ τὸ κινούμενον· κατηγορεῖται γοῦν
αὐτῆς ἡ ἀπόφασις, τὸ οὐ κινεῖται, καὶ εἰ ἄλλα κινεῖται δι' αὐτήν·
καὶ ὅλως ἕκαστον τῶν παθῶν αὐτὸ ἀπαθές ἐστιν· ἁπλοῦν γὰρ ὂν
ἢ ἔστιν ἢ οὐκ ἔστι, τὸ δὲ πάσχον δι' αὐτὸ τὸ σύνθετόν ἐστιν. οὐδὲ
10 οὕτως οὖν ἀποφάσκεται τὰ ἀποφασκόμενα τοῦ ἑνός· οὐδὲ γὰρ
ἐγγίγνεταί τινι τὸ ἕν, ἀλλ' αἴτιον μέν ἐστι τῶν καταφάσεων
πασῶν ὧν αὐτῷ προσάγομεν τὰς ἀποφάσεις, οὐδαμῶς δὲ ἐγγί-
γνεται τούτοις ὧν ἐστιν αἴτιον. ἀλλ' εἴ με χρὴ συντόμως εἰπεῖν
τὸ δοκοῦν· ὥσπερ τὸ ἕν αἴτιόν ἐστι τῶν ὅλων, οὕτω καὶ αἱ
15 ἀποφάσεις αἴτιαι τῶν καταφάσεών εἰσιν. ὅθεν καὶ ὅσα κατέφη-
σεν ἡ δευτέρα, καθὰ προείπομεν, ὑπόθεσις, τοσαῦτα ἀπέφησεν ἡ
πρώτη· πάντα γὰρ τὰ καταφατικὰ ἐκεῖνα πρόεισιν ἐκ τούτων
τῶν ἀποφατικῶν, καὶ πάντων αἴτιον τὸ ἕν, ὡς πρὸ τῶν πάντων
ὄν· ὡς γὰρ ἀσώματος οὖσα ἡ ψυχὴ τὸ σῶμα παρήγαγεν, ὡς ὁ
20 νοῦς οἷον ἄψυχος ὤν, ὅτι μή ἐστι ψυχή, τὴν ψυχὴν ὑπέστησεν,
οὕτω τὸ ἕν ἀπλήθυντον ὂν πᾶν τὸ πλῆθος ὑπέστησε, καὶ ἀνά-

1075.16 καθὰ προείπομεν: cf. supra, 1062.9-14

1074.26 πάντη Σg : πάντα A　　1075.2 οὔτε[1]...ἕν om. Cous　　3 — 4 τούτον
τρόπον inv. A　　4 post κατὰ add. τὸν Cous[2]　　7 τὸ οὐ Σg : οὐ γὰρ A
9 σύνθετόν A⁴MᶜΣg : σύνθετά A　　11 τινι AΣg : ἐνὶ Cous　　18 πάντων Σg :
τούτων A　　19 ὄν A²Σg : ἕν M

46

ριθμον ὂν τὸν ἀριθμὸν καὶ ἀσχημάτιστον ὂν τὸ σχῆμα, καὶ ἐπὶ
τῶν ἄλλων ὁμοίως· οὐδὲν γάρ ἐστιν ὧν ὑφίστησιν· οὐδὲ γὰρ
ἄλλο αἴτιον οὐδὲν ταὐτόν ἐστι τοῖς ἑαυτοῦ γεννήμασιν· εἰ δὲ
μηδέν ἐστιν ὧν ὑφίστησι, πάντα δὲ ὑφίστησιν, οὐδέν ἐστι τῶν   25
πάντων. εἰ οὖν τὰ πάντα καταφατικῶς γιγνώσκομεν, ἐκεῖνο
ἀποφατικῶς ἀφ᾽ ἑκάστου τῶν πάντων ἐνδεικνύμεθα, καὶ οὕτω
τοῦτο τὸ εἶδος τῆς ἀποφάσεως γεννητικόν ἐστι τοῦ πλήθους
τῶν καταφάσεων, οἷον τὸ ἀσχημά|τιστον ἐπὶ τοῦ ἑνὸς οὐκ ἔστι   1076
τοιοῦτον οἷον τὸ τῆς ὕλης, ὃ κατὰ τὴν στέρησιν θεωρεῖται τοῦ
σχήματος, ἀλλ᾽ὃ γεννᾷ καὶ παράγει τὴν κατὰ τὸ σχῆμα τάξιν.
ἐπὶ μὲν οὖν τῆς ὕλης αἱ ἀποφάσεις χείρους τῶν καταφάσεων,
ἐπειδήπερ στερήσεις εἰσίν, αἱ δὲ καταφάσεις μεθέξεις ὧν   5
ἐστέρηται καθ᾽αὑτήν· ἐπὶ δὲ τῶν ὄντων σύζυγοι πρὸς τὰς
καταφάσεις· οὐ γὰρ παρ᾽ἔλαττον τὸ μὴ ὂν οὐσίας μετέχει
τοῦ ὄντος, ὡς εἴρηται ἐν Σοφιστῇ· ἐπὶ δὲ τοῦ ἑνὸς αἰτίας
δηλοῦσιν ὑπεροχήν, καὶ τούτῳ κρείττους εἰσὶ ὧν καταφάσεων
διὸ καὶ τῶν μετὰ τὸ ἓν τὰ αἴτια τὰς ἀποφάσεις τῶν δευτέρων   10
οὕτως ἔχει κατ᾽αὐτῶν ἐπαληθευούσας· οὕτω γὰρ καὶ τὴν
ψυχήν, ὅταν λέγωμεν μήτε φθέγγεσθαι μήτε σιγᾶν, οὐχ
οὕτω λέγομεν ταῦτα περὶ αὐτῆς ὡς περὶ λίθων καὶ ξύλων
ἢ ἄλλου τινὸς ἀναισθήτου πράγματος, ἀλλ᾽ὡς γεννητικῆς
οὔσης ἀμφοτέρων ἐν τῷ ζῴῳ, φωνῆς τε καὶ σιγῆς. καὶ πάλιν   15
τὴν φύσιν οὔτε λευκὸν οὔτε μέλαν λέγομεν, ἀλλ᾽ἀχρώματον καὶ
αὖ ἀδιάστατον· ἆρ᾽οὖν οὕτως ὡς τὴν ὕλην; οὐδαμῶς – κρείττων
γάρ ἐστι τῶν ἀποφασκομένων –, ἀλλ᾽ὡς γεννητικὴν καὶ

1076.7–8 = *Soph*. 258b1-2   12–13 cf. *Resp*. VII 515a1-3

1075.25 τῶν om. A   27 ἀφ᾽ om. Σ | ἐνδεικνύμεθα Ag : ἐδεικνύμεθα Σ
1076.12 λέγωμεν MPR : λέγομεν AFG   13 ὡς περὶ Σg : ὥσπερ A

χρωμάτων παντοίων καὶ διαστάσεων. ὁμοίως τοίνυν ⌊καὶ⌋
20 ἀνάριθμον τὴν μονάδα λέγομεν, οὐχ ὡς ὑφειμένην τῶν ἀριθμῶν
καὶ ἀόριστον, ἀλλ᾽ ὡς γεννῶσαν τοὺς ἀριθμοὺς καὶ ὡς ὁρίζου-
σαν, λέγω δὲ τὴν πρωτίστην μονάδα καὶ ἣν πάντα ἔχειν φαμὲν
τὰ εἴδη τῶν ἀριθμῶν. πάντα οὖν ὅσα ἀποφάσκεται τοῦ ἑνός, ἐξ
αὐτοῦ πρόεισι· δεῖ γὰρ αὐτὸ μηδὲν εἶναι τῶν πάντων, ἵνα ᾖ
25 πάντα ἀπ᾽ αὐτοῦ. διό μοι δοκεῖ πολλάκις καὶ ἀντικείμενα
ἀποφάσκειν, οἷον ὅτι οὔτε ὅλον οὔτε μέρος, οὔτε ταὐτὸν
οὔτε ἕτερον, οὔτε ἑστὼς οὔτε κινούμενον· πάσης γὰρ
ἐξῄρηται τὸ ἓν ἀντιθέσεως, πάσης ὑπερήπλωται σχέσεως,
1077 πάσης δυάδος καθαρεύει, παντὸς πλήθους | αὐτῶν καὶ τῶν
συστοίχων τῶν διττῶν αἴτιον ὂν καὶ τῆς πρώτης δυάδος καὶ
πάσης σχέσεως καὶ πάσης ἀντιθέσεως· καὶ γὰρ ἡ φύσις αἰτία
πασῶν τῶν σωματικῶν ἀντιθέσεων, καὶ ἡ ψυχὴ πασῶν τῶν
5 ζωτικῶν εἰδῶν, καὶ ὁ νοῦς τῶν ψυχικῶν γενῶν· τὸ δὲ ἓν ἁπασῶν
τῶν διαιρέσεων ἁπλῶς· οὐ γὰρ ὧν μέν ἐστιν αἴτιον, ὧν δὲ
ἀναίτιον. τὸ δὲ πάσης ἀντιθέσεως αἴτιον αὐτὸ πρὸς οὐδὲν
ἀντίκειται· δέοι γὰρ ἂν καὶ ταύτης εἶναί τι τῆς ἀντιθέσεως
αἴτιον ἄλλο, καὶ οὐκέτι πασῶν αἴτιον τὸ ἕν· τὰς μὲν οὖν ἀποφά-
10 σεις διὰ ταῦτα γεννητικὰς εἶναι τῶν καταφάσεων λέγομεν, τὰς
ἐν τῇ πρώτῃ παρειλημμένας ὑποθέσει τῶν ἐπὶ τῆς δευτέρας
ἐξετασθησομένων· ὅσα γὰρ γεννᾷ τὸ πρῶτον ἐν τῇ πρώτῃ,
τοσαῦτα ἐν τῇ δευτέρᾳ γεννᾶται καὶ πρόεισιν ἐν τάξει τῇ οἰκείᾳ·
καὶ οὕτως ὁ διάκοσμος ἀναφαίνεται τῶν θεῶν ἀπὸ τῆς ἑνάδος

1076.26 cf. *Parm.* 137c5-d3   **26–27** cf. *Parm.* 139b5-e6   **27** cf. *Parm.*
138b8-139b4

1076.19 καὶ² addidimus ex g (*et*)   **25** διό Aᶜg : δύο Σ   **1077.1** αὐτῶν ΑΣ :
ipsum g   **5** εἰδῶν scripsimus : αἰτιῶν ΑΣ *causa* g   **11** ὑποθέσει Ag :
ὑποθέσεις Σ   **12** ἐξετασθησομένων ΑΡg : ἐξετασθημένων FGR

τῆς ἐξῃρημένης ὑποστάς.   15

Ἐκεῖνο δ'ἄν τις πέμπτον εἰκότως ἐπὶ τούτοις ζητήσειε
πῶς, εἰ ἀπὸ τοῦ οἰκείου ἑνὸς ὁ Παρμενίδης εἶπε ποιήσεσθαι τὴν
ἀρχήν, ἀπὸ τῶν ἀποφάσεων ἄρχεται τοῦ ἑνός, ἀλλ'οὐχὶ τῶν
καταφάσεων, αὐτὸς πάντα καταφάσκων ἐκείνου καὶ οὐδὲν
ἀποφάσκων ἐν τῇ ποιήσει· καὶ γὰρ ο ὐ λ ο μ ε λ ὲ ς αὐτό φησιν   20
εἶναι καὶ ἀ τ ρ ε μ έ ς, εἶναί τέ φησιν αὐτὸ ἀναγκαῖον, μὴ εἶναι δὲ
ἀδόκιμον, σφάλλεσθαί τε τὸν λέγοντα αὐτὸ μὴ εἶναι· I καὶ γὰρ ἡ   1078
μὲν εἶναι φάσκουσα αὐτὸ κ έ λ ε υ θ ο ς π ε ι θ ο ῦ ς ἐστι κατ'αὐ-
τόν· ἡ δὲ μὴ εἶναι λέγουσα,

κ α ὶ ὡ ς χ ρ ε ώ ν ἐ σ τ ι μ ὴ ε ἶ ν α ι,

τ ὴ ν δ ή τ ο ι φ ρ ά ζ ω π α ν α π ε ι θ έ α ἔ μ μ ε ν ἀ τ α ρ π ό ν.   5

καὶ ὅλως πολλὰ κατατείνει περὶ αὐτοῦ, καὶ ὡς ῥητόν ἐστι
γράφων καὶ ὡς νοητόν. πῶς οὖν τοῦ Παρμενιδείου ἑνὸς τοιάνδε
φύσιν ἔχοντος, ἐν τούτοις εἰπὼν αὐτὸς ἀπ'ἐκείνου ποιήσεσθαι
τὴν ἀρχὴν τῆς προκειμένης αὐτῷ γυμνασίας, διὰ τῶν ἀποφά-
σεων ὁδεύει πρώτων, ὧν αὐτὸς ἐν ἐκείνοις τοῦ οἰκείου κατέφη-   10
σεν ἑνός; λεκτέον δὴ καὶ πρὸς ταύτην τὴν ζήτησιν ὅτι καὶ ὁ ἐν

1077.17 cf. *Parm.* 137b3-4 **20** = Parm., FVS 28B8.4 (cf. infra, 1084.22; VII
1152.19) **21** = Parm., FVS 28B8.4 I cf. Parm., FVS 28B8.30-31 **22** cf.
Parm., FVS 28B1.32 I cf. Parm., FVS 28B2.7-8 **1078.2** = Parm., FVS
28B2.4 **4–5** = Parm., FVS 28B2.5-6 **8–9** cf. *Parm.* 137b2-3 **11–16** cf.
Soph. 244b9-245b10

1077.17 ποιήσεσθαι Ag : πεποιήσεσθαι Σ (πεποίησθαι F) **21** τέ Σg : τι A
22 ἀδόκιμον correximus ex g (*reprobum*) : ἀδόκητον ΑΣ **1078.2** πειθοῦς
ΑΣ : *ueritatis* g **5** δή Fülleborn : δέ ΜΣg I παναπειθέα coni. Fülleborn :
τοι ἀπειθέα Σ ἀπειθέα Α⁴Μ *incredulitatem* g **10** ὁδεύει Mᶜ(ν ras.)
procedit g : ὁδεύειν ΑΣ

Σοφιστῇ ξένος, ἐκ τοῦ διδασκαλείου πρώτου ὡρμημένος, δείξας
τὸ ἓν ὂν ἐπέκεινα τῶν πολλῶν ὄντων καὶ ταύτῃ τὸν Παρμενίδην
κατορθοῦντα, προτάξαντα τῶν πολλῶν τὸ ἓν ὄν, ἐζήτησεν εἰ
15   ὄντως ἔν ἐστι τὸ Παρμενίδειον ἓν καὶ ταὐτόν ἐστιν ἑνί τε αὐτῷ
εἶναι καὶ ὄντι, ἢ ἄλλο μὲν τὸ ἓν τῇ αὐτοῦ φύσει, ἄλλο δὲ τὸ ὄν.
καὶ ζητήσας ἔδειξεν, εἴπερ ὅλον τί ἐστι τὸ ἓν ὄν, ὡς ὁ Παρμενί-
δης εἶπε, καὶ ἀρχὴν ἔχον καὶ τέλος, μεμερισμένον εἰς ταῦτα καὶ
ο ὐ λ ο μ ε λ ὲ ς ὄν, πεπονθέναι μὲν αὐτὸ ἀναγκαῖον τὸ ἓν καὶ
20   μετέχειν διὰ τὸ ὅλον τοῦ ἑνός, οὐ μέντοι γε αὐτὸ εἶναι τὸ ὡς
ἀληθῶς ἔν· δεῖν δὲ τὴν ἀρχὴν μηδενὸς ἑτέρου μετέχειν, διότι τοῦ
1079 μετ|εχομένου δεύτερον ἀναγκαῖον εἶναι τὸ μετέχον, ὡς δεόμενον
ἄλλου του δήπου, καὶ οὗ ἐφίεται μετέχειν. ὥστ᾽ εἴ τις ἐφέποιτο
τῇ θέσει τοῦ ἑνός, ἀποφήσει πάντα ὅσα κατέφησεν ὁ πεπονθὸς
αὐτὸ θέμενος τὸ ἔν. ἤρξατο μὲν οὖν, ὡς πολλάκις εἴπομεν, ἀπὸ
5   τοῦ οἰκείου ἑνὸς καὶ ἐν τούτοις ὁ Παρμενίδης, ὅπερ ἦν πεπονθὸς
τὸ ἔν, ἀπιδὼν δὲ εἰς τὸ ἓν ᾗ ἓν αὐτὸ μόνον καὶ οὐχ ὡς πεπονθὸς
τὸ ἔν, ἀλλ᾽ ὡς <ἀληθῶς> ἔν, θεασάμενος τὴν μέθεξιν ἀνήγαγε
τὸν λόγον εἰς τὴν ἀκραιφνῆ τοῦ ἑνὸς ἔννοιαν, καὶ διὰ τοῦτο
πάντα οἶδεν ἐξ ἀνάγκης ἀποφατικῶς, ὅσα τῷ πεπονθότι τὸ ἔν –
10   ἀλλ᾽ οὐχὶ τῷ αὐτοενὶ ὄντι – προσήγαγε καταφατικῶς· καὶ δὴ
καὶ ἤρξατο τῶν ἀποφάσεων ἀπὸ τοῦ ὅλου, δι᾽ οὗ καὶ ὁ Ἐλεάτης

1078.19   = Parm., FVS 28B8.4   **1079.4**   ὡς...εἴπομεν: cf. *In Parm.* I
638.2-10, 639.6-640.12; supra, 1077.17, 1078.14-15

1078.12   διδασκαλείου correximus ex g (*scola*) (cf. *In Parm.* I 647.1) :
διδασκάλου ΑΣ | πρώτου Σg : πρῶτον Α expectes τοῦ Παρμενίδου
δείξας Σg : δεῖξαι Α   **15**   τε Σ : γε Α   **20**   ὡς P *ut* g : om. AFGR
1079.1   μετέχον AFg : μετεχόμενον GPR   **2**   του δήπου Strobel : τοῦδε ἢ
τοῦ Σg του Α   **7**   ἀληθῶς add. Strobel   **10**   αὐτοενὶ scripsimus : αὐτῷ ἑνὶ
ΑΣg | προσήγαγε Μ *adduxit* g : προσῆγε ΑΣ

ἐδείκνυ ξένος πεπονθὸς ὃν τὸ ἓν τὸ Παρμενίδειον ἕν,
ἀλλ᾽ οὐκ ἀληθῶς ἕν, καὶ τοῦτο συμπεραίνεται πρῶτον ὅτι οὐχ
ὅλον τὸ ἕν. καὶ ἔδει τοὺς Πλατωνικοὺς ὁρᾶν ὅπως ταῦτα
δείκνυσιν ἐν τούτοις τῇ ἐννοίᾳ τοῦ ἑνὸς ὁ Παρμενίδης, ἅπερ ἐν 15
ἄλλοις αὐτοῦ τὴν δόξαν ἐπανάγων εἰς τὸ ἀληθὲς ὁ
Παρμενίδειος σοφὸς ἀπέδειξε, καὶ μὴ καταψηφίζεσθαι τῆς
πρώτης ὑποθέσεως ὡς κενολογούσης, ἀλλὰ ζητεῖν ἐπὶ ποίου
πράγματός ἐστιν ἡ ὑπόθεσις ἀληθής, καὶ τοῦτο λαμβάνειν ἀπὸ
τοῦ Πλάτωνος. 20

Ἀλλὰ τοῦτο μὲν ὑπεμνήσθω διὰ τούτων. ἴσως δὲ ἄν τις αὐτὸ
τοῦτο λοιπὸν ἡμᾶς ἐπανέροιτο, πότερον τοῖς ἀποφατικοῖς
χρώμεθα διὰ τὴν ἀσθένειαν τῆς ἀνθρωπίνης φύσεως, οὐ
δυναμένης τὴν ἁπλότητα τοῦ ἑνὸς περιλαβεῖν δι᾽ ἐπιβολῆς τινος
ἐπερειστικῆς καὶ θέας καὶ γ ν ώ σ ε ω ς ἐ ρ η ρ ε ι σ μ έ ν η ς, ἢ 25
καὶ τὰ κρείττονα τῆς ἡμετέρας ψυχῆς κατὰ τὸ ἀνάλογον
ἀποφατικῶς γιγνώσκει τὸ ἕν· φαμὲν δὴ οὖν ὅτι καὶ ὁ νοῦς ταῖς
μὲν συζύγοις πρὸς τὰ εἴδη νοήσεσιν αὐτὰ γιγνώσκει καὶ
περιλαμβάνει τὰ νοητά, καὶ ἔστιν | αὐτὴ καταφατική τις ἡ 1080
γνῶσις – ἐ ὸ ν γ ὰ ρ ἐ ό ν τ ι π ε λ ά ζ ε ι –· καὶ ὃ νοεῖ, τοῦτό
ἐστιν, ὃ δὲ λέγει, τοῦτο νοεῖ· ὃ ἄρα ἐστί, τοῦτο λέγει πως ὁ νοῦς
διὰ τῆς ἑαυτοῦ νοήσεως· τῇ δὲ ὑπὲρ νοῦν ἑνάδι συνῆπται πρὸς
τὸ ἓν καὶ διὰ τῆς ἑνώσεως ταύτης γιγνώσκει τὸ ἕν, τῷ μὴ ὄντι 5

1079.12 = *Soph.* 245b7-8 **14** τοὺς Πλατωνικούς: sc. Origenes Neoplato-
nicus, fr. 7 Weber; cf. supra, 1065.1-1066.13; cf. infra, 1087.10-1088.2,
1110.9-11; VII 514.62-515.88 (Moerbeke) **15–17** cf. *Soph.* 244b-245e **25**
= Plot., *Enn.* VI 9 [9] 3.3-4 **1080.2** = Parm., FVS 28B8.25

1079.16 post ἀληθὲς add. ἓν Cous² **18** ὡς om. Σ **21** ὑπεμνήσθω Σg :
ὑπεμνήσθη A **25** ἐπερειστικῆς Mᵇ *superaffixam* g : ἐπερειστικῶς ΑΣ
27 οὖν om. A **1080.3** ὃ δὲ ΑΣ : *et quod* g | λέγει² A : λέγειν Σg

τὸ ἕν· ἀποφατικῶς ἄρα γιγνώσκει τὸ ἕν· διττὰς γὰρ ἔχει τὰς
γνώσεις, τὴν μὲν ὡς νοῦς, τὴν δὲ ὡς μὴ νοῦς, καὶ τὴν μὲν ὡς
ἑαυτὸν γιγνώσκων, τὴν δὲ ⌊ὡς⌋ μεθύων, φησί τις, καὶ αὐτὸς
ἐνθεάζων τῷ νέκταρι, καὶ τὴν μὲν ὡς ἔστι, τὴν δὲ ὡς οὐκ
10 ἔστι· τὴν μὲν ἄρα ἀποφατικὴν ἔχει τῶν γνώσεων, τὴν δὲ κατα-
φατικὴν καὶ αὐτὸς ὁ πολυύμνητος νοῦς· ἀλλὰ μὴν εἰ νοῦς, καὶ αἱ
θεῖαι ψυχαὶ κατὰ μὲν τὰς ἑαυτῶν ἀκρότητας καὶ τὰς ἑνότητας
ἐνθουσιῶσι περὶ τὸ ἓν καὶ εἰσὶ θεῖαι ψυχαὶ μάλιστα ταύτης
ἕνεκα τῆς ἐνεργείας, κατὰ δὲ τὰς νοερὰς δυνάμεις ἐξήρτηνται
15 τοῦ νοῦ καὶ περιχορεύουσιν αὐτόν, κατὰ δὲ τὰς <δια>νοητικὰς
ἑαυτὰς γιγνώσκουσι καὶ τὴν ἑαυτῶν οὐσίαν ἀχράντως οὖσαν
καὶ τοὺς ἑαυτῶν λόγους ἀνελίττουσι, κατὰ δὲ τὰς δοξαστικὰς
τὰ αἰσθητὰ πάντα προειλήφασί τε καὶ κατευθύνουσι δεόντως·
καὶ πᾶσαι μὲν αἱ ἄλλαι γνώσεις αὐτῶν εἰσι καταφατικαί – τὰ
20 γὰρ ὄντα ὡς ἔστι γιγνώσκουσι· τοῦτο δέ ἐστι καταφάσεως ἴδιον
–, τῇ δὲ ἐνθεαστικῇ περὶ τὸ ἓν ἐνεργείᾳ τὸ ἀποφατικόν ἐστι καὶ
ἐν ταύταις τῆς γνώσεως· οὐ γὰρ ὅ τι ἐστὶ τὸ ἓν γιγνώσκουσιν,
ἀλλ᾿ ὅ τι οὐκ ἔστι κατὰ τὸ κρεῖττον τοῦ ἔστιν· ἡ δὲ τοῦ ὅ τι οὐκ
ἔστι νόησις ἀπόφασίς ἐστιν. ὅτε τοίνυν καὶ αἱ θεῖαι ψυχαὶ καὶ
25 αὐτὸς ὁ πολυτίμητος νοῦς δι᾿ ἀποφάσεως γιγνώσκει τὸ ἕν, τί
χρὴ καταγιγνώσκειν ἀδυναμίαν τῆς ἡμετέρας ψυχῆς ἀποφατι-
κῶς αὐτοῦ τὸ ἀπερίληπτον ἐνδείκνυσθαι σπουδαζούσης; τοῦ γὰρ

1080.8–9 = Plot., *Enn.* VI 7 [38] 35.19-28; cf. *Symp.* 203b5

1080.6 ἕν¹ scripsimus (cf. infra, 1081.8) : ὄν ΑΣg μὴ ὄν Cous²   **8**   ὡς
addidimus ex g (*ut*) | αὐτὸς FGRg : αὐτὸν P αὑτὸν A   **14** ἐξήρτηνται Aᶜ
dependent g : ἐξήρτηται ΑΣ ἐξῄρηται Μ   **15** διανοητικὰς Mᵗ : νοητικὰς
ΑΣg   **16** ἑαυτῶν Σg : ἑαυτοῦ A | οὖσαν AᶜRᶜg : οὖσι Σ   **21** ἐνθεαστικῇ A :
ἐνθουσιαστικῇ Σg   **22** τῆς γνώσεως ΑΣ : *cognitionibus* g   **24** ὅτε ΑΣg :
εἰ coni. Taylor   **25** πολυτίμητος Σg : πολυύμνητος A

πρώτου, φησίν, οὐδέν ἐστι τοιοῦτον οἷον γιγνώσκειν
εἰώθαμεν. τί μήν, | ὡς αὐτὸς ἐν Ἐπιστολαῖς εἴρηκε, τοῦτό   **1081**
ἐστι τὸ πάντων αἴτιον τῇ ψυχῇ κακῶν, τὸ τὴν ἰδιότη-
τα τοῦ πρώτου ζητεῖν καὶ λογισμῷ τὴν ἐκείνου γνῶσιν ἐπιτρέ-
πειν, δέοντος ἀνεγείρειν τὸ ἐν ἡμῖν ἕν, ἵνα τῷ ὁμοίῳ τὸ
ὅμοιον, εἰ θέμις εἰπεῖν, γνῶναί πως κατὰ τὴν ἡμετέραν τάξιν   5
δυνατοὶ γενώμεθα· ὡς γὰρ δόξῃ τὰ δοξαστὰ γιγνώσκομεν, καὶ
ὡς διανοίᾳ τὰ διανοητά, καὶ ὡς τῷ νοερῷ τῷ ἐν ἡμῖν τὸ νοητόν,
οὕτω καὶ τῷ ἑνὶ τὸ ἕν. τοῦτο δὲ ταὐτὸν τῷ μὴ ὄντι τὸ ἕν, τοῦτο
δὲ ταὐτὸν τῷ τῇ ἀποφάσει τὸ ἕν· ἀπόφασις γὰρ τὸ μὴ ὄν,
ἀλλ᾽ οὐχ οὕτως ὡς τὸ μηδαμῶς ὄν. ἐκεῖνο μὲν γὰρ μὴ ὂν καὶ   10
οὐδέν ἐστι πρὸς τῷ μὴ ὄντι. διὸ πάσης ἀποπέπτωκεν ὑποστά-
σεως καὶ αὐτοῦ τοῦ ἑνὸς ἀφῃρημένον. λέγεται γοῦν οὐδὲ ἕν, ὡς
πρὸς τοῖς ἄλλοις πᾶσι καὶ τούτου παντελῶς ἀμέτοχον ὄν, <οὗ>
τὸ μὴ μετέχον ἀνυπόστατόν ἐστιν· ἔσχατον γὰρ ἀπολείπει τὰ
πράγματα. πρὸ δὲ αὐτοῦ τὸ ὄν, | καὶ πρὸ τοῦ ὄντος τὸ ζῆν, καὶ   **1082**
πρὸ τούτου τὸ νοεῖν. ὅθεν μὴ νοοῦν μὲν ζῆν τι καὶ εἶναι δυνατόν,
καὶ μὴ ζῶν εἶναι, καὶ μὴ ὂν ἔν πως ὑπάρχειν· τὸ δὲ μηδὲ ἓν
ὑπάρχον πρὸς τοῖς ἄλλοις πάντων ἀναγκαῖον ἐκπεπτωκέναι,
καὶ τοῦτό ἐστι τὸ μηδαμῶς ὄν. τὸ δὲ αὖ πρὸ τοῦ ὄντος ἕν, μὴ ὂν   5
μέν ἐστιν, οὐ μέντοι καὶ οὐδέν· ἓν γὰρ ὄν, ἀδύνατον αὐτὸ λέγειν

1080.29–1081.2 = *Ep.* II 313a1-4; cf. *Ep.* VII 343b8-c1   **1081.4–6** = Ar., *De
An.* I 2, 404b17-18, 405b15; *Met.* II 4, 1000b5-6; Plot., *Enn.* VI 9 [9] 11.32;
cf. *In Parm.* IV 924.27-28

1080.29 τί μήν ΣA^g : οὕτως A   **1081.4** δέοντος scripsimus : δεόντως ΑΣ
autem enter g δέον Cous²   6 δοξαστὰ Σg : δοξαστικὰ A   10 μὲν om. A
12 αὐτοῦ...ἑνὸς ΑΣ : *ab ipso hoc uno* g   13 ὂν οὗ Strobel : ὂν ΑΣ (...)σιω
A^g οὗ Dillon   14 post μὴ add. ἑνὸς Cous²   15 δὲ Σg : γὰρ A^tM
1082.2 νοοῦν...ζῆν M^t mg : νοοῦμεν ζητεῖν ΑΣ *intelligens uiuere* g

οὐδέν. μὴ ὂν οὖν αὐτὸ φῶμεν καὶ νοῶμεν τῷ ἐν ἡμῖν ὁμοίῳ· καὶ
γὰρ ἐν ἡμῖν ἔνι τι σπέρμα ἐκείνου τοῦ μὴ ὄντος· καὶ οὕτως
ἐξῃρημένον αὐτὸ τῶν ὄντων λέγομεν μόνον, ἵνα μὴ πρὸς τὸ
10 ἀόριστον ὑπενεχθέντες λάθωμεν καὶ φανταστικῶς τὸ μὴ ὄν,
ἀλλ' οὐκ ἐνθεαστικῶς προβάλλωμεν· τοῦτο γὰρ ἡμᾶς οὐ τοῦ
ἑνὸς ἀποστήσει μόνον, ἀλλὰ καὶ τῆς τοῦ ὄντος γνώσεως.

Ὅπως μὲν οὖν οἰκεῖαι πρὸς τὸ ἓν αἱ ἀποφάσεις, καὶ τίνα
τρόπον ἀποφάσκεται πάντα ἀπ' αὐτοῦ, καὶ ὅτι πᾶσα γνῶσις τοῦ
1083 ἑνὸς δι' ἀποφάσεώς ἐστιν, ἐκ τούτων δῆλον. | πάλιν δὲ ἡμῖν
ἕκτον ἐπὶ τούτοις σκεπτέον εἴτε πάντα τὰ ὄντα ἀποφάσκεται
τοῦ ἑνός, εἴτε μὴ πάντα, καὶ εἰ μὴ πάντα, τίς ἡ ἀποκλήρωσις
καὶ διὰ τί μέχρι τούτων ἐστὶ καὶ πρὸς τί βλέπων ὁ λόγος.
5 πρῶτον δὲ ἴσως ἀπολογίσασθαι χρὴ πάντα τὰ ἐπὶ τῆς πρώτης
ὑποθέσεως ἀποφασκόμενα τοῦ ἑνός. ἔστι δὲ ταῦτα κατὰ τὸ ἑξῆς
οὑτωσὶ κατατεταγμένα· ὅτι οὐ πολλά, ὅτι οὔτε ὅλον οὔτε μέρος,
⌊ὅτι⌋ οὔτε ἀρχὴν ἔχει οὔτε μέσον οὔτε τελευτήν, ὅτι οὐδὲν ἔχει
πέρας, ὅτι ἀσχημάτιστον, ὅτι <οὔτε ἐν ἑαυτῷ> οὔτε ἐν ἄλλῳ
10 ἐστίν, <ὅτι> οὔτε <ἕστηκεν οὔτε> κινεῖται, <ὅτι> οὔτε {ταὐτὸν
κινεῖται οὔτε} ταὐτόν ἐστιν οὔτε ἕτερον, ὅτι οὔτε ὅμοιον οὔτε
ἀνόμοιον, ὅτι οὔτε ἴσον οὔτε μεῖζον οὔτε ἔλαττον, ὅτι οὔτε

1083.7–15 cf. Parm. 137c4-142a8

1082.9 ἵνα μὴ correximus ex g (ne) : ὂν μὴ ΑΣ   11 οὐ τοῦ Ag : οὔτε Σ
15 τούτων Ag : τούτου Σ   1083.2 ἕκτον correximus ex g (sextum) (cf.
infra, 1088.3, 1089.15) : ἕβδομον ΑΣ   3 πάντα² Σg : πάντως Α   5 ἀπολο-
γίσασθαι scripsimus : ἀπολογήσασθαι ΑΣg   8 ὅτι¹ add. Stallbaum quod
g | ἔχει¹ Ag : ἔχειν Σ ἔχον Cous | οὔτε³ ARg : οὐ FGP   9 οὔτε¹...ἑαυτῷ add.
Aᶜ ᵐᵍ (post ἄλλῳ add. Cous²)   10 ὅτι¹ add. Cous² | ἕστηκεν οὔτε add.
Aᶜ ᵐᵍ | ὅτι² add. Cous² | οὔτε³ om. A (hab. Aᵗ ˢˡ)   10 – 11 ταὐτὸν...οὔτε¹
delevimus ex A

πρεσβύτερον οὔτε νεώτερον, ὅτι γενέσεως οὐδαμῇ μετέχει
χρόνου μὴ μετέχον, ὅτι οὐδὲ τοῦ εἶναι μετέχει, ὅτι οὔτε ὀνομα-
στὸν οὔτε ῥητόν ἐστιν, ὅτι οὔτε δοξαστὸν οὔτε ἐπιστητόν ἐστιν.   15
τὰ μὲν οὖν ἀποφασκόμενα ταῦτά ἐστιν, ὡς ἕκαστον συντόμως
εἰπεῖν. δι' ἣν δὲ αἰτίαν ταῦτα μόνα παρείληπται, ζητοῦμεν· καί,
εἰ μὲν πάντα τὰ ὁπωσοῦν ὄντα, πῶς ⌊πάντα· εἰ δὲ μὴ πάντα,
πῶς⌋ οὐ πάντα, καὶ δι' ἣν αἰτίαν, ἐπιστῆσαι δήπου καὶ ἡμᾶς
ἄξιον· ἤδη γὰρ καὶ τοῖς πρὸ ἡμῶν πολλὴν τοῦτο παρέσχεν   20
ἀπορίαν. καὶ τοὺς μὲν ἄλλους παραλείπω πάντας, ὅσοι τὰ δύο
εἴδη τοῦ ποσοῦ, τό τε διωρισμένον καὶ τὸ συνεχές, ἀποφάσκε-
σθαι τοῦ ἑνὸς εἰρήκασιν· οὔτε γὰρ δύο μόνον εἴδη τοῦ ποσοῦ
κατά τε τοὺς Πυθαγορείους καὶ Πλάτωνα, πολλαχοῦ καὶ αὐτὸν
βοῶντα τρεῖς εἶναι τὰς περὶ τὸ ποσὸν ἐπιστήμας, ἀριθμητικήν,   25
μετρητικήν, στατικήν, οὔτε πάντα ὅσα παρείληπται τῆς τοῦ
ποσοῦ φύσεώς ἐστιν, οἷον τὸ σχῆμα, τὸ κινεῖσθαι, τὸ ἑστάναι. ἢ
ὅσοι τὰς δέκα κατηγορίας ἐν τούτοις ἀνελίτ|τουσιν· οὐ γὰρ   1084
ταῦτα μόνον ὑπὸ τὰς δέκα κατηγορίας, ἀλλὰ καὶ ἄλλα πολλὰ ἂν
εἴποι τις, ὧν οὐδεμίαν ὁ Παρμενίδης πεποίηται μνήμην· ἢ εἴ

1083.21–22 cf. Ar., *Cat.* 6, 4b20   24   cf. Ps.-Archytas fr. 41.1-3 Szlezak;
Ps.-Archytas ap. Simpl., *In Cat.* VI, 128.16-22, 151.32-35   24–25 cf. *Phil.*
55e1-3   1 ὅσοι: sc. Alcinous, *Did.* VI, p. 14.43-44 (cf. infra, VII 1192.1-21)

1083.18 –19   πάντα¹...πῶς addidimus ex g (*omnia; si autem non omnia,
quomodo*)   21   τοὺς...ἄλλους correximus ex g (*alios quidem*) : τοῖς...
ἄλλοις ΛΣ | πάντας correximus ex g (*omnes*) : πάντα ΑΣ   23 μόνον Σg :
μόνα Α   24 τε Α : γε Σ | πολλαχοῦ Σg : πανταχοῦ Α   26 μετρητικήν
Σg : μετρικήν Α | τῆς Σ : τὰ Α   1084.3 ἢ εἴ ΑΣ : *si autem* g

τινες τὰ πέντε γένη θρυλλοῦσι τοῦ ὄντος· καὶ ταῦτα μὲν ἀπέφη-
5 σε τοῦ ἑνός, τὴν οὐσίαν, τὸ ταυτόν, τὸ θάτερον, τὴν κίνησιν, τὴν
στάσιν, οὐ μέντοι ταῦτα μόνον, ἀλλὰ καὶ τὸ σχῆμα καὶ τὸ ὅλον
καὶ τὸν χρόνον καὶ τὸν ἀριθμὸν καὶ τὸ ὅμοιον καὶ ἀνόμοιον, ἃ μή
ἐστι γένη τοῦ ὄντος. ὅσοι δὲ ἐν τῇ μονάδι ταῦτα πάντα δεικνύειν
ἐθέλουσι, πάντων εἰσὶ πιθανώτατοι· καὶ γὰρ πολλὰ ἡ μονὰς
10 ἐγκρυφίως, καὶ ὅλον καὶ μέρη, καὶ σχημάτων περιεκτική, καὶ ἐν
ἑαυτῇ καὶ ἐν ἄλλῳ καθὸ πᾶσι πάρεστι τοῖς ἐξ αὐτῆς, καὶ ἔστηκε
καὶ κινεῖται, μένουσα ἅμα καὶ προϊοῦσα καὶ ἐν τῷ πολλαπλα-
σιάζεσθαι μηδέποτε αὐτῆς ἐξισταμένη, καὶ τὸ ὅμοιον <καὶ
ἀνόμοιον> ἐπ' αὐτῆς ἐστι δῆλον καὶ τὰ ἄλλα ὁμοίως· ἀλλ' ὅτι
15 μὲν ἐν τῇ μονάδι ταῦτα δεικνύειν ῥάδιον, προσθετέον ⌊δ'⌋
αὐτοῖς καὶ ὅτι νοῦ μίμημά ἐστιν ἡ μονάς, ὥστε πολλῷ
πρότερον ἐν τῷ νῷ ταῦτα πάντα προείληπται, καὶ διὰ τοῦτο
ἀποφάσκεται τοῦ ἑνός, ὅτι ὑπὲρ νοῦν ἐστι καὶ πᾶσαν τὴν νοερὰν
οὐσίαν· καὶ γὰρ ταῦτα καὶ ὁ Παρμενίδης θεώμενος ἐν τοῖς ἔπεσι
20 περὶ τὸ ὄντως ὄν, ἐκεῖ καὶ σφαῖραν ἀποτίθεται καὶ ὅλον καὶ
ταὐτὸν καὶ ἕτερον· ἅμα γὰρ αὐτὸ καὶ σ φ α ί ρ η ς ἐ ν α λ ί γ κ ι ο ν

1084.4   τινες: auctor ignoratur, forsan Amelius (cf. infra, VII 1172.24-
1175.22)   **8** ὅσοι: forsan Iamblichus, cf. Iambl., *de Pyth.* VII, 64-65; *De
Myst.* VII 2, 262.2-8   **16** = *Or. chald.* fr. 69.1   **20** cf. Parm., FVS 28B8.43
cf. Parm., FVS 28B8.4, 8.38, 8.5-6   **21** cf. Parm., FVS 28B8.29   **21–22** =
Parm., FVS 28B8.43-44

1084.4 post μὲν add. γὰρ A^sl   **7** post καὶ⁴ add. τὸ A   **8** ταῦτα A⁴Mg :
ταύτῃ A²Σ   **10** ἐγκρυφίως Σg : ἐστι κρυφίως A⁴M   **11** τοῖς A⁴Mg : τῆς Σ
12 ἅμα om. A | τῷ om. A (add. A^c sl)   **13** αὐτῆς A⁴Mg : αὐτῆς Σ
13–14 καὶ ἀνόμοιον huc transposuimus : post δῆλον add. A^c mg om. Σg
15 δ' addidimus ex g (*autem*)   **20** τὸ...ὄν AΣg : περὶ τοῦ ὄντως ὄν-
τος Cous   **21** αὐτὸ Σg : αὐτῷ A

ὄγκῳ, μεσσόθεν ἰσοπαλὲς πάντῃ, καὶ οὐλομελὲς
ἐπονομάζει καὶ ἀτρεμές, ὥστε πάντα ταῦτα πρώτως μέν
ἐστιν ἐν τῷ νῷ, δευτέρως δὲ καὶ εἰκονικῶς ἔν τε τῇ μονάδι καὶ
τῷ αἰσθητῷ παντί, φυσικῶς μὲν ἐν τούτῳ, μαθηματικῶς δὲ ἐν   25
ἐκείνῃ· ἡ σφαῖρα γὰρ νοητὴ μὲν ὁ νοῦς, διανοητὴ δὲ ἡ μονάς,
αἰσθητὴ δὲ ὁ κόσμος οὗτος εἰκόνας φέρων ἐν ἑαυτῷ τῶν ἀϊδίων
θεῶν. οὕτω μὲν οὖν ἕξουσι τὸ τέλειον οἱ τὴν μονάδα παρεισά-
γοντες, εἰ μεταβαίνοιεν ἀπ' αὐτῆς ἐπὶ τὸν νοῦν καὶ | ἀποφά-   1085
σκοιεν ταῦτα τοῦ ἑνὸς ὡς ὑπὲρ νοῦν ὄντος· οὐδὲν γὰρ μέγα καὶ
σεμνόν, εἰ τῆς μονάδος ὑπερέχοι τὸ ἕν, ἧς καὶ ὁ νοῦς ὑπέρτερος,
ἀλλ' εἰ αὐτοῦ κρεῖττον εἴη τοῦ νοῦ καὶ τῶν τοῦ νοῦ πληρωμά-
των. οὐ μὴν οὐδὲ οὗτοι τὴν αἰτίαν λέγουσι, δι' ἣν ταῦτα μόνον   5
παρείληπται, πλείω δὲ τούτων ἢ ἐλάττω τῶν κειμένων οὐδα-
μῶς· οὐδὲ γὰρ ἐν τῇ μονάδι ταῦτα μόνον ἐστίν, ἀλλὰ καὶ ἕτερα
ἂν εὕροις πολλά· καὶ γὰρ περιττὰ καὶ ἄρτια καὶ ἕκαστον ἔχει
τῶν ὑπὸ ταῦτα εἰδῶν. διὰ τί οὖν ταῦτα μόνα ἐκ πάντων, οὐδὲν
λέγουσι σαφές.   10

Μόνος οὖν ἐκ πάντων ὧν ἡμεῖς ἴσμεν, ὁ ἡμέτερος καθηγε-
μὼν αὐτῷ τῷ Πλάτωνι συγχορεύσας ἐν τῇ τῶν θείων γνώσει
κατεῖδεν ὅτι πάντα μὲν ὅσα ἐν τάξει καταφάσκει διὰ τῆς

1084.22 = Parm. FVS 28B8.4   23 = Parm. FVS 28B8.4   1085.11–12
ὁ...καθηγεμὼν: sc. Syrianus

1084.22 μεσσόθεν Cous² : μεσόθεν ΑΣ | οὐλομελὲς Σg : οὐλομενὲς Α (cf.
supra, 1077.20, 1078.19)   25 μαθηματικῶς Rᶜ mathematice g : μαιηματι-
κῶς Σ μιμηματικῶς Α   26 post μὲν add. καὶ Α   27 οὗτος ΑΣ : sic g
(οὕτως Γ?)   1085.3 ὑπερέχοι Ag : ὑπερέχοιεν Σ (ὑπερέχοιε G)   8 πε-
ριττὰ...ἄρτια correximus ex g (imparia et paria) : περιττὴ καὶ ἀρτία ΑΣ
9 μόνα Σg : μόνον Α

δευτέρας ὑποθέσεως, ταῦτα ἀποφάσκει τοῦ ἑνός, ὡς εἴρηται
15 πολλάκις· ἕκαστον δὲ τούτων τάξεώς ἐστιν ἐκεῖ θείας τινὸς
σύμβολον, τὰ πολλά, τὸ ὅλον, τὸ σχῆμα, τὸ ἐν
αὐτῷ καὶ <ἐν> ἄλλῳ, ⌊καὶ⌋ τῶν ἑξῆς ἕκαστον· οὐ γὰρ ἐν
πάσῃ τάξει τοῦ ὄντος πάντα ὁμοίως ἀναφαίνεται, ἀλλὰ ἀλλαχοῦ
μὲν τὸ πλῆθος, ἀλλαχοῦ δὲ ἄλλη τις τῶν θείων ἰδιότης· ὡς γὰρ
20 ἐν Σοφιστῇ μεμαθήκαμεν, πρώτιστον μὲν τὸ ἓν ὄν, δεύτερον δὲ
τὸ ὅλον, τρίτον δὲ τὸ πᾶν, καὶ ὡς ἐν Φαίδρῳ, μετὰ τοὺς νοητοὺς
θεοὺς πρωτίστη μὲν ἡ ἀχρώματος καὶ ἀσχημάτιστος
καὶ ἀναφὴς οὐσία, δεύτερον δὲ τὸ χρῶμα, τρίτον δὲ τὸ
1086 σχῆμα, καὶ ἐπὶ | τῶν ἄλλων ὁμοίως ἐν ἄλλῃ τάξει τοῦ ὄντος
ἄλλων ἔκφανσις γίγνεται πραγμάτων. εἰ τοίνυν πάντα μὲν
ταῦτα δηλοῖ τὸ πλάτος τοῦ ἑνὸς ὄντος ἑξῆς καὶ ἀπαραλείπτως,
βούλεται δὲ τὸ ἓν ἐπέκεινα πάντων ὑπερεῖναι τῶν ὄντων,
5 εἰκότως ἂν ταῦτα μόνα ἀποφάσκοι τοῦ ἑνός. ὅπως δὲ ἕκαστα
τούτων συνδιῄρηται ταῖς θείαις τάξεσιν, ἐπὶ τῆς δευτέρας
ὑποθέσεως ἀκριβέστατα γνωσόμεθα.

Τίνα μὲν οὖν ἐστι τὰ ἀποφασκόμενα τοῦ ἑνός, καὶ ὅτι το-
σαῦτα μόνον ἀναγκαίως – τοσαῦται γάρ εἰσι τῶν ὄντως ὄντων
10 διηριθμημέναι τάξεις –, ἀπὸ τούτων δῆλον. τοσοῦτον δὲ καὶ νῦν
δῆλον ὅτι πάντα ἀπὸ τῆς τοῦ ὄντος ἰδιότητος εἴληπται, καὶ οὐκ

1085.14–15 ὡς...πολλάκις: cf. supra, 1062.9-14, 1075.15-19 19–21 cf. Soph. 245b7-8, 244d14-245b3, 245a1-3 (cf. Theol. plat. III 20) 21–24 cf. Phdr. 247b1, 247c3, 6-7 (cf. Theol. plat. IV 12) 22–23 = Phdr. 247c6-7 1086.6–7 in parte commentarii deperdita (ad Parm. 142b5-155d1)

1085.16 ἐν Ag : ἓν Σ 17 αὐτῷ correximus ex g (se ipso) : αὐτῷ ΑΣ | ἐν ἄλλῳ Cous² : ἄλλῳ MPg ἄλλο AFGR | καὶ² addidimus ex g (et) 1086.5 ἀ-ποφάσκοι Ag : ἀποφάσκει Σ 6 συνδιῄρηται Aᶜ : οὖν διῄρηται Σ νῦν διῄρηται A diuisa sunt g

ἀπὸ τῆς <ζωῆς ἢ τῆς> γνώσεως· τὸ μὲν γὰρ βούλεσθαι καὶ
ὀρέγεσθαι καὶ πᾶν ὅ τι τοιοῦτον τῶν ζώντων ἴδια, τὸ δὲ νοεῖν ἢ
διανοεῖσθαι ἢ αἰσθάνεσθαι τῶν γνωστικῶν· ταῦτα δὲ τῶν
ὁπωσοῦν ὄντων κοινά· πάντα γοῦν τὰ εἰρημένα ὑπάρχει καὶ   15
<ἀψύχοις καὶ> ἐμψύχοις πᾶσιν, ὡς ἂν τοῦ εἶναι παρακολουθή-
ματα, καὶ εἰκότως· ἦν γὰρ ἡ ὑπόθεσις εἰ ἓν <ἔστιν· ὅσα δὲ
τῷ> ἔστιν ἔπεται, τοσαῦτα ἀποφάσκει τοῦ ἕν, ἵνα τελευταῖον
ἀποφήσῃ καὶ αὐτὸ τὸ ἓν ἔστιν, εἰπών· εἰ ἄρα ἓν ἔστι,
τοῦτο τὸ ἓν οὐκ ἔστιν, ὡς κρεῖττον ὂν καὶ τοῦ ἔστιν.   20
οὐδενὸς γάρ ἐστι δεκτικὸν τῶν τῷ ἔστι παρακολουθούντων,
καὶ ἔοικε ταῦτα εἶναι μόνα τὰ τοῖς οὖσιν ὑπάρχοντα, ᾗ ὄντα
ἐστίν, ὅσα καταφάσκει μὲν ἡ δευτέρα ὑπόθεσις, ἀποφάσκει δὲ ἡ
πρώτη· καὶ οὐκ | ἂν εὕροιμεν τῶν ὄντων κοινὰ ἁπάντων πλὴν   1087
τούτων. καὶ τούτων τὰ μὲν ἀνωτέρω ὁλικώτερα, τὰ δὲ <κατωτέ-
ρω> μερικώτερα· διὸ καὶ τὰ ἀνωτέρω ἀνελὼν ἀναιρεῖ τὰ ἑξῆς
κατὰ τὴν ὑπόθεσιν. θαυμαστῶς ἄρα ἐξεῦρε τίνα ἐστὶ τὰ ἑπόμε-
να τῷ ὄντι ᾗ ὄν, καὶ ταῦτα κατέφησε μὲν ἐν τῇ δευτέρᾳ, ἀπέφη-   5
σε δὲ ἐν τῇ πρώτῃ, δεῖξαι βουλόμενος τὸ ἓν τῶν ὄντων ἐπέ-
κεινα, δείξας αὐτὸ τῶν κοινῶν πᾶσι τοῖς οὖσιν ἐπέκεινα ὑπάρ-
χον· ταῦτα δέ ἐστι πάντα τὰ ἀποφασκόμενα τοῦ ἑνὸς κατὰ τὴν
πρώτην ὑπόθεσιν, ὥστ᾽ εἰ τούτων ἄδεκτόν ἐστι, καὶ αὐτοῦ τοῦ

1086.17–18 = *Parm.* 137c3 19–20 = *Parm.* 141e10-12

1086.12 ζωῆς…τῆς[2] cens. addendum Cous[2] | μὲν om. A 15 ὑπάρχει om.
A 16 ἀψύχοις καὶ add. Taylor 17—18 ἔστιν…τῷ add. Strobel 18 post
ἔστιν add. τί Stallbaum 19 ἓν[1] om. g 22 μόνα Σg : μόνον A | ᾗ M qua
g : ἢ ΑΣ 22—23 ὄντα ἐστίν scripsimus : ὄν ἐστιν ΜΣg ἔνεστιν Α[4] 23 ᾗ[2]
om. FGR 24 οὐκ Σg : οὐδ᾽ A 1087.1 ὄντων ΑΣg : πρώτων A[c] 2—3 κα-
τωτέρω add. Cous[2] 5 post ταῦτα add. μὲν A

10 ἔστιν. εἰ δέ τις ἀδύνατα συνάγειν οἴεται τὴν ὑπόθεσιν ταύτην
⌊διὰ ταῦτα⌋, ἀναμνησθήτω καὶ τῶν ἐν Σοφιστῇ γεγραμμένων,
ἐν οἷς ὁ Ἐλεάτης, βασανίζων τὸν περὶ τοῦ ὄντος λόγον τοῦ
Παρμενίδου καὶ δεικνὺς ὡς οὐ δύναται εἶναι ἕν, καὶ μάλιστα
κατ'αὐτὸν ὅλον λέγοντα τὸ ὄν, ἐπήγαγε σαφῶς· ἀ μ ε ρ ὲ ς γάρ
15 π ο υ δ ε ῖ τ ὸ ὡ ς ἀ λ η θ ῶ ς ἓ ν ⌊εἶναι· εἰ δὲ μὴ ἀνυπόστατον
τὸ ὡς ἀληθῶς ἕν⌋ μηδὲ μάτην ἐγκαλεῖ τῷ Παρμενίδῃ διὰ
τούτων, ἐκεῖνό ἐστί που τὸ ὡς ἀληθῶς ἕν, ὥστε καὶ ἀμερές,
ὥστε οὐ μέρη ἔχον, ὥστε πάντα τὰ ἑξῆς· τούτῳ ⌊γὰρ⌋ δειχθέντι
πάντα ἔπεται τὰ συμπεράσματα τῆς πρώτης ὑποθέσεως, ὥστε
20 πᾶσα ἀληθὴς καὶ ἐφαρμόζουσα μόνῳ τῷ ὡς ἀληθῶς ἑνί· τοῦτο
δέ ἐστι τὸ πάντων αἴτιον τῶν ὄντων· καὶ αἱ ἀποφάσεις οὐκ εἰς
τὸ μηδαμῶς <ὂν> ἡμᾶς ἄγουσιν, ἀλλ'εἰς τὸ ἓν αὐτὸ τὸ ὡς
ἀληθῶς ἕν· καὶ γὰρ ἄτοπον τὸ μὲν ὡς ἀληθῶς ὂν εἶναι – καὶ τί
λέγω τὸ ὄν, ἀλλὰ καὶ τὸ ὡς ἀληθῶς ἴσον ἢ καὶ καλὸν καὶ ἕκα-
25 στον τῶν εἰδῶν –, τὸ δὲ ὡς ἀληθῶς ἓν μηδαμοῦ εἶναι τῶν
πάντων, ἀλλ'ὄνομα μόνον, δι'ὃ τὰ ὄντα πάντα σῴζεται καὶ
ἔστιν. εἰ δὲ ἔστι, δῆλον ὡς οὐ πολλά ἐστιν· οὐ γὰρ ⌊ἂν⌋ ἦν ὡς

1087.10   τις: sc. Origenes Neoplatonicus, fr. 7 Weber; cf. supra, 1064.
17-1066.12; cf. infra, 1110.9-11; VII 514.38-515.30 (Moerbeke)   **11–15** cf.
Soph. 244b9-245e2   **14–15** = *Soph.* 245a8-9   **26–27** cf. Ps. Plat., *Def.*
414e9

1087.11 διὰ ταῦτα addidimus ex g (*propter hec*)   **13** ἕν Mᵇ : μέν ΑΣg
15 – 16 εἶναι...ἓν addidimus ex g (*esse. si autem non anypostaton le ut
uere unum*)   **16** Παρμενίδῃ correximus ex g (*Parmenidi*) : Παρμενίδι
FR Παρμενι⁵ GP Παρμενίδης A   **17** ἐκεῖνό PRg : ἐκεῖνός AFG | ἐστί Σg :
γάρ A γὰρ εἶπε Cous²   **18** γὰρ addidimus ex g (*enim*) | δειχθέντι Σg :
δειχθέντα A   **22** ὂν add. Cous²   **27** ἂν addidimus ex g (*utique*)

ἀληθῶς ἕν, τοῦ μηδ᾿ ἑνὸς ἀναπεπλησμένον· τὰ γὰρ πολλὰ οὐχ
ἕν. εἰ δὲ μή ἐστι πολλά, πάλιν ἕπεται πᾶσα ἡ πρώτη ὑπόθεσις,
τούτου | ληφθέντος, καὶ οὐ δεῖ κατηγορεῖν αὐτῆς ὡς ἀδύνατα   **1088**
λεγούσης.

  Τοῦτο μὲν οὖν δέδεικται διὰ τούτων. πάλιν δὲ ἕβδομον
ἐκεῖνο σκεπτέον περὶ τῆς τάξεως τῶν ἀποφάσεων, εἴτε ἄνωθεν
ἄρχονται καὶ ἀπὸ τῶν πρώτων <εἴτε κάτωθεν> ⌊καὶ ἀπὸ τῶν   5
τελευταίων· εἴτε γὰρ ἀπὸ τῶν πρώτων⌋, εἴπωμεν πῶς τὰ
π ο λ λ ὰ πρῶτον ἀναιρεῖ, τελευταῖον δὲ τὸ ε ἶ ν α ι καὶ α ὐ τ ὸ τ ὸ
ἕ ν· σεμνότερον γοῦν δοκεῖ καὶ ἡμῖν τοῦ πλήθους εἶναι τὸ ἕν,
καὶ τὸ ὂν δὲ ὡς ἐν τοῖς οὖσι σεμνότατον· εἴτε ἀπὸ τῶν τελευ-
ταίων, πῶς μετὰ τὰ γένη τοῦ ὄντος ὅμοιον καὶ ἀνόμοιον παρα-   10
λαμβάνει καὶ ἴσον {καὶ ἄνισον} καὶ μεῖζον καὶ ἔλαττον· ταῦτα
γὰρ καταδεέστερα τῶν γενῶν ἐστι τοῦ ὄντος. ἄμεινον μὲν οὖν
λέγειν ὡς ἄνωθέν τε ἄρχεται καὶ πρόεισι ἄχρι τῶν τελευταίων
διὰ τῶν ἀποφάσεων· οὕτω γὰρ καὶ ἐν Φαίδρῳ τῆς ἀκρότητος
τῶν νοερῶν τάξεων ἀποφάσκων τὰς ἐξῆς αὐτῇ καὶ ἀπ᾿ αὐτῆς   15
προελθούσας ἄνωθεν πεποίηται τὴν ἄρσιν, ἀ χ ρ ώ μ α τ ο ν
αὐτὴν πρῶτον εἰπὼν καὶ ἀ σ χ η μ ά τ ι σ τ ο ν ἑξῆς, καὶ τρίτον
ἀ ν α φ ῆ· καὶ γὰρ ἦν ἐκείνη τριῶν βασιλεύουσα νοερῶν τριά-
δων, τῆς συνοχικῆς, ἣν κατὰ τὸ χρῶμα τάττει, τῆς τελεσι-

1088.1–2   cf. Origenes Neoplatonicus, fr. 7 Weber   **16–18**   = *Phdr.*
247c6-7 **18** *ἦν*: cf. supra, 1085.19-1086.2

1087.28 μηδ᾿ἑνὸς correximus ex g (*neque uno*) : μηδενὸς ΑΣ   **1088.3** ἕβ-
δομον correximus ex g (*septimum*) (cf. supra, 1083.2; cf. infra, 1089.15) :
ὄγδοον ΑΣ   **5** εἴτε κάτωθεν addidimus   **5 – 6** καὶ²...πρώτων addidimus
ex g (*et ab ultimis, siue enim a primis*)   **6** εἴπωμεν Σ *dicimus* g : om. Α
11 καὶ ἄνισον delevimus ex g   **13** ἄχρι Σ : μέχρι Α   **14** ἀκρότητος
correximus ex g (*summitate*) : ἀκροτάτης ΑΣ

20 οὐργοῦ δευτέρας, ἣν κατὰ <τὸ> σχῆμα παρελάμβανε, τῆς πα-
τρικῆς, ἣν διὰ τῆς ἁφῆς ἡμῖν συμβολικῶς ἐνεδείκνυτο, καθάπερ
ὑπέμνησται διὰ τῶν πάλαι εἰς τὴν παλινῳδίαν ἡμῖν πεπραγμα-
τευμένων. καὶ ταύτην ἔλαχον αἱ τριάδες αὗται τὴν τάξιν, ἣν καὶ
αἱ ἀποφάσεις. οὕτως οὖν καὶ ἐν τούτοις ἄνωθεν αἱ ἀποφάσεις
25 ἄρχονται καὶ συμπροέρχονται τῇ τάξει τῶν θείων διακόσμων,
ὧν ἁπάντων γεννητικὸν τὸ ἕν. ὅπως δὲ ἐπὶ τέλει τὸ ἓν αὐτὸ
καὶ τὸ εἶναι ἀφεῖλε, μὴ θαυμάσωμεν· ἐὰν γὰρ τῇ ὅλῃ τάξει
τοῦ λόγου παρακολουθήσωμεν, ἔσται ἡμῖν καὶ τοῦτο γνωριμώ-
τατον· καὶ γὰρ δῆλον, οἶμαι, καὶ αὐτόθεν ὡς ἐπὶ μὲν τῶν κατα-
1089 φατικῶν συμπερασμάτων ἀπὸ τῶν μάλιστα συγ|γενῶν ἄρχε-
σθαι δεῖ καὶ διὰ τούτων δεικνύναι τὰ ἧττον συγγενῆ ἑπόμενα
τῇ ὑποθέσει, ἐπὶ δὲ τῶν ἀποφάσεων ἀπὸ τῶν μάλιστα
ἀλλοτρίων καὶ διὰ τούτων δεικνύναι τὰ ἧττον ἀλλότρια μὴ
5 ἑπόμενα τῇ ὑποθέσει· δεῖν γὰρ ἔφημεν τοὺς τῇ μεθόδῳ ταύτῃ
χρωμένους ἀπὸ τῶν γνωριμωτάτων ἄρχεσθαι. διὰ ταῦτα τοίνυν
πρῶτον μὲν ἀποφάσκει τὰ πολλὰ τοῦ ἑνός, οἷς ἀποφαθεῖσι
πρώτοις ἕπεται πάντα ἑξῆς ὅσα μεταξὺ τῶν πολλῶν ἀποφά-
σκεται καὶ τοῦ ἑνός, ἔσχατον δὲ αὐτὸ τὸ ἕν, ὅ ἐστι φύσει μὲν

1088.21–23 καθάπερ...πεπραγματευμένων: in commentario in *Phae-drum* deperdito; cf. Herm., *In Phdr.* 148.14-150.22 **26–27** cf. *Parm.* 141e12-142a1, 141e7-142a3 **29–1089.3** cf. Ar., *Anal. post.* I 2, 71b33-72a5 **1089.3–5** cf. Ar., *Anal. post.* I 2, 72a37-72b4 **5** ἔφημεν: cf. supra, 1088.3-1089.13

1088.20 τὸ add. Cous **20–21** πατρικῆς scripsimus (cf. *Theol. plat.* IV 12, p. 39.18) : νοερᾶς ΑΣg **22** πάλαι scripsimus (cf. *In Parm.* IV 949.31) : πάλιν Σg om. A **25** συμπροέρχονται Ag : συμπροέρχεται Σ | τῇ AᶜΣg : τῶν A **29** δῆλον om. A **1089.5** δεῖν Σg : δεῖ A | ἔφημεν ΑΣ : ἔφαμεν Cous² **7** πρῶτον A : πρῶτα Σg | ἀποφαθεῖσι correximus ex g (*abnega-tis*) : ἀποφανθεῖσι ΑΣ **9** φύσει scripsimus : θέσει ΑΣ om. g

αὐτῷ συγγενέστατον, μετέχεται δὲ ⌊καὶ⌋ ὑπὸ οὐσίας καὶ διὰ   10
τοῦτό τι ⌊ἕν⌋ ἐστιν, ἀλλ᾽οὐχ ἁπλῶς ἕν. ἔδει οὖν, ἀποφατικῶν
ὄντων τῶν συμπερασμάτων, ἀρχὴν μὲν εἶναι τὸ οὐ πολλὰ
τῆς ὑποθέσεως ταύτης, τέλος δὲ τὸ οὐχ ἕν.

Τούτων δὴ διωρισμένων ἡμῖν, τί τὸ πρῶτόν ἐστιν ἀποφα-
σκόμενον, ὄγδοον θεωρήσωμεν. οὐκοῦν αὐτός φησιν ὅτι τὸ ἓν   15
οὐ πολλά· τὰ ἄρα πολλὰ πρῶτον ἀποφάσκει τοῦ ἑνός. ποῦ
οὖν τὰ πολλὰ ταῦτα καὶ τί τὸ πλῆθος ὃ μή ἐστι τὸ ἕν; εἰσὶ δή
τινες οἵ φασι τὰ πανταχοῦ πολλὰ τοῦ ἑνὸς αὐτὸν ἀφαιρεῖν, διότι
παντὸς ὑπερέχει πλήθους τὸ ἓν νοητοῦ τε καὶ αἰσθητοῦ. οὐκ
εἶναι οὖν τὸ ἓν οὐδὲν πλῆθος, οὔτε νοητόν, οὔτε αἰσθητόν· ἀλλ᾽   20
ἀξιώσομεν αὐτοὺς μεμνῆσθαι καὶ ὅτι ἐν τῇ δευτέρᾳ ὑποθέσει
καταφάσκεται τὰ πολλά. ποῖον οὖν αἰσθητὸν πλῆθος ἐν
ἐκείνῃ θεωροῦμεν; πάντα γὰρ ἐπὶ τῶν ὄντως ὄντων λέγεται,
διότι τὸ ἓν ἐκεῖ παρισοῦται καὶ τὸ ὄν. ἄλλοι δὲ ἔτι σεμνότεροι
τούτων τὸ νοερὸν πλῆθος αὐτὸν ἀξιοῦσιν ἀποφάσκειν τοῦ ἑνός·   25
εἶναι γὰρ δὴ τὸ μὲν πρῶτον ἓν ἀπλήθυντον, τὸν δὲ νοῦν ἓν
πολλά, τὴν δὲ ψυχὴν ἓν καὶ πολλὰ διὰ τὸν | μερισμὸν   **1090**

1089.12 cf. *Parm.* 137c4-5   **13** cf. *Parm.* 141e8-11   **15–16** = *Parm.* 137c3
18 τινες: opinio prima, auctor ignoratur   **21–22** cf. *Parm.* 143a4-144e7
24 ἄλλοι: forsan Porphyrius, cf. *Sent.* 43   **26–27** = Plot., *Enn.* V 1 [10]
8.25-26 (cf. *Theol. plat.* I 11, p. 47.11)

1089.10 μετέχεται Aᶜ : μεταδέχεται Σg | καὶ¹ addidimus ex g (*et*)   **11** ἕν¹
addidimus ex g (*unum*)   **13** ταύτης correximus ex g (*huius*) : πάσης ΑΣ
14 Τούτων Λ²MˢⁱΣg · τοῦτο A | δὴ Σg : δὲ A   **15** ὄγδοον ΑΣg (cf. supra,
1088.2) : ἔννατον Cous² | ὅτι A : τί Σg   **16** ἄρα Σg : ἔ (sic) A   **18** αὐτὸν
Ag : αὐτὸς FGP αὐτὸ R

τοῦ συνδέσμου δεηθεῖσαν, τὸ δὲ σῶμα πολλὰ καὶ ἕν, ὡς μερι-
στὸν τῷ πλήθει χαρακτηριζόμενον, τὴν δὲ ὕλην πολλὰ μόνον.
τοῦτο οὖν τὸ πολλὰ τὸ νοερὸν πλῆθος τῆς πρώτης αἰτίας
ἀφαιρεῖ, ἵνα ἓν ᾖ μόνον καὶ ὑπὲρ νοῦν. τί ποτε οὖν τὸν νοῦν οὗτοι
5   λέγουσιν, ἐρωτήσομεν αὐτούς· εἰ μὲν γὰρ τὸν κυρίως νοῦν, ὃς
τοῦ νοητοῦ δεύτερός ἐστιν, οὐ μόνον ἐστὶ τὸ ἓν ἐπέκεινα τοῦ
νοεροῦ πλήθους, ἀλλὰ καὶ τὸ νοητόν, ἅτε τοῦ νοῦ κρεῖττον
ὑπάρχον· εἰ δὲ πᾶν τὸ νοητὸν νοῦν προσαγορεύουσιν, ἀγνοοῦσι
τὴν διαφορὰν τὴν ἐν τοῖς θείοις καὶ τὴν κατὰ μέτρα προϊοῦσαν
10   τῶν ὄντων ἀπογέννησιν. ἄλλοι τοίνυν καὶ τούτων ἐνθεαστικώ-
τεροι χαίρειν εἰπόντες τῷ πλήθει τῷ αἰσθητῷ καὶ μηδὲ τῶν
νοερῶν ἀνασχόμενοι, πολλῷ φασι πρὸ τῶν νοερῶν ἀριθμῶν
εἶναι τὰς νοητὰς μονάδας, ἀφ' ὧν ἀνεφάνη πᾶν τὸ νοερὸν πλῆ-
15   θος κατὰ πολλὰς τάξεις διῃρημένον. ἐκεῖνο οὖν ἀφαιρεῖσθαι τὸ
πλῆθος τοῦ ἑνός, ὅ ἐστι νοητόν, ἅτε προσεχῶς ὂν μετὰ τὸ ἕν,
ἀλλ' οὐ τὸ νοερόν· οὐδὲ γὰρ τοῦτο θαυμαστόν, εἰ τὸ ἓν ἐξήρηται
τοῦ νοεροῦ πλήθους, οὗ καὶ αἱ νοηταὶ μονάδες ὑπερήπλωνται.

Θεῖος μὲν οὖν ὁ λόγος ἐπί τινας ἁπλουστέρας αἰτίας ἀνα-

1090.11 ἄλλοι: sc. Iamblichus, cf. Iambl., *In Phil.* fr. 4 Dillon

---

1090.2   τοῦ συνδέσμου correximus ex g (*coniunctione*) : τῶν συνδέσμων
ΑΣ τῷ συνδέσμῳ Westerink | δεηθεῖσαν Α²ΜΣg : δεθεῖσαν Westerink
5 – 6   τί...νοῦν om. A   6   λέγουσιν Μʰ : λέγοντες Σg | ἐρωτήσομεν cor-
reximus ex g (*interrogabimus*) : ἐρωτήσωμεν Σ   7   post μόνον add. δ' A
9   τὸ Rg : τὸν AFGP   10   μέτρα correximus ex g (*mensuras*) : μέτραν Σ
μέτρον A   11   ἄλλοι τοίνυν Cous² *alii igitur* g : ἀλλ' οἱ τοίνυν ΜΣ
ἀλλ' οὗτοι νῦν Α²   12 – 13   τῶν νοερῶν correximus ex g (*intellectuali-
bus*) : τῷ νοερῷ ΑΣ   13   πολλῷ ΑΣ : *multis* g (πολλῶν Γ?)   15   διῃρημέ-
νον scripsimus : διῃρημένας ΑΣg | ἀφαιρεῖσθαι ΑΣ : *separata est* g
(ἀφῄρηται Γ?)   16 προσεχῶς Σg : προσεχὲς A

δραμών. δεῖ δὲ ἐννοεῖν ὅτι καὶ ἐν τοῖς νοητοῖς πολλαὶ τάξεις εἰσὶ   20
καί, ὡς ὕμνηται παρὰ τοῖς θεολόγοις, τρεῖς αἱ ἐν ἐκείνοις
τριάδες, ἃς ἀποδείξομεν σαφῶς ἐπὶ τῆς δευτέρας ὑποθέσεως
εἰσενηνεγμένας. εἰσὶ δὲ καὶ ἐν τοῖς νοητοῖς καὶ νοεροῖς ἀνάλογον
ἐκείναις τοσαῦται τριάδες. εἰ δὲ ταῦθ᾽ οὕτως ἔχει, δῆλον ὅτι καὶ
τὰ πολλὰ ταῦτα ἢ κατὰ τὸ πρῶτον καὶ νοητὸν πλῆθος ὑποθε-   25
τέον – ταῦτα γὰρ τὰ πολλά, καθὸ | πολλά, μόνον ἀπὸ τοῦ ἑνὸς   **1091**
ὑφέστηκεν, ἀφ᾽ ὧν καὶ τὸ τριαδικὸν ἄνωθεν πρόεισι μέχρι τῶν
ἐσχάτων ἐν νοεροῖς, ἐν ὑπερκοσμίοις, ἐν αἰσθητοῖς, καὶ πᾶν τὸ
ὁπωσοῦν τοῦ εἶναι μεταλαγχάνον τῆς τριάδος ταύτης
μετείληχεν·   5

ἐς τρία γὰρ νοῦς εἶπε πατρὸς τέμνεσθαι ἅπαντα
φησί τις θεῶν,

οὗ τὸ θέλειν κατένευσε, καὶ ἤδη πάντ᾽ ἐτέτμητο·
τοῦτο οὖν ἐστι πρῶτον πλῆθος, τὸ νοητόν, ἀπὸ τοῦ ἑνὸς ἐκφαν-
θέν, ὃ δόξειεν ἂν πρῶτον ἀποφάσκειν τοῦ ἑνός· καὶ ⌊γὰρ⌋ μέχρι   10
ταύτης ἤδη τινὲς τῆς τάξεως ἀναδραμόντες τὸ ἀκρότατον
αὐτῆς εἰς ταὐτὸν ἤγαγον πρὸς τὸ ἕν – ἢ οὖν κατὰ τὸ νοητὸν

1090.21 ὡς...θεολόγοις: cf. Orph., fr. 12.7-17 B. (310 K.)   **22** in parte commentarii deperdita (ad Parm. 142b5-143a3)   **1091.6–8** = Or. chald. fr. 22.1-3   **11** τινὲς: sc. Iamblichus, cf. Iambl., In Parm. fr. 2b Dillon; Iambl., fr. 308 Dalsgaard Larsen; Iambl. ap. Dam., De princ. II, p. 64.8-9, 90.9-13; Theol. plat. III 23, p. 82.4-22

1090.21 ὕμνηται Cous ymnizatum est g : ὕμνηνται ΑΣ | παρὰ Ag : περὶ Σ   **23** καὶ¹ om. Α²Μ   **25** ἢ ΑΣg : ἢ κατὰ τὸ νοητὸν πλῆθος Cous² ἢ del. Westerlink | post πρῶτον add ἢ νοερὸν ὂν ἅμα Cous²   **1091.6** εἶπε Cous : εἴπερ ΑΣg   **8** κατένευσε Cous : κατανεῦσαι ΑΣg   **10** γὰρ addidimus ex g (etenim)

πλῆθος διὰ ταῦτα θετέον τὰ πολλὰ τὰ τοῦ ἑνὸς ἀποφασκόμενα
νῦν, ἢ κατὰ τὸ πρώτιστον πλῆθος ἐν τοῖς νοεροῖς ὂν ἅμα καὶ
15 νοητοῖς· τὰς γὰρ πολλὰς ἑνάδας οὐκ ἐν τοῖς νοητοῖς εἶναι θεοῖς,
ἀλλ᾿ ἐν τοῖς μετ᾿ ἐκείνους εὐθύς· μία γὰρ ἑνάς ἐστι καθ᾿ ἑκά-
στην τριάδα νοητήν· ἑνάδων δὲ πλῆθος ὤφθη πρῶτον κατὰ τὴν
πρώτην τῶν νοητῶν καὶ νοερῶν τάξιν, ὡς ἔσται καὶ τοῦτο
δῆλον ἐκ τῶν ἐν τῇ δευτέρᾳ δειχθησομένων ὑποθέσει. νῦν οὖν
20 ληπτέον ὡς ὁ Πλάτων παντὸς τοῦ τῶν ἑνάδων πλήθους ἐξαιρεῖ
τὸ ἕν, ὡς γεννητικὸν αὐτοῦ καὶ ὑποστατικόν, καὶ τοῦτο ποιεῖ
κατὰ τὰς κοινὰς ἡμῶν ἐννοίας, προλαβὼν ὡς οὐ π ο λ λ ὰ τ ὸ
ἕ ν · ἀπὸ ταύτης οὖν τῆς τάξεως ἄρχεται τῶν ἀποφάσεων, ἐν ᾗ
τὸ πρῶτον τῶν ἑνάδων πλῆθος ἀπὸ τῆς πρωτίστης ἑνάδος
25 ἀνεφάνη. ποῦ δὲ τὸ πρῶτον πλῆθος τῶν ἑνάδων, ὡς εἴπομεν, ἡ
δευτέρα ποιήσει δῆλον ὑπόθεσις· δείξει γοῦν ὁ λόγος τῶν
νοητῶν αὐτὸ θεῶν καὶ νοερῶν ὂν ἐν πρώτοις, ἀλλ᾿ οὐχὶ τῶν
μόνως ὑμνουμένων νοητῶν, εἰ καὶ ἔστι πλῆθος καὶ ἐν ἐκείνοις
ἄλλον τρόπον, καὶ οὐχ ὥστε τὸ ἓν εἶναι πολλά, ἀλλ᾿ ὥστε τὸ ἓν
1092 ὂν εἶναι | πολλά· τῷ μὲν γὰρ τ ὸ ἓ ν ο ὐ π ο λ λ ὰ δηλονότι
ἀντίκειται τ ὸ ἓ ν π ο λ λ ὰ ε ἶ ν α ι, τῷ δὲ τ ὸ ἓ ν ὂ ν π ο λ λ ὰ
τ ὸ ἓ ν ὂ ν ο ὐ π ο λ λ ά. ὥστε εἰ μὲν εἶπε τὸ ἓν ὂν οὐ πολλά, τὰ
πολλὰ ταῦτα τῶν νοητῶν ἂν ἔθεμεν εἶναι πολλῶν. ἐπειδὴ δὲ τὸ
5 ἓν εἶπεν οὐ πολλά, ταῦτα ἐκεῖ θήσομεν, ὅπου ποτ᾿ ἂν δειχθῇ

1091.18–19 cf. *Parm.* 143a4-144e7   **22–23** = *Parm.* 137c4-5   **25** ὡς
εἴπομεν: cf. supra, 1090.20-26   **25–26** cf. *Parm.* 143a4-144e7

1091.16 ἐκείνους Σg : ἐκεῖνα A   **20** ἐξαιρεῖ scripsimus : ἐξαίρει ΑΣg
24 πρωτίστης correximus ex g (*primissime*) : πρώτης ΑΣ   **28** post εἰ
add. δὲ Mˢˡ   **29 – 1092.1** τὸ²...πολλά correximus ex g (*le unum ens sit
multa*) : εἶναι τὰ πολλὰ ἕν ΑΣ   **1092.1** τὸ AFᶜGg : τοῦ FPR | οὐ Σg : εἰ A
2 τῷ Ag : τὸ Σ   **3** τὸ¹ Ag : τῷ Σ

πρῶτον εἶναι τὸ ἓν πολλά, καὶ οὐχὶ τὸ ἓν ὄν. δειχθήσεται δὲ
τοῦτο μετὰ τὰς νοητὰς τάξεις, ὡς ἡμεῖς φαμεν, καὶ ἐν τοῖς
νοητοῖς ὑμνουμένοις καὶ νοεροῖς διακόσμοις τῶν θεῶν, ὅταν
χωρὶς μὲν τὸ ἓν πληθυνόμενον δείξῃ, χωρὶς δὲ τὸ ὄν ὁ λόγος·
αὐτὸ δὲ τὸ νοητὸν πλῆθος τελευταῖον ἀφαιρήσει τοῦ ἑνός, τέλος   10
ἀρχῇ συνάπτων, ἐν οἷς ἀποδείκνυσιν ὅτι τὸ ἓν οὔτε ⌊τὸ ὄν ἐστιν
οὔτε⌋ τὸ ἓν ὄν, ὡς γνωσόμεθα δι' ἐκείνων.

Καὶ ταῦτα μὲν περὶ τούτων· αὐτὴν ⌊δὲ⌋ τὴν λέξιν λοιπὸν
ἐπισκεπτέον, ἵνα καὶ ταύτην ἐπὶ τὴν τῶν πραγμάτων θεωρίαν
ἐπαναγάγωμεν. ἐκεῖνο οὖν πρῶτον ῥητέον ὅτι τὸ μὴ πολλὰ   15
εἶναι τὸ ἓν οὐδὲ ἀποδείξεως οὐδὲ παραμυθίας ἠξίωσεν,
ἀλλὰ κατὰ τὴν κοινὴν ἔλαβεν αὐτὸ καὶ ἀδιάστροφον ἔννοιαν· δεῖ
γὰρ ἐν ταῖς περὶ τοῦ πρώτου μάλιστα θεωρίαις ἀνεγείρειν τὰς
κοινὰς ἐννοίας, ἐπειδὴ πάντα αὐτοφυῶς εἰς ἐκεῖνο τέτακται καὶ
ἀνεπιτηδεύτως καὶ ὅσα κατὰ νοῦν ἐνεργεῖ καὶ ὅσα κατὰ φύσιν   20
μόνον. καὶ ὅλως ἁπάσης ἀποδείξεως ἀρχὴν εἶναι τὸ ἀναπόδει-
κτον καὶ τὰς κοινὰς ἐννοίας ἡγεῖσθαι τῶν ἀποδείξεων, ὥσπερ
καὶ οἱ γεωμέτραι φασί. τοῦ δὲ ὅτι τὸ ἓν οὐ πολλὰ γνωριμώ-
τερον οὐδέν ἐστιν ἡμῖν καὶ σαφέστερον· ὅθεν τοῦτο οὐ δεηθεὶς
κατασκευῆς οὐδὲ πλείονος λόγου παρέλαβεν. εἴληπται μὲν οὖν   25

1092.6   δειχθήσεται: in parte commentarii deperdita (ad *Parm.* 143a4-
144e7)   10–12 cf. *Parm.* 141e7-142a2   12 ὡς...ἐκείνων: cf. *Parm.* 141d12
15–16 = *Parm.* 137c4-5   21–24 cf. Ar., *Anal. post.* I 3, 72b18-25

1092.7 νοητὰς ΑΣ : *intellectualium* g   10 ἀφαιρήσει Σg : ἀφαιρήσῃ Α
(ἀφαιρεθήσῃ Μ^a)   11–12 τὸ².̣..οὔτε addidimus ex g (*neque le ens est*)
13 Καὶ om. Α | δὲ add. Μ^sl *autem* g   17 ἀδιάστροφον Ag : διάστροφον Σ
18 ἀνεγείρειν Σ (ἀνεγείρειν |sic| FR) : ἀνεγεῖραι Α   19 ἐννοίας Μ^t mg
conceptus g : αἰτίας ΑΣ   23–24 γνωριμώτερον Α^cΣg : γνωριμώτατον
Α

ἀπὸ κοινῆς ἐννοίας ὅτι οὐ πολλὰ τὸ ἕν· εἰ δὲ χρή τινος αὐτὸ καὶ
παραμυθίας ἀξιῶσαι, λέγωμεν ὅτι πανταχοῦ τὸ πρώτως ἕκα-
στον ὂν ἐξῄρηται τῶν οἷον ἀντικειμένων καὶ καθαρῶς ἐστιν

1093   ὅπερ | ἐστίν, ὥσπερ δὴ καὶ τὸ καλὸν τὸ πρώτως οὐδαμῶς ἐστι
μὴ καλόν, καὶ τὸ ὄντως ὂν οὐχὶ καὶ μὴ ὄν, ὥστε καὶ τὸ πρώτως
ἓν οὐχὶ καὶ πολλά· μόνως ἄρα ἓν τοῦτό ἐστι τὸ ἕν, οὐχὶ δὲ καὶ
πλῆθος. εἰ γὰρ δή τι καὶ ἔστιν ἐν αὐτῷ πλῆθος, ἡνωμένον ἔσται

5   καὶ οὐχ ἓν ἁπλῶς. πρὸ δὲ τοῦ ἡνωμένου τὸ ἐνοῦν ἔστιν, ὥσπερ
δὴ καὶ πρὸ τοῦ εἰδοποιουμένου τὸ εἰδοποιοῦν. ἔστιν ἄρα τι καὶ
τοῦ ἑνὸς ἐπέκεινα πρώτου ὄντος, ὅπερ ἀδύνατον. καὶ ἐὰν ἐκεῖνο
πάλιν ἔχῃ πλῆθος, πρὸ αὐτοῦ ζητήσομεν ἕτερον, καὶ ἢ ἐπ᾽ ἄπει-
ρον χωρήσομεν, ἢ τὸ μόνως ἓν εὑρόντες ἐκεῖνο φήσομεν εἶναι

10   πάντων μόνως αἴτιον, τὸ δὲ ἡνωμένον πλῆθος τῇ ἀρχῇ συγγενέ-
στατον, ἀλλ᾽ οὐκ ἀρχήν. οὐκ ἄρα πολλὰ τὸ ἕν, ἀλλ᾽ αἴτιον τῶν
πολλῶν· οὕτω γὰρ οὐ πολλά, ὥστε ⌊τὸ⌋ μὴ πολλὰ τῶν πολλῶν
εἶναι γεννητικόν.

Ἀλλὰ ταῦτα μὲν περὶ τῆς ἀποφάσεως κατὰ τὴν κοινὴν
15   ἔννοιαν, ὡς εἴρηται, ληφθείσης. αὐτὸ δὲ τοῦτο πάλιν ζητητέον,
ποῖον ἓν ὁ Παρμενίδης λαμβάνει λέγων· εἰ ⌊ἓν⌋ ἔστιν. εἰ μὲν
γὰρ τὸ ἑαυτοῦ ἕν, ψεῦδος τὸ οὐκ ἂν εἴη πολλὰ τὸ ἕν· τὸ
γὰρ ἓν ὂν πολλά ἐστιν. εἰ δὲ τὸ πρώτως ἓν τὸ ἀμέθεκτον, ἀληθὲς

1093.15 ὡς εἴρηται: cf. supra, 1091.15-27, 1092.15-26   **16** = *Parm.* 137c3
17 = *Parm.* 137c4-5

1092.27   λέγωμεν correximus ex **g** (*dicamus*) : λέγομεν ΑΣ   **28**   ὂν
Dillon : ἓν ΑΣg   **1093.**3   μόνως correximus ex **g** (*solummodo*) : μόνον
ΑΣ | ἓν τοῦτό Σg : ἐν τούτῳ Α   **5** ἐνοῦν Mᶜ *uniens* **g** : ἓν οὖν ΑΣ   **7** ἑνὸς
om. Α   **10**   πάντων correximus ex **g** (*omnium*) : πάντως ΑΣ
10—11 συγγενέστατον Αᶜ : συγγενές ἐστιν Μ συγγενέσθαι Σg   **12** τὸ
addidimus ex **g** (*le*)   **16** ἓν² add. Mʰ *unum* **g**

μὲν τὸ ἑπόμενον, οὐ μέντοι τοῦτό ἐστι τὸ Παρμενίδειον ἕν· ἦν
γὰρ ἐκεῖνο τὸ ἓν ὄν. ἢ καὶ πρότερον εἴρηται καὶ νῦν ὑπομνηστέον   20
ὅτι τὸ ἑαυτοῦ ἓν ἐπαγγειλάμενος ὑποθέσθαι, καὶ τοῦτο
μέντοι ὑποθέμενος τῷ λέγειν εἰ ⌊ἓν⌋ ἔστι – τὸ γὰρ ἔστιν
ἐπὶ τούτου κυρίως – τῇ ἐννοίᾳ μόνῃ τοῦ ἑνὸς ἀποχρώμενος
ἀνατρέχει λοιπὸν ἀπὸ τούτου πρὸς αὐτὸ τὸ ἕν, ὃ μήτε πολλά
ἐστι μήτε τῶν ἄλλων μηδέν. ὅλον γὰρ τὸ ἓν ὂν λαβών, τοτὲ μὲν   25
τῷ ἑνὶ τὴν διάνοιαν ἐπερείδων, τῷ δὲ ἔστι κατὰ μόνην
χρώμενος τὴν λεκτικὴν φαντασίαν ἵνα ποιήσῃ λόγον, εὑρίσκει
τὴν πρὸ τοῦ ἑνὸς ὄντος αἰτίαν, τοτὲ δὲ ἀμφοτέροις ὡσαύτως
ἐπιβάλλων, πᾶν τὸ | πλάτος ἐξελίττει τῆς θείας οὐσίας ἄνωθεν   1094
μέχρι τῆς τελευταίας, τοτὲ δὲ τῷ μὲν ἔστιν ὡς προηγουμένῳ
προσκείμενος, τῷ δὲ ἑνὶ χρώμενος ἵνα μὴ στερήσας αὐτὸ τοῦ
ἑνὸς μηδὲν ὂν ἀποφήνῃ, τὴν ἑπομένην πρὸς τὴν θείαν οὐσίαν
ὑπόστασιν ἐκφαίνει· τὸ μὲν γὰρ ἓν μὴ μετέχειν τοῦ εἶναι δυνα-   5
τόν, τὸ δὲ εἶναι μὴ μετέχειν τοῦ ἑνὸς ἀδύνατον· καὶ γὰρ τὸ μὲν
μὴ ὂν δυνατὸν ὕπαρξιν ἔχειν – τοιοῦτον γὰρ τὸ ἕν –, τὸ δὲ
μηδ᾽ ἓν ἀμήχανον εἶναι ὁπωσοῦν, ἐστερημένον πάντῃ τοῦ ἑνός·
ἀπὸ τοῦ ἑνὸς οὖν ὄντος ἢ ἐπὶ τὸ ἄνω ἡ ὁδὸς ἢ ἐπ᾽ αὐτὸ ἢ ἐπὶ τὸ

1093.20 ἢ...εἴρηται: cf. supra, 1077.16-1079.19   21 = *Parm.* 137b2-3   22 =
Parm. 137c3

1093.20 ἢ Cous² *aut* g : ᾗ ΑΣ   22 τῷ Aᶜg : τὸ ΑΣ | ἓν addidimus ex g
(*unum*)   24 μήτε Aᶜ : μὴ τὸ Σ *non* g   25 τοτὲ Σ *quandoque* g : ποτὲ Α
27 λεκτικὴν scripsimus (cf. *In Parm.* V 1020.8) : δεκτικὴν ΑΣg   28 τοτὲ
Σ *quandoque* g : ποτὲ Aᶜ   1094.1 πλάτος correximus ex g (*latitudinem*) :
πλῆθος ΑΣ   2 τοτὲ Σ *quandoque* g : ποτὲ Aᶜ | μὲν Σg : μὴ Aᶜ   5 μετέ-
χειν τοῦ Aᶜ ˢˡ : ἔχειν τοῦ ΑΣ *habere le* g   7 ὕπαρξιν ἔχειν correximus ex
g (*existentiam habere*) : ὕπαρ ἔχει (sic) Σ ὑπάρχει Α ὑπερέχειν Cous²
8 μηδ᾽ ἓν Cous² *neque unum* g : μηδὲν ΑΣ | ὁπωσοῦν Strobel : *quomodo
igitur* g (πῶς οὖν Γ?) πῶς ὂν Σ πῶς Α

10 κατωτέρω. κατὰ δὲ τὴν ἐπὶ τὸ ἄνω ὁδὸν αὐτὸ τὸ ὡς ἀληθῶς ἓν
ἀναφαίνεται πάντως ἐκβεβηκὸς τοῦ ὄντος, ὅθεν καὶ τελευταῖον
αὐτοῦ καὶ τὸ ἓν ἔστιν ἀφεῖλεν, ὡς οὐδὲ τοῦτο τῷ ἑνὶ προσῆ-
κον.

Τοσαῦτα καὶ πρὸς ταύτην τὴν ζήτησιν. ἡ δὲ εἰσβολὴ τῆς
15 πρώτης ὑποθέσεως ἐναργῆ τὴν ὁρμὴν ἐποίησε τοῦ λέγοντος σὺν
πάσῃ τῇ πρὸς τὸ προκείμενον ἀνατάσει καὶ τὸν ἀκροατὴν εἰς
αὐτὸ ἐπιστρέφοντος· τοῦτο γὰρ τὸ εἶεν ἐγερτικόν ἐστι τῆς
ψυχῆς καὶ ἀναγωγόν, οὐκ ἐῶν ἡμᾶς οἷον καθεύδειν πρὸς τὴν
ῥηθησομένην θεωρίαν, οὐδὲ νωθρότητος ὄντας ἀνάπλεως αὐτῇ
20 πελάζειν, μονονουχὶ τὸ παρὰ τῶν θεῶν ῥηθὲν λέγον ὡς ἄρα

ἔκλυσίς ἐστι θεοῦ νωθρὸς βροτὸς ἐς τάδε χωρῶν·

δεῖ γάρ, εἰ μέλλομεν ταῖς ἀποφατικαῖς ταύταις νοήσεσι
προσχωρῆσαι τοῦ ἑνός, καὶ αὐτοὺς ἐξαναστῆναι τῶν οἰκείων
ἠθῶν, ἀφελεῖν τὴν ποικιλίαν τῆς ζωῆς, καὶ ἀποδύσασθαι τὰς
25 πολλὰς φροντίδας, μόνην αὐτὴν καθ᾽ αὐτὴν ποιήσασθαι τὴν
ψυχήν, οὕτω πρὸς τὸ θεῖον αὐτὴν ἀναπλῶσαι καὶ πρὸς τὴν
ὑποδοχὴν τῆς ἐνθεαστικῆς δυνάμεως, ἵνα αὐτοὶ πρότερον

1094.11–13 cf. *Parm.* 141e10-11 **21** = *Or. chald.* fr. 141

1094.11 πάντως correximus ex g (*omnino*) : παντὸς ΑΣ **12** ἓν : an
delendum ? deest in g | post ἑνὶ add. τὸ Σ **15** ἐναργῆ ΑΣ : *efficacem* g
(ἐνεργῇ Γ?) **16** ἀνατάσει correximus ex g (*extensione*) : τάσει ΑΣ
17 ἐπιστρέφοντος Cous² : ἐπιστρέφον Σ ἐπιστρέφων Α *conuertens* g
εἶεν Rᶜ : εἰ ἓν ΑΣg | ἐγερτικόν Mᵗ : ἐργητικόν Mᵇ ἐνεργητικόν ΑΣg
ἀνενεργητικόν Kroll¹ **19** ὄντας Σg : ὄντως Α **20** παρὰ correximus ex g
(a) : περὶ ΑΣ | λέγον Σ : λέγων Α⁴M **21** τάδε χωρῶν Strobel : τάδ᾽ ἔχων
ΑΣg τάδε νεύων Cous τάδ᾽ ἔχων νοῦν Lewy **23** προσχωρῆσαι Ag :
προχωρῆσαι Σ **27** post αὐτοὶ add. τὸ ἓν Cous²

ἀποφατικῶς τοῦ ἐν ἡμῖν πλήθους ζή|σαντες οὕτως ἐπὶ τὴν   1095
ἀπλήθυντον τοῦ ἑνὸς ἔννοιαν ἀναδράμωμεν.

Ἀλλὰ τοῦτο μὲν δῆλον. ἐκεῖνο δ᾽ ἄν τις ζητήσειε διὰ τί μή,
καθάπερ ἐπὶ τῶν ἄλλων, τὰ ἀντικείμενα ἀφαιρεῖ τοῦ ὡς ἀληθῶς
ἑνός, οἷον ὅτι οὐ ταὐτόν, ὅτι οὐχ ἕτερον δεικνύς, ὅτι οὐχ ἑστώς,   5
ὅτι οὐ κινούμενον, οὑτωσὶ καὶ ὅτι οὐ πολλὰ καὶ ὅτι οὐχ ἓν ἐπι-
δείκνυσιν, ἀλλὰ τοσοῦτον μόνον προσέλαβεν ὅτι ο ὐ π ο λ λ ά,
καὶ οὐκέτι μετὰ τούτου καὶ ὅτι ο ὐ χ ἓ ν ἢ προσέλαβεν ἢ ἀπέ-
δειξεν, ἵνα πανταχοῦ δεικνύηται τῶν ἀντικειμένων ἐκεῖνο
καθαρεῦον, μήτ᾽ ἀμφότερα εἶναι δυνάμενον – οὐ γὰρ τὸ ἓν τὸ   10
ἀμφότερα ὄν –, μήτε θατέρῳ μαχόμενον· δεήσεται <γὰρ> προ-
όντος ἑνὸς τοῦ καὶ αὐτὸ κἀκεῖνο ποιήσοντος ἕν. λέγωμεν οὖν
λογικῶς μὲν ὅτι τὴν ὑπόθεσιν ἔδει φυλάττειν ἀφ᾽ ἧς ὁ λόγος
πρόεισιν· ἔστι δὲ ἡ ὑπόθεσις ε ἰ ἓ ν ἔ σ τ ι· ταύτῃ δὲ ἀκόλουθον
μέν ἐστιν ἐπάγειν τὸ ο ὐ π ο λ λ ά ἐ σ τ ι ν – ἀναίνεται γὰρ ἡ   15
τοῦ ἑνὸς ἔννοια τὸ πλῆθος –, οὐκ ἀκόλουθον δὲ τὸ ο ὐ χ ἕ ν
ἐ σ τ ι, καὶ εἰ ἄλλο ἐστὶ τὸ ἀντικείμενον ἓν τῷ πλήθει, καὶ εἰ
τοῦτο δυνατὸν ἀφαιρεῖν τοῦ ὡς ἀληθῶς ἑνός, ὃ καὶ ποιήσει
τελευτῶν· ἀποφήσει γὰρ τὸ ἓν ὃ ἔστι μετὰ τοῦ ἔστι· προσλαβεῖν
δὲ αὐτὸ καθάπερ τὸ μὴ εἶναι πολλὰ τὸ ἓν οὐκ ἦν, διότι τὸν   20
λόγον ἀπὸ τῶν ἀναμφισβητήτων ἔδει προϊέναι πάντως ὁμολο-

1095.14 = *Parm.* 137c3   19 cf. *Parm.* 141e10-13

1094.28 ἀποφατικῶς ΑΣ : *abnegatiuum* g   1095.28 – 1095.1 ζήσαντες
Westerink : ζητήσαντες ΑΣg   10 τὸ¹ P : τι AFGRg   11 ἀμφότερα
correximus ex g (*utraque*) : ἀμφότερον ΑΣ | δεήσεται correximus ex g
(*indigebit*) : δέηται ΑΣ δέοιτο Cous² | γὰρ addidimus   12 λέγωμεν
correximus ex g (*dicamus*) : λέγομεν ΑΣ   15 μέν om. A⁴M   19 τελευτῶν
Σ *in fine* g : τελευταῖον Μ τελευτέον A⁴ | προσλαβεῖν Ag : προλαβεῖν Σ
20 τὸ¹ Σg : τῷ A   21 πάντως Σg : πάντων A

γημάτων καὶ οὐκ ἀπὸ τῶν λόγου δεομένων· ἓν γὰρ ἦν καὶ τοῦτο
παράγγελμα τῶν εἰς τὴν γυμνασίαν ταύτην συντεινόντων.

Λογικῶς μὲν οὖν, ὅπερ ἔφην, οὑτωσὶ ῥητέον· εἰς δὲ τὰ
25 πράγματα βλέπουσιν, ὅτι τὸ ἓν ἐκεῖνο πάντως ᾧ τὰ πολλὰ
ἀντίκειται, τῷ πλήθει σύνεστι, καθάπερ τῷ ἑτέρῳ τὸ ταὐτόν,
καὶ οὐκ ἔστιν ἀπλήθυντον ἕν, ὡς οὐδὲ ἄνευ ἑνώσεως τὸ πλῆθος·
ἔστι γὰρ τὸ ἓν τῷ πλήθει ἕν, διὸ π ε π ο ν θ ὸ ς ἦν τὸ πλῆθος τ ὸ
ἕ ν. ἅμα οὖν ὁ Παρμενίδης τὰ πολλὰ τοῦ ἑνὸς ἀπέφησε κἀκεῖνο
1096 τὸ | ἓν ὡς συναποπεφασμένον παρῆκεν· εἰ γὰρ εἴη ἐκεῖνο τὸ ἓν
τὸ ὡς ἀληθῶς ἕν, οὐκ ἂν εἴη μόνως οὐ πολλά, ἀλλὰ καὶ πολλὰ
ὡς συνυπάρχον τοῖς πολλοῖς, καὶ καθ' αὑτὸ μὲν οὐ πολλά, κατὰ
συμβεβηκὸς δὲ πολλά, καὶ οὐδαμοῦ ἂν εἴη τὸ ἁπλῶς οὐ πολλά,
5 ἀλλὰ τό πῃ οὐ πολλὰ μόνον, καίτοι γε πανταχοῦ τῆς ἐννοίας
ἡμῶν πρὸ τοῦ πῃ τὸ ἁπλῶς ἀπαιτούσης καὶ ἄρχεσθαι ἀπὸ τῶν
πῃ μόνως ὄντων ἅ ἐστιν ἀναινομένης· διὰ γὰρ τοῦτο καὶ τὰ εἴδη
πρὸ τῶν αἰσθητῶν ἔθετο τὰ νοητά, ζητοῦσα τὰ ἁπλῶς πρὸ τῶν
πῃ ὄντων καὶ ὁμωνύμων ἐκείνοις. λαβὼν οὖν ὅτι τ ὸ ἓ ν ο ὐ
10 π ο λ λ ά, καὶ τοῦτο τὸ ο ὐ π ο λ λ ὰ ἁπλῶς οὐ πολλὰ λαβών,
εἰκότως οὐκ ἐδεήθη καὶ τὸ ἓν συναφελεῖν τό πῃ οὐ πολλὰ ὂν καὶ
οὐχ ἁπλῶς.

Ἀπὸ δὴ τούτων ἐπὶ τὰ πράγματα μεταβάντες λέγωμεν ὅτι
τοῦτό ἐστι τὸ ἕν, ὅπερ ἐν Σοφιστῇ μὲν εἶπεν ὡς ἀ λ η θ ῶ ς ἓ ν
15 ἀ μ ε ρ ὲ ς ὄ ν, καὶ ἄλλο τ ο ῦ π ε π ο ν θ ό τ ο ς τ ὸ ἕ ν, ἐν δὲ

1095.22 ἦν: cf. supra, 1092.15-26 **28–29** = Soph. 245b7-8 **1096.**14–15 =
Soph. 245a8-9 **15** = Soph. 245b7-8

1095.24 εἰς A⁴Mg : εἰ Σ **28** ἐν scripsimus : ἓν ΑΣg **29** ἀπέφησε Σg :
ἀπέφηνε Α **1096.**6 ἡμῶν om. A **13** λέγωμεν correximus ex g (dica-
mus) : λέγομεν ΑΣ **14** ἀληθῶς Σg : ἀληθὲς Α

Ἐπιστολαῖς τὸ πρῶτον τῶν πάντων, ᾧ μὴ δεῖ προσάγειν τὸ
ποῖόν τι μήν· πᾶν γὰρ τὸ ποιὸν οὐκ ἔστιν ἁπλῶς, οἷον τὸ
ποιὸν καλὸν ἢ ποιὸν ἴσον. τὸ γοῦν ποιόν, διαφορὰ ὄν, τὶ ποιεῖ
καλὸν καὶ τὶ ἴσον, ὥστε καὶ τῷ αὐτοενὶ καὶ ἁπλῶς οὐ προσα-
κτέον τὸ ποιόν, ἵνα μὴ τοιόνδε ἓν γένηται ἀντὶ τοῦ αὐτοενός. εἰ   20
οὖν τὸ αὐτοὲν καὶ <τὸ> πρῶτον ταὐτόν, τὸ δὲ πρῶτον θεός, δῆλον
ὅτι ταὐτὸν τὸ αὐτοὲν καὶ θεός, καὶ οὐ τὶς ἐκεῖνο θεός, ἀλλ᾽ αὐτο-
θεός. καὶ ὅσοι ἄρα δημιουργὸν λέγουσι τὸ πρῶτον ἢ πατέρα, οὐκ
ὀρθῶς λέγουσιν· ὁ γὰρ δημιουργὸς καὶ ὁ πατὴρ τὶς θεός· δῆλον
δέ· οὐ γὰρ πᾶς θεὸς ἢ δημιουργὸς ἢ πατήρ. τὸ δὲ πρῶτον ἁπλῶς   25
θεὸς καὶ πάντες θεοὶ δι᾽ ἐκεῖνο θεοί· τινὲς δέ, ὅσοι δημιουργοὶ
διὰ τὸν δημιουργὸν καὶ πατέρες διὰ τὸν πρῶτον δημιουργὸν ἢ
πατέρα. λεγέσθω οὖν τὸ ἓν ἁπλῶς θεός, ὡς πᾶσιν αἴτιον τοῦ
εἶναι θεοῖς τοῖς θεοῖς, ἀλλ᾽ οὐχὶ τοῦ τισὶ θεοῖς, οἷον δημιουργι-
κοῖς | ἢ πατρικοῖς ἢ ἄλλο ἔχουσιν εἶδός τι θεότητος μερικόν, ὃ   1097
δὴ ποιόν ἐστι θεῖον, ἀλλ᾽ οὐχ ἁπλῶς· διὰ ταῦτα γὰρ δὴ καὶ ἐν
Ἐπιστολαῖς ποῖόν τι μὴν ἐπανερωτᾶν τὸ πρῶτον οὐκ
ἐδοκίμαζεν, ἵνα μὴ τὸ πρῶτον τὶ ποιήσωμεν ἀντὶ τοῦ ἁπλῶς·
καὶ γὰρ τὸ ποιὸν ζῷον ἀληθὲς ἐπὶ τοῦ τινὸς ζῴου καὶ οὐ τοῦ   5
ἁπλῶς· ἄποιον γὰρ τὸ ἁπλῶς πᾶν, ὡς πρὸ διαφορᾶς ὄν, ἥτις
ποιεῖ τὸ ἔχον τι καὶ οὐχ ἁπλῶς· τὶ γὰρ ζῷον τὸ ποιὸν ζῷον.

1096.17 = *Ep.* II 313a2-3   **23** ὅσοι: cf. Porph. ap. Dam., *De princ.* II, p.
1.11-13; cf. supra, 1070.13-16   **26** τινὲς: cf. *Theol. plat.* II 12, p. 66.20 ss.
1097.3 = *Ep.* II 313a2-3

1096.16 δεῖ Cous² *oportet* g : δεῖν ΑΣ   **19** τῷ αὐτοενὶ scripsimus : τῷ
αὐτῷ ἑνὶ ΑΣ *ipsi uni* g (αὐτῷ τῷ ἑνὶ Γ?)   **21** τὸ² addidimus   **23** ὅσοι Μ
quicumque g : ὅσον ΑᶜΣ   **1097.3** ἐπανερωτᾶν Αᶜ ᵐᵍ : *superinterrogans* g
ἐπαρετᾶν (sic) Σ ἐπ᾽ ἀρετᾶν Α   **6** πρὸ Ag : πρὸς Σ

ἔχομεν οὖν διὰ τούτων ὅτι τὸ πρῶτον ταὐτὸν καὶ τὸ ἕν. προσκεί-
σθω δὲ ὅτι τοῦτ᾽ἔστι καὶ τὸ ἐν Πολιτείᾳ τ ἀ γ α θ ὸ ν ἐ π έ -
10 κ ε ι ν α τοῦ εἶναι καὶ τ ῆ ς ο ὐ σ ί α ς ἐκεῖ ῥηθὲν καὶ ὂν ὑπε-
ρούσιον· καὶ γὰρ τὸ ἓν καὶ τὸ ἀγαθὸν ταὐτόν, εἴπερ, ὡς ἐν
Φαίδωνι λέγεται, τἀγαθόν ἐστι τὸ πάντα σ υ ν έ χ ο ν, τὸ δὲ
πάντα συνέχον τῷ ἑνὶ ταὐτόν· εἰ <γάρ> ἐστιν ἐπέκεινα τοῦ ἑνός,
ἢ οὐδέν ἐστιν ἢ οὐχ ἕν· ἑκάτερον δὲ ἄτοπον· τὸ ἄρα πρῶτόν ἐστι
15 τ ὸ ὡ ς ἀ λ η θ ῶ ς ἓ ν καὶ ὁ π ά ν τ ω ν β α σ ι λ ε ὺ ς καὶ
τ ἀ γ α θ ό ν.

O ὔ τ ᾽ ἄ ρ α μ έ ρ ο ς α ὐ τ ο ῦ, ο ὔ τ ε ὅ λ ο ν α ὐ τ ὸ δ ε ῖ ε ἶ ν α ι.
- Τ ί δ ή; - Τ ὸ μ έ ρ ο ς τ ο ῦ ὅ λ ο υ μ έ ρ ο ς ἐ σ τ ί; -
Ν α ί. - Τ ί δ ὲ τ ὸ ὅ λ ο ν; ο ὐ χ ὶ ο ὗ ἂ ν μ έ ρ ο ς μ η δ ὲ ν
20 ἀ π ῇ, ὅ λ ο ν ἂ ν ε ἴ η; - Π ά ν υ γ ε. - Ἀ μ φ ο τ έ ρ ω ς ἄ ρ α
τ ὸ ἓ ν ἐ κ μ ε ρ ῶ ν ἂ ν ε ἴ η, ὅ λ ο ν τ ε ὂ ν κ α ὶ μ έ ρ η
ἔ χ ο ν. - Ἀ ν ά γ κ η. [Parm. 137c5-7]

Πρώτη τοῦ ἑνὸς ἀπόφασίς ἐστιν ὅτι οὐ πολλὰ τὸ ἕν· πρώτως
γὰρ ἦν τῶν πολλῶν γεννητικόν· καὶ γὰρ αὐτὸ τὸ πρῶτον
25 πλῆθος τὸ πάντων ἀκρότατον ἐκ τοῦ ἑνὸς προελήλυθε. δευτέρα
μετὰ ταύτην ἀπόφασις ὅτι οὔτε ὅλον ἐστίν, οὔτε
μέρη ἔχει τὸ ἕν· δευτέραν γὰρ ὑφίστησι ταύτην <τὴν>
1098 τάξιν τὸ ἓν μετὰ τὸ | πρῶτον πλῆθος, ὃ πρῶτον ἀπέφησε τοῦ

1097.9-10 = Resp. VI 509b8-9　　11-12 = Phd. 99c5-6　　15 = Soph. 245a8
= Ep. II 313e1-2　　16 = Resp. VI 509b8-9　　24 ἦν: cf. supra, 1093.11-13
1098.1-2 cf. Parm. 137c3-4

1097.8 – 9 προσκείσθω Ag : προκείσθω Σ　　13 εἰ scripsimus : ἢ ΑΣg
γάρ add. Strobel　　14 post δὲ add. τὸ Σ　　18 τοῦ ΑΣg PLAT. C : που PLAT.
BDTW | ὅλου μέρος ΑΣg PLAT. BCD : inv. PLAT. TW　　27 τὴν addidimus

ἑνός. καί, ἵνα τοῦτο καταμάθωμεν σαφέστατα, λογικῶς αὐτὸ
τὴν πρώτην μετέλθωμεν· φανήσεται γὰρ ὃ λέγομεν ὀρθῶς τῷ
ταύτῃ μετιόντι τοὺς λόγους. οὐκοῦν τοῦτο πᾶσίν ἐστι καταφανὲς
ὡς, ὅταν ᾖ συνημμένον ἐκ τῆς ἀναιρέσεως τοῦ ἡγουμένου τὴν   5
ἀναίρεσιν τοῦ ἑπομένου πιστούμενον, καθολικώτερόν ἐστι τὸ
ἡγούμενον, οἷον ἐν τῷ "εἰ μὴ ζῷον, οὐχὶ ἄνθρωπος· ἀλλὰ μὴν οὐ
ζῷον, οὐδὲ ἄνθρωπος ἄρα" τὸ ζῷον τοῦ ἀνθρώπου καθολικώτε-
ρον. καὶ πῶς γὰρ ἂν ἄλλως ἀναιρεθὲν συναναιροίη θάτερον, εἰ
μὴ δύναμιν ἔχοι καθολικωτέραν; καὶ γὰρ ἐπὶ τῶν λεγομένων   10
ἐξισάζειν, ἔστι τις ὑπεροχὴ τῶν συναναιρούντων πρὸς τὰ
συναναιρούμενα, κατ'αὐτὸ τοῦτο τὸ ἡγεῖσθαι θατέρῳ τῆς
ἀναιρέσεως καὶ δι'ἑαυτὸ κἀκεῖνο ἀναιρεῖν, εἰ καὶ μὴ κατὰ τὸ
ποσόν, ἀλλὰ κατὰ τὴν δύναμιν. τοῦτο δ'οὖν κείσθω διωρισμέ-
νον ὅτι ἐν τοῖς ἀποφατικοῖς συμπεράσμασιν, ὅταν διὰ τῆς   15
ἀναιρέσεως τοῦ ἡγουμένου συμπέρασμα συνάγωμεν ἀποφατι-
κόν, τὸ ἡγούμενον δυνατώτερόν ἐστιν· ὅταν δὲ διὰ τῆς ἀναιρέ-
σεως τοῦ ἑπομένου τὸ ἡγούμενον ἀναιρῶμεν, τὸ ἑπόμενον, καὶ
ἁπλῶς τὸ τῇ ἑαυτοῦ ἀναιρέσει τὸ λοιπὸν συναναιροῦν, εἴτε
ἡγούμενον εἴτε ἑπόμενον, κρατητικώτερόν ἐστιν αὐτοῦ καὶ   20
δυνατώτερον.

Ἓν μὲν οὖν τοῦτο κείσθω διωμολογημένον. δεύτερον δὲ
ἕτερον τοιοῦτον. πᾶν τὸ περιληπτικώτερον κατὰ τὴν δύναμίν
τινος ἐγγυτέρω τοῦ ἑνός ἐστιν εἰκότως· διότι γὰρ αὐτὸ τὸ ἓν
πάντων ἐστίν, εἰ θέμις εἰπεῖν, περιληπτικώτατον καὶ οὐδὲν ἔξω   25

1098.9 cf. Ar., *Met.* X 11, 1059b30-1060a2; *Top.* VI 4, 141b28-34

1098.4 ταύτῃ Ag : ταύτην Σ   6 πιστούμενον M$^{b\ sl}$: πιστουμένου ΑΣg
7 ζῷον M^{mg} : τὸ ὂν ΑΣg   12 θατέρῳ ΜΣ *ad alterum* g : θάτερον Α^2

τοῦ ἑνός, οὐδ᾽ ἂν αὐτὴν εἴπῃς τὴν στέρησιν καὶ τὰ ἀμενηνότατα
τῶν πραγμά|των – ἀλλ᾽ εἰ οὐδ᾽ ὅλως ὑφέστηκεν, ἕν πώς ἐστιν –,
ἀνάγκη καὶ τὰ ἐγγυτέρω τοῦ ἑνὸς περιληπτικώτερα εἶναι τῶν
πορρωτέρω, μιμούμενα τὴν ἀπεριόριστον αἰτίαν καὶ τὴν ἄπει-
ρον ὑπερβολὴν τοῦ ἑνός. οὕτω καὶ τὸ ὄν, περιληπτικώτερον ὂν
ζωῆς καὶ νοῦ, τοῦ ἑνός ἐστιν ἔγγιον, καὶ ἡ ζωὴ μᾶλλον ἢ ὁ νοῦς.

Δύο δὴ τούτων ἡμῖν ἀξιωμάτων ὑποκειμένων, κατίδωμεν
ὅπως συλλογίζεται ὁ Παρμενίδης ὅτι τὸ ἓν οὔτε ὅλον
ἐστὶν οὔτε μέρη ἔχει, <καὶ> παρακολουθήσωμεν αὐτοῦ
τῇ ἀγωγῇ. εἰ ὅλον ἐστί, φησίν, ἢ μέρη ἔχει, πολλά ἐστι τὸ ἕν·
ἀλλὰ μὴν οὐ πολλά ἐστιν, ὡς εἴρηται πρότερον· οὔτε ἄρα ὅλον
ἔσται, οὔτε μέρη ἕξει τὸ ἕν. καὶ πάλιν, εἰ μὴ πολλὰ τὸ ἕν, οὔτε
ὅλον ἐστὶν οὔτε μέρη ἔχει τὸ ἕν. ἐν δὴ ταύταις ἀμφοτέραις ταῖς
ἀγωγαῖς τῇ ἀναιρέσει τῶν πολλῶν συναναιρεῖται ⌊καὶ⌋ τὰ μέρη
καὶ τὸ ὅλον. ἔκειτο δὲ ἡμῖν τὸ συναναιροῦν ἑαυτῷ τὸ λοιπὸν ἐν
τοῖς συνημμένοις δυνατώτερον, ⌊καὶ τὸ δυνατώτερον⌋ περιλη-
πτικώτερον· τὸ δὲ περιληπτικώτερον ἐγγύτερον τοῦ ἑνός. τὰ
ἄρα πολλὰ ταῦτα ἐγγυτέρω τοῦ ἑνός ἐστιν ἢ τὰ μέρη καὶ τὸ
ὅλον· καὶ γὰρ τὰ ⌊μὲν⌋ μέρη πολλά, τὰ δὲ πολλὰ οὐ πάντως
ἐστὶ μέρη, ὥστε τῶν μερῶν τὰ πολλὰ περιληπτικώτερα· ἐπέ-
κεινα οὖν ἐστι τῶν μερῶν· πρῶτα ἄρα τ ὰ π ο λ λ ὰ ἐν τοῖς
οὖσίν ἐστι, δεύτερα δὲ τ ὸ ὅλ ο ν κ α ὶ τ ὰ μ έ ρ η, καὶ διὰ τοῦτο
τὰ μὲν πρῶτα παράγει τὸ ἕν, τὰ δὲ δεύτερα διὰ τῶν πολλῶν·

1099.10 ὡς...πρότερον: cf. *Parm.* 137c4-5   14 ἔκειτο: cf. supra, 1098.14-27

1098.26 εἴπῃς Σ : εἴποις Α | ἀμενηνότατα Μ *non manentes maxime* g :
ἀμενηνότα Σ (...)νοτατα Α²   1099.3 ἀπεριόριστον ΑΣ : *incircumscripti-*
bilem g   8 καὶ add. Μˢˡ   13 καὶ addidimus ex g (*et*)   14 δὲ Σg : γὰρ Α
15 καὶ add. Μᵇ *et* g | τὸ δυνατώτερον addidimus ex g (*quod potentius*)
18 μὲν addidimus ex g (*quidem*) | πάντως Ag : παντός Σ

ἀεὶ γὰρ τὰ πρῶτα προϊόντα συμπαράγει τοῖς ἑαυτῶν αἰτίοις τὰ
ἑξῆς. εἴπερ οὖν αἱ ἀποφάσεις γεννῶσι τὰς καταφάσεις, δῆλον
ὡς ἡ μὲν πρώτη τὰ πρῶτα γεννᾷ, ἡ δὲ δευτέρα τὰ δεύτερα. τὰ   25
⌊οὖν πολλὰ⌋ τοῦ ὅλου καὶ μέρη ἔχοντος κοινότερα· τί γάρ, εἰ
ἄπειρα εἴη τὰ πολλά, τοῦ μέρη ἔχοντος πάντως ἐκ πεπερασμέ-
νων ὄντος; ὥστ᾽ εἴ τι μὲν ἔχει μέρη, δεῖται τῶν πολλῶν, εἴ τι δὲ
πλῆθος, οὐκ ἐξ ἀνάγκης ἐστὶν ὅλον. καὶ ὅρα τὴν γεωμετρικὴν
τάξιν, ὅπως | ὅτι μὲν οὐ πολλὰ τὸ ἓν εἴληπται ὡς ἀξίωμα   **1100**
καὶ ὡς κοινὴ ἔννοια, ὅτι δὲ οὔτε ὅλον ἐστὶν οὔτε μέρη
ἔχει κατασκευάζεται δι᾽ ἐκείνης τῆς κοινῆς ἐννοίας. καὶ πάλιν
ὅτι οὔτε ἀρχὴν ἔχει οὔτε <μέσον οὔτε> τελευτὴν
διὰ τοῦ πρὸ αὐτοῦ, καὶ ἑξῆς ἀεὶ κατὰ τὴν χρυσῆν ὄντως   5
σειρὰν τῶν ὄντων ἐφ᾽ ὧν πάντα μὲν ἐκ τοῦ ἑνός, ἀλλὰ τὰ μὲν
ἀμέσως, τὰ δὲ διὰ μιᾶς μεσότητος, τὰ δὲ διὰ δυοῖν, τὰ δὲ διὰ
πλειόνων, πάντα δὲ ἁπλῶς ἐκ τοῦ ἑνός.

Οὕτω μὲν οὖν λογικῶς ἀποδείκνυται τὰ πολλὰ ταῦτα πρὸ
τοῦ ὅλου τεταγμένα καὶ τῶν μερῶν. εἰ δ᾽ ἐθέλοις, καὶ πραγμα-   10
τειωδέστερον ὅρα ⌊ὅτι⌋ τὰ μὲν πολλά, καθὸ πολλά, μίαν αἰτίαν
ἔχει, τὸ ἕν· οὐ γὰρ ἀλλαχόθεν πᾶν πλῆθός ἐστιν ἢ ἐκ τοῦ ἑνός,
ἐπεὶ καὶ τὸ τῶν ὄντων πλῆθος, καθ᾽ ὅσον μὲν ὄντα ἐστίν, ἐκ τοῦ
ὄντος ἐστί, καθ᾽ ὅσον δὲ πλῆθος, ἐκ τοῦ ἑνὸς ὑφέστηκεν· εἰ γὰρ
ἦν τὸ πλῆθος ἔκ τινος ἄλλης αἰτίας παρὰ τὸ ἕν, ἐκείνην ἀναγ-   15
καῖον ἂν ἦν πάλιν ἢ ἓν εἶναι ἢ οὐδὲν ἢ οὐχ ἕν· ἀλλ᾽ εἰ μὲν οὐδὲν
ἦν, οὐδ᾽ ἂν αἰτίαν εἶναι δυνατὸν ἦν αὐτήν· εἰ δὲ οὐχ ἕν, πάλιν οὐχ

1100.4 = *Parm.* 137d4-5   **5–6** = *Theaet.* 153c10 (cf. Hom., *Il.* VIII 18-27)

1099.25 τὰ³ om. Σ   **26** οὖν πολλὰ addidimus ex g (*multa igitur*) : spat.
vac. Σ om. A | τοῦ om. Σ   **27** πάντως Cous² : παντὸς ΑΣg   **1100.**4 μέσον
οὔτε addidimus   **11** ὅτι addidimus ex g (*quod*)   **13** ὄντα correximus ex g
(*entia*) : νοητά A⁴ΜΣ   **14** εἰ Ag : ἢ Σ

ἓν οὖσαν μηδὲν διαφέρειν τῶν πολλῶν, τῆς αἰτίας πανταχοῦ
διαφερούσης τῶν ἀπ᾽αὐτῆς. λείπεται οὖν ἢ ἀναίτια εἶναι τὰ
20   πολλὰ καὶ ἀσύντακτα ἀλλήλοις καὶ ἀπειράκις ἄπειρα, μηδενὸς
ἐν αὐτοῖς ὄντος ἑνός, ἢ τὸ ἓν αἴτιον εἶναι τοῦ εἶναι τοῖς πολλοῖς.
ἢ γὰρ οὔτε ἕκαστον τῶν πολλῶν ἓν οὔτε τὸ ἐκ πάντων, καὶ
οὕτως ἀπειράκις ἄπειρα ἔσται πάντα· ἢ ἕκαστον μὲν ἕν, τὸ δὲ ἐκ
πάντων οὐχ ἕν, καὶ ἀσύντακτα ἔσται ἀλλήλοις – συνταχθέντα
25   γὰρ ἑνὸς ἀνάγκη μετέχειν –· ἢ ἔμπαλιν, καὶ ἕκαστον ἀπειράκις
ἔσται ἄπειρον, μηδενὸς {ὂν} ἑνὸς μετέχον· ἢ ἄμφω ἑνὸς μετέχει,
καὶ δεῖ πρὸ αὐτῶν εἶναι τὸ ἑνοποιὸν ἀμφοτέρων καὶ τῶν μερῶν
καὶ τοῦ ὅλου, μήτε ὅλον ὂν μήτε μέρη ἔχον. πάλιν καὶ τοῦτο
ἐπιδεὲς ἑνὸς ἔσται, καὶ ἢ ἐπ᾽ἄπειρον, ἢ ἥξομεν εἰς τὸ πρὸ τοῦ
1101   ὅλου καὶ τῶν μερῶν ἕν. πρὸς δὲ | τούτοις καὶ εἰ ἄλλο τι αἴτιον
ἦν παρὰ τὸ ἓν τῶν πολλῶν, οὐκ ἂν ἦν πλῆθος ἑνάδων, ἃς
παράγει ἀμέσως τὸ ἕν. εἰ ἄρα εἰσὶ πολλαὶ ἑνάδες, αἴτιον τῶν
πολλῶν καθὸ πολλά, τὸ ἕν· τῶν γὰρ ἑνάδων πρώτως αἴτιον τὸ
5   ἕν, διὸ καὶ ἑνάδες λέγονται· τὸ δὲ τῶν ὄντων πλῆθός ἐστιν ἐκ
τοῦ τῶν ἑνάδων πλήθους, ὥστε πᾶν πλῆθός ἐστιν ἐκ τοῦ ἑνός. τὸ
δέ γε ὅλον τῶν ὄντων ὂν καὶ τὰ μέρη – κἄν τε γὰρ ὅλον ᾖ τὸ ἓν
ὄν, δῆλον δήπουθεν ὅτι μετὰ τοῦ εἶναί ἐστιν ὅλον, κἄν τε τὸ ἓν
τὸ μετεχόμενον, πάντως καὶ τοῦτο τῷ ὄντι σύνεστι, κἂν αὐτὸ
10   μόνον τὸ ὄν, αὐτόθεν καὶ τοῦτό ἐστιν οὐσία – εἰ δ᾽οὖν τὸ ὅλον
καὶ τὸ μέρος ὄντα πώς ἐστιν, ἢ καθ᾽ὕπαρξιν ἢ κατὰ μέθεξιν,

1100.19 λείπεται Ag : λείπεσθαι Σ   23 ἔσται Σg : εἶναι Α | πάντα ΑΣ :
penitus g   26 ὂν delevimus ex g : ὂν Σ ὄντος Α¹ˢˡ   28 ante πάλιν add. ἢ
Cous²   29 ἑνὸς ἔσται inv. Α | ἢ¹ Saffrey-Westerink (cf. supra, 1093.9) : εἰ
ΑΣ om. g | ἢ² correximus ex g (*aut*) : ᾖ Σ ἦν Α   **1101.**2 παρὰ ARˢˡg : περὶ
Σ   3 παράγει Ag : παράγειν Σ | ἀμέσως scripsimus (cf. supra, 1100.7) : ὁ
μὲν ὡς Σg ὡς Α ἡνωμένως Saffrey-Westerink   9 τὸ om. Α

παράγεται μὲν καὶ ταῦτα ἐκ τοῦ ἑνός – ⌊καὶ γὰρ τὸ ὅλον πέπον-
θε τὸ ἕν, καὶ γὰρ πάντα ἐκ τοῦ ἑνός⌋ –, ἀλλὰ καὶ ἀπὸ τῆς
οὐσίας, εἴπερ εἴη τὸ ὅλον τῶν ὄντων καὶ τὸ μέρος. οὕτω γοῦν ὁ
Παρμενίδης ἔλεγεν, ἐν τῷ ἑνὶ ὄντι ταῦτα τιθέμενος, ὅλον αὐτὸ   15
λέγων εἶναι τὸ ἓν ὂν καὶ μέρη ἔχειν, καὶ τὸ μὲν ὂν τοῦ ἑνὸς
ἐξάψας, τὸ δὲ ὅλον ἐν τῷ ὄντι ἑνὶ θεωρῶν καί τι {τὸ} ὂν τὸ ὅλον
ποιῶν εἰκότως· πάντα μὲν γὰρ ὅσα ὁλότητος οὐσιώδους μετέχει,
ταῦτα καὶ οὐσίας· οὐ πάντα δὲ ὅσα οὐσίας, ταῦτα καὶ ὁλότητος·
αὐτὰ γοῦν τὰ μέρη τῆς οὐσίας, καθὸ μέρη, ἐστὶ μετέχοντα τῆς   20
οὐσίας· ὁλότητος οὐ μετέχει, καθὸ τοιαῦτά ἐστιν. εἰ δὲ τοῦτο,
ἐπέκεινα τῆς οὐσιώδους ὁλότητος ἡ οὐσία. μετέχει ἄρα τῆς
οὐσίας τὸ οὐσιῶδες ὅλον καὶ οὐκ ἔστι τῇ οὐσίᾳ ταὐτόν. οὕτω δὲ
καὶ εἴ τις ἑνοειδὴς ἔστιν ὁλότης, μετέχει τοῦ ἑνός. τὸ δὲ ἑνιαῖον
μέρος ἑνὸς μὲν ἀνάγκη μετέχειν, οὐκέτι δὲ ὅλον ἀναγκαῖον   25
ὑπάρχειν, ἀλλὰ καὶ ἀδύνατον, καθ' ὅσον ἐστὶ μέρος. ἀλλὰ μὴν ἢ
οὐσιῶδές ἐστι τὸ ὅλον καὶ μέρος ἢ ἑνιαῖον· ἔστι γὰρ καὶ ἐν
<ταῖς> οὐσίαις καὶ ἐν ταῖς ἑνάσι τὸ ὅλον καὶ μέρος· τὸ ἄρα ἓν
ἐπέκεινα καὶ ὅλου καὶ μέρους καὶ τῶν οὐσιωδῶν καὶ τῶν
ἑνιαίων. καὶ οὐ τοῦτο μόνον, ἀλλὰ καὶ τὰ πολλὰ τοῦ τε ὅλου   30
προϋπάρχει καὶ τῶν μερῶν· ἑκάτερον ⌊γὰρ⌋ πάντως | πολλά   1102
πώς ἐστιν, ὡς δείξομεν· ἀλλὰ μὴν τὰ πολλὰ τὰ πρώτως λη-
φθέντα μόνου μετέχει τοῦ ἑνός. ἐπέκεινα ἄρα τὰ πολλὰ τοῦ τε

1101.14–18 cf. Parm., FVS 28B8.4, 8.38, 8.5-6 1102.2 ὡς δείξομεν: cf.
infra, 1102.20-1103.16

1101.12—13 καὶ²...ἑνός addidimus ex g (etenim le totum passum est le
unum et omnia enim ex uno) 17 τὸ² delevimus 20 αὐτὰ γοῦν ΑΣ :
nam secundum g 28 ταῖς¹ add. Cous 29 καὶ¹ Σg : τοῦ Α 30 οὐ om. Σ
(Aˢˡ hab.) 31 γὰρ add. Cous² enim g 1102.2 δείξομεν ΑΣg : ἐδείξαμεν
Cous² δείξωμεν Stallbaum

ὅλου καὶ τῶν μερῶν.

5   *Ταύτῃ* μὲν οὖν καὶ τοῦτο δεικτέον. θεατέον δὲ ἡμῖν καὶ τὴν
τῶν ἀποδείξεων τούτων ἀλήθειαν· καὶ εἰ ὄντως ἀποδείξεις εἰσί,
δείξουσιν ὅτι πᾶν ὅλον πάντως συνεισάγει τι πλῆθος. πᾶσα οὖν
ὁλότης πάντως ἔμφασιν ἔχει τῶν οἰκείων μερῶν· ἡ μὲν γὰρ ἐν
τῷ μέρει καὶ πάντῃ συντέτακται πρὸς τὸ μέρος καὶ οὐ μόνον
10   ὅλον ἐστίν, ἀλλὰ καὶ μέρος· ἡ δὲ ἐκ τῶν μερῶν συμπεπλήρωται
τοῖς ἑαυτῆς μέρεσιν· ἡ δέ γε πρὸ τῶν μερῶν τὰς αἰτίας ἔχει
⌊τῶν μερῶν· πᾶσα ἄρα ὁλότης ἔμφασιν ἔχει⌋ τῶν μερῶν, ὥστε
καὶ πλήθους· οὐδαμῶς ἄρα ὅλον ἐστὶ τὸ ἕν· εἰ γὰρ πᾶν ὅλον
μετὰ πλήθους, τὸ δὲ ἓν ἄνευ πλήθους, οὐκ ἄρα ὅλον τὸ ἕν. πάλιν
15   τὸ μέρος ἄλλου μέρος ἐστίν, ὥστε τὸ μέρη ἔχον πλῆθος ἔχει·
πᾶν γὰρ μέρος ἕν τι μετ' ἄλλων ἐθέλει συμπληροῦν. τὰ δὲ ἄλλα
ταῦτα, δῆλον ὡς πολλά ἐστιν. εἰ τοίνυν τὸ ἓν οὐδενός ἐστι
πλήθους μετέχον, τὸ δὲ μέρη ἔχον πλῆθος ἔχει, φανερὸν ὅτι τὸ
ἓν οὐκ ἂν ἔχοι μέρη. δέδεικται δὲ ὅτι οὐδὲ ὅλον ἐστίν. οὔτε ἄρα
20   ὅλον ἐστὶν <οὔτε> μέρη ἔχον τὸ ἕν· εἴτε γὰρ ὅλον ἐστίν, εἴτε μέρη
ἔχει, πολλά ἐστιν· ἀλλὰ μὴν οὐ πολλά ἐστιν· οὔτε ἄρα ὅλον
ἐστὶν οὔτε μέρη ἔχον. καὶ ὁρᾷς ὅτι τοῦτο πρῶτόν ἐστιν ἀποδε-
δειγμένον διὰ τῶν οὐ πολλῶν, ὥσπερ δὴ καὶ ἐν τοῖς οὖσιν ἡ
ὁλότης παράγεται διὰ τοῦ πρώτου πλήθους. τὸ δὲ δι'αἰτίας

1102.24–25 cf. Ar., *Anal. post.* I 2, 71b20-23, 30-33, I 24, 85b23-27

1102.5 θεατέον...καὶ[2] correximus ex **g** (*considerandum autem nobis et*) :
δὲ ἡμῖν θεατέον δὲ Σ ἡμῖν θεατέον δὲ Α   **7** συνεισάγει correximus ex **g**
(*coinducit*) (cf. infra, 1115.5) : συνάγει ΑΣ   **12** τῶν[1]...ἔχει addidimus ex **g**
(*partium. omnis ergo totalitas insinuationem habet*)   **19** post μέρη add.
αὐτό Cous[2] | οὐδὲ scripsimus : οὔτε ΑΣ   **20** οὔτε add. Α | μέρη[2] Ag : μέρει
Σ   **22** τοῦτο Α[2]Mg : τοῦτον Σ

δεικνύμενον, τοῦτό ἐστι ⌊τὸ⌋ κυρίως ἀποδεικτόν. εἰ οὖν τὸ ὅλον   25
ὅλον ἐστὶ διὰ τὰ πολλά, τὸ μὴ εἶναι πολλὰ πάλιν αἴτιον τοῦ μὴ
ὅλον εἶναι, ἀμφοτέρων δὲ τούτων ἡ τοῦ ἑνὸς μονότης. τοῦτο δὲ
ἦν ὃ καὶ ὁ Ἐλεάτης σοφὸς ἐδείκνυ μὴ δυνάμενον εἶναι ὡς
ἀληθῶς ἕν, λέγω δὴ τὸ ὅλον. πάθος μὲν γὰρ αὐτό, φησιν,
ἔχειν τοῦ ἑνὸς οὐδὲν κωλύει, τὸ δὲ ἓν αὐτὸ   30
εἶναι ἀδύνατον. ὅπερ οὖν ἐκεῖ δέδειχε δεικνὺς ὅτι μή ἐστιν
ἓν ὡς ἀληθῶς τὸ Παρμενίδειον | ἕν, τοῦτο ἐν τούτοις ἀπέδειξε   1103
μὴ ὅλον τὸ ὡς ἀληθῶς ἕν, ἀντιστρέψας πρὸς ἐκείνην τὴν ἀπό-
δειξιν τὴν ἐνταῦθα πρώτην ἔφοδον· ἐκεῖ μὲν γὰρ ἔδειξεν, εἰ ὅλον
ἐστίν, οὐκ ὂν ἀληθῶς ἕν· ἐνταῦθα δὲ εἰ ἔστιν ὡς ἀληθῶς ἕν, ὅτι
οὐχ ὅλον ἐστίν. ὥστ' ἢ ἐκείνοις ἀπιστείτω τις ὡς οὐ Πλάτωνος   5
θεάμασιν, ἢ καὶ τούτοις συγχωρείτω, καὶ ταύτην ἡγείσθω κατὰ
Πλάτωνα τὴν πρώτην ἀρχὴν καὶ τὸ ὡς ἀληθῶς ἓν εἶναι τὸ
πρῶτον. καὶ τοῦτο μὲν τοιοῦτον· εἰ δὲ ταὐτόν πως εἶναι δοκεῖ τό
τε ὅλον καὶ τὸ μέρη ἔχον, οὐ χρὴ θαυμάζειν· ὁρῶμεν γὰρ ὡς
ἡνωμένον τὸ αὐτὸ καὶ ὡς διακεκριμένον· καὶ ὡς μὲν ἡνωμένον,   10
ὅλον αὐτὸ προσαγορεύομεν, ὡς δὲ διακεκριμένον, μέρη ἔχον. τὸ
δὲ ἓν οὔτε ἡνωμένον ἐστίν, ὥστε οὐχ ὅλον, οὔτε διακεκριμένον,
ὥστε οὐ μέρη ἔχον· εἴτε γὰρ ἡνωμένον, εἴτε διακεκριμένον,
πολλά ἐστι· καὶ γὰρ τὸ ἡνωμένον πλῆθός ἐστι τῷ ἑνὶ κρατού-
μενον, τὸ δὲ ἓν ἐπέκεινα παντὸς πλήθους, τοῦ τε ὡς ἡνωμένου   15
καὶ πολλῷ μᾶλλον τοῦ διακεκριμένου.

1102.29–30 = *Soph.* 245a1-2   30–31 = *Soph.* 245a5-6

1102.25   τὸ¹ addidimus ex g (*quod*) | ἀποδεικτόν ΑΣg : ἀποδεικτικόν
Cous   26 ὅλον del. Cous (om. G)   1103.2 ὅλον Cous² : ὂν ΑΣg | ἕν Σg : ὂν
Α   3 πρώτην Λ ι πρῶτον Ϛ   5 ὥστ' ἢ Σg : ὥστε Α   6 θεάμασιν : an
θεωρήμασιν scribendum ? (cf. *In Parm.* IV, 927.11)   13   εἴτε
διακεκριμένον huc transposuimus ex g : post ἐστιν hab. ΑΣ

Ταῦτα καὶ περὶ τούτων. λοιπὸν δὲ ἄν τις ἐπιζητήσειε πότε-
ρον ταῦτα ἀποφάσκει τοῦ ἑνὸς αὐτοῦ, πρὸς αὐτὸ λαμβάνων τὸ
οὐχ ἑπόμενον αὐτῷ ἢ πρὸς τὰ ἄλλα· καὶ γὰρ τοῦτό τισιν ἔδοξεν,
20   ὡς τῶν πολλῶν ἄλλων ὄντων παρὰ τὸ ἓν καὶ τούτων ἀποφα-
σκομένων τοῦ ἑνός, καὶ τοῦ ὅλου καὶ τοῦ σχήματος, καὶ τῶν
ἄλλων ὁμοίως. δῆλος ⌊δ'⌋ ἐστὶν ὁ φιλόσοφος ἐν ἀρχῇ μὲν τῆς
ὑποθέσεως παραλαμβάνων ὅσα οὐχ ἕπεται τῷ ἑνὶ αὐτῷ πρὸς
αὐτό· καὶ γὰρ ὅτι ἀπλήθυντον καὶ ὅτι οὐχ ὅλον, αὐτὸ καθ'αὐτὸ
25   σκοπούμεθα, καὶ εἰ μηδὲν εἴη τῶν ἄλλων. ἐν μέσοις δὲ ὅσα οὐχ
ἕπεται οὔτε αὐτῷ πρὸς ἑαυτὸ οὔτε πρὸς τὰ ἄλλα, οἷον ὅτι οὔτε
ταὐτὸν ἑαυτῷ οὔτε ἕτερον ἑαυτοῦ, οὔτε ταὐτὸν τοῖς ἄλλοις οὔτε
ἕτερον τῶν ἄλλων, οὔτε ὅμοιον οὔτε ἀνόμοιον ὡσαύτως, οὔτε
ἁπτόμενον οὔτε χωρὶς ὁμοίως. ἐπὶ τέλει δὲ ὅσα οὐχ ἕπεται τῷ
1104   ἑνὶ πρὸς τὰ ἄλλα μόνον, ὅπου καὶ δείκνυται ὡς οὔτε ῥητόν |
ἐστιν οὔτε δοξαστὸν οὔτε ἐπιστητὸν οὔτε ὅλως γνωστόν τινι
τῶν ἄλλων, ἀλλ'αὐτὸ τῶν ἄλλων ἐστὶν ἐξῃρημένον καὶ γνώ-
σεων καὶ γνωστῶν, εἰ οἷόν τε εἰπεῖν, ἐφ'ἑαυτοῦ μόνον, οὐδενὶ
5   τῶν ἄλλων συνταττόμενον, ἀλλ'ἀπεριόριστον τοῖς πᾶσι· καὶ
ὅταν οὖν λέγῃ μὴ εἶναι πολλὰ τὸ ἕν, οὐχὶ τὰ ἄλλα λέγει τοῦ ἑνὸς
μὴ εἶναι τὸ ἕν, ὡς ἐκεῖνα τοῦ ἑνὸς ἀποφάσκων, ἀλλ'αὐτὸ πλῆ-
θος ἐν ἑαυτῷ μὴ ἔχειν, μηδ'εἶναι τὸ ἓν ἅμα τῷ ἑνὶ καὶ πολλά,
μόνως δὲ ἓν εἶναι καὶ αὐτοέν, παντὸς πλήθους καθαρεῦον· καὶ

1103.22–25 cf. *Parm.* 137e3-139b3   **25–29** cf. *Parm.* 139b4-141e6
29–1104.5 cf. *Parm.* 142a2-5 **1104.9–11** cf. *Parm.* 143a4-144e7

1103.18 αὐτοῦ Σg : αὐτὸ A | αὐτὸ correximus ex g (*se ipsum*) : αὐτὸ ΑΣ
λαμβάνων Cous² : λαμβάνον ΑΣ   **20** παρὰ Ag : περὶ Σ   **22** δ' addidi-
mus ex g (*autem*)   **24** αὐτό Cous² : αὐτό ΑΣg   **27** ἑαυτοῦ scripsimus :
ἑαυτῷ ΑΣg **1104.4** μόνον Σg : μένον A

γὰρ ὅταν ἐν τῇ δευτέρᾳ ὑποθέσει διῇ καταφάσκων ὅτι πολλὰ   10
τὸ ἕν, *** ἀπλήθυντον αὐτὸ εἶναι καὶ μόνως ἓν καὶ οὕτω μήτε
ὅλον εἶναι μήτε μέρη ἔχειν, πρὸς ἑαυτὸ σκοποῦσα πῶς ἔχει
τοῦτο τὸ ἕν.

**Ἀμφοτέρως ἂν ἄρα οὕτω τὸ ἓν πολλὰ εἴη,
ἀλλ'οὐχ ἕν. – Ἀληθῆ. – Δεῖ δέ γε μὴ πολλά,   15
ἀλλ'ἓν αὐτὸ εἶναι. – Δεῖ. – Οὔτε ἄρα ὅλον
ἔσται οὔτε μέρη ἕξει, εἰ ἓν ἔσται τὸ ἕν. – Οὐ
γάρ.** [Parm. 137c9-d3]

Συμπεραίνεται μὲν ἐν τούτοις τὴν ὅλην ἀπόδειξιν, ἣν καὶ
πρότερον εἴπομεν, καὶ νῦν δὲ ἴσως ὑπομνῆσαι πάλιν εὔκαιρον.   20
τὸ ἓν οὐ πολλά· τὸ ὅλον πολλά· {ἐμοὶ δοκεῖ τὸ ἓν οὐ πολλά}. τὸ
ἄρα ἓν οὐχ ὅλον· καὶ πάλιν τὸ ἓν οὐ πολλά· τὸ μέρη ἔχον πολλά.
τὸ ἓν ἄρα οὐκ ἔχει μέρη, ὡς εἶναι τὸν συλλογισμὸν ἐν δευτέρῳ
σχήματι. τὸ ἄρα ἓν οὐκ ἔχει μέρη· καὶ ὑποθετικῶς· εἰ ὅλον ἐστί,
<μέρη ἔχει τὸ ἕν>· εἰ μέρη ἔχει τὸ ἕν, πολλά ἐστιν· ἀλλὰ μὴν οὐ   25
πολλὰ τὸ ἕν· οὔτε ἄρα ὅλον ἐστὶν οὔτε μέρη ἔχει. καὶ θέα μοι τὴν
ἀσφάλειαν τοῦ Πλάτωνος, ὅτι οὐκ ἀμερὲς ἔφατο τὸ ἕν, ἀλλὰ
μέρη μὴ ἔχον· οὐ γὰρ ταὐτόν ἐστι τὸ ἀμερὲς τῷ μέρη μὴ ἔχειν·
τοῦτο μὲν γὰρ κατὰ τοῦ ἑνὸς λέγειν δυνατόν, τὸ δὲ ἀμερὲς οὐ

1104.20 πρότερον εἴπομεν: cf. supra, 1102.5-1103.16   **23-24** cf. Alc., *Did.*
VI, p. 12.41-3

1104.10 διῇ Stallbaum : διήῃ ΑΣ *erit* g (εἴη Γ?)   **11** post ἕν lacunam
statuimus : expectes θεωρεῖ πῶς ἔχει πρὸς ἑαυτό· καὶ οὕτω ἡ πρώτη
ὑπόθεσις λέγει aut simile aliquid   **13** τὸ om. Σ (hab. G, sed om. τοῦτο)
14—15 Ἀμφοτέρως...Ἀληθῆ Σg PLAT. codd. : om. A   **21** ἐμοὶ...πολλά[3]
delevimus cum M, deest in Rg   **25** μέρη[1]...ἕν[1] add. A   **28** τὸ Ag : τῷ Σ

30 πάντως· φύσιν γάρ τινα δηλοῖ τὸ ἀμερὲς ἔστιν ὅτε καὶ οἷον εἶδός
τι, μᾶλλον δὲ καὶ οὐδὲν ἄλλο ἢ ἑνοειδὲς εἶδος, καὶ οὐδὲν ἄλλο ἢ

1105 ὅπερ ὁ Τίμαιος κέκλη|κεν ἀ μ έ ρ ι σ τ ο ν. δῆλος γοῦν ἐστι καὶ
αὐτὸς ἐν ἐκείνοις τὸ αὐτὸ καὶ ἀ μ έ ρ ι σ τ ο ν ἀδιαφόρως καὶ
ἀ μ ε ρ ὲ ς ὡς ἓν ἀνθ' ἑνὸς ἀποκαλῶν, ὡς ἐν τῇ ἀρχῇ τῆς ψυχο-
γονίας γέγραπται. ἐν δὲ Σοφιστῇ καὶ τ ὸ ὡς ἀ λ η θ ῶ ς ἓ ν

5 ἀ μ ε ρ ὲ ς ἐκάλεσεν εἰπών, ἀ μ ε ρ ὲ ς γ ά ρ π ο υ δ ε ῖ τ ό γ ε
ὡ ς ἀ λ η θ ῶ ς ἓ ν ε ἶ ν α ι, ταὐτὸν ἐν τούτῳ λέγων τὸ ἀ μ ε ρ ὲ ς
ὅπερ ἐνταῦθα μ έ ρ η μ ὴ ἔ χ ο ν εἶπεν, ὥστ' εἴ τι μέν ἐστι μέρη
μὴ ἔχον, ἀμερές ἐστι κατ' αὐτόν· οὐκ, εἴ τι δὲ ἀμερές, τοῦτο
μέρη μὴ ἔχον, εἴπερ ἐστὶν ἕκαστον τῶν γενῶν τοῦ ὄντος, τὸ μὲν

10 ἀμερές, τὸ δὲ μεριστόν, τὸ δὲ μέσον ἀμφοτέρων. οὕτω δὲ καὶ τὸ
σημεῖον ἀμερές, <ὡς> οὐκ ἔχον μέρη οἷα τοῦ διαστατοῦ μέρη
γένοιτ' ἄν, ἀλλ' οὐχ ἁπλῶς ἀμερές, ὡς μηδὲν ἔχον μέρος·
συμπληροῦται γὰρ ὑπό τινων ὁ τοῦ σημείου λόγος, πάντα δὲ τὰ
συμπληροῦντα μερῶν ἔχει τάξιν πρὸς τὸ ὑπ' αὐτῶν συμπλη-

15 ρούμενον. οὕτω καὶ ἡ μονὰς <ἀμερής>, διότι μὴ ἔστιν ἐκ διω-
ρισμένων τινῶν μερῶν, ὡς ὁ ἀπ' αὐτῆς ἀριθμὸς πᾶς· διότι δὲ ἔκ
τινών ἐστι τῶν μονάδα ποιούντων αὐτὴν καὶ τοῦ σημείου
διαφέρειν, μέρη ταῦτά τις εἰπὼν εἶναι τοῦ λόγου τῆς μονάδος
οὐκ ἂν ἁμάρτοι· τὰ γὰρ εἰς τὸν ὅρον ἑκάστου εἴδους συντε-

20 λοῦντα μέρη πάντως ἐστὶν ἐκείνου, καὶ ἐκεῖνο ἐκ τούτων ἔστιν
ὡς μερῶν καὶ ὅλον τι πεπονθὸς ὂν τὸ ἕν, αὐτὸ δὲ οὐκ ὂν τὸ ἕν·

1105.1 = *Tim.* 35a1-2, 37a5-6 **3** = *Tim.* 35a5 **4–6** = *Soph.* 245a8 **7** =
Parm. 137d3

1105.1 γοῦν Σg : δ' οὖν A | 11 ὡς add. A | διαστατοῦ ΑΣ : *indimensionati*
g (ἀδιαστάτου Γ?) **12** γένοιτ' Σ : γένοιντ' A²M **15** ἀμερής addidimus
16 post πᾶς addendum cens. ἀμερής ἐστι Taylor **18** διαφέρειν ARᶜ :
διαφέρον Σg

μόνον δὲ τὸ ἁπλῶς ἓν οὔτε ὡς ἐκ συνεχῶν ἔστι μερῶν, οὔτε ὡς
διῃρημένων, οὔτε ὡς συμπληρούντων αὐτό, μόνως ὂν ἓν καὶ
ἁπλῶς ἕν, ἀλλ᾽ οὐχ ἡνωμένον.

Τοῦτο μὲν οὖν οὐκ ἂν ἄλλως ἔχοι. πολὺν δὲ ἐνταῦθα καθορῶ   25
μοι θόρυβον ἐγειρόμενον τῶν οἰηθέντων τὰς ἀποφάσεις ταύτας
εἰς τὸ μηδαμῶς ὂν ἀπάγειν ἡμᾶς ἢ ἄλλο τι τοιοῦτον διὰ τὴν
ἀοριστίαν τῆς ἡμετέρας φαντασίας οὐκ ἐχούσης ὡρισμένου
τινὸς ἀντιλαβέσθαι πράγματος, ἅτε μηδενὸς τιθεμένου, πάντων
δὲ ἁπλῶς ἀναιρουμένων ἀπὸ τοῦ ἑνός, καὶ διὰ ταῦτα ἀναπε-   30
πεισμένων ὅτι χρή τινα φύσιν εἰσηγεῖσθαι | καὶ ἰδιότητα τοῦ   1106
ἑνός. ταῦτα γὰρ δή τινες ὑπολαβόντες, οἱ μὲν ἀπὸ τοῦ νοῦ καὶ
τῆς νοερᾶς οὐσίας ἐπὶ τὸ ἓν ἀναβαίνοντες ἀξιοῦσι τοῦ μὲν νοῦ
τὴν νοότητα προτάττειν, τῆς νοότητος ὡς ἁπλουστέρας οὔσης
τοῦ νοῦ καὶ οἷον ἕξεως τοῦ νοεῖν· αἱ γὰρ ἐνέργειαι, φασί, πρὸ   5
τῶν οὐσιῶν εἰσιν, ὡς ἑνικώτεραι αὐτῶν· καὶ πρὸ τούτου τὸ
νοοῦν, οὐ τὸ ἐνεργοῦν τοῦτο λέγοντες, ἀλλὰ τὸ τῆς ἐνεργείας
αἴτιον ὡς νόησιν ποιοῦν, ὡς εἴ τις λέγοι τὸ ψυχοῦν ἢ τὸ κινοῦν·
καὶ πρὸ τούτου πάλιν τὸ νόημα καὶ τοῦτο εἶναι τὸ πρῶτον
ἀξιοῦντες, ὡς ἀμερέστατον, καθάπερ τὸ κίνημα τῆς κινήσεως·   10
καὶ οὐκ ἐπὶ ταύτης μόνον τῆς ὁδοῦ τοῦτο ποιοῦντες, ἀλλὰ καὶ
ἐφ᾽ ἑκάστου τῶν εἰδῶν, ὥστε ἀεὶ τελευτᾶν εἰς τὰ ὅμοια, λέγω δὲ
οἷον ἀγάθωμα, κάλλωμα, ἀρέτωμα, ταύτωμα, τὰ ὅμοια τούτοις,
καὶ πάντα εἶναι ταῦτα τὸ ἕν. οὓς ἐρωτητέον πότερον τὰ πολλὰ
ταῦτα τῇ φύσει διαφέροντα ἀλλήλων ἐστὶν ἢ ὀνόματι μόνον. ⌊εἰ   15

1106.2 τινες: forsan Porphyrius (cf. Mar. Victor., *Adv. Ar.* IV 5.33-39)

1106.4 προτάττειν Σg : προστάττειν A   14 πάντα correximus ex g
(*omnia*) : πᾶν ΑΣ | ταῦτα τὸ correximus ex g (*hec le*) : ταυτὸν ΑΣ
τοιοῦτον Cous²   15 — 16 εἰ...μόνον addidimus ex g (*si quidem enim
nomine solum*)

μὲν γὰρ ὀνόματι μόνον ⌊, οὐ λέγουσι τί τὸ ἕν, ὡς προὔθεντο,
ἀλλὰ διακενῆς ἀθύρουσι περὶ τὰ θειότατα τῶν πραγμάτων.
εἰ δὲ ⌊καὶ⌋ οὐσίᾳ ταῦτα διενήνοχεν ἀλλήλων, πλῆθος ἐν τῷ ἑνὶ
καταλείψουσι, καίτοι γε ὁ Πλάτων τοῦτο πρὸ πάντων ἀνεν-
20   δοιάστως ἀπέφησε τοῦ ἑνός. πόθεν δὲ καὶ τὰ ὀνόματα ταῦτα
παρειλήφασιν ἢ ποίων θεολόγων ἀκηκόασι τὰς οὐσίας δευτέρας
τῶν ἐνεργειῶν ποιούντων; πανταχοῦ γὰρ καὶ ὁ Πλάτων καὶ οἱ
ἄλλοι θεολόγοι τὰς μὲν ἐνεργείας ἀπὸ τῶν δυνάμεων, τὰς δὲ
δυνάμεις ἀπὸ τῶν οὐσιῶν ἐξηρτῆσθαι λέγουσιν.

25   Ἀλλὰ πρὸς μὲν τούτους οὐδὲν χρὴ λέγειν, καὶ ἄλλοις
εὐθύνας δεδωκότας. εἰσὶ δὲ οἳ διακρίνειν ἠξίωσαν θεὸν καὶ τὸ
θεῷ εἶναι, καὶ ἀπονέμειν τῷ πρώτῳ τὸ θεῷ εἶναι καὶ ταύτην ὡς
ἰδιότητα παραδιδόναι τοῦ ἑνός. οὓς ἐρωτητέον πῶς τὸ εἶναι
τοῦτο αὐτῶν ὑπολάβωμεν, τοῦ Πλάτωνος καὶ τὸ ἔστιν
30   ἀφαιροῦντος, πῶς δὲ ἐν ἐκείνοις διακρίνομεν ἕκαστον καὶ τὸ
εἶναι ἑκάστῳ, καὶ ἀπὸ τῶν συνθέτων ἐπὶ τὰ ἁπλᾶ καὶ θεῖα καὶ
1107   ἑνικώτατα τῶν πάντων | μεταφέρομεν τοὺς τοιούτους κανόνας·
οὐδὲ γὰρ ἐπὶ ψυχῆς ἠνεσχόμεθα λέγειν ὡς ἕτερον ψυχὴ καὶ

1106.17 cf. *Leg.* VII 796b7   **19–20** cf. *Parm.* 137c4-5   **26–28** cf. Porph.,
fr. 220.14-15 Smith   **1107.2–3** = Ar., *Met.* VIII 3, 1043b2; Plot., *Enn.* I 1
⌊53⌋ 2.6

1106.16 οὐ *Σg* : om. A οὐδὲ add. M^sl   **18** καὶ addidimus ex g (*et*)   **19** κα-
ταλείψουσι scripsimus (cf. infra, VII 1208.24) : καταλήψουσι ΑΣ *faciunt*
g   **25** ἄλλοις AR : ἄλλους FGPg   **27** ἀπονέμειν ΑΣ : *attribuerunt* g
(ἀπένειμαν *Γ*?) | τὸ *Σg* : τῷ A¹ | ταύτην ὡς scripsimus : ὡς ταύτην ΑΣg
28 τὸ εἶναι om. g   **29** τοῦτο αὐτῶν A : τοῦτο τῶν *Σ* om. g τοῦτο αὐτῷ
Cous | ὑπολάβωμεν *Σ* : ὑπολάβομεν (sic) A *suscipimus* g   **31** ἑκάστῳ
Cous² : ἑκάστου ΑΣg   **1107.1** τοιούτους *Σg* : τοσούτους A

τὸ εἶναι ψυχῇ, οὐδὲ ἐπ'ἄλλου του τῶν ἀΰλων εἰδῶν.
πολλῷ ἄρα μᾶλλον ἐπὶ τῶν θεῶν αὐτῶν παραιτησόμεθα τὰς
τοιαύτας εἰσάγειν διαφοράς· καὶ πῶς γὰρ ἄλλο ἔσται τὸ ἓν καὶ   5
τὸ ἑνὶ εἶναι; λήσομεν γοῦν οὕτω τὸ ἓν ποιοῦντες οὐχ ἕν, εἴπερ
ὑφεῖται τοῦ ἑνὶ εἶναι καὶ μετέχει κρείττονος ὄντος.

Ἄλλοι τοίνυν εἰρήκασιν ὅτι πάντων αἴτιον ὂν τὸ πρῶτον
ὑπὲρ ζωήν, ὑπὲρ νοῦν, ὑπὲρ αὐτὸ τὸ ὂν ἱδρυμένον, ἔχει πως τὰς
τούτων αἰτίας ἁπάντων ἀφράστως καὶ ἀνεπινοήτως καὶ τὸν   10
ἑνικώτατον τρόπον καὶ ἡμῖν μὲν ἀγνώστως, ⌊ἑαυτῷ δὲ γνω-
στῶς⌋· καὶ ἔστι τὰ ἐν αὐτῷ κρύφια τῶν ὅλων αἴτια παρα-
δείγματα παραδειγμάτων, καὶ τὸ πρῶτον αὐτοόλον πρὸ ὅλων,
οὐ δεηθὲν μερῶν· τὸ μὲν γὰρ πρὸ τῶν μερῶν ὅλον δεῖσθαί πως
τῶν μερῶν καὶ τοῦτο εἶναι ὅπερ ἀνεῖλεν ὁ Πλάτων· τὸ δὲ ὅλον   15
πρὸ τῶν ὅλων οὐδὲν δεῖσθαι μερῶν. οἱ δὲ ταῦτα λέγοντες οὐδὲν
ἐπαΐουσι τοῦ Πλάτωνος μόνῃ τῇ ἀφαιρέσει χρῆσθαι δοκιμά-
ζοντος ἐπὶ τοῦ ἑνός, οὐδὲ μνημονεύουσι τῶν ἐν τῇ πρὸς Διονύ-
σιον ἐπιστολῇ γεγραμμένων καὶ τῆς ἐκεῖ παραινέσεως μηδὲν

1107.8   ἄλλοι: forsan Iamblichus, cf. Iambl., *In Parm*. fr. 6 Dillon; cf.
supra, 1084.9-15; infra, 1114.1-5   **15** cf. *Parm*. 137c4-d3   **17–18** cf. *Resp*.
VII 534b8-c2

1107.3 τοῦ τῶν scripsimus : τούτων ΑΣg   **6—7** λήσομεν...εἶναι om. Α
6 ποιοῦντες Μᵇ *facientes* g : ποιοῦν Σ   **7** ὑφεῖται correximus ex g (*sub-
mittitur*) : ἀφεῖται Σ   **11—12** ἑαυτῷ...γνωστῶς addidimus ex g (*sibi ipsi
autem note*)   **12—13** παραδείγματα παραδειγμάτων Αg : παράδειγμα
πρὸ παραδειγμάτων Αᶜ παραδείγματα ᾗ ἄρα δειγμάτων Σ   **13** αὐ-
τοόλον correximus ex g (*autototum*) : αὐτὸ ὅλον ΑΣ   **14** ὅλον G *totum* g :
ὅλων AFPR   **15** ἀνεῖλεν correximus ex g (*remouit*) : ἂν εἶδεν Σ ἂν οἶδεν
Α   **17** ἐπαΐουσι Α²Μg : ἐπανιοῦσι Σ   **17—18** δοκιμάζοντος correximus
ex g (*approbanti*) : δοκιμάζοντες ΑΣ

---

20 τῷ ἑνὶ προσφέρειν, ἀλλὰ πάντα ἀφαιρεῖν ἐγκελευομένης, ἵνα μὴ
λανθάνωμεν ⌊αὐτῷ⌋ τὸ συγγενές τι καὶ ἡμῖν προσῆκον ἀνατι-
θέντες· τοῦτο γὰρ δὴ πάντων ἐν ἐκείνοις αἴτιον ἀπεφή-
νατο κακῶν, τὸ ζητεῖν ὁποῖόν τι τὸ ἕν. χωρὶς δὲ τούτων,
πῶς ἔτι τὸ ἓν φυλάττομεν; τὸ γὰρ τῶν ὅλων ὅλον περιληπτικόν
25 ἐστι τῶν ὅλων ἑνοειδῶς, <ἀλλ'> αὐτὸ τὸ ἓν ἐξῄρηται καὶ
ὑπερέχει πάσης ὁλότητος· καὶ τὸ μὲν τῶν ὅλων ὅλον, εἴπερ ἄρα,
τῇ μέσῃ προσήκει τάξει τῶν νοητῶν, ὡς δείξομεν – αὕτη γὰρ
ὑπερέχει τῆς νοερᾶς ὁλότητος καὶ περιείληφε πανταχόθεν
αὐτήν –, τὸ δὲ ἓν ἐπέκεινα τῶν νοητῶν ἐστιν. εἰ δὲ καὶ μὴ μόνον
30 ἀπὸ νοῦ καὶ ζωῆς καὶ ὄντος ἀνιόντες πάντων τὰς ἀγνώστους
1108 αἰτίας ἐν τῷ ἑνὶ θήσομεν, | ἀλλὰ καὶ ἀφ'ἑκάστου τῶν ὄντων,
οἷον κάλλους, ἀρετῆς, δικαίου, τῶν ἄλλων ἑκάστου, τοσαῦτα
ἔσται τῷ πλήθει τὸ ἕν, ὁπόσα καὶ ὁ νοῦς, καὶ οὐκ ἂν ἔτι εἴη
οὐδαμῶς ἕν· καὶ οὕτω λάθοιμεν ἂν διπλασιάσαντες τὰ ὄντα·
5 αὐτά τε γὰρ ἔσται καὶ τὰ αἴτια αὐτῶν τὰ ἐν τῷ ἑνὶ προϋπάρ-
χοντα· καὶ περὶ τούτων ζητήσομεν πῶς πολλὰ ὄντα ἥνωται, καὶ
ἀναγκάσομεν εἶναι καὶ πρὸ τούτων ἕν· καὶ ἢ κυρίως ἓν αὐτὸ
φυλάττοντες πάντα ἀφαιρήσομεν, ἢ πάλιν ἐν ἐκείνῳ πάντα
θησόμεθα καὶ τριπλασιάσομεν τὰ ὄντα· καὶ οὕτως ἐπ'ἄπειρον
10 ἀνιόντες οὐκέτι που στησόμεθα καὶ ἡμεῖς λέγοντες πλάτος

1107.22–23   = Ep. II 313a3-4   27   ὡς δείξομεν: in parte commentarii
deperdita (ad Parm. 142c7-d9)

1107.21 αὐτῷ addidimus ex g (ipsi) | τι Σg : τε A   22—23 ἀπεφήνατο
ΜΣ : ἀπέφησε A²g   23   κακῶν Cous² cum Plat. : et ibi g (κἀκεῖ Γ?)
κἀκεῖνο ΑΣ   24   περιληπτικόν correximus ex g (comprehensiuum) :
περιληπτικώτερόν ΑΣ   25   ἀλλ'...τὸ Cous² : ipsum g αὖ τὸ FGP οὖν τὸ
AR   1108.2 ἀρετῆς Ag : ἀρετή Σ   5 τε om. A   10 λέγοντες scripsimus :
λέγειν ΑΣg | πλάτος ΑΣg : πλῆθος Cous²

ἔχειν καὶ τὸ ἕν. ὅπερ ἤδη τινὲς τῶν Πλάτωνος φίλων ἐτόλμη-
σαν λέγειν, καίτοι παντὸς πλάτους ἀπαιτοῦντος ἄλλο τι τῷ
πλάτει τὴν ἕνωσιν διδὸν ἤ, μηδενὸς ὄντος τοιούτου, τὸ πλάτος
ἐπείσακτον ἔχον ἕνωσιν ἔσται πρῶτον οὐκ αὔταρκες διὰ τὴν τῆς
ἑνώσεως ἔνδειαν.   15

Κάλλιον οὖν, ὥσπερ ὁ Πλάτων πεποίηκεν, ἐπὶ τῶν ἀποφά-
σεων ἵστασθαι καὶ διὰ τούτων ἐνδείκνυσθαι τὴν ἐξῃρημένην τοῦ
ἑνὸς ὑπερβολήν, ὡς οὔτε νοητόν ἐστιν, οὔτε νοερόν, οὔτε ἄλλο τι
τῶν ἡμῖν δι'ἐπιβολῆς μεριστῆς γιγνωσκομένων οὐδέν· π ά ν -
τ ω ν γὰρ ὂν α ἴ τ ι ο ν ο ὐ δ έ ν ἐ σ τ ι τ ῶ ν π ά ν τ ω ν. καὶ οὐχ   20
ἡμῖν μὲν ἄγνωστον, ἑαυτῷ δὲ γνωστόν· εἰ γάρ ἐστιν ὅλως ἡμῖν
ἄγνωστον, οὐδὲ αὐτὸ τοῦτο γιγνώσκομεν ὅτι ἑαυτῷ γνωστόν
ἐστιν, ἀλλὰ καὶ τοῦτο ἀγνοοῦμεν. ἐπεὶ καὶ τὸ λέγειν ὅτι πηγὴ
θεότητός ἐστιν, ὥσπερ ἑνὰς τῶν καλῶν πάντων τὸ αὐτοκαλὸν
καὶ τὸ πρώτως καλόν, καὶ ἑνὰς τῶν ἴσων πάντων τὸ αὐτοίσον   25
καὶ ἡ πρώτως ἰσότης – οὐδὲ γὰρ ἐπὶ τούτων ζητοῦμεν τί τὸ
αὐτοκαλόν, ἀλλ'ἔγνωμεν ὅτι πηγὴ τῶν καλῶν, καὶ τοῦτο
ἐξαρκεῖν νομίζομεν –, οὕτως ἄρα καὶ τὸ ἓν ἡ πηγὴ θεότητος
πάσης, καὶ ὅ ἐστιν αὐτοθεός – πᾶς γὰρ θεός, καθὸ θεός, ἀπὸ τοῦ
ἑνὸς ὑφέστηκεν –, οὐδὲ τοῦτο οὖν ἁπλῶς ὀρθόν· εἰ γάρ, ὥς φησιν   30
ὁ Πλάτων, μ η δ ὲ ὄ ν ο μ ά ἐ σ τ ι ν | ἐ κ ε ί ν ῳ μηδέν, πῶς ἂν   **1109**

1108.19–20 = Plot., *Enn.* VI 9 |9| 6.55   **23–25**   cf. Plot., *Enn.* I 6 |1| 6.15
31–1109.1 = *Parm.* 142a3

1108.12 πλάτους ΑΣg : πλήθους Cous[2]   **13** πλάτει ΑΣg : πλήθει Cous[2]
τοιούτου ΑΣ : *talem* g (τοιοῦτον *Γ*?) | πλάτος ΑΣg : πλῆθος Cous[2]
14 ἔχον Cous[2] *habentem* g : ἔχειν ΑΣ | ἔσται Strobel : εἶναι ΑΣg   **19** γι-
γνωσκομένων Cous[2] *cognitorum* g : γιγνομένων ΑΣ   **21—22** εἰ...γνω-
στόν om. Α   **25** ἑνὰς ΑΣ : *le unitas* g   **26** ἐπὶ τούτων ΑΣ : *adhuc queren-
tes* g (ἔτι ζητοῦντες *Γ*?)   **1109.1** ἐκείνῳ Cous[2] : ἐκείνου ΑΣg

89

αὐτοθεὸν ἢ ἄλλο τι προσαγορεύοιμεν· ἀλλὰ καὶ τοῦτο καὶ τὰ
ἄλλα πάντα καταδεέστερα παντελῶς ἐστι τῆς ἀγνώστου τοῦ
ἑνὸς ὑπεροχῆς. εἰ δὲ ὅλως χρή τι καταφατικῶς περὶ αὐτοῦ
5 λέγειν, ὡς ἔμοιγε οὐ δοκεῖ κατὰ τὴν τοῦ Πλάτωνος ψῆφον,
ἄμεινον αὐτὸ πηγὴν θεότητος πάσης καλεῖν ⌊ἢ⌋ ἄλλως πως,
ἐπεὶ καὶ ἀρχὴν αὐτὸ καὶ αἰτίαν τῶν πάντων λέγομεν καὶ τέλος
πάντων καὶ ἐφετὸν τοῖς πᾶσιν – ἐκείνου γὰρ ἕνεκα
πάντα καὶ ἐκεῖνο αἴτιον πάντων καλῶν, ὥς φησιν
10 αὐτὸς ἐν Ἐπιστολαῖς –, δι' ὧν οὐκ αὐτὸ λέγομεν τί ἐστιν,
ἀλλ' ὅπως ἔχει τὰ μετ' αὐτὸ πρὸς αὐτὸ καὶ ὧν ἐστιν αἴτιον.
συντόμως οὖν πᾶσα μὲν θεότης ἑνάς τίς ἐστι, τὸ δὲ αὐτοὲν οὐδὲν
ἄλλο ἐστὶν ἢ αὐτοθεότης, δι' ἣν πᾶσιν ὑπάρχει θεοῖς τὸ εἶναι
θεοῖς, ὡς πᾶσι νοῖς τὸ εἶναι νοῖς ἐκ τοῦ πρώτου νοῦ, καὶ <ψυ-
15 χαῖς> τὸ εἶναι ψυχαῖς ἐκ τῆς πρώτης ψυχῆς· τὸ γὰρ πρώτως ὂν
αἴτιον τοῖς ἄλλοις τοῦ εἶναι δευτέρως ὅπερ λέγεται πρώτως.

Ταῦτα μὲν οὖν περὶ τούτων. προσεκτέον δὲ καὶ τῇ λέξει καὶ
ὅπως ὁ Πλάτων ἐνδείκνυται περὶ τῶν ἀποφάσεων τούτων, ὡς
οὐχὶ στερητικῶν οὐσῶν, ἀλλὰ καθ' ὑπεροχὴν τῶν καταφάσεων
20 ἐξῃρημένων· τὸ γὰρ ἕν, φησίν, οὔτε ὅλον, οὔτε μέρη
ἔχον εἶναι δεῖ· τοῦτο οὖν τὸ δεῖ τὴν κατὰ τὸ ἀγαθὸν
ὑπεροχὴν ἐνδείκνυται. τεκμήριον δέ· τοῖς γὰρ ἐστερημένοις οὐ
προστίθεμεν τὸ δεῖ· τίς γὰρ ἂν εἴποι, δεῖ τὴν ψυχὴν ἀγνοεῖν
ἑαυτήν; ἡ γὰρ ἄγνοια τοῖς γνωστικοῖς στέρησίς ἐστιν. οὕτω καὶ

1109.8–9 = *Ep.* II 312e2-3   **20–21** = *Parm.* 137c5-6

1109.2 αὐτοθεὸν M *autodeum* g : αὐτὸ θεὸν ΑΣ | προσαγορεύοιμεν Α :
προσαγορεύομεν Σg   **4** αὐτοῦ Σg : αὐτῶν Α   **6** ἢ addidimus ex g (*quam*)
12   ἑνάς τίς scripsimus : ἐναγές ΑΣg   **14—15**   ψυχαῖς addidimus
17   προσεκτέον correximus ex g (*attendendum*) : προσακτέον ΑΣ
20 ἐξῃρημένων Σg : ἐξῃρημένην Α   **21** οὖν Σg : δὲ Α

αὐτὸς εἶπε περὶ τῶν κακῶν πάντων ὅτι ἀναγκαῖον αὐτὰ εἶναι ἐν   25
τῷ Θεαιτήτῳ. τὸ οὖν δεῖ μὴ εἶναι οὐ τοῖς ἐστερημένοις ἐστὶ
προσοιστέον, ἀλλὰ τοῖς κρείΙτοσι τῶν ἕξεων, οἷον δεῖ τὸ πρῶ-   1110
τον μὴ νοεῖν ἑαυτό, ὡς κρεῖττον τοῦ νοεῖν, καὶ δεῖ μὴ πολλὰ
εἶναι, ὡς κρεῖττον τοῦ πολλά, καὶ δεῖ μή<τε> ὅλον εἶναι μήτε
μέρη ἔχειν, ὡς κρεῖττον καὶ τούτων· τὸ γὰρ δέον οὐκ ἔστι
στερήσεως, ἀλλ᾽ὑπεροχῆς σημαντικόν. τοῦτο δὴ οὖν καὶ ὁ   5
Πλάτων ἐνδεικνύμενος, ὅπερ ἔφην, τὸ δεῖ προστίθησιν, εἰς
ὑπόμνησιν ἀρκοῦν τῆς τῶν ἀποφάσεων τούτων δυνάμεως, καὶ
ἅμα διὰ τούτου δεικνὺς ὅτι περὶ ὑφεστῶτός τινος ποιεῖται τὸν
λόγον, ἀλλ᾽οὐχὶ περὶ ἀνυπάρκτου πράγματος· τίς γὰρ ἂν εἴποι
περὶ τοῦ ἀνυποστάτου, ὅτι δεῖ αὐτὸ εἶναι ἀνυπόστατον ὄν; τὸ   10
γὰρ δέον φέρεται κατὰ τῶν ὅλως ὕπαρξιν ἐχόντων.

**Οὐκοῦν εἰ μηδὲν ἔχει μέρος, οὔτ᾽ ἂν ἀρχήν,
οὔτε τελευτήν, οὔτε μέσον ἔχοι· μέρη γὰρ ἂν
ἤδη αὐτοῦ τὰ τοιαῦτα <εἴη>. – Ὀρθῶς.** [Parm.
137d5-7]   15

Πρῶτον ἐχώρισε τὸ ἓν ἀπὸ τοῦ πρώτου πλήθους, δεύτερον
ἀφεῖλε τοῦ ἑνὸς τὴν ὁλότητα, ἣ συνέχει τὸν σύνδεσμον τῶν
<νοητῶν καὶ> νοερῶν θεῶν· καὶ ὅτι ταύτην ἀφεῖλεν, ἀλλ᾽οὐ τὴν

1109.25–26 cf. *Theaet.* 176a5-6   1110.9 τις: sc. Origenes Neoplatonicus,
fr. 7 Weber; cf. supra, 1065.1-1066.12, 1087.10-1088.2; cf. infra, VII
514.30-515.30 (Moerbeke)

1110.3 μήτε Strobel : μὴ AΣg   7 τῆς A : τῇ Σ   12 ἔχει Ag PLAT. CTW :
ἔχοι Σ· ἔχῃ PLAT. BD   Ι   ἂν Σg PLAT. codd. : om. A   13 οὔτε¹ Ag PLAT.
codd. : οὐ Σ   14 εἴη addidimus ex A PLAT. codd. (cf. infra, 1111.20) : om.
Σg   16 Πρῶτον Σg : πρότερον A   18 νοητῶν καὶ addidimus

νοητὴν μόνον, ἔσται φανερώτατον ἡμῖν ἐπὶ τῆς δευτέρας

20 ὑποθέσεως. εἰσόμεθα δὲ προϊόντες ἔτι φανερώτερον κἀκεῖνο,
δι᾽ ἣν αἰτίαν ἤρξατο τῶν ἀποφάσεων ἀπὸ τούτου τοῦ πλήθους, ὃ
καὶ πρότερον εἴπομεν, ἀλλ᾽ οὐχὶ τῆς ἀκρότητος τῆς νοητῆς, ἥτις
ἐστὶν αὐτὸ τὸ ἓν ὄν, ἀλλὰ τοῦτο τελευταῖον ἀφαιρήσει, παντὸς
τοῦ νοητοῦ δεικνύων ἐπέκεινα τὸ ἕν. τρίτον ἀφαιρεῖ νῦν τὴν

25 ἀρχὴν καὶ τὸ μέσον καὶ τὴν τελευτήν· τάξεως ⌊δὲ⌋
τοῦτο σύμβολον ὑφειμένης ἢ κατὰ τὸ ὅλον καὶ τὸ μέρη

1111 ἔχον. καὶ ἐπιστήσομεν ὅπως | καὶ τοῦτο πάλιν ἐκ τοῦ πρὸ
αὐτοῦ δείκνυσιν ἑπόμενος τοῖς ἀποδεικτικοῖς κανόσιν. εἰ γὰρ μὴ
ἔχοι μέρη τὸ ἕν, οὔτε ἀρχὴν οὔτε μέσον οὔτε τέλος ἕξει· πᾶν γὰρ
τὸ ἀρχὴν καὶ μέσον καὶ τέλος ἔχον μέρη ἔχει. ἀλλὰ μὴν τὸ

5 ἡγούμενον, τὸ ἄρα ἑπόμενον· ἀναιρεθὲν ἄρα τὸ ἡγούμενον
συνανεῖλε τὸ ἑπόμενον. μερικωτέρας οὖν τὸ ἀρχὴν καὶ μέσον
καὶ τελευτὴν ἔχον τάξεώς ἐστι σύμβολον· τὸ γὰρ καθολικώ-
τερον αἰτιώτερόν ἐστι, τὸ δὲ μερικώτερον πορρωτέρω τῆς
ἀρχῆς, ἐπεὶ καὶ συμβαίνει τοῖς πράγμασι· τὸ γὰρ μέρη ἔχον

10 οὔπω δῆλον εἰ ἀρχὴν ἔχει καὶ μέσον καὶ τελευτήν. τί γάρ, εἰ
δυοῖν εἴη μερῶν ὅλον; καὶ γὰρ ἡ δυὰς ὅλον τί ἐστι τρόπον τινά,
καὶ οὕτως ὡς ἀρχὴ πάντων τῶν μεριστῶν· τὸ δὲ ἀρχὴν ἔχον καὶ
μέσον καὶ τελευτὴν ἐν τριάδι πρῶτον. εἰ δὲ πᾶν ὅλον λέγοι τις

1110.19-20 ἔσται...ὑποθέσεως: cf. Parm. 142c7-d9   20 εἰσόμεθα: cf.
infra, VII 1241.11-1242.15, 498.3-21 (Moerbeke)   21-22 ὃ...εἴπομεν: cf.
supra, 1091.8-1092.12   23-24 cf. Parm. 141e6-142a2   1111.2 τοῖς...κανό-
σιν : cf. supra, 1098.4-1099.5   7-9 cf. Ar., Anal. Post. I 2, 72a4-5

1110.24   δεικνύων Α : δεικνῦον Σ   25   δὲ add. Strobel ex g (autem)
1111.3 ἔχοι Α : ἔχῃ Σ   6 μέσον Α medium g : μέσην Σ   7 ἔχον post
μέσον transp. Σ   10 εἰ² Ag : om. Σ ἐκ Cous²   12 ἀρχὴ Σ : ἀρχὴν Α
13 λέγοι ΑᶜΣg : λέγει Α

εἶναι τριαδικόν, ἀλλ'οὐδὲν κωλύει καὶ οὕτω τὸ μέρη ἔχον
κατ'αὐτὸ τοῦτο μήπω εἶναι τέλειον, προϋπάρχον τοῦ τελείου   15
καὶ ὅλου. διὸ καὶ οὐκ ἀπὸ τοῦ ὅλου πεποίηται τὴν ἀπόδειξιν,
ἀλλ'ἀπὸ τοῦ μέρη ἔχειν.

Ἀλλὰ τοῦτο μὲν δῆλον καὶ ἀπὸ τῶν προειρημένων. ἀποροῦσι
δὲ εἰκότως τινὲς πῶς ἐπήνεγκεν ὁ Παρμενίδης ἀνενδοιάστως
τὸ μέρη γὰρ ἂν ἤδη αὐτοῦ τὰ τοιαῦτα εἴη. τοῦτο   20
μὲν γὰρ ἡμῖν ἐπιδείκνυσι σαφῶς ὅτι πᾶν τὸ ἔχον ἀρχὴν καὶ
<μέσον καὶ> τέλος μέρη ἔχει τὴν ἑαυτοῦ ἀρχὴν καὶ τὸ μέσον καὶ
τὸ ἑαυτοῦ τέλος. τὸ δὲ οὐκ ἔστιν ἀληθές. ἡ γοῦν γραμμὴ καὶ
ἀρχὴν ἔχει σημεῖον καὶ τέλος, ἀλλ'οὐ μέρη ταῦτά φασι γραμ-
μῆς· οὐδενὸς γὰρ ἄπειρα τὰ μέρη πέρας ἔχοντος, τὰ δὲ σημεῖα   25
ἄπειρά ἐστι, γραμμὴ δὲ ἐκ σημείων οὐκ ἔστιν, οὐδὲ ὅλως ἐκ
σημείων εἶναι τὸ μέγεθος δυνατόν. πρὸς δὴ ταύτην τὴν ἀπορίαν
ῥητέον, πρῶτον μὲν ὅτι Πλάτων ἐπὶ τοῦ ἑνὸς ποιού|μενος τὸν   1112
λόγον εἰκότως εἴρηκεν ⌊ὅτι⌋ εἰ ἔχοι ἀρχὴν καὶ μέσον
καὶ τέλος, μέρη ἂν αὐτοῦ τὰ τοιαῦτα εἴη· οὐ γὰρ
ἐξ ἀνομοίων ἔσται τὸ ἓν συμπεφορημένον, ὡς ἡ γραμμή, οὐδὲ
ἕξει τοιαύτας ἀποπερατώσεις, ἀλλ'εἴπερ ὅλως ἐν αὐτῷ τέλος   5
τις ὑπόθοιτο καὶ μέσον καὶ ἀρχήν, ἔσται ταῦτα συμπληρωτικὰ
τοῦ ἑνός, ὥστε καὶ μορίων ἂν ἔχοι λόγον πρὸς αὐτό· καὶ γὰρ
ταῦτα ἕξει μέρη, ὥσπερ ἡ τριὰς τὴν ἀρχὴν καὶ τὸ μέσον καὶ τὸ
τέλος αὐτὰ ἔχει μέρη. ἔπειθ'ὅτι καὶ εἴ τι πέρατα ἄττα ἔχοι,
ταῦτα καὶ ἄλλα ἂν ἔχοι μέρη πάντως τὰ ὑπὸ τούτων ὁριζόμενα·   10

1111,22 μέσον καὶ[1] add. Cous   24 φασι correximus ex g (aiunt) : φησι
ΑΣ   25 post σημεῖα add. in linea g   26 γραμμὴ ἔστιν om. g   1112.2 ὅ-
τι addidimus ex g (quod)   3 αὐτοῦ Σg : αὐτὰ Α   4 ὡς ΑΣ : sed alia
autem g   9 ἔχοι Σ : ἔχει Α   10 πάντως Σg : πάντα Α

πέρατα γὰρ ὄντα τινῶν ἐστι πέρατα καὶ τὸ ταῦτα ἔχον καὶ ἐξ
ἐκείνων ἔσται πάντως ἐν οἷς ταῦτα, καὶ μέρη ἕξει ἐκεῖνα, ὥστε
τὸ μέρη ἂν αὐτοῦ τὰ τοιαῦτα εἴη, οὐ τὰ ὡς πέρατα,
ἀλλὰ τὰ ὡς πεπερασμένα ἀκουσόμεθα· καὶ γὰρ εἴ τι μὲν ἔχοι
15　πέρατα, καὶ μέρη ἔχει· οὐκ εἴ τι δὲ μέρη, πάντως καὶ πέρατα
ἔχει ἄλλα ἄττα τῶν μερῶν, ὥσπερ ἕκαστος τῶν ἀριθμῶν. ὀρθῶς
οὖν εἶπεν ὅτι πᾶν τὸ ἔχον ἀρχὴν καὶ μέσον καὶ
τελευτὴν ἔχοι ἂν μέρη· ἢ γὰρ ταῦτα ἢ ἐν οἷς ταῦτά
ἐστιν.

20　　Πρῶτον μὲν οὖν ταῦτα ῥητέον. δεύτερον δὲ καὶ ὃ πολλῷ
φαίη ἄν τις ἀληθέστερον ὅτι τὸ μέρος τῶν πολλαχῶς
ἔσται λεγομένων. καὶ γὰρ τὸ ταὐτόν πως τῷ ὅλῳ καὶ
πάντα ἔχον μερικῶς, ὅσα τὸ ὅλον ὁλικῶς, μέρος καλοῦμεν, οἷον
τοῦ ὅλου νοῦ μέρος εἶναι τῶν πολλῶν ἕκαστον, καίτοι πάντων
25　ὄντων ἐν ἑκάστῳ τῶν εἰδῶν, καὶ τὴν ἀπλανῆ μέρος τοῦ παντός,
καίτοι καὶ ταύτης τὰ πάντα περιεχούσης, ἀλλ' ἕτερον τρόπον ἢ
ὡς ὁ κόσμος. καὶ ἔτι δεύτερον τὸ συμπληρωτικόν τινος, ὥσπερ
λέγομεν μέρη τοῦ παντὸς τὰς ὅλας σφαίρας, καὶ μέρη τῆς
1113　ψυχῆς τὸ διανοητικὸν καὶ δοξαστικόν· τὰ μὲν γὰρ συμ|πληροῖ
τὸ πᾶν, τὰ δὲ τὴν ψυχήν. καὶ πρὸς τούτοις κατά τι κοινὸν
σημαινόμενον μέρος λέγομεν πᾶν τὸ ὁπωσοῦν τισι συντεταγ-
μένον εἰς ἑνὸς συντέλειαν· οὕτω γὰρ καὶ τοῦ κόσμου μέρος ἂν
εἴποις ἕκαστον ἡμῶν, οὐχ᾽ ὅτι συμπληροῦται τὸ πᾶν ὡς πᾶν

1112.21-22 = Ar., *Met.* VII 10, 1034b32, cf. *Met.* V 25, 1023b12-25

1112.11 ταῦτα ΑΣ : *tot* g (cf. supra, 1111.24)　14 ἔχοι Σ : ἔχει Α *habet* g
16 ἄλλα scripsimus : ἀλλὰ Σg ἀλλὰ ἀλλ᾽ Α ǀ post ὥσπερ add. καὶ Α
22 ἔσται Σg : ἐστι Α ǀ ταὐτόν ΑΣg : ταῦτά Cous　24 post καίτοι add.
multorum entium unumquodque g　29 τὰ Cous² : τὰς ΑΣ　1113.1 τὰ
Cous² *hec* g : τὸ ΑΣ　4 εἴποις Α : εἴπῃς Σ

δι᾽ ἡμῶν – οὐδὲ γὰρ ἀτελὲς γίγνεται τὸ πᾶν, φθαρέντος τινὸς   5
ἡμῶν –, ἀλλ᾽ ὅτι συντετάγμεθα καὶ ἡμεῖς τοῖς ὅλοις μέρεσι τοῦ
παντός, καὶ συνδιοικούμεθα τοῖς ἄλλοις πᾶσι, καὶ ἐσμὲν ὅλως
ὡς ἐν ἑνὶ ζῴῳ, τῷ κόσμῳ, καὶ αὐτοὶ μέρη τοῦ παντὸς καὶ
συμπληροῦμεν αὐτό, οὐχ ᾗ ἔστιν, ἀλλ᾽ ᾗ γόνιμόν ἐστι. τριχῶς
οὖν λεγομένου τοῦ μέρους, προειπὼν ὁ Πλάτων ὡς οὐδὲν ἔχει   10
μέρος τὸ ἕν, δηλονότι πάσας ἀφεῖλεν αὐτοῦ τὰς ἐννοίας τοῦ
μέρους· πᾶν γὰρ τὸ ὁπωσοῦν μέρη ἔχον πλῆθος ἔχει· τὸ δὲ ἓν
οὐκ ἔχει πλῆθος, οὐδὲ μέρη ἄρα ἕξει οὐδαμῶς· εἰ τοῦτο, οὔτε
ἀρχὴν οὔτε μέσον οὔτε τέλος ἂν ἔχοι· καὶ γὰρ ταῦτα μέρη φαίης
ἂν εἶναι τοῦ ἔχοντος αὐτὰ κατὰ τὸ τρίτον σημαινόμενον τοῦ   15
μέρους, ὅταν τὸ ὁπωσοῦν τισι συντεταγμένον μέρος εἶναι τούτου
φῶμεν ὃ διὰ τῆς συντάξεως ἐκείνῳ συμπεπλήρωται· καὶ γὰρ ἡ
γραμμὴ καθὸ μὲν γραμμή, πάντως ἄλλα ἂν ἔχοι μέρη· καθὸ δὲ
{μὴ πέρας} πεπερασμένη, πάντως ἐκ τούτων ἔστιν ὡς συμπλη-
ρωτικῶν αὐτῆς· διὰ γὰρ ταῦτα πεπερασμένη καλεῖται, καὶ   20
ταῦτα οὖν πεπερασμένα λέγοιτο ἂν ⌊μέρη⌋, εἰ καὶ μὴ ὡς
γραμμῆς.

Πρὸς μὲν οὖν ταύτην τὴν ἀπορίαν οὕτως ἀπαντησόμεθα,
τὴν τοῦ μέρους διαφορότητα σημήναντες, καὶ ὅπως λέγοιτο ἂν
μέρος καὶ ἡ ἀρχὴ καὶ τὸ τέλος ἐκείνου ἐν ᾧ ἐστι· καθ᾽ ἑτέραν δὲ   25
αὖ ζήτησιν ἀποροῦσί τινες πῶς ὁ μὲν Ἀθηναῖος ξένος ἐν Νόμοις

1113.7–8 cf. *Tim.* 30d1-31a1   **10–11** cf. *Parm.* 137c4

1113.16 ὅταν correximus ex g (*quando*) : ὃ πᾶν ΑΣ | συντεταγμένον Cous
coordinatum g : τεταγμένον ΑΣ   **17** φῶμεν correximus ex g (*dicimus*) :
φησί ΑΣ | ὃ Σg : καὶ Μ spat. vac. Α | ἐκείνῳ correximus ex g (*illo*) :
ἐκείνων ΑΣ   **19** μὴ del. Strobel, post πεπερασμένη transp. g | πέρας
delevimus ex g : πέρας(.) Σ πέρας Μ πέρα Α²   **21** μέρη addidimus ex g
(*partes*) **22** γραμμῆς Σg : γραμμή Α

95

τὸν θεόν φησιν ἀρχήν τε καὶ μέσα καὶ τελευτὴν
τῶν ὄντων πάντων ἔχειν, ὁ δὲ Παρμενίδης ἐν τούτοις
δείκνυσιν ὡς οὔτε ἀρχὴν οὔτε τελευτὴν οὔτε μέσον ἔχει· ταῦτα
1114   γὰρ ὑπεναντία, φασί, πως ἀλλήλοις ἐστί. | πάλιν δὴ πρὸς
ταύτην τὴν ἀπορίαν φασί τινες ὅτι καὶ ἔχει τὸ πρῶτον ἀρχὴν
καὶ μέσον καὶ τελευτὴν καὶ οὐκ ἔχει· κρυφίως μὲν γὰρ ἔχει,
διῃρημένως δὲ οὐκ ἔχει· πάντα γὰρ ἀφράστως ἐν αὐτῷ καὶ
5   ἀνεπινοήτως ἡμῖν, αὐτῷ δὲ γνωστῶς. οὓς οὐκ ἀποδεξόμεθα
πάλιν πληθύοντας τὸ πρῶτον καὶ ὁπωσοῦν· τὸ γὰρ κρύφιον
τοῦτο καὶ ἀδιαίρετον πλῆθος ἄλλη προσήκει τάξει τῶν δευτέ-
ρων τινὶ καὶ οὐκ αὐτῷ τῷ πρώτῳ τῷ παντὸς καθαρεύοντι
πλήθους· ὅλως γὰρ αἱ διαιρέσεις αἱ μὲν μοναδικαὶ μέχρι τῶν
10   νοητῶν εἰσιν, αἱ δὲ εἰς ἀριθμὸν ἐκτεινόμεναι περὶ τὰς ἐφεξῆς
καὶ τούτων θεωροῦνται διακοσμήσεις. τὸ δὲ ἓν πρὸ πάσης ἐστὶ
διαιρέσεως καὶ πρὸ παντὸς πλήθους, τοῦ τε ἡνωμένου καὶ τοῦ
διακεκριμένου, μόνως ἓν ὑπάρχον.

Ἀλλ’ ὁ μὲν τούτων λόγος διαβεβλήσθω σ α θ ρ ὰ φ θ ε γ -
15   γ ό μ ε ν ο ς· οὐδὲ γὰρ ἄλλοις ἀντιλέγειν προὐθέμεθα, οὐδὲ τὰ
τῶν ἄλλων ἐξετάζειν, εἰ μὴ ὅσον πάρεργον. οἱ δέ γε χαριέστε-
ρον ἀπαντῶντες πρὸς τὴν ἀπορίαν λέγουσιν ὅτι περὶ θεοῦ μὲν
καὶ ὁ Ἀθηναῖος ξένος ποιεῖται τὸν λόγον, περὶ θεοῦ δὲ καὶ ὁ

1113.27–28 = Leg. IV 715e8-716a1   1114.2 τινες: forsan Iamblichus, cf.
supra, 1107.8-1108.15   6–9 cf. Parm. 142d9-143a3   14–15 = Theaet.
179d4 16 οἱ δέ: auctor ignoratur

1113.27 τὸν θεόν post φησι transp. A   28 τῶν ὄντων om. A   1114.10 ἀ-
ριθμὸν Σg : ἀριθμοὺς A   12 τοῦ² om. A   14 διαβεβλήσθω Cous² :
reiciatur g ἀναβεβλήσθω APR ἀναβεβλῆσθαι FG   15 τὰ ΑΣ : opiniones
g   16 ante ὅσον add. καθ’ Cous² | οἱ Ag : εἰ Σ   17 ἀπαντῶντες om. A
18 ποιεῖται ΑΣ : fecit g

Παρμενίδης, ἀλλ' οὗτος μὲν περὶ τοῦ πρώτου θεοῦ καὶ παντὸς
ἐξῃρημένου πλήθους, ἐκεῖνος δὲ περί τινος θεοῦ κατ' ἄλλην   20
τεταγμένου τάξιν καί – τί γὰρ οὐ δεῖ λέγειν σαφῶς; – τοῦ
δημιουργοῦ καὶ πατρός, ὀρθότατα λέγοντες· καὶ γὰρ τὸ
περιπορευόμενος οὐδὲν προσήκει τῷ ἑνὶ καὶ τὸ ἕπε-
σθαι τὴν Δίκην αὐτῷ παντελῶς ἄλλην ἡμῖν ἐνδείκνυται
τάξιν καὶ ἄλλον θεόν, καὶ ἔχει λόγον ἐπὶ τὸν δημιουργὸν ἀνα-   25
πέμπειν ἐκεῖνα, τὸν τριχῇ μὲν διελόντα τὸ πᾶν κατὰ τὴν τριάδα
τὴν δημιουργικήν, τῇ δὲ νοερᾷ γνώσει τὰ πάντα περιειληφότα,
μετὰ δὲ τῆς Δίκης τὰ ὅλα κατευθύνοντα.

Εἴρηται μὲν οὖν, ὅπερ ἔφην, καὶ ταῦτα ὀρθῶς. ἔτι δὲ τελειό-
τερον ὁ ἡμέτερος καθηγεμὼν ἔλυε τὴν ἔνστασιν, λέγων ὅτι μὴ   30
ταὐτόν ἐστιν ἐπισκοπεῖν ἡμᾶς ὅπως ἔχει πρὸς ἑαυτὸ καὶ πῶς
πρὸς τὰ | ἄλλα τὸ ἕν, καθάπερ ἐπεσημηνάμεθα πολλάκις.   1115
τούτων δὲ διακεκριμένων τῶν προβλημάτων, εἰκότως ὁ Πλά-
των νυνὶ θεωρῶν τίνα οὐχ ἕπεται τῷ ἑνὶ πρὸς ἑαυτό, καὶ ἀρχὴν
καὶ μέσον αὐτοῦ καὶ τελευτὴν ἀπέφησε· ταῦτα γὰρ πλῆθος ἂν
ἡμῖν τῷ ἑνὶ συνεισήνεγκεν. ὁ δέ γε Ἀθηναῖος ξένος οὐ πῶς ἔχει   5
πρὸς ἑαυτὸν ὁ θεὸς εἴρηκεν, ἀλλὰ πῶς ἔχει πρὸς τὰ ἄλλα, καὶ
ὅτι τὴν ἀρχὴν ἔχει καὶ τὰ μέσα καὶ τὴν τελευ-
τήν, τούτων μὲν ἐν τοῖς πᾶσιν ὄντων, ἀλλ' οὐκ ἐν τῷ
θεῷ, τοῦ δὲ θεοῦ, διότι πρὸ πάντων ἐστί, καὶ τοῦ ἔχειν ἀρχὴν καὶ
μέσα καὶ τελευτὴν {καὶ} καθαρεύοντος, συνέχοντος δὲ τὰ ὄντα   10

1114.21–22 = Tim. 41a7   23–24 = Leg. IV 716a2   28 cf. Leg. IV 715e7-
716b7   30 ὁ...καθηγεμὼν: sc. Syrianus   1115.1 καθάπερ...πολλάκις: cf.
supra, 1103.17-1104.13   7–8 = Leg. IV 715e8-716a1

1114.23   περιπορευόμενος P periporeuomenos g : παραπορευόμενος
AFGR   31 πῶς om. g   1115.10 τελευτὴν ΑΣ : finem et consummatio-
nem g | καὶ² delevimus cum M

πάντα ἐν οἷς τὰ τρία ταῦτά ἐστιν. ὥστε, καὶ εἰ περὶ τοῦ πρώτου
ποιοῖτο τὸν λόγον καὶ ἐν ἐκείνοις, οὐ μάχεται τοῖς ἐνταῦθα
λεγομένοις· οὐ γὰρ ὅτι ἐν ἑαυτῷ καὶ πρὸς ἑαυτὸν τὴν τριάδα
ταύτην ὁ θεὸς ἔχει, λέγει ὁ Ἀθηναῖος ξένος, ἀλλ' ὅπως πᾶσιν
15 ἐπιβέβηκε τοῖς οὖσιν ἐν οἷς τὰ τρία ταῦτά ἐστιν. εἰ δὲ ἐν Ἐπι-
στολαῖς περὶ τὸν πάντων βασιλέα τὰ πάντα εἶναί
φησι καὶ ἐκείνου ἕνεκα πάντα, καὶ ἐκεῖνο
αἴτιον πάντων καλῶν, δῆλον δὴ ὅτι καὶ ἀρχὴ πάντων
ἐστὶν ἐκεῖνος καὶ τέλος καὶ μέσον, ἀλλ' οὐδὲ διὰ τοῦτο αὐτὸς
20 ἀρχὴν ἔχει καὶ μέσον καὶ τελευτήν· καὶ γὰρ ἐκεῖνο πῶς ἔχει
πρὸς τὰ ἄλλα διδάσκει, καὶ οὐ πῶς ἔχει πρὸς ἑαυτό. τῶν οὖν
ἄλλων ἐστὶν ἀρχή, μέσον, τέλος τὸ πρῶτον, ἀλλ' οὐ καθ' αὑτὸ
διαιρεῖται εἰς ἀρχὴν καὶ μέσον καὶ τέλος· καὶ γάρ ἐστιν ἀρχὴ
μὲν πάντων, ὅτι ἀπ' αὐτοῦ πάντα· τέλος δέ, ὅτι ἐπ' αὐτὸ πάντα·
25 πᾶσα γὰρ ὠδὶς καὶ πᾶσα κατὰ φύσιν ὄρεξις πρὸς τὸ ἕν, ὡς
μόνως ἀγαθόν, ἀνατείνεται· μέσον δέ, ὅτι πάντα τὰ κέντρα τῶν
ὄντων, εἴτε νοητῶν, εἴτε νοερῶν, εἴτε ψυχικῶν, εἴτ' αἰσθητῶν,
εἰς ἓν αὐτὰ ἐπερείδεται, ὥστε ⌊καὶ⌋ ἀρχὴ καὶ τέλος ἐστὶ καὶ
μέσον πάντων τὸ ἕν· αὐτὸ δὲ πρὸς ἑαυτὸ τούτων οὐδὲν ἔχει,
1116 διότι μηδὲ ἄλλο | τι πλῆθος. ἀλλὰ μὴν οὐδὲ πρὸς ἕτερον· οὔτε
γὰρ ἀρχὴν ἔχει, διότι μηδὲν αὐτοῦ κρεῖττον μηδὲ ἀπ' αἰτίας
ἐστίν· οὔτε τέλος· οὐδενὸς γάρ ἐστιν ἕνεκά του, πᾶν δὲ τὸ ἔχον

1115.16–18 = Ep. II 312e1-3

1115.11 εἰ Mᶜ si g : ἢ ΑΣ   12 ποιοῖτο scripsimus : ποιοῖ ΑΣ   13 ἑαυτὸν
Cous : ἑαυτὸ ΑΣ   15 ἐπιβέβηκε Σg : ἐπιβέβληκε Α | ταῦτά ἐστιν inv. Α
20 ἐκεῖνο scripsimus : ἐκεῖνα ΑΣg   22 καθ' αὑτὸ Cous² secundum se g :
κατ' αὐτὸ ΑΣ   24 μὲν Mᵇ : μέσον ΑΣ om. g   28 ἐπερείδεται correximus
ex g (firmantur) : διαιρεῖται ΑΣ (ἐν αὐτῷ ἐνίδρυται coni. Cous²) | καὶ¹
addidimus ex g (et)

τέλος ἕνεκά του πάντως ἐστί, τὸ δὲ ἓν μόνον οὗ ἕνεκα, καθάπερ
ἡ ὕλη καὶ τὸ ἔσχατον τῶν ὅλων ἕνεκά του μόνον· οὔτε μέσον   5
ἔστι τοῦ ἑνός, περὶ ὅ ἐστιν ὡς μέσον τὸ ἕν, ἵνα μὴ πολλὰ εἴη τὸ
ἓν ὧν ἐστι μέσον. πάντων ἄρα τούτων ἐξῄρηται τὸ ἓν καὶ οὐδὲν
δεῖ τούτων αὐτῷ προσφέρειν, ἀλλ᾽ ὥσπερ ὁ Πλάτων ὑφηγεῖται,
μένειν ἐπὶ τῶν ἀποφάσεων. καὶ γάρ, ὅταν αὐτὸ λέγωμεν ἐφετὸν
ἢ τέλος, τὴν τῶν ἄλλων δηλοῦμεν ἀνάτασιν· φύσεως γὰρ   10
ἀνάγκῃ πάντα τὰ μετὰ τὸ πρῶτον ἐφίεται τοῦ πρώτου·
καὶ πῶς γὰρ ἂν ἐγκεκεντρισμένα τῷ πρώτῳ καὶ ἐνερριζωμένα
δύναιτο μὴ ἐφίεσθαι τῆς ἑαυτῶν αἰτίας; ταῦτ᾽ οὖν ἐστι τὰ πρὸς
ἐκεῖνο τὴν σχέσιν ἀναδεδεγμένα, ἐκεῖνο δὲ ἁπάντων ὁμοίως
ἐξῄρηται.   15

**Καὶ μὴν τελευτή γε καὶ ἀρχὴ πέρας ἑκάστου.
– Πῶς δ᾽ οὔ; – Ἄπειρον ἄρα τὸ ἕν, εἰ μήτε
ἀρχὴν μήτε τελευτὴν ἔχει. – Ἄπειρον.** [Parm.
137d6-8]

Ἐπὶ μὲν τῆς δευτέρας ὑποθέσεως, πρὶν τὴν τριάδα ταύτην   20
ὑποστήσηται, τὴν ἀρχὴν λέγω, τὸ μέσον, τὴν τελευτήν, ὑφί-
στησι μετὰ τὸ ἓν καὶ πολλὰ καὶ τὸ ὅλον καὶ μέρη ἔχον, τὸ

1116.4 cf. *Ep.* II 312e2   **8** cf. *Parm.* 137c4-142a7   **10–11** = Plot., *Enn.* V 5
[32] 12.7-8   **20–23** cf. *Parm.* 144e8-145a4

1116.8 προσφέρειν A²Mg : προσφέρων Σ   **12** ἐγκεκεντρισμένα correxi-
mus ex g (*incentrata*) : κεκεντρισμένα ΜΣ κέντρα ἔπεται A⁴   **16** μὴν A
PLAT. codd. : μήν γε Σ   **18** ἔχει Σg PLAT. TWᶜ : ἔχοι A PLAT. W ἔχῃ PLAT.
BCD   **20** πρὶν correximus ex g (*antequam*) : πρὸς ΑΣ πρὸ τοῦ Mᵇ πρὸς τὸ
Cous²   **21** ὑποστήσηται correximus ex g (*substituat*) : ὑποστήσεται ΑΣ
ὑποστήσασθαι Mᵇ

πεπερασμένον καὶ ἄπειρον, τὰς τρεῖς ταύτας ἀντιθέσεις συντάτ-
των· μιᾶς γάρ ἐστι τάξεως θείας ταῦτα σημαντικά, μενούσης
25 καὶ προϊούσης καὶ πρὸς ἑαυτὴν συννευούσης καὶ ἑαυτὴν κατ᾽
ἄκραν ὑπερβολὴν συνεχούσης. ἔπειθ᾽ οὑτωσὶ γεννᾷ πρῶτον μὲν
τὸ τὰ ἔσχατα ἔχον, ἔπειτα τὸ ἔχον τὴν ἀρχὴν καὶ
τὸ μέσον καὶ τὴν τελευτήν, τρίτον δὲ τὸ εὐθὺ καὶ
περιφερὲς καὶ μικτόν, ἄλλης τάξεως θείας δευτέρας
1117 ὄντα | συνθήματα μετ᾽ ἐκείνην. ἐν δὲ αὖ τοῖς νυνὶ προκειμένοις
μετὰ τὸ ὅλον {καὶ τὸ ὅλον} καὶ τὸ μέρη ἔχον ἀπέφησε τοῦ ἑνὸς
τὴν εἰρημένην τριάδα, τὴν ἀρχήν, τὸ μέσον, τὴν τελευτήν, καὶ
ἀπὸ τούτου συνήγαγεν ὅτι καὶ ἄπειρόν ἐστι {τοιοῦτον}· τοιοῦτον
5 δέ ἐστι τὸ ἔσχατα οὐκ ἔχον· ἐν γὰρ τῷ ἀπείρῳ οὐδέν ἐστιν
ἔσχατον, οὔτε ὡς ἀρχὴ ὄν, οὔτε ὡς τέλος. ἠδύνατο μὲν οὖν καὶ
ἀπὸ τοῦ μὴ ἔχειν ἔσχατα δεῖξαι τὸ ἓν ἄναρχον καὶ ἀτελεύτητον,
τὸ δὲ μὴ ἔχειν ἔσχατα ἀπὸ τοῦ μὴ μέρη ἔχειν μηδὲ πολλὰ εἶναι·
τὸν δὲ λόγον διὰ τῶν γνωριμωτέρων προάγων ἀπὸ μὲν τοῦ
10 μέρη μὴ ἔχειν εὐθὺς ἔδειξεν ὡς ἄρα ἄναρχόν ἐστι τὸ ἓν καὶ
ἀτελεύτητον, ἵνα μὴ τρία ᾖ ἀνθ᾽ ἑνός· ἀπὸ τούτου δὲ δειχθέντος
ἔλαβεν ὡς πόρισμα λοιπὸν ὅτι καὶ ἄπειρον τὸ ἕν, εἰ ἄναρχόν
ἐστι καὶ ἀτελεύτητον, μεταλαβὼν τὴν ἀρχὴν καὶ τὴν τελευτὴν
εἰς τὸ πέρας, ὃ δὴ τῷ ἐσχάτῳ ταὐτόν. δοκεῖ οὖν μοι τὸ μὲν

1116.27   cf. *Parm.* 145a4-5   **27–28**   cf. *Parm.* 145a5-b2   **28–29**   cf. *Parm.*
145b2-4

1116.27   ἔπειτα...ἔχον[2] correximus ex g (*deinde habens*) : ἐπὶ τὰ ἔχοντα
ΑΣ ἔπειτα τὰ ἔχοντα M[b]   **1117.1** αὖ τοῖς correximus ex g (*rursum...hiis*) :
αὐτοῖς ΑΣ   **2**   καὶ[1]...ὅλον[2] delevimus cum M, deest in g   **3**   εἰρημένην
correximus ex g (*dictam*) : ἐξηρημένην ΑΣ   **4**   τοιοῦτον[1] delevimus ex g
6   ἠδύνατο ΑΣ : *aut possibile* g (ἢ δυνατὸν *Γ*?)   **13**   μεταλαβὼν AR[a] :
μεταλαβὸν Σ

ἄπειρον τοῦτο νῦν οὐχ ἁπλῶς δηλοῦν τὸ τοῦ πέρατος ἀποφατι-   15
κόν, ἀλλὰ τὸ τῶν ἐσχάτων ἀναιρετικόν. ἐν τῇ δευτέρᾳ τοίνυν
καταφάσκων τὸ ἔσχατα ἔχον, εἰκότως ἐνταῦθα τοῦτο ἀποφά-
σκων ἄπειρον ἀποδείκνυσι τὸ ἕν, ὡς μὴ ἔχον ἔσχατα, ἃ δὴ
πέρατα καλεῖν εἰώθαμεν. ἐκεῖνο δὲ τὸ πεπερασμένον καὶ τὸ
ἀντικείμενον αὐτῷ ἄπειρον, ἃ δὴ μετὰ τὸ ὅλον καὶ τὰ μέρη   20
καταφήσει τοῦ ἑνὸς κατὰ τὴν δευτέραν ὑπόθεσιν, παραλείπει,
ὡς ἔχων αὐτὸ μετὰ τοῦ ὅλου καὶ τῶν μερῶν ἀνῃρημένον ἐκ
πολλοῦ τοῦ περιόντος, ἢ καὶ πρὸ τούτου διὰ τῶν πολλῶν· πᾶν
γὰρ πεπερασμένον καὶ πᾶν ἄπειρον πλῆθος ἢ πολλά ἐστι μόνον,
ἢ καὶ ὅλον ἅμα καὶ μέρη ἔχον, εἰ μὲν δυνάμει τὸ ἄπειρον ἔχον,   25
κατ᾽ ἐνέργειαν δὲ πεπερασμένον καὶ ὅλον τι ὂν καὶ μέρη ἔχον,
διὰ τοῦτο πολλὰ ὄν, εἰ δὲ χωρὶς μὲν πεπερασμένον ὄν, χωρὶς δὲ
ἄπειρον κατ᾽ ἐνέργειαν – ἅμα γὰρ ἀδύνατον –, τῇ μὲν ὅλον τι ὂν
καὶ μέρη ἔχον, τῇ δὲ πολλὰ μόνον εἶναι μὴ κωλυόμενον· καὶ γὰρ
τὸ ἄπειρον οὐχ ὅλον ὂν πολλὰ ὅμως ἐστίν. ᾗπερ οὖν ἀπέφησε τὸ   30
ὅλον | καὶ τὸ μέρη ἔχον, ταύτῃ καὶ τὸ πεπερασμένον καὶ τὸ   1118
ἄπειρον ἦν ἀποφάσκειν δυνατόν.

Ἀλλὰ ταῦτα μὲν ὅ τί ποτέ νοεῖ καὶ ὅπῃ συντέτακται
ἀλλήλοις, τὸ ὅλον καὶ τὰ μέρη τῷ τε πεπερασμένῳ καὶ ἀπείρῳ,
δι᾽ ἐκείνων ἡμῖν ἔσται κατάδηλον, ὅταν περὶ τοῦ πλήθους   5
λέγωμεν τῶν θεῶν. νῦν δὲ ὅπως τὸ ἓν πάντων αἴτιον, πρόκειται

1117.16–17 cf. *Parm.* 145a4-b2   **19** cf. Ar., *Met.* V 17, 1022a4-13   **20–21**
cf. *Parm.* 144e9-145a4   **1118.3–6**   in parte commentarii deperdita (ad
Parm. 144e9-145a4)

1117.17 ἔσχατα scripsimus : ἔσχατον ΑΣg | ἔχον Σg : ἔχειν Α   **21** τὴν
Σg : δὲ Α | παραλείπει Ag : παραλείπειν Σ (περιλείπειν P)   **22** ἔχων
Cous : ἔχον ΑΣ | ἀνῃρημένον Cous : ἀνῃρημένων ΑΣg   **27** διὰ τοῦτο
correximus ex g (*propter quod*) : διὰ τούτου ΑΣ   **1118.3** ὅ τί ΑΣ : *quid* g

λέγειν, καὶ ὅπως ὑφίστησι πάντας τοὺς θείους ἀριθμούς. ζητεῖν
δ᾽ οὖν ἐν τούτοις πάλιν εἰώθασι πῶς ἄπειρον τὸ ἕν. καὶ οἱ μὲν
οὕτω φασὶν ἄπειρον προσειρῆσθαι τὸ ἕν, ὡς ἀδιεξίτητον καὶ ὡς
10   πέρας τῶν ὅλων· διχῶς γὰρ λέγεται τὸ ἄπειρον, τὸ μὲν οἷον τὸ
ἄληπτον καὶ ἀδιεξίτητον, τὸ δὲ οἷον ὃ πέρας ἐστὶ τὸ μὴ ἔχον
ἄλλο πέρας. καὶ τὸ ἓν οὖν ἀμφοτέρως εἶναι ἄπειρον, ὡς ἄληπτόν
τε καὶ ἀπεριήγητον πᾶσι τοῖς δευτέροις, καὶ ὡς πέρας τῶν ὅλων
καὶ μὴ δεόμενον αὐτὸ πέρατος ἄλλου μηδενός. οἱ δὲ ὡς ἀ π ε ι ‑
15   ρ ο δ ύ ν α μ ο ν   καὶ ὡς πάντων γεννητικόν, καὶ ὡς πάσης τῆς ἐν
τοῖς οὖσιν ἀπειρίας αἴτιον καὶ δι᾽ ὅλων τῶν ὄντων ἐκτεῖναν τὴν
ἑαυτοῦ δόσιν· πάντα γὰρ τῷ ἑνὶ κατέχεται καὶ ἔστι διὰ τὸ ἕν,
καὶ οὐδ᾽ ἂν ὑποστῆναι δύναιτο, μὴ ἓν γενόμενα κατὰ τὴν ἑαυ‑
τῶν φύσιν. οἱ δέ, ὡς ἐπειδὴ πέρας ὁ νοῦς, ὅτι ὑπὲρ νοῦν τὸ ἕν, διὰ
20   τοῦτο καὶ ἄπειρον εἰρήκασι· δύο γάρ, φασί, ταῦτα μόνον τίθησιν
ἐπὶ τοῦ ἑνὸς ὁ Πλάτων, τό τε ἄπειρον καὶ τὸ ἀκίνητον, ἐπειδὴ
νοῦς μὲν πέρας, ἡ δὲ ψυχὴ κίνησις, ἐνδεικνύμενος ὅτι κρεῖττον
ἐκεῖνο καὶ νοῦ καὶ ψυχῆς· τρεῖς γὰρ εἶναι τὰς ἀρχικὰς ὑποστά‑
σεις, ὧν τὴν πρώτην ἐξηρῆσθαι ταῖν δυοῖν. ἡμεῖς δὲ χαρίεντα
25   μὲν καὶ τὰ τοιαῦτα πάντα νομίζομεν, εἰ καὶ τὰ μὲν μᾶλλον, τὰ
δὲ ἧττον ἀποδεχόμεθα, πεισόμεθα δὲ τῷ ἡμετέρῳ καθηγεμόνι,
πάνυ γε σφόδρα καὶ ἐν τούτοις εὐθυβόλως τὴν τοῦ Πλάτωνος

1118.8   οἱ μὲν: commentatores ante Plotinum, cf. Plot., *Enn.* VI 9 |9|
6.10-11, VI 6 |34| 17.13-15   **10–11**   cf. Ar., *Phys.* III 5, 204a14, III 7,
207b28-29; Plot., *Enn.* II 4 |12| 7.13-20; Porph., *Sent.* 34, p. 39.11   **14–15** =
Plot., *Enn.* IV 3 |27| 8.36-38   **23–24**   = Plot., *Enn.* V 1 |10| **26**
τῷ...καθηγεμόνι: sc. Syriano

1118.13 ἀπεριήγητον ΑΣ : *impertransibile* g (ἀδιεξίτητον Γ?)   **20** post
εἰρήκασι add. αὐτό Cous²   **22**   ἐνδεικνύμενος ὅτι scripsimus :
ἐνδεικνύμενος τι Σg ἐνδεικνύμενον ὅτι M (...)τι Α²

τεθηρακότι διάνοιαν, καὶ ἀξιώσομεν τοὺς τῆς ἀληθείας
φιλοθεάμονας ὁρᾶν πρῶτον μὲν πόσαι τάξεις εἰσὶν ἐν τοῖς
οὖσι τῆς ἀπειρίας, ἔπειτα ποῖαι ταύταις οἷον ἀντικείμεναι τοῦ   30
πέρατος πρόοδοι, | καὶ μετὰ ταῦτα λοιπὸν ἐπισκέπτεσθαι τί τὸ   1119
ἐνταῦθα ἄπειρον· τοῖς γὰρ τὸν τρόπον ἡμῖν τοῦτον μετιοῦσι τὴν
τοῦ προκειμένου ζήτησιν ῥᾳδίως ἀναφανήσεται πᾶν τὸ τοῦ
Πλάτωνος βούλημα.

Τὴν τοίνυν ἀπειρίαν, ἵνα κάτωθεν ποιησώμεθα τὴν ἀρχήν,   5
θεατέον μὲν καὶ ἐπὶ τῆς ὕλης, διότι ἀόριστος καθ᾽ αὑτὴν καὶ
ἄμορφος καὶ ἀνείδεος, τὰ δὲ εἴδη καὶ αἱ μορφαὶ πέρατα τῆς
ὕλης. θεατέον ⌊δὲ⌋ καὶ ἐπὶ τοῦ ἀποίου σώματος κατὰ τὴν διαί-
ρεσιν· ἐπ᾽ ἄπειρον γὰρ τοῦτο πρῶτον διαιρετόν, ἅτε πρῶτον ⌊ὂν⌋
διαστατόν. θεατέον δὲ κατὰ τὰς περὶ τὸ ἄποιον πρώτας ὑφι-   10
σταμένας ποιότητας, ἐν αἷς τὸ μᾶλλόν ἐστι καὶ ἧττον
πρώταις· τούτοις γὰρ καὶ ὁ ἐν Φιλήβῳ Σωκράτης ἐχαρακτή-
ρισε τὸ ἄπειρον. θεατέον δὲ καὶ ἐπὶ πάσης τῆς γενέσεως· καὶ
γὰρ αὕτη τὸ ἄπειρον ἔχει κατά τε τὴν ἀειγενεσίαν καὶ τὸν
ταύτης ἄπαυστον κύκλον, καὶ κατὰ τὰς ἀορίστους τῶν γεννη-   15
τῶν ἐξαλλαγὰς γιγνομένων ἀεὶ καὶ φθειρομένων, ἐν οἷς καὶ ἡ
κατὰ τὸ πλῆθος ἀπειρία τὴν γένεσιν ἔχει ἐν τῷ γίγνεσθαι μόνον
οὖσα, πᾶσα δὲ ὁμοῦ μηδέποτε οὖσα. πρὸ δὲ τούτων τὸ ἄπειρον
θεατέον ἐπὶ τῆς τοῦ οὐρανοῦ κυκλοφορίας· ἔχει γὰρ καὶ αὐτὴ τὸ

1118.28–29 = *Resp.* V 475e4   1119.12–13 cf. *Phil.* 24a9

1119.2 ἡμῖν om. A   8 δὲ addidimus ex g (*autem*)   9 ὂν addidimus ex g
(*ens*)   10 ἄποιον Σ (ἄπειον Rᵃ) g : ἄπειρον A   13 δὲ correximus ex g
(*autem*) : μὴν ΑΣ   14 ἀειγενεσίαν Σ (cf. infra, 1120.28) : ἀειγεννησίαν A
15–16   γεννητῶν correximus ex g (*generabilium*) : γεννητικῶν ΑΣ
18   πᾶσα...ὁμοῦ Strobel : παραδεόμενον Aᵍ παραδεομένου Σ περιδεομέ-
νου A περὶ δὲ τὸ ὂν Westerink | οὖσα² ΑΣg : λείπουσα coni. Taylor

20 ἄπειρον διὰ τὴν ἀπειροδυναμίαν τοῦ κινοῦντος· σῶμα μὲν γάρ,
καθὸ σῶμα, δύναμιν ἄπειρον οὐκ ἔχει, διὰ δὲ τὴν τοῦ νοῦ
μετουσίαν καὶ τὸ σῶμα ἀεὶ ἔστι, καὶ ἡ κίνησις ἄπειρος. ἀκατά-
ληκτος γοῦν ἐστι καὶ συνεχὴς τὸ αὐτὸ ποιουμένη τελευτήν τε
καὶ ἀρχήν. καὶ πρὸ τούτων ἐπὶ τῆς ψυχῆς τὸ ἄπειρον ληπτέον·
25 μεταβατικῶς γὰρ νοοῦσα δύναμιν ἀπαύστου κινήσεως ἔχει καὶ
ἔστιν ἀεικίνητος, συνάπτουσα τὰς περιόδους ἀλλήλαις, καὶ
ἄτρυτον ποιουμένη τὴν ἐνέργειαν καὶ μίαν ἀεὶ καὶ ἀνέκλειπτον.
ἔτι πρὸ τῆς ψυχῆς ἐπ᾽ αὐτοῦ τοῦ χρόνου θεατέον τοῦ μετροῦντος
τὴν ψυχικὴν πᾶσαν περίοδον· καὶ γὰρ οὗτός ἐστιν ἄπειρος ὅλος,
30 διότι ἡ ἐνέργεια αὐτοῦ, δι᾽ ἧς ἀνελίττει τὰς κινήσεις τῶν ψυχῶν
1120 καὶ δι᾽ ἧς μετρεῖ τὰς περιόδους αὐτῶν, κατ᾽ | ἀριθμὸν
ἰοῦσα, ἄπειρός ἐστι κατὰ τὴν δύναμιν· οὐδέποτε γὰρ ἀπολή-
γει μένουσα καὶ προϊοῦσα, καὶ τοῦ ἑνὸς ἀντεχομένη καὶ τὸν
ἀριθμὸν ἀνελίττουσα τὸν τῶν κινήσεων τῶν ὅλων μετρητικόν.
5 ἀλλὰ δὴ καὶ πρὸ τοῦ χρόνου θέα μοι τὸ ἄπειρον ἐπ᾽ αὐτοῦ τοῦ
νοῦ καὶ τῆς νοερᾶς ζωῆς· αὕτη γὰρ ἀμετάβατος καὶ ἀεὶ πᾶσα
καὶ ἀθρόα πάρεστιν, αἰώνιος δὲ καὶ ἀπειροδύναμος· τὸ γὰρ
ἀκίνητον αὐτῆς καὶ ἀνέκλειπτον οὐσίας ἐστὶ καὶ δυνάμεως οὐκ
ἐπιλειπούσης ἀλλ᾽ ἀεὶ τὸ ζῆν ἄγρυπνον ἐχούσης, δι᾽ ἣν καὶ πᾶν
10 τὸ κινούμενον ἀεὶ δύναται ἀεὶ κινεῖσθαι, μετέχον ἐν τῇ κινήσει
τῆς ἑστώσης ἀπειρίας. καὶ οὐκ ἄχρι τούτων μόνον τὸ ἄπειρον,
ἀλλὰ καὶ πρὸ τοῦ νοῦ πάντως αὐτὸς ὁ πολυύμνητος αἰὼν

1119.25 cf. *Tim.* 36e4   **1120.31–1120.2** = *Tim.* 37d6-8

1119.25 ante μεταβατικῶς spat. vac. 1 lin. Σ, add. *que* g | γὰρ om. g
ἀπαύστου Σg : ἀπταίστου A | ἔχει Ag : ἔχειν Σ   **27** ἄτρυτον Cous² (cf.
infra, VII 1161.20) : ἄτρυπον A^g ἄτρωτον ΑΣ (ἄτροπον R)   **1120.5** θέα
correximus ex g (*uide*) (cf. supra, 1104.26) : θεῶ ΑΣ   **8** ἀκίνητον Σg :
ἀεικίνητον A¹ sl   **10** ἀεὶ² om. A   **11** μόνον Σg : μόνων A

ἄπειρος, ὃς καὶ πᾶσαν περιέχει τὴν νοερὰν ἀπειρίαν. πόθεν γὰρ
τῷ νῷ τὸ αἰωνίως ζῆν ἢ ἐκ τοῦ αἰῶνος; οὗτος οὖν ἄπειρος πρὸ
νοῦ κατὰ τὴν δύναμιν· μᾶλλον δὲ τὰ μὲν ἄλλα κατὰ τὴν δύνα-   15
μιν ἄπειρα, ὁ δὲ αἰὼν δύναμις· καὶ γὰρ οὐκ ἄλλο τί ἐστιν ἢ
δύναμις ὁ πρῶτος αἰών. ἐπ᾽ αὐτὴν δὴ τὴν πρωτίστην πηγὴν τῆς
ἀπειρίας ἀνάδραμε λοιπὸν καὶ τὴν κρύφιον αἰτίαν πάντων τῶν
ὁπωσοῦν ἀπείρων γεννητικὴν καὶ ἀναδραμὼν ὄψει πάντα κατὰ
τὴν δύναμιν <τὴν> ἐκεῖθεν ἄπειρα· τοιοῦτον γάρ, εἰ βούλει, τὸ   20
αὐτοάπειρον· τοιοῦτον παρ᾽ Ὀρφεῖ τὸ χάος, περὶ οὗ καὶ ἐκεῖνος
εἴρηκε τὸ ο ὐ δ έ   τ ι   π ε ῖ ρ α ρ   ὑ π ῆ ν· ὁ μὲν γὰρ αἰών, εἰ καὶ διὰ
τὸ ἀεὶ ἄπειρος, ἀλλὰ ὡς μέτρον δήπου τῶν αἰωνίων καὶ πέρας
ἐστί. τὸ δὲ χάος πρώτως ἄπειρον καὶ μόνως ἄπειρον καὶ πηγὴ
πάσης ἀπειρίας, νοητῆς, νοερᾶς, ψυχικῆς, σωματικῆς, ὑλικῆς.   25
ὁρᾷς οὖν ὅσαι τάξεις τῆς ἀπειρίας καὶ ὡς ἀεὶ αἱ δεύτεραι τῶν
πρὸ αὐτῶν ἐξήρτηνται· ἥ τε γὰρ ὑλικὴ ἀπειρία συνέχεται διὰ
τῆς ἀειγενεσίας, ἥ τε ἀειγενεσία διὰ τὴν ἀεικινησίαν τοῦ
αἰθέρος ἐστὶν ἀνέκλειπτος, καὶ ἡ ἀεικινησία τοῦ αἰθέρος διὰ τὴν
τῆς θείας ψυχῆς ἄπαυστον περίοδον ἀποτελεῖται· μίμημα γάρ   30
ἐστιν ἐκείνης, καὶ ἡ ταύτης περίοδος διὰ τὴν τοῦ χρόνου συνεχῆ   1121
καὶ ἀνέκλειπτον δύναμιν ἀνελίττεται, τὴν αὐτὴν ἀρχὴν ποιουμέ-
νη καὶ τελευτὴν διὰ τὸ νῦν τὸ χρονικόν, καὶ ὁ χρόνος ἀπείρως
ἐνεργεῖ διὰ τὴν νοερὰν ἀπειρίαν τὴν ἀεὶ ἑστῶσαν· τὸ γὰρ
κατ᾽ ἀριθμὸν ἰόν, ὅταν ἄπειρον ᾖ, διὰ τὴν μένουσαν ἀεὶ αἰτίαν   5
ἄπειρον, περὶ ἣν ἀνελίττεται τοῦτο καὶ ἣν ἀεὶ ὡσαύτως περι-

1120.22 = *Orph.*, fr. 111 [X] B. (66 K.)

1120.19 ἀπείρων Cous² *infinitorum* g : ἄπειρον ΑΣ | γεννητικὴν Dillon :
γεννήσας ΑΣg (cf. *Theol. plat.* V 22, p. 81.2) | ὄψει ΑΣ : *quo quidem* g
(ὅπη Γ?) | πάντα post δύναμιν transp. A   20 τὴν² addidimus, *que* add. g
(τὰ Γ?)

χορεύει. καὶ ὁ νοῦς ἐπ᾽ ἄπειρον ζῇ διὰ τὸν αἰῶνα· τὸ γὰρ αἰώνιον
πᾶσιν ἐκ τοῦ αἰῶνος, καὶ οὗτός ἐστιν ὅθεν ἐξήρτηται πᾶσι,
τοῖς μὲν <ἐναργέστερον, τοῖς δὲ> ἀμυδρότερον, τὸ εἶναί τε
καὶ ζῆν. καὶ ὁ αἰὼν ἄπειρος διὰ τὴν πηγὴν τῆς ἀπειρίας, ἢ

10 καὶ οὐσίαις πάσαις καὶ δυνάμεσι καὶ ἐνεργείαις καὶ περιόδοις
καὶ γενέσεσιν ἄνωθεν χορηγεῖ τὸ ἀνέκλειπτον. καὶ μέχρι ταύτης
ἀνιοῦσι καὶ ἀπὸ ταύτης κατιοῦσιν αἱ τῶν ἀπειριῶν τάξεις· καὶ
γὰρ ἡ τῶν καλῶν ἀπὸ τοῦ αὐτοκάλλους, καὶ ἡ τῶν ἰσοτήτων

15 ἀπὸ τῆς πρώτης ἰσότητος, ⌊ὥσ⌋τε καὶ ἡ τῶν ἀπειριῶν ἀπὸ τῆς
αὐτοαπειρίας.

Ἀλλὰ περὶ μὲν τῶν τοῦ ἀπείρου τάξεων εἰρήσθω τοσαῦτα.
τὴν δὲ τοῦ πέρατος σειρὰν ταύτῃ συμπροϊοῦσαν ἄνωθεν ἐπι-
σκεπτέον· δύο γὰρ ταύτας αἰτίας ἅμα παρήγαγεν ὁ θεός, πέρας

20 καὶ ἄπειρον, ἢ εἰ βούλει λέγειν ἡμᾶς Ὀρφικῶς· αἰθέρα καὶ
χάος· τὸ μὲν γὰρ ἄπειρον χάος ἐστίν, ὡς χορηγὸν πάσης
δυνάμεως καὶ πάσης ἀπειρίας καὶ ὡς περιληπτικὸν τῶν ἄλλων,
καὶ οἷον τῶν ἀπείρων τὸ ἀπειρότατον· τὸ δὲ πέρας ὁ αἰθήρ, ὅτι
καὶ οὗτος ὁ αἰθὴρ τὰ πάντα περατοῖ καὶ μετρεῖ. πρῶτον οὖν

25 πέρας τὸ αὐτοπέρας· πηγὴ <γὰρ> καὶ ἑστία πάντων ἐστὶ τῶν
περάτων, νοητῶν, νοερῶν, ὑπερκοσμίων, ἐγκοσμίων, μέτρον
αὐτὸ τῶν πάντων καὶ ὅρος προϋπάρχον· δεύτερον δὲ τὸ κατὰ τὸν

1121.8–10 = Ar., *Cael.* I 9, 279a28-29   20–21 = *Orph.*, fr. 111 [XI] B. (66 K.)

1121.8 ἐξήρτηται Cous² *dependet* g : ἐξήρηται ΑΣ   9 ἐναργέστερον...δὲ
add. Cous² (cf. *In Parm.* III 803.3-4)   13 αἱ...τάξεις correximus ex g
(*ordines*) : ἡ...τάξις ΑΣ   15 ὥστε correximus ex g (*quare*) : τε Σ om. A
20 εἰ Cous² *si* g : ἐπεὶ ΑΣ   21 χορηγὸν correximus ex g (*elargitiuum*) (cf.
infra, 1122.3) : χορητικὸν ΑΣ χωρητικὸν Cous   25 γὰρ add. Strobel
ἑστία corr. Strobel ex g (*origo*) : στίγμα ΑΣ στήριγμα Taylor
27–28 τὸν αἰῶνα A : τὸν (...) Σ *eamque* (...) g τὴν τοῦ Aᵍ

αἰῶνα· αἰὼν γὰρ ὁμοῦ καὶ ἄπειρός | ἐστιν, ὡς εἴρηται, καὶ πέρας·   1122
καθὸ μὲν γὰρ ἀνεκλείπτου ζωῆς ἐστιν αἴτιος καὶ ὡς δύναμις
τοῦ ἀεὶ χορηγός, ἄπειρός ἐστι· καθὸ δὲ μέτρον ἐστὶ πάσης
νοερᾶς ἐνεργείας καὶ ὅρος τῆς τοῦ νοῦ ζωῆς ἄνωθεν αὐτὴν
ὁρίζων, πέρας ἐστί· καὶ ὅλως καὶ αὐτὸς τῶν μικτῶν ἐστι τῶν ἐκ   5
πέρατος καὶ ἀπειρίας ὑφισταμένων, ὅθεν αὐτὸν οὔτε τὸ πρώτως
<πέρας οὔτε τὸ πρώτως> ἄπειρον λέγειν ἠξιοῦμεν· τὸ γὰρ
πρώτως ἑκάτερον ἐξῄρηται τῶν μικτῶν πάντων, ὥς φησιν ὁ ἐν
τῷ Φιλήβῳ Σωκράτης. τρίτον τοίνυν τὸ πέρας ἐν τῷ νῷ θεα-
τέον· καθὸ γὰρ ἐν ταὐτῷ μένει κατὰ τὴν νόησιν, καὶ μίαν καὶ ἀεὶ   10
καὶ τὴν αὐτὴν ἔχει ζωήν, ὥρισται καὶ πεπέρασται· τὸ γὰρ
ἀμετάβατον καὶ τὸ ἐστὼς πεπερασμένης ἐστὶ φύσεως· καὶ ὅλως
ἀριθμὸς ὢν δηλονότι ταύτῃ μετέχει τοῦ πέρατος. τέταρτον
τοίνυν ὁ χρόνος πέρας, καὶ ὡς κατ' ἀριθμὸν προϊών, καὶ ὡς
μέτρον τῶν ψυχικῶν περιόδων· πανταχοῦ γὰρ τὸ μετροῦν, καθὸ   15
μετρεῖ, καὶ τὸ ἀφορίζον τὰ ἄλλα, τῆς τοῦ πέρατος αἰτίας μετέ-
χον, μετρητικόν ἐστιν αὐτῶν καὶ ἀφοριστικόν. πέμπτον ἐπὶ
τούτοις ἡ τῆς ψυχῆς περίοδος καὶ ὁ κύκλος ὡσαύτως ἀποτελού-
μενος μέτρον ἐστὶν ἀφανὲς πασῶν τῶν φαινομένων κινήσεων·
ἀπὸ γὰρ τῆς ζωτικῆς περιφορᾶς ὁρίζεται πᾶσα τῶν ἑτεροκινή-   20
των ἡ ἀνέλιξις. ἕκτον ἡ κατὰ ταὐτὰ καὶ ἐν τῷ αὐτῷ καὶ περὶ τὸ
αὐτὸ τοῦ αἰθέρος κίνησις περατοῖ πανταχόθεν τὸ ἄτακτον τῶν
ἐνύλων καὶ εἰς ἕνα συνελίττει κύκλον καὶ αὐτὴ καθ' ἑαυτὴν
ὥρισται· τὸ γὰρ ἄπειρον αὐτῆς ἐν τῷ πάλιν καὶ πάλιν ἔστιν,
ἀλλ' οὐ τῷ μὴ ἀνακάμπτειν, οὐδὲ οἷον κατ' εὐθεῖαν ἄπειρον,   25

1122.1 ὡς εἴρηται: cf. supra, 1120.22-25   7-9   cf. Phil. 23e4-6, 27b8-9
24-26 cf. Ar., Phys. VIII 8, 265a18-21

1122.7 πέρας...πρώτως addidimus   21 ταὐτὰ correximus ex g (eadem) :
ταῦτα ΑΣ   22 αὐτὸ Σ : αὐτὸν Α

107

οὐδ'ὡς ἐστερημένον πέρατος κἀνταῦθα τὸ ἄπειρον· ἡ γὰρ μία
περίοδος τῷ πολλάκις ἐστὶν ἄπειρος. ἕβδομον ἡ ἀνέκλειπτος
τῶν εἰδῶν ὑπόστασις, τῶν ἐνύλων λέγω, καὶ τῷ μηδὲν τῶν
1123 ὅλων ἀπολ\λύσθαι καὶ τῷ πάντα ὡρίσθαι· τὰ μὲν ⌊γὰρ⌋
καθ'ἕκαστα τοῖς κοινοῖς, τὰ δὲ μέρη τοῖς ὅλοις δείκνυσι τὴν
ἐνταῦθα τοῦ πέρατος πρὸς τὸ ἄπειρον ἀντίθεσιν· ἀπειραχῶς γὰρ
ἐξαλλαττομένων τῶν γεννητῶν, ὅμως ὥρισται τὰ εἴδη καὶ τὰ
5 αὐτὰ διαμένει, μήτε πλείω μήτε ἐλάττω γιγνόμενα. ὄγδοον
καλείσθω πέρας τὸ ποσὸν πᾶν ἰδίως ἐν τοῖς ὑλικοῖς, καθάπερ τὸ
ποιὸν ἐλέγετο πρότερον ἄπειρον· οὐ γὰρ ἐπιδέχεται τὸ
μᾶλλον καὶ ἧττον, ὡς καὶ ἐν Φιλήβῳ λέγει Σωκράτης.
ἔννατον <τὸ> ἄποιον σῶμα ὡς ὅλον πέρας ἐστίν· οὐ γάρ ἐστι
10 κατὰ μέγεθος ἄπειρον, ἀλλὰ τοσοῦτον ὅσον τὸ πᾶν· δεῖ γὰρ ὅλον
ὑποκείμενον αὐτὸ λέγεσθαι τοῦ παντός. δέκατον αὐτὸ τὸ ἔνυλον
εἶδος, ὃ κατέχει τὴν ὕλην καὶ περιορίζει τὸ ἀόριστον αὐτῆς καὶ
ἄμορφον, εἰς ὃ καὶ ἀπιδόντες τινὲς μόνον εἰς ὕλην καὶ εἶδος
ἀνάγουσι τό τε πέρας καὶ τὸ ἄπειρον.

15 Τοσαῦται μὲν οὖν καὶ αἱ τοῦ πέρατος τάξεις· ὡς συλλήβδην
γὰρ εἰπεῖν, τούτων πολλὰς θεωρήσομεν διαφορότητας. λοιπὸν
δὲ ἐπισκεπτέον πότερον οὕτως ἄπειρον εἴρηται τὸ ἕν, ὡς τὴν ἐν
τοῖς οὖσιν ἀπειρίαν λαμβάνομεν καταφατικῶς, ἢ ἄλλως πως.
ἀλλ'εἰ πρὸς τοῦτο λέγοιτο τὸ ἄπειρον, ἔδει μᾶλλον αὐτὸ λέγειν

1123.7 πρότερον: cf. supra, 1119.10-13   **8** cf. *Phil.* 24e7-25b2; cf. supra, 1119.10-13

1122.27 ἕβδομον Ag : ἕβδομος Σ   **28** τῷ correximus ex g (*eo quod*) : τὸ AΣ   **28—29** τῶν ὅλων AΣ : *in totum* g   **1123.**1 τῷ correximus ex g (*eo quod*) : τὸ AΣ | γὰρ addidimus ex g (*enim*)   **7** οὐ AΣ : *quod* g (ὃ Γ?)   **9** τὸ addidimus   **13** post ὕλην add. μόνον Σ

οὐκ ἄπειρον· ἐπὶ πάσης γὰρ ἀντιθέσεως ἀναγκαῖον ἢ ἐξηρῆσθαι   20
τὸ ἓν ἀμφοτέρων τῶν ἀντικειμένων καὶ μὴ εἶναι μηδέτερον
αὐτῶν ἢ τῷ τοῦ κρείττονος αὐτὸ μᾶλλον ὀνόματι προσαγορεύε-
σθαι· καὶ γὰρ τῷ πάντων ἀρίστῳ χρὴ προσφέρειν τὸ ἄριστον,
ἀλλ᾽ οὐ τὸ ὁπωσοῦν καταδεέστερον. οὕτως ἀντιθέσεως οὔσης
τοῦ ἑνὸς πρὸς τὸ πλῆθος, ἓν ἐκεῖνο προσείπομεν, καὶ αἰτίου   25
πρὸς αἰτιατόν, αἴτιον ἐκεῖνο προσωνομάσαμεν· κρεῖττον γὰρ
τοῦ μὲν αἰτιατοῦ τὸ αἴτιον, τοῦ δὲ πλήθους τὸ ἕν. δέον δὲ ἦν ἢ
καὶ ὑπὲρ αἴτιον αὐτὸ καὶ ὑπὲρ ἓν ἀποκαλεῖν ἢ ἓν καὶ αἴτιον,
ἀλλὰ μὴ πλῆθος καὶ αἰτιατόν· τίνι γὰρ ⌊ἂν⌋ ἀπονέμοιμεν τὰ
σεμνότερα, τὰ χείρονα αὐτῶν εἰς τὸ ἓν ἀνα|πέμποντες; εἰ τοίνυν   1124
καὶ τὸ πέρας τοῦ ἀπείρου κρεῖττον, οὐκ ἀπὸ τοῦ ἀπείρου τὸ
ὄνομα ἐκείνῳ προσοίσομεν· οὐδὲ γὰρ ἦν θέμις ἀπὸ τοῦ χείρονος
εἰς ἐκεῖνο τὰς ἐπωνυμίας ἀναπέμπειν, ἀλλ᾽ ὅπερ ἐνεδειξάμεθα
καὶ πρότερον, κατὰ τὴν ἀπόφασιν ἀπὸ τοῦ κρείττονος· τὸ γὰρ   5
ἄπειρον τοῦτο ταὐτὸν τῷ οὐ πέρας ἔχον, ὡς τὸ ἀμέριστον
τῷ οὐ μέρη ἔχον, ὅταν τάττηται τὸ ἀμερὲς ἐπὶ τοῦ ἑνός. εἰ
δὲ καὶ μήτε ἀπ᾽ αἰτίας ἄλλης ἐστί, μήτε ἔστιν αὐτοῦ ἄλλο τι
τελικὸν αἴτιον, εἰκότως ἄπειρον· περατοῦται γὰρ ἕκαστον ὑπὸ

1123.25 cf. *Parm.* 137c4-142e2   26 = *Ep.* II 312e2   1124.3 ἦν: cf. supra,
1123.27-1124.1   4–5 ὅπερ...πρότερον: cf. supra, 1110.24-1117.4   7 cf.
Soph. 245a8; cf. supra, 1105.4-10

1123.20 ἢ ΑΣ : *est* g | ἐξηρῆσθαι Σg : ἐξαιρεῖσθαι Α   23 τῷ...ἀρίστῳ ΑΣ :
omnibus indeterminatis g | ἄριστον Μᵗ *optimum* g (cf. *Theol. plat.* II 9,
p. 59.23) : ἀόριστον ΑΣ   27 ἢ ΑΣ : om. g   28 post ἕν¹ add. *magis* g
(μᾶλλον Γ?)   29 ἂν addidimus ex g (*utique*)   1124.4 ἐκεῖνο Cous² *illud*
g : ἐκείνους Σ (ἐκείνοις R) ἐκείνας Μ   5 τὴν om. Σ   6 ἔχον ΑΣg : ἔχοντι
Cous²   6–7 τὸ...τῷ correximus ex g (*le impartibile cum hoc*) : τῷ
ἀμερίστῳ τὸ ΑΣ   7 τάττηται Σ : τάττεται Α

10 τοῦ αἰτίου, καὶ ἔστι τοῦ οἰκείου τέλους τυγχάνον. εἴτε οὖν νοητόν
ἐστί τι πέρας, εἴτε νοερόν, ἐπέκεινα τὸ ἕν ἐστι πάσης τῆς τοῦ
πέρατος σειρᾶς. εἰ δὲ ἐν Νόμοις μέτρον λέγεται τῶν ὅλων ὁ
θεός, οὐ χρὴ θαυμάζειν· ἐκεῖ μὲν γάρ, ὡς πάντων ἐφετὸν καὶ ὡς
ἀφορίζον πᾶσι τό τε εἶναι καὶ τὴν δύναμιν καὶ τὴν τελειότητα,
15 μέτρον προσηγόρευται πάντων, ἐνταῦθα δέ, ὡς αὐτὸ
πέρατος οὐδενὸς οὐδὲ ἄλλου μέτρου δεόμενον, ἄπειρον εἶναι
δέδεικται· πάντα γὰρ ὡς αὐτοῦ πρὸς αὐτὸ διὰ τούτων ἀποφά-
σκομεν. ἄπειρον οὖν ὡς ὑπὲρ πᾶν πέρας· οὐδὲν γάρ ἐστιν αὐτῷ
πρὸς αὐτὸ πέρας· οὐδὲ γὰρ ἀρχή, καθάπερ εἴπομεν, οὐδὲ μέσον,
20 οὐδὲ τέλος. ὅθεν ἡμεῖς εἰς ταὐτὸν ἤγομεν τὸ ἄπειρον τοῦτο τῷ
ἔσχατα μὴ ἔχειν, ὡς τὸ ἀμερὲς τῷ μέρη μὴ ἔχειν, καὶ ἐκεῖνο
ἐλέγομεν ἀποφάσκεσθαι τὸ ἔσχατα ἔχειν διὰ τοῦ ἀπείρου, μήτε
δύναμιν εἰς τὸ ἕν ἀναπέμποντες, μήτε πλῆθος ἀόριστον,
μήτ᾽ ἄλλο τι τῶν ὑπὸ τοῦ ἀπείρου σημαινομένων, ἀλλὰ τὸ παρ᾽
25 οὐδενὸς ὁριζόμενον οὐδὲ ἔχον ἢ οἰκείαν ἀρχὴν ἢ τελευτήν, ἅπερ
ἔσχατα λέγεται τῶν ἐχόντων αὐτά, μόνον εἰς τὸ ἕν
ἀναπέμποντες, ἑπομένως τοῖς ἐν τῇ δευτέρᾳ ὑποθέσει καταφα-
τικῶς δεικνυμένοις.

Καὶ ἄνευ σχήματος ἄρα· οὔτε γὰρ ἂν στρογγύ-

1124.12 = *Leg.* IV 716c4   **19** καθάπερ εἴπομεν: cf. supra, 1115.15-1116.15
22 ἐλέγομεν: cf. supra, 1117.4-14   **27** cf. *Parm.* 144e7-145b2

1124.17—18   ἀποφάσκομεν correximus ex g (*abnegamus*) : ἀποφασκόμε-
να ΑΣ   **18** οὐδὲν ΑΣ : *neque* g | αὐτῷ scripsimus : ἐν τῷ ΑΣ *in eo quod* g
ἐν αὐτῷ Cous²   **19** αὐτὸ scripsimus : αὐτὸ ΑΣg | ἀρχή Α : ἀρχήν Σ
20 ὅθεν ΑΣ : *quare* g | ἤγομεν ΑΣ : *reducimus* g   **22** ἐλέγομεν correxi-
mus ex g (*dicebamus*) : λέγομεν ΑΣ | ἔχειν correximus ex g (*habere*) :
ἔχον ΑΣ   **24** παρ᾽ Α³Mg : πᾶν ΑΣ   **29** ἂν Σg PLAT. W : om. Α PLAT. BCDT

λου οὔτε εὐθέος μετέχοι. – Πῶς; [Parm. 137d8-e1]   30

| Πρῶτον ἀφεῖλε τοῦ ἑνὸς τὰ πολλά, τοῦτο μὲν οὖν ὡς ἀπὸ   1125
κοινῆς ἐννοίας· δεύτερον τὸ ὅλον καὶ τὸ μέρη ἔχον, τοῦτο δὲ διὰ
τοῦ μὴ εἶναι πολλὰ τὸ ἕν· τρίτον τὸ ἀρχὴν καὶ μέσον καὶ τέλος
ἔχειν, τοῦτο <δὲ> διὰ τοῦ μέρη μὴ ἔχειν· τούτῳ δὲ ὡς πόρισμα
ἑπόμενον ἔλαβεν ὅτι ἐπέκεινα καὶ τοῦ πέρατός ἐστι τοῦ συντε-   5
ταγμένου τοῖς μέρεσι καὶ ποιοῦντος τὸ ἔσχατα ἔχον· τὸ δὲ πέρας
διττόν, ὡς ἀρχὴ καὶ ὡς τέλος· τέταρτον νῦν ἀναιρεῖ τὸ εὐθὺ
καὶ περιφερές, ὅπερ καὶ ἐν τῇ δευτέρᾳ ὑποθέσει τάξει μετὰ
τὸ ἔσχατα ἔχον καὶ τὸ ἀρχὴν καὶ μέσον ἔχον καὶ τελευτήν. πρὶν
δὲ συλλογιστικῶς ἀποδείξῃ τὸ τέταρτον, προαγορεύει τὸ   10
συμπέρασμα λέγων· καὶ ἄνευ σχήματος ἄρα· δεῖ γὰρ
τὰς νοερὰς ἐπιβολὰς ἡγεῖσθαι τῶν ἐπιστημονικῶν συλλο-
γισμῶν, ἐπειδὴ καὶ ὁ νοῦς τὰς ἀρχὰς περιέχει τῆς ἐπιστήμης.
μιμεῖται οὖν ἡ μὲν τοῦ συμπεράσματος πρόληψις τὴν ἀθρόαν
ἐπιβολὴν τοῦ νοῦ, ἡ δὲ διὰ τῶν συλλογισμῶν ἀγωγὴ τὴν τῆς   15
ἐπιστήμης ἀνέλιξιν τὴν ἀπὸ τοῦ νοῦ προερχομένην. καὶ ὅρα
ὅπως τὸ συμπέρασμα κοινότερόν ἐστι τῶν συλλογισμῶν· οἱ μὲν
γὰρ χωρὶς ἀπολαβόντες τὸ εὐθὺ καὶ χωρὶς τὸ στρογγύ-
λον οὕτω ποιοῦνται τὴν ἀπόφασιν, τὸ δὲ ἁπλῶς ἄνευ
σχήματος εἶναι τίθεται τὸ ἕν.   20

1125.8–9 cf. *Parm.* 145b2-4   **13** cf. Ar., *Anal. post.* II 19, 100b5; *Eth. Nic.*
VI 6, 1141a7-8

1124.30 μετέχοι Σ Plat. BCDTW : μετέχει A   **1125.3** μέσον Ag : μέσα Σ
post τέλος add. μὴ A   **4** δὲ¹ addidimus   **6** ἔσχατα correximus ex g
(*ultima*) : ἔσχατον A⁴ΜΣ   **7** εὐθὺ Ag : εὐθὺς Σ   **9** ἔσχατα scripsimus :
ἔσχατον ΑΣ om. g   **10** ἀποδείξῃ Cous : ἀποδείξει ΑΣ | προαγορεύει A :
προσαγορεύει Σg   **16** τοῦ om. Σ   **19** ἀπόφασιν Σg : ἀπόδειξιν A

111

Τοῦτο μὲν οὖν δῆλον. ἤδη δὲ περὶ αὐτῶν λέγωμεν. ἔστι δὴ
οὖν κοινὰ ταῦτα εἴδη πάντων τῶν διαστημάτων· καὶ γὰρ τὰς
γραμμὰς τῷ εὐθεῖ καὶ περιφερεῖ διαιροῦμεν καὶ μικτῷ, καὶ τὰς
ἐπιφανείας ὡσαύτως καὶ τὰ στερεά, πλὴν ὅτι τὸ μὲν ἐν γραμ-
25 μαῖς εὐθὺ καὶ περιφερὲς ἀσχημάτιστόν ἐστι, τὰ δὲ ἐν ἐπιφα-
νείαις ἢ στερεοῖς σχήματός ἐστι δεκτικά. καλεῖται δὲ τὰ μὲν
εὐθυγραμμικά, τὰ δὲ περιφερόγραμμα, τὰ ⌊δὲ⌋ μικτὰ ἐκ τού-
των. ἔοικεν οὖν ταῦτα παραλαβεῖν ὁ *Πλάτων*, ὅσα δηλωτικὰ
σχημάτων ἐστίν, ἀλλ᾽οὐκ εἴ τι ἔστι εὐθὺ μόνον ἢ περιφερὲς
1126 ἀσχημάτιστον· εἴρηται γὰρ ἤδη τὸ ἓν | καὶ δέδεικται μὴ ἔχον
πέρατα, ὥστε τοῦτο δεῖ αὐτοῦ ἀποφάσκεσθαι τὸ εὐθὺ τὸ πέρατα
ἔχον· τοιοῦτον δὲ τὸ ἐσχηματισμένον· πέρατα γὰρ τὰ περιλη-
πτικὰ λαμβάνει τῶν πεπερασμένων, ἃ δὴ μόνοις ὑπάρχει τοῖς
5 ἐσχηματισμένοις.

Καὶ μὴν καὶ τὴν ἄλλην ἀκρίβειαν τῆς λέξεως θαυμάζειν
ἄξιον· οὐ γὰρ εἶπε τὸ μήτε εὐθὺ μήτε στρογγύλον εἶναι – τοῦτο
γὰρ οὔπω συνῆγεν ὅτι ἄνευ σχήματός ἐστι· τί γὰρ ἐκώλυε τῶν
μέσων τι σχημάτων ἔχειν, οἷον κύλινδρον ἢ κῶνον ἢ ἄλλο τι
10 τῶν μικτῶν; – ἀλλὰ μ ή τ ε ε ὐ θ έ ο ς αὐτὸ μ ή τ ε σ τ ρ ο γ γ ύ-
λ ο υ μετέχειν· καὶ γὰρ εἴ τι τῶν μικτῶν αὐτῷ σχημάτων
δοίημεν, μεθέξει τούτων ἀμφοτέρων. λέγω δὲ οἷον εἰ ζητοῖμεν
πότερον λευκόν ἐστιν ἡ φύσις ἢ μέλαν· εἰ μὲν δείξαιμεν μήτε

1125.30 εἴρηται: cf. *Parm.* 137d6-8

1125.21 λέγωμεν Cous *dicamus* g : λέγομεν ΑΣ   **25** τὰ scripsimus : τὸ
ΑΣ   **27** περιφερόγραμμα scripsimus (cf. *In Eucl.* 128.16) : περιφερῆ
γραμμικά ΑΣ *circularia* g | δὲ[2] add. M[sl] *autem* g   **28** δηλωτικὰ ΑΣg :
δεκτικὰ coni. Chaignet   **29** τι Ag : τις Σ   **1126.7** εἶπε Ag : εἰπεῖν Σ
11 σχημάτων correximus ex g (*figurarum*) : σχῆμα ΑΣ   **13** δείξαιμεν
correximus ex g (*ostenderimus*) : δείξαιμι ΑΣ

λευκὸν οὖσαν αὐτὴν μήτε μέλαν, οὔπω δέδεικται πάντως ὅτι
ἀχρώματος· εἰ δὲ ὅτι μήτε λευκοῦ μετέχει μήτε μέλανος,   15
δέδεικται πάντως ὅτι ἀχρώματος· εἰ γὰρ τῶν μέσων ἔχοι τι
{τῇ} χρωμάτων, μεθέξει τούτων ἀμφοτέρων, ἐπειδὴ τὰ μέσα ἐκ
τῶν ἄκρων. οὕτως οὖν καὶ τὸ ἓν ἔφατο μὴ μετέχειν στρογγύλου
καὶ εὐθέος, ἵνα μήτε τούτων ἔχῃ μηδέτερον, μήτε τῶν μέσων
μηδὲν ἃ τὸ ἔχον τούτων ἀναγκαῖον μετειληχέναι· καὶ γὰρ ὁ   20
κῶνος καὶ ὁ κύλινδρος ἔχει τινὰ πάντως ἔσχατα καὶ ἀρχὴν καὶ
τελευτήν, διότι μετέχει πως ταῦτα τοῦ στρογγύλου καὶ τοῦ
εὐθέος, ὥστε ὁ ταῦτα καὶ τὴν τούτων μέθεξιν ἀναιρῶν λόγος
συναναιρεῖ καὶ τὴν τῶν μέσων ἐν τούτοις μέθεξιν.

Καὶ μὲν δὴ καὶ τοῦτο δῆλον ὅτι τοῦτο τὸ συμπέρασμα τοῦ   25
πρὸ αὐτοῦ μερικώτερόν ἐστιν· εἴ τι γὰρ μετέχει σχήματος, ἔχει
καὶ ἄκρα καὶ μέσον. οὐ μέντοι πᾶν τὸ ἔχον ἄκρα καὶ μέσον ἤδη
μετέχει σχήματος· καὶ γὰρ γραμμὴν ἔχειν ἄκρα καὶ μέσον
δυνατόν, καὶ ἀριθμὸν καὶ χρόνον καὶ κίνησιν, ἃ δὴ πάντα ἐστὶν
ἀσχημάτιστα. καθολικώτερον ἄρα τοῦτό ἐστι μᾶλλον ἢ τὸ   30
σχήματος μετέχειν. διὸ καὶ ἑαυτῷ τοῦτο | συναναιρεῖ ⌊καὶ⌋ τὸ   1127
σχήματος μετέχειν, ἀλλ'οὐχὶ τοῦτο αἴτιον τῆς ἐκείνου
ἀποφάσεως. ἀλλὰ μὴν καὶ ἡ ἀπὸ τοῦ σχήματος ἐπὶ τὸ εὐθὺ καὶ
τὸ στρογγύλον μετάβασις πάνυ γέγονεν εἰκότως· δυνατὸν μὲν
γὰρ ἦν καὶ καθόλου τὸ σχῆμα ἀποφῆσαι τοῦ ἑνὸς ἐνδειξάμενον   5
ὅτι τὸ μὲν σχῆμα πέρας ἔχει καὶ ὅρον, τὸ δὲ ἓν οὐδενὸς πέρατος
οὐδὲ ὅρου δεκτικόν ἐστιν, ἀλλὰ βούλεται κατὰ τὰς δύο

1127.7–8 cf. Ar., *Met.* I 5, 986a22-26

1126.16 εἰ correximus ex g (*si*) : καὶ ΑΣ | ἔχοι scripsimus : *habet* g ἐχρῆν
ΑΣ χρῶνται Cous   17 τῇ delevimus ex g | χρωμάτων Mᵇ *colorum* g :
χρημάτων ΑΣ   18 οὕτως scripsimus : αὐτὸς Α Γg   1127.1 συναναιρεῖ Mᵇ
cointerlinlt g : οὖν ἀναιρεῖ ΑΣ | καὶ² addidimus ex g (*et*)

συστοιχίας ἄνωθεν προάγειν τὸν λόγον. καὶ οὕτως ἐξ ἀρχῆς
ἔλαβε μετὰ τὰ πολλὰ τὸ ὅλον καὶ τὰ μέρη, καὶ πάλιν ἄκρα καὶ
10 μέσον, καὶ πάλιν εὐθὺ καὶ στρογγύλον, καὶ αὖθις τὸ ἐν αὑτῷ καὶ
ἐν ἄλλῳ, καὶ ἐφεξῆς τὸ ἑστάναι καὶ κινεῖσθαι, καὶ διὰ τῆς
λήψεως ταύτης ἐνδεικνύμενος ὅτι τὸ ἓν οὐδέν ἐστι τούτων· οὔτε
γὰρ ἄμφω τὰ ἀντικείμενα δυνατὸν αὐτὸ εἶναι – οὐ γὰρ ἂν ἓν ἔτι
μένοι κατὰ τὴν ὑπόθεσιν –, οὔτε τὸ ἕτερον τούτων· ἔχοι γὰρ ἂν
15 τι ἑαυτῷ μαχόμενόν πως καὶ ἀντικείμενον. δεῖ δὲ πρὸ πάσης
ἀντιθέσεως εἶναι τὸ ἕν, ἢ οὐ πάντων ἂν εἴη αἴτιον· οὐ γὰρ ὧν καὶ
τὸ ἀντικείμενον. κατὰ τὰς δύο οὖν σειρὰς τῶν ὄντων προϊών,
εἰκότως καὶ νῦν ἀπὸ τοῦ σχήματος ἐπὶ τὸ εὐθὺ καὶ στρογγύλον
μετῆλθε καὶ μετελθὼν οὕτω πεποίηται τὸν λόγον, ὡς ἂν μετὰ
20 τούτων καὶ ἅπαν ἄλλο σχῆμα τοῦ ἑνὸς ἀποφήσειε, τῷ μετέχειν
χρησάμενος ὃ καὶ τοῖς μικτοῖς ὑπάρχει τῶν σχημάτων.

Ταῦτα μὲν οὖν εἰρήσθω περὶ τῶν λέξεων ἡμῖν. ἐπεὶ δὲ καὶ
ἐν Φαίδρῳ τὴν νοητὴν ἀκρότητα τῶν νοερῶν, ἣν ἐκάλεσεν
ὑπερουράνιον τόπον ἐν ἐκείνοις, ἀχρώματον καὶ
25 ἀσχημάτιστον καὶ ἀναφῆ προσείρηκεν, ἆρα ὡσαύτως
ἐκείνην τε τὴν τάξιν ἀσχημάτιστον καὶ τὸ ἓν εἶναι φατέον ἡμῖν
ἢ ἄλλον τρόπον, καὶ τίνα τοῦτον; οὐδὲ γὰρ ὁ αὐτὸς τῆς ἀποφά-
σεως τρόπος ἐπί τε ἐκείνης καὶ τοῦ ἑνός· ἐκείνης μὲν γὰρ τὰ μὲν
ἀπέφησε, τὰ δὲ κατέφησε· καὶ γὰρ οὐσίαν αὐτὴν εἶπεν εἶναι
1128 καὶ ὄντως οὖσαν καὶ ψυχῆς | κυβερνήτῃ μόνῳ

1127.24 = *Phdr.* 247c3 | = *Phdr.* 247c6-7   **24–25** = *Phdr.* 247c6-7
29–1128.3 = *Phdr.* 247c7-8

1127.8 προάγειν correximus ex g (*producere*) : προσάγειν ΑΣ   **10** αὑτῷ
AFP : αὐτῷ MGRg   **11** κινεῖσθαι correximus ex g (*moveri*) : κεῖσθαι ΑΣ
14 μένοι Σ : μένει Α | ἔχοι Σ : ἔχῃ Α   **22** ἐπεὶ correximus ex g (*quoniam*)
: ταῦτα ΑΣg   **25** ἆρα Α : ἄρα Σ   **29** εἶναι om. Α

θεατὴν καὶ περὶ αὐτὴν εἶναι τὸ τῆς ἀληθοῦς ἐπι-
στήμης γένος, διότι καὶ πρὸ αὐτῆς ἄλλην. καὶ τῶν μὲν
ἐξῄρητο, τῶν δὲ αὕτη μετελάγχανε· τοῦ δὲ ἑνὸς πάντα ἀποφά-
σκει, καταφάσκει δὲ οὐδέν· οὐδὲν γὰρ ἦν πρὸ τοῦ ἑνός, ἀλλὰ   5
πάντων ὁμοίως ἐξῄρητο τῶν ὄντων. ἕτερος οὖν ὅ γε τρόπος τῆς
ἀφαιρέσεως· καὶ εἰ βούλει μὴ παρέργως προσέχειν καὶ αὐτοῖς
τοῖς ὀνόμασιν, εὑρήσεις εἰκότως ἐκείνην μὲν ἀσχημάτιστον
οὑτωσὶ κεκλημένην, τὸ δὲ ἓν μηδενὸς σχήματος μετέχον. ἔστι
δὲ οὐ ταὐτὸν τούτων ἑκάτερον τῷ λοιπῷ, καθάπερ οὐδὲ τὸ   10
ἀμερὲς τῷ μηδὲν μέρος ἔχειν. κατὰ τὸν αὐτὸν οὖν τρόπον
κἀκείνην μὲν τὴν οὐσίαν ἀσχημάτιστον προσείρηκε, τὸ
δὲ ἓν μηδενὸς σχήματος μετέχον. εἰ οὖν δεῖ τὰ δοκοῦντα διαρρή-
δην εἰπεῖν, ἐκείνη μέν, ἅτε τὸ νοερὸν σχῆμα παράγουσα, ἀσχη-
μάτιστος εἴρηται, ὡς κρείττων αὐτοῦ παντελῶς ὑπάρχουσα καὶ   15
ὡς γεννητικὴ τοῦ τοιούτου σχήματος. ἄλλου δὲ ἄρα σχήματος
ἦν ὑφειμένη τοῦ νοητοῦ· καὶ γὰρ τοῦ σχήματος καὶ τοῦ ὅλου καὶ
τοῦ πλήθους καὶ πάντων ὁ νοητὸς νοῦς περιέχει τὰς νοητὰς
αἰτίας. καὶ ἔστι σχήματα μὲν ἄγνωστα πάντῃ καὶ ἄρρητα, ὧν
ἀπὸ τῶν νοητῶν ἡ ἔκφανσις ἄρχεται, γνώριμα μόνῳ τῷ νοητῷ   20
νῷ, καὶ ἐν ἄλλοις εἴ τι τοιοῦτον – ὥσπερ οὖν ἐστι –, τῶν
μετ᾽ἐκεῖνον {τῶν} θεῶν ἀπ᾽ἐκείνου πᾶσιν ἔγκειται· τὰ δὲ γνω-
στὰ καὶ ῥητὰ ταῖς δυνάμεσι προσήκοντα τῶν θεῶν – ἀλλ᾽οὐχὶ

1128.8 = *Phdr.* 247c6   **10–11** = *Soph.* 245a8; cf. supra, 1104.26-1105.24
12 = *Phdr.* 247c6-7

1128.2   post θεατὴν add. νῷ Cous (cf. *Theol. plat.* IV 13, p. 43.16-17;
Iambl. *In Phdr.* fr. 6 Dillon)   **6** γε A : τε Σ   **14** εἰπεῖν Ag : εἶπεν Σ
16 γεννητικὴ Ag : γεννητικὸν Σ | ἄλλου δὲ scripsimus : ἀλλ᾽ οὐδὲ AΣg
17 ante ὅλου add. λόγου Σg   **21** εἴ correximus ex g (sì) : ᾗ Σ ᾗ A | ὥσπερ
οὖν AΣ : *quodcumque* g (ὅπερ Γ?)   **22** τῶν delevimus

ταῖς ὑπάρξεσιν αὐταῖς, καθ' ἃς ἔχουσι τὸ εἶναι θεοί –, καὶ ταῖς
25   νοεραῖς οὐσίαις, δι' ὧν ἐκφαίνονται τοῖς νοεροῖς ὄμμασι τῶν
ψυχῶν. τούτων δὲ πάντων ὁ νοητὸς νοῦς περιείληφε τὴν
ἑνοειδῆ καὶ μίαν αἰτίαν· ὁ δὲ ὑπερουράνιος τόπος, ἐν
τοῖς νοεροῖς ὢν ἀκρότατος, τῶν νοερῶν σχημάτων ἐστὶν ἀρχὴ
πάντων, ὡς ἐδείκνυμεν ἐξηγούμενοι τὸν Φαῖδρον· διόπερ
1129   ἀσχημάτιστος μέν, οὐχ ἁπλῶς δὲ παντὸς ἐξῃρημένη σχήματός |
ἐστι· προῆλθε μὲν γὰρ κατὰ τὴν ἀκρότητα τὴν τοῦ πατρὸς καὶ
τὸ ἄρρητον αὐτοῦ σύνθημα, καταδεέστερος δέ ἐστι τῶν ἐν αὐτῷ
σχημάτων. τὸ δὲ ἓν παντὸς τοῦ τῶν σχημάτων διακόσμου τοῦ
5   τε κρυφίου καὶ τοῦ νοεροῦ τελέως ὑπερίδρυται, τῶν τε ἀγνώ-
στων πάντων καὶ τῶν γνωστῶν ἐξήρηται σχημάτων. τίνα δὲ
ἔχει ταῦτα διαφοράν, αὐτοῖς ἐστι γνώριμον τοῖς τῶν θεῶν
ὑπηκόοις γενομένοις, καὶ ὅτι καὶ Πλάτων οἶδε καὶ ἐκεῖνα τὰ
σχήματα, δι' ἄλλων δεδείχαμεν λόγων. διόπερ οὐδενὸς εἰκότως
10   λέγει σχήματος μετέχειν τὸ ἕν· καὶ γὰρ ἡ νοητὴ τῶν σχημάτων
αἰτία καὶ τὸ νοερὸν σχῆμα ὑφεῖται τοῦ ἑνός. οὐκ ἄρα ταὐτόν ἐστι
τὸ ἀσχημάτιστον τῷ μηδὲν σχῆμα ἔχειν, ὡς οὐδὲ τὸ ἀμέριστον
τῷ μηδὲν μέρος ἔχειν, καθάπερ προείρηται.

Στρογγύλον γέ πού ἐστι τοῦτο, οὗ ἂν τὰ ἔσχα-

1128.25–26 cf. *Resp.* VII 533d2   **27** = *Phdr.* 247c6-7   **29** in commentario
in *Phaedrum* deperdito; cf. Herm., *In Phdr.* 149.10-18   **1129.9**   δι'...
λόγων: in commentario in *Phaedrum* deperdito; cf. *Theol. plat.* IV 39, p.
111.21-112.9; cf. *In Tim.* I 327.13 (= *Orph.*, fr. 179 K.)   **13**   καθάπερ
προείρηται: cf. supra, 1104.26-1105.24, 1115.15-1116.15

1128.27 μίαν Σg : μόνην A   **29** ἐδείκνυμεν A : δείκνυμεν Σ *ostendimus* g
1129.9 εἰκότως om. A³M   **10** λέγει...μετέχειν inv. A   **11** ταὐτόν Mᵗ ᵐᵍ
idem g : τούτων A³MΣ   **14** Στρογγύλον AΣg PLAT. BCDT : στρογγύλου
PLAT. W | γέ A PLAT. codd. : τέ Σg

τα πανταχῇ ἀπὸ τοῦ μέσου ἴσον ἀπέχῃ; — Ναί.   15
— Καὶ μὴν εὐθύ γε, οὗ ἂν τὸ μέσον ἀμφοῖν τοῖν
ἄκροιν ἐπίπροσθεν ᾖ. — <Οὕτως>. [Parm. 137e1-4]

Τὸ εὐθὺ τοῦτο καὶ τὸ στρογγύλον <θεατέον>, καὶ ὅπως ἐπὶ
τῶν θείων πραγμάτων ἐπαληθεύουσιν οἱ ῥηθέντες λόγοι· δῆλον
γὰρ ὡς οὐ μαθηματικῶς ταῦτα καὶ δεδημευμένως ἀκουστέον,   20
ἀλλὰ τῇ προκειμένῃ θεωρίᾳ πρεπόντως. ἤδη μὲν οὖν τινες
τοῦτο τὸ εὐθὺ τὸ ἀκλινὲς εἰρήκασιν εἶναι τοῦ νοῦ καὶ τὸ ἄτρε-
πτον, τὸ δὲ στρογγύλον τὸ εἰς ἑαυτὸ συννεῦον καὶ περὶ ἑαυτὸ
ἐνεργοῦν. τοῦτο δὲ ⌊καὶ⌋ ὁ Παρμενίδης μνημονεύει σφαίρης
ἐναλίγκιον ὄγκῳ, μεσσόθεν ἰσοπαλὲς πάντῃ τὸ   25
ὂν ἀποφαινόμενος. ὅθεν καί φασί τινες τὸν Πλάτωνα διὰ τῆς
ἀποδείξεως ταύτης ὑπομιμνῄσκειν τὸν ἐν τοῖς ποιήμασι Παρ-
μενίδην, ὡς τὸ ἓν ἐξῄρηται παντὸς σχήματος περιφεροῦς καὶ
εὐθέος. ἡμεῖς δὲ ταῦτα μὲν οὐκ ἀποδεχόμεθα διϊστάντα τὰς τῶν
παλαιῶν φιλοσοφίας | καὶ αὐτὸν ἑαυτοῦ ποιοῦντα τὸν Παρμενί-   1130
δην κατήγορον, καὶ ταῦτα ἐν Πλατωνικῇ σκηνῇ, παρ' ᾖ πολλαὶ
καὶ τοῦ Παρμενίδου γεγόνασιν ἀναρρήσεις τὸ τοῦ Πλάτωνος

1129.15 πανταχῇ Ag PLAT. codd. : πάντα μὴ Σ | ἀπέχῃ...Ναί correximus
ex g (distant utique) et PLAT. TW : ἀπέσχηνται Σ (ἀπέχηνται F) ἀπέχοι
ναί A ἂν ἔχῃ ναί PLAT. BCD   17 ἄκροιν Σ (cf. infra, 1130.23) : ἐσχάτοιν A
PLAT. codd. | ᾖ Σ PLAT. TW : εἴη A PLAT. BCD | Οὕτως addidimus ex A
PLAT. codd. : om. Σg   18 θεατέον addidimus   20 γὰρ om. A³M   23 post
καὶ add. τὸ A³M   24 καὶ addidimus ex g (et)   25 μεσσόθεν Cous² :
μεσόθεν ΑΣ   26 ἀποφαινόμενος Σ : ἀποφηνάμενος A   29 διϊστάντα τὰς
scripsimus : διϊστᾶν τὰς ΑΣ dissentire g διϊστάντα τῆς Stallbaum
1130.2 ᾖ Mg : ἡμῖν Σ ᾗς A³

περὶ τὸν ἄνδρα ἐκεῖνον σέβας ἀνακηρύττουσαι. καὶ γὰρ ὁ μὲν εἰς
ἄλλο ἕν, ὁ δ'εἰς ἄλλο βλέπων, ἀποφάσκει τὸ σφαιρικὸν εἶδος ἢ
καταφάσκει τοῦ ἑνός. τὸ δὲ εὐθὺ τοῦτο καὶ τὸ στρογγύλον
ἐξηγούμεθα κατά τε τὴν πρόοδον καὶ τὴν ἐπιστροφήν.

Ἡ μὲν γὰρ πρόοδος κατὰ τὸ εὐθὺ θεωρεῖται καὶ ⌊τὴν ἀπὸ
τῶν αἰτίων ἔκφανσιν ἐπίπροσθεν γιγνομένην. ἡ δὲ ἐπιστροφὴ
κατὰ κύκλον γίγνεται, πρὸς τὴν οἰκείαν ἀρχὴν ἀνακάμπτουσα
καὶ⌋ τοῦτο ποιουμένη τέλος ἑαυτῆς. ἕκαστον οὖν τῶν νοερῶν καὶ
πρόεισιν ἐπὶ πάντα κατὰ τὸ εὐθύ, καὶ ἔστραπται πρὸς τὸ ἑαυτῶν
ἀγαθόν, ὃ δὴ μέσον ἐστὶν ἐν ἑκάστῳ, διότι πανταχόθεν ἕκαστον
ὁμοίως αὐτὸ περιπτύσσεται καὶ ὡς εἰς κέντρον ἐκεῖνο συνερεί-
δει πᾶν τὸ ἑαυτοῦ πλῆθος καὶ πάσας <τὰς> ἑαυτοῦ δυνάμεις. εἰ
τοίνυν λέγεις στρογγύλον μὲν εἶναι τῶν νοερῶν ἕκαστον, ὡς
πανταχῇ ἀπὸ τοῦ μέσου ἴσον ἀπέχον – παντὶ γὰρ
ἑαυτοῦ κατὰ τὸ ἴσον ἥνωται πρὸς τὸ οἰκεῖον ἀγαθόν, καὶ οὐ τῇ
μὲν μᾶλλον ἀφέστηκεν αὐτοῦ, τῇ δὲ ἧττον, καθάπερ τῆς ἡμετέ-
ρας ψυχῆς τῶν ἵππων ὁ μὲν ἄγει πρὸς τὸ ἀγαθόν, ὁ δὲ βρίθει
πρὸς τὴν γῆν, ἀλλὰ πανταχόθεν ὁμοίως αὐτοῦ περιδράτ-
τεται κέντρου τάξιν ἔχοντος –, εὐθὺ δέ, οὗ τὸ μέσον ἐπι-

1130.4 cf. Theaet. 183e5-6; Soph. 217c5-237a4   17 = Parm. 137e1-2; cf.
Ep. VII 342b7-8   20–21   Phdr. 247b3-4   22–23 = Parm. 137e3-4; cf. Ar.,
Top. VI 11, 148b30

1130.4 ἀνακηρύττουσαι Α¹Σ : ἀποκηρύττουσαι Α   8—11 τὴν...καὶ¹
addidimus ex g (eam que a causis elucescentiam ad ante factam. con-
uersio autem secundum circulum fit ad suum principium reflectens et)
12 ἑαυτῶν ΑΣg : ἑαυτοῦ Cous² 15 τὰς add. Cous 17 πανταχῇ scripsi-
mus (cf. supra, 1129.15) : πάντα μὴ Σg πάντα Α | ἀπέχον...παντὶ Α :
ἀπέσχον παντὶ Σ distantia quid (ἀπέχοντα τι Γ?) ἀπέχειν πάντα Cous²
18 ἑαυτοῦ Σg : ἑαυτῷ Α

προσθοῦν τοῖς ἄκροις, ὅτι δὴ κατὰ τὴν πρόοδον χωρί-
ζεται τὰ πράγματα ἀλλήλων, ἀπὸ τοῦ μείναντος τὸ προϊὸν καὶ
ἀπὸ τοῦ ἡνωμένου τὸ πληθυνόμενον, ὀρθῶς ἂν λέγοις καὶ τῶν   25
πραγμάτων ἐστοχασμένως. εἰ γὰρ ἐθέλοις κατιδεῖν, εὕροις ἂν
ὡς ἡ πρόοδός ἐστιν ἡ διακρίνουσα τὰ πράγματα ἀλλήλων, καὶ
ποιοῦσα τὰ μὲν πρῶτα, τὰ δὲ μέσα, τὰ δὲ τελευταῖα, καὶ τὰ
μέσα τῶν τελευταίων ὄντα καὶ πρώτων διοριστικά, καὶ οἷον
ἐπίπροσθεν· ἡ δὲ ἐπιστροφὴ πάντα συνάπτει πάλιν καὶ εἰς ἓν   30
συνελίττει καὶ πρὸς ἓν συνάγει τὸ κοινὸν τῶν ὄντων ἐφετόν.
ἔστιν ἄρα ⌊καὶ⌋ ἐν ἐκείνοις καὶ τῶν ὁρισμῶν τούτων | ἑκάτερος   1131
ὧν πρώτως μετέχει τὰ νοερὰ γένη τῶν θεῶν <προϊόντα> ἅμα
καὶ <ἐπιστρέφοντα> πρὸς ἑαυτά – ταῦτα γάρ ἐστι τὰ κατὰ τὴν
ἐπιστροφὴν μάλιστα χαρακτηριζόμενα –· δευτέρως δὲ ἀπὸ
τούτων καὶ αἱ ψυχαὶ μετέχουσι τοῦ τε εὐθέος καὶ τοῦ περιφε-   5
ροῦς, προϊοῦσαι μὲν γραμμικῶς, εἰς κύκλους δὲ αὖθις κατακαμ-
πτόμεναι καὶ ἐπιστρέφουσαι πρὸς τὰς ἑαυτῶν ἀρχάς· ἐσχάτως
δὲ τὰ αἰσθητά· καὶ γὰρ τὰ εὐθύγραμμα σχήματα ἐν τούτοις ἤδη
διαστατῶς καὶ μεριστῶς, καὶ τὸ σφαιρικὸν εἶδος τὸ πάντων τῶν
ἐγκοσμίων σχημάτων περιληπτικόν. διὸ καὶ ὁ Τίμαιος ὅλον μὲν   10
ἐσφαίρωσε τὸν κόσμον, διὰ δὲ τῶν πέντε σχημάτων, ἰσοπλεύ-
ρων ὄντων μόνον καὶ ἰσογωνίων, τὰς πέντε μερίδας αὐτοῦ
κατεκόσμησεν, ἐγγράψας αὐτὰ πάντα τῇ σφαίρᾳ καὶ ἀλλήλοις.
ᾧ καὶ δῆλον ὅτι τὰ σχήματα ταῦτα ἄνωθεν ἀπό τινος ἥκει θείας
τάξεως ὑψηλῆς, πάντων ὄντα κοσμητικὰ τῶν ἀμερίστων ὡς   15

1131.10–13 Cf. *Tim.* 33b2-7, 54d2-55c6

1130.23–24 χωρίζεται post πράγματα transp. A   26 ἐστοχασμένως
ΑΣ : coniecturans g   32 καὶ¹ addidimus ex g (*et*)   1131.1–2 ἑκάτερος
ὧν ΑΣ : utrarumque g   2   προϊόντα add, Cous² (cf. *In Tim.* II 244.21)
3 ἐπιστρέφοντα add. Cous²

τοῦ νοῦ, τῶν μεριστῶν ὡς τοῦ ὁρατοῦ κόσμου, τῶν μέσων ὡς
τῆς ψυχῆς. ἔξεστι δὲ καὶ ἐν τῇ γενέσει τὰ δύο ταῦτα θεωρεῖν
κατὰ μὲν τὸν κύκλον τὸν ἐνταῦθα – καὶ γὰρ ἡ γένεσις ἀνταπο-
δίδοται κυκλικῶς πρὸς ἑαυτήν, ὡς ἐν Φαίδωνι γέγραπται – τὸ
20   περιφερές, κατὰ δὲ τὴν ἑκάστου μίαν πρόοδον ἀπὸ τῆς γενέ-
σεως ἐπὶ τὴν παρακμὴν τὸ εὐθύ· καὶ τὸ ἐνταῦθα τῶν ἄκρων
ἐπίπροσθεν τὸ μέσον ἡ ἀκμή – τίς γὰρ ἂν ἀφίκοιτο ἐπὶ τὸ
ἕτερον, καθάπερ δὴ καὶ ἐπὶ τῆς εὐθείας διὰ τοῦ μέσου πάντως ἡ
ἀπὸ θατέρου τῶν ἄκρων ὁδὸς ἐπὶ τὸ λοιπόν; –· ἄνωθεν ἄρα ἀπὸ
25   τῶν νοερῶν διήκει ταῦτα μέχρι τῶν γεννητῶν, προόδου μὲν
αἴτιον τὸ εὐθὺ γιγνόμενον, ἐπιστροφῆς δὲ τὸ περιφερές. εἰ τοίνυν
τὸ ἓν μήτε πρόεισιν ἀφ' ἑαυτοῦ μήτε ἐπιστρέφει πρὸς ἑαυτό – τό
τε γὰρ προϊὸν δεύτερόν ἐστι τοῦ παράγοντος, καὶ τὸ ἐπιστρέφον
1132 | ἐνδεὲς τοῦ ἐφετοῦ –, δῆλον ὡς οὔτε εὐθέος μετέχει σχήματος
οὔτε στρογγύλου. καὶ πῶς γὰρ ἂν προΐοι μηδεμίαν ἔχον ἑαυτοῦ
ποιητικὴν ἀρχὴν μήτε ἐν ἑαυτῷ μήτε πρὸ αὐτοῦ, ἵνα μὴ τοῦ
ἑνὸς στερῆται δεύτερον ὂν ἢ δυοειδές; πῶς δ' ἂν ἐπιστρέφοι
5   μηδὲν ἔχον τέλος καὶ ἐφετόν; οὐδὲ ἄρα σχῆμα τῷ ἑνὶ προσήκει
μήτε ἀρχὴν ἔχοντι καὶ ⌊τέλος καὶ μέσον ἐπίπροσθεν, ὅ ἐστι
προόδου σύμβολον, μήτε ἔσχατα καὶ μέσον, ὅ ἐστι ἐπιστροφῆς
ἴδιον.

*Τ*οῦτο μὲν οὖν⌋ δέδεικται διὰ τούτων. οὐ δεῖ δὲ ζητεῖν δι' ἣν

1131.18–19 cf. *Phd.* 70c4-72e2   **1132.9** cf. *Parm.* 137d5-7

1131.18 τὸν[2] Σg : τὰ A   **27—28** τό...γὰρ correximus ex g (*nam*) : τὸ τότε
Σ ὅτι τότε M τότε A[2]   **1132.1** μετέχει Ag : μετέχον Σ   **3** αὑτοῦ scripsi-
mus : αὐτοῦ ΑΣ   **6** post ἀρχὴν add. μήτε τέλος M[b]   **6—9** τέλος...οὖν
addidimus ex **g** (*finem et medium superappositum* [sic], *quod est
processus symbolum, neque ultima et medium, quod est conuersionis
proprium. hoc quidem igitur*)

αἰτίαν ἀπὸ τῶν εἰδῶν τοῦ σχήματος, τοῦ περιφεροῦς καὶ τοῦ   10
εὐθέος, ἔδειξε τὸ ἓν ἐπέκεινα παντὸς σχήματος, ἀλλ'οὐχὶ τὸ
γένος αὐτὸ ὁρισάμενος, οἷον ὅτι σ χ ῆ μ ά ἐ σ τ ι π έ ρ α ς
σ υ γ κ λ ε ῖ ο ν ἢ τ ὸ ὑ π ό τ ι ν ο ς ἤ τ ι ν ω ν ὅ ρ ω ν
π ε ρ ι ε χ ό μ ε ν ο ν. δέδοκται γὰρ αὐτῷ διὰ τῶν ἀντικειμένων
προϊέναι, καὶ τούτων ἐξῃρημένον δεικνύναι τὸ ἓν καὶ κατ᾽ἐκεῖ-   15
νον τὸν ἐπὶ πάντων ὄντα λόγον κοινόν, ὡς οὔτε τὸ χεῖρον εἶναι
δυνατὸν τῶν ἀντικειμένων τὸ ἕν, ἵνα μὴ ἔχῃ τι κρεῖττον, οὔτε τὸ
κρεῖττον, ἵνα μὴ ἔχῃ τι μαχόμενον. οὕτως οὖν καὶ τοῦ εὐθέος
αὐτὸ δείκνυσι καὶ τοῦ περιφεροῦς καθαρεῦον· καὶ ὁρᾷς πάλιν
ὅπως καὶ ταῦτα διὰ τῶν προειρημένων συνήγαγεν, ὡς ο ὔ τ ε   20
ἀ ρ χ ὴ ν ο ὔ τ ε μ έ σ ο ν ο ὔ τ ε τ ε λ ε υ τ ὴ ν ἔ χ ο ν τ ο ς τ ο ῦ
ἑ ν ό ς, γ ε ω μ ε τ ρ ι κ α ῖ ς ἀ ν ά γ κ α ι ς ἀεὶ τὰ δεύτερα διὰ τῶν
πρὸ αὐτῶν ἀποδεικνύς, καὶ πρὸ τούτων μιμούμενος τὴν τῶν
ὄντων ἐν τάξει πρόοδον ἀπὸ τῶν πρώτων ἀεὶ πρὸς τὰ δεύτερα
καὶ τὰ μερικώτερα τὴν ὑπόβασιν ποιουμένην.   25

Ο ὐ κ ο ῦ ν μ έ ρ η ἂ ν ἔ χ ο ι τ ὸ ἓ ν κ α ὶ π ο λ λ ὰ ἂ ν ε ἴ η,
ε ἴ τ ε ε ὐ θ έ ο ς σ χ ή μ α τ ο ς ε ἴ τ ε π ε ρ ι φ ε ρ ο ῦ ς μ ε τ έ χ ο ι;
– Π ά ν υ μ ὲ ν ο ὖ ν. – Ο ὔ τ ε ἄ ρ α ε ὐ θ ὺ ο ὔ τ ε
π ε ρ ι φ ε ρ έ ς ἐ σ τ ι ν, ἐ π ε ί π ε ρ ο ὐ δ ὲ μ έ ρ η ἔ χ ε ι. –

1132.12–14 = Eucl., I *Def.* 14 (cf. *In Eucl.* 143.21-24)   **12–13**   cf. Posido-
nius, fr. 196 Kidd (ap. Procl. *In Eucl.* 143.8)   **20**   διὰ...προειρημένων: cf.
Parm. 137d5-7   **22** = *Resp.* V 458d5

1132.10 τοῦ¹ Σ : τῶν A   **17** ἔχῃ Σ : ἔχοι A⁴M   **18** τοῦ Ag : τὸ Σ   **25** ὑπό-
βασιν correximus ex g (*subdescensum*) : ἀπόβασιν ΑΣ | ποιουμένην
correximus ex g (*facientem*) : ποιουμένη Σ ποιούμενος A   **26**   ἔχοι ΑΣ
Plat. BCDT : ἔχῃ Plat. W   **27**   μετέχοι Σg Plat. codd. : μετέχει A
29 ἐπείπερ A Plat. codd. : ἐπεὶ Σ

30   Ὀρθῶς. [Parm. 137e4-138a1]

Πεπλήρωται οὖν πᾶσα ἡ μέση τάξις ἐν τούτοις τῶν τε
1133 νοητῶν καλουμένων καὶ νοερῶν, δε|δειγμένων πασῶν τῶν ἐν
αὐτῇ προόδων ἐπίταδε τοῦ ἑνὸς τεταγμένων, καί, ὡς πολλάκις
εἴπομεν, ἀπὸ τοῦ ἑνὸς ἐξηρτημένων, ἐπείπερ αἱ ἀποφάσεις, ὡς
δέδεικται, μητέρες εἰσὶ τῶν καταφάσεων. εἰκότως ἄρα καὶ ἐν
5   τῷ συμπεράσματι πᾶσαν ἐπιστρέφων τὴν τάξιν εἰς ἓν ἄνεισι
καὶ μέχρι τῶν πρώτων ἀποπεφασμένων· εἰ γὰρ σχῆμα ἔχοι τὸ
ἕν, καὶ ⌊μέρη ἂν ἔχοι τὸ ἓν καὶ⌋ πολλὰ ἂν εἴη·
συνάπτει ἄρα τὸ σχῆμα τοῖς πολλοῖς διὰ τῶν μερῶν, πάντα δὲ
ταῦτα τὰ γένη δεύτερα τοῦ ἑνὸς ἀποδείκνυσι· τοσαύτη
1134 παρ᾽ αὐτῷ διάκρισίς ἐστι τῶν θείων διακόσμων, ὥστε οὐκ ἦν|
ἔσχετο συνάψαι τὰς ἐξῆς ἀποφάσεις, μὴ ταύτην πρότερον τὴν
τάξιν εἰς ἑαυτὴν ἐπιστρέψας, καὶ τὸ σχῆμα τοῖς πολλοῖς συνά-
ψας καὶ τὴν συγγένειαν τῶν προειρημένων ἁπάντων γενῶν
ἐνδειξάμενος. ἐν ποίᾳ μὲν οὖν τάξει τῶν ὄντων τὸ εὐθὺ καὶ τὸ
5   περιφερές ἐστιν, ἐν τοῖς ἐξῆς γνωσόμεθα σαφέστερον, καὶ ὅτι
μέχρι ταύτης τὰ νοητὰ καὶ νοερὰ γένη τῶν ὅλων. νῦν δὲ τοσοῦ-
τον μόνον δῆλον ὅτι μηδὲ ταύτης ἡμῖν τῆς τάξεως θετέον τὸ ἕν,
ἀλλὰ καὶ ταύτην ἀπ᾽ ἐκείνου παρακτέον, καθάπερ δὴ καὶ τὰς
ἄλλας τὰς πρὸ αὐτῆς εἰρημένας.

1133.2–3 ὡς...εἴπομεν: cf. supra, 1062.9-14, 1070.9-12, 1108.16-20   3–4
ὡς δέδεικται: cf. supra, 1075.14-15, 1077.9-12, 1099.24   1134.3 προειρη-
μένων: cf. Parm. 137c4-d7   5   in parte commentarii deperdita (ad Parm.
145b2-4)

1132.31 οὖν huc transposuimus : post ὀρθῶς(cf. supra, 1132.30) hab. AΣg
1133.7 μέρη...καὶ[2] addidimus ex g (partes etiam [sic] haberet le unum et)
1134.9 ἄλλας Cous : ὅλας AΣg

ΒΙΒΛΙΟΝ ΕΒΔΟΜΟΝ

Καὶ μὴν τοιοῦτόν γε ὃν οὐδαμοῦ ἂν ἔτι εἴη· 1133
οὔτε γὰρ ἐν ἄλλῳ οὔτε ἐν ἑαυτῷ εἴη. – Πῶς
δή; [Parm. 138a2-3]

Μέτεισιν ἐφ' ἑτέραν τάξιν ὁ λόγος, τὴν ἀκρότητα τῶν ἰδίως
καλουμένων νοερῶν θεῶν, καὶ ταύτην ἀποφάσκει τοῦ ἑνὸς 5
δεικνὺς ὡς οὐδαμοῦ τὸ ἕν, οὔτε ὡς ἐν ἄλλῃ περιεχόμενον αἰτίᾳ,
οὔτε ὡς αὐτὸ ὑφ'ἑαυτοῦ περιεχόμενον καὶ αὐτὸ ἑαυτοῦ ὄν. πρὶν
δὲ ἅψηται τῆς διὰ τῶν συλλογισμῶν ἀγωγῆς, προανεκήρυξε
πάλιν τὸ συμπέρασμα πρὸ τῶν ἐπιστημονικῶν ἐφόδων χρώμε-
νος ταῖς νοεραῖς ἐπιβολαῖς, καὶ οὑτωσὶ ποιήσει καὶ ἐπὶ πάντων 10
ἀεὶ τῶν ἐφεξῆς. ὅτι δὲ ἀπ'ἄλλης ἄρχεται τάξεως, ἱκανῶς ἡμῖν
ἐνεδείξατο καὶ διὰ τοῦ *ἔτι* καὶ τοῦ *τοιοῦτόν* γε *ὄν·* τὸ
ἀποδεδειγμένον πάντων ἐπέκεινα τῶν μέσων ἐν τοῖς θεοῖς
γενῶν τῆς τε νοητῆς καὶ νοερᾶς διατάξεως, πῶς ἂν ἔτι τῶν
νοερῶν μετάσχοι τινὸς ἢ τῆς ἀκρότητος τῶν νοερῶν; τὸ | γοῦν 1134
τῶν θειοτέρων αἰτίων ἐξῃρημένον πολλῷ δήπου μᾶλλον ἐκβέ-
βηκε τῶν τούτοις ἐφεξῆς τεταγμένων.

1133.12—14 cf. Parm. 137e4-138a1

1133.1 ἔτι Σ (cf. infra, l. 12) : om. Ag PLAT. codd.   3 δή Ag PLAT. codd. :
δ'ἤδη Σ   4 ἑτέραν Mᶜ : ἑκατέραν AΣg   7 ὑφ'ἑαυτοῦ περιεχόμενον AΣ :
se ipsum continens g | ἑαυτοῦ AFPg : αὐτοῦ GR | ὄν A : ἐὸν ὄν Σ *ens ens* g
8 ἅψηται Σg : ἅψεται A | τῆς om. Σ | διὰ om. A | ἀγωγῆς scripsimus (cf.
supra, VI 1125.15) : ἀνάγκης AΣ *ex necessitate* g   14   ἔτι Stallbaum
adhuc g : ἐπὶ Σᶜ ras. A   1134.3 τούτοις correximus ex g (*hiis*) : τοιούτοις
AΣ

123

Καὶ ταῦτα μὲν περὶ τῆς ὅλης τάξεως τοῦ λόγου κατακολου-
θοῦντος τῇ τάξει τῶν πραγμάτων· πάλιν δὲ ὅταν λέγωσιν
ἐνταῦθά τινες ἀντιλέγειν τῷ Παρμενίδῃ τῷ ἐν τοῖς ποιήμασι
τὸν Πλάτωνα, οὐκ ἀποδεξόμεθα τοῦ λόγου· λέγει μὲν γὰρ
ἐκεῖνος περὶ τοῦ καθ'ἑαυτὸν ἑνός, ὅτι

Ταὐτόν <τ'> ἐν ταὐτῷ μίμνει, καθ'ἑαυτό τε κεῖται·

οὕτως ἔμπεδον αὖθι μένει· κρατερὴ γὰρ ἀνάγκη

πείρατος ἐν δεσμοῖσιν ἔχει, τό μιν ἀμφὶς ἐέργει.

τοὔνεκεν οὐκ ἀτελεύτητον τὸ ἐὸν θέμις εἶναι.

ἀλλ'ὡς καὶ αὐταὶ δηλοῦσιν αἱ ῥήσεις, περὶ τοῦ ὄντος φιλοσοφεῖ
ταῦτα καὶ οὐ περὶ τοῦ ἑνός, ἃ δὴ καὶ ἡ δευτέρα καταφήσει περὶ
ἐκείνου ὑπόθεσις, μετὰ τοῦ ἑνὸς συμπλέκουσα τὸ ὄν. εἰ οὖν ἐν
τούτοις καὶ πέρας οὐκ ἔχον | ἀποδείκνυται τὸ ἓν καὶ μὴ κείμενόν
που, μήτε ἐν αὐτῷ μήτε ἐν ἄλλῳ, καὶ οὐχὶ τὸ ὄν, οὐκ

1134.9 —12 = Parm., FVS 28B8.29-32   1 cf. *Parm.* 137d6-8

1134.5 ὅταν ΑΣ : *quod* g   6 τῷ¹...ἐν correximus ex g (*Parmenidi ei qui
in*) : τῷ Παρμενί⁴ τῷ ἑνὶ Σ τὸν Παρμενίδη τῷ ἑνὶ τῷ ἐν Α τῷ Παρμε-
νιδείῳ ἑνὶ τῷ ἐν Mᵇ   7   τὸν Πλάτωνα Μ : τῶν Πλατωνικῶν Σg (post
aliqui transp. g) spat. vac. A²   9   τ' addidimus (cf. infra, 1177.4), add. δ'
Cous² | ταὐτῷ Μ (cf. infra, 1152.23, 1177.4) : ἑαυτῷ A³g ταὐτὸν Σ
11 ἔχει τό Σ : ἔχοιτο Α ἔχειν τό Aᵍ (sic) | μιν Stallbaum : μὴν ΜΣΑᵍ (sic)
legi nequit A²   12   τοὔνεκεν ΣΑᵍ (sic) : τοὔνεκα Α | ἀτελεύτητον Fülle-
born : ἀτέλευτον τὸ Aᵍ (sic) ἀτέλευτον ΑΣ | τὸ ἐὸν Fülleborn : τοῖον ΑΣΑᵍ
(sic) | ante θέμις add. εἰ Α | εἶναι Fülleborn : εἶπεν ΣΑᵍ (sic) εἰπεῖν Α
13   αὐταὶ correximus ex g (*ipsa*) : αὖται ΑΣ   1135.2 αὐτῷ Mᵇ *se ipso* g :
αὐτῷ Σ spat. vac. A² | ὄν ΑΣΑᵍ ᵐᵍ (sic) : *unum* g

ἔλεγχός ἐστι ταῦτα τῆς Παρμενίδου φιλοσοφίας, ἀλλ' ἐκείνης
μενούσης, πρόσθεσις τῆς ὑπερτέρας.

Ταῦτα μὲν οὖν ταύτῃ διορίζομεν. ὅτι δὲ τὸ οὐδαμοῦ 5
κυριώτατα καὶ ἁπλῶς ἐπὶ τῆς πρωτίστης αἰτίας λέγομεν,
ὑπομνηστέον. λέγεται μὲν γὰρ καὶ ἡ ψυχὴ πολλάκις οὐδα-
μοῦ, καὶ διαφερόντως ἡ ἄσχετος· ὑπ' οὐδενὸς γὰρ κατέχεται
τῶν δευτέρων, οὐδὲ περιείργεται διὰ δή τινος σχέσεως ἡ
ἐνέργεια αὐτῆς, καθάπερ σχέσει τινὶ δεδεμένης πρὸς τὰ 10
μετ' αὐτήν. λέγεται δὲ καὶ ὁ νοῦς εἶναι ⌊οὐδαμοῦ⌋· πανταχοῦ
γάρ ἐστιν ὁμοίως, καὶ πᾶσι πάρεστιν ἐξ ἴσου· πολλῷ μᾶλλον
καὶ διὰ τῆς τοιαύτης παρουσίας ἐν οὐδενὶ κατέχεται τῶν αὐτοῦ
μετεχόντων. λέγεται ⌊δὲ⌋ καὶ θεὸς εἶναι οὐδαμοῦ, ὅτι πάν-
των ἐξήρηται, ὅτι ἀμέθεκτός ἐστιν, ὅτι κρείττων ἐστὶ πάσης 15
κοινωνίας καὶ πάσης σχέσεως καὶ πάσης πρὸς τὰ ἄλλα συν-
τάξεως. λέγεται μὲν οὖν περὶ τῶν τριῶν ἀρχικῶν ὑποστάσεων,
ὅπερ εἶπον, ἕκαστα τούτων ὀρθῶς, ἀλλ' οὐχ ὁ αὐτὸς τρόπος ἐπὶ
πάντων τοῦ οὐδαμοῦ. ψυχὴ μὲν γὰρ οὐδαμοῦ τῶν μετ' αὐτήν,
ἀλλ' οὐχ ἁπλῶς οὐδαμοῦ· πάντως γάρ ἐστι καὶ ἐν ἑαυτῇ ὡς 20
αὐτοκίνητος, καὶ ἐν τῇ αἰτίᾳ τῇ ἑαυτῆς, ἐπειδὴ καὶ πανταχοῦ τὸ
αἴτιον προείληφε τὴν τοῦ ἀποτελέσματος καὶ περιείληφεν
ἐνοειδῶς δύναμιν. νοῦς δὲ οὐδαμοῦ καὶ αὐτὸς τῶν μετ' αὐτόν,
<ἀλλ' οὐχ ἁπλῶς οὐδαμοῦ>· ἐπεὶ καὶ ἐν ἑαυτῷ ἐστιν ⌊ὡς⌋ αὐθυ-

1135.5 −1137.16 cf. Porph., *Sent.* 31   17 = Plot., *Enn.* V 1 [10]

1135.4 πρόσθεσις A³Mg : πρὸς θέσεις Σ   10 post καθάπερ add. τῇ Σ
δεδεμένης coni. Chaignet *ligate* g : δεδομένης ΑΣ | τὰ Σg : τὴν Α
11 μετ' αὐτήν Strobel : μετὰ ταύτην ΑΣg | οὐδαμοῦ add. Cous *nusquam*
Rᵍ   14 δὲ addidimus ex g (*autem*)   16 ἄλλα Σg : ὅλα Α   19 μετ' αὐτήν
Μ : μετὰ †αὐτὴν ΑΣ̣g   21 ἑαυτῆς Α : ἑαυτοῦ Σ   24 ἀλλ' οὐχ...οὐδαμοῦ
addidimus (cf. supra, l. 20) | ὡς addidimus ex g (*tamquam*)

25 πόστατος, καὶ ἔτι περιέχεταί γε ὑπὸ τῆς οἰκείας αἰτίας, εἰ μὲν
βούλει θεολογικῶς φάναι, τῆς πατρικῆς – πᾶς γὰρ ν ο ῦ ς
π α τ ρ ό ς ἐστι νοῦς, ὁ μὲν τοῦ ὅλου πατρός, ὁ δὲ τοῦ τῆς οἰκείας
τριάδος πατρός· περιέχεται γοῦν ὑπὸ τοῦ πατρὸς ὁ νοῦς –, εἰ δὲ
<μὴ> κατὰ τοῦτον βούλει τὸν τρόπον, ἀλλ᾽ ὅτι πᾶς νοῦς ἐφίεται
30 τοῦ ἑνὸς καὶ ἐν τῷ ἑνὶ κρατεῖται, καὶ διὰ τοῦτο ψεῦδος οὐδαμοῦ
φάναι τὸν νοῦν. μόνον δὲ τὸ ἓν ἁπλῶς οὐδαμοῦ ἐστιν· οὔτε γὰρ
1136 ἐν τοῖς μετ᾽ αὐτό ἐστιν, ἅτε ἐξῃρημένον ἀπὸ | πάντων, ὅπου γε
οὐδὲ ὁ νοῦς οὐδὲ ἡ ψυχή, αἱ μετὰ τὸ ἓν ἀρχαί· οὔτε ἐν ἑαυτῷ, ἅτε
ἁπλοῦν ὂν καὶ παντὸς πλήθους ἄδεκτον· οὔτε ἐν τῷ πρὸ αὐτοῦ,
διότι μηδὲν ἔστι κρεῖττον τοῦ ἑνός· τοῦτο ἄρα τὸ ἁπλῶς οὐδα-
5 μοῦ, πάντα δὲ τὰ ἄλλα δευτέρως ἔχει τὸ ο ὐ δ α μ ο ῦ, καὶ πῶς
μέν ἐστιν οὐδαμοῦ, πῶς δὲ οὐκ ἔστιν· εἰ γὰρ ἐθέλοις θεωρῆσαι
πᾶσαν τὴν τῶν ὄντων τάξιν, ὄψει τὰ μὲν εἴδη τὰ ἔνυλα ἐν
ἄλλοις ὄντα μόνον καὶ ἄλλων ὄντα καὶ ἔν τισιν ὑποκειμένοις
ἑδραζόμενα· τὰς δὲ φύσεις ἐν ἄλλοις μὲν καὶ ταύτας – δύνουσι
10 γὰρ κατὰ τῶν σωμάτων καὶ ἐν ὑποκειμένῳ πώς εἰσιν –, ἤδη
μέντοι καὶ τοῦ ἐν ἑαυτῷ φερούσας ἀπήχημά τι καὶ εἴδωλον,
καθ᾽ ὅσον ζωαί τινες ἤδη καὶ οὐσίαι καὶ πάσχοντος ἑνὸς μορίου
τινὸς ἑαυταῖς συμπάσχουσι· τὰς δὲ ἐν σχέσει ψυχάς, ὡς μὲν
σχέσιν ἐχούσας, ἐν ἄλλῳ καὶ ταύτας – αὐτὴ γὰρ ἡ σχέσις ἡ
15 πρὸς τὰ δεύτερα τὸ ἐν ἄλλῳ πάντως συνεισφέρει –, καθ᾽ ὅσον δὲ
ἐπιστρέφειν εἰς ἑαυτὰς δύνανται, καθαρώτερον ἐν ἑαυταῖς οὔσας
– αἱ μὲν γὰρ φύσεις πᾶσαν ἐνέργειαν περὶ τὰ σώματα συντεί-
νουσι, καὶ ὅπερ ἂν ποιῶσιν, εἰς ἄλλο ποιοῦσιν· αἱ δὲ ψυχαὶ ταῖς

1135.26 cf. *Or. chald.*, fr. 39.1   **26 − 27** = *Or. chald.*, fr. 22.1, 36.1, 37.1

1135.29 μὴ addidimus | post τρόπον add. οὐχί A | πᾶς A³Mg : πᾶσι Σ
30 an ἁπλῶς ante οὐδαμοῦ addendum ?   **1136.4** μηδὲν Cous² *nichil* g :
μὴ δὲ ΑΣ   **6** ἐθέλοις Σg : ἐθελήσεις A   **14** ταύτας Σg : ταύτῃ A

μὲν τῶν ἐνεργειῶν περὶ τὸ σῶμα χρῶνται, ταῖς δὲ εἰς ἑαυτὰς
ἐνεργοῦσι καὶ πρὸς ἑαυτὰς ἐπιστρέφουσι –· τὰς δὲ ἀσχέτους ἐν   20
ἑαυταῖς ἤδη, καὶ ἐν ἄλλοις μὲν οὐκέτι τοῖς δευτέροις, ἐν ἄλλῳ δὲ
τῷ πρὸ αὐτῶν οὔσας· διχῶς γὰρ τὸ ἐν ἄλλῳ, τὸ μὲν τοῦ ἐν αὐτῷ
καταδεέστερον τῷ σχέσιν ἔχειν πρὸς τὰ δεύτερα, τὸ δὲ ἤδη
κρεῖττον, κἀκεῖνο μὲν μέχρι τῶν ἐν σχέσει ψυχῶν, τοῦτο δὲ
μόνον ἀπὸ τῶν θείων ἄρχεται καὶ ὅλως ἀσχέτων· καὶ οἷς μὲν   25
ὑπάρχει τὸ πρότερον, <τούτοις καὶ τὸ δεύτερον>· πάντα γὰρ ἐν
τοῖς ἑαυτῶν ἐστιν αἰτίοις· ἢ οὐκ ἂν εἴη τῶν αἰτίων ἐκφοιτήσαντα
τελέως· οἷς δὲ τὸ δεύτερον, <οὐ τὸ πρότερον>· ἔλλειψις γὰρ
ἐποίει δυνάμεως τὸ πρότερον· ἢ ἐν τοῖς ἐσχάτοις οὖσαν οὐκ
ἀνάγκη καὶ ἐν τοῖς πρώτοις εἶναι· τὰς δ᾿ οὖν θείας ψυχὰς ἐν τοῖς   30
πρὸ αὐτῶν εἶναι μόνως, οἷον ἐν τοῖς νοῖς ὧν ἐξέχονται· | τὸν δὲ   1137
νοῦν λοιπὸν ἐν αὐτῷ τε καὶ ἐν τῷ πρὸ αὐτοῦ, τῷ πατρὶ λέγω καὶ
τῇ δυνάμει τοῦ πατρός, εἰ βούλει· πάντα γὰρ ἄχρι τούτου τὸ ἐν
ἄλλῳ ἔχει. αὐτὸς δὲ πῶς ἂν ἔχοι; πότερον ἐν αὐτῷ μόνον ἐστὶν
<ἢ> καὶ ἐν ἄλλῳ, μετὰ ταῦτα σκεπτέον, ὁπόταν περὶ τοῦ αὐθυπο-   5
στάτου λέγωμεν. τὸ τοίνυν οὐδαμοῦ – τοῦτο γὰρ ἡμῖν προ-
κείμενον ἦν κατιδεῖν – τοῖς μὲν ἔχουσι τὸ ἐν ἄλλῳ, τοῦτο δὴ τὸ
τοῦ ἐν αὐτῷ καταδεέστερον, οὐδαμῶς ἂν ὑπάρχοι – πῶς γὰρ ἂν
τοῖς ἐν ἄλλῳ γεγονόσιν ἐφαρμόσοι τὸ οὐδαμοῦ τῷ ἔν τινι
μαχόμενον; –, τοῖς δ᾿ ἔχουσιν ἐκεῖνο τὸ τοῦ ἐν αὐτῷ κρεῖττον ἐν   10

1137.6 λέγωμεν: cf. infra, 1145.22-1151.25   7 ἦν: cf. supra, 1135.5-8

1136.19 τῶν om. Σ   21 οὐκέτι Mᶜ non adhuc g : οὐκ ἔστι ΑΣ   22 αὐτῷ
correximus ex g (se ipso) : αὑτῷ ΑΣ   26   πρότερον Σg : δεύτερον Α
τούτοις...δεύτερον addidimus 28 οὐ...πρότερον addidimus   1137.2 αὐτῷ
Α : αὑτῷ Σg   4 αὐτὸς Ag : αὐτοῦ FP αὐτὸν GR | αὐτῷ Α : αὑτῷ Σg   5 ἢ
add. Α   9 γεγονόσιν Ag : γεγόνασιν Σ | ἐφαρμόσοι Σ : ἐφαρμόσει Α | τῷ
ΑΣ : τὸ Μ quod g

ἄλλῳ πάρεστι μέν, ἀλλ' οὐχ ἁπλῶς· ἔστι γὰρ ἐν ταῖς αἰτίαις
ἕκαστα ταῖς ἑαυτῶν. μόνῳ δὲ τῷ ἑνὶ πρώτως ὑπάρχει τὸ
οὐδαμοῦ καὶ ἁπλῶς· οὔτε γὰρ ἐν τοῖς μετ' αὐτό – οὐ γὰρ
θέμις –, οὔτε ἐν τῷ πρὸ αὐτοῦ – οὐ γὰρ ἔστιν –, οὔτε ἐν ἑαυτῷ –
15 οὐ γὰρ πέφυκε –, τὸ μὲν ὅτι ἄσχετον, τὸ δὲ ὅτι πρώτιστον, τὸ δὲ
ὅτι μόνως ἐστὶν ἕν, ὥστε οὐδαμοῦ.

   Τοῦτο μὲν οὖν παντάπασιν ἀληθές. τὸ δὲ πανταχοῦ μετὰ
τοῦτο ζητητέον, πότερον κρεῖττόν ἐστι τοῦ οὐδαμοῦ καὶ
τελειότερον ἢ καταδεέστερον. εἰ μὲν γὰρ κρεῖττον, διὰ τί μὴ τῷ
20 πρώτῳ τὸ κρεῖττον ἀπονέμομεν, ⌊ᾧ⌋ τὸ οὐδαμοῦ δεδώκαμεν,
ἀλλά φαμεν ὅτι οὐδαμοῦ ἐστι μόνον; εἰ δὲ καταδεέστερον, πῶς
οὐκ ἄμεινον τὸ μὴ προνοεῖν τοῦ προνοεῖν; τὸ μὲν γὰρ προνοοῦν
πᾶσι πάρεστι τοῖς προνοίας ἀξιουμένοις, τὸ δὲ μὴ προνοοῦν
οὐδαμοῦ τῶν δευτέρων εἶναι διηνάγκασται. μήποτε οὖν τὸ
25 πανταχοῦ διττόν, τὸ μὲν ὡς πρὸς τὰ μετ' αὐτὸ λεγόμενον, ὡς
ὅταν φῶμεν πανταχοῦ τὴν πρόνοιαν παρεῖναι τῷ μηδενὸς
ἀποστατεῖν τῶν δευτέρων, ἀλλὰ πάντα σώζειν καὶ συνέχειν
καὶ διακοσμεῖν δι' αὐτῶν τῇ μεταδόσει διήκουσαν, τὸ δὲ ὡς
πρὸς πάντα τά ⌊τε⌋ πρὸ αὐτοῦ καὶ τὰ μετ' αὐτό. κυρίως γοῦν
1138 πανταχοῦ τοῦτό ἐστιν, ὃ καὶ ἐν τοῖς δευτέροις | ἐστὶ καὶ ἐν ἑαυτῷ
καὶ ἐν τοῖς πρὸ αὐτοῦ, διότι καὶ κυρίως πάντα ταῦτά ἐστι· καὶ

1137.26 — 27 = *Parm.* 144b1-2

1137.14 οὔτε ἐν¹ A³Mg : ἕν τε Σ   17 οὖν A³ ˢˡMᶜg : οὐ Σ   20 ἀπονέμομεν
A *attribuimus* g : ἀπονέμωμεν Σ | ᾧ addidimus ex g (*cui*) | post οὐδαμοῦ
add. δὲ A   21 ἀλλά Σg : ἀλλ' οὐ A   22 post ἄμεινον add. ὃν Σ add. ἐστὶ
A³ add. ἐπὶ A ἐπὶ τούτου Mᵇ ᵐᵍ   23 ante προνοίας add. τῆς A   25 λεγό-
μενον A³Mg : λέγομεν Σ   26 τῷ Mᵇ *per* g : τὸ ΑΣ   29 τά om. Σ | τε
addidimus ex g (*et*)   1138.1 post καὶ² add. ἐν ἑαυτῷ καὶ ἐν τοῖς προτέ-
ροις ἐστὶ Σ   2 πάντα ταῦτά inv. Σ

τούτου τοῦ πανταχοῦ ἀπόφασίς ἐστι τὸ οὐδαμοῦ τὸ νῦν
παρειλημμένον, δηλοῦν τὸ μήτε ἐν ἑαυτῷ μήτε ἐν τῷ πρὸ αὐτοῦ
ὄν, καὶ τοῦτο τὸ οὐδαμοῦ τοῦ πανταχοῦ κρεῖττον καὶ μόνου τοῦ   5
ἑνὸς ἐξαίρετον. ἄλλο δέ ἐστι μηδαμοῦ τὸ τῷ πανταχοῦ σύστοι-
χον, ὃ πρὸς τὰ δεύτερα μόνον λέγειν εἰώθαμεν, ὧν ἑκάτερον
ἀληθές ἐστι διὰ τὸ λοιπόν· οὐδαμοῦ γὰρ τὸ ὄν, διότι πανταχοῦ·
τὸ γὰρ ὑπό τινος τόπου κρατούμενον ἔν τινί ἐστι· τὸ δὲ πᾶσιν
ὁμοίως παρὸν οὐδαμοῦ ἐστιν ἀφωρισμένως, καὶ διότι πάλιν   10
οὐδαμοῦ, διὰ τοῦτο πανταχοῦ· διὰ γὰρ τὸ πάντων ὁμοίως ἐξῃρῆ-
σθαι πᾶσιν ὁμοίως πάρεστιν, οἷον ἐξ ἴσου τῶν πάντων ἀφεστώς.

Ταῦτα μὲν οὖν σύστοιχα ἀλλήλοις. ἐκεῖνο δὲ τὸ μηδαμοῦ
κρεῖττον παντὸς τοῦ πανταχοῦ καὶ τῷ ἑνὶ μόνον δυνάμενον
ἐφαρμόζειν, ὡς ἀπόφασις τοῦ ἔν τινι παντός· εἴτε γὰρ τὸ ὡς ἐν   15
τόπῳ λέγοις, εἴτε τὸ ὡς ἐν ὅλῳ, εἴτε τὸ ὡς ἐν μέρεσιν ὅλον, εἴτε
τὸ ὡς ἐν τέλει, εἴτε τὸ ὡς ἐν τῷ ἄρχοντι τὰ τῶν ἀρχομένων, εἴτε
ὡς γένος ἐν εἴδεσιν, εἴτε ὡς εἶδος ἐν γένει, εἴτε ὡς ἐν χρόνῳ,
πάντων ὁμοίως τούτων ἐξῄρηται τὸ ἕν· οὔτε γὰρ τόπος ἔστι
περιεκτικὸς τοῦ ἑνός, ἵνα μὴ πλῆθος ἀναφανῇ τὸ ἕν· οὔτε ὅλον   20
ἔστι τι περιληπτικὸν ⌊αὐτοῦ⌋ – οὐδὲ γάρ ἐστί τινος μέρος, ἵνα
μὴ μέρος ὂν καὶ ἐν τῷ ὅλῳ ᾖ, ὅ ἐστι πεπονθὸς τὸ ἕν· πᾶν γὰρ

1138.7   cf. *El. theol.* § 122, p. 108.1-2   **15 – 18**   cf. Ar., *Phys.* IV 3,
210a14-24; Porph., *In Cat.* 77.21-78.5 (ad Ar., *Cat.* 2, 1a24-25); Amm., *In
Cat.* II, 26.32-27.8; Simpl., *In Cat.* 46.5-14   **22 – 24** = *Soph.* 245a5-9

1138.6 τὸ τῷ A³M : *ipsi* g τῷ Σ   **12** ἀφεστώς Σ *remotum* g : ὑφεστώς A
14 μόνον Σg : μόνῳ A   **15** εἴτε Σ : ἔν τε A *neque* g   **16** ὅλον om. A
18 εἶδος Σ : εἴδη A | γένει correximus ex g (*genere*) (cf. infra, l. 29) :
γένεσιν ΑΣ   **19** post πάντων add. *enim* g | τούτων Cous² : τοῦτο ΑΣg
21 αὐτοῦ addidimus ex g (*ipsius*) : spat. vac. Σ om. A τοῦ ἑνός add. Cous²
22 ᾖ A : ὄν Σg

ὅλον πεπονθὸς τὸ ἓν ἐπιδεές ἐστι τοῦ ὡς ἀληθῶς
ἑνὸς αὐτὸ μὴ ὡς ἀληθῶς ἓν ὑπάρχον –, οὔτε αὐτὸ ἐν
25 μέρεσίν ἐστιν – οὐδὲ γὰρ ἔχει μέρη, ἀμερὲς ὄν –, οὔτε ἄλλο τι
αὐτοῦ τέλος ἐστί – δέδεικται γὰρ μηδ᾽ ὅλως ἔχον τέλος –, οὔτε
ὡς ἐν τῷ ἄρχοντι – δέδεικται γὰρ μηδαμῶς ἔχον τινὰ ἀρχήν –,
οὔτε ὡς γένος ἐν εἴδεσιν, ἵνα μὴ πάλιν πλῆθος περὶ αὐτὸ συμβῇ
διὰ τὴν τῶν εἰδῶν περιοχήν, οὔτε ὡς εἶδος ἐν γένει – τίνος γὰρ
1139 εἶδος ἔσται, μηδενὸς αὐτοῦ κρείττονος; –, οὔτε ὡς ἐν χρόνῳ, | <τὸ
γὰρ ἐν χρόνῳ> ὂν πλῆθός ἐστι· δειχθήσεται γοῦν μηδὲ χρόνου
μετέχον· πάντων ἄρα τῶν τρόπων τοῦ ἔν τινι κρεῖττόν ἐστι τὸ
ἔν. εἰ δὴ πᾶν τὸ ἔν τινι ψεῦδος, ἀληθὴς ἡ ἀπόφασις τὸ οὐδα-
5   μοῦ· τὸ γὰρ ἔν τινι τῷ οὐδαμοῦ ἀντίκειται, καθάπερ δὴ καὶ τὸ
τὶς τῷ οὐδείς, ὥστε οὐδαμοῦ ἂν εἴη τὸ ἔν.

Τοῦτο μὲν οὖν τοιοῦτόν ἐστι. πάλιν δὲ διαιρεῖ τὸ ἔν τινι ὂν
διχῶς, εἴς τε τὸ ἐν αὐτῷ καὶ τὸ ἐν ἄλλῳ, πάντας ἐκείνους
τοὺς πολυθρυλλήτους τρόπους διὰ τούτων περιλαβών, ἵνα,
10 εἴπερ ἐπιδείξει τὸ ἓν μήτε ἐν ἑαυτῷ μήτε ἐν ἄλλῳ δυνάμενον
εἶναι, δεδειγμένον ἔχοι τὸ οὐδαμοῦ· εἰ γὰρ ἔν τινί ἐστιν, ἢ ἐν
αὐτῷ, φησίν, ⌊ἂν⌋ εἴη ἢ ἐν ἄλλῳ· ἀλλὰ μὴν οὔτε ἐν

1138.26 cf. *Parm.* 137d4-7   27 cf. *Parm.* 137d4-7   **1139.2−3** cf. *Parm.*
140e1-141d5

1138.23 πεπονθὸς scripsimus : πέπονθε ΑΣg | post ἓν add. καὶ Α   **24** μὴ
huc transp. Cous² : post τοῦ (cf. supra, l. 23) hab. ΑΣg | ἀληθῶς correxi-
mus ex g (*uere*) : ἀληθὲς ΑΣ   **25** μέρη Σg : μέρος Α   **26** μηδ᾽ ὅλως ΑΣ :
nullatenus g   **27** μηδαμῶς ΑΣ : *neque totaliter* g   **30** post μηδενὸς add.
ὄντος Cous²   **1139.1−2** τὸ...χρόνῳ add. Cous²   **8** εἴς Ag : εἴ Σ | αὐτῷ Ag :
αὑτῷ Σ   **9** περιλαβών PR : παραλαβών AFG   **10** ἐπιδείξει Α : ἐπιδείξῃ
Σ *ostendatur* g   **12** αὑτῷ correximus ex g (*se ipso*) : αὐτῷ ΑΣ | ἂν
addidimus ex g (*utique*) et ΠΛΑΤ. (*Parm.* 138a2)

ἑαυτῷ οὔτε ἐν ἄλλῳ· οὐκ ἄρα ἔν τινί ἐστιν. <καὶ> εἰ μὴ ἔν τινι,
ὅλως οὐδαμοῦ ἂν εἴη. τούτου δὲ δειχθέντος, φανήσεται τὸ ἓν
κἀκείνης ἐξῃρημένον τῆς τάξεως, ᾗ τοῦτο προσήκει τὸ σύμ-   15
βολον, τὸ ἐν αὐτῷ λέγω καὶ ἐν ἄλλῳ. τούτου δὲ φανέντος,
ἔχοιμεν ἂν ὅτι οὐδὲ ὁ νοῦς τὸ πρῶτον· ἴδιον γὰρ νοῦ τὸ ἐν αὑτῷ
καὶ τὸ ἑαυτὸν γιγνώσκειν καὶ <ἡ> εἰς ἑαυτὸν νεῦσις, ὃ καὶ τῇ
ἀκρότητι τῶν νοερῶν διαφερόντως ἐμφαίνεται, μετὰ τῆς εἰς τὰ
πρῶτα στροφῆς, καὶ ἡ εἰς ἑαυτὴν εἴσοδος καὶ τὸ οἷον ἄγκυραν   20
τῆς οὐσίας ἐν ἑαυτῇ κατέχειν τε αὐτῆς καὶ περιλαμβάνειν ἀεὶ
βουλομένης.

**Ἐν ἄλλῳ μὲν ὂν κύκλῳ που ἂν περιέχοιτο
ὑπ' ἐκείνου ἐν ᾧ ἂν ἐνείη, καὶ πολλαχῇ ἂν
αὐτοῦ ἅπτοιτο πολλοῖς· | τοῦ δὲ ἑνός τε καὶ   1140
ἀμεροῦς καὶ κύκλου μὴ μετέχοντος ἀδύνατον
πολλαχῇ κύκλῳ ἅπτεσθαι. – ⌊Ἀδύνατον⌋. ⌈Parm.**
138a3-6⌋

Ἡ μὲν ὅλη τοῦ προκειμένου συμπεράσματος ἀπόδειξις   5

1139.14 φανήσεται: cf. infra, 1143.18, 1152.1

1139.13 καὶ addidimus | post τινι add. δὲ A   16 αὐτῷ APRg : αὑτῷ FG
17 νοῦ scripsimus : cuius g (οὗ Γ?) οὐ Σ om. A αὑτῷ Cous² | αὑτῷ AG :
αὐτῷ FPRg   18 ἡ add. Cous² | ἑαυτόν² scripsimus : ἑαυτὸ ΑΣ | νεῦσις
Cous² : νοήσεις ΑΣ intelliges g | ὃ ΑΣg : ἣ Cous²   19 ἐμφαίνεται correxi-
mus ex g (inapparet) : ἓν φαίνεται ΑΣ   20 ἄγκυραν correximus ex g
(anchoram) (cf. Leg. XII 961c5) : ἀγκύλον ΑΣ   21 αὐτῆς Strobel : ἑαυτῆς
ΑΣg   24 ἐν Mg Plat. codd. : ἓν Σ τὸ ἓν A | ἂν ἐνείη Mg Plat. W : ἂν ἓν
εἴη ΑΣ Plat. BCD ἂν εἴη Plat. T | πολλαχῇ Σg (cf. infra, 1140.21, 1142.23,
29)· πολλαχοῦ A Plat. codd.   1140.3 Ἀδύνατον add. Mᵇ ᵐᵍ Plat. codd.
impossibile g : om. ΑΣ

τοιαύτη τίς ἐστι· τὸ ἓν οὔτε ἐν ἑαυτῷ ἐστιν οὔτε ἐν ἄλλῳ· πᾶν δὲ
τὸ ἕν τινι ὂν ἢ ἐν ἑαυτῷ ἐστιν ἢ ἐν ἄλλῳ· τὸ ἄρα ἓν οὐδαμῶς
ἐστιν ἕν τινι, τὸ δὲ μηδαμῶς ἕν τινι ὂν οὐδαμοῦ ἐστι. λοιπὸν δὲ
τὴν ἑτέραν τῶν προτάσεων ἀποδείκνυσιν οὕτω· τὸ ἓν οὐδενὸς
10 ἅπτεσθαι δύναται πολλοῖς· τὸ ἓν ἄ λ λ ῳ ἅ π τ ε τ α ι ἐκείνου
π ο λ λ ο ῖ ς ἐ ν ᾧ ἐ σ τ ι · τὸ ἄρα ἓν ἐν οὐδενὶ ἄλλῳ ἐστί. πάλιν
τὸ ἓν οὔτε ἀρχὴν ἔχει οὔτε τελευτήν, οὐθ'ὅλως περιέχον ἐστὶ
καὶ περιεχόμενον· τὸ δὲ ἐν ἑαυτῷ ὂν ἔχει τὸ μὲν περιέχον, τὸ δὲ
περιεχόμενον. τὸ ἄρα ἓν οὐκ ἔστιν ἐν ἑαυτῷ· δέδεικται δὲ ὅτι
15 οὐδὲ ἐν ἄλλῳ· τὸ ἓν ἄρα οὔτε ἐν ἑαυτῷ ἐστιν οὔτε ἐν ἄλλῳ.

Καὶ τοιοῦτοι μὲν οἱ τοῦ προκειμένου δεικτικοὶ συλλογισμοί,
γεωμετρικῶς ἀπὸ τῶν προωμολογημένων τὸ ζητούμενον
ἐπιδεικνύντες ἡμῖν. ἐπὶ δὲ τὴν τῶν πραγμάτων ἐξέτασιν μετέλ-
θωμεν καὶ θεωρήσωμεν πῶς φησιν ὁ Παρμενίδης π ᾶ ν τ ὸ ἐ ν
20 ἄ λ λ ῳ ὂ ν κ ύ κ λ ῳ π ε ρ ι έ χ ε σ θ α ι ὑ π ' ἐ κ ε ί ν ο υ ἐ ν ᾧ
ἐ σ τ ι , κ α ὶ ἅ π τ ε σ θ α ι α ὐ τ ο ῦ π ο λ λ α χ ῇ π ο λ λ ο ῖ ς . ἤδη
⌊γὰρ⌋ καὶ τῶν πρὸ ἡμῶν οἱ μὲν μερικώτερον ἤκουσαν τοῦ ἐν
ἄ λ λ ῳ {τὸ ἕν}, τὸ ἐν τόπῳ καὶ τὸ ἐν ἀγγείῳ μόνον λαβόντες,
καὶ τούτοις τὴν λέξιν ἐφαρμόσαντες εἰκότως· ἐφάπτεται γὰρ
25 τοῦ τόπου τὸ ἐν τόπῳ ⌊πολλοῖς ἑαυτοῦ⌋ καὶ τοῦ ἀγγείου τὸ ἐν
1141 ἀγγείῳ, | καὶ περιέχεται πανταχόθεν ὑπ'αὐτοῦ· τὸ γὰρ κύ-

---

1140.16 — 18 cf. Ar., *Anal. pr.* II 14, 62b31-32   **22** forsan Porphyrius, cf.
In Tim. I 204.24-29

1140.7 ἐν² om. Σ (hab. R)   **9** ἑτέραν Σg (cf. infra, 1145.5) : προτέραν A
11 ἐν² om. Σ   **13** καὶ A³MΣ : neque g (οὔτε Γ?) | post δὲ¹ add. ἓν M spat.
vac. A² | ἔχει Σg : ἕξει A³M   **16** δεικτικοὶ Ag : δεκτικοὶ Σ   **19** θεωρή-
σωμεν Ag : θεωρήσομεν Σ   **22** γὰρ addidimus ex g (enim) δὲ add. Mᵇ
τοῦ Σg : τὸ A³M   **23** τὸ ἕν delevimus   **25** πολλοῖς ἑαυτοῦ addidimus ex g
(multis sui ipsius) (cf. infra, 1141.5, 1141.17, 1142.23-24)

κ λ ῳ τῷ πανταχόθεν ἴσον ἐστί, τοῦ περιέχοντος δύναμιν δηλοῦν
ἐν ἑαυτῇ τὸ περιεχόμενον ἔχουσαν. τοῦτο οὖν εἶναί φασι τὸ
δεικνύμενον ἡμῖν, ὅτι οὐκ ἐν τόπῳ τὸ ἕν, εἴπερ τὸ μὲν ἐν τόπῳ
ὂν δεῖ εἶναι πολλὰ καὶ πολλοῖς ἑαυτοῦ τοῦ περιέχοντος ἅπτε-
σθαι, τὸ δὲ ἓν πολλὰ εἶναι ἀδύνατον. καὶ τί τοῦτο φαίην ἂν
ἔγωγε θαυμαστόν, εἰ μὴ ἐν τόπῳ τὸ ἕν; οὐδὲν γὰρ τοῦτο σεμνόν,
ὃ καὶ ταῖς μερικαῖς ὑπάρχει ψυχαῖς· ἀλλὰ δεῖ τὸ δεικνύμενον
ἐξαίρετον ὑπάρχειν τῷ ἑνὶ καὶ τῇ αἰτίᾳ τῇ πάντων ὑπεριδρυ-
μένῃ τῶν ὄντων. οἱ δὲ εἰς τὰ πράγματα βλέποντες εἰρήκασιν ὡς
πᾶν τὸ ἕν τινι ὂν τοῦ ἑνὸς ἀποφάσκεται, καὶ ὀρθῶς εἰρήκασιν·
οὐδαμῶς γὰρ ἕν τινι τὸ ἕν, ὡς παρ' ἡμῶν εἴρηται πρότερον.
ἀλλὰ πῶς ἔτι τὴν λέξιν ἐφαρμόσομεν τοῖς τοῦ ἕν τινι τρόποις
πολλοῖς οὖσι; τὸ γὰρ σημεῖον ἐν τῇ γραμμῇ λέγεται εἶναι,
δῆλον ὡς ἐν ἄλλῳ· καὶ γὰρ ἄλλο μὲν σημεῖον, ἄλλο δὲ γραμμή,
καὶ οὐκ ἐπειδὴ ἐν ἄλλῳ ἐστί, διὰ τοῦτο πανταχόθεν περιέχεται
ὑπὸ τῆς γραμμῆς καὶ πολλοῖς ἑαυτοῦ μέρεσιν ἅπτεται τῆς
γραμμῆς. ἔστι μὲν δὴ καὶ πρὸς τοῦτο ἀπαντᾶν λέγοντας ὅτι, εἰ
καὶ μὴ διαστηματικῶς περιέχει τὸ σημεῖον ἡ γραμμή, ἀλλὰ
τρόπον ἄλλον αὐτὸ περιέχει· τὰς γὰρ ἰδιότητας αὐτοῦ περιέχει·
πέρας γάρ ἐστι τὸ σημεῖον μόνον, ἡ δὲ γραμμὴ καὶ πέρας
καὶ ἄλλο τι, μῆκος οὖσα ἀπλατές· καὶ ἀδιάστατον τὸ

1141.10   sc. Iamblichus, cf. *In Tim.* I 87.6; Simpl., *In Cat.* 46.15-47.28
12 ὡς...πρότερον: cf. supra, 1138.13 -1139.16   **21** cf. Eucl., I *Def.* 3   **22**
= Eucl., I *Def.* 2; cf. Ar., *Top.* VII 6, 143b11-32

1141.2 τῷ Ag : τὸ Σ | ἴσον iter. Σ   **3** ἐν ἑαυτῇ ΑΣ : *se ipsa* g | ἔχουσαν Μ :
ἔχουσα ΑΣg   **5** ὂν huc transposuimus ex g : post πολλὰ (cf. infra, l. 6)
hab. ΑΣ   **13** ἔτι Μᵇ *adhuc* g : ἐστι ΑΣ | ἐφαρμόσομεν Σg : ἐφαρμόσωμεν
Α   **16** πανταχόθεν om. Α   **18** λέγοντας Α : λέγοντες Σ   **20** αὐτὸ Μᵇ
ipsum g : αὐτὸς Σ αὐτὸν Α

σημεῖον, ἀλλὰ καὶ ἡ γραμμὴ καὶ ἀδιάστατον καὶ ἀλλαχῇ
διαστατόν· καὶ γὰρ ὅλως, ἐπεὶ οὐ ταὐτὸν σημεῖόν ἐστι καὶ ἕν,

25 ἀνάγκη πολλὰ εἶναι τὸ σημεῖον, οὐχ ὡς μέρη ἔχον διαστηματι-
κῶς – ταύτῃ γὰρ ἀμερές –, ἀλλ᾽ ὡς ἰδιότητας πλείονας συμ-
πληρωτικὰς αὐτοῦ καὶ διὰ τοῦτο μερῶν ἐχούσας λόγον, ἃς ἡ
γραμμὴ περιέχουσα κατὰ πολλὰ ἂν λέγοιτο τῷ σημείῳ συνά-
πτεσθαι. ὅτι δὲ οὐ ταὐτὸν σημεῖόν ἐστι καὶ ἕν, δῆλον· τὸ μὲν γὰρ

1142 ἀρχὴ πάντων, τὸ δὲ μεγεθῶν μόνον. | ἀλλ᾽ οὐδὲ τὸ σημεῖον πρὸ
τοῦ ἑνός· καὶ γὰρ ἡ μονὰς ἓν καὶ τὸ ἐν τῷ χρόνῳ ἀμερές. λείπε-
ται οὖν τὸ σημεῖον εἶναι μετὰ τὸ ἕν, καὶ μετέχειν τοῦ ἑνός, ὥστε
καὶ οὐχ ἕν ἐστιν. εἰ δὲ τοῦτο, κωλύεται οὐδὲν ἀσωμάτους ἔχον

5 ἰδιότητας πολλὰς αἵ εἰσι καὶ ἐν τῇ γραμμῇ, καὶ περιέχεσθαι
ὑπ᾽ αὐτῆς.

Οὕτω μὲν οὖν δυνατὸν ἀπαντᾶν, ἀλλ᾽ οὐκ ἔστι συνορῶντος
ὅπως ὁ Πλάτων ἔλαβε τὸ ἕν τινι καὶ πρὸς τί βλέπων τῶν
ὄντων ἀποφάσκει τοῦτο τοῦ ἑνός. ἄμεινον οὖν, ὡς ὁ ἡμέτερος

10 ὑφηγεῖται πατήρ, κατ᾽ ἐκείνην τὴν ἐμφρονεστάτην καὶ ἀσφαλε-
στάτην ὁδόν, ταῦτα λέγειν τοῦ ἑνὸς ἀποφάσκειν αὐτόν, ὅσα
καταφάσκεται ἐν τῇ δευτέρᾳ τοῦ ἑνὸς ὄντος, καὶ οὕτως
ἀποφάσκειν, ὡς ἐν ἐκείνοις καταφάσκεται, καὶ δὴ καὶ τὸ ἐν
ἄλλῳ τοιοῦτον θεωρεῖν, οἷον ἐν ἐκείνοις δῆλός ἐστιν ὁ φιλόσοφος

15 λαμβάνων. σαφῶς γοῦν ἐκεῖ τάξιν τινὰ θεῶν ἐκφαίνων, καὶ ἐν
ἑ α υ τ ῇ   φησιν αὐτὴν εἶναι καὶ ἐ ν   ἄ λ λ ῳ, καθότι καὶ

1141.25 – 26   cf. Eucl., I *Def.* 1   **1142.9 – 10**   ὁ...πατήρ: sc. Syrianus
11 – 15   cf. *Parm.* 145b5-e5

1141.23 ἀλλαχῇ Σ *alio* g : ἀλλαχοῦ A³M   **28** τῷ σημείῳ A : τὸ σημεῖον
Σ *punctum* g   **1142.2** ἐν correximus ex g (*in*) : ἓν ΑΣ   **7** ἔστι συνορῶντος
ΑΣ : *intuentium* g   **10** ὑφηγεῖται Cous : ἀφηγεῖται ΑΣg   **11** ὅσα
correximus ex g (*quecumque*) : ἃ ΑΣ

ἔστραπται πρὸς ἑαυτὴν νοερῶς, καὶ μένει διαιωνίως ἐν τοῖς
αἰτίοις ἑαυτῆς μοναδικῶς· μονὰς γάρ ἐστιν ἐκείνη τῶν νοερῶν
θεῶν, μένουσα μὲν κατὰ τὴν ἑαυτῆς ὑπεροχὴν ἐν τοῖς πρὸ αὐτῆς
νοητοῖς θεοῖς, ἐκφαίνουσα δὲ καὶ τὸ ἰδίωμα τὸ νοερὸν κατὰ τὸ ἐν   20
αὐτῇ καὶ περὶ αὐτὴν ἐνεργεῖν. τὸ τοίνυν ἐν ἄ λ λ ῳ τοιοῦτόν
ἐστιν, ὁποῖον τὸ ἐν τῇ αἰτίᾳ μένον καὶ περιεχόμενον ὑπὸ τῆς
οἰκείας αἰτίας. τοῦτο οὖν ἐστιν εἰκότως καὶ τὸ π ο λ λ α χ ῇ καὶ
π ο λ λ ο ῖ ς ἑ α υ τ ο ῦ τ ῆ ς α ἰ τ ί α ς ἁ π τ ό μ ε ν ο ν· διότι γὰρ
περιέχεται ὑπ᾽ αὐτῆς, μερικώτερόν ἐστιν αὐτῆς. πᾶν δὲ τὸ   25
μερικώτερον μᾶλλον πεπλήθυσται τῆς ἑαυτοῦ
περιληπτικωτέρας αἰτίας· μᾶλλον δὲ πεπληθυσμένον ταῖς
ἑαυτοῦ ποικίλαις δυνάμεσι συνάπτεται πρὸς ἐκεῖνο, καὶ ἄλλως
ἄλλαις· τοῦτο γὰρ τὸ π ο λ λ α χ ῇ· κατ᾽ ἄλλας γὰρ καὶ ἄλλας
δυνάμεις ἄλλως καὶ ἄλλως ἑνοῦται πρὸς τὸ πρὸ αὐτοῦ νοητόν.   30
ἀλλ᾽ αὕτη μὲν ἡ τάξις τῶν ὄντων, ᾗ τὸ ἐν ἑ α υ τ ῇ προσήκει
μετὰ τοῦ ἐν ἄ λ λ ῳ, καὶ πολλά ἐστι – μετέχει γὰρ τοῦ νοητοῦ
πλή|θους –, καὶ μέρη ἔχει – μετέχει γὰρ τῶν μέσων ἐν ταῖς πρὸ   1143
αὐτῆς αἰτίαις γενῶν –, καὶ κυκλική πώς ἐστι – μετέχει γὰρ τῆς
τελευταίας τῶν μέσων τάξεως, λέγω δὴ τοῦ ἐκεῖ σχήματος.
διόπερ οὔτε ἕν ἐστιν ἁπλῶς, ἀλλὰ πολλά, οὔτε ἀμερής, ἀλλὰ
μέρη ἔχουσα, οὔτε ἐπέκεινα σχήματος παντός, ἀλλὰ κυκλική.   5
καί, ὡς μὲν πολλὰ οὖσα, δύναται π ο λ λ ο ῖ ς ἅ π τ ε σ θ α ι τῶν
πρὸ αὐτῆς, ὡς δὲ μέρη ἔχουσα, π ο λ λ α χ ῇ αὐτοῖς κοινωνεῖν
καὶ διαφόρως, ὡς δὲ ἐσχηματισμένη, κ ύ κ λ ῳ π ε ρ ι έ χ ε σ θ α ι
ὑπ᾽ αὐτῶν· τὸ γὰρ σχηματιζόμενον πᾶν ὑπὸ τοῦ σχηματίζοντος

1142.18 ἐκείνη Cous² : ἐν ἐκείνῃ ΑΣg   19 αὐτῆς Ag : αὐτοῖς τοῖς Σ (om.
τοῖς F)   21 αὐτῇ Strobel : αὐτῇ ΑΣg | αὐτὴν Strobel : αὐτὴν ΑΣg   24 τῆς
αἰτίας Σg : τοῖς αἰτίοις Α   30 ἑνοῦται Cous : ἑνοῦνται ΑΣg | αὐτοῦ Σ
ipsum g : αὐτῆς Α   31 ἑαυτῇ Σ : ἑαυτῷ Α   1143.4 ἀμερής GPRg : ἀμερές
ΑᶜF   8 ἐσχηματισμένη Ag : ἐσχηματισμένην Σ

10   περιέχεται· τὸ δὲ ἓν οὔτε μέρη ἔχει, οὔτε κύκλου μετείληχεν,
ὥστε οὐ δυνατὸν αἰτίαν εἶναι πρὸ αὐτοῦ τὴν π ο λ λ α χ ῇ κ α ὶ
κ ύ κ λ ῳ τοῦ ἑνὸς ἁ π τ ο μ έ ν η ν, ἀλλ' ἔστιν ἐπέκεινα πάντων,
ὡς ⌊ ἂν⌋ αἰτίαν κρείττονα οὐκ ἔχον· ἀ δ ύ ν α τ ο ν γὰρ εἶναί τι
κ ύ κ λ ῳ αὐτοῦ καὶ π ο λ λ α χ ῇ ἁ π τ ό μ ε ν ο ν, ἑ ν ὸ ς ὄ ν τ ο ς κ α ὶ
15   ἀ μ ε ρ ο ῦ ς καὶ κ ύ κ λ ο υ ⌊ μ ὴ ⌋ μ ε τ έ χ ο ν τ ο ς· ταῦτα γὰρ
πάντα προσέθηκεν, ἵνα φανῇ τὰ πολλά, τὸ μέρη ἔχειν, τὸ κύκλου
μόνον μετέχειν, ἃ δὴ πάντα προσήκει ταύτῃ τῇ τάξει τῶν
ὄντων, ᾗ τ ὸ ἓ ν α ὐ τ ῷ κ α ὶ ἐ ν ἄ λ λ ῳ προσφέρομεν· πολλά
τε γάρ ἐστιν, ὡς πρὸς τὴν νοητὴν ἕνωσιν, καὶ μέρη ἔχει καὶ
20   κύκλου μετείληχεν, ἐπειδὴ τὰ δεύτερα δεῖ μετέχειν τῶν πρὸ
αὐτῶν. ἐπεὶ καὶ ὅταν λέγηται μονάς, ὡς ἐν νοεροῖς ἐστι μονάς·
εἰ δὲ μή, πλῆθός ἐστι πρὸς τὰς νοητὰς μονάδας· καὶ ὅταν
λέγηται ὅλη καὶ ἀμέριστος, ὡς ἐν νοεροῖς καὶ ταῦτα λέγεται
παρ' ἡμῶν· εἰ δὲ μή, μέρη ἔχει πρός γε τὴν ὁλότητα τὴν νοητήν·
25   καὶ ὅταν ἀσχημάτιστος, πάλιν ⌊ὡς⌋ ἐν νοεροῖς, ἐπεὶ πάντως
αὐτὴν ἀναγκαῖον μετέχειν τοῦ σχήματος τοῦ πρὸ αὐτῆς.

Ἀφαιρετέον ἄρα καὶ ταύτην τὴν τάξιν ἀπὸ τοῦ ἑνός, καὶ
ῥητέον ὡς καὶ ταύτης αἴτιον τὸ ἕν· πᾶσαι γὰρ αἱ τάξεις ἀθρόως
ἀπὸ τοῦ ἑνὸς ὑπέστησαν· καὶ τὸ ὑπὲρ πάντα πάντων αἴτιόν ἐστι
30   τῶν ὄντων τὸ ἕν· αὐτοῦ δὲ αἴτιον οὐδέν ἐστιν· εἰ γὰρ αἴτιον ἔχοι
1144   τὸ ἕν, δεῖ δήπου τὸ αἴτιον τὸ πρὸ αὐτοῦ μειζόνων αἴτιον εἶναι
καὶ καλλιόνων τοῖς ἐφεξῆς· τὰ γὰρ ὑψηλότερα τῶν αἰτίων

1143.13 ἂν add. Strobel ex g (utique)   15   μὴ addidimus ex g (non) (add.
οὐ ante κύκλου Cous²) (cf. Parm. 138a6)   16 πάντα om. A   17 μόνον cor-
reximus ex g (solum) : μὴ ΑΣ   18   ᾗ correximus ex g (cui) : ἢ ΑΣ ἐν ᾗ
Cous ǀ αὐτῷ scripsimus : αὐτῶ ΑΣg   24 ἔχει Ag : ἔχῃ Σ ǀ γε Σ : τε Α
25 ὡς addidimus ex g (ut)   31 δεῖ ΑΣ : oporteret g ǀ αὐτοῦ Σg : αὐτῶν Α
1144.2 τῶν αἰτίων ΑΣ : cause g

ὑψηλοτέρων ἐστὶν ἀγαθῶν τοῖς ἑαυτῶν δευτέροις παρεκτικά. τί
οὖν τοῦ ἑνὸς καὶ τῆς ἑνώσεως θειότερον ἕξει τὰ πράγματα
παρ'ἐκείνης τῆς αἰτίας, ἣν τοῦ ἑνὸς ἐπέκεινα τάττειν ἀξιοῦμεν;   5
εἰ μὲν γὰρ μηδὲν δώσει τοῖς μεθ'ἑαυτήν, ἄγονος ἔσται καὶ
ἀκοινώνητος πρὸς πάντα, καὶ οὐδὲ ὅτι ἔστιν εἰσόμεθα, μηδεμίαν
ἔχοντες πρὸς αὐτὴν κοινωνίαν· νῦν γὰρ αὐτοφυῶς πάντες τὸ ἓν
ἐπιζητοῦμεν καὶ ἀνατεινόμεθα πρὸς αὐτό· πρὸς δὲ ἐκείνην τὸ
συνάψον οὐκ ἂν ἔχοιμεν, εἴπερ μηθὲν ἀπ'αὐτῆς. εἰ δέ τι δώσει   10
κἀκείνη τοῖς οὖσι, πότερον καταδεέστερόν τι δώσει τοῦ ἑνός;
ἀλλ'οὐ θέμις τὸ κρεῖττον μόνον αἴτιον εἶναι χειρόνων· ἀλλὰ
πότερον κρειττόνων; καὶ τί τοῦ ἑνὸς ἔσται κρεῖττον, οὐδὲ πλάσαι
δυνατόν· πάντα γὰρ τὰ ἄλλα κρείττω λέγεται καὶ χείρω κατὰ
τὴν τούτου μείζω καὶ ἐλάττω μετουσίαν. καὶ αὐτὸ οὖν τὸ   15
κρεῖττον <τοῦ> ἑνὸς μετουσίᾳ κρεῖττον. καὶ ὅλως οὐκ ἂν ἦν οὕτω
πᾶσι περισπούδαστον ⌊τὸ⌋ ἕν, εἴ τι κρεῖττον εἴχομεν αὐτοῦ·
οὐδ'ἂν πάντων οὕτω τῶν ἄλλων κατολιγωροῦντες τὸ ἓν ἐδιώ-
κομεν, καὶ τὸ δίκαιον παρορῶντες καὶ τὸ καλὸν οὐ προσποιού-
μενοι διὰ τὴν τοῦ δοκοῦντος ἡμῖν ἑνὸς περιποίησιν. εἰ τοίνυν τοῦ   20
μὲν ἑνὸς χάριν πάντων τῶν ἄλλων καταφρονοῦμεν, τὸ δὲ ἓν
οὐδέποτε τῶν ἄλλων ἕνεκά τινος παρορῶμεν, σεμνότατον ἂν εἴη
τὸ ἓν εἰκότως, ὡς συνέχον πάντα καὶ σῷζον, ταῖς ἐννοίαις ἡμῶν·
τὸ ἄρα τῆς ἑνώσεως παρεκτικὸν πρώτιστον ἂν εἴη τῶν πάντων·
τοῦτο ἄρα πρώτιστον τῶν πάντων· οὐκ ἄρα ἔστι τι τοῦ ἑνὸς   25
ἁπλῶς κρεῖττον αἴτιον. οὐκ ἄρα ἐν ἄλλῳ τὸ ἕν. οὐ σμικρὸν ἄρα
τὸ δεικνύμενον, οὐδ'οἷον τὸ ταῖς ψυχαῖς ἢ τὸ τοῖς δευτέροις

1144.3 παρεκτικά ΑΣ : *productiua* g (παρακτικά Γ?)   **4** τῆς Μ : τοῦ ΑΣ
12 μόνον ΑΣ : *solorum* g   **16** τοῦ addidimus | κρεῖττον² ΑΣ : *non melius*
g | οὕτω Σg : τοῦτο Α¹Μ   **17** τὸ addidimus ex g (*le*) | εἴχομεν Αg : ἔχομεν
Σ   **24** παρεκτικὸν ΑΣ : *productiuum* g (παρακτικὸν Γ?)   **25** τι om. GP

ὅλως ὑπάρχειν δυνάμενον. ἀλλ'ὅτι μὲν οὐκ ἔστιν ἀπ'ἄλλης
αἰτίας τὸ ἕν, διὰ τούτων δῆλον· ὅτι δὲ καὶ τῶν αὐθυποστάτων, ᾗ

30 αὐθυπόστατα, κρεῖττον, διὰ τῶν ἑξῆς τούτοις ἀποδείκνυται
λόγων.

1145 | **Ἀλλὰ μὴν αὐτό γε ἐν ἑαυτῷ ὄν, κἂν ἑαυτὸ εἴη**
περιέχον, οὐκ ἄλλο ἢ αὐτό, εἴπερ καὶ ἐν ἑαυτῷ
εἴη· ἔν τῳ γάρ τι εἶναι μὴ περιέχοντι ἀδύνα-
τον. - Ἀδύνατον γάρ. [Parm. 138a6-b2]

5 Τὸ δεύτερον μέρος τῆς ἑτέρας τῶν προτάσεων διὰ τούτων
ἐξήτασται τῶν ῥημάτων· ὅτι μὲν γὰρ πᾶν τὸ ἔν τινι ὂν ἢ ἐν
ἑαυτῷ ἐστιν ἢ ἐν ἄλλῳ, παντάπασιν ἀληθὲς ὄν, οὐδὲ ὑπομνή-
σεως ἠξίωσεν. εἰ γάρ ἐστιν ἔν τινι, δῆλον ὡς τὸ ἔν τινι τοῦτο ἐν
ᾧ ἐστιν ἢ αὐτὸ ἐστιν ἢ οὐκ αὐτὸ καὶ τῷ ἄλλῳ ταὐτόν, ὥστε ἢ

10 αὐτὸ ἐστιν ἢ ἄλλο τοῦτο ἐν ᾧ ἐστι τὸ ἔν τινι ὄν. ὅτι δὲ τὸ ἓν οὔτε
ἐν ἄλλῳ οὔτε ἐν ἑαυτῷ, μετά τινος παραμυθίας καὶ ἐπιστάσεως
εἴρηκε, καὶ πρότερον μὲν ὅτι οὐκ ἐν ἄλλῳ τὸ ἓν κατεσκεύασε,
νῦν δὲ ὅτι οὐκ ἐν αὐτῷ, ποιήσεται τὸν λόγον ἀπὸ τοῦ τιμιωτέρου
τὴν ἀρχὴν τῆς ἀποδείξεως λαβών· τὸ γὰρ ἐν ἄλλῳ τοῦτο τοῦ ἐν

1144.30   τῶν ἑξῆς: cf. infra, 1145.26-1146.21, 1149.24-1151.25
1145.2—3   οὐκ...εἴη: aliqui hec verba Aristoteli minori attribuunt (cf.
infra, 1146.28-32)   **12** εἴρηκε: cf. Parm. 138a2-3 | πρότερον: cf. Parm.
138a3-6

1144.29 ᾗ correximus ex g (*secundum quod*): εἰ ΑΣ   **30** τούτοις Σg :
τούτων Α   **1145.1** κἂν ΑΣg Plat. BCDT : καὶ Plat. W | ἑαυτὸ Σg Plat.
TW : ἑαυτῷ Α Plat. BCD   **3** τι Ag Plat. codd. : μὴ Σ | εἶναι Α²MᶜΣg Plat.
TWC² (cf. infra, 1147.1) : εἴη Α Plat. BCDW²   **6** ὅτι scripsimus : τὴν ΑΣ
τὸ Stallbaum | πᾶν Σg : τὴν Α   **7** ἑαυτῷ AFg : αὐτῷ P αὑτῷ GR   **9** τῷ
ἄλλῳ Α¹ ˢˡ *alii* g : τὸ ἄλλο ΑΣ   **13** αὐτῷ FRg : αὑτῷ AGP

ἑαυτῷ τιμιώτερον, ἐπεὶ καὶ τὸ ἐν τῇ αἰτίᾳ εἶναι κρεῖττον τοῦ ἐν 15
αὐτῷ. καὶ αὕτη μὲν ἡ σύμπασα τῶν λόγων μεταχείρισις. ὅτι δὲ
οὐκ ἐν ἑαυτῷ τὸ ἕν, δείκνυσι τὸν τρόπον τοῦτον· τὸ ἓν οὐ τὸ μὲν
ἔχει περιέχον ἑαυτοῦ, τὸ δὲ περιεχόμενον· ⌊πᾶν δὲ τὸ ἐν ἑαυτῷ
ὂν ἔχει τι τὸ μὲν περιέχον, τὸ δὲ περιεχόμενον⌋, διὸ καὶ ἐν
ἑαυτῷ ἐστιν ὡς <ἐν> περιέχοντι περιεχόμενον· τὸ ἄρα ἓν οὐκ 20
ἔστιν ἐν ἑαυτῷ.

Ὁ μὲν λόγος τοιοῦτος. τούτων δὲ τῶν δύο προτάσεων, τὴν
μὲν ἑτέραν εἰσαῦθις ἐπισκεπτέον, ὅταν αὐτῆς καὶ ὁ Πλάτων
μνησθῇ. πῶς δὲ τὸ ἐν ἑαυτῷ ὂν ἔχει τὸ μὲν περιέχον ἑαυτοῦ, τὸ
δὲ περιεχόμενον, νῦν ῥητέον. τί γὰρ δή ἐστι τοῦτο τὸ περιέχειν 25
καὶ τί τὸ περιέχον, σκεπτέον. λέγεται μὲν οὖν ἐν ἑαυτῷ εἶναι
πᾶν τὸ ἑαυτοῦ αἴτιον καὶ ὃ αὐθυπόστατόν ἐστιν· οὐ γὰρ ὥσπερ
λέγουσί τινες, ὅτι πᾶν τὸ παραγόμενον ὑπ᾽ ἄλλης αἰτίας παρά-
γεται, καὶ ἡμῖν ῥητέον, ἀλλ᾽ ὥσπερ εἰώθαμεν τὰ αὐτοκίνητα
προτάττειν τῶν ἑτεροκινήτων, οὕτω καὶ τὰ | αὐθυπόστατα 1146
προθετέον τῶν ὑπ᾽ ἄλλου παραγομένων· εἰ γὰρ ἔστι τὸ ἑαυτὸ
τελειοῦν, ἔστι καὶ τὸ ἑαυτὸ γεννῶν· εἰ δὲ ἔστι τὸ αὐθυπόστατον,
δῆλον ὅτι τοιοῦτόν ἐστιν οἷον καὶ παράγειν ἑαυτὸ καὶ παράγε-
σθαι ὑφ᾽ ἑαυτοῦ· τοῦτο γὰρ τὸ εἶναι αὐτὸ ἑαυτοῦ ὑποστατικὸν 5

1145.23 cf. *Parm.* 138b2-5   28 τινες: sc. Peripatetici, cf. Ar., *Phys.* VII 1,
241b34, 242a49-50, VIII 5, 256a13-18   29 ὥσπερ εἰώθαμεν: cf. *El. theol.*
§ 14, p. 16.9-19

1145.16 αὐτῷ FPg : αὐτῶ AGR   17 οὐ Ag : οὗ Σ   18—19 πᾶν...περιεχό-
μενον addidimus ex g (*omne autem in se ipso ens habet aliquid hoc
quidem continens, hoc autem contentum*), τὸ δὲ ἐν ἑαυτῷ ὂν ἔχει τὸ μὲν
ἑαυτοῦ περιέχον, τὸ δὲ περιεχόμενον add. Mᵇ ᵐᵍ   20 ἐν addidimus :
unum g om. ΑΣ | περιέχοντι ΑΣ : *continens aliquid* g (περιέχον τι Γ?)
1146.2 προθετέον Ag : προσθετέον Σ

καὶ αὐτογενές· λέγω γὰρ αὐθυπόστατον οὐχ ὃ ἂν μηδὲν παράγῃ
– πρὸς ὅ τινες ἀπιδόντες τὸ πρῶτον εἶπον αὐθυπόστατον, ὡς
μηδὲν ἔχον αἴτιον, εἶθ' ὡς μηδὲν ἔχον αἴτιον ἀπὸ ταὐτομάτου
τὴν ὕπαρξιν ἔχειν ἐκεῖνο τετολμήκασιν εἰπεῖν –, ἀλλ' ὃ ἂν ἑαυτὸ
10 παράγῃ. τῆς οὖν παρακτικῆς δυνάμεως κατ' αἰτίαν ἀεὶ περιε-
χούσης τὸ ὑφ' ἑαυτῆς παραγόμενον, ἀνάγκη τὸ ἑαυτοῦ παρα-
κτικὸν ἑαυτοῦ τε εἶναι περιεκτικόν, καθ' ὅσον αἴτιόν ἐστιν,
ὑφ' ἑαυτοῦ τε περιέχεσθαι, καθ' ὅσον αἰτιατόν ἐστιν, ὁμοῦ δὲ
αἴτιον ὂν καὶ αἰτιατὸν περιέχον τε εἶναι καὶ περιεχόμενον. εἰ
15 τοίνυν τὸ ἐν ἄλλῳ τοῦτο ἦν τὸ ὑπ' ἄλλης αἰτίας τῆς κρείτ-
τονος παραγόμενον, τὸ ἐν ἑαυτῷ τοῦτο ῥητέον ὅ ἐστιν αὐτο-
γενὲς καὶ ὑφ' ἑαυτοῦ παραγόμενον· καὶ ὡς ἐκεῖνο περιείχετο
πρὸς τῆς ἑαυτοῦ αἰτίας, οὕτω τοῦτο ὑφ' ἑαυτοῦ περισχεθήσεται
καὶ ἔσται αὐτὸ ἑαυτοῦ περιεκτικὸν καὶ συνεκτικόν, τὸ αὐτὸ
20 ⌊ἑαυτὸ⌋ συνέχον ἅμα καὶ συνεχόμενον, περιέχον τε καὶ περιε-
χόμενον· ἑαυτὸ γὰρ σῷζον ἑαυτὸ περιέξει.

   Ταῦτα μὲν οὖν εἰρήσθω περὶ τῆς π ρ α γ μ α τ ε ι ώ δ ο υ ς
τῶν προκειμένων θεωρίας. περὶ δὲ τὴν λέξιν ἐπισημαντέον ὅτι
τὸ ο ὐ κ ἄ λ λ ο ἢ α ὐ τ ό, ε ἴ π ε ρ κ α ὶ ἐ ν ἑ α υ τ ῷ ε ἴ η,
25 ῥᾳδίως μὲν σαφὲς ποιήσειας ἂν τὸν "κ α ὶ" σύνδεσμον μεταθείς,
ἵν' ᾖ τὸ ὅλον τοιοῦτον· κ α ὶ ο ὐ κ ἄ λ λ ο ἢ α ὐ τ ό, ε ἴ π ε ρ ἐ ν
ἑ α υ τ ῷ ε ἴ η· εἰ γὰρ αὐτὸ ἐν ἑαυτῷ ἐστιν, α ὐ τ ό ἐ σ τ ι τ ὸ

1146.7 τινες: sc. Plotinus, cf. Plot., *Enn.* VI 8 [39] 10.35-38   **15** ἦν: cf.
supra, 1142.21-24 (cf. supra, 1136.22-1137.16)   **22** = *Parm.* 137b2

1146.7   ἀπιδόντες correximus ex g (*aspicientes*) : ἀποδιδόντες ΑΣ
10 παρακτικῆς Αᶜg : πρακτικῆς ΑΣ   **11—12** παρακτικὸν Α³Mg : πρακτι-
κὸν Σ   **16** ἑαυτῷ F *sibi ipsi* g : αὐτῷ AR αὐτῷ PG   **17** παραγόμενον ΑΣ :
producitur g   **18** τοῦτο Cous² : τὸ ΑΣg   **20** ἑαυτὸ addidimus ex g (*se
ipsum*)   **24** ᾖ Α¹g : ᾗ Σ | ἐν Α³Mg : ἑνὸς Σ   **25** ἂν Strobel : αὐτὸ ΑΣg

περιέχον καὶ οὐκ ἄλλο· τοιοῦτον γὰρ τὸ αὐθυπόστατον. ἤδη
δέ τινες καὶ ἄλλο πρόσωπον αὐτὸ λέγειν ὑποθέμενοι, τὸ Ἀρι-
στοτέλους δηλαδὴ συννεύοντος τοῖς τοῦ Παρμενίδου λόγοις,   30
ἐξηγήσαντο, τῷ Παρμενίδῃ τὸ ἑξῆς ἀπονείμαντες ἔν τῳ
γάρ τι | εἶναι μὴ περιέχοντι ἀδύνατον· ἀλλ' εἴ γε   1147
καὶ οὕτως ἀδύνατον, ὡς προείπομεν, οὐδὲν πρὸς τὴν τῶν
πραγμάτων θεωρίαν· ὥστε ἐπὶ τὰ ἑξῆς ῥήματα τοῦ Πλάτωνος
ἡμῖν μεταβατέον·

Οὐκοῦν ἕτερον μὲν ἄν τι εἴη αὐτὸ τὸ περιέχον,   5
ἕτερον δὲ τὸ περιεχόμενον· οὐ γὰρ ὅλον ⌊γε⌋
ἄμφω ταὐτὸν ἅμα πείσεται καὶ ποιήσει· καὶ
οὕτω τὸ ἓν οὐκ ἂν ἔτι εἴη ἕν, ἀλλὰ δύο. – Οὐ
γὰρ οὖν. [Parm. 138b2-5]

Ὁ πᾶς συλλογισμός, ὡς προείρηται, τοιοῦτός ἐστι· τὸ ἓν οὐκ   10
ἔχει τὸ μὲν ἑαυτοῦ περιέχον, τὸ δὲ περιεχόμενον, ἵνα μὴ δύο
ἀνθ' ἑνὸς γένηται· τὸ δὲ ἐν ἑαυτῷ ὂν ἔχει τὸ μὲν ἑαυτοῦ περιέ-
χον, τὸ δὲ περιεχόμενον· τὸ ἄρα ἓν οὐκ ἔστιν ἐν ἑαυτῷ. τοῦ δὴ
συλλογισμοῦ τοιούτου τινὸς ὄντος, ἤδη μὲν καὶ ἐκ τῶν εἰρημέ-
νων περὶ τῆς ἑτέρας ἐδίδαξε τῶν προτάσεων· προσθεὶς δὲ ἐν   15
τούτοις καὶ ὅσον ταύτην ἐναργεστέραν ποιεῖ, καὶ ὅσον τὴν
ἑτέραν, συμπεραίνεται τὸ προκείμενον· εἰ γὰρ ἕτερον μὲν
τὸ περιέχον, ἕτερον δὲ τὸ περιεχόμενον, οὐκ ἂν

1147.10 ὡς προείρηται: cf. supra, 1145.16-21   14 – 15 ἐκ..εἰρημένων: cf.
Parm. 138a3-b2

1146.28 περιέχον ΑΣ : *quod continetur* g   1147.1 εἴ γε A³ : εἴτε ΜΣ
sique g   6 γε addidimus ex A PLAT. codd. : om. Σ *que* g (τε Γ?)   8 ἔτι εἴη
Σg : inv. A PLAT. codd.   12 ἑαυτοῦ Ag : αὐτοῦ F αὐτοῦ GPR

εἴη τὸ ἓν περιέχον καὶ περιεχόμενον ὑφ'ἑαυτοῦ· δέοι γὰρ ἂν
20 που αὐτὸ δύο εἶναι καὶ οὐχ ἕν. καὶ εἰ τὸ ἐν ἑαυτῷ ἐστι τοῦτο οὗ
τὸ μὲν περιέχει, τὸ δὲ περιέχεται, δεῖ δυάδα εἶναι τοὐλάχιστον
τὸ ἐν ἑαυτῷ ὄν· ἕτερον γὰρ τοῦ περιεχομένου τὸ περιέχον· ὅλον
γάρ τι τὸ αὐτὸ κατὰ ταὐτὸν καὶ περιέχειν καὶ περιέχεσθαι
ἀδύνατον.

25 Ἡ μὲν οὖν ἀκολουθία τῶν λόγων τοιαύτη. δεῖ δὲ ἕκαστον
ἀνασκέψασθαι τῶν λεγομένων. πρῶτον οὖν θεωρήσωμεν πῶς
ἀδύνατον ὅλον ἅμα ποιεῖν ἄμφω καὶ πάσχειν·
τοῦτο γὰρ ὡς κοινὸν καὶ ὡς πάντη διωμολογημένον παρέλαβε.
μήποτε οὖν τὸ αὐτοκίνητον ἡμῖν οὐκέτι μένει τῆς ψυχῆς· οὐ γὰρ
30 ἄλλο μέν τι τὸ κινοῦν ἐν τοῖς αὐτοκινήτοις, ἄλλο δὲ τὸ κινού-
μενον, ἀλλ'ὅλον ἅμα κινοῦν τέ ἐστι καὶ κινούμενον, ὡς ἐν
ἄλλοις ἡμῖν τοῦτο διὰ πολλῶν ἀποδέδεικται. πῶς οὖν ⌊καὶ⌋
1148 ταῦτα ἀληθῆ κἀκεῖνα, | πειστέον καθ'ὅσον δυνατόν. τῶν τοίνυν
ψυχικῶν δυνάμεων, τὰς μὲν εἶναι φῶμεν γεννητικάς, τὰς δὲ
ἐπιστρεπτικὰς τῆς ψυχῆς αὐτῆς πρὸς ἑαυτήν – καὶ γὰρ ἐν τοῖς
θεοῖς διαφορὰς τοιαύτας μεμαθήκαμεν εἶναι τῶν ἰδιοτήτων –,
5 καὶ τὰς μὲν γεννητικάς, ἀπ'αὐτῆς ἀρχομένας τῆς ψυχῆς, τὴν
ἑαυτῆς παράγειν ζωήν, καὶ μετὰ ταύτην τὴν εἰς τὸ σῶμα
προϊοῦσαν καὶ ἐν ὑποκειμένῳ γιγνομένην, τὰς δὲ ἐπιστρεπτικὰς
συνελίττειν τὴν ψυχὴν εἰς ἑαυτὴν κατά τινα κύκλον ζωτικόν,
καὶ ἐπὶ τὸν νοῦν τὸν πρὸ τῆς ψυχῆς ἱδρυμένον· ὡς γὰρ αἱ γεννη-

---

1147.31–32   ἐν ἄλλοις: cf. *El. theol.* § 14-17, p. 16.9-20.3   **1148.4**
μεμαθήκαμεν: cf. supra, VI 1048.16-1049.22

1147.19 δέοι Σ *oporteret* g : δεῖ A   **20** τὸ scripsimus : ἓν ΑΣg   **22** ἑαυτῷ
Σg : ἑαυτὸ A   **30**   κινοῦν M *mouens* g : κοινωνοῦν ΑΣ (κοινοῦν Rᶜ)
32 καὶ addidimus ex g (*et*)   **1148.2** φῶμεν ΑΣ : *dicimus* g   **8** συνελίττειν
Cous² *conuoluere* g : οὖν ἐλίσσειν ΑΣ

τικαὶ διττὴν ἀποτίκτουσι ζωήν, τὴν μὲν μένουσαν, τὴν δὲ   10
προελθοῦσαν ἐπίταδε τῆς ψυχῆς, οὕτως αἱ ἐπιστρεπτικαὶ
διττὴν ποιοῦνται τὴν ἐπιστροφὴν καὶ πρὸς ἑαυτὴν καὶ πρὸς τὸν
νοῦν τὸν ἐπέκεινα αὐτῆς. αὗται οὖν εἰσιν αἱ γεννῶσαι δυνάμεις
ἰδίως τὴν ὅλην ζωήν. μετέχει δὲ αὐτῶν πᾶσα ψυχή, διότι
χωροῦσι δι᾽ ἀλλήλων αἱ δυνάμεις καὶ ἐνεργοῦσι μετ᾽ ἀλλήλων·   15
ὅθεν δὴ λέγεται πᾶσα ψυχὴ γεννᾶν ἑαυτήν – ὅλη γὰρ δι᾽ ὅλης
μετέχει τῶν γεννητικῶν δυνάμεων ἑαυτῆς –, ὥσπερ ⌊καὶ⌋
ἐπιστρέφειν εἰς ἑαυτήν – ⌊ὅλη γὰρ δι᾽ ὅλης ἔχει τὸ ἐπιστρε-
πτικὸν πρὸς ἑαυτήν⌋ –, καὶ οὔτε τὸ γεννῶν ἀνεπίστροφον οὔτε
τὸ ἐπιστρέφον ἄγονον διὰ τὴν ἀλλήλων γίγνεται μετουσίαν·   20
ὥστε ἀμφοτέρους ἂν εἴποις εἶναι τοὺς λόγους ἀληθεῖς, τόν τε
αὐτὴν ἑαυτὴν τὴν ψυχὴν γεννᾶν ἀποφαινόμενον, καὶ τὸν νῦν
λεγόμενον, ὡς οὐ δυνατὸν ὅ λ ο ν ἅ μ α π ο ι ε ῖ ν κ α ὶ π ά-
σ χ ε ι ν· ἄλλη γὰρ ἡ γεννητική, <ἄλλη ἡ ἐπιστρεπτικὴ> δύνα-
μις. καὶ εἰ ἓν τὸ παράγον καὶ τὸ παραγόμενον, ἀλλὰ μετὰ τῆς   25
ἑνώσεώς ἐστι καὶ ἑτερότητος, δι᾽ ἣν οὐκ ἔμεινε τὸ τοιοῦτον
ἀπλήθυντον. ὅλον μὲν γὰρ ἔστω <παράγον καὶ> παραγόμενον,
ἀλλ᾽ οὐ καθὸ παράγον, κατὰ τοῦτο καὶ παραγόμενον· τὸ γὰρ
παράγον πρώτως τὸ γεννητικόν ἐστι τῆς ψυχῆς. ἐπειδὴ δὲ
δυνατὸν μέρος μέν τι γεννᾶν, μέρος δὲ γεννᾶσθαι, καθάπερ <ἐν>   30
τῷ κόσμῳ γεννᾶν μὲν τὸ οὐράνιον λέγομεν καὶ δημιουργεῖν,

1148.12 post ἐπιστροφὴν add. *ipsius* g   **17** καὶ addidimus ex g (*et*)
18 ἐπιστρέφειν Σg : ἐπιστρέφει A | εἰς Σg : πρὸς A   **18 – 19** ὅλη...ἑαυτήν
addidimus ex g (*tota enim per totam habet quod conversiuum ad se
ipsam*)   **20** γίγνεται ΑΣ : *fieri* g   **24** ἄλλη²...ἐπιστρεπτικὴ addidimus
25 εἰ Mᶜ *si* g : εἰς ΑΣ   **26** ἑτερότητος ΑΣg : an ἑτερότης cum Taylor
scribendum ?   **27** ἔστω GR *sit* g : ἔσται A³MFP | παράγον καὶ addidimus
29   δὲ Σg . γε A   **30**   γεννᾶσθαι A³Mg : γενέσθαι Σ (γεννέσθαι R)
30 – 31 ἐν...κόσμῳ Cous² : τῷ κόσμῳ ΜΣg τὸν κόσμον A³Mˢˡ

γεννᾶσθαι δὲ τὰ ὑπὸ σελήνην, καὶ αὖ πάλιν μηδὲ μέρος, ἀλλὰ
1149 ὅλον γεννᾶσθαι καὶ γεννᾶν, κατ' ἄλλον καὶ ἄλλον χρόνον, καὶ
πάλιν ὅλον ἐν τῷ αὐτῷ χρόνῳ ποιεῖν καὶ πάσχειν, ἀλλὰ ποιεῖν
μὲν ἄλλο τι, πάσχειν δὲ αὖ ἄλλο τι καὶ οὐ ταὐτὸν ⌊ὃ⌋ καὶ ποιεῖ -
τί γὰρ εἰ θερμαῖνον ψύχοιτο, καὶ λευκαῖνον μελαίνοιτο; –, διὰ δὴ
5 τοῦτο πάσας τὰς τοιαύτας ἐνστάσεις ἀναιρῶν ἀκριβῶς προσέ-
θηκε τὸ ὅλον, τὸ ἅμα, τὸ ταὐτόν, ἵνα μὴ ὡδὶ μὲν ποιῇ,
πάσχῃ δὲ ὡδί, μηδὲ κατ' ἄλλον καὶ ἄλλον χρόνον, μηδὲ ἕτερον
καὶ ἕτερον. οὕτω μὲν οὖν καὶ τὸ αὐτοκίνητον καὶ ἅπαν τὸ ἐν
ἑαυτῷ ὂν ἀπέφηνε δυάδος μετέχον. καὶ ⌊ὅτι⌋ οὐκ ἐν ἑαυτῷ,
10 δῆλον ἀπὸ τούτων· οὐ γὰρ ἔνεστιν ἐν τῷ ἑνὶ δυάς, πρῶτον ὅτι
ἀνῄρηται πᾶν πλῆθος ἐκ τοῦ ἑνός, καὶ ἡ δυὰς δὲ πηγὴ καὶ αἰτία
πλήθους ἐστὶ καὶ ἔχει πως ἐν ἑαυτῇ πᾶν τὸ πλῆθος· ἔπειθ' ὅτι
καὶ περιέχον ἐν ἑαυτῷ δεῖ καὶ περιεχόμενον εἶναι. δέδεικται δὲ
ὡς οὐδὲν ἔστιν ἐν τῷ ἑνὶ τοιοῦτον· οὔτε γὰρ ὡς ὅλον μέρη
15 περιέχειν δυνατόν, οὔτε ὡς σχῆμά τι μετέχον τοῦ σχήματος,
ὥστε μέρει μὲν περιέξει, μέρει δὲ περιέξεται. προαποπέφαται δὲ
τὸ μέρη ἔχειν τοῦ ἑνός. εἰ καὶ μὴ καθ' αὑτὸ ἄρα προὐδέδεικτο τὸ
δυάδος μὴ μετέχειν τὸ ἕν, ἀλλὰ τοῖς εἰρημένοις ἕπεται καὶ
τοῦτο, διόπερ αὐτῷ κέχρηται νῦν ὁ Παρμενίδης.

20   Τὰ μὲν οὖν ἄλλα μετρίως οἶμαι πεπιέσθαι διὰ τῶν λεγομέ-
νων. ἐκεῖνο δὲ τὸ ἐν τούτοις ἄξιον ἐπισημήνασθαι, δεικνύντος

1149.10 — 11 cf. *Parm.* 137c4-5   **13** δέδεικται: cf. *Parm.* 138a6-b3   **16**
προαποπέφαται: cf. *Parm.* 137c5-d4

1148.32 μηδὲ Σg : μηδὲν A   **1149.**3 ὃ addidimus ex g (*quod*) | ποιεῖ om. A
9 ὅτι addidimus ex g (*quod*) | οὐκ ἐν correximus ex g (*non in*) : οὐχ ἓν Σ
οὐχ ἓν ἐν A   **16** μέρει[1] L : μέρη ΑΣg | μέρει[2] ΑΣ : *partes* g   **19** post
κέχρηται add. καὶ A   **20** πεπιέσθαι Strobel : πεπεῖσθαι ΑΣg   **21** ἐν
Chaignet : ἓν ΑΣg

τοῦ Πλάτωνος ὃ καὶ τῶν μετ' αὐτόν τινες ἱκανῶς κατεσκεύα-
σαν, ἄλλοι δὲ οὐ προσήκαντο, καίτοι τοῦ Πλάτωνος εἶναι βουλό-
μενοι μύσται καὶ περὶ αὐτὸν χορεύειν ἐφιέμενοι· τὸ γὰρ πρῶτον
οἱ μὲν αὐθυπόστατον λέγειν ἀξιοῦσιν, ὡς τῶν κινουμένων ἀρχὴν   25
τὸ αὐτοκίνητον, οὕτω καὶ τῶν ὁπωσοῦν ὑφεστηκότων ἀρχὴν τὸ
αὐθυπόστατον λέγοντες· πάντα γὰρ τὰ μετὰ τὸ πρῶτόν ἐστι καὶ
ἐκ τοῦ πρώτου. τοῦτο οὖν κυρίως αὐθυπόστατον τὸ πρῶτόν
ἐστιν, ὡς ἐκ μηδενὸς ἑτέρου τὴν ὑπόστασιν ἔχον, δέοντος, ὥς | 1150
φασιν, ἢ ὑφ' ἑαυτοῦ πᾶν ὑφίστασθαι, ἢ ὑπ' ἄλλου πάντως.
ἐπινεανιευόμενοι δέ τινες ἤδη καὶ αὐτοκίνητον αὐτὸ προσειρή-
κασιν, ἀπὸ τοῦ αὐθυποστάτου κατὰ τὸ συγγενὲς ἐπὶ τοῦτο
μεταβάντες, καίτοι τοῦτο τὸ αὐτοκίνητον ἀνάγκη <κινεῖν καὶ>   5
κινεῖσθαι καὶ μὴ εἶναι κυρίως ἕν, ἀλλὰ πλῆθος, καὶ τὸ αὐθυπό-
στατον ἀνάγκη διαιρετὸν εἶναι κατὰ τὸ κρεῖττόν τε καὶ χεῖρον·
κρεῖττον γὰρ καθὸ ὑφίστησιν, ᾗ δὲ ὑφίσταται καταδεέστερον. τὸ
δὲ ἓν ἀδιαίρετόν ἐστι πάντη καὶ ἀπλήθυντον· οὔτε γὰρ ἡνωμέ-
νον ἐστὶ πλῆθος οὔτε διακεκριμένον· ⌊εἴτε γὰρ διακεκριμένον⌋,   10
ἐν πολλοῖς ἔσται οὐχ ἕν, εἴτε ἡνωμένον, ἄλλο ἔσται πρὸ αὐτοῦ τὸ
ἑνοῦν· τὸ γὰρ ἡνωμένον πεπονθός ἐστι τὸ ἕν, ἀλλ' οὐκ
αὐτοέν, ὥς φησιν ὁ Ἐλεάτης ξένος. εἰ τοίνυν τὸ αὐθυπόστατον

1149.25   οἱ μὲν: sc. Plotinus, cf. *Enn.* VI 8 [39] 10.35-38 (cf. supra, 1146.
7-9)   1150.3   τινες: sc. Amelius (ἐπινεανιευόμενοι, cf. Syr., *In Met.*
147.2-6; Iambl., *De An.* ap. Stob., I 372.25); cf. infra, 1158.15-22   12—13
= *Soph.* 245a5-9

1149.29   μηδενὸς correximus ex g (*nullo*) : μηδέ τινος ΑΣ | δέοντος
scripsimus : δεόντως ΑΣ δέον Cous   1150.3 – 4   προσειρήκασιν Ag :
προειρήκασιν Σ   5 κινεῖν καὶ addidimus   6 καὶ² AᶜΣg : κατὰ A   9 οὔτε
scripsimus . οὐ ΑΣg   10 οὔτε AᶜΣg : εἴτε A | εἴτε...διακεκριμένον²
addidimus ex g (*siue enim discreta*)

ὁπωσοῦν διαιρετόν ἐστι, τὸ δὲ ἓν οὐ διαιρετόν, οὐκ ἂν εἴη τὸ ἓν
15 αὐθυπόστατον, ἀλλὰ καὶ τῶν αὐθυποστάτων ἁπάντων αἴτιον τῷ
πάντα σῴζεσθαι διὰ τὸ ἕν, καὶ ὅσα παρ'ἑαυτῶν, καὶ ὅσα
παρ'ἄλλων ὑφέστηκεν. οἱ δὲ ἑπόμενοι τῷ Πλάτωνι κρεῖττον
καὶ τούτου τὸ πρῶτον εἶναι διαρρήδην εἰρήκασι, κρεῖττον δὲ αὖ
καὶ πατρικῆς αἰτίας ἁπάσης εἶναι καὶ γεννητικῆς, ἅτε δὴ καὶ
20 δυνάμεως ἁπάσης ἐξῃρημένον, καίτοι γε τοῦ Πλάτωνος
βοῶντος καὶ ἐκεῖνο αἴτιον εἶναι πάντων καλῶν,
ἀλλ'οὐχ οὕτως αἴτιον, ὡς δυνάμει χρώμενον, δι'ἧς τῶν πάντων
ἐστὶ παρακτικόν· καὶ γὰρ ἡ δύναμις δευτέρα ἐστὶ τῆς ὑπάρ-
ξεως. ⌊τὸ τοίνυν πρὸ δυνάμεως αἴτιον εἰκότως ὑπερίδρυται καὶ
25 τῶν ὑμνουμένων πατρικῶν αἰτίων⌋. τῶν δὲ μετὰ τὸ ἓν τὰ μὲν
ἐγγυτάτω τοῦ ἑνός, καὶ ἀρρήτως ἀπ'ἐκείνου φανέντα καὶ
κρυφίως, πατρικὴν καὶ γεννητικὴν ἀξίαν ἔχειν πρὸς τὰ ὄντα
πάντα καὶ παράγειν ἄλλα ταῖς ἑαυτῶν δυνάμεσιν ἀφ'ἑαυτῶν,
καὶ ταύτῃ τοῦ ἑνὸς πλεονάσαι, τῷ γεννᾶν τὰ αὐθυπόστατα τῶν
30 ὄντων· τὰ δὲ ἤδη διακρινόμενα καὶ πληθυνόμενα ἐν ἑαυτοῖς τὴν
1151 τῶν αὐθυποστάτων εἰλη|χέναι δύναμιν, ὑφιστάμενα μὲν καὶ ἀπὸ
τῶν πρωτουργῶν αἰτίων, παραγόμενα δὲ καὶ ἀφ'ἑαυτῶν· καὶ
ταῦτα μὲν εἰς τὰς πατρικὰς αἰτίας ἀνηρτῆσθαι καὶ γεννητικὰς

1150.15—16 cf. Ps. Plat., *Def.* 414e9 **17** οἱ δὲ: veri Platonis interpretes quos Proclus sequitur **21** = *Ep.* II 312e2-3; cf. *Theol. plat.* II 9, p. 58.11-59.4

1150.14 ἕν¹ Ag : ἑνὸς Σ **23** παρακτικόν AFG : παρεκτικόν PR **23—24** ἐστὶ²...ὑπάρξεως correximus ex g (*est ab existentia*) : τῶν οἰκείων δυνάμεων ὑφίστησιν ὅσα ὑφίστησι ΑΣ **24—25** τὸ...αἰτίων addidimus ex g (*ante virtutem igitur causa merito superlocata est et supra laudatas paternales causas*)

τῶν ὄντων, ἐκείνας δὲ εἰς τὸ ἓν τὸ κρεῖττον ἁπάσης τοιαύτης
αἰτίας, ἀγνώστως τοῖς πᾶσιν ἐκφῆναν ἀφ' ἑαυτοῦ τὰ ὄντα κατὰ   5
τὰς αὐτῶν ἀρχάς. εἰ δὲ ταῦτα οὕτως ἔχει, δῆλον ὅτι πᾶν μὲν τὸ
ἑαυτοῦ ὑποστατικὸν καὶ ἄλλων ἐστὶ παρακτικόν – οὐ γάρ ἐστι
τὰ αὐθυπόστατα τῶν ὄντων οὔτε πρῶτα οὔτε ἔσχατα –, τὸ δὲ
ἄλλων παρακτικὸν ἄνευ τοῦ ἑαυτὸ παράγειν διττόν, τὸ μὲν τῶν
αὐθυποστάτων κρεῖττον, τὸ δὲ χεῖρον. τὰ μὲν δὴ παράγοντα   10
τοιαῦτα· τῶν δὲ παραγομένων ἀπ' αἰτίας παρακτικῆς, τὰ μὲν
πρῶτα πρόεισι τὰ αὐθυπόστατα, παραγόμενα μέν, αὐτογόνως
δὲ ἀπὸ τῶν σφετέρων αἰτίων ὑφιστάμενα· δεύτερα δὲ τὰ εἰς
ἄλλην αἰτίαν ὑποστατικὴν ἀνηρτημένα, ἑαυτὰ δὲ παράγειν οὐ
δυνάμενα καὶ ὑφ' ἑαυτῶν παράγεσθαι. καὶ αὕτη τῶν ὄντων ἡ   15
τάξις ἄνωθεν ἄχρι τῶν τελευταίων ἔσχε τὴν πρόοδον. καὶ γὰρ
εἰ ἔστι τὸ ἄλλα γεννῶν, ἑαυτὸ δὲ μὴ γεννῶν ἔσχατον, εἴ τι δὲ
αὐτὸ γεννῶν καὶ ἄλλα γεννᾷ, δεῖ δὴ καὶ πρὸ τῶν ἑαυτὰ
γεννώντων εἶναι τὰ ἄλλων γεννητικά· τὰ γὰρ περιληπτικώτε-
ρα ἀρχικώτερα. καὶ εἰ ζητοῖμεν ποῦ τὸ αὐτὸ ἑαυτοῦ γεννητικὸν   20
πρώτως, εἴποιμεν <ἂν> ὅπου ἐνέργεια πρῶτον· ἐνέργεια δὲ
πρῶτον ἐν τῷ ὄντι, ὡς δύναμις ἐν τῇ πρὸ τοῦ ὄντος ἑνάδι, καὶ
ὕπαρξις ἐν τῇ πρὸ ταύτης, ὡς τὸ πρώτιστον ὂν ἑαυτοῦ παρακτι-
κόν, καὶ τοῦτο μὲν οὐσιωδῶς, νοερῶς δὲ τὸ τρίτον ἀπὸ τούτου,

1151.4 ὄντων correximus ex g (*entium*) : ὁδῶν FGR^c εἰδῶν AP   6 αὐτῶν
correximus ex g (*ipsorum*) : ὄντων Σ τῶν ὄντων A | δὲ Σg : δὴ A
9   ἑαυτὸ correximus ex g (*se ipsum*) : ἑαυτοῦ ἑαυτὸ Σ αὐτὸ ἑαυτὸ A
12   μέν Σg : δέ A   13   δεύτερα correximus ex g (*secunda*) : δευτέρα ΑΣ
τὰ εἰς correximus ex g (*que ad*) : τάσις Σ τάξις A³M τάξις εἰς Cous²
16   ἄχρι Σ : μέχρι A³M | ἔσχε ΑΣ : *habet* g   18   αὐτὸ γεννῶν correximus
ex g (*se ipsum generans*) : αὐτογεννᾶν Σ αὐτὸ γεννᾷ A³M   20   ζητοῖμεν
correximus ex g (*queramus*) : ζητοῦμεν ΑΣ   21   ἂν addidimus   24 τούτου
ΑΣ : *intellectu* g (τοῦ νοῦ Γ?)

25 ζωτικῶς δὲ τὸ μέσον ἀμφοῖν.

Οὐκ ἄρα ἔστι που τὸ ἕν, μήτε ἐν ἑαυτῷ μήτε ἐν ἄλλῳ ὄν; – Οὐκ ἔστιν. [Parm. 138b5-6]

Πάνυ γεωμετρικῶς ἐφ' ἑκάστου θεωρημάτων πρώτην
1152 λέγει τὴν πρότασιν, ἔπειτα τὴν | ἀπόδειξιν, καὶ τελευταῖον τὸ
συμπέρασμα, διὰ μὲν τῆς προτάσεως τὴν ἀθρόαν καὶ μόνιμον
ἐνέργειαν τοῦ νοῦ μιμούμενος, διὰ δὲ τῆς ἀποδείξεως τὴν
πρόοδον τὴν εἰς τὸ πλῆθος τῶν νοήσεων ἑαυτὴν ἀνελίττουσαν,
5 διὰ δὲ τοῦ συμπεράσματος τὴν κατὰ κύκλον ἐπὶ τὴν ἀρχὴν τοῦ
νοῦ στροφὴν καὶ τὴν μίαν τελειότητα πάσης νοερᾶς ἐνεργείας.
τοῦτο οὖν καὶ ἐπὶ τῶν πρὸ τούτου θεωρημάτων ποιήσας, διαφε-
ρόντως ἐν τούτῳ ποιεῖ· καὶ γὰρ οἰκεῖον τῇ τάξει ταύτῃ τὸ καὶ
αὐτῆς εἶναι καὶ μένειν ἐν τοῖς πρὸ αὐτῆς. μιμεῖται οὖν διὰ μὲν
10 τῆς λογικῆς διεξόδου τὸ ἐν ἑαυτῷ, διὰ δὲ τοῦ συμ-
περάσματος καὶ τῆς ἐπὶ τὴν ἀρχὴν ἀνακάμψεως τὸ ἐν ἄλλῳ.

**Ὅρα δή, οὕτως ἔχον εἰ οἷόν τε ἑστάναι ἢ κινεῖ-
σθαι. – Τί ⌊γὰρ⌋ δὴ ⌊οὔ⌋;** [Parm. 138b7-c1]

{Καὶ} ἐπ' ἄλλο μὲν αὐτὸς πρόβλημα μετῆλθεν ἀποφαίνων τὸ
15 ἓν μήτε κινούμενον μήτε ἑστός, ὃ δὴ ὁ Παρμενίδης κατέφησε
ἐν τοῖς ἑαυτοῦ ποιήμασιν εἰκότως, ἄτε περὶ τοῦ ἑνὸς ὄντος ἐν

1151.26 ἑαυτῷ Σg : αὑτῷ PLAT. ed. αὐτῷ A   27 ὄν ΑΣg : ἑνόν PLAT. TW ἓν
ὄν PLAT. BCD   28 ἐφ' ἑκάστου Cous in unoquoque g : ἐφ' ἑκάστῳ ΑΣ
1152.9 αὐτῆς scripsimus : αὑτῆς ΑΣg   12 post τε add. ἐστιν PLAT. TW
est g   13 Τί...οὔ Ag PLAT. codd. : τί δή Σ   14 Καὶ delevimus ex g   16 ἐν¹
om. Σ | ἐν² om. Σ

ἐκείνοις φιλοσοφῶν, ὥσπερ καὶ οὗτος ἐν τῇ δευτέρᾳ ὑποθέσει
ταῦτα καταφήσει. λέγει δ' οὖν ἐκεῖνος τοτὲ μὲν

Οὖλον μουνομελές τε καὶ ἀτρεμὲς ἠδ' ἀγένητον
καὶ πάλιν,   20

Αὐτὰρ ἀκίνητον μεγάλων ἐν πείρασι δεσμῶν·
καὶ πάλιν,

Ταὐτόν <τ'> ἐν ταὐτῷ μίμνει, καθ' ἑαυτό τε κεῖται·
καὶ πάλιν,

Οὕτως ἔμπεδον αὖθι μένει·   25
τοτὲ δέ,

Ταὐτὸν ⌊δ'⌋ ἐστὶν ἐκεῖ νοέειν τε καὶ εἶναι·
καὶ πάλιν,

1152.17 cf. *Parm.* 145e6-146a8   **19** = Parm., FVS 28B8.4   **21** = Parm.,
FVS 28B8.26   **23** = Parm., FVS 28B8.29   **25** = Parm., FVS 28B8.30   **27**
= Parm., FVS 28B8.34 et 28B3

1152.18 δ' οὖν Σg : γοῦν Α   **19** Οὖλον μουνομελές Σg : οὐλομενές Α (cf.
supra, VI 1077.20, 1078.19, 1084.22) οὖλον μουνογενές Simpl., *In Phys.* I
2, 30.2, 78.13; I 3, 145.4) ǀ ἀτρεμὲς Ag : ἀτεμὲς (sic) Σ ǀ ἠδ' scripsimus : ἢ
δ' Σg ἢδ' Α ǀ ἀγένητον Cous² (cf. Simpl., *In Phys.* I 3, 120.23) : ἀγένη-
τον ΑΣg ἀτέλεστον ap. Simpl., *In Phys.* I 2, 30.2, 78.13; I 3, 145.4
21   Αὐτὰρ ἀκίνητον Cous² (ap. Simpl., *In Phys.* I 2, 39.27, 79.32; I 3,
145.27) : αὐτοκίνητ'ἄρα κινητὸν MᵇΣg αὐτοκίνητ'ἄρα κινητῷ Α
μεγάλων Ag : μεγάλῳ Σ ǀ ἐν Ag : κἐν Σ   **23** τ' addidimus (cf. infra,
1177.4) δ' add. Cous² ǀ μίμνει scripsimus (cf. supra, 1134.9) : μίμημα ΑΣ
μιμ g ǀ ἑαυτό correximus ex Aᵍ (ἑαυτό) (sic) : ἐτό (sic) Σ ἔν Α   **25** Οὕτως
Σ : οὕτους (sic) Aᵍ om. Α ǀ μένει Σg : μένειν Α   **26** τοτὲ Σg : ποτὲ Α
27 δ' add. Cous² ǀ νοέειν Cous² : νοεῖν ΑΣg

Οὐ γὰρ ἄνευ τοῦ ἐόντος, ἐφ' ᾧ πεφατισμένον ἐστίν,

30   εὑρήσεις τὸ νοεῖν

⌊ καὶ πάλιν ⌋,

Λεῦσσε δ' ὅμως ἀπέοντα νόῳ παρεόντα βεβαίως.

Διὰ μὲν οὖν τούτων <τὸ> νοεῖν ἐν τῷ ὄντι θέμενος, δῆλός ἐστι
1153 κίνησιν αὐτῷ τινα τὴν νοητικὴν Ι δήπου συγχωρῶν ὑπάρχειν,
ἣν καὶ Πλάτων οἶδεν· αὐτὸς γάρ ἐστιν ὁ λέγων ὅτι νοῦν ἄνευ
κινήσεως οὐδ' ἐπινοῆσαι δυνατόν, ὥστ' εἰ ἔστιν ἐν τῷ ἑνὶ ὄντι
νόησις κατὰ Παρμενίδην, ἔστι καὶ ἡ κίνησις, ἐπεὶ καὶ ζωὴ
5   πάντως ἅμα τῷ νοεῖν ἐστι· πᾶν δὲ τὸ ζῶν κινεῖται κατ' αὐτὸ τὸ
ζῆν· διὰ δὲ τῶν προτέρων ἀκίνητον δήπου φησὶν εἶναι τὸ ἓν
ὄν, ἀτρεμὲς αὐτὸ καὶ μένον καλῶν καὶ αὐτόθεν ἀκίνη-
τον. οὕτω δὲ καὶ ὁ Πλάτων, ὅπου νοῦς, οὐ κίνησιν μόνην εἶναί
φησιν, ἀλλὰ καὶ στάσιν ἤδη. καὶ περὶ μὲν τὸ ἓν ὂν ἑκάτερος
10 ἀποτίθεται ταῦτα, καθάπερ καὶ διὰ τῆς δευτέρας ἔσται δῆλον
ὑποθέσεως· οὐδ' ἂν ἐλέγχοιτο διὰ τῶν ἀποφάσεων τούτων ὁ
Παρμενίδης, ἀλλὰ προσθήκην δέχοιτο φιλοσοφίας ἄλλης τῆς

1152.29 − 30   = Parm., FVS 28B8.35-36   **32**   = Parm., FVS 28B4.7
1153.2 − 6 cf. *Soph.* 248d10-249b7   **6** = Parm., FVS 28B8.26   **7** = Parm.,
FVS 28B8.4 | = Parm., FVS 28B8.30   **7 − 8** = Parm., FVS 28B8.26   **8 − 9**
cf. *Soph.* 249a9-c5   **10 − 11** cf. *Parm.* 145e6-146a7

1152.29 ἐόντος correximus ex Aᵍ (ἑόντος) (sic) : ὄντος ΑΣ | ἐφ' ΑΣg : ἐν
ap. Simpl., *In Phys.* I 2, 87.15; I 3, 143.23, 146.8   **31** καὶ πάλιν addidimus
ex Aᵍ (καὶ πάλιν) (sic)   **32** Λεῦσσε Cous² : λεύσει ΑΣg | νόῳ Cous² : νόων
ΑΣg | βεβαίως Σg : βεβαίων Α   **33** τὸ add. Strobel   **1153.4** νόησις Ag :
νοήσεις Σ   **5** πάντως Σg : πάντων Α | τῷ Ag : τὸ Σ   **7** μένον Cous²
manens g : μόνον ΑΣ | καλῶν Ag : καλὸν Σ   **9** ἑκάτερος ΑΣ : utraque g
(ἑκάτερα Γ?)   **11** οὐδ' scripsimus : οὐκ Σg καὶ οὐκ Α

περὶ τὸ ὡς ἀληθῶς ἓν διατριβούσης.

Τοῦτο μὲν οὖν ὑπέμνησται καὶ διὰ τῶν προτέρων λόγων.
νυνὶ δὲ κατὰ τὴν ἡμετέραν θεωρίαν ῥητέον ὅτι, τῶν νοερῶν   15
τάξεων τριχῇ διῃρημένων καὶ αὐτῶν, <τὸ> μὲν ἐν αὐτῷ καὶ
ἐν ἄλλῳ διὰ τῶν ἔμπροσθεν ἀποφήσας, ἔδειξε τὸ ἓν ὑπὲρ τὴν
ἀκρότητα τὴν νοεράν, τὸ δὲ κινεῖσθαι καὶ ἑστάναι διὰ
τούτων ἀποφάσκων, μεταβέβηκεν ἐπ'ἄλλην τάξιν ἀπὸ τῆς
νοερᾶς μονάδος ἐπὶ τὴν ζωογόνον, καὶ ταύτης τὸ ἓν ἐξῃρημένον   20
ἀποφαίνων. δεῖ τοίνυν ἰδόντας ἡμᾶς τὰ ἰδιώματα καὶ ταύτης
τῆς τάξεως δεῖξαι τὸ ἓν κρεῖττον τῶν τοιούτων ἰδιοτήτων. ἔστι
δὴ οὖν τῆς ζωογόνου ταύτης θεότητος ἐξαίρετα κίνησις καὶ
στάσις, ἡ μὲν τὰς πηγὰς ἐκφαίνουσα τῆς ζωῆς, ἡ δὲ ἑδράζουσα
αὐτὴν σταθερῶς ἐξῃρημένην τῶν οἰκείων ὀχετῶν. ἐὰν τοίνυν   25
ἐπιδείξωμεν τὸ ἓν ἁπάσης μὲν στάσεως, | ἁπάσης δὲ κινήσεως   1154
ὑπεριδρυμένον, ἕξομεν ἂν ἐντεῦθεν ὅπως καὶ πάσης ἐκβέβηκε
τῆς τοιαύτης σειρᾶς.

Ἀλλὰ ταῦτα μὲν εἰσαῦθις. ὅτι δὲ οὐ δεῖ τὰς φυσικὰς μόνον
κινήσεις ἀφαιρεῖν τοῦ ἑνός, αὐτὸς δηλοῖ λέγων· κατὰ πᾶσαν   5
ἄρα κίνησιν τὸ ἓν ἀκίνητον. εἰ δὲ πᾶσα ἐνέργεια κατ'
αὐτὸν κίνησις, καὶ πρὸ ἐνεργείας τὸ ἔν, ὥστε καὶ πρὸ δυνάμεως,
ἵνα μὴ δύναμιν ἀτελῆ ἔχῃ καὶ ἀνενέργητον. καὶ ταῦτα ἀναγ-

1153.14 τῶν...λόγων: cf. supra, 1134.13-1135.4   **17** διὰ...ἔμπροσθεν: cf.
Parm. 138a2-b7   **18 — 19** cf. *Parm.* 138b8-139b4   **25** cf. *Or. chald.*, fr.
65.2, fr. 66   **1154.5 — 6** = *Parm.* 139a2-3   **6 — 7** sc. secundum Plat.; cf.
Ar., *Met.* IX 6, 1048b28-29; *Phys.* III 1, 201a1-2; 2, 201b31-33; cf. infra,
1172.17-18

1153.16 τὸ addidimus τὴν add. Cous² | αὐτῷ ΑΣ : *ipso* g   **25** ἐξῃρημένην
Cous² *exaltatum* g · ἐξῃρημένων ΑΣ   **1154.6** ἄρα Σg (cf. *Parm.* 139a2) :
τοίνυν Α | εἰ Α¹ ˢ¹Μᵇ : ἡ ΑΣ om. g   **7** αὐτὸν Α : αὐτοῦ ΣΑᵍ ᵐᵍ

καίως· δεῖ γὰρ πάντα τὰ ἀπὸ τοῦ ἑνὸς ἔχειν <ἃ> καὶ τὸ ἕν, ὡς
10　καὶ τὰ ἀπὸ τοῦ ὄντος ἃ καὶ τὸ ὄν. ἀλλὰ μὴν ὕλη ἀνενέργητος –
τὸ γὰρ ἐνεργοῦν εἰς ἑαυτὸ ἐνεργεῖ ἢ εἰς ἄλλο–, καὶ ἡ ὕλη ἓν
οὖσα ἀπὸ τοῦ ἑνός ἐστιν. οὐκ ἄρα ἐνέργειαν ἐν τῷ ἑνὶ θετέον,
ὥστε οὐδὲ δύναμιν, ἀλλ' αὐτὸ τοῦτο τὸ ἓν μόνον.

Διὰ τί προέθηκε τὴν κ ί ν η σ ι ν <καὶ σ τ ά σ ι ν> τ α υ τ ο ῦ κ α ὶ
15　ἑ τ έ ρ ο υ, ῥηθήσεται μὲν καὶ αὖθις ἄλλο αἴτιον ἀπὸ τῆς λογικῆς
ἀκολουθίας. λεγέσθω δὲ καὶ νῦν ἀπὸ τῶν πραγμάτων ὅτι
κίνησις καὶ στάσις καὶ ἐν ταῖς οὐσίαις ὁρῶνται τῶν ὄντων καὶ
ἐν ταῖς ἐνεργείαις – κίνησις γὰρ οὐσιώδης ἡ πρόοδος, καὶ
στάσις ἡ ἐν τοῖς αἰτίοις ἵδρυσις· μένον γὰρ δὴ πρόεισι τὸ ὂν
20　ἅπαν –, καὶ ὡς αἰτίαι οὐσιώδεις πρὸ ταυτότητός εἰσι καὶ ἑτερό-
τητος· ταυτοῦται γὰρ καὶ ἑτεροιοῦται προελθόντα τὰ ὄντα ἀπὸ
τῶν αἰτίων μετὰ τοῦ μένειν ἐν αὐτοῖς, ἑτεροιούμενα μὲν τῷ
προελθεῖν ὅλως, ταυτούμενα δὲ τῷ ἐπιστρέψαι πρὸς τὸ μεῖναν.
καὶ διὰ ταῦτα ἡ κίνησις καὶ ἡ στάσις προτάττονται πρό τε
25　ταυτότητος καὶ ἑτερότητος, ὡς πρὸ ἐκείνων ἀρχόμεναι. διὸ καὶ
ἐν Σοφιστῇ μετὰ τὸ ὂν τάττει κίνησιν καὶ στάσιν, εἶτα ταὐτὸν
1155　καὶ ἕτερον· καὶ γὰρ τὸ μὲν | ὂν μοναδικόν ἐστιν, οὐκ ἔχον ἀντί-
θεσιν, ἡ δὲ κίνησις δυαδική – ποθὲν γάρ ποι πᾶσα πρόοδος –, ἡ

1154.15　ῥηθήσεται: cf. infra, 1175.23-1176.29　　**25 – 27**　　cf. *Soph.*
254d4-255e7

1154.9　ἃ add. Cous²　　**10**　ἃ καὶ om. A　　**12**　ἐνέργειαν A²Mg : ἐνέργεια Σ
13　οὐδὲ A² : οὔτε ΜΣ　　**14**　post τί add. δὲ A | προέθηκε Mᵇ *preposuit* g :
προσέθηκε ΑΣ | καὶ στάσιν add. Cous²　　**19**　ὂν coni. Cous² *ens* g : ἓν ΑΣ
20　αἰτίαι A² : αἱ μὲν ΜΣg | εἰσι A : ἐστι Σ　　**23**　τῷ Σg : τὸ A　　**24**　πρό τε
Taylor : ποτε ΑΣg　　**1155.2**　ποι AFGPg : πῇ MR

δὲ στάσις τριαδική – εἰς τὸ μεῖν‹αν› ἀνακάμψασα καὶ ἱδρύσασα
τὸ προελθόν –, ἡ δὲ ταυτότης τετραδική – ταυτομήκης γὰρ ὁ
πρῶτος τῶν ἀριθμῶν ἡ τετράς –, ἡ δὲ ἑτερότης πεμπαδική –   5
διΐστησι γὰρ καὶ αὕτη τὸ ἄρτιον καὶ περιττὸν ἀκράτως. ταῦτα
μὲν οὖν ἀπὸ τῆς τῶν πραγμάτων θεωρίας· ἡ δὲ ἀνάγκη τῆς
ἀκολουθίας τῶν προβλημάτων ἐν τοῖς προκειμένοις μικρὸν
ὕστερον καταφανὴς ἔσται.

Ὅτι κινούμενόν τε ἢ φέροιτο ἢ ἀλλοιοῖτ' ἄν·   10
αὗται γὰρ μόναι κινήσεις. – ⌊Ναί⌋. [Parm. 138c1-2]

Ἐπειδὴ ζητοῦμεν εἴτε κινεῖται τὸ ἓν εἴτε μή – τοῦτο γὰρ
πρῶτον σκεπτέον –, διελώμεθα τὰς κινήσεις πάσας. ἀλλὰ
ταύτας διειλόμεθα μὲν καὶ ἐν Νόμοις κατὰ τὴν παντελῆ τῆς
δεκάδος διαίρεσιν, ὀκτὼ μὲν τὰς παθητικὰς εἰπόντες, μίαν δὲ   15
τὴν ἐνεργητικὴν μέν, ἀλλὰ ἄλλου του δεομένην τοῦ κινοῦντος
καὶ ἄλλου τοῦ κινουμένου καὶ ἐξ ἀμφοτέρων μίαν ἀποτελου-

1155.8 – 9 μικρὸν ὕστερον: cf. infra, 1175.23-1176.29   13 – 20 cf. Leg. X
893b6-894c9

1155.3 τριαδική correximus ex g (triadicus) : τριαδικόν ΑΣ ǀ εἰς...μεῖναν
scripsimus (cf. supra, 1154.23) : εἰς τὸ μὲν Σg om. Α   4   τὸ προελθόν
correximus ex g (quod processit) : τὸ προελθεῖν Σ μετὰ τὸ προελθεῖν Α
τετραδική correximus ex g (tetradica) : τετραδικόν ΑΣ   4 – 5 ὁ πρῶτος
correximus ex g (primus) : ἡ πρώτη ΑΣ   5 πεμπαδική Σ (πενταδική P)
g : πεμπαδικόν Α   6   ἀκράτως correximus ex g (immiscibiliter) :
ἀκρατῶς ΑΣ   10 τε Σ PLAT. BCDTW : γε Α PLAT. D² deest in g ǀ ἢ¹ Α¹g
PLAT. codd. : ἡ Σ ǀ φέροιτο ἢ Ag PLAT. codd. : φέροιτον Σ (φέροιτο P) ǀ ἄν
Σg PLAT. codd. : om. Α   11   Ναί addidimus ex Aˢ¹g PLAT. codd. : om. Σ
13   πρῶτον correximus ex g (primo) (cf. infra, 1159.1) : πρότερον ΑΣ
διελώμεθα ΑΜᶜΣ : diuidimus g διειλόμεθα Cous²

μένην, λοιπὸν δὲ τὴν ἐνεργητικήν τε καὶ ἀφ'ἑαυτῆς ἀρχομένην
καὶ ἐν τὸ κινούμενον ἔχουσαν καὶ κινοῦν, οἵαν τὴν αὐτοκίνητον
20 λέγειν εἴωθε. νυνὶ δὲ ἄλλον τρόπον τὸν συνοπτικώτερον διελεῖν
προσῆκεν, ἵνα μὴ φυσιολογοῦντες ἐν τοῖς περὶ τῶν θείων λόγοις
διατρίψωμεν. πῶς ἂν οὖν πάσας συντόμως περιλάβοιμεν ἢ εἰς
δύο τεμόντες αὐτάς; ὅτι γὰρ δεῖ τὰς προκειμένας κινήσεις μὴ
μόνον ἡγεῖσθαι σωματικάς, ἀλλὰ καὶ τῶν ἀσωμάτων κινήσεων
25 πασῶν περιληπτικάς, δῆλον ἐποίησεν αὐτὸς εἰπών· α ὖ τ α ι
γ ὰ ρ   μ ό ν α ι   κ ι ν ή σ ε ι ς· εἴτε οὖν ψυχῶν εἶεν κινήσεις, εἴτε
νοεραί, δεῖ λαβεῖν ὅπως ὑπὸ ταύτας ἀναχθήσονται τὴν φορὰν
κἀκεῖναι καὶ τὴν ἀλλοίωσιν. καὶ δῆλον ὅτι καὶ πᾶν τὸ ζῳογονι-
κὸν τῶν θεῶν γένος ⌊αἴτιον⌋ τῶν τοιούτων ἔσται κινήσεων
30 πασῶν, εἴπερ ⌊καὶ⌋ πᾶσα ζωὴ κίνησις κατὰ τὴν Πλάτωνος
1156 ψῆφον, καὶ πᾶσα κίνησις | ὑπὸ ταύτας ἀνάγεται τὰς κινήσεις,
ὡς ὁ παρὼν διατείνεται λόγος. ὁρῶμεν δὴ οὖν ἅπαν τὸ κινού-
μενον – γιγνέσθω δὲ πρῶτον ἡμῖν ἐπὶ τῶν σωμάτων ὁ λόγος –
ἢ τῶν ἐν ἑαυτῷ τι μεταβάλλον ἢ τῶν ἔξωθεν· τὸ μὲν γὰρ τόπον
5 ἐκ τόπου μεταβάλλον τῶν ἔξωθέν τινος ὑπομένει μεταβολήν, τὸ
δὲ γιγνόμενον ἢ φθειρόμενον ἢ αὐξόμενον ἢ μειούμενον ἢ
συγκρινόμενον <ἢ διακρινόμενον> τῶν ἐν αὐτῷ τινος μεταβάλ-
λοντος γίγνεσθαι λέγεταί που καὶ φθείρεσθαι καὶ τὰ ἄλλα

1155.19–20   λέγειν εἴωθε: cf. supra, 1147.29-30; *El. theol.* § 17, p.
18.21-19.2   **30–31**   cf. *Phdr.* 245c5-246a2; *Leg.* X 895c7-8, 897e10-898b8
1156.4–16   cf. Ar., *De caelo* I 3, 270a12-b5; *Cat.* 14, 15a13-14   **5–9** cf.
Leg. X 893e6-c1

1155.18 λοιπὸν ARg : λοιπὴν FGP   **22** ἂν om. g | περιλάβοιμεν Strobel :
περιλάβωμεν ΑΣ   **28**   κἀκεῖναι Σ (καὶ κεῖναι [sic] F) *et illi* g : om. A
29 αἴτιον addidimus ex g (*causa*) **30** καὶ addidimus ex g (*et*) **1156.**7 ἢ
διακρινόμενον add. Mᵇ ˢˡ | αὐτῷ FP : αὑτῷ AGRg

πάσχειν. τὸ μὲν οὖν κατὰ τὸ ἔξωθεν μεταβάλλον φέρεσθαι
λέγεται – τοπικὴ γὰρ ἡ τοιαύτη κίνησις· ὁ γὰρ τόπος ἔξω τῶν   10
σωμάτων ἐστί –, τὸ δὲ κατά τι τῶν ἐν ἑαυτῷ κινούμενον ἀλ-
λοιοῦσθαι λέγεται πᾶν, εἴτε γένεσιν εἴτε φθορὰν εἴτε αὔξη-
σιν εἴτε μείωσιν εἴτε σύγκρισιν <εἴτε διάκρισιν> ὑπομένοι· κατὰ
τόπον μὲν γὰρ κινούμενον οὐδὲν ἀλλοῖον γίγνεται· καὶ δὴ καὶ
τοῖς θείοις σώμασιν ἡ τοιαύτη κίνησις ὑπάρχει, κατ᾽ οὐσίαν   15
ἔχουσι τὸ ἀναλλοίωτον· ἐπεὶ γὰρ ἔδει κινητὰ μὲν εἶναι καὶ
ἐκεῖνα, διότι τὸ κατὰ τὰ αὐτὰ καὶ ὡσαύτως ἔχειν
ἀεὶ τοῖς πάντων θειοτάτοις προσήκει μόνοις,
σώματος δὲ φύσις οὐ ταύτης τῆς τάξεως, ὡς ἐν
Πολιτικῷ μεμαθήκαμεν, πρώτιστα δὲ ὄντα τῶν ὁρατῶν ἀΐδιον   20
ἔχειν τὴν ὑπόστασιν – τὰ γὰρ ἐν ἑκάστῃ τάξει πρώτιστα
μορφὴν ἔχει τῶν πρὸ αὐτῶν –, καὶ κινεῖται μέν, κατὰ δὲ τὴν
κίνησιν μόνην ταύτην ἥτις φυλάττει τὴν οὐσίαν τῶν κινουμένων
ἀνεξάλλακτον. τὸ μὲν δὴ κατὰ τόπον κινούμενον τοιοῦτον· κατὰ
δέ τι τῶν ἑαυτοῦ μεταβάλλον ἀλλοῖον γίγνεται· τὸ γὰρ τοιόνδε   25
μάλιστα προσήκει τοῖς ἐνύλοις εἴδεσιν, ὡς καὶ ὁ Τίμαιος
ἀνεδίδαξεν, ὥστε καὶ τὸ ἀλλοῖον οἰκεῖόν ἐστι ταῖς τούτων
μεταβολαῖς, εἰσιόντων τε καὶ ἐξιόντων τῶν εἰδῶν.

Ἀλλ᾽ αἱ μὲν σωματικαὶ κινήσεις οὕτω διά τε τῆς φορᾶς
περιλαμβάνονται πᾶσαι καὶ τῆς ἀλλοιώσεως, εἰς ἃς καὶ ὁ ἐν   30
Θεαιτήτῳ Σωκράτης μόνας ὁρῶν, ἅτε πρὸς Ἡράκλειτον ἀγω-
νιζόμενος, ταύτην πεποίηται κἀκεῖ τῶν κινήσεων τὴν τομήν.   1157

1156.17—19   = Pol. 269d5-7   26—27   cf. Tim. 50b7-c6   28   = Tim.
50c4-5   30—1157.1   cf. Theaet. 181b8-d6

1156.13 εἴτε διάκρισιν add. M^b sl   14 καὶ¹ om. Σ   17 ἔχειν Σg : ἔχον A
25 ἑαυτοῦ Σg : ἑαυτῶν A ἐν ἑαυτῷ Cous²   28 εἰδῶν ΑΣg : ὄντων PLAT.
(Tim. 50c5)   29 τε scripsimus : deest in g δὲ ΑΣ

ἐπὶ δὲ τὰς ψυχὰς ἀναβάντες ὁρῶμεν ὅτι καὶ ἐν ταύταις μὲν
ἄλλως τὴν τοπικὴν ἂν εἴποις μεταβολήν, ἄλλως δὲ τὴν
ἀλλοιωτικήν. καθ' ὅσον μὲν γὰρ ἄλλοτε ἄλλοις εἴδεσιν
5 ἐπιβάλλουσαι, διὰ τῆς ἐπαφῆς τῶν ποικίλων εἰδῶν
ἐξομοιούμεναι τοῖς ἑαυτῶν νοητοῖς, καὶ αὗται πολυειδεῖς πως
ἀναφαίνονται, μετέχουσαι ταῖς ἐνεργείαις τῶν νοουμένων ἀεὶ
ἄλλων καὶ ἄλλων ὄντων, καὶ συνδιατιθέμεναι αὐτοῖς, κατὰ
τοσοῦτον, οἶμαι, καὶ ἐν ταύταις ἐστὶν ἡ ἀλλοίωσις· καθ' ὅσον δὲ
10 αὖ περὶ τὸν νοητὸν τόπον ἐνεργοῦσι καὶ πᾶν τὸ πλάτος
τῶν εἰδῶν διεξοδεύουσιν ἔξω τε αὐτῶν ὂν καὶ περιέχον αὐτὰς
ἀπανταχόθεν, κατὰ τοσοῦτον πάλιν τοπικὴν ποιοῦνται τὴν
κίνησιν, καὶ τοῦ Πλάτωνος ἐν Φαίδρῳ τὸν νοητὸν τόπον εἰδότος
καὶ περίοδον καλοῦντος ἐκεῖ τὴν περὶ αὐτὸν τῶν ψυχῶν
15 ἐνέργειαν καὶ περιφοράν, ὥστε καὶ ἀλλοιοῦνται καὶ κατὰ
τόπον κινοῦνται, κατὰ μὲν τὸ ζωτικὸν ἀλλοιούμεναι – τοῦτο γὰρ
τὸ συνδιατιθέμενον τοῖς θεάμασι καὶ ἐξομοιούμενον –, κατὰ δὲ
τὸ γνωστικὸν μεταβαίνουσαι τοπικῶς ἀπ' ἄλλων εἰς ἄλλα
νοητὰ καὶ περιιοῦσαι ταῖς νοήσεσι καὶ ἀπὸ τῶν αὐτῶν εἰς τὰ
20 αὐτὰ ἀνακάμπτουσαι, μᾶλλον δὲ καὶ τῆς ἀλλοιώσεως καὶ τῆς
κατὰ τόπον μεταβολῆς τὰς αἰτίας ἐν ἑαυταῖς προειλήφασιν.

Εἰ δὲ καὶ αὐτὸν θεωρήσειας τὸν πολυύμνητον νοῦν, εὑρήσεις
καὶ ἐν τούτῳ τῆς τε ἀλλοιώσεως τὰ παραδείγματα νοερῶς καὶ
τῆς κατὰ τόπον κινήσεως· τῷ μὲν γὰρ μετέχειν τῆς τοῦ νοου-
25 μένου φύσεως ἐν τῷ νοεῖν καὶ γίγνεσθαι νοητόν τι καὶ αὐτὸς

1157.10 = *Resp.* VI 508c1, 509d2, VII 517b5   13–15 cf. *Phdr.* 247c3-e6
14–15 = *Phdr.* 247d5

1157.4 ἀλλοιωτικήν ΑΣ : *alterationem* g   8 συνδιατιθέμεναι Α⁴Σg :
-μενοι Μ   14 αὐτὸν Ag : αὐτῶν Σ   18 μεταβαίνουσαι ΑΣ : *transmutan-tes* g

νοήσας ἀλλοῖος γίγνεται παρὰ τὴν ἰδιότητα τὴν νοεράν· αἱ γὰρ
μεθέξεις διδόναι τι παντελῶς λέγονται τῷ μετέχοντι τῆς αὐτοῦ
φύσεως ἀλλοιότερον. μετέχει δὲ τοῦ νοητοῦ ὁ νοῦς, ἀλλ᾽οὐκ
ἔμπαλιν· τῷ δὲ ἐν ǀ τῷ αὐτῷ ⌊καὶ⌋ κατὰ ταὐτὰ καὶ   **1158**
ὡσαύτως νοεῖν καὶ οἷον περὶ κέντρον αὐτοῦ τὸ νοητὸν ὑπάρχον
ἐνεργεῖν, τῆς ἐνταῦθα περιφορᾶς τὸ παράδειγμα προείληφεν,
οὕτω καὶ ἐν Νόμοις αὐτοῦ τὴν τοῦ νοῦ κίνησιν εἰκάσαντος
σφαίρας ἐντόρνου κινήσει, διὰ τὸ ⌊κατὰ⌋ τὰ αὐτὰ   5
καὶ ὡσαύτως καὶ περὶ ταὐτὰ κινεῖσθαι καὶ τὸν νοῦν,
ὥσπερ καὶ τὴν σφαῖραν· ἔστι γὰρ ἐν νῷ χορεία, φασί, καὶ
διέξοδος, ἀλλ᾽οὐχ ὡς ἐν ταῖς ψυχαῖς, ἀλλ᾽ἡ τοῦ κεχορευκέναι
τε καὶ διεξωδευκέναι κατὰ τὴν μίαν καὶ ἁπλῆν καὶ ἀθρόαν
ἐνέργειαν τοῦ νοῦ· πανταχοῦ ἄρα τὰς κινήσεις εὕρομεν ἀλλοιώ-   10
σεις οὔσας καὶ φοράς, νοερῶς ⌊μὲν⌋ ἐν τῷ νῷ, ψυχικῶς δὲ ἐν
<τῇ> ψυχῇ, σωματικῶς δὲ καὶ μεριστῶς ἐν τοῖς αἰσθητοῖς, ὥστε
οὐ δεῖ θαυμάζειν ἐὰν αὗται μόναι κινήσεις – πᾶσαι γὰρ
διὰ τούτων περιελήφθησαν –, οὐδὲ δεῖ λέγειν ὅτι τὴν αὐτοκίνη-
τον ἀφῆκε, διότι καὶ τὸ ἓν αὐτοκίνητον· σαφῶς γὰρ αὐτὸς ἐν τοῖς   15

1158.4—5 cf. *Leg.* X 897e4-898b4   5 = *Leg.* X 898b2   5—6 = *Leg.* X
898a8-9; cf. *Soph.* 249b12   7   φασί: sc. Plot., *Enn.* I 8 [51] 2.23-25
14—17 cf. supra, 1150.3-7

1157.26 παρὰ correximus ex g (*penes*): περὶ ΑΣ   27 παντελῶς ΑΣ:
semper g (πάντως Γ?) ǀ αὐτοῦ correximus ex g (*sui*): αὐτοῦ ΑΣ αὐτῶν
Cous   1158.1 καὶ[1] addidimus ex g (*et*)   2 αὐτοῦ correximus ex g (*sui
ipsius*): αὐτοῦ ΑΣ   5 σφαίρας Α²ΜᵇΣ: σφαίρης Μ ǀ κατὰ addidimus ex
g (*secundum*) et PLAT.   6 ταὐτὰ scripsimus ex PLAT.: *idem* g αὐτὰ ΑΣ
8 ἀλλ᾽οὐχ om. g ǀ ἀλλ᾽ἡ scripsimus: ἄλλη Σ ἀλλὰ Α *sed* g   10 εὕρομεν
Α: εὕρωμεν Γ *inuenimus* g   11 μὲν addidimus ex g (*quidem*)   12 τῇ
add. Cous

ἑξῆς ἐρεῖ κατὰ πᾶσαν κίνησιν ἀκίνητον εἶναι τὸ
ἕν· καὶ γὰρ γελοῖον αὐτοκίνητον φάναι τὸ ἕν, εἴπερ τὸ μὲν ἕν
πολλὰ εἶναι ἀδύνατον καὶ μέρη ἔχειν καὶ ἐν αὑτῷ
εἶναι, τὸ δὲ αὐτοκίνητον κινοῦν ἐστι καὶ κινούμενον, καὶ ἕτερον

20 μὲν πανταχοῦ τὸ κινεῖν, ἕτερον δὲ τὸ κινεῖσθαι, διὸ καὶ οὐχ
ἁπλῶς ἕν τὸ τοιοῦτον, ἀλλὰ πεπονθὸς καὶ αὐτὸ τὸ ἕν
καὶ μετὰ τῆς ἑνώσεως πληθυόμενον. ἀλλὰ καὶ ἐν Θεαιτήτῳ
διελὼν οὕτως ὁ Σωκράτης τὰς κινήσεις, καὶ ἐν τούτοις ὁ
Παρμενίδης οὐδεμίαν ἀφίησιν ἔξω κίνησιν ἄλλην, ὅπου μὲν τῶν

25 σωματικῶν, ὅπου δὲ τῶν πασῶν, ἀλλὰ διὰ τῆς δυάδος ταύτης
ἐνταῦθα τὴν δεκάδα περιλαμβάνει τῶν ἐν Νόμοις κινήσεων.

**Ἀλλοιούμενον δὲ τὸ ἕν ἑαυτοῦ ἀδύνατόν που ἕν
ἔτι εἶναι; – Ἀδύνατον. – Οὐκ ἄρα κατ' ἀλλοίω-
σίν γε κινεῖται. – Οὐ φαίνεται.** [Parm. 138c2-4]

1159 | Ἐζήτει πρῶτον εἰ κινεῖται τὸ ἕν· τοῦτο δὲ ζητῶν διαιρεῖ
τὰς κινήσεις <εἰς> ἀλλοίωσιν καὶ φοράν, καὶ δείξας ὡς οὔτ' ἀλ-
λοιοῦται τὸ ἕν οὔτε φέρεται, συλλογίζεται λοιπὸν ὡς οὐδὲ κινεῖ-
ται τοῦτον τὸν τρόπον· τὸ ἕν οὔτε ἀλλοιοῦται οὔτε φέρεται, πᾶν

5 τὸ κινούμενον ἀλλοιοῦται ἢ φέρεται, τὸ ἕν ἄρα οὐ κινεῖται. πόθεν
οὖν πρῶτον ὅτι οὐκ ἀλλοιοῦται δείξομεν τὸ ἕν; εἰ δὴ ἀλλοιοῦται,

---

1158.16—17 = Parm. 139a3   **21** = Soph. 245a5-9   **22—23** cf. Theaet.
181d5-6 (cf. supra, 1156.30-1157.2)   **23** cf. Parm. 139a3   **26** cf. Leg. X
893b6-894c9

1158.18 αὑτῷ correximus ex g (se ipso) : αὐτῷ ΑΣ   **19** ante εἶναι add.
καὶ ἐν ἄλλῳ Cous²   **23** διελὼν ΑΣg : an διεῖλεν scribendum (Strobel) ?
26 περιλαμβάνει GPR : παραλ- AF   **27—28** που...ἔτι ΑΣg PLAT. BCDW :
ἕν ἔτι που PLAT. T   **29** γε A PLAT. codd. : τε Σ   **1159.2** εἰς add. A

πλῆθος ἂν ἔχοι. κἄν τε γὰρ ἀφ'ἑαυτοῦ μεταβάλλῃ, πάντως εἰς
πλῆθος μεταβάλλει, καθάπερ δὴ ⌊καὶ⌋ τὸ ὂν εἰς τὸ μὴ ὄν· κἄν
τε αὐτὸ μὲν μένῃ, μεταβάλλῃ δέ τι τῶν αὐτοῦ, πάντως οὐχ ἓν
ἔσται, ἀλλὰ πλῆθος· ἔσται γὰρ αὐτό τε τὸ ὑποκείμενον κἀκεῖνο   10
τὸ μεταβάλλον. δέδεικται δὲ ὅτι τὸ ἓν οὐδαμῶς μετέχει πλή-
θους. καὶ ψυχὴ τοίνυν ἀλλοιουμένη ταῖς περὶ τὰ ὄντα κινήσεσιν
ἀναγκαίως οὖσα φαίνεται πλῆθος, ἄλλοτε ἄλλοις ἐξομοιοῦσα
τῶν ὄντων ἑαυτὴν καὶ ἀναματτομένη τὴν πρὸς ἕκαστα αὐτὴν
συνάπτουσαν ἰδιότητα ζωτικήν. καὶ νοῦς ὡσαύτως ἐφιέμενος   15
τοῦ νοητοῦ καὶ μετέχων αὐτοῦ, μετὰ τοῦ μένειν νοῦς πληθύεται,
τοσαῦτα γιγνόμενος καὶ ὢν ὅσα τὸ νοητὸν πλῆθος, ὥστε καὶ τὸ
ἕν, εἴπερ ἀλλοιοῖτο, μένον ἕν, ὡς ἐκείνων τὸ μὲν ψυχή, τὸ δὲ
νοῦς, μετέχον ἀλλοίου τινὸς παρὰ τὸ ἕν, οὐκέτ'ἂν εἴη ἓν μόνον,
ἀλλ'ἡ μὲν γίγνεται νοερὰ διὰ τὸ μετασχεῖν τῆς τοῦ νοῦ φύ-   20
σεως, ὁ δὲ νοητὸς διὰ τὸ μηκέτι νοῦς εἶναι μόνον ἑαυτὸν
ν ο ῶ ν, ἀλλὰ καὶ ν ο η τ ὸ ν ἀφ'ἑαυτοῦ νοηθείς. οὕτως οὖν εἰ καὶ
τὸ ἓν ἀλλοιοῖτο, οὐκέτ'ἂν εἴη μόνον ἕν· ὃ γὰρ προσέλαβεν ἄλλο
τι παρὰ τὸ ἓν ὑπάρχον, οὐκέτι τὴν τοῦ ἑνὸς ἐᾷ μένειν ἑνότητα.
πολλῷ δὲ αὖ μᾶλλον, εἰ καὶ αὐτὸ τὸ ἓν ⌊ἐξ⌋ αὐτοῦ μετέβαλλεν,   25

1159.7—11   cf. Ar., *Phys.* VII 4, 243b10-17   **11**   δέδεικται: cf. *Parm.*
137c4-5   **21—22** = Ar., *Met.* XII 7, 1072b20-21

1159.7   μεταβάλλῃ Σ (-βάλλει Rᵃ) *transmutetur* g : -βάλλοι A -βάλῃ
Cous²   **8** καὶ addidimus ex g (*et*)   **9** μεταβάλλῃ Σ : -βάλῃ A | αὐτοῦ
scripsimus : αὐτοῦ AΣg   **10** κἀκεῖνο Σg : αὐτό τε A   **16** μετέχων A :
μετέχον Σ   **17** ὅσα A : ὅσον Σ | νοητὸν AΣ : *intelligibilium* g   **18** ἀλ-
λοιοῖτο Ag : ἀλλοιοῦτο Σ   **19** παρὰ A³Mg : περὶ Σ | εἴη A⁴ : ἦν Σ ἦ M
esset g   **20** νοερὰ Σg : νοερὸν A | μετασχεῖν Mᵇ ˢˡ *participare* g : μὴ
μετασχεῖν A²F μὴ μετέχειν GPR | τοῦ om. Σ   **23** post γὰρ add. τι A⁴M
25 ἐξ αὐτοῦ correximus ex g (*e se ipso*) (ἀφ'αὐτοῦ Cous²) : αὐτοῦ AΣ

ἐγίγνετ᾽ ἂν οὐχ ἕν· καὶ γὰρ πᾶν τὸ ἀλλοιούμενον εἰς ὃ μὴ ἔστι
μεταβάλλειν ἀναγκαῖον. οὐκ ἄρα ἀλλοιοῦται τὸ ἕν· ἢ γὰρ
μεταβάλλει καὶ αὐτὸ τὸ ἕν, ἢ μένει <μέν, μεταβάλλει δέ τι τῶν
αὐτοῦ, ὥστε> πάλιν οὐκ ἔσται ἕν, ἀλλὰ πολλά, τὸ μὲν ἑαυτοῦ
30   μεταβάλλον, τὸ δὲ ὑπομένον· ἀλλὰ τοῦτο μὲν οὐδὲ ἐξήτασεν ὁ
1160   Πλά|των, ὡς ἤδη διαβεβλημένον ἀπὸ τοῦ μήτε μέρη μήτε
πλῆθος ἔχειν τὸ ἕν. ἐκεῖνο δὲ μόνον ὑπέμνησεν, ὅτι οὐδὲ αὐτὸ
ἀλλοιωθήσεται τὸ ἕν, ἵνα μὴ ἀπολέσῃ τὸ ἕν.

Ἀλλ᾽ ἆρα τῷ φέρεσθαι; – Ἴσως. – Καὶ μὴν ⌊εἰ⌋
5   **φέροιτο τὸ ἕν, ἤτοι ἐν τῷ αὐτῷ ἂν περιφέροιτο**
κύκλῳ, ἢ μεταλλάττοι χώραν ἑτέραν ἐξ ἑτέρας.
– Ἀνάγκη. [Parm. 138c4-6]

Μεταβέβηκεν ἐπὶ θάτερον τῆς κινήσεως εἶδος, τὸ τῆς
φορᾶς, καὶ δείκνυσιν ὡς οὐδὲ κατὰ τοῦτο κινεῖται τὸ ἕν, διελό-
10   μενος πρῶτον τὴν φορὰν εἴς τε τὴν περὶ τὸν αὐτὸν τόπον
κίνησιν καὶ εἰς τὴν ἀπ᾽ ἄλλης ἐπ᾽ ἄλλην χώραν μεταβολήν· πᾶν
γὰρ τὸ κατὰ τόπον κινούμενον ἢ τὸν αὐτὸν φυλάττει τόπον, ὡς
ὅλον μὲν ἀμετάστατον μένον, τοῖς δὲ μορίοις μόνοις κινούμενον,
ἢ καὶ τῷ ὅλῳ κινεῖται καὶ τοῖς μορίοις, ἐν ἄλλῳ καὶ ἄλλῳ τόπῳ
15   γιγνόμενον· τέτταρα γὰρ ταῦτά ἐστι, τὸ τῷ ὅλῳ κινεῖσθαι καὶ

1160.1 cf. *Parm.* 137c3-d4

1159.27 ἢ ΑΣ : *qua* g   28 ἢ ΑΣ : *et qua* g | μένει correximus ex g (*ma-
net*) : μένον ΑΣ   28–29   μέν...αὐτοῦ addidimus (cf. supra, 1159.9)
29 ὥστε add. Strobel | ἑαυτοῦ ΑΣ : *a se ipso* g   1160.4 ἆρα Cous cum
Plat. codd. : ἄρα ΑΣg | εἰ addidimus ex Ag Plat. codd. : om. Σ   6 μεταλ-
λάττοι Ag Plat. codd. : -λάττειν Σ   11 μεταβολήν ΑΣ : *motum* g   12 ὡς
Σg : ἢ A ras Mᶜ del. Cous²

τοῖς μορίοις (ἐν ἄλλῳ καὶ ἄλλῳ τόπῳ γιγνόμενον), τὸ μήτε τῷ
ὅλῳ μήτε τοῖς μορίοις, τὸ τῷ ὅλῳ μέν, μὴ τοῖς μορίοις δέ, τὸ
τοῖς μορίοις μέν, μὴ τῷ ὅλῳ δέ. τούτων δὲ τῶν τεττάρων τὸ μὲν
τὸ ὅλον κινεῖσθαι τῶν μορίων μενόντων ἀδύνατον· ἅμα γὰρ τῷ
ὅλῳ κινεῖται καὶ τὰ μέρη, ἐξ ὧν τὸ ὅλον. τὸ δὲ μήτε τὸ ὅλον   20
μήτε τὰ μόρια κινεῖσθαι τοῖς ἑστῶσιν ὑπάρχει. λείπεται δὴ οὖν
ἢ τὸ ὅλον μὴ κινεῖσθαι τῶν μορίων κινουμένων, ἢ καὶ τὸ ὅλον
καὶ τὰ μέρη κινεῖσθαι· ἀλλὰ τὸ μὲν πρότερον ποιεῖ σφαιρικὴν ἢ
κυλινδρικὴν κίνησιν, ὅταν ταῦτα κινῆται περὶ τοὺς ἑαυτῶν
ἄξονας· τὸ δὲ δεύτερον τὴν ἀπ'ἄλλης χώρας εἰς ἄλλην   25
μ ε τ ά σ τ α σ ι ν, ὅταν καὶ ὅλον ἀ μ ε ῖ β ο ν τὸν ἑαυτοῦ τόπον
ἄλλον καὶ ἄλλον καταλαμβάνῃ τόπον.

Ὅτι μὲν οὖν εἰς ταῦτα γίγνεσθαι τὴν διαίρεσιν τῆς φορᾶς
ἀναγκαῖον, ἀπὸ τούτων δῆλον. ὁρῶμεν δὲ οὐ μόνον ἐν τοῖς
αἰσθητοῖς τὰς δύο ταύτας κινήσεις – περὶ μὲν οὖν τὸν οὐρανὸν   30
τὴν κύκλῳ, περὶ ⌊δὲ⌋ τὰ ὑπὸ σελήνην τὴν καθ'ὅλα με⎮τάστασιν   1161
–, ἀλλὰ καὶ ἐν τοῖς ἐπέκεινα τούτων, τῆς μὲν μερικῆς ψυχῆς διὰ
τῆς ἄνω τε καὶ κάτω φορᾶς καὶ τῆς κατὰ μῆκος μεταβατικῆς
ἐνεργείας παράδειγμα φερούσης τῶν καθ'ὅλα κινήσεων, τοῦ δὲ
νοῦ διὰ τῆς εἰς τὸ νοητὸν ἀμεταβάτου στροφῆς τὴν κυκλικὴν   5
κίνησιν κατ'αἰτίαν προειληφότος, καὶ οὐ τοῦ νοῦ μόνον, ἀλλὰ

1160.25 – 26 = *Tim.* 82a3   26 = *Parm.* 138d3

1160.16 ἐν...γιγνόμενον delevimus ex g (cf. supra, l. 14-15)   23 πρότερον
Σg : πρῶτον A   24 κινῆται AᶜΣ : κινεῖται A   27 τόπον om. g   28 φορᾶς
correximus ex g (*lationis*) : διαφορᾶς ΑΣ   31 δὲ add. Cous *autem* g | τὰ
Σg : τοὺς A | post ὑπὸ add. τὴν A   1161.3 φορᾶς FGg : διαφορᾶς PR om.
A   6 κατ'αἰτίαν correximus ex g (*secundum causam*) : κραταιὰν ΑΣ
δι'αἰτίαν coni. Taylor

καὶ πάσης θείας ψυχῆς διὰ τῆς περὶ αὐτὸν ⟨τὸν⟩ νοῦν χορείας
προσλαβούσης τὴν ἀσώματον κυκλοφορίαν. ὅθεν, ⌊ὡς⌋ εἴπομεν
ἤδη, καὶ ὁ Ἀθηναῖος ξένος ἐν Νόμοις σφαίρας ἐντόρνου
10 μιμήματι τὴν ἐνέργειαν ἀπείκασε τοῦ νοῦ. καὶ μέντοι καὶ
αὐτὸς ὁ Παρμενίδης σφαῖραν ἀποκαλῶν τὸ ὂν καὶ νοεῖν
αὐτὸ λέγων, δηλονότι καὶ τὴν νόησιν αὐτοῦ κίνησιν προσερεῖ
σφαιρικήν. ὁ δὲ δὴ Τίμαιος εἰς κύκλους κατακάμψας τὴν
κατὰ μῆκος πρόοδον τῆς ψυχῆς, καὶ τὸν μὲν ἔξω, τὸν
15 δὲ εἴσω τοῖν κύκλοιν ποιήσας, ἀμφοτέρους κατὰ τὴν
δημιουργικὴν αἰτίαν, ἀΐδιον αὐτοῖς ἐνδέδωκε καὶ νοερὰν περίο-
δον πρὸ τῶν σωμάτων, καὶ τῶν θεολόγων εἰδότων τὴν ἀσώμα-
τον κυκλοφορίαν, ὅταν ὁ μὲν Ἑλλήνων λέγῃ θεολόγος περὶ τοῦ
πρώτου καὶ κρυφίου θεοῦ τοῦ πρὸ τοῦ Φάνητος ὃ δ' ἀπειρέ-
20 σιον κατὰ κύκλον Ἀτρύτως ἐφορεῖτο, τὰ δὲ λόγια
πάσας πηγὰς ἀποφαίνηται καὶ ἀρχὰς δινεῖν ἀεί τε
μένειν ἀόκνῳ στροφάλιγγι· παντὸς γὰρ τοῦ κύκλῳ
1162 κινουμέ|νου συμμιγῆ τῇ κινήσει τὴν μονὴν ἔχοντος, εἰκότως
εἴρηται καὶ ἀεὶ μένειν ἐν τῷ περιστρέφεσθαι, τοῦ ἀόκνου

1161.8 — 9 ὡς εἴπομεν ἤδη: cf. supra, 1158.4-10   **9** = *Leg.* X 898b2   **11**
= Parm., FVS 28B8.43 | = Parm., FVS 28B8.34   **14** = *Tim.* 36b7
14 — 15 = *Tim.* 36c3-4   **19 — 20** = *Orph.*, fr. 119 [III] B. (71a K.)   **21 — 22**
= *Or. chald.*, fr. 49.3-4

1161.7 αὐτὸν correximus ex g (*ipsum*) : αὖ τὸν Σ τὸν A | τὸν addidimus
8 ὡς addidimus ex g (*ut*)   **9** ἤδη Aᶜg : εἴδη AΣ | ante καὶ add. ὡς Mᵇ ˢˡ
12 προσερεῖ Ag : προερεῖ Σ (προαιρεῖ Pᵃ)   **14** ἔξω Σg : ἔσω A   **15** εἴσω
Σg : ἔξω A   **16 — 17** περίοδον Σg : πρόοδον A   **20** ἐφορεῖτο Cous² :
φοροῖτο AΣg   **21** ἀποφαίνηται Σ : ἀποφαίνεται A | δινεῖν A¹ : νίειν Σg
22 κύκλῳ Σg : κύκλου A   **1162.23 — 1162.1** κινουμένου A¹ ˢˡΣg : στρεφο-
μένου A   **2** εἴρηται A : εἴρηνται Σ

τὴν ἀϋλίαν σημαίνοντος. ἔχομεν ἄρα καὶ τὰς τῶν ἀσωμάτων
κινήσεις ἐν τῇ διαιρέσει ταύτῃ περιεχομένας, καὶ οὕτως ἀκίνη-
τον δείκνυται τὸ ἕν, ὡς πάσης ὑπεριδρυμένον κινήσεως,   5
ἀλλ' οὐχ ὡς πῇ μὲν ἀκίνητον, πῇ δὲ κινούμενον ὑπάρχον.

**Οὐκοῦν κύκλῳ ⌊μὲν⌋ περιφερόμενον ἐπὶ μέσου
βεβηκέναι ἀνάγκη, καὶ <τὰ> περὶ τὸ μέσον
φερόμενα ἄλλα μέρη ἔχειν ἑαυτοῦ· ᾧ δὲ μήτε
μέσου μήτε μερῶν προσήκει, τίς μηχανὴ τοῦτο   10
κύκλῳ ποτὲ ἐπὶ τοῦ μέσου ἐνεχθῆναι; – Οὐδε-
μία.** [Parm. 138c6-d2]

Μετὰ τὴν διαίρεσιν τῆς φορᾶς δείκνυσιν ὅτι κατ' οὐδετέραν
τῶν κινήσεων τούτων κινεῖται τὸ ἕν, ⌊οὔτε κατὰ τὴν τῶν μερῶν
περιφοράν⌋, οὔτε κατὰ τὴν <τοῦ> ὅλου μετάστασιν, καὶ πρότερον   15
ὅτι κατὰ τὴν τῶν μερῶν περιφορὰν οὐ κινεῖται τὸ ἕν· ταύτης
γὰρ ἴδιον τὸ μέσον τι ἔχειν, καὶ δὴ καὶ τὰ ἔσχατα κινεῖσθαι περὶ
τὸ μέσον, καὶ ἕτερον αὐτὸ μένειν μὲν κατὰ τὸ ὅλον, φέρεσθαι δὲ
κατὰ τὴν τῶν μορίων ἀντιμετάστασιν. τὸ δὲ ἓν οὔτε ὅλον ἐστὶ
καὶ μέρη ἔχον, οὔτε μέσον ἐν αὐτῷ τι δυνατὸν εἶναι καὶ ἔσχατα.   20
πῶς ἂν οὖν περιφέροιτο μηδέτερον τῶν ἰδίων τῆς περιφορᾶς
καταδεδεγμένον;

1162.7 μὲν addidimus ex Ag PLAT. codd. : om. Σ   8 τὰ addidimus ex A
PLAT. codd. (cf. infra, 1163.8) : om. Σg   9 ἑαυτοῦ ΑΣg PLAT. BCDT : ἑαυτῷ
PLAT. W   **10**   μερῶν Ag PLAT. codd. : παρερῶν Σ (παρεργῶν F)
14—15   οὔτε...περιφοράν add. M^b ^mg neque secundum partium
circulationem g   **15** τοῦ add. Cous   **16** κινεῖται ΑRg : κεῖται FGP
20 καὶ¹ ΑΣ : neque g

*Ταῦτα μὲν οὖν οὕτω συλλελόγισται διὰ τῶν προειρημένων
1163 κατὰ τὰς γεωμετρικάς, φασίν, | ἀνάγκας. περὶ δὲ τὴν
λέξιν ἐκείνοις ἐπισημαντέον ὅτι τὸ μὲν ἐπὶ μέσου βεβη-
κέναι τὴν σφαῖραν εἰκότως εἴρηται, διότι τὸ κέντρον ἐστὶ τὸ
πᾶσαν ἑδράζον τὴν περιφοράν, καὶ ὅτι τοῦτο κινηθὲν κινεῖ τὸ
5 ὅλον, καὶ ἐπὶ τούτου βέβηκε τὸ ὅλον οἷον ἑστίας αὐτοῦ καὶ
συνοχῆς, οὕτω καὶ ἐν Πολιτικῷ τοῦ ἐκεῖ σοφοῦ λέγοντος ἐπὶ
σμικροτάτου ποδὸς βεβηκέναι τὸ πᾶν, καὶ τὸ κέντρον
πόδα σμικρότατον καλοῦντος. τὸ δὲ καὶ τὰ περὶ τὸ
μέσον φερόμενα ἄλλα μέρη ἔχειν ἑαυτοῦ μικρὸν
10 ὑπερβιβάσαι χρὴ τοῦ σαφοῦς χάριν, ἵν᾿ ᾖ τὸ ὅλον τοιοῦτον· καὶ
ἔχειν μέρη ἄλλα ἑαυτοῦ πᾶν τὸ περιφερόμενον ἀνάγκη, ὁποῖα
ταῦτα τὰ περιφερόμενα περὶ τὸ μέσον· τὰ γὰρ μόρια αὐτοῦ
κινεῖται μόνα τοῦ ὅλου μένοντος. τὸ δὲ ᾧ μήτε μέσου
μήτε μερῶν προσήκει σαφῶς ἀντιδιεῖλε τὸ μέσον τοῖς
15 μέρεσιν, ὡς μὴ ὂν μέρος· ἕτερον γὰρ τὸ μέσον παρὰ πάντα ἐστὶ
τὰ τοῦ κινουμένου μέρη, μένον αὐτὸ κινουμένων ἐκείνων πάν-
των. τὸ δὲ ἐπὶ τοῦ μέσου ἐνεχθῆναι τοιοῦτον ῥητέον τι
σημαίνειν, οἷον τὸ ἔξωθεν ὂν τοῦ μέσου καὶ ἐπ᾿ αὐτοῦ φερόμενον,
ἀλλ᾿ οὐκ ἐπ᾿ αὐτό – τοῦτο γὰρ τῶν εὐθυφορουμένων ἐστὶν ἴδιον
20 –, κυκλεῖσθαι πανταχόθεν αὐτὸ περιλαμβάνον· τὰ μὲν γὰρ
ἐπ᾿ εὐθείας κινούμενα ἢ ἐπὶ τὸ μέσον κινεῖται ἢ ἀπὸ τοῦ μέσου,
τὸ δὲ κυκλικῶς φερόμενον λέγοιτ᾿ ἂν καὶ περὶ τὸ μέσον κινεῖ-*

1162.23   συλλελόγισται...προειρημένων: cf. *Parm.* 137c5-d4
24 –1163.1 = *Resp.* V 458d5   1163.6 –7 = *Pol.* 270a9

1163.8   τὰ Σg : τὸ A   9   φερόμενα Mᵇ *que feruntur* g : φερόμενον ΑΣ
ἑαυτοῦ Cous² : αὐτοῦ ΑΣg   11 ὁποῖα Cous² : ποῖα ΑΣ *qualia* g   15 παρὰ
Ag : περὶ Σ   19 αὐτό Ag : αὐτά Σ

σθαι, καθάπερ εἶπε πρότερον ἔχειν αὐτὸ μέρη φερόμενα
περὶ τὸ μέσον· καὶ αὖ ἄλλον τρόπον ἐπὶ τοῦ μέσου
ὡς ἐπινηχόμενον αὐτῷ καὶ ἐφαπλούμενον διὰ τὴν ὄρεξιν τῆς   25
κατὰ τὸ μέσον ἕδρας. εἰ μὴ ἄρα καὶ ἄλλως ἐπὶ τοῦ μέσου
κύκλῳ λέγοιτο ἂν κινεῖσθαι, ὡς ἐπὶ τούτου μὲν βαῖνον, κύκλῳ
δὲ κινούμενον, ὡς εἴρηται καὶ ἐν Πολιτικῷ ἐπὶ σμικροτά-
του ποδὸς βαίνειν, ἵνα τὸ μὲν μένῃ, τὸ δὲ φέρηται περὶ τὸ
μέσον, καθάπερ ἤδη προείρηκεν ἐπὶ τοῦ μέσου βεβη-   30
κέναι τὸ περιφερόμε|νον. ταῦτα καὶ περὶ τῶν λέξεων.   1164
ἐπὶ δὲ τὰ ἑξῆς μεταβατέον τοῦ Πλάτωνος.

Ἀλλὰ δὴ χώραν ἀμεῖβον ἄλλοτε ἄλλοθι γί-
γνεται καὶ οὕτω κινεῖται; – Εἴπερ γε δή. –
Οὐκοῦν εἶναι μέν που ἔν τινι αὐτὸ ἀδύνατον   5
ἐφάνη; – Ναί. – Ἆρ' οὖν γίγνεσθαι ἔτι ἀδυνα-
τώτερον; – Οὐκ ἐννοῶ ὅπη. – Εἰ ἔν τῷ ⌊τι⌋
γίγνεται, οὐκ ἀνάγκη μηδέπω ἐν ἐκείνῳ εἶναι
ἔτι ἐγγιγνόμενον, μήτε ἔτι ἔξω ἐκείνου παντά-

1163.23 πρότερον: cf. Parm. 138c7-8   28–29 = Pol. 270a9   30–1164.1
= Parm. 138c7

1163.23 αὐτὸ Σg : αὐτὰ A ǀ φερόμενα ΑΣ Plat. (Parm. 138c8) : delatum g
29 τὸ² Ag : τῷ Σ (τὰ G)   30 μέσον ARg : μένον FGP   1164.1 περὶ
correximus ex g (de) : ἐπὶ ΑΣ   3 ἀμεῖβον ΑΣg Plat. TW : ἀμείβων Plat.
BCD   5 αὐτὸ Ag : αὐτῷ Σ Plat. codd.   6 ἐφάνη...Ναί Ag Plat. codd. :
ἔφαν εἶναι Σ ǀ Ἆρ' Cous² cum Plat. codd. : ἄρ'ΑΣg   6–7 ἀδυνα-
τώτερον Ag Plat. codd. : δυνατώτερον Σ   7 Εἰ Ag Plat. codd. : ἢ Σ ǀ τῷ
τι Ag Plat. codd. : τῷ Σ   8 γίγνεται AGPg Plat. codd. : γίγνεσθαι FᶜR
μηδέπω Σg Plat. TW : μήτε πω A Plat. BCD   9 ἐγγιγνόμενον AᶜMᵗ (in
mg. iter.) Plat. codd. fiens g : ἐν γίγνομενον ΑΣ ǀ μήτε ἔτι Σg : μήτετι
Plat. codd. μήτέ τι (sic) A

10 πασιν, εἴπερ ἤδη ἐγγίγνεται; – Ἀνάγκη. – Εἰ
ἄρα τι ἄλλο πείσεται τοῦτο, ἐκεῖνο ἂν μόνον
πάσχοι, οὗ μέρη εἴη· τὸ μὲν γὰρ ἄν τι αὐτοῦ
ἤδη ἐν ἐκείνῳ, τὸ δὲ ἔξω εἴη ἅμα. τὸ δὲ μὴ
ἔχον μέρη οὐχ οἷόν τέ που ἔσται τρόπῳ οὐδενὶ
15 ὅλον ἅμα μήτε ἐντὸς εἶναί τινος μήτε ἔξω. –
Ἀληθῆ. – Οὗ δὲ μήτε μέρη εἰσὶ μήτε ὅλον
τυγχάνει ὄν, οὐ πολὺ ἔτι ἀδυνατώτερον ἐγ-
γίγνεσθαί που, μήτε κατὰ μέρη μήτε κατὰ
ὅλον ἐγγιγνόμενον; – Φαίνεται. [Parm. 138d2-139a1]

20   Τοῦτό ἐστι τὸ λειπόμενον τῆς κινήσεως εἶδος, ὅταν μετα-
βάλλῃ τόπον ἐκ τόπου τὸ κινούμενον ὅλον, ὃ δὴ πρόκειται
δεῖξαι διὰ τούτων μηδαμῶς τῷ ἑνὶ προσῆκον, καὶ δείκνυται καὶ
τοῦτο πάλιν διὰ τῶν προδεδειγμένων· ἀποπέφαται γὰρ ἡμῖν τοῦ
ἑνὸς τὸ ἔν τινι, καὶ δέδεικται ὡς ἐν οὐδενὶ τὸ ἔν. πᾶν δὲ τὸ κατὰ
25 τόπον ὅλον κινούμενον γίγνεται ἔν τινι· τὸ ἄρα ἓν οὐ κινεῖται
κατὰ τόπον ὅλον. ὅτι δὲ ἀδύνατον γίγνεσθαι τὸ ἓν ἀπ' ἄλλου
τόπου μεταβαῖνον εἰς ἄλλον ⌊τόπον, δείκνυσιν οὕτω· τὸ ἀπ' ἄλ-
λου τόπου μεταβαῖνον εἰς ἄλλον⌋ ἢ {γὰρ} ὅλον ἑκατέρου ἐστὶν

1164.23 διὰ...προδεδειγμένων: cf. Parm. 138a2-b6

1164.10 ἤδη Σ PLAT. TW : δὴ Ag PLAT. BCD | ἐγγίγνεται MᵗΣg PLAT. TW :
ἕν γίγνεται A PLAT. BCD   14   ἔσται AΣg PLAT. BDTW : ἐστι PLAT. C
18 κατὰ¹ AΣ PLAT. BCDT : κατὰ τὰ PLAT. W   18–19 κατὰ ὅλον AΣ PLAT.
BCD : κατὰ τὸ ὅλον PLAT. W ὅλον PLAT. T   22   ἑνὶ Ag : ἓν Σ
23 ἀποπέφαται FMg : ἀποπέφασται AGPR   24 ἔν GPg : ἕν AFR | ἐν om. Σ
27–28 τόπον...ἄλλον addidimus ex g (locum ostendit sic. quod ab aliquo
[perperam pro alid] loco transit in alium) : δῆλον AΣ   28   γὰρ delevimus
ex g

ἐντός, ἢ ὅλον ἐκτός, ἢ τὸ μὲν αὐτοῦ ὡδί, τὸ δὲ ἐν ἄλλῳ. ἀλλ᾽ εἴτε
ὅλον ἐκτὸς ἐν οὐδετέρῳ ὄν, οὐκ ἂν φέροιτο ἐκ τοῦ ἑτέρου εἰς τὸ   30
ἕτερον· εἴτε ὅλον ἑκατέρου ἐντὸς εἴη, {πάλιν} οὐκ ἂν πάλιν ἔτι
κινοῖτο ἀπὸ τοῦ προτέρου τόπου | εἰς τὸν ἐχόμενον. εἰ δὲ τὸ μὲν   **1165**
αὐτοῦ ὡδὶ εἴη, τὸ δὲ ἐν τῷ λοιπῷ, μεριστὸν ἔσται· τὸ δὲ ἓν
οὐδαμῶς μεριστόν. οὐκ ἄρα δύναται γίγνεσθαι ἔν τινι τὸ ἕν. εἰ
γὰρ μὴ ἔστι μεριστόν, ἀνάγκη ἢ ὅλον ἐκτὸς εἶναι ἀμφοῖν ἢ ὅλον
ἐντὸς γιγνόμενον τὸ ἕν· ταῦτα δὲ ἀδύνατα. οὐκ ἄρα ἐγγίγνεται   5
τὸ ἕν. ὅτι δὲ ἀδυνατώτερον τοῦτο τοῦ εἶναι ἔν τινι, δῆλον· λάβοις
γὰρ ἄν τι τῶν ὄντων ὅλον μήτε ἐκτὸς ὂν μήτε ἐντός τινος, ἀλλὰ
καὶ ἐκτὸς καὶ ἐντός· οὕτω γὰρ ἡ ψυχὴ καὶ ὁ νοῦς καὶ ἐν τῷ
κόσμῳ λέγονται εἶναι καὶ ἔξω τοῦ κόσμου. γιγνόμενον δὲ ἔν τινι
ὅλον, ὃ μήτε ἐκτός ἐστι μήτε ἐντός, ἀδύνατον ὑπάρχειν· ἀδυνα-   10
τώτερον ἄρα τὸ γίγνεσθαι ἔν τινι τοῦ εἶναι ἔν τινι, καὶ ὡς ὅλον
καὶ ὡς μέρη ἔχον τὸ ἕν.

Εἰ ἄρα τὴν ψυχὴν λέγοιμεν, μὴ τὴν ἡμετέραν μόνην, ἀλλὰ
καὶ τὴν θείαν, τῆς τοιαύτης κινήσεως ἔχειν τὴν αἰτίαν διὰ τὸ
μεταβατικῶς ἐνεργεῖν, εἰς τὸ μεριστὸν αὐτῆς ἀποβλέπομεν καί,   15
ὡς διαφόρους ἔχουσαν λόγους, ἄλλοτε κατ᾽ ἄλλους ἵστασθαι
φήσομεν, μήτε ὅλην κατ᾽ ἐκεῖνο μόνον τὸ ἐνεργούμενον οὖσαν,
μήτε ἐκτὸς ἐκείνου παντελῶς· οὔτε γὰρ ὅλην αὐτὴν ὁμοῦ τοῖς
τοῦ νοῦ προσάγει νοήμασιν – οὐ γὰρ ἀθρόως αὐτὰ πέφυκεν ὁρᾶν
–, οὔτε ὅλη χωρίζεται τοῦ νοῦ, ἀλλὰ κατὰ τὰς διαφόρους ἑαυτῆς   20

1164.31 εἴη scripsimus : ᾗ ΑΣ | *πάλιν* delevimus ex g   **1165.4** ἀνάγκη
om. A   **5** post ἐγγίγνεται add. ἔν τινι Cous   **10–11** ἀδυνατώτερον
Cous² *impossibilius* g : ἀδύνατον Α²ΜΣ   **16**   ἄλλοτε correximus ex g
(*alias*) : ἄλλο ΑΣ   **17** ὅλην Σg : ὅλον Α²Μ   **18** αὐτὴν scripsimus : αὑτὴν
ΑΣg   **19** προσάγει correximus ex g (*adducit*) : προάγειν Α²Σ παράγειν Α
20 ἑαυτῆς Σg : ἑαυτῶν Α²Μ αὐτῶν Cous²

νοήσεις γίγνεταί πως ἐν τοῖς διαφόροις εἴδεσι τοῦ νοῦ, καὶ οἷον
εἰσοικίζει τὴν ἑαυτῆς νόησιν εἰς τὸν νοῦν ὡς οἰκεῖον αὐτῆς
τόπον. διὸ καὶ ὁ Τίμαιος οὐκ ὤκνησε καὶ γεννητὴν εἰπεῖν
τὴν ψυχήν, ὡς μεριστὴν αὐτὴν προείρηκεν· οὐ γὰρ ἔχει τὸ
25   ἀθροῦν κατὰ τὴν νόησιν, ἀλλὰ γίγνεται αὐτῆς ἡ ἐνέργεια πᾶσα,
καὶ ἐν μεταβάσεσιν οὐσίωνται αὐτῆς αἱ νοήσεις. ὅθεν καὶ
ἀπ᾿ αὐτῆς ὁ χρόνος ἄρχεται, καὶ τὰς αὐτῆς μετρεῖ πρώτας
ἐνεργείας.

Ἔοικεν οὖν ὁ μὲν νοῦς εἰλικρινῶς τῆς κύκλῳ κινήσεως
1166 ἔχειν τὸ παράδειγμα, κέντρον μὲν ἔχων τὸ ἑαυτοῦ μένον, | τὰς
δὲ πολλὰς τῶν εἰδῶν ἀπὸ τοῦ ὄντος τούτου καὶ τῆς οἷον ἑστίας
αὐτοῦ προόδους ὡς τὰς ἀπὸ τοῦ κέντρου εὐθείας, τὰς δὲ νοερὰς
πάσας ἐνεργείας τὰς νοητικὰς τῶν <εἰδῶν> καὶ τοῦ ὄντος αὐτοῦ
5   ὡς τὴν μίαν ἐπιφάνειαν τὴν περιθέουσαν τάς τε ἐκ τοῦ κέντρου
καὶ τὸ κέντρον· ἡ δὲ θεία ψυχὴ καὶ τῆς εὐθυπορίας εἰληχέναι τὸ
παράδειγμα καὶ τῆς κυκλοφορίας, ὡς μὲν περιϊοῦσα τὸν
νοητὸν τόπον ταύτης, μένουσα μὲν ὡς ὅλη, ταῖς δὲ μεταβά-
σεσιν ἐξελίττουσα τὸ νοητόν, ὡς δὲ ἀεὶ κατὰ τὸ νοούμενον ὅλην
10   ἑαυτὴν ἐπερείδουσα ἐκείνης· καὶ γὰρ ὡς ὅλη μένει τε καὶ κινεῖ-
ται. λοιπὴ δὲ ἡ μερικὴ ψυχὴ ταῖς κατὰ μῆκος κινήσεσι σαφῶς
τῆς ἐπ᾿ εὐθείας κινήσεως ἐκφέρει τὴν ἀσώματον αἰτίαν.

1165.23−24 cf. *Tim.* 37a2   24 = *Tim.* 35a3   26−28 cf. *Tim.* 37d-38c;
cf. Ar., *Phys.* IV 11, 219b1-4   1166.7−8   = *Resp.* VI 508c1, 509d2, VII
517b5

1165.30 ἔχων Cous : ἔχον A²ΜΣ   1166.3 αὐτοῦ A : ἑαυτοῦ Σg   4 εἰδῶν
add. Cous² ὄντων Westerink   5 περιθέουσαν correximus ex g (*circumam-
bientem*) : παραθέουσαν ΑΣ   10   ἐπερείδουσα Σg : ἐπερείδουσαν Aᶜ
12 post αἰτίαν add. ταῖς δὲ κατ᾿ ἐπιστροφὴν τῆς κυκλοφορίας Cous²

Οὔτε ἄρα ποι ἰὸν καὶ ἔν τῳ γιγνόμενον χώραν
ἀλλάττει, οὔτε ἐν τῷ αὐτῷ περιφερόμενον οὔτε
ἀλλοιούμενον. – Οὐκ ἔοικε. – Κατὰ πᾶσαν ἄρα   15
κίνησιν τὸ ἓν ἀκίνητον. – ⌊Ἀκίνητον⌋. ⌈Parm.
139a1-4⌋

Ἐν τούτοις συνάγει πάντα τὰ προειρημένα περὶ τῆς κινή-
σεως συμπεράσματα, καὶ πρότερον ἀπαριθμησάμενος αὐτὰ
διῃρημένως, ἓν ποιεῖ καθόλου συμπέρασμα ἐπὶ πᾶσι, διδάσκων   20
ἡμᾶς καὶ διὰ ταύτης τῆς ἀνόδου πῶς χρὴ τὸν ἐπὶ τὴν τοῦ ἑνὸς
θέαν στελλόμενον συναιρεῖν ἀεὶ τὸ πλῆθος ἐπὶ τὸ κοινόν, καὶ τὰ
μέρη διὰ τοῦ ὅλου περιλαμβάνειν· ἃ γὰρ πρότερον κατεκερμά-
τισεν ἀπὸ τῆς κινήσεως λαβὼν τὰς τρεῖς κινήσεις, τὴν ἀλ-
λοίωσιν, τὴν περιφοράν, τὴν εὐθυφοράν, καὶ ἐφ᾽ ἑκάστης συλ-   25
λογισάμενος ὡς οὐ κινεῖται ταύτην τὸ ἕν, ταῦτα νῦν ἕκαστα
χωρὶς ἀπαριθμησάμενος τῷ εἰπεῖν οὔτε ποι ἰὸν οὔτε
περιφερόμενον οὔτε ἀλλοιούμενον, καὶ τὴν ἀπα-
ρίθμησιν εὔτακτον ποιησάμενος, ἀπὸ τῶν προσεχῶς δεδειγ-
μένων ἐπὶ τὰ πρὸ αὐτῶν ἀνατρέχουσαν, ἵνα | συνάψῃ τέλος τῇ   1167
ἀρχῇ καὶ μιμήσηται τὸν κύκλον τὸν νοερόν, κοινὸν ἐπήγαγε
συμπέρασμα καθολικὸν ἅπασιν ὅτι κατὰ πᾶσαν κίνησιν
ἀκίνητον τὸ ἕν. καὶ ὁρᾷς πάλιν ὡς ἡ μὲν πρότασις καὶ τὸ

1166.18 τὰ προειρημένα: cf. Parm. 138c1-139a3   23 πρότερον: cf. Parm.
138c1-d2   1167.4 πάλιν: cf. supra, 1151.28-1152.11

1166.13   ἔν τῳ correximus ex g (in aliquo) et PLAT. codd. : ἐν τῷ ΑΣ
16 Ἀκίνητον addidimus ex Ag PLAT. codd. : om. Σ   21 ἀνόδου ΑΣ : an
ἐφόδου corrigendum ex g (processum)?   22 συναιρεῖν Ag : συναιρεῖ Σ
23 περιλαμβάνειν PR : παραλ- AFG   26 ante ταύτην add. κατὰ Cous²
1167.2 ἐπήγαγε Σg : ἐπήγαγον A

5 συμπέρασμα καθολικά, αἱ δὲ ἀποδείξεις μετὰ τῶν διαιρέσεων
προεληλύθασιν· αἱ μὲν γὰρ μόνιμοι νοήσεις καὶ ἐπιστροφαὶ
συναιροῦσι τὸ πλῆθος, αἱ δὲ κατὰ τὴν πρόοδον ἱστάμεναι διαι-
ροῦσι τὸ ὅλον εἰς τὰ μέρη καὶ τὸ ἓν εἰς τὸν οἰκεῖον ἀριθμόν.

Ἀλλὰ ταῦτα μὲν εἴρηταί μοι περὶ τῆς ὅλης αὐτοῦ μεταχει-
10 ρίσεως. ἐπειδὴ δὲ καὶ εἰώθασι πρὸς τοὺς ἀναιροῦντας λόγους
ἀπὸ τοῦ ἑνὸς τὴν κίνησιν ἀπορεῖν τινες, φέρε, καὶ πρὸς τούτους
ἀπολογησώμεθα συντόμως. λέγουσι δὲ ὅτι τὸ πρῶτον ἐνεργεῖν
εἰς τὰ δεύτερα πάντως ἀναγκαῖον· δίδωσι γὰρ αὐτοῖς τὴν
ἕνωσιν πᾶσι, καὶ ἔστι πάντων αἴτιον τῶν μετεχομένων ἑνιαίων
15 εἰδῶν ἐν τοῖς οὖσι· τί οὖν κωλύει ταύτην αὐτοῦ τὴν ἐνέργειαν
κίνησιν ἀποκαλεῖν; ὅτι, φήσω, τὴν ἐνέργειαν οὐ δεῖ πρὸ οὐσίας
τάττειν, οὐδὲ ὅλως ἐνέργειαν τῷ πρώτῳ διδόναι· πᾶν γὰρ τὸ
ἐνεργοῦν δύναται τοῦτο πάντως ὃ ἐνεργεῖ. δέον οὖν ἔσται καὶ
δύναμιν τῷ πρώτῳ διδόναι τοὺς τὴν ἐνέργειαν συγχωρήσαντας·
20 δυνάμεως δὲ ἐκεῖ καὶ ἐνεργείας οὔσης, πλῆθος ἡμῖν ἐν τῷ ἑνὶ
πάλιν ἀναφανήσεται, καὶ οὐχ ἓν ἔτι τὸ ἓν ⌊ἔσται⌋. ἡμεῖς δέ –
εἰρήσθω γὰρ τὸ δοκοῦν – καὶ τὸ εὐθὺς μετὰ τὸ ἓν κρεῖττον εἶναι
δυνάμεώς φαμεν καὶ ὑποστατικὸν τῆς δυνάμεως καὶ πολλῷ
μᾶλλον τῆς ἐνεργείας· ἡ γὰρ τῆς πρώτης τριάδος τῶν νοητῶν
25 ὕπαρξις πάσης ἐστὶν ἐπέκεινα δυνάμεως καὶ πάσης ἐνεργείας·
πόσῳ ἄρα μᾶλλον τὸ ἓν τὸ πᾶσαν ὕπαρξιν ὑπεραῖρον κρεῖττον
εἶναι θησόμεθα τοῦ ἐνεργεῖν; καὶ οὐ θαυμασόμεθα πῶς πάντα
ἀπὸ τοῦ ἑνός, ἐκείνου μὴ ἐνεργοῦντος· κινδυνεύει γὰρ τὸ τῷ
ἐνεργεῖν τι παράγον δι' ἔλλειψιν τοῦτο πάσχειν δυνάμεως·
30 κρεῖττον δὲ εἶναι τὸ τῷ εἶναι μόνῳ παράγειν· τοῦτο γοῦν

1167.13 πάντως Ag : πάντας Σ   15 αὐτοῦ Σg : αὐτὴν M legi nequit A²
21 ἔσται addidimus ex g (erit)   24 ἡ A²M : deest in g εἰ Σ   28 τὸ om. Σ

ἀπράγμονός ἐστι ποιήσεως· οὕτω καὶ ψυχὴ | ζωοποιεῖ πᾶν {τι}   **1168**
ᾧ ἂν παρῇ τῷ εἶναι ζωὴ μόνον, οὐκ ἄλλην ἔχουσά τινα ἐνέρ-
γειαν παρὰ τὸ ζῆν, ἀλλ' αὐτῷ <τῷ> ζῆν μόνον παντὶ τῷ δυνα-
μένῳ ζῆν μεταδιδοῦσα τοῦ ζῆν. καὶ νοῦς ὑφίστησι τὰ μετ' αὐτὸν
τῷ εἶναι ὅ ἐστιν, οὐκ ἔχων ἄλλην ἐνέργειαν παρὰ τὸ εἶναι τὴν   5
διδοῦσαν τὸ εἶναι οἷς δίδωσιν· ἐπειδὴ δὲ οὐ μόνον τῷ εἶναι ποιεῖ
νοῦς ὤν, ἀλλὰ καὶ νοεῖ ἃ ποιεῖ, καὶ ἡ ψυχὴ γιγνώσκει τοῦτο ὅ τι
ποιεῖ ζῆν τῷ ζῆν, δοκεῖ καὶ νοῦς καὶ ψυχὴ δι' ἐνεργείας γνω-
στικῆς ποιεῖν· ποιεῖ δὲ κατ' ἀλήθειαν μετ' ἐνεργείας μὲν γνω-
στικῆς, οὐ δι' ἐνεργείας δὲ γνωστικῆς· κἂν ⌊γὰρ⌋ ἀφέλῃς   10
ταύτην, καταλιπὼν τῇ μὲν τὸ εἶναι ζωὴν ὅ ἐστι, ⌊τῷ δὲ τὸ εἶναι
τὸ ὂν ὅ ἐστι⌋, παράξει καὶ ψυχὴ καὶ νοῦς ἃ δὴ καὶ μετὰ τοῦ
γνωστικῶς ἐνεργεῖν παρῆγεν. εἰ δὲ ταῦτα τῷ εἶναι παράγει,
πολλῷ μᾶλλον τὸ ἓν ἐκεῖνο πρὸ τούτων αὐτῷ τῷ ἓν ὑπάρχειν
παράξει τὰ πάντα, μηδὲ ἐνεργείας μετὰ τοῦ εἶναι ἓν δεόμενον.   15
καὶ γὰρ εἰ δι' ἐνεργείας παρῆγεν, ἔδει ζητεῖν, ἐπειδὴ ἐνεργεῖ,
πότερον ὑφίστησι τὴν ἐνέργειαν ἑαυτοῦ τὸ ἓν ἢ οὐχ ὑφίστησιν. εἰ
μὲν γὰρ οὐχ ὑφίστησι, δύο ἔσται τὰ πρῶτα· τὸ ἓν καὶ ἡ ἐνέργεια
τοῦ ἑνός, διαφέροντα ἀλλήλων. εἰ δὲ ὑφίστησιν, ἀνάγκη ταύτην
ὑφιστάνειν τὸ ἓν πρὸ ἐνεργείας, ἢ ἐπ' ἄπειρον ἄνιμεν, ἐνέργειαν   20
πρὸ ἐνεργείας τιθέντες· ὥστε ἀνάγκη τὸ ἓν πρὸ ἐνεργείας
παράγειν αὐτὴν τὴν ἐνέργειαν. εἰ δὲ τοῦτο, θαυμαστὸν οὐδέν, εἰ

1167.31   ἀπράγμονός Strobel : ἄπραγμόν ΑΣg   1168.1   ζωοποιεῖ
scripsimus : ζῷα ποιεῖ ΑΣ *uitam facit* g ζῆν ποιεῖ Cous | πᾶν τι
scripsimus : παντὶ ΑΣg   2   ζωὴ ΑΣ : *uitam* g | μόνον Α¹Σg : μόνῳ Α
3   παρὰ Αg : περὶ Σ | αὐτῷ τῷ scripsimus : αὐτῷ Σg ἐν τῷ Α | ζῆν² ΑΣ :
om. g | μόνον Σg : μόνῳ Α   5   παρὰ Αg : περὶ Σ   10   γὰρ addidimus ex g
(*etenim*)   11   post ζωὴν add. τῷ δὲ Cous²   11—12   τῷ...ἐστι addidimus
ex g (*huic autem esse le ens quod est*)   12   καὶ³ addidimus ex g (*et*)
14   τῷ Α : τὸ Σ   15   μηδὲ Cous² : μὴ δι' ΑΣg | τοῦ scripsimus : τὸ ΑΣg

171

καὶ τὸ πάντων αἴτιον οὕτως εἴη πρὸ πάσης ἐνεργείας, εἰ μὴ ἄρα
{τὸ πρὸ πάσης ἐνεργείας} τὸ πρῶτον ἀπ'αὐτοῦ παραχθὲν
25   ἐνέργειαν αὐτοῦ τις ἐθέλοι καλεῖν, πολλαχοῦ καὶ ἐπὶ τῶν τῇδε
πραγμάτων τὰ ἀποτελέσματα καλούντων ἡμῶν ἐνεργείας τῶν
ἀποτελεσάντων αὐτά. καὶ εἰ τοῦτο λέγοι τις, δῆλον ὅτι οὐκ ἐν
αὐτῷ ἡ ἐνέργεια, ἀλλὰ μετ' αὐτό. ὥστε τὸ ἓν οὐ δεηθὲν ἐνερ-
γείας ὑπέστησεν ὃ πρῶτον ὑπέστησεν. ὡς δὲ πρῶτον, οὕτω καὶ
30   πᾶν ὑπέστησε. πάντα ἄρα μὴ ἐνεργῆσαν ὑπέστησεν. εἰ δὲ αὐτὸ
1169 τοῦτο λέγοντες, ὑπέστησε καὶ παρήγαγεν, ἐνεργείας ὀνόματα |
λέγομεν, οὐδὲ τοῦτο χρὴ θαυμάζειν· ἀπὸ γὰρ τῶν ὄντων αὐτῷ
τὰ ὀνόματα προσάγομεν, ὀνόμασιν ἐνεργητικοῖς τὴν ἀνενέρ-
γητον ἀπ'ἐκείνου τῶν πάντων σημαίνοντες ἔκφανσιν. καί μοι
5   δοκεῖ καὶ ὁ δαιμόνιος Ἀριστοτέλης διὰ ταῦτα τὸ καθ'ἑαυτὸν
πρῶτον ἀπλήθυντον φυλάττων, τελικὸν αἴτιον τῶν πάντων
ποιεῖν μόνον, ἵνα μὴ ποιοῦν πάντα διδοὺς ἀναγκασθῇ δοῦναι τὴν
πρὸς τὰ μετ'αὐτὸ ἐνέργειαν αὐτῷ· εἰ γὰρ μόνον τελικόν ἐστι,
πάντα μὲν πρὸς αὐτὸ ἐνεργεῖ, αὐτὸ δὲ πρὸς οὐδέν.

10   Ἀλλὰ μὴν καὶ εἶναί γέ φαμεν ἔν τινι αὐτὸ
ἀδύνατον. – Φαμὲν γάρ. – Οὐδ'ἄρα ποτὲ ἐν τῷ
αὐτῷ ἐστι. – Τί δή; – Ὅτι ἤδη ἂν ἐν ἐκείνῳ
εἴη, ἐν ᾧ τῷ αὐτῷ ἐστι. – Πάνυ μὲν οὖν. –
Ἀλλ'οὔτε ἐν ἑαυτῷ οὔτε ἐν ἄλλῳ οἷόν τε ἦν

1169.5 cf. Ar., *Met.* XII 7, 1072b1-13

1168.24 τὸ¹...ἐνεργείας delevimus (εἰ...ἐνεργείας om. g)   25 ἐθέλοι Σg :
ἐθέλει AFᶜ   28 αὐτό scripsimus : αὐτόν ΑΣ   1169.9 αὐτὸ¹ Σ : αὐτὸν Α
13 εἴη Ag Plat. codd. : ἐν εἴπῃ Σ | τῷ αὐτῷ Σg Plat. BT : τὸ αὐτό Α Plat.
CW om. Plat. D   14 ἑαυτῷ Σg : αὐτῷ M Plat. codd. αὐτῷ Α

αὐτῷ ἐνεῖναι. – Οὐ γὰρ οὖν. – Οὐδέποτε ἄρα   15
ἐστὶ τὸ ἓν ἐν τῷ αὐτῷ. – Οὐκ ἔοικεν. – Ἀλλὰ
μὴν τό γε μηδέποτε ἐν τῷ αὐτῷ <ὂν> οὔθ᾽ ἡσυ-
χίαν ἄγει οὔθ᾽ ἔστηκεν. – Οὐ γὰρ οἷόν τε. – Τὸ
ἓν ἄρα, ὡς ἔοικεν, οὔθ᾽ ἔστηκεν οὔτε κινεῖται.
– Οὔκουν <δὴ> φαίνεταί γε. [Parm. 139a4-b3]   20

Τὸ προκείμενον ἦν ἐξ ἀρχῆς ἐπιδεῖξαι τὸ ἓν στάσεως καὶ
κινήσεως ἀπροσδεὲς καὶ ἐπέκεινα ἀμφοῖν καὶ αἴτιον αὐτῶν· οὐ
γὰρ οὕτως ἐπ᾽ αὐτοῦ τὸ μήτε ἑστάναι μήτε κινεῖσθαι ὡς ἐπὶ τῆς
ὕλης – μετέχει γὰρ αὐτῶν ἄχρι δοκήσεως ψιλῆς ἡ ὕλη πάντως
–, ἀλλ᾽ ὡς κρεῖττον ἀμφοῖν καὶ ὡς δι᾽ αὐτὸ καὶ τούτων ἐν τοῖς   25
οὖσιν ἀναφανέντων γενῶν· διότι γάρ, ὥς τις ἔφη καὶ τῶν πρὸ
ἡμῶν, οὐχ ἕστηκε τὸ ἕν, κεκίνηται τὸ ὄν, καὶ διότι οὐ κινεῖται,
ἕστηκε· μιμεῖται γὰρ τῷ μὲν ἑαυτοῦ στασίμῳ τὸ ἐκείνου ἀκί-
νητον, τῷ δὲ ἑαυτοῦ δραστηρίῳ τὸ ἐκείνου ὑπὲρ τὴν στάσιν καὶ
τὴν ἕδραν τὴν ἐν αὐτῷ, καὶ δι᾽ ἀμφοτέρων ὁμοιοῦται πρὸς τὸ ἕν,   30
οὐδέτερον ὄν.

Τὸ μὲν οὖν προκείμενον τοῦτό ἐστι. διελὼν | δὲ ὁ λόγος τὰ   **1170**
προβλήματα πρῶτον ἔδειξεν ὅτι οὐ κινεῖται τὸ ἓν διὰ τῶν

1169.21 ἦν : cf. supra, 1152.14-1154.3   26 τις: an Theodorus Asinaeus,
cf. Theol. plat. V 30, p. 109.21-22   1170.2−3 τῶν...συλλογισμῶν: cf.
Parm. 138c1-139a3

1169.15 αὐτῷ ΑΣ Plat. BDT : αὐτὸ Mᵇ Plat. CW ipsum g | ἐνεῖναι Plat.
ed. : ἓν εἶναι ΑΣg Plat. codd.   17 ὂν addidimus ex A Plat. T (cf. infra,
1170.29) : om. Σg Plat. BCDW   20 Οὔκουν A Plat. codd. : οὐκοῦν Σg | δὴ
addidimus ex A Plat. codd. : om. Σg   21 ἐξ ἐπιδεῖξαι Σg : δεῖξαι ἐξ
ἀρχῆς A⁴M   27 ὄν G ens g : ἕν A⁴MFPR   29 στάσιν A⁴Mg : τάσιν Σ
30 αὐτῷ Cous² : αὐτῷ ΑΣg

προειρημένων συλλογισμῶν, ἔπειτα αὖθις ἐπιδείκνυσιν ὅτι
οὐδὲ ἔστηκε διὰ τούτων τῶν νῦν προκειμένων τοιόνδε τινὰ
5 τρόπον· πᾶν τὸ ἑστὼς ἐν τῷ αὐτῷ βούλεται εἶναι, καθάπερ δὴ
καὶ τὸ κινούμενον ἐν διαφόροις εἴδεσίν ἐστιν ἢ τόποις. πᾶν δὲ τὸ
ἐν τῷ αὐτῷ ὂν ἔν τινί ἐστιν, ἐν τούτῳ δηλονότι ἐν ᾧ ὂν ἐν τῷ
αὐτῷ ἐστι· πᾶν ἄρα τὸ ἑστὼς ἔν τινί ἐστι· τὸ μὲν γὰρ ζωτικῶς
ἑστὼς ἐν ἑαυτῷ ἐστι, τὸ δὲ σωματικῶς ἐν ἄλλῳ. καὶ τὸ ἐν ἑαυτῷ
10 δὲ καὶ τὸ ἐν ἄλλῳ πάντως οὐ διαφεύγει τὸ ἔν τινι εἶναι. εἰ δὲ
πᾶν τὸ ἑστὼς ἔν τινί ἐστι, τὸ ἔν τινι μὴ ὂν οὐχ ἔστηκε κατὰ τὴν
σὺν ἀντιθέσει τῆς προτάσεως ἀντιστροφήν. εἰ τοίνυν τὸ ἓν μή
ἐστιν ἔν τινι, καθάπερ δέδεικται πρότερον, τὸ δὲ μὴ ὂν ἔν τινι
οὐχ ἔστηκε, δῆλον δήπουθεν ὅτι τὸ ἓν οὐχ ἔστηκεν, ὃ ⌊καὶ⌋
15 συμπέρασμα τελευταῖον ἐπήγαγε, διὰ μὲν τοῦ κ α ὶ ε ἶ ν α ί γ έ
φ α μ ε ν α ὐ τ ὸ ἔ ν τ ι ν ι ἀ δ ύ ν α τ ο ν τὴν ἐλάττονα πρότασιν
λαβὼν ὅτι ⟨τὸ⟩ οὐκ ἔστιν ἔν τινι, διὰ δὲ τοῦ ὅ τ ι ο ὐ δ έ π ο τ ε
ἄ ρ α ἐ ν τ ῷ ⟨α ὐ τ ῷ⟩ ἐ σ τ ι τὴν μείζονα, μᾶλλον δὲ τὸ συμ-
πέρασμα τὸ ἐξ ἀμφοῖν· ἡ γὰρ μείζων ἦν ὅτι τὸ μὴ ἔν τινι ὂν
20 οὐδὲ ἐν τῷ αὐτῷ ἐστιν, ὃ ⌊καὶ⌋ κατεσκεύασεν ἑξῆς εἰπόντος τοῦ
προσδιαλεγομένου τ ί δ ή, καὶ ἐπιζητήσαντος αὐτῷ δειχθῆναι
καὶ τὴν μείζονα πρότασιν, ἣν καὶ ἐπιδείξας ὁ Παρμενίδης
ἐπήγαγεν ο ὐ δ έ π ο τ ε ἄ ρ α ἐ σ τ ὶ τ ὸ ἓ ν ἐ ν τ ῷ α ὐ τ ῷ,
οὐδὲν διαφέρον τοῦ ο ὐ δ ' ἄ ρ α π ο τ ὲ ἐ ν τ ῷ α ὐ τ ῷ ἐ σ τ ι ν, ὅ
25 τι μετὰ τὴν ὑπόμνησιν εἴληπται τῶν προτάσεων ἀμφοτέρων,

1170.13 καθάπερ…πρότερον: cf. *Parm.* 138a2-b6

1170.7   τῷ αὐτῷ[1] scripsimus : αὐτῷ FR αὐτῷ AMP ταυτω A⁴ *eo ipso* g
om. G   **8** ἐστι[2] A⁴ˢˡ *est* g : ἑστώς A⁴MΣ   **9** ἑαυτῷ[2] F : αὐτῷ A αὐτῷ GPRg
10 δὲ[1] AΣg : γε Cous²   **14** καὶ addidimus ex g (*et*)   **17** τὸ delevimus, add.
ἕν A⁴ ˢˡ   **18** αὐτῷ add. A⁴ ˢˡ (cf. *Parm.* 139a8)   **20** καὶ addidimus ex g (*et*)
23 post οὐδέποτε add. τὸ Σ | τῷ αὐτῷ Σg (cf. *Parm.* 139a8) : ἑαυτῷ A

ἵν' ᾖ τοιοῦτος ὁ λόγος· τὸ ἓν οὐκ ἔστιν ἔν τινι· τὸ μὴ ὂν ἔν τινι
οὐδέποτε ἐν τῷ αὐτῷ ἐστιν. ἔπειτα δεύτερος λόγος τοιοῦτος· τὸ
ἓν οὐδέποτε ἐν τῷ αὐτῷ ἐστι· τὸ μηδέποτε ἐν τῷ αὐτῷ
ὂν οὐχ ἔστηκε· τὸ ἄρα ἓν οὐχ ἔστηκεν· ᾧ δὲ προσέθηκεν
οὐδ' ἡσυχίαν ἄγει· δοκεῖ γὰρ ἑστάναι μὲν καὶ τὸ ἐν ἄλλῳ   30
ἰδρυμένον, | ἡσυχίαν δὲ ἄγειν τὸ ἐν ἑαυτῷ μένειν δυνάμενον.   1171
ἀμφότερα δὲ ἀπέφησε τοῦ ἑνός, ὡς <μήτε ἐν ἑαυτῷ> μήτε ἐν
ἄλλῳ ὄντος, καθάπερ δέδεικται πρότερον. εἴτε οὖν γαλήνη
τίς ἐστιν ὑμνουμένη νοερὰ παρὰ τοῖς σοφοῖς, εἴτε ὅρμος
μυστικός, εἴτε σιγὴ πατρική, δῆλον ὡς ἁπάντων τῶν   5
τοιούτων ἐξῄρηται τὸ ἕν, ἐπέκεινα ὂν καὶ ἐνεργείας καὶ σιγῆς
καὶ ἡσυχίας καὶ πάντων ὁμοῦ τῶν ἐν τοῖς οὖσιν ἀνυμνουμένων
στασίμων συνθημάτων.

Διὰ τούτων μὲν οὖν ἐπέδειξεν ὅτι οὐδὲ ἔστηκε τὸ {δὲ} ἕν.
κοινὸν δὲ ἐπὶ τούτοις πᾶσι καὶ τοῖς πρότερον ἐπήγαγε συμπέ-   10
ρασμα, τὸ μήτε κινεῖσθαι τὸ ἓν μήτε ἑστάναι, πρὸς τὴν ἐξ
ἀρχῆς εἰρημένην πρότασιν τοῦ παντὸς τούτου λόγου τέλος
ἐπενεγκών. ἴσως δ' ἄν τις ἀπορήσειε πρὸς ἡμᾶς λέγων· τὸ μὲν
μήτε κινεῖσθαι τὸ ἓν μήτε ἵστασθαι ἱκανῶς εἴρηται – τίς γὰρ
ἀντιφθέγγεσθαι δύναιτο ἂν τοῖς εἰρημένοις λόγοις; –, στάσιν δὲ   15
οὐδὲν κωλύει λέγειν αὐτὸ ἢ κίνησιν. πρὸς δὲ ταύτην λεκτέον
ἡμῖν τὴν ζήτησιν τὸν ἔμπροσθεν εἰρημένον πολλάκις κοινὸν

1171.3 καθάπερ...πρότερον: cf. Parm. 138a2-b6   3—5 Or. chald. passim
(cf. Theol. plat. IV 9, p. 29 n. 1; IV 13, p. 43 n.3   5   cf. Tim. 28c4-5
11—12 cf. Parm. 138b7-8   17—18 τὸν...κανόνα: cf. supra, VI 1095.9-11,
1127.12-16, 1132.14-18 (cf. 1123.20-30)

1170.29 ᾧ scripsimus : ὃ ΑΣg   1171.2 μήτε¹...ἑαυτῷ add. Mᵗ   9 δὲ
delevimus ex g   10 δὲ Σg : ἐστιν Α   14 ἵστασθαι ΑΣ : ἑστάναι Cous²

175

περὶ τούτων κανόνα ὄντα τοιοῦτον, ὅτι δυοῖν ἀντικειμένων
ὁπωσοῦν ὄντοιν, οὔτε συναμφότερόν ἐστι τὸ ἕν, ἵνα μὴ γένηται

20 οὐχ ἓν καὶ ᾖ πρὸ αὐτοῦ τὸ τὰ ἀντικείμενα μίξαν, οὔτε τὸ κρεῖτ-
τον μόνον τοῖν ἀντικειμένοιν, ἵνα μὴ ἔχῃ τι μαχόμενον καὶ ᾖ
ἐκεῖνο οὐχ ἕν, καὶ μὴ ἓν ὂν ἐξ ἀπειράκις ἀπείρων ᾖ διὰ τὴν τοῦ
ἑνὸς στέρησιν, οὔτε τὸ χεῖρον, ἵνα μὴ ἔχῃ κρεῖττον καὶ τὸ
κρεῖττον καθ᾽ αὑτὸ πάλιν ἐξ ἀπειράκις ἀπείρων. ῥητέον δὲ καὶ

25 ὅτι ἡ πρώτη στάσις καὶ ἡ πρώτη κίνησις ἀφ᾽ ἑαυτῶν ἄρχονται,
καὶ ἡ μέν ἐστιν ἑστώς, ἡ δὲ κινούμενον, ὥσπερ καὶ ἕκαστον τῶν
ὄντων. ὁ αὐτὸς οὖν λόγος καὶ ὅτι οὐ κινεῖται τὸ ἕν, καὶ ὅτι {ἡ}
αὐτοκίνησις οὐκ ἔστι, καὶ ὅτι οὐχ ἕστηκε τὸ ἕν, καὶ ὅτι στάσις
οὐκ ἔστι· καὶ γὰρ ἡ στάσις ἕστηκεν, οὐχ ὡς ἄλλης τινὸς μετέ-

30 χουσα στάσεως, ἀλλ᾽ ὡς ἑαυτῆς οὖσα καὶ ἀφ᾽ ἑαυτῆς ἀρχομένη

1172 τῆς μονίμου δυνάμεως· ἡ | μὲν γὰρ ἐν ἄλλῳ οὖσα στάσις αὐτὴ
οὐχ ἕστηκεν, ὥσπερ οὐδὲ ἡ κίνησις κινεῖται, ἡ δὲ ἐν ἑαυτῇ οὖσα
ἕστηκεν, ὥσπερ δὴ καὶ ἡ κίνησις κινεῖται. καὶ πῶς γὰρ οὐκ
ἔμελλε κρείττων οὖσα ἑκατέρα τῆς ἐν ἄλλοις οὔσης ἑαυτῆς

5 εἶναι καὶ εἰς ἑαυτὴν ἐνεργεῖν; καὶ πρὸ κινήσεως ἄρα τὸ ἓν καὶ
πρὸ κινουμένου παντός, καὶ πρὸ στάσεως καὶ πρὸ ἑστῶτος
παντός, ὥστ᾽ οὐδέ, εἴ τις αὐτὸ λέγοι τῶν μὲν ἑστώτων πάντων
ἑδραιότατον, τῶν δὲ κινουμένων ἐνεργότατον, ἀποδεξόμεθα τὸν
τοιόνδε λόγον· αἱ γὰρ ὑπερβολαὶ τῶν μεθέξεων οὐκ ἀφαιροῦσι

10 τὰς μεθέξεις, ἀλλὰ κρατύνουσιν. εἰ οὖν μηδ᾽ ὅλως ἕστηκεν, οὐκ
ἔστιν ἑδραιότατον. ἢ γὰρ ὄνομα μόνον ἐστὶ τὸ ἑδραιότατον καὶ

1172.7 τις: cf. infra, 1211.25-1212.4

1171.18 ἀντικειμένων ΑΣ : ἀντικειμένοιν Cous   20 ᾖ Aˢˡ sit g : ἡ Σ om.
A   25 ἡ¹...κίνησις ΑΣ : primi motus g   27 ἡ delevimus   1172.1 οὖσα
correximus ex g (ens) : οὐ Σ om. A²M | αὐτὴ Strobel : αὕτη ΑΣg   3 πῶς
om. A²M   8 ἀποδεξόμεθα A⁴Mg : ἀποδειξόμεθα Σ

οὐδὲν λέγει περὶ τοῦ ἑνός, ἢ εἰ τὸ στασιμώτατον δηλοῖ, δίδωσιν
ἑστάναι μάλιστα τὸ μηδ᾽ ὅλως ἑστώς. καὶ εἰ μηδ᾽ ὅλως κινεῖται,
οὐκ ἔστιν ἐνεργότατον. εἰ μὲν γὰρ μηδὲν δηλοῖ τὸ ἐνεργότατον,
οὐδὲν λέγει περὶ τοῦ ἑνός. εἰ δὲ τὸ κινήσεως μάλιστα μετέχον,   15
οὐκ ἂν εἴη ἐνεργότατον· καὶ γὰρ ἡ ἐνέργεια κίνησίς τίς ἐστι
κατὰ Πλάτωνα, εἰ καὶ κατ᾽ ἄλλους ἡ ἐνέργεια διαφέρει κινή-
σεως. δέδεικται δὲ ἡμῖν ἔμπροσθεν ὅτι καὶ πρὸ ἐνεργείας ἐστὶ
πάσης τὸ ἕν, οὔτε δι᾽ ἑαυτὸ οὔτε διὰ τὰ παραγόμενα δεόμενον
ἐνεργείας.   20

**Οὐδὲ μὴν ταὐτόν γε <οὔτε> ἑτέρῳ οὔτε ἑαυτῷ
ἔσται, οὐδ᾽ αὖ ἕτερον οὔτε ἑαυτοῦ οὔτε ἑτέρου
ἂν εἴη. – Πῇ δή;** [Parm. 139b4-5]

Πᾶσιν ἐπέρχεται τοῖς ἐν Σοφιστῇ μὲν καλουμένοις τοῦ
ὄντος γένεσιν, ἐνταῦθα δὲ συνθήμασι θείων καὶ νοερῶν   25
τάξεων, καὶ δείκνυσιν ὅπως τὸ ἓν αἴτιον μὲν αὐτῶν ἐστι ταῖς
καλουμέναις ὑπεραποφάσεσιν, οὐδενὸς δὲ μετείληχεν οὐδὲ ἔστι
τι αὐτῶν, ἵνα διὰ τῆς τούτων πάντων ἀναιρέσεως ἐπέκεινα
δείξῃ τὸ ἓν ἁπάσης ἱδρυμένον τῆς νοερᾶς διακοσμήσεως· τοῦτο
γὰρ δὴ τὸ ταὐτὸν καὶ ἕτερον ἑαυτῷ καὶ τοῖς   30

1172.16—17 cf. supra, 1154.6-8   17—18 Peripatetici, cf. Ar., Met. IX 6,
1048b28-29; Phys. III 1, 201a1-2; 2, 201b31-33; Iambl. apud Simpl., In Cat.
IX, 303.35-306.10   18 δέδεικται...ἔμπροσθεν: cf. supra, 1167.15-1169.9
24—25 cf. Soph. 254b7-257a12   26—27 cf. SVF II 204, p. 66.8-10

1172.12 εἰ Aᶜg : εἰς Σ   13 μάλιστα correximus ex g (maxime) : μᾶλλον
ΑΣ   21 οὔτε¹ addidimus ex A PLAT. codd. (cf. infra, 1189.28) : om. Σg
22 αὖ Ag PLAT. codd. : ἂν Σ   23 Πῇ δή correximus ex g (aliqualiter
utique) et PLAT. TW : πῇ δέ Σ τί δή A τίνι δή PLAT. BCD   24 ἐπέρχεται
Ag : ἐπάρχεται Σ   29 δείξῃ ΑΣ : ostendatur g

1173 ἄλλοις φανήσεται πάντα τὸν δη|μιουργικὸν ἡμῖν χαρακτηρί-
ζον διάκοσμον, ὥσπερ τὰ πρὸ τούτου τὸν ζωογονικόν, καὶ τὰ
πρὸ τούτου τὸν ἀκρότατον ἐν τοῖς νοεροῖς. φανήσεται δ᾽ αὖ
προσήκοντα μάλιστα τῇ δημιουργίᾳ ⌊καὶ⌋ ταῦτα κατά τε τὰς
5 Πλατωνικὰς περὶ αὐτῆς ὑφηγήσεις καὶ τὰς τῶν ἄλλων θεολό-
γων. καίτοι γε ἀποροῦσί τινες, φιλοσόφως μόνον ταῦτα λαμβά-
νοντες – τὴν κίνησιν, τὴν στάσιν, τὸ ταὐτόν, τὸ ἕτερον – καὶ οὐχ
ὁρῶντες ὅτι περὶ τὸ ἓν ταῦτα θεωρεῖται πρότερον, ἀλλ᾽ οὐ περὶ
τὸ ὄν, καὶ ὅτι, ὥσπερ ἀριθμὸς διττὸς κατ᾽ αὐτόν, ὑπερούσιός τε
10 καὶ οὐσιώδης, οὕτω καὶ ἕκαστον τούτων πρώτως ὑπάρχει ταῖς
ἑνάσιν, ἔπειτα τοῖς οὖσι, καὶ ὡς τάξεων ⌊αὐτῶν⌋ ἐστι ταῦτα
συνθήματα θείων καὶ διακόσμων αὐτοτελῶν, ἀλλ᾽ οὐχὶ μόνον
γένη τοῦ ὄντος ἢ εἴδη· πῶς γὰρ καὶ δυνατὸν ἦν, περιληπτῶν
ὄντων τῶν εἰδῶν, τάδε ⌊μὲν⌋ μόνον ἀποφῆσαι τοῦ ἑνός,
15 ἀλλ᾽ οὐχὶ πάντα; πῶς δὲ <οὐ> πᾶσιν ἐπεξῆλθε τοῖς εἴδεσιν;
ἀλλ᾽ οὖν, ὅπερ ἔλεγον, γένη τοῦ ὄντος ταῦτά τινες εἰπόντες τὰ
γένη τοῦ ὄντος <πανταχοῦ> εἶναι· πάντων γὰρ εἶναι γένη καὶ διὰ
πάντων πεφοιτηκέναι τῶν ὁπωσοῦν ὄντων, καὶ τὸ πρώτως ὄν, ὅ
τί ποτέ ἐστι, πάντων εἶναι τῶν γενῶν τούτων περιεκτικόν·

1173.2 cf. supra, 1153.17-1154.3   2—3 cf. supra, 1133.4-15   5—6 cf.
Orph., fr. 243 B. (fr. 168 K.); cf. *Or. chald.*, fr. 5.3-4, 8.2-3, 37.1-2, 57   **6**
τινες: interpretes ante Syrianum (cf. infra, 1174.18 οὗτοι), sc. Porphyrius
et Iamblichus   **9—10** cf. *Parm.* 144a4-7, 144c1-8   **16** τινες: forsan
Porphyrius

1173.1—2 χαρακτηρίζον Σ : χαρακτηρίζων ARᵃ   **4** καὶ addidimus ex g
(*et*)   **9** κατ᾽ αὐτόν correximus ex g (*secundum ipsum*) : κατὰ ταὐτόν ΑΣ
11 αὐτῶν delevimus, deest in g   **14** μὲν addidimus ex g (*quidem*)   **15** οὐ
addidimus   **16** ὄντος ΑΣg : ἑνὸς Chaignet   **17** πανταχοῦ add. Westerink
(cf. infra, 1174.24)   **18** πεφοιτηκέναι Ag : πεφωνηκέναι Σ (πεφονηκέναι
Rᵃ)

καθ'ὅσον μὲν ἀπὸ τοῦ ὑπερουσίου προελήλυθεν, οὐσία γεγονός·   20
καθ'ὅσον δὲ ὡμοίωται πρὸς τὸ παράγον, ταυτότητος ἀντὶ τῆς
ἑνώσεως τυχόν· καθ'ὅσον δὲ ἐξήλλακται τοῦ ἑνός, οὐχ ἓν ὄν,
ἑτερότητος – ὅπου γὰρ ταυτότης, ἐκεῖ καὶ ἑτερότης, διὰ τὴν ἐν
τῷ {αὐτῷ} ταὐτῷ τῆς ἑνότητος ὕφεσιν τῆς διακρίσεως ἀναφα-
νείσης –· καθ'ὅσον δὲ πρόεισιν ὅλως, εἰς κίνησιν καταστάν·   25
καθ'ὅσον δὲ ἐνίδρυται τῷ ἑνὶ καὶ προελθόν, στάσεως μετασχόν·
ὅλως γὰρ αἱ μὲν πρόοδοι, | φασί, κινήσεώς εἰσιν αἰτίαι τῷ ὄντι   1174
καὶ ἑτερότητος, αἱ δὲ ἐπιστροφαὶ ταυτότητος καὶ στάσεως. οἱ δὲ
ἐν τοῖς νοεροῖς εἶναι <τὰ> γένη ταῦτα διατεινόμενοι· μὴ γὰρ ἂν
εὐθὺς ἀπὸ τοῦ ἑνὸς ὑποστῆναι τοσοῦτον ἀριθμόν. ἀνάγκη γοῦν,
ὥσπερ καὶ δι'ἄλλων ὑπέμνησται πολλάκις, τὸ προσεχῶς ἀπὸ   5
τοῦ ἑνὸς ἀναφαινόμενον πλῆθος συγγενέστατον εἶναι πρὸς τὸ ἕν,
τῷ μὲν ποσῷ συνηρημένον, τῇ δὲ δυνάμει ἀπεριήγητον, ἵνα διὰ
μὲν τῆς τοῦ ποσοῦ συναιρέσεως μιμῆται τὸ ἄποσον τοῦ ἑνός, τῷ
δὲ ἀπεριλήπτῳ τῆς δυνάμεως τὸ πρὸ δυνάμεως ἄπειρον. ἡ δὲ
πεμπὰς πόρρω τοῦ ἑνὸς καὶ τὸν πρῶτον διάκοσμον τῶν ἀ-   10
ριθμῶν ἐκβέβηκε, λέγω δὴ τόν γε τριαδικόν, ἄλλου

1174.1 φασι: forsan Porphyrius   **2** οἱ δὲ: sc. Iamblichus, Iambl., *In*
Parm. fr. 6a Dillon; Iambl., *In Tim.* fr. 29 Dillon; *Theol. plat.* I 11, p.
52.3-10; V 30, 112.16-17; Dam., *In Parm.* III, p. 34.12-16   **5** ὥσπερ...
πολλάκις: cf. *El. theol.* § 62, p. 58.22-23; § 177.8, p. 156.7-9

1173.22 ἓν Mᶜ *unum* g : ἑνὸς ΑΣ   **23** ἑτερότητος ΑΣg : ἑτερότης Cous²
24 αὐτῷ...τῆς¹ scripsimus : αὐτῷ ταὐτῷ τῆς A *eo ipso eodem* g αὐτῷ
ταυτώτης τῆς (sic) Σ | post ὕφεσιν spat. vac. ΜΣ (...)καὶ A   **1174.3** τὰ
addidimus   **7** δὲ δυνάμει inv. Σ | ἀπεριήγητον ΑΣg : ἀπερίληπτον Cous²
8 μιμῆται AᶜΣ : μιμοῦται A   **11** γε M : τε ΑΣ | ἄλλου Σ : *sed non* g
ἀλλ' A ἀλλ'οὖν A¹ ˢˡ Mᵐᵍ

κατάρχου⌊σα δευτέρου διακόσμου. πῶς οὖν ἔσται εὐθὺς μετὰ τὸ
ἕν, τοσοῦτον ἀφεστῶσα τοῦ ἑνός; διὰ ταῦτα γάρ, φασί, καὶ ὁ μὲν⌋
Πλάτων τὸ ἀκρότατον τῶν ὄντων ἓν ὂν προσηγόρευσεν ὡς
15   μονάδα τοῦ ὄντος, οἱ δὲ θεολόγοι μονάδας ἀνυμνοῦσι καὶ τριά-
δας νοητάς, ἀλλ' οὐ πεμπάδας οὐδὲ ἄλλους ἀριθμούς· οὐκ ἄρα
μετὰ τὸ ἓν εὐθὺς τὰ γένη τοῦ ὄντος.

Οὗτοι μὲν οὖν τοιαῦτα διαποροῦντες λέγουσιν. εἰ δὲ δεῖ καὶ
διαιτῆσαι τοῖς λόγοις τῶν οὕτω κλεινοτάτων καὶ θείων ἀνδρῶν,
20   καὶ ταῦτα τῶν προκειμένων ἔξω τῆς τοιαύτης οὔσης ἐν τῷ
παρόντι ζητήσεως καὶ ἐν ἄλλοις ἡμῖν διὰ πλειόνων ἐξετα-
σθείσης, ἀπὸ τῆς τοῦ καθηγεμόνος ἡμῶν ὑφηγήσεως οἰστέον
καὶ τούτων τὴν κρίσιν ἀξιοῦσαν ἀμφοτέρους λέγειν ὀρθῶς, καὶ
τοὺς πανταχοῦ τὰ γένη τιθεμένους καὶ τοὺς μετὰ τὸ ἓν οὐ
25   προσιεμένους τοῦτον τετάχθαι τὸν ἀριθμόν· εἶναι μὲν γὰρ καὶ ἐν
τοῖς νοητοῖς καὶ ἐν τοῖς νοεροῖς τὰ γένη κατὰ τὴν αὐτῶν τάξιν,
ἀλλὰ ἄλλως μὲν ἐν τοῖς πρώτοις, ἄλλως δὲ ἐν τοῖς δευτέροις,
ὅπου μὲν νοητῶς, ὅπου δὲ νοερῶς· τοῦτο δὲ ταὐτὸν τῷ ὅπου μὲν
1175   ἑνοειδῶς | καὶ ἀδιακρίτως, ὅπου δὲ διακεκριμένως ἰδίᾳ κατὰ τὸν
οἰκεῖον ἀριθμόν. ὥστ' οὐκ ἂν θαυμάσαις εἰ ἡ μονὰς ἡ νοητὴ

1174.13 φασί: sc. Iamblichus, cf. Iambl., *In Tim.* fr. 29 Dillon; cf. *In Tim.*
I 231.23-232.11   **14** = *Parm.* 142d1   **15** cf. Orph., passim   **21** ἐν
ἄλλοις: cf. *In Tim.* II 132.3-139.8; *Theol. plat.* V 30, 109.12-113.12; an
comm. ad *Soph.*?; cf. supra, 1174.2-3   **22** τοῦ...ἡμῶν: sc. Syriani   **24**
forsan Porphyrius   **24—25** sc. Iamblichum

1174.12 κατάρχουσα correximus ex **g** (*katarkousa*) : κατάρχου (sic) Σ om.
A   **12—13** δευτέρου...καὶ addidimus ex **g** (*secundi diakosmi. qualiter
igitur erit mox post unum tantum distans ab uno? propter hec enim
aiunt et...quidem*)   **13** ὁ hab. A : om. Σ   **22** οἰστέον AFPRg : ἰστέον MG
23 τούτων ΑΣg : τούτου Cous²

περιέχει τὴν νοερὰν πεμπάδα πᾶσαν ἀδιαιρέτως καὶ ἑνοειδῶς,
ὅπου διὰ τὴν ἕνωσιν καὶ ἡ στάσις τρόπον τινὰ καὶ ἡ κίνησις ἓν
καὶ ἡ ταυτότης καὶ ἡ ἑτερότης, ἀδιακρίτων πάντων ὄντων κατὰ 5
σκοτόεσσαν ὁμίχλην, φησὶν ὁ θεολόγος. ὅπου γὰρ καὶ ἡ
τῶν μοναδικῶν ἀριθμῶν αἰτία μονὰς πάντας ἀποδείκνυται
περιέχουσα τοὺς λόγους, οὓς δεκαδικῶς μὲν ἡ δεκὰς περιείλη-
φε, τετραδικῶς δὲ ἡ τετράς, τί χρὴ θαυμάζειν εἰ καὶ ἐπὶ τῶν
ὄντων μοναδικῶς μὲν ἡ νοητὴ μονὰς περιέχει πάντα τὰ γένη 10
καὶ ἀδιακρίτως, δυαδικῶς δὲ ἄλλη τις τάξις καὶ ἄλλη τετραδι-
κῶς; ἐπεὶ καὶ τὰς ἰδέας εἶναι καὶ ἐν τοῖς νοητοῖς, ὅμως οὐ τὸν
αὐτὸν τρόπον αὐτὰς ὅνπερ ἐν τοῖς νοεροῖς ὑφεστάναι λέγομεν
ὁλικῶς, ἡνωμένως, πατρικῶς, ἐνταῦθα δὲ διηρημένως, μερικῶς,
δημιουργικῶς. ἀνάγκη δὲ πανταχοῦ τὸν τῶν ἰδεῶν ἀριθμὸν 15
ἐξηρτῆσθαι τῶν τοῦ ὄντος γενῶν. εἴπερ οὖν αἱ νοεραὶ ἰδέαι
μετέχουσι τῶν νοερῶν γενῶν, δῆλον ὅτι καὶ αἱ νοηταὶ μεθέξουσι
τῶν νοητῶν. εἰ δὴ κατὰ τὸ πέρας τῶν νοητῶν αἱ πρώτισται τῶν
ἰδεῶν τέτταρες, δεῖ πρὸ τῆς εἰδητικῆς τετράδος εἶναι τὴν
μοναδικὴν ὑπόστασιν τῶν γενῶν· οὕτω γὰρ καὶ ἐν τοῖς νοεροῖς 20
πρὸ τῆς δεκαδικῆς ὑπάρξεως τῶν ἰδεῶν ἡ πεμπαδικὴ τῶν
γενῶν ἐστιν αἰτία.

Περὶ μὲν οὖν τῶν γενῶν τοῦ ὄντος καὶ αὖθις πλείονα ποιη-
σόμεθα λόγον. νῦν δέ, εἰ βούλει, τὴν τάξιν κατίδωμεν δι'ἣν
πρότερον μὲν κίνησιν καὶ στάσιν ἀφεῖλε τοῦ ἑνός, ὕστερον δὲ 25

1175.6   = Orph., fr. 106 B. (fr. 67 K.); cf. Iambl. ap. Simpl., In Cat. V,
116.25-31   12—15   cf. In Parm. IV 969.9-971.7   18—19   cf. Tim.
39e7-40a1 (cf. In Tim. III 105.14-107.26; Theol. plat. III 19)   23—24
αὖθις...λόγον: forsan in parte commentarii deperdita

1175.17 γενῶν Σg : εἰδῶν A

ταὐτὸν καὶ θάτερον. εἴρηται μὲν οὖν μοι καὶ πρότερον τὸ αἴτιον,
ἡνίκα τὴν κίνησιν ἔλεγον διττὴν εἶναι καὶ τὴν στάσιν, καὶ τὰς
μὲν πρὸ ταυτοῦ καὶ ἑτέρου, καθ᾽ ἃς ἕκαστα πρόεισι καὶ ἐπι-
στρέφεται πρὸς τὰ αἴτια αὐτῶν, τὰς δὲ μετὰ τὸ ταὐτὸν καὶ
30 ἕτερον ἐν ταῖς ἐνεργείαις ὁρωμένας τῶν ὄντων. λεγέσθω δὲ καὶ
1176 νῦν ἕτε|ρον τρόπον, ἀπὸ τῶν προβλημάτων ἡμῶν ποιουμένων
τὴν ἐπιβολὴν ὧν <διὰ> τῆς προειρημένης μεθόδου ἀποφάσκει
κατὰ τὴν πρώτην ὑπόθεσιν τοῦ ἑνός· ἀλλὰ τὰ μὲν ἔμπροσθέν
που διειλόμεθα αὐτοῦ πρὸς αὐτό, τὰ δὲ αὐτοῦ πρὸς ἑαυτὸ καὶ τὰ
5 ἄλλα, τὰ δὲ αὐτοῦ πρὸς τὰ ἄλλα μόνως. τὸ μὲν γὰρ πλῆθος καὶ
τὸ ὅλον καὶ τὸ σχῆμα καὶ τὸ ἔν τινι καὶ τὴν κίνησιν καὶ τὴν
στάσιν αὐτοῦ πρὸς αὐτὸ τοῦ ἑνὸς ἀναιρεῖ· τὸ δὲ ταὐτὸν καὶ
ἕτερον καὶ ὅμοιον καὶ ἀνόμοιον καὶ ἴσον καὶ ἄνισον καὶ πρε-
σβύτερον καὶ νεώτερον αὐτοῦ πρὸς ἑαυτὸ καὶ πρὸς τὰ ἄλλα –
10 ταὐτὸν γὰρ οὔτε ἑαυτῷ ἐστι τὸ ἓν οὔτε τοῖς ἄλλοις, καὶ ἕτερον
ὁμοίως καὶ τῶν λοιπῶν ἕκαστον –· τὸ δὲ δοξαστὸν ἢ ἐπιστητὸν
ἢ ὀνομαστὸν ἢ ῥητὸν αὐτοῦ πρὸς τὰ ἄλλα· πᾶσι γάρ ἐστι τοῖς
δευτέροις ταύταις ταῖς γνωστικαῖς ἐνεργείαις ἄγνωστον. τρι-
χῶς οὖν τῶν ἀποφάσεων λαμβανομένων, τῶν μὲν αὐτοῦ πρὸς
15 αὐτό, τῶν δὲ αὐτοῦ πρός τε αὐτὸ καὶ τὰ ἄλλα, <τῶν δὲ αὐτοῦ

1175.26 εἴρηται...πρότερον: cf. supra, 1154.16-1155.9   1176.2 τῆς...με-
θόδου: cf. In Parm. V, 1032.13-1035.18; VI 1039.15-1042.19   3 — 4
ἔμπροσθέν...διειλόμεθα: cf. supra, VI 1103.22-1104.5

1176.2 ὧν scripsimus : hiis que g τῶν ΑΣ | διὰ addidimus | προειρημέ-
νης ΑΣ : proposite g (προκειμένης Γ?)   4 αὐτό scripsimus : αὐτὸ ΑΣ (om.
P) g | ἑαυτὸ Α : ἑαυτὸν Σ (om. P)   6 τὴν² om. FGR   7 αὐτὸ scripsimus :
αὐτὸ ΑΣg   9 ἑαυτὸ Ag : ἑαυτοῦ Σ (ἑαυτὸν P)   10 τὸ Σ : τῷ Α   15 αὐτό
AFP : αὐτό GRg | αὐτὸ FPR : αὐτὸ AGg   15 — 16 τῶν²...ἄλλα addidimus
(partim cum A) : τῶν δὲ πρὸς τὰ ἄλλα μόνως Α deest in Σg

πρὸς τὰ ἄλλα>, καὶ τῶν μὲν πρώτων, τῶν δὲ μέσων, τῶν δὲ
τελευταίων, ἡ κίνησις καὶ ἡ στάσις ἀποφάσκεται τοῦ ἑνὸς ὡς
αὐτοῦ πρὸς αὐτό, τὸ δὲ ταὐτὸν καὶ ἕτερον διχῶς αὐτοῦ τε πρὸς
αὐτὸ καὶ αὐτοῦ πρὸς τὰ ἄλλα, διόπερ ἐκεῖναι μὲν συντάττονται
ταῖς πρώταις ἀποφάσεσιν, αὗται δὲ ταῖς μέσαις· καὶ οὐκ ἀπει-   20
κότως περὶ ἐκείνων μὲν πρότερον πεποίηται τὸν λόγον, περὶ
τούτων δὲ ὕστερον. οὕτω δὲ καὶ τὸ ὅμοιον ἀποφήσει καὶ τὸ
ἀνόμοιον καὶ τὸ ἴσον καὶ τὸ ἄνισον καὶ τὸ πρεσβύτερον καὶ τὸ
νεώτερον αὐτοῦ τε πρὸς ἑαυτὸ καὶ αὐτοῦ πρὸς τὰ ἄλλα, ταῦτα
πάντα ἀποφάσκων, καὶ ὡς διὰ τούτων, φασίν, ἀφαιρῶν τοῦ ἑνὸς   25
τὴν οὐσίαν, τὸ ποιόν, τὸ ποσόν, τὸ ποτέ· τούτοις γὰρ ὑπάρχει
ταῦτα, τὸ μὲν ταὐτὸν καὶ ἕτερον ταῖς οὐσίαις, τὸ δὲ ὅμοιον καὶ
ἀνόμοιον τοῖς ποιοῖς, τὸ δὲ ἴσον καὶ ἄνισον τοῖς ποσοῖς, τὸ δὲ
πρεσβύτερον καὶ νεώτερον τοῖς ποτὲ οὖσιν.

| Σκόπει δὲ ὅπως καὶ ταῦτα, τὸ ταὐτὸν λέγω καὶ τὸ ἕτερον,   1177
ἀποφάσκει τοῦ ἑνός, εἰδὼς ἐν τῷ ἑνὶ ὄντι τὸν ἐν τοῖς ποιήμασιν
αὐτὰ Παρμενίδην εἶναι θέμενον. λέγει γοῦν ἐκεῖνος·

    Τ α ὐ τ ό ν τ ' ἐ ν τ α ὐ τ ῷ μ ί μ ν ε ι, κ α θ ' ἑ α υ τ ό τ ε κ ε ῖ τ α ι

δεῖ δὴ οὖν τὸ αὐτοὲν ὑπεριδρυμένον τοῦ ἑνὸς ὄντος δειχθῆναι   5
μηδαμῶς ὂν ταὐτόν, μηδὲ πολλῷ πλέον ἕτερον· συγγενέστερον
γὰρ τῷ ἑνὶ τὸ ταὐτόν. ἀλλ᾽ οὖν καὶ τοῦτο καὶ τὸ ἕτερον ἀφαιρεῖ

1176.25   φασίν: cf. supra, VI 1083.27-1084.3; cf. infra, 1191.28-1192.21
1177.4   = Parm., FVS 28B8.29 (cf. supra, 1134.9, 1152.23)

1176.18   αὐτό scripsimus : αὐτό ΑΣ *ipsum et ipsius ad alia* g (αὐτὸ καὶ
αὐτοῦ πρὸς τὰ ἄλλα Γ?, cf. supra, l. 15-16)   **19** αὐτὸ scripsimus : αὐτό
ΑΣg | ἐκεῖναι Σg : ἐκεῖνα Α   **20** αὗται . an ταῦτα scribendum ?
25 πάντα Σg : πάντων Α | καὶ ὡς post τούτων transp. Α   **1177.4** τ᾽ἐν Σ
(τε ἐν R) g : ἐν Α δ᾽ἐν Cous²

τοῦ ἑνός, ἵν᾽ ἐπιδειχθῇ τοῦ ἑνὸς ὄντος ἐκβεβηκὸς ἐν ᾧ τὸ ταὐτὸν
ἦν κατὰ τὸν ἐν τοῖς ἔπεσι Παρμενίδην καὶ ἕτερον, οὐκ ἐκείνων
10 ἐλεγχομένων, ἀλλὰ τούτων προστιθεμένων καὶ διὰ τὴν ἐκείνων
παραδοχήν· εἰ γὰρ τὸ μετέχον ταυτότητος καὶ ἑτερότητος οὔπω
ἓν ὡς ἀληθῶς ἐστιν, ἀνάγκη τὸ ὡς ἀληθῶς ἓν πρὸ τούτων
ὑπάρχειν τούτων καθαρεῦον, ἢ μετέχον καὶ αὐτὸ τούτων οὐκ
ἔσται μόνως ἕν, ἀνάπλεων ὂν τῶν ἀλλοτρίων τοῦ ἑνός· ὃ γὰρ ἂν
15 τῷ ἑνὶ προσθῇς, διὰ τῆς προσθήκης ἀφανίζει τὴν ἑνότητα τοῦ
προσλαβόντος ἀναινομένην τὸ ἀλλότριον πᾶν.

**Ἕτερον μέν που ἑαυτοῦ ὂν ἑνὸς ἕτερον ἂν εἴη,
καὶ οὐκ ἂν εἴη ἕν. – Ἀληθῆ.** [Parm. 139b5-6]

Τεττάρων ὄντων περὶ τὸ ταὐτὸν καὶ ἕτερον ἀποφατικῶν τοῦ
20 ἑνὸς προβλημάτων, ἀπὸ τῶν πορρωτέρω τοῦ ἑνὸς καὶ ἡμῖν
εὐληπτοτέρων ἀρχόμενος οὕτω πρόεισι διὰ τῶν λοιπῶν. ἔστι δὲ
τὰ τέτταρα προβλήματα τοιαῦτα· τὸ ἓν οὐκ ἔστιν ἑαυτοῦ ἕτερον,
τὸ ἓν οὐκ ἔστι τῶν ἄλλων ἕτερον, τὸ ἓν οὐκ ἔστιν ἑαυτῷ ταὐτόν,
τὸ ἓν οὐκ ἔστι τοῖς ἄλλοις ταὐτόν. τούτων δὲ σαφέστατα μέν
25 ἐστι τὰ ἄκρα – καὶ γὰρ ὅτι ταὐτὸν τοῖς ἄλλοις οὐκ ἔστι, δῆλον,
καὶ ὅτι ἕτερον ἑαυτοῦ οὐκ ἔστι –, τὰ δὲ λοιπὰ δύο δυσμετα-
χείριστα. πῶς γὰρ ἄν τις παραδέξαιτο ὅτι οὐκ ἔστιν ἑαυτῷ
ταὐτὸν ὅ γ᾽ ἕν ἐστιν; ἢ πῶς ἂν πεισθείη τις ὅτι οὐκ ἔστιν ἕτερον
1178 τῶν ἄλλων ὅ γε ἐξήρηται αὐτῶν; ἀπὸ τῶν σαφε|στάτων οὖν ὁ
Παρμενίδης ἀρχόμενος δείκνυσι πρῶτον ὡς οὔτε ἑαυτοῦ ἕτερον

1177.8 τὸ Σ : τὸν Α   16 ἀναινομένην Σg : ἀναινομένου Μ legi nequit Α²
17 ἑνὸς ΑΣ PLAT. codd. : τοῦ ἑνὸς Α¹ ˢˡΜ   19 – 20 τοῦ ἑνὸς post προβλη-
μάτων transp. Α   20 πορρωτέρω correximus ex g (hiis que remotiora) :
πορρωτέρων Kroll ποτέρων Σ προτέρων Α   23 ἑαυτῷ Ag : ἐν ἑαυτῷ Σ
25 ἐστι Ρ : εἰσι AFGR   29 ἐξήρηται Σg : ἐξήρτηται Α

οὔτε τοῖς ἄλλοις ταὐτόν ἐστι τὸ ἕν· αὐτοῖν δὲ τούτοιν γνωριμώ-
τερον ὂν ὅτι οὐχ ἑαυτοῦ ἕτερον τὸ ἕν, πρότερον διὰ τῆς ἀποδεί-
ξεως βεβαιοῖ· καὶ γάρ ἐστιν, ὡς ἔφην, τὸ ταὐτὸν ἐγγυτέρω τοῦ   5
ἑνός, τὸ δὲ ἕτερον πορρώτερον, τὸ δὲ ἐγγυτέρω χαλεπώτερον
ἀφαιρεῖν, ῥᾷον δὲ τὸ πορρώτερον, ἅτε ἀπ' αὐτοῦ μᾶλλον κεχω-
ρισμένον. ὅθεν δὴ καὶ οἱ διαλεκτικοὶ λέγειν εἰώθασιν ὅτι τὰς
ἀνομοιότητας <ἐν τοῖς> συγγενέσι ζητεῖν χρή, τὰς δὲ ὁμοιότητας
ἐν τοῖς διαφόροις, ἀλλ' οὐκ ἀνάπαλιν, τὸν γυμνασόμενον.   10

Ταῦτα μὲν οὖν εἴρηται τῆς τάξεως ἕνεκα τῶν προβλη-
μάτων. πῶς δὲ αὐτὸ τοῦτο δείκνυται τῶν τεττάρων τὸ πρώτι-
στον, ὅτι οὐχ ἕτερον ἑαυτοῦ τὸ ἕν, νῦν ἡμῖν ῥητέον· ἔπειτα αὖθις,
εἰ δυναίμεθα, περὶ ἑκάστου τῶν ἄλλων ἐροῦμεν. δείκνυται μὲν
οὖν τὸν τρόπον τοῦτον· εἰ τὸ ἓν ἑαυτοῦ ἕτερον, ἑνός   15
ἂν εἴη πάντως ἕτερον· αὐτὸ γάρ ἐστι ἕν, τὸ δὲ τοῦ ἑνὸς
ἕτερον οὐχ ἕν· καὶ γὰρ τὸ ἀνθρώπου ἕτερον οὐκ ἄνθρωπος, καὶ
τὸ ἵππου οὐχ ἵππος, καὶ ἁπλῶς τὸ ἑκάστου τινὸς οὐχ ἕκαστον. εἰ
τὸ ἓν ἄρα ἑαυτοῦ ἕτερον, τὸ ἓν οὐχ ἕν ἐστιν. ἀλλὰ μὴν ἄτοπον
τοῦτο περιάγον ἡμᾶς εἰς ἀντίφασιν ὅτι τὸ ἓν οὐχ ἕν. οὐκ ἄρα   20
ἕτερον ἑαυτοῦ τὸ ἕν. ἀπορήσειε δ' ἄν τις πρὸς τὴν ἀπόδειξιν
ταύτην, μήποτε καὶ <ἡ> ἑτερότης οὕτως ἀποδειχθήσεται μὴ
οὖσα ἕτερον ἑαυτῆς, καίτοι γε τοῦτο ἀναγκαῖον· ἕκαστον γὰρ
τῶν ὄντως ὄντων ἀφ' ἑαυτοῦ τῆς ἐνεργείας ἄρχεται, καθάπερ

1178.5 ὡς ἔφην: cf. supra, 1177.6-7   8 – 10 cf. Ar., *Top.* I 16, 107b38, I
17, 108a13, 17   24 – 25 καθάπερ...πολλάκις: cf. *In Parm.* V 1035.29-30;
cf. *El. theol.* § 131, p. 116.15

1178.9 ἐν τοῖς add. A¹ ˢˡ   10 γυμνασόμενον A : γυμνασάμενον Σ
14 δείκνυται APg : δείκνυνται FGR   17 τὸ Ag : τοῦ Σ   17–18 καὶ τὸ Ag :
καίτοι Σ (καὶ τοῦ R)   22 ἡ add. A   24 τῆς ἐνεργείας Cous² : *operationem*
g τὴν ἐνέργειαν ΑΣ τοῦ ἐνεργεῖν Mᵇ ˢˡ

25 εἴρηται πολλάκις· καὶ ὁ Ἐλεάτης μὲν ξένος καὶ τ ὴ ν θ α τ έ -
ρ ο υ φ ύ σ ι ν ἔλεγε τῶν ἄλλων γενῶν ἕτερον οὖσαν κατὰ
τοῦτο ⌊καὶ⌋ αὐτὴν εἶναι μὴ ὄν, ὡς τὴν κίνησιν καὶ τὴν στάσιν.
ἀλλ᾽ εἰ ἑαυτῆς ἕτερον, ἢ ἑτερότητος ἔσται ἕτερον, ἢ ἡ ἑτερότης
οὐκ ἔσται ἑτερότης, ὥσπερ καὶ τὸ ἓν οὐχ ἕν· οὐκ ἄρα ἑαυτῆς
30 ἕτερον ἡ ἑτερότης. μήποτε οὖν ἀφ᾽ ἑαυτῆς μὲν ἄρχεται τοῦ
ἐνεργεῖν ἡ ἑτερότης καὶ ποιεῖ ἕτερον ἑαυτήν, οὐχ ἑαυτῆς δὲ
1179 ἕτερον, ἀλλὰ τῶν ἄλλων· | καὶ γὰρ ἐκεῖνα διακρίνειν ἀπ᾽ ἀλλή-
λων δύναται, καὶ ἑαυτὴν ἀπ᾽ ἐκείνων πολλῷ πρότερον, καὶ
οὕτως εἰς ἑαυτὴν ἐνεργεῖ τῷ φυλάττειν ἑαυτὴν ἀσύγχυτον τοῖς
ἄλλοις. εἰ δὲ ἔτι βούλει λέγειν ἀληθέστερον, καὶ ἡ ἑτερότης,
5 καθ᾽ ὅσον ἑαυτῆς ἕτερόν ἐστιν, οὐκ ἔστιν ἑτερότης· ἑαυτῆς γὰρ
ἕτερον τῷ μετέχειν καὶ τῶν ἄλλων γενῶν. ταύτῃ οὖν οὐχ
ἑτερότης, ᾗ τῶν ἄλλων μετείληχε· καὶ οὐδὲν ἄτοπον ἐπί γε τῆς
ἑτερότητος – πλῆθος γάρ ἐστιν –, ἐπὶ δὲ τοῦ ἑνὸς ἄτοπον· ἐν
γάρ ἐστι μόνον, ἄλλο δὲ οὐδέν. δεῖ δὲ τὴν ἀπόφασιν αὐτοῦ τινος
10 ποιεῖσθαι καὶ μὴ ἄλλου, λέγω δὲ οἷον, εἴ τί ἐστιν ἀνθρώπου
ἕτερον, τοῦτο λέγειν οὐκ ἄνθρωπον, καὶ εἴ τι λευκοῦ, τοῦτο οὐ
λευκόν· οὐ μέντοι λέγειν, ἐπειδὴ ὁ Δίων τοῦ ἀνθρώπου ἕτερος,
εἴπερ τὸ μὲν ἄτομον, τὸ δὲ εἶδος, ὁ Δίων ἄνθρωπος οὐκ ἔστιν·
αὐτὸ μὲν γὰρ τὸ εἶδος οὐκ ἔστιν, οὗ ἐλέγετο εἶναι ἕτερος – οὐ

1178.25 — 26 cf. *Soph.* 255d9-e6   **27** cf. *Soph.* 258a11-b8 | cf. *Soph.*
256d4-e7

1178.27 καὶ αὐτὴν correximus ex g (*et ipsam*) : ἑαυτὴν ΑΣ   **28** ἑτερό-
τητος correximus ex g (*alteritate*) : ἑτερότης ΑΣ | ἢ ἡ Σ : ἢ Α *aut* g
32 τῶν ἄλλων ΑΣ : *aliis alteris* g   **1179.1** post γὰρ add. εἰ A¹ sl   **5** ἑτερό-
της Cous² : ἑτερότητος ΑΣg   **10** ἐστιν Mᵇ : ἐπὶ ΑΣ om. g

γάρ ἐστιν ὅ⌊περ⌋ ἄνθρωπος –, μετέχει δὲ τοῦ εἴδους καὶ οὕτως   15
ἐστὶν ἄνθρωπος, ὡς κατὰ μέθεξιν τὶς ἄνθρωπος ὤν.

Καὶ μὴν ταὐτόν γε ἑτέρῳ ὂν ἐκεῖνο ἂν εἴη, αὐτὸ δ'οὐκ ἂν εἴη· ὥστε οὐδ'ἂν οὕτως εἴη ὅπερ ἐστίν, ἕν, ἀλλ'ἕτερον ἑνός. – Οὐ γὰρ οὖν. [Parm.
139b6-c2]   20

Τοῦτό ἐστι τῶν τεττάρων τὸ δεύτερον εὐληπτότερον μὲν ὂν
τῶν ἑξῆς, τοῦ δὲ πρὸ αὐτοῦ χαλεπώτερον. θαρρεῖ δ'οὖν καὶ
τοῦτο τῷ μηδὲν εἰσδέχεσθαι τὸ ἓν ἀπὸ τῶν ἄλλων· τοῦτο γὰρ τὸ
ἀξίωμα καὶ ἐπὶ τοῦ ἑνὸς καὶ ἐπὶ τῶν ἄλλων θείων αἰτίων ἐστὶ
πάντων ἀληθέστατον· οὔτε γὰρ ὁ οὐρανὸς εἰσδέχεταί τι τῆς   25
θνητῆς δυσχερείας εἰς ἑαυτόν, οὔτε ὁ δημιουργὸς ἀπὸ τῆς περὶ
τὸν κόσμον ὅλον γενέσεως, οὔτε τὰ νοητὰ ἀπὸ τοῦ νοεροῦ
πλήθους καὶ τῆς ἐν αὐτοῖς διαιρέσεως, ὥστε οὔτε τὸ ἓν ἀπὸ τῆς
τῶν ὄντων ἰδιότητος ἀναπίμπλασθαι δυνατόν. οὐδαμῶς ἄρα
τοῖς ἄλλοις ἔσται ταὐτόν· μετέχοι γὰρ ἂν αὐτῶν ἢ μετέχοιτο   30
ὑπ' αὐτῶν, ἢ καὶ αὐτὸ καὶ ἐκεῖνα μετέχοι ἂν ἑνός τινος ἄλλου.
ἀλλ'οὔτε ἑνὸς ἄμφω μετέχειν δυνατόν – | κρεῖττον γὰρ οὐδὲν   1180
ἔστι τοῦ ἑνὸς οὐδὲ μᾶλλον ἕν· ἦν γὰρ ἄν τι πρὸ τοῦ ἑνός· ἡ γὰρ
ἄνοδος ἐπὶ τὸ ἕν, ἀλλ'οὐκ ἐπὶ τὸ πλῆθος· ἑνικώτερα γὰρ ἀεὶ τὰ

1179.15   ὅπερ correximus ex g (*quod quidem*) (cf. *Parm.* 139c2) : ὁ ΑΣ
17   ἑτέρῳ Ag PLAT. codd. : ἕτερον Σ   **17—18**   ἂν...εἴη[1] Ag PLAT. codd. :
δ' ἂν εἴη Σ   **19** Οὖ οὖν Σg PLAT. codd. : οὐδαμῶς Α   **22** πρὸ correximus
ex g (*ante*) : πρὸς ΑΣ   **25**   ὁ om. FPR   **30**   ἢ scripsimus : ῇ Σ ῇ Α
μετέχοιτο Cous[2] (cf. infra, 1180.6) : μετέχοι τὰ Σ μετέχει τὰ Α om. g
31 αὐτῶν Σ : αὐτὸ Α | ῇ Α : ῇ Σ

ἀνωτέρω, ψυχὴ μὲν σώματος, ⌊νοῦς δὲ ψυχῆς, καὶ νοῦ τὸ ἕν –,
5 οὔτε αὐτὸ μετέχει τῶν ἄλλων⌋ – οὐδὲν γὰρ εἰσδέχεται
ἀπ᾽ αὐτῶν χειρόνων ὄντων –, οὔτε μετέχεται ὑπ᾽ αὐτῶν· ἐξῄρη-
ται γὰρ ἁπάντων ὁμοῦ τῶν ὄντων, καὶ ἄλλο ἐστὶ τὸ μεθεκτὸν
ἕν, τὸ δὲ πρώτως ἓν καὶ τὸ ἐφετὸν πᾶσι τοῖς οὖσιν ἀμέθεκτον
προϋπάρχει τῶν ὅλων, ἵνα μένῃ ἓν ἀπλήθυντον· τὸ γὰρ μετε-
10 χόμενον οὐ παντάπασίν ἐστιν ἕν· οὐδαμῶς ἄρα ταὐτόν ἐστιν τοῖς
ἄλλοις τὸ ἕν.

Καὶ οὕτω μὲν ⌊ἂν⌋ ἀπὸ τῶν κοινῶν ἐννοιῶν ὑπομνήσειας ὡς
ἔστιν ὁ λόγος ἀληθής. κατίδωμεν δὲ καὶ τὴν Παρμενίδειον
ἀπόδειξιν τοιαύτην τινὰ οὖσαν· εἰ τὸ ἓν ἑτέρῳ τινὶ τῶν πάντων
15 ταὐτόν ἐστιν, οὐχ ἑνὶ ὄντι ἔσται ταὐτόν· αὐτὸ γάρ ἐστι τὸ ἕν, καὶ
ἅμα καὶ διὰ τούτων δῆλον ὅτι δύο εἶναι τὸ ὡς ἀληθῶς ἓν
ἀμήχανον· δῆλον γὰρ ὅτι δύο ἂν εἴη διαφέροντα ἀλλήλων. ἓν
οὖν ἑκάτερον ὂν καὶ τοῦ ἑτέρου διαφέρον μετὰ τῆς διαφορᾶς
οὐκέτ᾽ ἂν εἴη ἕν. ἓν ἄρα μόνως τὸ ἕν· τὸ οὖν ἕτερον αὐτοῦ ὂν οὐχ
20 ἕν. εἰ οὖν ἑτέρῳ ταὐτὸν τὸ ἕν, οὐχ ἑνὶ δήπου τοῦτο ταὐτόν ἐστι.
καὶ γὰρ τὸ τῷ ἑνὶ ταὐτὸν ἕν ἐστι, καὶ τὸ τῷ οὐκ ἀνθρώπῳ
ταὐτὸν οὐκ ἄνθρωπος. εἰ ἄρα ἑτέρῳ παρ᾽ ἑαυτό τινι ταὐτὸν τὸ ἕν,
οὐχ ἕν ἐστι τὸ ἕν. εἰ δὲ οὐχ ἕν, ἕτερον ἑνός, ὃ δέδεικται πρότερον
ἄτοπον. ἤρκει μὲν οὖν καὶ τὸ εἰς ἀντίφασιν τῷ διὰ τριῶν
25 περιάγειν τὸν λόγον εἰς τὸν τῆς ὑποθέσεως ἔλεγχον. οὐ μὴν
ἀλλὰ κἀκεῖνο προστίθησι τὸ καὶ ἕ τ ε ρ ο ν τ ο ῦ ἑ ν ό ς, ἵνα καὶ

1180.23 δέδεικται πρότερον: cf. supra, 1178.16-1179.8 (ad *Parm.* 139b5-6)

1180.4 – 5 νοῦς...ἄλλων addidimus ex **g** (*intellectus autem anima, et
intellectu unum; neque ipsum participat aliis*)   **12** ἂν addidimus ex **g**
(*utique*)   **16** διὰ τούτων Cous : *propter hec* **g** διὰ τούτου ΑΣ | δύο Μ : διὸ
Σ *bis* **g** legi nequit Α²   **19** αὐτοῦ Cous² : αὑτοῦ ΑΣ**g**   **20** τοῦτο Σ**g** : τούτῳ
Α   **25** περιάγειν correximus ex **g** (*circumducere*) : παράγειν ΑΣ

διὰ τοῦ προσεχῶς ἀτόπου δειχθέντος ἀποφήνῃ σαθρὰν καὶ
ταύτην τὴν ὑπόθεσιν. οὕτω δ᾽ ἂν ἀποδείξειας καὶ τὴν ταυτότητα
αὐτὴν ἔστιν ὅπῃ ταυτότητα μὴ οὖσαν, εἴπερ εἴη πως τῇ ἑτερό-
τητι ταὐτὸν ἢ ἄλλῳ τινὶ τῶν ὄντων παρ᾽ ἑαυτήν· λεγέσθω γὰρ   30
ὅτι ἡ ταυτότης ταὐτόν ἐστιν ἑτερότητι καθ᾽ ὅσον μετέχει τῆς
ἑτερότητος. εἰ οὖν τὸ ἑτερότητι ταὐτὸν ἕτερόν ἐστι, καὶ οὐ
ταὐτόν, ἡ ἄρα ταυ|τότης ἕτερον καὶ οὐ ταὐτόν. καὶ οὐδέν γε   1181
ἄτοπόν ἐστι· τῇ μὲν γὰρ οὐσίᾳ τῇ ἑαυτῆς ταυτόν ἐστι, τῇ δὲ
μετουσίᾳ τῇ ἐκείνης ἕτερον. γίγνεται δὲ ἐκείνη ταὐτὸν τῷ
μετέχειν ἐκείνης, ὃ καὶ παραδοξότατόν ἐστι, τὸ ἕτερον γενέσθαι
τὸ πρὸς τὴν θατέρου γενόμενον φύσιν. καὶ οὗτος   5
δ᾽ οὖν ὁ λόγος ἠρωτημένος ἐπὶ τοῦ ἑνός ἐστιν ἀληθής, διότι τὸ
ἓν οὔτε γένος ἔχει τι πρὸ ἑαυτοῦ οὔτε εἶδος· τὰ μὲν ⌊γὰρ⌋ πρὸ
ἑαυτῶν ἔχοντα γένος ἢ εἶδος, οἷον ἄνθρωπος καὶ ἵππος ἢ Σω-
κράτης καὶ Ζήνων, ταὐτὰ ὄντα κατὰ τὸ γένος ἢ εἶδος, οὐκέτι
καὶ ἀλλήλοις ἁπλῶς ἐστι ταὐτά. μὴ εἶναι δὲ ἀνάγκη πρὸ τοῦ   10
ἑνὸς γένος ἢ εἶδος, εἰ μὴ γένηται τὸ ἕν, ἢ γένους μετέχον ἢ
εἴδους, οὐχ ἕν· τὸ γὰρ μετέχον τοῦ γένους ἔχει τι παρὰ τὸ γένος,
καὶ τὸ μετέχον ὡσαύτως τοῦ εἴδους ἔχει τι παρὰ τὸ εἶδος, καὶ
καθόλου πᾶν τὸ μετέχον τινὸς ἔχει τι παρὰ τὸ μετεχόμενον· εἰ
γὰρ μηδέν, αὐτὸ ἂν ἐκεῖνο εἴη παντελῶς καὶ οὐ μετέχον ἐκείνου   15
μόνον. εἰ οὖν τὸ ἓν μήτ᾽ ἐν γένει ἐστὶ μήτ᾽ ἐν εἴδει, ταὐτὸν δ᾽ εἴη
ἑτέρῳ τινί, αὐτὸ ἂν ἐκεῖνο εἴη ᾧ ἐστι ταὐτόν, οὐκ ἄλλῳ ὂν

1181.5 cf. Soph. 255d9

1180.27 ἀποφήνῃ ΑΣg : ἀποφαίνῃ Cous² 1181.2 ταυτόν correximus ex g
(idem) : ταυτότης ΑΣ 7 γὰρ addidimus ex g (enim) 9 ταὐτὰ Stallbaum
: ταυτὰ (sic) ΑΣ hec g 12 ἕν ΑᶜΣg : ἑνός Α | παρὰ Ag : περὶ Σ 13 παρὰ
Ag : περὶ Σ 14 παρὰ Ag : περὶ Σ 16 δ᾽ εἴη scripsimus : δὲ ἢ Σ δὲ ῇ Α
autem sit g 17 ἄλλῳ Σg : ἄλλο Α

ταὐτόν.

Ταὐτὸν μὲν ἄρα ἑτέρῳ ἢ ἕτερον ἑαυτοῦ οὐκ
20 **ἔσται. – Οὐ γάρ.** [*Parm.* 139c2-3]

*Τ*ῶν δύο προβλημάτων ἓν τοῦτο κοινὸν ποιεῖται συμπέ-
ρασμα κοινωνίαν ἐχόντων, καθ᾽ὅσον ἀντιστρόφως ἀλλήλοις
λαμβάνεται, τὸ μὲν ἕτερον πρὸς ἑαυτό, τὸ δὲ ταὐτὸν πρὸς τὰ
ἄλλα· δοκεῖ γὰρ τὸ μὲν ἕτερον οἰκείως ἔχειν τῇ πρὸς τὰ ἄλλα
25 ἀναλήψει, τὸ δὲ ταὐτὸν τῇ πρὸς ἑαυτό. διὸ κἀκεῖνα μὲν ῥάω
πρὸς τὴν ἀπόδειξιν – ἀνοίκεια γὰρ μᾶλλον πρὸς τὸ ἕν–, ταῦτα
δὲ χαλεπώτερα. μᾶλλον γάρ ἐστι τοῦ ἑνὸς ἐγγὺς ἡ μὲν πρὸς τὰ
ἄλλα ἑτερότης διὰ τὴν ἐξῃρημένην τοῦ ἑνὸς ὑπεροχήν, ἡ δὲ
πρὸς ἑαυτὸ ταυτότης διὰ τὴν ἄρρητον αὐτοῦ καὶ ἄφραστον
30 ὑπερένωσιν. διχῶς δὲ λεγομένου καὶ τοῦ ταὐτοῦ καὶ τοῦ ἑτέρου
1182 – λέγεται γὰρ ταὐ|τὸν καὶ ἥ τε ταυτότης καὶ τὸ μετέχον τῆς
ταυτότητος, καὶ ἕτερον ὁμοίως ἥ ⌊τε⌋ ἑτερότης καὶ τὸ μετέχον
τῆς ἑτερότητος –, δείξει προϊὼν ὁ λόγος ὅτι κατ᾽οὐδέτερον
τρόπον τὸ ἓν ἕτερον ἢ ταὐτόν· οὔτε γὰρ ὡς ἑτερότης οὔτε ὡς
5 ἕτερον τῶν ἄλλων ἕτερον, οὔτε ὡς ταυτότης οὔτε ὡς ταὐτοῦ
μεταλαβὸν ἑαυτῷ ταὐτόν· ὅπως δὲ ταῦτα δείκνυται, προϊόντες
γνωσόμεθα.

1182.6 – 7 cf. infra, 1182.28-1184.7 et 1185.22-1186.29

1181.18 ταὐτόν om. A   **19** ἑαυτοῦ correximus ex g ⟨*a se ipso*⟩ et Plat.
codd. : αὐτοῦ ΑΣ   **21** τοῦτο Ag : τούτων Σ   **25** τῇ Cous² *ei que* g : τι ΑΣ
ῥάω Ag : ῥάῳ Σ ῥᾷον Cous   **1182**.2 τε addidimus ex g ⟨-*que*⟩   **5** ἕτερον¹
: an ἑτέρου μετέχον legendum ? | ταυτότης Ag : ταυτότητος Σ
6 προϊόντες Σg : προϊόντος A

Ἕτερον δέ γε ἑτέρου οὐκ ἔσται, ἕως ἂν ᾖ ἕν·
οὐ γὰρ ἑνὶ προσήκει ἑτέρῳ τινὸς εἶναι, ἀλλὰ
μόνῳ ἑτέρῳ ἕτερον, ἄλλῳ δὲ οὐδενί. – Ὀρθῶς.   10
– Τῷ μὲν ἄρα ἓν εἶναι οὐκ ἔσται ἕτερον· ἢ οἴει;
– Οὐ δῆτα. – Ἀλλὰ μήν, εἰ μὴ οὕτως, οὐχ
ἑαυτῷ ἔσται· εἰ δὲ μὴ αὐτῷ, οὐδὲ αὐτό· αὐτὸ δὲ
μηδαμῇ ὂν ἕτερον, οὐδενὸς ἔσται ἕτερον. –
Ὀρθῶς. [Parm. 139c3-d1]   15

Τῶν δύο τῶν λειπομένων προβλημάτων πάλιν τὸ ῥᾷον εἰς
τὴν ἀπόδειξιν παραλαμβάνει πρότερον θατέρου· ῥᾷον δὲ ἐκεῖνο
τὸ πορρώτερον κείμενον τοῦ ἑνὸς ἀποφάσκειν ἐθέλον<τι> αὐτοῦ
τοῦ ἑνός· τοιοῦτον δὲ ἡ ἑτερότης, ὡς πολλάκις εἴρηται· συγγε-
νέστερον γὰρ ἡ ταυτότης πρὸς τὸ ἕν, διὸ δυσδιάκριτον ἔχει πρὸς   20
αὐτὸ τὴν φύσιν καὶ λόγου δεομένην πλείονος· καὶ γὰρ αὐτῷ καὶ
τοῦτο παραφυλακτέον ὅτι μετρεῖ τῶν πραγμάτων σαφηνείᾳ τε
καὶ ἀσαφείᾳ τὸ μῆκος τῶν λόγων, ἵνα μηδὲν μάτην αὐτῷ μηδὲ
ἄνευ χρείας πραγματειώδους παραλαμβάνηται. ταῦτά τοι καὶ
πλείω μὲν ἐρεῖ περὶ τοῦ τετάρτου προβλήματος, ἐλάχιστα δὲ   25
εἴρηται περὶ τοῦ πρώτου, ἐλάττω δὲ περὶ τοῦ δευτέρου μᾶλλον ἢ
τοῦ τρίτου.

1182.19 ὡς...εἴρηται: cf. supra, 1178.5-8, 1181.24-30

1182.8 γε Σ Plat. codd. : om. A deest in g   10 ἑτέρου ΑΣg Plat. TW (cf.
infra, 1183.4) : om. Plat. BCD   12 οὕτως Ag Plat. BCD : τούτῳ Σ Plat.
TW   13 αὐτῷ AP Plat. ed. : αὑτῷ FGRg   14 ἔσται ἕτερον Ag Plat. codd.
: inv. Σ   18 ἐθέλοντι scripsimus : ἐθέλον ΑΣ ἐθέλειν Cous²   21 αὐτῷ
scripsimus : αὐτοῦ ΑΣg   22 σαφηνείᾳ scripsimus : σαφήνειαί Σg
σαφήνειαν A   23 ἀσαφείᾳ scripsimus : ἀσάφειαι Σg ἀσάφειαν A | μηδὲ
A : μηδὲν Σg

Καὶ ταῦτα μὲν περὶ τῆς τάξεως. διχῶς δέ, ὥσπερ προείπο-
30 *μεν, τοῦ ἑτέρου λεγομένου, καθ' ἑκάτερον οὔ φησιν ἕτερον εἶναι*
τὸ ἕν. καὶ πρότερον ὅτι οὐχ ὡς μετέχον ἑτερότητος· τὸ γὰρ ἓν
καθὸ ἓν οὐ μετέχει ἑτερότητος. εἰ δὲ μή, ἔσται οὐχ ἓν μεταλαβὸν
1183 *αὐτῆς. πᾶν δὲ τὸ ἕτερον ⌊ἕτερον⌋ ἑτέρου λέγεται διὰ τὴν*
ἑτερότητα. τὸ ἄρα ἓν ᾗ ἓν οὐκ ἔστιν ἕτερον, διότι μὴ μετέχει
ἑτερότητος· μόνῳ γὰρ ἑτέρῳ εἶναι προσήκει τῷ
ἑτέρου ἑτέρῳ, ἀλλ' οὐ τῷ ἑνί· τοιοῦτον δέ ἐστι τὸ ἑτερό-
5 *τητος μετασχόν. εἰ δὲ δι' ἑτερότητα τὸ ἓν ἕτερον ἔσται, μεταλή-*
ψεται τῆς ἑτερότητος· ἄλλο γὰρ ἓν καὶ ἄλλο ἕτερον, τὸ μὲν
καθ' αὐτό, τὸ δὲ πρὸς ἕτερον λεγόμενον, ὥστ' οὐ τῷ ἑνὶ τὸ
ἕτερον ἕτερον, ἀλλ' ἐκείνῳ ὃ ποιεῖ ἕτερον. ἐπὶ δὲ τούτῳ δείκνυ-
σιν ὅτι οὐδὲ ἑτερότης τὸ ἕν· τί γὰρ εἰ ἕτερον μὲν ὡς ἑτερότητος
10 *μετέχον μή ἐστιν, ἑτερότης δέ ἐστιν; ἀλλ' οὐδὲ τοῦτό φησιν*
ἀληθές· εἰ γὰρ μὴ καθὸ ἓν ἕτερόν ἐστιν, οὐκ ἔσται τῷ ἑνὶ ἕτερον.
εἰ δὲ μὴ ἔσται τῷ ἑνὶ ἕτερον, οὐδὲ αὐτὸ ἑτερότης ἔσται. πάνυ
δαιμονίως· ἡ γὰρ ἑτερότης ἑαυτῇ καὶ δι' ἑαυτὴν ἕτερον, τὸ δὲ ἓν
οὐχ ἑαυτῷ ἕτερον· ἄλλη γὰρ ἔννοια παντελῶς ἑνὸς καὶ ἑτέρου.
15 *οὐκ ἄρα τὸ ἓν ἡ ἑτερότης ἐστίν. εἰ ἄρα μὴ ἑαυτῷ τὸ ἓν ἕτερον,*
οὐδὲ ἑτερότης ἐστί. καὶ τοῦτό ἐστιν ὅπερ αὐτὸς εἶπε συντόμως,
εἰ δὲ μὴ αὐτῷ, οὐδὲ αὐτό, τουτέστιν, εἰ μὴ ἑαυτῷ ἑνὶ

1182.28−29 ὥσπερ προείπομεν: cf. supra, 1181.30-1182.7

1182.29 ἑκάτερον A : ἕτερον Σg | εἶναι A : εἴη Σg   32 αὐτῆς correximus
ex g (ipsa) : αὐτοῦ ΑΣ   1183.1 ἕτερον² addidimus ex g (alterum)   2 μὴ
Σ : οὐ A   3 ἑτέρῳ Ag : ἑτέρου Σ   8 ἐκείνῳ Ag : ἐκεῖνο Σ   12 ἑτερότης
Ag : ἑτερότητος Σ   14 ἄλλη correximus ex g (alius) : ἀλλὰ ΑΣ διαφορὰ
post παντελῶς addendum cens. Taylor | γὰρ correximus ex g (enim) :
καὶ ΑΣ   16 αὐτὸς correximus ex g (ipse) : αὐτὸ ΑΣ   17 αὐτῷ A : αὐτῷ
Σg | οὐδὲ αὐτό Cous² neque ipsum g : οὐδ' ἑαυτό ΑΣ

ὄντι ἕτερόν ἐστι, διότι ἓν καὶ ἑτερότης διέστηκεν, οὐδὲ αὐτό
ἐστιν ἑτερότης· ἦν γὰρ ἂν ταὐτὸν φάναι τῷ ἑνὶ ἕτερον εἶναι καὶ
τῇ ἑτερότητι ἕτερον, εἰ ἦν τὸ ἓν ἑτερότης, ὅπερ ἀνεῖλεν ὁ λόγος. 20
ταῦτα δὲ εἰπών, κοινὸν ἐπάγει συμπέρασμα τοιοῦτον, α ὐ τ ὸ δ ὲ
μ η δ α μ ῇ ὂ ν ἕ τ ε ρ ο ν, μ ή θ ' ὡς ἑτερότης μ ή θ ' ὡς μετέχον
ἑτερότητος, ο ὐ δ ε ν ὸ ς ἕ τ ε ρ ο ν· πᾶν γὰρ τό τινος ἕτερον ἢ
ἑτερότης ἐστὶν ἢ ἑτερότητος μετέχει. τὸ δὲ ἓν οὔτε ἑτερότης
ἐστὶν οὔτε ἑτερότητος μετείληχεν. ο ὐ δ ε ν ὸ ς ἄρα ἐστὶν ἕ τ ε- 25
ρ ο ν. ὅλως δέ, εἰ ταυτότης ἀντίκειται καὶ ἑτερότης, κρείττων
δὲ ταυτότης ἑτερότητος, οὐδαμῶς θέμις τὸ χεῖρον ἀνάγειν ἐπὶ
τὸ ἕν, ἀλλ' ἢ μηδέτερον ἢ τὸ κρεῖττον τοῖν δυοῖν, ὥσπερ καὶ ἐπὶ
τῶν πρότερον ἐλέγομεν· ἡ γοῦν ἑτερότης καὶ ἀντικειμένως | 1184
πως ἔχει πρὸς τὸ ἕν, εἰ θέμις εἰπεῖν, καθ' ὅσον ἑνώσεως μὲν τὸ
ἕν, διαιρέσεως δὲ αἴτιον ἡ ἑτερότης· ἡ δὲ ταυτότης διὰ τῆς
συνοχῆς καὶ τῆς κοινωνίας τῶν ὄντων μιμεῖται τὴν ἀπὸ τοῦ
ἑνὸς ἐφήκουσαν ἕνωσιν. οὐδαμῶς ἄρα ἕτερόν ἐστι τὸ ἕν, ἀλλὰ 5
μᾶλλον μὲν ταὐτὸν ἢ ἕτερον. οὐ μὴν οὐδὲ ταὐτόν, ὡς ἔσται
προϊοῦσιν εὔδηλον.

Ἴσως δ' ἄν τις ἀπορήσειε πρὸς ἡμᾶς· πῶς οὖν ἐξῃρῆσθαι
λέγεται τὸ ἓν τῶν πάντων, εἰ μή ἐστιν ἕτερον αὐτῶν; τὸ γὰρ
ἐξῃρημένον διακέκριται τούτων ὧν ἐξῄρηται, καὶ ἔστι κεχω- 10
ρισμένον παντὸς οὗ διῄρηται ἀπ' αὐτοῦ. πᾶν δὲ τὸ διῃρημένον

1183.29 ἐλέγομεν: cf. supra, VI 1095.9-11, 1123.20-1124.1, 1132.14-18;
1171.18-24 **1184.6—7** ὡς...εὔδηλον: cf. *Parm.* 139d1-e3

1183.18 ἑτερότης Ag : ἑτερότητος Σ **19** ἂν ταὐτὸν scripsimus : ἓν
ταὐτὸν ΑΣ *utique* g **20** εἰ ἦν scripsimus : *si qua* g εἴη Σ εἴπερ Α²Μ
22 ἑτερότης Ag : ἑτερότητος Σ **23** οὐδενὸς Σ : μηδενὸς Α
25 μετείληχεν Σ (om. G) g : μετέχει Α

διὰ τῆς ἑτερότητος διῄρηται· διαιρετικὸν μὲν γάρ, ὡς εἴπομεν,
ἡ ἑτερότης, συνεκτικὸν δὲ ἡ ταυτότης. πρὸς δὴ ταύτην φαίην ἂν
ὅτι καὶ ἐξῄρηται τὸ ἓν ἀπὸ τῶν ὄντων καὶ χωριστόν ἐστι, καὶ οὐ
15 κατὰ τὴν ἑτερότητα τὸ χωριστὸν ἔχει τοῦτο καὶ ἐξῃρημένον
πρεσβεῖον τῶν ὄντων, ἀλλὰ κατ᾽ ἄλλην ἄφραστον ὑπεροχήν, καὶ
οὐχ οἵαν ἡ ἑτερότης παρέχει τοῖς οὖσιν· ὡς γὰρ ἔστι μὲν ἀεὶ καὶ
ὁ κόσμος, ἔστι δὲ ἀεὶ καὶ ὁ νοῦς, ἀλλ᾽ οὐ ταὐτὸν ⌊τὸ⌋ ἀεὶ τοῦτο
ἐπ᾽ ἀμφοτέρων, ἀλλ᾽ ὅπου μὲν χρονικόν, ὅπου δὲ αἰώνιον καὶ
20 ⌊πρὸ⌋ χρόνου παντός, οὕτως ἐξῄρηται μὲν καὶ ὁ νοῦς τῆς ψυχῆς,
καὶ τὸ ἓν τῶν ὄντων, ἀλλ᾽ ἐπὶ μὲν νοῦ τὸ ἐξῃρῆσθαι κατὰ τὴν
ἑτερότητα τὴν διακριτικὴν τῶν ὄντων, ἐπὶ δὲ τοῦ ἑνὸς πρὸ
ἑτερότητος· μιμεῖται γὰρ τὸ ἐξῃρημένον ἐκείνου καὶ τὸ ἀμιγὲς ἡ
ἑτερότης, καθάπερ τὴν ἑνότητα τὴν ἄφραστον ἡ ταυτότης.
25 ἄλλως οὖν ἐκεῖνο κεχώρισται τῶν ὅλων, καὶ ἄλλως ἡ ἑτερότης
χωρίζει τὰ ὄντα ἀπ᾽ ἀλλήλων. δῆλον δὲ ἐπὶ τῶν οἷον ἀντικει-
μένων· καὶ γὰρ τὸ μηδαμῶς ὂν οὐκ ἔστιν ἕτερον φάναι τοῦ
ὄντος, διότι τὸ ἕτερον μὴ ὂν {μέν} πῃ καὶ ὄν ἐστι. καὶ οὐ
παρ᾽ ἔλαττον, φησί, τοῦ ὄντος τὸ οὕτω μὴ ὄν· καὶ πῶς
1185 γὰρ ἄν, μηδαμῶς ὄν, γένους τινὸς | μετέχοι τῶν ὄντων; <ὥσπερ
οὖν τὸ μηδαμῶς ὂν οὐκ ἔστι τῶν ὄντων> ἕτερον, ἵνα μὴ γενόμε-
νον ἕτερον μὴ πάντων ἐκπεσὸν ᾖ τῶν ὄντων, οὕτω τὸ ἓν ἐξῃρη-

1184.12 ὡς εἴπομεν: cf. supra, 1183.29-1184.3 (cf. infra, 1193.7-13)   **28**
cf. *Soph.* 256d   **28–29**   cf. *Soph.* 258b1-2; cf. *Theol. plat.* II 5, p.
38.29-39.2 et n.1

1184.13 ταύτην Σg : ταῦτα A   **16** τῶν ὄντων ΑΣ : *omnibus* g   **18** τὸ
addidimus ex M et g (*le*)   **19** ἀμφοτέρων correximus ex g (*ambobus*) :
ἀμφότερον Σ ἀμφότερα A   **20** πρὸ addidimus ex g (*ante*) | post παντός
add. ἐπέκεινα A   **28** μέν delevimus   **1185.1–2** ὥσπερ...ὄντων
addidimus (cf. Westerink ap. Dillon), spat. vac. Oᵍ

μένον πάντων τῶν ὄντων οὐ, διότι ἔτερον, ἐστὶν ἐξῃρημένον, ἵνα
μὴ ἕτερον ὂν μηκέτι πάντων ᾖ τῶν ὄντων ἐξῃρημένον· οὐ γὰρ   5
δεῖ τὴν ἀπόφασιν, καθ' ἣν οὐδέν ἐστι τῶν ὄντων, εἰς κατάφασιν
μεταλαμβάνειν ἐπὶ τῶν ἀποφάσεων – τὸ δὲ ἕτερον κατάφασις
–, ἐπεὶ οὐδὲ τὸ ἐξῃρῆσθαι κυρίως λέγομεν, οὐδ' ἄλλο τι τῶν εἰς
τὰ ὄντα φερόντων ὀνομάτων.

Οὐδὲ μὴν ταὐτὸν ἑαυτῷ ἔσται. – Πῶς δ' ⌊οὖ⌋;   10
– Οὐχ ἥπερ τοῦ ἑνὸς φύσις, αὕτη δήπου καὶ
ταὐτοῦ; – Τί δή; – Ὅτι οὐκ ἐπειδὰν ταὐτὸν
γένηται τῷ τι, ἓν γίγνεται. – Ἀλλὰ τί μήν; –
Τοῖς πολλοῖς ταὐτὸν γενόμενον πολλὰ ἀνάγκη
γίγνεσθαι, καὶ οὐχ ἕν. – Ἀληθῆ. – Ἀλλ' εἰ τὸ   15
ἓν καὶ τὸ ταὐτὸν μηδαμῇ διαφέρει, ὁπότε τι
ταὐτὸν ἐγίγνετο, ἀεὶ ἂν ἓν ἐγίγνετο, καὶ ὁπότε
ἕν, ταὐτόν. – Πάνυ γε. – Εἰ ἄρα τὸ ἓν ἑαυτῷ
ταὐτὸν ἔσται, οὐχ ἓν ἑαυτῷ ἔσται· καὶ οὕτως ἓν
ὂν οὐχ ἓν ἔσται. – Ἀλλὰ μὴν τοῦτό γε ἀδύνα-   20
τον. [Parm. 139d1-e3]

Τοῦτό ἐστι τὸ τέταρτον τῶν προβλημάτων, ὅτι οὐκ ἔστιν
ἑαυτῷ ταὐτὸν τὸ ἕν, οὔτε ὡς ταυτότης οὔτε ὡς μετέχον ταυτότη-
τος. καὶ πρότερον, ὅτι οὐχ ὡς ταυτότης· εἰ γάρ ἐστι ταυτότης τὸ
ἕν, δεῖ πᾶν τὸ μετέχον ταυτότητος κατ' ἐκεῖνο γίγνεσθαι ἕν,   25

1185.6 ὄντων correximus ex g (entium) : πάντων ΑΣ   10 ταὐτὸν Σg
PLAT. codd. : ταὐτόν γε Α | οὖ addidimus ex Ag PLAT. codd. : om. Σ
11 αὕτη Σ PLAT. BCD : αὐτὴ Ag PLAT. TW   12 ταὐτοῦ ΛΣg PLAT. BCD : τοῦ
ταὐτοῦ PLAT. TW   15 καὶ ΑΣg (cf. infra, 1186.2) : ἀλλ' PLAT. codd.
24 ταυτότης[1] Α : ταυτότητος Σ om. g

195

καθὸ μετέχει τοῦ ταὐτοῦ. κατ'ἄλλο μὲν γὰρ καὶ ἄλλο πάντως
ἀναγκαῖον <γίγνεσθαι ἕν>, καὶ ᾗ δεύτερον ἡ ταυτότης τοῦ ἑνός·
οὐδὲν γὰρ ἔστιν ἄνευ τοῦ ἑνός· καὶ γὰρ ἡ ἑτερότης πᾶν ὅ τι περ
ἂν ποιῇ, μετὰ τοῦ ἑνὸς ποιεῖ· καὶ γὰρ εἶναί τι τῶν ὄντων ἀμέτο-
30   χον τοῦ ἑνὸς παντελῶς ἀδύνατον. καθὸ δὲ ταὐτὸν ἔσται, κατὰ
τοῦτο ⌊καὶ⌋ ἐξ ἀνάγκης ἕν, εἴπερ ἡ ταυτότης τὸ ἕν ἐστιν. ἀλλὰ
1186   μὴν ἔστι τι καθὸ μεταλαμβάνει ταυτότητος πολλὰ | γιγνόμε-
νον, οἷον τὸ τοῖς πολλοῖς ταὐτὸν γιγνόμενον καὶ
οὐχ ἕν. οὐκ ἄρα ἡ ταυτότης τὸ ἕν· ὥσπερ γὰρ τὸ τῷ ἀνθρώπῳ
ταὐτὸν γιγνόμενον ἄνθρωπός ἐστι καὶ τὸ <τῷ ἵππῳ> ἵππος καὶ
5   τὸ τῷ λευκῷ γιγνόμενον ταὐτὸν λευκόν, καὶ τὸ τῷ μέλανι
μέλαν, καὶ ἐπὶ πάντων ἁπλῶς τὸ ταυτούμενον πρός τι εἶδος
ἐκείνου δέχεται πρὸς ὃ λέγεται ταυτοῦσθαι πάντως, οὕτω τὸ
τοῖς πολλοῖς ταὐτὸν γιγνόμενον τῷ πολλὰ γί-
γνεσθαι ταὐτὸν γίγνεται τοῖς πολλοῖς. ταὐτὸν οὖν τοῖς πολ-
10   λοῖς γιγνόμενον, καθὸ πολλά, ταὐτόν ἐστιν αὐτοῖς. ἀλλὰ μὴν
καθὸ πολλὰ <ἓν> εἶναι ἀδύνατον. οὐκ ἄρα ταυτότης ἐστὶ τὸ ἕν· ἦν
γὰρ ἂν πάντα ταυτότητος μετέχοντα κατὰ τὸ ταὐτὸν καὶ ἓν
γιγνόμενα. δέδεικται δὲ ἐπὶ τῶν πολλῶν ⌊ὅτι⌋ οὐκ ἔστιν <ἓν>
διὰ τὴν τῶν πολλῶν οἷον ἀντίθεσιν πρὸς τὸ ἕν. τούτῳ δὲ δει-
15   χθέντι συνῆψε καὶ ὅτι οὐχὶ ταὐτὸν οὕτω τὸ ἓν ὡς ταυτότητος

1186.13 δέδεικται: cf. *Parm.* 137c4-5

1185.26 καθὸ correximus ex g (*secundum quod*) : καὶ ΑΣ | μετέχει Σg :
μετέχειν ΑR^c   27 γίγνεσθαι ἕν add. Westerink   31 καὶ addidimus ex g
(*et*) | ἕν εἴπερ scripsimus : ἐπείπερ ΑΣg ἕν, ἐπείπερ Cous²
1186.2   τὸ...πολλοῖς Α¹ *multis* g : ποίοις πολλοῖς Σ τόποις πολλοῖς Α
4 τῷ ἵππῳ add. Α   5 γιγνόμενον ταὐτὸν inv. Α   7 ἐκείνου Σg : ἐκεῖνο Α
11 ἓν add. Cous²   12 τὸ ταὐτὸν correximus ex g (*le idem*) : τὸ αὐτὸ ΑΣ
13 ὅτι add. Cous² *quod* g | ἓν addidimus

μεταλαβόν· εἰ γὰρ ἔσται ταὐτὸν ἑαυτῷ οὕτως ὡς μετέ-
χον ταυτότητος ἄλλης οὔσης, οὐχ ἓν ἔσται τὸ ἕν· ἔσται
γὰρ τῷ μεταλαβεῖν ταυτότητος ἕν τε καὶ ἄλλο τι ὃ μή ἐστι, καὶ
οὐκέτι φυλάξει τὴν ἰδιότητα τοῦ ἑνός, πλῆθος ἀντὶ τοῦ ἑνὸς
γενόμενον. ταῦτα δὴ πάντα συντόμως περιέλαβεν εἰπὼν ὡς   20
εἴπερ ἑαυτῷ ταὐτόν ἐστι τὸ ἕν, οὐχ ἓν ἑαυτῷ
ἐστι· ταυτότης γὰρ ἕτερον δέδεικται τοῦ ἑνός. δυνάμει οὖν ὁ
σύμπας ἐστὶ λόγος τοιοῦτος· πᾶν τὸ ταὐτόν τισιν ὂν ἢ μετέχει
ταυτότητος ἢ αὐτοταυτόν ἐστι· τὸ δὲ ἓν οὔτε μετέχει ταυτότητος
ὡς ἄλλης οὔσης, ἵνα μὴ μετέχον ἄλλου του παρὰ τὸ ἓν ᾖ οὐχ ἕν,   25
οὔτε ἐστὶν αὐτοταυτότης· οὐ γὰρ οἷς ὑπάρχει ταυτότης, τούτοις
καὶ τὸ ἕν· τὰ γὰρ πολλὰ τοῖς πολλοῖς ταὐτὰ εἶναι δυνατόν, ἓν δὲ
εἶναι ἀδύνατον, ἕως ἂν ᾖ τὰ μὲν πολλά, τὸ <δ'> ἕν· οὐκ ἄρα τὸ ἓν
ταυτότης, οὐδὲ ὡς μετέχον ταυτότητος εἶναι δυνάμενον ταὐτόν.

Ὁ μὲν οὖν σύμπας λόγος τοιοῦτος. ἀπορήσειε δ'ἄν τις πρὸς   30
ἡμᾶς, ἵν'ἀπὸ τῶν τελευταίων ἀρξώμεθα, ποῦ καὶ ἐν τίσιν   **1187**
ἔδειξεν ὡς ἔστι τι γιγνόμενον ἓν οὐ ταὐτόν. ὅτι μὲν οὖν τὸ
ταὐτὸν γιγνόμενον οὐ πάντως κατ'αὐτὸ τοῦτο γίγνεται καὶ ἕν,
δεδείχθω, διότι τὸ τοῖς πολλοῖς ταὐτὸν γιγνόμενον
οὐ γίγνεται ἕν, ἀλλὰ πολλά. τούτου δὲ μόνου προδειχθέντος,   5
πῶς δύο ἐπήνεγκεν εἰπὼν ὡς, ὁπότε τι ταὐτὸν ἐγί-
γνετο, ἀεὶ ἂν <ἓν> ἐγίγνετο, καὶ ὁπότε ἕν, ταὐ-

1186.17 ἓν Σg : ἑνὸς A   18 τῷ Ag : τὸ Σ   20 ταῦτα δὴ correximus ex g
(*hec utique*) : ταυτὸ δὴ (sic) Σ ταῦτα δὲ A   24   αὐτοταυτόν A :
αὐτοταύτην (sic) Σ om. g   25 του Cous² : τοῦ ΑΣg | παρὰ Ag : περὶ Σ | ᾖ
Ag : ᾗ Σ   27 δυνατόν A¹Σg : δυνατά A   28 ἀδύνατον scripsimus :
δυνατόν Σg οὐ δυνατόν A | τὰ μὲν om. A | τὸ¹...ἕν om. A | δ' addidimus
29   οὐδὲ scripsimus : οὔτε ΑΣ   **1187.5**   προδειχθέντος Σg :
προσδειχθέντος A   6 ὁπότε Cous² ex PLAT. : εἴ που ΑΣg   7 ἓν addidimus
ex PLAT. (*Parm.* 139d6) | ὁπότε M : ποτὲ ΑΣ *le* g (τὸ Γ?)

τόν, εἰ ταὐτὸν ἦν ταυτότης καὶ ἕν; ῥητέον δὲ ὅτι κατὰ τὴν
αὐτὴν ὁδὸν τοῦ λόγου καὶ τοῦτο προσθήσομεν· ἓν γάρ τι γι-
10   γνόμενον ἕτερον γίγνεται τῶν πολλῶν· καίτοι γε εἰ ταὐτὸν ἦν
ταυτότης καὶ ἕν, ἔδει τὸ ἓν γιγνόμενον εὐθὺς γίγνεσθαι καὶ
ταὐτόν, ἀλλὰ μὴ ἕτερον· ὡς γὰρ τὸ τοῖς πολλοῖς ταὐτὸν οὐχ ἕν,
οὕτω τὸ ἓν οὐ ταὐτὸν τοῖς πολλοῖς. εἴποι δ᾽ ἄν τις ὅτι τὸ ἓν
γιγνόμενον οὐχ ἓν ὂν πρότερον ἕτερον ⌊μὲν⌋ γίγνεται τῶν οὐχ
15   ἕν, ἑαυτῷ δὲ ταὐτόν, καὶ διὰ τοῦτο ἕτερον τῶν οὐχ ἕν, ὅτι ἑαυτῷ
ταὐτόν. μήποτε οὖν τὸ ἓν γιγνόμενον ἐξ ἀνάγκης μὲν ἕτερον
γίγνεται τῶν οὐχ ἕν, οὐ συνεισάγει δὲ τὴν ἔννοιαν ταὐτοῦ,
καθ᾽ ὅσον ἐστὶν ἕν· τῶν μὲν γὰρ οὐχ ἓν διὰ τὴν ἀντίθεσιν ἕτερον
γίγνεται, καθὸ δὲ ἓν τὸ ἕν, ἐστὶν ἓν οὐκ ὂν τῶν πρός τι·
20   καθ᾽ αὑτὸ γάρ· τὸ δὲ ταὐτὸν τῶν πρός τι· τῷ <δ᾽> ἓν γίγνεσθαί
τι τὸ ταὐτὸν οὐ συνεισφέρει· τὰ γὰρ καθ᾽ αὑτὸ προϋπάρχει
πανταχοῦ τῶν πρός τι. διὸ τὸ γιγνόμενον ἓν οὐ πάντως ταὐτόν,
διότι τὸ καθ᾽ αὑτὸ πρὸ τοῦ πρός τι, τὸ δὲ ταὐτὸν τῶν πρός τι
λεγομένων ἐστίν. ἅμα ἄρα καὶ οὐ ταὐτόν ἐστί τι καὶ ἕν· οὐκ ἄρα
25   ἁπλῶς ἓν ἡ ταυτότης καὶ τὸ ἕν· διόπερ ⌊καὶ⌋ ὁ Πλάτων τῷ
λόγῳ θαρρῶν ἐπήγαγεν ὡς, εἰ ἦν τὸ ἓν ταυτότης, ἦν ἂν καὶ τὸ
ταὐτὸν ἓν καθὸ ταὐτόν, καὶ τὸ ἓν ταὐτὸν καθὸ ἕν. ἐφάνη δὲ καὶ
τὸ ταὐτὸν τοῖς πολλοῖς πολλὰ καὶ κατὰ τοῦτο οὐχ ἓν καὶ τὸ ἓν

1187.14 ἕτερον om. g | μὲν addidimus ex g (quidem)   17 συνεισάγει
correximus ex g (coinducit) (cf. In Parm. IV 867.3) : συνάγει ΑΣ
17—18 ταὐτοῦ...ἀντίθεσιν ΑΣ : ipsius idem g   18 ἕτερον ante διὰ transp.
GPR   19 τὸ...ἕν² post γάρ (cf. infra, l. 20) transp. g   20 δὲ Σg : γὰρ Α | δ᾽
addidimus   22 διὸ corr. Strobel ex g (propter quod) : διότι ΑΣ   23—24
διότι...ἐστίν : an delendum ?   23   τὸ¹ correximus ex g (quod) : τὰ ΑΣ
24 τι om. Α   25 καὶ² addidimus ex g (et)   28 κατὰ τοῦτο scripsimus : de
eodem g κατ᾽ αὑτοῦ τὸ Σ (κατ᾽ αὑτοῦ τε F) κατὰ τ᾽ αὑτὸ τὸ Μ legi nequit
Α²

γιγνόμενον οὔπω ταυτόν.

Πάλιν τοίνυν ἀπορήσουσί τινες πῶς **ταὐτὸν γίγνεσθαί**   30
φαμεν **τοῖς πολλοῖς**· "ἴσον" γὰρ ἦν τάχα δικαιότερον εἰπεῖν,
ἀλλ᾽οὐ "ταὐτόν". ῥητέον δὲ πρὸς αὐτοὺς | ὅτι ⌊τὸ μέν⌋ ἐστιν   **1188**
οὐσιῶδες πλῆθος ἐν τοῖς οὖσι, τὸ δὲ ἔξωθεν ἐπιγιγνόμενον καὶ
ἐπεισοδιῶδες, καὶ τὸ μὲν ἐν τοῖς εἴδεσιν ὑφεστηκός, τὸ <δ᾽> ἐν
τοῖς ἐνύλοις πράγμασιν. ὅταν ⌊οὖν⌋ τῷ οὐσιώδει πλήθει καὶ τῷ
ἀριθμῷ γίγνηται ὁ αὐτὸς ἀριθμός, οὐχ ὅς ἐστιν ἐν τοῖς ἠριθμη-   5
μένοις, ἀλλ᾽ὅς ἐστιν ἁπλῶς ἀριθμός, τηνικαῦτα "ταὐτὸν" λέγε-
ται γίγνεσθαι τῷ πλήθει τὸ πλῆθος, ἀλλ᾽οὐκ "ἴσον"· ἡ γὰρ κατὰ
τὴν οὐσίαν κοινωνία ταυτότης ἐστίν, ἡ δὲ κατά τι ποσὸν ἰσότης,
οὐ τὸ οὐσιῶδες ⌊ποσόν, ἀλλὰ τὸ μόνως⌋ ποσόν· ὡς γὰρ ποιὸν
ἄλλο μὲν τὸ μόνως ποιόν, ἄλλο δὲ τὸ περὶ οὐσίαν τὸ ποιὸν   10
ἀφορίζον, οὕτω καὶ ποσὸν ἄλλο μὲν τὸ κυρίως ποσόν, ἄλλο δὲ τὸ
ἐν οὐσίᾳ ποσόν. καὶ ὅταν τοιαῦτα δύο ποσὰ κοινωνῇ πρὸς ἄλλη-
λα, διὰ ταυτότητος κοινωνεῖ, καθάπερ δὴ καὶ τὰ ποιὰ τὰ οὐσιώ-
δη κοινωνεῖ διὰ ταυτότητος, ἀλλ᾽οὐ δι᾽ὁμοιότητος.

Ταῦτα μὲν οὖν πρὸς τὴν ἀπορίαν. ἐνδείκνυται δὲ καὶ   15
δι᾽αὐτῶν τούτων ὁ φιλόσοφος ὅτι ταυτότητα μὲν ἑτερότητι καὶ
πλήθει συνεῖναι δυνατόν, ἡ δὲ ἕνωσις καὶ τὸ ἓν ἐπέκεινα τῆς
πρὸς τὸ πλῆθος ἵδρυται συντάξεως· εἰ γὰρ τὰ πολλὰ ταυτότη-
τος μὲν μετασχεῖν δυνατόν, ἓν δὲ οὐκ ἔστι καθὸ πολλά, καίτοι

1188.18—24 cf. Ar., *Met.* V 9, 1018a7-9

1188.1 τὸ μέν addidimus ex **g** (*hec* [sc. *multitudo*] *quidem*) : spat. vac. Σ
om. A   **2** post δὲ add. καὶ Aˢˡ *est* g   **3** δ᾽ add. Cous² | ἐν² ΑΣ : *unum* g
4 οὖν addidimus ex g (*igitur*)   **6** ἁπλῶς Σ : ἁπλοῦς Ag   **8** οὐσίαν
MᶜPRᶜg : συνουσίαν AFG   **9** ποσόν...μόνως addidimus ex g (*quantum sed
que solummodo*)   **19** ἔστι correximus ex g (*est*) : ἔσται ΑΣ

20 διὰ τοῦτο ὄντα ταὐτὰ τοῖς ἑτέροις ὅτι πολλά, πρόδηλον ὅτι
ταυτότης μὲν ἔστι καὶ ἐν πλήθεσιν, ἑνότης δὲ ἐξῃρῆσθαι βούλε-
ται τοῦ πλήθους. ὅθεν εἰκότως δείκνυται τὸ ἓν ὡς οὐκ ἔστι
ταυτότης· οὐ γὰρ ἀποστατεῖ τοῦ πλήθους ἡ ταυτότης, τὸ δὲ
ἓν ἔξω τῶν πεπληθυσμένων ἐστίν· ἑκάστη γὰρ τάξις συνεισφέ-
25 ρει τι ἑαυτῇ πάντως ὃ μὴ ἦν πρὸ αὐτῆς, οἷον ἡ μὲν γένεσις τὴν
κατ' οὐσίαν μεταβολήν, ἣν οὐκ εἶχεν ὁ οὐρανός, ὁ δὲ οὐρανὸς τὴν
κύκλῳ κίνησιν τὴν τοπικήν, ἣν οὐκ εἶχεν ἡ ψυχὴ καθ' αὑτήν, ἡ
δὲ ψυχὴ τὴν μεταβατικὴν νόησιν, ἣν οὐκ εἶχεν ὁ νοῦς, ὁ δὲ νοῦς
τὴν ⌊τοῦ⌋ νοεῖν ὄρεξιν, ἣν οὐκ εἶχε τὸ ὄν, τὸ δὲ ἓν ὂν τὴν ταυτό-
30 τητα καὶ ἑτερότητα, ὧν ἐξῄρητο τὸ ἓν αὐτό, μηδὲν δεόμενον
τούτων μήτε τῆς ταυτότητος – εἶχε γὰρ ἁπλότητα κρείττονα
1189 ταυτότητος –, μήτε ἑτερό⌉τητος – εἶχε γὰρ ὑπερβολὴν κρείττο-
να ἑτερότητος.

**Ἀδύνατον ἄρα καὶ τῷ ἑνὶ ἢ ἑτέρου ἕτερον εἶναι
ἢ ἑαυτῷ ταὐτόν. – Ἀδύνατον.** [Parm. 139e3-4]

5 Τῶν δύο τῶν προσεχῶς δεδειγμένων θεωρημάτων κοινὸν
τοῦτο συμπέρασμα ἐπήγαγεν· ἀδύνατον γάρ φησιν ἢ ἕτε-
ρον εἶναί τινων τὸ ἓν ἢ ἑαυτῷ ταὐτόν. ⌊τὸ δὲ ἀδύ-
νατον⌋ μή τοι νομίσῃς ἀσθένειαν εἶναι καὶ δυνάμεως ἔλλειψιν,
μηδὲ αὖ ὑπερβολὴν δυνάμεως – ἔστι γάρ τι καὶ τοιοῦτον ἀδύ-

1188.23 = Parm. 144b2   1189.5 τῶν....δεδειγμένων: cf. Parm. 139c3-e3
9 – 11 cf. Ar., Met. V 12, 1019b15-27

1188.20 ταὐτὰ Cous² : ταῦτα Ag τὰ Σ   28 ὅ¹ om. Σ   29 τοῦ νοεῖν
correximus ex g (ipsius intelligere) : νοῦ A¹ ˢˡΣ ὄντος A τοῦ νοητοῦ Cous²
1189.2 post ἑτερότητος add. ἑτερο^ττΣ   7 – 8 τὸ²...ἀδύνατον correximus
ex g (le impossibile autem) : τοῦτο ΑΣ

νατον, ὡς εἰώθαμεν λέγειν τὸν σπουδαῖον ἀδύνατον εἶναι ἁμαρ- 10
τεῖν –, ἀλλὰ τὴν κρείττω πάσης δυνάμεως ὑπεροχήν· οὕτω γὰρ
τὸ ἀδύνατον ἐπὶ τοῦ ἑνὸς ἀληθῶς, ὡς πάσης ἐξ αὐτοῦ προϊούσης
δυνάμεως ἑτεροποιοῦ τε καὶ ταυτοποιοῦ τῶν ὄντων· ἐκεῖθεν γὰρ
καὶ τὸ πέρας τὸ πάσης ταυτότητος χορηγὸν τοῖς οὖσι, καὶ τὸ
ἄπειρον πάσης διακρίσεως καὶ διαιρέσεως γεννητικόν. ὡς οὖν 15
ὑπὲρ πᾶν πέρας ἐστὶ καὶ ὑπὲρ πᾶσαν ἀπειρίαν, οὕτω καὶ ὑπὲρ
πᾶσαν ταυτότητα, πολλῷ μᾶλλον καὶ ὑπὲρ πᾶσαν ἑτερότητα
καὶ θείαν τε καὶ τὴν ἐν τοῖς οὖσιν ὑφεστῶσαν. εἴ τις οὖν θεία
τάξις κατ'αὐτὰ χαρακτηρίζοιτο μάλιστα πασῶν τῶν θείων
τάξεων, ἐπέκεινα καὶ ταύτης ἂν εἴη τὸ ἕν, καὶ τὸ μὴ εἶναι 20
ταὐτὸν ἢ ἕτερον ἐκφαίνοι τὴν κατὰ ταῦτα διαφερόντως προϊοῦ-
σαν διακόσμησιν τῶν θεῶν.

**Οὕτω δὴ ἕτερόν γε ἢ ταὐτὸν τὸ ἓν οὔτ'ἂν αὐτῷ
οὔτ'ἂν ἑτέρῳ εἴη. – Οὐ γὰρ οὖν.** [Parm. 139e4-5]

Τοῦτο κοινόν ἐστι συμπέρασμα τῶν τεττάρων προβλημά- 25
των, ἀνακάμπτον μὲν ἐπὶ τὴν πρώτην πρότασιν, ἀλλοιότερον δέ
πως διαπεπλεγμένον. ἐκεῖ μὲν γὰρ εἶπεν· οὐδὲ μὴν ταὐ-
τόν γε οὔτε ἑτέρῳ οὔτε ἑαυτῷ τὸ ἕν, οὐδὲ <ἕτε-
ρον οὔτε ἑαυτοῦ οὔτε> ἑτέρου, τὸ ταὐτὸν πρότερον
διελών, εἶτα τὸ ἕτερον· ἐνταῦθα δὲ ἅμα ἄμφω προθεὶς τὸ 30
ἕτερον καὶ ταὐτὸν κοινὴν ἐπήγαγε τὴν διαίρεσιν, οὔτ'ἂν

1189.27—29 = Parm. 139b4-5

1189.23 Οὕτω AᶜΣg PLAT. codd. : οὔτε A | γε Ag PLAT. codd. : γένος Σ
αὐτῷ Cous² cum PLAT. ed. : αὐτῷ AΣg   24 εἴη AΣg PLAT. BCDTW² : om.
PLAT. W   28 οὐδὲ Σ (οὔτε R) g : τοῦ A   28—29 ἕτερον...οὔτε² addidimus
(cf. Parm. 139b4-5)   30 προθεὶς AΣ : προσθεὶς Fˢˡ apponens g

αὐτῷ οὔτ᾽ ἂν ἑτέρῳ προσθείς, καὶ ἤρξατό γε ἀπὸ τοῦ

1190 ἑτέρου καὶ | κατέληξεν εἰς τὸ ἕτερον, καὶ διὰ τῆς συντομίας καὶ
διὰ τῆς ἀπὸ τοῦ αὐτοῦ πρὸς τὸ αὐτὸ καταλήξεως μιμούμενος
τὸν κύκλον τῆς νοερᾶς ἐνεργείας.

Ἀλλὰ ταῦτα μὲν περὶ τούτων. ἴσως δ᾽ ἄν τις ἡμᾶς ἐπανέ-
5 ροιτο, τούτων δεδειγμένων, εἰ τά γε ἄλλα τοῦ ἑνὸς ἕτερα αὐτοῦ
ἂν εἴη. τὰ γὰρ ἄλλα συνεισφέρειν δοκεῖ καὶ τὴν τοῦ ἕτερα εἶναι
φήμην αὐτὰ τοῦ ἑνός· ταὐτὰ μὲν γὰρ οὐδαμῶς· οὐ γάρ ἐστι καὶ
ταῦτα ἕν· μήποτε δέ, ὡς εἴπομεν, τὰ πολλὰ <ἕτερα> τοῦ ἑνός· ἢ
ἕτερα μὲν τὰ πολλὰ καὶ ἄλλα πάντῃ πάντως ἐστίν, οὐχ ἕτερα δὲ
10 τοῦ ἑνός· ὡς γὰρ αὐτὸς προείρηκε, τὸ ἕτερον ἑτέρου ἕτερον·
καὶ εἰ λέγοιτο οὖν ἄλλα καὶ ἕτερα τοῦ ἑνός, οὐχ οὕτω λέγεται ὡς
δι᾽ ἑτερότητος ἀπ᾽ ἐκείνου ποιησάμενα τὴν πρόοδον· ἦν γὰρ ἂν
δευτέρα μετὰ τὸ ἓν ἡ ἑτερότης καὶ μέση τοῦ τε ἑνὸς καὶ τῶν
πολλῶν, ἵνα καὶ ταῦτα προΐῃ κατ᾽ αὐτήν, ἀλλ᾽ ἔσται μὲν <ἐν>
15 τούτοις ὕφεσις παρὰ τὸ ἕν, οὐ πᾶσα δὲ ὕφεσις ἑτερότητός ἐστιν
ἔγγονος, ἀλλ᾽ ἡ ἐν τοῖς εἰδητικοῖς διακόσμοις ὕφεσις. ὅθεν δὴ
καὶ πᾶν τὸ ἕτερον τῆς οἰκείας αἰτίας καὶ ὑφεῖται αὐτῆς, οὐ πᾶν
δὲ τὸ ὑφειμένον ἠτεροίωται πρὸς ἐκεῖνο τὸ αἴτιον ἑαυτοῦ. τάχα
δ᾽ ἂν καὶ οὕτω λέγοιτο τὰ ἄλλα τοῦ ἑνὸς εἶναι ἕτερα τοῦ ἑνός, ὡς
20 διὰ τὴν συνεισελθοῦσαν αὐτοῖς ἑτερότητα τὴν ἀπόστασιν ποιη-

---

1190.10 προείρηκε: cf. Parm. 139c5

1189.32 αὐτῷ AFPg : αὑτῷ GR   1190.7 ταὐτὰ scripsimus : ταῦτα ΑΣg
8   τὰ...τοῦ scripsimus : του multa τον g τὸ πολλὰ τοῦ ΑΣ   14   ἐν
addidimus   15 παρὰ correximus ex g (preteri) : περὶ ΑΣ   16 ἔγγονος Σ :
ἔκγονος A³M om. g   18 ἠτεροίωται Mᵇ alteratum est g : ἠτεροίαται ΑΣ
20 ἀπόστασιν ΑΣ : ypostasim g (ὑπόστασιν Γ?)

σάμενα τὴν ἀπὸ τοῦ ἑνός· ἑτεροιωθέντα γὰρ αὐτά, τοῦ ἀνετε-
ροιώτου διὰ τὴν ἁπλότητα τάξιν ὑφειμένην ἔλαχεν, ὥστε καὶ
ἄλλα ῥηθήσεται τοῦ ἑνός, ὡς διὰ τὸ ἀλλήλων ἄλλα γενέσθαι
χωρισθέντα τοῦ τὴν ἄλλων προσηγορίαν ἀναινομένου παντά-
πασιν ἑνός. διττῆς οὖν, μᾶλλον δὲ τριττῆς ἐν τοῖς οὖσιν οὔσης   25
τῆς ἑτερότητος, τῆς μὲν τῶν κρειττόνων, τῆς δὲ τῶν χειρόνων,
τῆς δὲ τῶν ὁμοστοίχων, ἀντὶ μὲν τῆς τῶν κρειττόνων πρὸς τὰ
χείρονα τῶν εἰδῶν ἑτερότητος τὴν ὑπεροχὴν ληπτέον ἐν τοῖς
ὑπερουσίοις, ἀντὶ δὲ τῆς τῶν χειρόνων πρὸς τὰ κρείττονα τὴν
ὕφεσιν, ἀντὶ δὲ τῆς τῶν ὁμοστοίχων ἀπ' ἀλλήλων διακρίσεως   30
τὴν ἰδιότητα. πάντα οὖν ὑφεῖται τοῦ | ἑνὸς καὶ πάντων ὑπερέχει   1191
τὸ ἕν, καὶ οὔτε τὸ ἓν ἕτερον τῶν ἄλλων οὔτε τὰ ἄλλα ἕτερα τοῦ
ἑνός. εἰ δέ που καταχρώμεθα τοῖς ὀνόμασι, τὰ ἄλλα τοῦ ἑνὸς
λέγοντες, συγγνώμην ἔχειν δεῖ πρὸς τὴν συνήθειαν ἀποβλέ-
ποντας· ὅτι γὰρ οὐδὲν κυρίως ἐπὶ τοῦ ἑνὸς λέγομεν, προϊόντες   5
ἀκουσόμεθα τοῦ φιλοσόφου δεικνύντος. λέγομεν δὲ ὅμως τι περὶ
αὐτοῦ διὰ τὴν αὐτοφυῆ τῆς ψυχῆς ὠδῖνα περὶ τὸ ἕν.

**Οὐδὲ μὴν ὅμοιόν τινι ἔσται οὐδὲ ἀνόμοιον οὔτε
αὐτῷ οὔτε ἑτέρῳ. – Τί δή;** [Parm. 139e4-5]

Μεταβέβηκεν ἀπ' ἄλλης τάξεως ἐπ' ἄλλην τὴν προσεχῆ,   10

1191.5 — 6 cf. Parm. 142a1-5

1190.21   ἑτεροιωθέντα Strobel : ἑτερο°ηθεν τὰ Σ ἡτεροίηθεν τὰ Α
alteratam...ea ipsa g ἑτεροιωθέντος τὰ Cous² ἡτεροιηθέντος τὰ Stallbaum
23 τὸ ἀλλήλων ΑΣg : τῶν ἄλλων Stallbaum   24 ἄλλων correximus ex g
(aliorum) : ἀλλήλων ΑΣ   1191.8 οὔτε Σg Plat. TW : οὔτ' ἂν Α Plat. BCD
9 αὐτῷ scripsimus cum Plat. TW : αὐτῷ ΑΣg Plat. BCD

καθάπερ δείξομεν ἐν τῇ δευτέρᾳ ὑποθέσει, καὶ ἀπὸ τῆς δημι-
ουργικῆς τάξεως ἐπὶ τὴν ἀφομοιωτικὴν ὑμνουμένην
παρ' ἄλλων διακόσμησιν, ἧς ἴδιον τὸ μόνως ὑπερκόσμιον εἶναι,
δι' ἧς καὶ τὰ ἐγκόσμια πάντα καὶ τὰ ἀπόλυτα γένη τοῖς νοεροῖς
15 ἀφομοιοῦται θεοῖς καὶ συνάπτεται πρὸς τὴν μονάδα τὴν δημι-
ουργικὴν τὴν ἐξῃρημένως τῶν ὅλων βασιλεύουσαν, καὶ δείκνυ-
σιν ὅπως καὶ ταύτης ἀφειμένον τὸ ἓν γεννητικόν ἐστιν αὐτῆς, εἰ
οἷόν τε εἰπεῖν, τάξιν ὅλην ⌊ταύτην⌋ ἐκφῆναν μετὰ τῶν πρὸ
αὐτῆς, ἀλλ' οὐχὶ εἶδος ἕν τι νοερὸν ἀναινόμενον· οὐδὲν γὰρ τοῦτο
20 σεμνὸν εἰ ἑνός τινος εἴδους ὑπερίδρυται τὸ ἕν, ὁμοιότητος ἢ
ἀνομοιότητος, οὐδὲ περὶ ταῦτα διατρίβειν οἰητέον τὸν παρόντα
λόγον· πάμπολλα γὰρ τὰ εἴδη, καὶ οὐκ ἂν ἔχοις εἰπεῖν δι' ἣν
αἰτίαν τὰ μὲν παρῆκε, τὰ δὲ εἰς τὴν ἀφαίρεσιν τὴν ἀπὸ τοῦ ἑνὸς
προσήκατο μόνα τῶν ἄλλων, ἀλλὰ δῆλός ἐστι τοῖς τὰ θεῖα γένη
25 διῃρημένοις ὅτι τάξεων ὅλων ὑπέρτερον αὐτὸ δείκνυσιν, ὕμνον
διὰ τῶν ἀποφάσεων τούτων ἕνα θεολογικὸν ἀναπέμπων εἰς τὸ
ἕν.

1192 Οὐκ | ἄρα ἀποδεξόμεθα τὸν λόγον τὸν ἁπλῶς καὶ ἡμεῖς ὅτι
ταῖς δέκα κατηγορίαις ἐφέπεται, τὸ μὲν ταὐτὸν καὶ ἕτερον ἀπὸ
οὐσίας λαβών, τὸ δὲ ὅμοιον καὶ ἀνόμοιον ἐκ ποιότητος, τὸ δὲ
ἴσον καὶ ἄνισον ἐκ ποσότητος, τὸ δὲ πρεσβύτερον καὶ νεώτερον
5 ἀπὸ τοῦ ποτέ. καίτοι ταῦτα ἀληθῆ, καὶ προείπομεν καὶ ταῦτα

1191.11 in parte commentarii deperdita (ad *Parm.* 147c1-148d4)   13 cf.
Or. chald., fr. 40; cf. Orph., fr. 192 K. (= Porph., *De antro*, 14, Westerink p.
16.13-16)   1192.5—6   προείπομεν...ἡμεῖς: cf. supra, VI 1083.27-1084.4;
1176.25-27

1191.18 ταύτην addidimus ex g (*hunc*)   24 supra προσήκατο add. τα Σ
δῆλός FGPg : δῆλόν AR   1192.1 ἡμεῖς Σg : (...) λέγοντα A   5 καίτοι
ταῦτα AᶜΣg : καὶ τοιαῦτα A

ἡμεῖς, ἀλλὰ ταῦτα πάντα ἐν τοῖς αἰσθητοῖς ἐστι καὶ περὶ τὰ
αἰσθητά. τοῦ δὲ Πλάτωνος περὶ τὰς ὑπερκοσμίους τάξεις
διατρίβοντος κἀκείνων ἐξῃρημένον τὸ ἓν ἀποφαίνοντος, οὐδὲν
σεμνὸν οὐδ᾽εἰ πασῶν τις ἀποφήναιτο τῶν κατηγοριῶν
καθαρεῦον τὸ ἕν, καὶ μάλιστα κατὰ τοὺς θεμένους εἶναι τὰς   10
κατηγορίας ὑφειμένας τῶν νοητῶν. ἢ πῶς ἐκεῖ συμβεβηκός τί
ἐστι, πῶς δὲ οὐσίαν τοιαύτην ἐκεῖ ῥητέον ἧς ἴδιον μάλιστα
τὸ ταὐτὸν οὖσαν καὶ ἀριθμῷ ἓν δεκτικὴν εἶναι
τῶν ἐναντίων; οὔτε γὰρ τὸ τοιοῦτον ἓν χώραν ἐπὶ τῆς νοη-
τῆς ἔχει καὶ διαιωνίου φύσεως, οὔτε τὰ γένη καὶ <τὰ> εἴδη τὰ   15
ἀτιμότερα τῶν τοιούτων οὐσιῶν ⌊ἐκεῖ ἐστιν⌋, ὅπου μηδὲ αὐταὶ
⌊αἱ οὐσίαι⌋, τιμιώτεραι οὖσαι ἐκείνων, οὔτε πολλῷ μᾶλλον τὰ
συμβεβηκότα, ⌊ὄντα⌋ τῶν τοιούτων γενῶν ἀμυδρότερα καὶ
εἰδῶν. εἰ οὖν καὶ πᾶσαν τὴν νοητὴν οὐσίαν τούτων καθαρεύειν
φαμὲν τῶν πολυθρυλλήτων κατηγοριῶν, τίνα ἂν ὑπερβολὴν   20
δεικνύοι τοῦ κρείττονος τῶν νοητῶν ἑνὸς ἢ τούτων ἀφαίρεσις;

Τὰς μὲν οὖν κατηγορίας διὰ ταῦτα χαίρειν ἐατέον, εἴτε
ὀρθῶς διῄρηνται τοῖς θρυλλοῦσιν αὐτάς, εἴτε καὶ μή· διαφέρει
γὰρ πρὸς τὸ παρὸν οὐδέν. εἰ δέ τις οἴοιτο τῶν νοητῶν ἢ νοερῶν
γίγνεσθαι διὰ τούτων εἰδῶν τὰς ἀποφάσεις, εἴρηται καὶ πρὸς   25

1192.9 τις: forsan Alcinous, cf. Alc., *Did.* VI, p. 14.43-44   **10—11** =
Plot., *Enn.* VI 6 [34] 3.30   **12—14** = Ar., *Cat.* 5, 4a10-11; cf. Plot., *Enn.* VI
1 [42] 2.16-18   **23**   sc. Aristotelici   **24**   τις: cf. supra, 1173.8-13,
1191.19-27

1192.8 οὐδὲν Α : οὐδὲ Σg   **9** ἀποφήναιτο Cous : ἀποφήνοιτο (sic) ΑΣ
14—15 τῆς νοητῆς Ag : τοῖς νοητοῖς Σ   **15** τὰ² addidimus   **16** ἐκεῖ ἐστιν
addidimus ex g (*ibi sunt*) | αὐταὶ corr. Strobel ex g (*ipse*) : αὗται ΑΣ
17 αἱ οὐσίαι addidimus ex g (*substantie*)   **18** ὄντα addidimus ex g (*entia*)
24 οἴοιτο Α : οἴητο (sic) Σ

τοῦτον ὅτι καὶ ταῦτα οὐδὲν ἔχει θαυμάσιον, οἷον εἰ εἴδους ἑνὸς
1193 ὑπερέχει τὸ ἕν, πάντων αἴτιον ὂν τῶν νοητῶν· | τούτων γὰρ
ἐξῄρηται καὶ ἡ ἑνὰς ἡ τοῦ νοῦ, δι᾽ ἣν ὁ νοῦς ἐστιν ἑνοειδὴς καὶ
αὐτῷ τῷ ἑνὶ διαφερόντως οἷον ἐνερριζωμένος, καὶ πάντα μὲν τὰ
ὄντα διὰ τοῦ ἐν ἑαυτοῖς ἑνὸς ἐκείνῳ συνῆπται, μάλιστα δὲ ὁ
5 νοῦς, εἴπερ οὗτος μετὰ τὸ ἕν.

Ἀλλ᾽ εἰ ⌊δεῖ⌋ τι καὶ περὶ τῶν προκειμένων ἀποφάσεων
τούτων ἐνδείξασθαι ἄξιον, ῥητέον ὅτι πρόεισι μὲν ἡ ἀφομοιωτι-
κὴ πᾶσα τάξις ἀπὸ τῆς δημιουργικῆς μονάδος, μιμεῖται δὲ τὴν
μὲν ἐκεῖ ταυτότητα διὰ τῆς ὁμοιότητος, τὸ συναγωγὸν αὐτῆς
10 καὶ τὸ συνεκτικὸν τῶν ὅλων μερικώτερον ἐπιδεικνυμένη, τὴν δὲ
ἑτερότητα τὴν δημιουργικὴν διὰ τῆς ἀνομοιότητος, τὸ διακριτι-
κὸν αὐτῆς καὶ διαιρετικὸν διὰ τῆς ἀσυγχύτου πρὸς τὰ ἄκρα
καθαρότητος ἀπεικονισαμένη. ταυτότητα μὲν γὰρ ἀνειμένην
τὴν ὁμοιότητα λέγειν – τοῦτο δὴ τὸ τῶν πρὸ ἡμῶν τισιν ἀρέσαν
15 –, ἢ ἑτερότητα ἀνειμένην τὴν ἀνομοιότητα παραιτητέον· οὐδὲ
γάρ ἐστιν ἐν ⌊αὐτοῖς⌋ τοῖς θεοῖς ἄνεσίς τις καὶ ἐπίτασις, οὐδὲ
ἀοριστία καὶ τὸ μᾶλλον καὶ ἧττον, ἀλλὰ πάντα ἐπὶ τῶν
οἰκείων ὅρων ἵδρυται καὶ τῶν οἰκείων μέτρων, οὔτε ἐπίτασιν
οὔτε ἄνεσιν οὐδεμίαν ἐπιδέξασθαι δυνάμενα. ἐκεῖνα δὲ μᾶλλον
20 ἁρμόσει λέγειν ὅσα τὰς ἐν τοῖς θείοις ἀναλογίας διασαφεῖ· τὴν

1193.14 forsan Iamblichus, ap. Simpl., *In Cat.* VIII, 231.6-10 (cf. *In Parm.*
III 805.23)   **17** = *Phil.* 24e7   **20—23** cf. *Resp.* VI 506d8-509c4

1192.26   ἑνὸς ΑΣ : *aliquam* g (τινὸς *Γ*?) (sed, cf. supra, 1191.20, et infra,
1204.23)   **1193.3** ἐνερριζωμένος scripsimus (cf. supra, VI 1050.8, 1050.11,
1116.12) : *irradicatus* g ἐρριζωμένος ΑΣ   **6** δεῖ addidimus ex g (*oportet*)
15 οὐδὲ Σg : οὐ Α   **16** αὐτοῖς addidimus ex g (*ipsis*)   **17** ante ἧττον add.
τὸ Σ   **17—18** τῶν οἰκείων Α¹Rᵃg : τὸν οἰκεῖον Σ   **19** ἐπιδέξασθαι Α :
ἐπιδείξασθαι Σg

γὰρ ἀναλογίαν καὶ αὐτὸς ἐπὶ τῶν θείων προσήκατο, τὸν
ἥλιον ἀνάλογον ὄντα <τῷ ἀγαθῷ>, καθὸ καὶ τὰ ὁρατὰ τοῖς
νοητοῖς θέμενος. τοῦτο οὖν ἐστιν ἐν τοῖς δευτέροις ἡ ὁμοιότης
ὅπερ ἐν τοῖς πρὸ αὐτῶν ἡ ταυτότης, καὶ τοῦτό ἐστιν ἡ ἀνομοιό-
της <ὅπερ ἡ ἑτερότης>, <καὶ ὅπερ ἡ ταυτότης τε καὶ ἑτερότης   25
ὁλικῶς καὶ οἷον πηγαίως, τοῦτο ἡ ὁμοιότης> <τε> καὶ ἀνομοιότης
μερικῶς καὶ οἷον ἀρχικῶς, καὶ ἔστι πρῶτα γεννήματα ταυτότη-
τος καὶ ἑτερότητος τὸ ὅμοιον καὶ ἀνόμοιον· καὶ τὸ ἴσον γὰρ
ἐκεῖθεν καὶ τὸ ἄνισον, ἀλλὰ πρὸ τούτων ὁμοιότης καὶ ἀνομοιό-
της· μᾶλλον γὰρ ἐν εἴδεσι τὸ ὅμοιον ἢ τὸ ἴσον, καὶ μᾶλλον τὸ   30
ἀνόμοιον ἢ τὸ ἄνισον. ὥσπερ δὲ ταῦτα προσεχῶς ἐξήρτηται
⌊τῆς ταυτότητος καὶ ἑτερότητος, οὕτω καὶ τὸ ἀφομοιωτικὸν
γένος τῶν θεῶν, ἢ εἰ βούλει λέγειν, τὸ ἀρχικόν, προσεχῶς
ἐξήρτηται⌋ τῆς δημιουργικῆς μονάδος· ἐν ἐκείνῃ γὰρ ὅλως καὶ
ἡ ἀφομοιωτικὴ προϋφέστηκεν αἰτία. διὸ καὶ | ὁ Τίμαιος οὐ   1194
μόνον ποιοῦντα παραδίδωσι τὸν κόσμον τὸν ἐκεῖ δημιουργόν,
ἀλλὰ καὶ ἀφομοιοῦντα αὐτὸν πρὸς τὸ αὐτοζῷον μειζόνως ἢ
πρότερον, καὶ διὰ τοῦτο παράγοντα τὸν χρόνον μέτρον ἐσόμενον
τῶν περιόδων τοῦ παντός, ὥσπερ ὁ αἰὼν τῆς τοῦ αὐτοζῴου   5

1193.21—22 cf. Resp. VI 508b9-13   35—1194.6 cf. Tim. 37c6-38c7

1193.22 τῷ ἀγαθῷ addidimus   22—23 τοῖς νοητοῖς huc transposuimus
ex g : ante καθὸ hab. ΑΣ   25 ὅπερ¹...ἑτερότης¹ add. Α   25—26 καὶ¹...
ὁμοιότης addidimus   26 τε addidimus autem g | ἀνομοιότης correximus
ex g (dissimilitudo) : ἡ ὁμοιότης ΑΣ   28 γὰρ ΑΣ : quidem g   31 ἐξήρ-
τηται Cous² dependent g : ἐξήρηται ΑΣ   32—34 τῆς...ἐξήρτηται
addidimus ex g (ab identitate et alteritate, sic et assimilatiuum genus
deorum, aut si uelis dicere, le principale, proxime dependet)
1194.4 παράγοντα correximus ex g (producentem) : πάντα ΑΣ

φύσεως μέτρον προϋπῆρχε ⌊νοερόν⌋.

Εἰκότως ἄρα μετὰ τὴν μονάδα τὴν δημιουργικὴν ἐπὶ τὴν
ἀφομοιωτικὴν προῆλθε τάξιν, ἀφαιρῶν καὶ ταύτην ἀπὸ τοῦ ἑνός.
ἡ δὲ μέθοδος τῶν προβλημάτων ἡ αὐτὴ τοῖς προειρημένοις·
10 τέτταρα γὰρ καὶ ἐνταῦθα προβλήματα· εἰ ἑαυτῷ ὅμοιον τὸ ἕν, εἰ
ἑαυτῷ ἀνόμοιον τὸ ἕν, εἰ τοῖς ἄλλοις ὅμοιον τὸ ἕν, εἰ τοῖς ἄλλοις
ἀνόμοιον τὸ ἕν. αἱ δὲ ἀποδείξεις τούτων, ὡς οὐδὲν αὐτῶν ἐφαρ-
μόζει τῷ ἑνί, πᾶσαι ἀπὸ τῆς ταυτότητος ὥρμηνται καὶ ἑτερό-
τητος κατὰ τοὺς ἀποδεικτικοὺς κανόνας τῶν μέσων αἰτίων
15 κυρίως ὄντων τοῦ πράγματος. ὅθεν δὴ πολλάκις καὶ οὐκ ἐκ τῶν
προσεχῶς δεδειγμένων φέρει τὴν ἀπόδειξιν· οὐ γὰρ ἀεὶ τὰ
ἀνωτέρω καὶ τὰ πρότερα γεννητικὰ τῶν δευτέρων ἐστίν, ἀλλὰ
τελεσιουργὰ μὲν ἢ φρουρητικὰ ἢ ἄλλως προνοητικά, γεννητικὰ
δὲ οὐ πάντως. οἷον ἄνωθεν γάρ, εἰ βούλει, θεώρησον τὴν τάξιν
20 ὅτι οὐχ ὅλον ἢ μέρη ἔχον ἀπὸ τῶν πολλῶν ἀπέδειξεν – ἐκεῖθεν
γὰρ ἡ νοερὰ προῆλθεν ὁλότης –, ὅτι ἀρχὴν καὶ μέσον καὶ
τελευτὴν οὐκ ἔχον ἀπὸ τοῦ ὅλου καὶ τῶν μερῶν – ἐκ τούτων
γὰρ παράγεται προσεχῶς –, ὅτι οὔτε εὐθὺ οὔτε στρογγύλον ἀπὸ
τῆς ἀρχῆς καὶ τοῦ μέσου καὶ τῆς τελευτῆς – ἐκεῖθεν γὰρ ἔλαχε
25 τὴν ἀπογέννησιν –, ὅτι οὔτε ἐν ἑαυτῷ οὔτε ἐν ἄλλῳ ἀπὸ τοῦ
μήτε ὅλον εἶναι μήτε μέρη ἔχειν – τὸ γὰρ ἐν ἑαυτῷ καὶ ἐν ἄλλῳ
ὂν ἀπὸ τῆς τάξεως ἐκείνης προῆλθεν, ἀλλ᾽ οὐκ ἀπὸ τοῦ σχήμα-

1194.9 τοῖς προειρημένοις: cf. supra, 1177.19-1178.10   **14 – 15** cf. Ar.,
Anal. post. I 2, 71b20-23, 30-33, I 24, 85b23-27   **20** cf. *Parm.* 137c3-d3
21 – 22 cf. *Parm.* 137d4-7   **23** cf. *Parm.* 137d7-138a1   **25** cf. *Parm.*
138a2-b6

1194.6 νοερόν addidimus ex **g** (*intelligentialis*) (cf. *In Parm.* II 745.2) :
spat. vac. ΑΣ (om. P)   **10** post εἰ² add. καὶ Σ   **24** τῆς² om. Σ   **26** ἐν¹ om.
Σ

τος, καίτοι πρὸ αὐτοῦ τεταγμένου κατὰ τὴν πρόοδον –, ὅτι οὔτε
ἕστηκεν οὔτε κινεῖται πολλαχόθεν ἔκ τε τοῦ μὴ εἶναι ἔν τινι καὶ
ἐκ τοῦ μὴ ἔχειν μέσον καὶ ἐκ | τοῦ μέρη μὴ ἔχειν· ἀπὸ πασῶν   1195
γὰρ τούτων τάξεων πρόεισιν ἡ κατὰ τὸ ἑστάναι καὶ κινεῖσθαι
τάξις. καὶ ταῦτα δῆλα ποιήσομεν, ὅταν αὐτῶν ἕκαστα ταῖς
θεολόγων ἐφαρμόζωμεν ὑφηγήσεσι περὶ τῶν θείων προόδων.
ὡς οὖν ἐπὶ τούτων ἀπ᾽ἐκείνων πεποίηται τὴν ἀπόδειξιν ὅσα ὡς   5
αἴτια προηγεῖται τῆς ἀεὶ θεωρουμένης τάξεως, οὕτω δὴ καὶ ἐν
τοῖς περὶ ὁμοιότητος καὶ ἀνομοιότητος λόγοις ἀπὸ ταυτότητος
καὶ ἑτερότητος φέρει τὰς ἐπιβολὰς τὰς ἀποφατικὰς τοῦ ἑνὸς καὶ
τούτων, ἐπειδήπερ ἐκεῖθεν ταύταις ἡ πρόοδος. τούτων δὴ
προειρημένων ἡμῖν ἑξῆς τὰς ἀποδείξεις αὐτὰς ἑκάστην ἐν τάξει   10
προχειριζομένοις ἐπισκεπτέον.

Ὅτι τὸ ταὐτόν που πεπονθὸς ὅμοιον. – Ναί. –
Τοῦ δέ γε ἑνὸς χωρὶς ἐφάνη τὴν φύσιν τὸ ταὐ-
τόν. – Ἐφάνη γάρ. – Ἀλλὰ μὴν εἴ τι πέπονθε
χωρὶς τοῦ ἓν εἶναι τὸ ἔν, πλείω ἂν εἶναι πε-   15
πόνθοι ἢ ἔν· τοῦτο δὲ ἀδύνατον. – Ναί. – Οὐδα-
μῶς ἔστιν ἄρα ταὐτὸν πεπονθὸς εἶναι τὸ ἔν,
οὔτε ἄλλῳ οὔτε αὐτῷ. – Οὐ φαίνεται. – Οὐδὲ
ὅμοιον ἄρα δυνατὸν αὐτὸ εἶναι οὔτε ἄλλῳ οὔτε

1194.28 cf. *Parm.* 137d9-138a1   28—29 cf. *Parm.* 138b7-139b3   1195.3
δῆλα ποιήσομεν: in parte commentarii deperdita (ad *Parm.* 145e7-146a8)

1194.28   πρόοδον ΑΣ : *transitum* g (πάροδον Γ?) (cf. infra, 1195.9)
1195.4 θεολόγων correximus ex g (*theologorum*) : θεολοΥ GPR θεολογίαις
F θεολόγοις A   9   πρόοδος A : πάροδος A¹ ˢˡΣ *accessus* g   12   που Σg
PLAT. codd. : τι A (cf. infra, 1195.24, 1201.3)   18   αὐτῷ FP : αὐτῷ GRg
ἑαυτῷ A PLAT. codd.

20	**ἑαυτῷ. – Οὐκ ἔοικεν.** [*Parm.* 139e7-140a6]

Ὁ μὲν συλλογισμὸς διὰ τοῦ κατασκευάζειν τὸ ἕν ὡς οὐκ
ἔστιν ὅμοιον οὔτε ἑαυτῷ οὔτε ἄλλῳ, τοιοῦτός τίς ἐστι, κατὰ τοὺς
γεωμέτρας πρότερον ἡμῶν ὁρισαμένων τί ποτέ ἐστιν τὸ ὅμοιον·
ὅτι τὸ ταὐτόν τι πεπονθὸς ὅμοιον ἐκείνῳ λέγομεν ᾧ
25	ταὐτόν τι πέπονθε· τὰ γὰρ δύο λευκά φαμεν ὅμοια καὶ τὰ δύο
μέλανα ταὐτὸν πεπονθότα, τὸ μέλαν καὶ τὸ λευκόν· καὶ αὐτὰ
πάλιν ἀλλήλοις ἐὰν λέγῃς ὅμοια, τὸ μέλαν καὶ τὸ λευκόν, ὅμοια
ἐρεῖς τῷ μετέχειν ταὐτοῦ τινος τοῦ κοινοῦ γένους αὐτῶν, τοῦ
χρώματος. ὁ δ' οὖν συλλογισμὸς τοιοῦτος· τὸ ἕν οὐδὲν πέπονθε
30	ταὐτὸν οὔτε ἑαυτῷ οὔτε ἄλλῳ· τὸ ὅμοιον ἢ ἑαυτῷ ἢ ἄλλῳ
ταὐτόν τι πέπονθεν ⌊ἢ ἑαυτῷ⌋ ἢ ἄλλῳ· τὸ ἕν ἄρα οὐκ ἔστιν
1196	ὅμοιον οὔτε | ἑαυτῷ οὔτε ἄλλῳ. τοιούτου δὲ ὄντος τοῦ συλλογι-
σμοῦ, τὴν ἑτέραν μόνην τῶν προτάσεων παραμυθίας ἠξίωσε
τὴν λέγουσαν ὅτι τὸ ἕν οὐ πέπονθέ τι ταὐτὸν οὔτε ἑαυτῷ οὔτε
ἄλλῳ. πῶς καὶ τίνα τρόπον· τὸ ἕν, φησί, χωρὶς ἐφάνη τῆς
5	ταυτότητος· ἐδείχθη γὰρ ὡς οὐδαμῶς ἐστι ταὐτόν. τὸ δὲ χωρὶς
τῆς ταυτότητος, εἰ πεπόνθοι τὸ ταὐτόν, πλείω ἔσται καὶ οὐχ ἕν·
πᾶν γὰρ τὸ ὁτιοῦν πεπονθὸς πολλά ὅ ἐστι καὶ ὃ πέπονθε. καὶ τί
θαυμαστόν, ὅπου γε καὶ τὸ ἕν αὐτὸ πεπονθός τι πολλά ἐστιν; οὐ
γάρ ἐστιν αὐτὸ τὸ ἕν πεπονθὸς τὸ ἕν, ἀλλὰ τὰ πολλὰ τὰ μετέ-

1195.23	πρότερον...ὁρισαμένων: cf. *In Parm.* I 726.26-27, IV 913.10-11;
cf. Ar., *Met.* V 9, 1018a15-17	**25 – 29**	cf. Ar., *Met.* X 3, 1054b3-11
1196.5 cf. *Parm.* 139d1-e3

1195.23 τὸ om. A	**26** post ταὐτὸν add. τι A	**27** τὸ² om. FGR	**31** ἢ
ἑαυτῷ addidimus ex g (*aut sibi ipsi*)	|	ἢ ἄλλῳ om. A	**1196.6** τὸ AΣ :
aliquid g	**7** ὅ A¹ : ἕν AΣg	**8** γε A : γε δὲ Σ *autem* g

χοντα τοῦ ἑνός. αὐτὸ δὲ τὸ ἕν ἐστιν ἓν καὶ οὐ πέπονθε τὸ ἕν. εἰ δέ   10
τι ἄλλο πεπόνθοι, αὐτὸ πλείω ἂν εἴη καὶ οὐχ ἕν. καὶ πάλιν οὖν
ῥητέον· εἰ χωρίς ἐστι τῆς ταυτότητος τὸ ἕν, οὐ πέπονθε τὸ
ταὐτόν, ἵνα μὴ γένηται τῷ ἄλλο τι παθεῖν ὃ μή ἐστιν οὐχ ἕν·
ἀλλὰ μὴν χωρίς ἐστι <τῆς> ταυτότητος τὸ ἕν. οὐδαμῶς ἄρα
πέπονθε τὸ ταὐτὸν τὸ ἕν, οὔτε πρὸς ἑαυτὸ οὔτε πρὸς ἄλλο. τούτῳ   15
δὲ ἕπεται τὸ μηδὲ ὅμοιον εἶναι τὸ ἓν μήτε ἑαυτῷ μήτε ἄλλῳ· τὸ
γὰρ ὅμοιον ταὐτόν τι πέπονθεν.

Ταῦτα μὲν δὴ περὶ τῆς τῶν προτάσεων ἀκολουθίας. ὅρα δὲ
πῶς ἀσφαλῶς οὐκ εἶπε τὸ ἓν πεπονθέναι τὸ ἕν, ἀλλὰ μηδὲν ἄλλο
πεπονθέναι πλὴν τὸ <ἓν> εἶναι· τοῦτο γάρ ἐστι καὶ οὐ πέ-   20
πονθε· πᾶν γὰρ τὸ ὁτιοῦν πεπονθὸς πολλά ἐστι· πάθος γὰρ
καλεῖ τὴν μέθεξιν ἄλλου τινός. μήποτε δὲ καὶ οὑτωσὶ λέγων τὸ
ἓν οὐδὲν ἄλλο πεπονθέναι ἢ τὸ ἓν πάνυ θαυμαστῶς
ἐνδείκνυται ὅτι καὶ τὸ ἓν καταδεέστερόν ἐστι τῆς πάντων ἀρχῆς
– ὃ καὶ ἐπὶ τέλει τῆς ὑποθέσεως ἐρεῖ ταύτης –, καὶ ὅτι καὶ τοῦτο   25
ὡς ἀλλότριον αὐτῇ προστίθησιν ὁ λόγος, εἰ καὶ τῶν ἄλλων
οἰκειότερον, διότι τοῦ ἑνὸς οὐδὲν νοῆσαί τι δυνατὸν σεμνότερον,
ὥστε καὶ τοῦτο μὲν πεπονθὸς ἔσται ἐκεῖνο, δεῖ δὲ μέχρι τούτου
τὸν λόγον ἵστασθαι καὶ μηδὲν ἔτι προστιθέναι πλεῖον, ἵνα μὴ τὸ
καὶ τοῦ ἑνὸς αὐτοῦ κρεῖττον εἰς πλῆθος ⌊ἀν⌋αγαγόντες   30
λάθωμεν.

1196.25 cf. *Parm.* 141e10-11

1196.10 ἐστιν Cous² *est* g : ἔνεστιν ΜΣ legi nequit Α²   **13** τῷ correximus
ex g (*per*) : τοπ᾽ Σ τοτ᾽ Α   **14** τῆς add. Cous²   **20** ἓν add. Taylor ex PLAT.
(*Parm.* 140a2)   **22** λέγων Α : λέγω Σg   **26** ἀλλότριον ΑΣ : *alienius* g
(ἀλλοτριώτερον Γ?)   **27** οὐδὲν νοῆσαί correximus ex g (*nichil
intelligere*) : οὐδ᾽ἐννοῆσαι Α οὐδ᾽ἐνοῆσαι (sic) Σ   **30** ἀναγαγόντες
correximus ex g (*deducentes*) : ἀγαγόντες ΑΣ

1197 | Εἰ δὲ αὖ τοῦτό τις ἐπιζητοίη πάλιν πόθεν ὅτι τὸ ταὐ-
τὸν πεπονθὸς ὅμοιόν ἐστι, ῥητέον ὅτι τῆς ταυτότητος
ἔγγονός ἐστιν ἡ ὁμοιότης, ὥσπερ τοῦ ἑνὸς ἡ ταυτότης. ἥ τε οὖν
ταυτότης μετέχει τοῦ ἑνός, καὶ ἡ ὁμοιότης μετέχει τῆς ταυτότη-
5 τος· τοῦτο δέ ἐστι πεπονθέναι, τὸ μετέχειν ἄλλου καὶ προϊέναι
κατ'ἄλλην αἰτίαν πρεσβυτέραν. καὶ ὁρᾷς ὅπως, ἐπειδὴ τὸ
μετέχειν ἐπὶ τοῦ ἑνὸς λαμβάνει νῦν, καὶ <τοῦτο διττόν,> ἢ μετέ-
χειν οὐχ ὡς κρείττονος, ἀλλ'ὡς καταδεεστέρου καὶ ἐξημμένου
τοῦ ἑνός, ὡς ἐπὶ τῆς δευτέρας ὑποθέσεως, ἢ μὴ ἐξημμένου, ὡς
10 ἐπὶ ταύτης, ἵνα μὴ ταράξῃ τῷ ὀνόματι ταὐτῷ χρώμενος, τὴν ὡς
κρείττονος μέθεξιν "πάθος" προσείρηκεν, εἰπὼν τὸ ὅμοιον πε-
πονθέναι ταὐτὸν καὶ τὸ ἀνόμοιον {καὶ τὸ} ἕτερον· ὁλικώτερα γὰρ
ταῦτα ἐκείνων· καθάπερ γὰρ εἴπομεν καὶ τὸ ἴσον καὶ τὸ ἄνισον
ταὐτόν ἐστιν ἐν ποσῷ καὶ ἕτερον, οὕτω δὲ καὶ ἐν Σοφιστῇ πάθος
15 ἐκάλει τὴν μέθεξιν, καὶ τὸ ὅλον πεπονθέναι τὸ ἕν, οὐκ
ὂν αὐτοέν, ἀλλὰ μετέχον τοῦ ἑνός.

Οὐδὲ μὴν ἕτερόν γε πέπονθεν εἶναι τὸ ἕν· καὶ
γὰρ οὕτω πλείω ἂν πεπόνθοι εἶναι ἢ ἕν. —
Πλείω γάρ. — Τό γε μὴν ἕτερον πεπονθὸς ἢ
20 ἑαυτοῦ ἢ ἄλλου ἀνόμοιον ἂν εἴη ⌊ἢ⌋ ἑαυτῷ ἢ

1197.8 — 9 cf. *Parm.* 147e6-148d4   **13** καθάπερ...εἴπομεν: cf. supra,
1188.1-14   **14 — 15** cf. *Soph.* 245a1-c3   **15** = *Soph.* 245b7-8

1197.1 αὖ τοῦτό Ag : αὐτοῦ τό Σ   **5** μετέχειν A : μετέχον Σg   **7** τοῦτο
διττόν add. Strobel | ἢ Strobel : μὴ ΑΣg   **8** καταδεεστέρου Ag :
καταδεέστερον Σ   **9** an ὡς post ἢ addendum ?   **11** προσείρηκεν ΑΣg :
προείρηκεν Cous²   **12** καὶ τὸ² delevimus ex g   **17** ἕτερόν Ag PLAT. codd. :
spat. vac. Σ | πέπονθεν Ag PLAT. codd. : πεπονθὸς Σ   **20** ἑαυτοῦ Ag PLAT.
codd. : αὐτοῦ Σ | ἢ² addidimus ex Ag PLAT. codd. : om. Σ

ἄλλῳ, εἴπερ τὸ ταὐτὸν πεπονθὸς ὅμοιον. –
Ὀρθῶς. – Τὸ δέ γε ἔν, ὡς ἔοικεν, ⌊οὐδαμῶς
ἕτερον πεπονθὸς⌋ οὐδαμῶς ἀνόμοιόν ἐστιν οὔτε
ἑαυτῷ οὔτε ἑτέρῳ. – Οὐ γὰρ οὖν. [*Parm.* 140a6-b3]

Πάλιν ἐν τούτοις ὁ συλλογισμὸς τοιοῦτός τίς ἐστι· τὸ ἓν οὐ   25
πέπονθε τὸ ἕτερον οὔτε πρὸς ἑαυτὸ οὔτε πρὸς ἄλλο· τὸ δὲ ἀνό-
μοιον ἕτερόν τι πέπονθε· τὸ ἓν ⌊ἄρα⌋ ἢ ἑαυτῷ ἢ ἄλλῳ οὐκ ἔστιν
ἀνόμοιον. πόθεν οὖν ὅτι τὸ ἓν οὐ πέπονθε τὸ ἕτερον; ὅτι μὲν
⌊γὰρ⌋ ἑτερότητος οὐδαμῶς μετέχει, προείρηται. τὸ δὲ ἑτεροιού-
μενον δῆλον ὡς ἀνάγκη μετέχειν ἑτερότητος. εἰ οὖν μὴ δυνατὸν   30
ἄλλο τι εἶναι τὸ ἓν ἢ ἕν, ἵνα μὴ πλείω | γένηται τὸ ἕν, οὐκ ἂν   1198
πεπόνθοι τὸ ἕτερον. πόθεν δὲ ὅτι τὸ ἀνόμοιον ἢ ἑαυτῷ ἢ ἄλλῳ
ἕτερόν τι πέπονθεν; ὅτι τὸ ἀνόμοιον τῆς κατὰ τὴν ἑτερότητα
συστοιχίας ἐστίν. ὡς οὖν ἡ ἑτερότης μετέχει τῆς ἀπειρίας,
οὕτως ἡ ἀνομοιότης μετέχει τῆς ἑτερότητος· πᾶν γὰρ τὸ ἀνό-   5
μοιον καὶ ἕτερόν ἐστιν, οὐ πᾶν δὲ τὸ ἕτερον ἤδη καὶ ἀνόμοιόν
ἐστιν· ἡ γὰρ οὐσιώδης ἑτερότης ἡ ἀνομοιότης οὐκ ἔστιν, ἀλλ' ἡ
τῶν δυνάμεων κοινωνία ποιεῖ τὴν ὁμοιότητα, καὶ ἡ διαφορότης
τὴν ἐναντίαν ⌊πρὸς⌋ αὐτὴν ἀνομοιότητα. φαίνεται οὖν καὶ διὰ

1197.29 προείρηται: cf. *Parm.* 139c3-d1   **1198.3 – 4** cf. Ar., *Met.* I 5,
986a22-26

1197.22 – 23 οὐδαμῶς...πεπονθὸς addidimus ex Ag PLAT. codd. : om. Σ
27 τὸ ἓν huc transposuimus ex g : om. Σ post ἄλλῳ hab. A | ἄρα
addidimus ex g (*ergo*) (ante οὐκ add. Cous²) | ἢ¹ ARᶜg : εἰ Σ | οὐκ A : μὴ Σ
29 γὰρ addidimus ex g (*enim*)   **29 – 30** ἑτεροιούμενον scripsimus :
ἑτεροιώμενον Σ ἡτεροιωμένον A   **1198.2** πόθεν Ag : (.)ὅθεν Σ   **4** ἀπει-
ρίας Ag : ἀπορίας Σ   **5** post οὕτως add. *enim* g   **7** ἡ² Cous² : deest in g ἢ
AΣ   **9** πρὸς αὐτὴν correximus ex g (*ad ipsam*) : (...)αὐτὴν Σ αὐτῇ A

10 τούτων τῶν λόγων ὡς οὔτε ταὐτὸν ὁμοιότης καὶ ταυτότης,
ἀνομοιότης τε καὶ ἑτερότης, οὔτε ἑτέρα μέν, κρείττων ⌊δὲ καὶ⌋
ὑπεριδρυμένη κατὰ τὴν τάξιν, ἀλλὰ δευτέρα μετ᾽ἐκείνας
ἑκατέρα τούτων, ὥσπερ καὶ ὁ Πλάτων ἔταξεν αὐτάς· καὶ γάρ
ἐστιν ἡ μὲν ταυτότης περιληπτικωτέρα τῆς ὁμοιότητος, ἡ δὲ
15 ἑτερότης τῆς ἀνομοιότητος, καὶ τοῦτον ἔχουσι λόγον ἐκεῖναι
πρὸς ταύτας, ὃν αἱ πηγαί, φασὶν οἱ θεολόγοι, πρὸς τὰς
ἀπ᾽αὐτῶν προελθούσας ἀρχὰς ἢ καὶ ὃν μονάδες ὁλικαὶ πρὸς
μονάδας μερικωτέρας, πρώτας μὲν ὑποστάσας ἀπ᾽αὐτῶν,
ὑφειμένην δὲ οὐσίαν καὶ δύναμιν ἐπιδεικνυμένας. καὶ εἰ ταύτην
20 τὴν ὕφεσίν τινες μικρὸν παρεγκλίναντες ἄνεσιν προσαγο-
ρεύοιεν, ἴσως οὐκ ἂν ἀτόπως λέγοιεν.

**Οὔτε ἄρα ὅμοιον οὔτε ἀνόμοιον οὔτε ἑτέρῳ
οὔτε ἑαυτῷ ἂν εἴη τὸ ἕν. – Οὐ φαίνεται.** ⌊Parm.
140b4-5⌋

25 Τοῦτό ἐστι τὸ κοινὸν συμπέρασμα τῶν τεττάρων προβλη-
μάτων, καὶ ἐφύλαξέ τι σχῆμα ταὐτὸν τῆς ἀπαγγελίας πρὸς τὴν
πρότασιν· καὶ γὰρ ἐκεῖ τὸ ὅμοιον καὶ ἀνόμοιον προσθεὶς
κοινῶς ἐπήγαγε περὶ ἀμφοῖν τὸ οὔτε αὐτῷ οὔτε ἑτέρῳ.

1198.13 cf. *Parm.* 139b5-140b5   **16** cf. *Or. chald.*, fr. 49.3   **20** τινες:
forsan Iamblichus (cf. *In Parm.* III 805.23; supra, 1193.13-20)   **27—28**
cf. *Parm.* 139e4-5

1198.11 τε ΑΣ : *autem* g | δὲ καὶ addidimus ex g (*autem et*)   **16** αἱ πηγαί
M^t mg : ἐπῆγε ΑΣ quoniam g (ἐπεί γε Γ?)   **17** ὃν Ag : ὧν Σ | ὁλικαὶ ΑΣg :
ὁλικώταται Cous²   **18** μερικωτέρας scripsimus : ὁλικωτέρας ΑΣg
19 οὐσίαν M^t mg : οὖσαν ΑΣg   **20** ὕφεσίν Σg : ἔφεσίν Α   **26** ἀπαγγελίας
ΑΣ : *sponsionis* g   **28** αὐτῷ ΑΣ : *ipsi* g

προσφόρως οὖν ταύτῃ τῇ τάξει τῇ ἀφομοιωτικῇ ⌊καὶ τῇ⌋ ἀρχῇ
τὸ τέλος ἀφομοιοῦται τῶν περὶ αὐτῆς λόγων. ἄλλον δὲ τρόπον   30
ἐπὶ τῶν | πρώτων τοῦτο ἐγίγνετο συμπερασμάτων, καθ'ὅσον   **1199**
ἐκείνων ἑκάστη τῶν τάξεων συνένευεν εἰς ἑαυτὴν καὶ ἀνεκφοί-
τητος ἦν ἑαυτῆς.

Εἰ δέ τις ἀποροίη πότερον τὰ ἄλλα τοῦ ἑνὸς ὅμοια πρὸς ἕν
ἐστιν ἢ οὔ – καὶ γὰρ εἰώθασί τινες τὸ ν νοῦν λέγειν εἰκόνα   5
τοῦ ἑνός, ὡς ἑνοειδῆ καὶ ἀμέριστον, εἴπερ ἀμερὲς τὸ ἕν –, εἰ οὖν
τις ταῦτα ζητοίη τίς ἡ τοιαύτη ὁμοιότης καὶ πῶς οὐ καὶ τὸ ἕν
ὅμοιον ἔσται τοῖς ἄλλοις, ἐροῦμεν ὅτι τὸ ὅμοιον, εἴτε τὸ ἓν γένος
εἴη τι ἢ εἶδος τοῦ ὄντος, εἴτε καὶ πᾶσα λέγοιτο τῶν θεῶν ἡ
ἀφομοιωτικὴ τάξις, οὐ ποιεῖ πάντα ὅμοια πρὸς τὸ ἕν· οὐ γάρ   10
ἐστιν ἀκρότης τῶν ὄντων ἢ τὸ εἶδος τῶν εἰδῶν ἢ ἡ τάξις τῶν
⌊θείων⌋ πασῶν τάξεων, ἀλλ' ἔχουσα μέσην ἔν τε τοῖς εἴδεσι
καὶ τοῖς θείοις γένεσι πρόοδον. καὶ εἰ ὅμοια οὖν τὰ πάντα λέγοις
πρὸς τὸ ἕν, ἀλλ'οὐ κατὰ ταύτην ὅμοια τὴν ὁμοιότητα φήσεις,
ἀλλὰ κατ'αὐτὴν μόνην τὴν ἀπὸ τοῦ ἑνὸς ἐφήκουσαν ἕνωσιν   15
πᾶσι τοῖς οὖσι καὶ τὴν αὐτοφυῆ τῶν πάντων ἔφεσιν περὶ τὸ ἕν·
πάντα γάρ ἐστιν ἅ ἐστι πόθῳ τοῦ ἑνὸς διὰ τὸ ἕν, καὶ κατὰ τὴν
ὠδῖνα ταύτην ἕκαστον τῆς ἑνώσεως τῆς αὐτῷ προσηκούσης
πληρούμενον ὁμοιοῦται πρὸς τὴν μίαν τῶν πάντων αἰτίαν, καὶ

1199.1 ἐγίγνετο: cf. *Parm.* 137c4-139b4   5 τινες: Plot., *Enn.* V 1 [10] 7.1

1198.29   ταύτῃ...τάξει scripsimus : τῇ τάξει ταύτῃ τῇ τάξει Σ τῇ τάξει
ταύτῃ A *ordini huic* g | καὶ τῇ addidimus ex g (*et*) : spat. vac. 1-2 lin. Σ
πεποίηκε καὶ ἐνταῦθα(..) A | ἀρχῇ Cous² *principio* g : ἀρχὴ ΑΣ
1199.3 ἦν M : *eum qui* ἐστιν Σ legi nequit A²   12 θείων addidimus ex g
(*diuinorum*) . spat. vac. ΜΣ legi nequit A² | post τάξεων spat. vac. Σ
ἔχουσα scripsimus : ἔχουσι ΑΣg   14 ὅμοια Ag : ὅμοιον Σ   18 τῆς¹ om. A

20 οὐ πρὸς ὅμοιον ὁμοιοῦται, ἵνα καὶ ἐκείνη φανῇ ὁμοία τοῖς ἄλλοις,
ἀλλ᾿ εἴπερ θέμις εἰπεῖν, πρὸς παράδειγμα τῶν ὁμοίων πρὸς
αὐτήν. καὶ ὁμοιοῦται ἄρα τὰ ὄντα πρὸς τὸ ἕν, ἀλλὰ διὰ τὴν
ἔφεσιν τὴν ἄρρητον τοῦ ἑνὸς ὁμοιοῦται, καὶ οὐ διὰ τὴν ἀφομοιω-
τικὴν ταύτην τάξιν ἢ τὸ ἓν τῆς ὁμοιότητος εἶδος· οὐ γὰρ ταύτῃ
25 δυνατὸν πάντα τὰ ὄντα συνάπτειν πρὸς τὸ ἓν καὶ ἀνασπᾶν,
ἀλλὰ ταύτης ἔργον πρὸς τὴν νοερὰν μονάδα τὴν δημιουργικὴν
ἀνέλκειν τὰ μετ᾿ αὐτήν, ὥσπερ ἄλλης πρὸς τὴν νοητήν, ἥτις
ἔχει δ ι α π ό ρ θ μ ι ο ν δύναμιν, ὡς οἱ θεοὶ λέγουσι, πάντων
ἀπ᾿ ἐκείνης μέχρι τῆς ὕλης, καὶ πάλιν ἐπ᾿ ἐκείνην τῶν πάντων.
30 ταύτης δ᾿ οὖν ἴδιον πρὸς τὴν νοερὰν ἐπιστρέφειν δι᾿ ὁμοιότητος
1200 καὶ συνάγειν τοὺς διῃρημένους | ἀπ᾿ αὐτῆς τῶν ὄντων δια-
κόσμους· καὶ γὰρ αὐτὸ τὸ ὅμοιον καὶ ἀνόμοιον ἐπιδεές ἐστι τοῦ
ἑνός, καὶ μετέχον ἑκάτερον ἐκείνου καὶ ἔστιν ὅ ἐστι, καὶ ἄλλοις
αἴτιόν ἐστι τοῦ εἶναι τοῖς μετέχουσιν αὐτῶν· καὶ οὐ δι᾿ ὁμοιότη-
5 τος αὐτοῖς, ἀλλὰ δι᾿ ἑνώσεως ἡ πρὸς πάντα τὰ ὄντα κοινωνία
γίγνεται καὶ πρὸς αὐτὸ τὸ ἓν ἐπέκεινα τῶν πάντων ὄν. κἂν
λέγωμεν οὖν πᾶσαν πρόοδον δι᾿ ὁμοιότητος ἀποτελεῖσθαι καὶ
τὴν ἀπὸ τοῦ ἑνὸς τῶν ὄντων ὡσαύτως, συγγιγνώσκειν χρὴ τοῖς
ὀνόμασιν οἷς ἐπὶ τῶν ὄντων εἰθισμένοι χρῆσθαι καὶ παρα-
10 δείγματα καὶ εἰκόνας λέγειν καὶ ἐπὶ τοῦ ἑνὸς αὐτοῖς χρώμεθα
καὶ τῆς ἀπ᾿ ἐκείνου τῶν ὄντων ἐκφάνσεως· ὡς γὰρ αὐτὸ

1199.28 = *Or. chald.*, fr. 78; cf. *Symp.* 202e3　　**1200.7** λέγωμεν: cf. *El. theol.* § 29, p. 34.3-11

1199.20 ὅμοιον correximus ex g (*simile*) (cf. infra, 1200.18) : ὅμοια ΑΣ ἐκείνη ΑΣ : *illa* g (ἐκεῖνα Γ?)　|　ὁμοία ΑΣ : *similia* g (ὅμοια Γ?)
21 πρὸς¹...τῶν ΑΣ : *ab exemplaribus* g　　**28** θεοὶ Σg : θεολόγοι Α
1200.8 ante τὴν add. *ad* g

προσείπομεν <ἕν>, ⌊τὸ θειότατον⌋ αὐτῷ τῶν ὀνομάτων προσά-
γοντες, οὐδὲν ἐν τοῖς οὖσι τούτου σεμνότερον οὐδὲ ἁγιώτερον
βλέποντες, οὕτω καὶ τὴν ἀπ᾽ αὐτοῦ τῶν πάντων πρόοδον ὁμοιό-
τητι χαρακτηρίζομεν, οὐκ ἔχοντες ταύτης ὄνομα τῇ προόδῳ   15
θέσθαι τελειότερον. ἐπεὶ καί, ὡς εἴπομεν, εἰ τὰ ἄλλα ὅμοια τῷ
ἑνὶ λέγοι τις εἶναι, καθ᾽ ὅσον ἑνός τινος ἕκαστα μετέχοι, οὐ κατὰ
τοῦτο καὶ ἐκεῖνο τοῖς ἄλλοις ὅμοιόν ἐστιν· οὐδὲ γὰρ ἐπὶ τῶν
εἰδῶν τὰ ὅμοια τοῖς εἴδεσιν ὁμοίοις ὅμοια συνεχωροῦμεν ὑπάρ-
χειν – ἀλλὰ καὶ τοῦτο ἓν τῶν Παρμενιδείων ἦν ἀπόρων –, ἀλλὰ   20
παραδείγμασιν ὅμοια. καὶ τὰ μετασχόντα οὖν τοῦ ἑνὸς ὅμοια
θέντες τῷ ἑνί, οὐκ ἀντιστρέψομεν ὅτι καὶ ἐκεῖνο τοῖς μετέχουσιν
ὅμοιον, ἀλλ᾽ εἰ θέμις εἰπεῖν, παραδείγματι ὅμοια. τὰ γὰρ {ἃ} ἐν
τούτοις {ρ...ει τούτοις} ἕνα τοῦ ἑνός εἰσι δόσεις καὶ οἷον εἰκόνες.
καὶ εἰ οὕτως ἔλεγον τὸ ἓν ἰδέαν τινές, οὐ κακῶς ἔλεγον, μόνον εἰ   25
μετ᾽ ἀσφαλείας λέγοιεν, καὶ μὴ διὰ τὸ τῆς ἰδέας ὄνομα καὶ τοῦ

1200.16   ὡς εἴπομεν: cf. supra, 1199.17-22   19   cf. In Parm. IV 911.
27-917.16   20   cf. Parm. 132d5-133a7

1200.12 προσείπομεν Σ : appellamus g προείπομεν A | ἕν addidimus (cf.
supra, 1196.27) | τὸ θειότατον addidimus ex g (diuinissimum) : spat. vac.
ΑΣ | αὐτῷ Cous² ipsi g : αὐτῶν ΑΣ   16 θέσθαι ΑΣ : om. g | ἐπεὶ καί inv.
A | εἰ τὰ Ag : εἰτ(.) Σ   18   ἐπὶ τῶν A : spat. vac. 8 litt. Σ unum in g
19   συνεχωροῦμεν correximus ex g (concedebamus) : συγχωροῦμεν ΑΣ
20 ἓν ΑΣ : et in g | τῶν Παρμενιδείων ΑΣ : Parmenidiali g   21 μετα-
σχόντα A¹ ˢˡ : σχόντα ΑΣ obtenta g (κατέχοντα/ἐπέχοντα Γ?)   23 ἀλλ᾽εἰ
Ag : ἀλλὰ Σ | παραδείγματι correximus ex g (exemplari) : παραδείγμα-
σιν ΑΣ | ὅμοια scripsimus : ὅμοιον ΑΣg | ἃ delevimus cum g : ἃ(...) ΑΣ
ἁπλᾶ Dillon   24 ρει τούτοις del. Strobel (forsan reduplicatio): ρ...ειτον g
| ἕνα Σ (ut neutrum plurale interpretatur Strobel) : unum g spat. vac. A
εἰκόνες ΑΣ : εἰκύρες Aᵍ ᵐᵍ   25 ἰδέαν scripsimus : (....)αν g ἃν ΑΣ

παραδείγματος ἢ πλῆθος ἐκεῖνο ποιοῖμεν ἢ τοῖς εἴδεσιν αὐτὸ
συναριθμοῖμεν, ἀλλὰ κατὰ ἀναλογίαν μόνην αὐτὸ προσα-
γορεύοιμεν ἰδέαν, ὡς ὁ Σωκράτης ἔφατο τἀγαθὸν ἰδέαν

30　　τἀγαθοῦ, τοῦτο οὖσαν πρὸς τὰ ὄντα πάντα, ὅπερ ἕκαστον τῶν
1201　νοητῶν εἰδῶν | πρὸς τὴν οἰκείαν σειρὰν τὴν ἀπ᾽αὐτοῦ καὶ πρὸς
αὐτὸ ὑποστᾶσαν. λάβοις δ᾽ἂν καὶ ἀπὸ τοῦ ὁρισμοῦ τοῦ ὁμοίου
τὴν λύσιν· εἶναι γὰρ ὅμοιον τὸ ταὐτόν τι πεπονθὸς
ὡρίσατο, τὸ δὲ ἓν πέπονθεν οὐδὲν ἢ ταὐτὸν ἢ οὐ ταὐτόν, ἀλλά

5　　ἐστιν ἓν αὐτὸ μόνον. τὰ δὲ μετέχοντα αὐτοῦ πέπονθεν ἀλλήλοις
ταὐτόν, τὴν τοῦ ἑνὸς μετουσίαν, ὥστε ἀλλήλοις μέν ἐστιν ὅμοια
κατὰ τὸ ἕν, τῷ δὲ ἑνὶ οὐχ ὅμοια, διότι μή ἐστιν ἐκεῖνο πεπονθὸς
τὸ ἕν, ἀλλ᾽ αὐτοέν. πολλοῦ ἄρα δεῖ τὸ ἓν ὅμοιον εἶναι τοῖς
ἄλλοις, ὅπου μηδὲ τὰ ἄλλα κατὰ τοῦτον τὸν ὅρον ὅμοιά ἐστι τῷ

10　　ἑνὶ τῷ μηδὲν πεπονθότι, τῆς ὁμοιότητος ἐν τοῖς ταὐτόν τι
πεπονθόσι κατ᾽αὐτὸ τὸ πεπονθέναι τὸ ταὐτὸν περιγεγραμ-
μένης· οὐ γὰρ εἴρηται ὅμοιον εἶναι ἄλλο ἄλλῳ τὸ ἐκεῖνο πε-
πονθὸς ὅ ἐστιν ὅμοιον, ἀλλὰ τὸ ταὐτὸν ἐκείνῳ πεπονθός, ἵν᾽ἦ
ἄμφω ταὐτὸν πεπονθότα ὡσαύτως. ταῦτα καὶ πρὸς ταύτην

15　　ὑφ᾽ἡμῶν ἀποκεκρίσθω τὴν ἀπορίαν. ἐπὶ δὲ τὰ ἑξῆς τοῦ Πλά-
τωνος ἡμῖν μεταβατέον.

**Καὶ μὴν τοιοῦτόν γε ὃν οὔτε ἴσον οὔτε ἄνισον
ἔσται οὔτε ἑαυτῷ οὔτε ἄλλῳ. – Πῇ;** [Parm. 139e4-5]

1200.29 – 30　= *Resp.* VI 508e2-3　　**1201.3**　= *Parm.* 139e8, 140b1

1200.27　*ποιοῖμεν* A^{sl}Σg : *ποιοῖεν* A　　**1201.1**　*πρὸς²* ΑΣ : *ante* g (*πρὸ Γ?*)
8　*αὐτοέν* Cous² : *αὐτὸ ἕν* ΑΣg　　**10**　*τῷ* corr. Strobel ex g (*eo quod*) : *τὸ* ΑΣ
τὰ Cous²　|　*πεπονθότι* Strobel : *πεπονθότα* ΑΣg　　**12**　*τὸ* ΑΣ : *eo quod* g
13　*τὸ* ΑΣ : *per* g　　**14**　*ὡσαύτως* Ag : *ὡς αὐτὸς* Σ

Μετὰ τὴν ἀφομοιωτικὴν τάξιν τῶν θεῶν ὑπερκόσμιον
μόνως οὖσαν τὴν ἀπόλυτον ἰδίως προσαγορευομένην οἱ θεολό-   20
γοι τάττειν ἀξιοῦσιν, ἧς ἴδιόν ἐστιν, ὡς ὁ ἐκείνων λόγος, καὶ
ἐξῃρῆσθαι τῶν ἐν τῷ κόσμῳ πραγμάτων καὶ κοινωνεῖν αὐτοῖς
καὶ προσεχῶς ἐπιβεβηκέναι τοῖς ἐγκοσμίοις θεοῖς· διὸ τὴν
μεσότητα κεκληρῶσθαί φασιν αὐτὴν τῶν τε ὑπερκοσμίων
μόνως ὄντων καὶ τῶν ἐγκοσμίων θεῶν. ταύτην δὴ οὖν τὴν   25
ἀπόλυτον τάξιν παραδώσει μὲν καὶ αὐτὸς ἐν τῇ δευτέρᾳ ὑπο-
θέσει, καὶ ἐρεῖ τὸ ἴδιον ἐκεῖ ὅ ⌊τι⌋ ποτέ ἐστιν αὐτῆς, καὶ ὅτι τὸ
οἷον ἅπτεσθαι, | ὅτι καὶ ἐγκόσμιός πώς ἐστι καὶ ὑπερκόσμιος,   1202
συναγωγὸς μὲν οὖσα τῶν ἰδίως καλουμένων ἐγκοσμίων θεῶν,
προάγουσα δὲ εἰς πλῆθος τὴν ἕνωσιν τῆς ἀφομοιωτικῆς καὶ
ὑπερκοσμίου μόνως οὔσης πάσης σειρᾶς. ἐκεῖ μὲν οὖν, ὅπερ
ἔφην, παραδώσει καὶ ταύτην τὴν τάξιν, ἐνταῦθα δὲ παρῆκεν   5
αὐτὴν καὶ μεταβέβηκεν ἐπὶ τοὺς ἐγκοσμίους μόνως ὄντας θεούς.
δι᾽ἣν δὲ αἰτίαν ἐν ἐκείνοις ἀκριβέστερον ἐπιγνωσόμεθα· τότε
γάρ, εἰ θεοῖς φίλον, καὶ πᾶσαν αὐτῶν τὴν τάξιν κατανοή-
σομεν. ἀλλ᾽ἵνα μὴ θαυμάζωμεν ἐν ἐκείνοις, προεπεσημηνάμεθα
καὶ ἐν τούτοις καὶ ἅμα ὅπως πρὸς τὸ ζητεῖν τὴν αἰτίαν   10
⌊προ⌋τρέψωμεν τοὺς τῆς ἀληθείας φιλοθεάμονας.

Μεταβέβηκε μὲν οὖν ἐπὶ τοὺς ἐγκοσμίους θεούς, ὧν ἐστιν

1201.19–25   cf. Orph., fr. 201 K.   **26–27**   cf. *Parm.* 148d5-149d7
1202.7–9   in parte commentarii deperdita (ad *Parm.* 148d5-149d7); cf.
Theol. plat. IV 12, p. 40.18-27   **8** = *Cri.* 43d7   **11** = *Resp.* V 475e4

1201.27   ὅ τι correximus ex g (*quodcumque*) : τό Σ ὅ A   **27–28**   τὸ²...
ἅπτεσθαι correximus ex g (*le quasi contingere*) : τοῦτο ἅπτεσθαι οἷον ΑΣ
1202.9 ἐν om. Σ   **11** προτρέψωμεν correximus ex g (*prouocemus*) (cf. *In
Parm.* I 648.12) : τρέψωμεν ΑΣ

ἴδιον ⌊τὸ ἴσον καὶ ἄνισον⌋, τὸ μὲν διὰ τὸ πλῆρες αὐτῶν καὶ μήτε
προσθήκην μηδεμίαν μήτε ἀφαίρεσιν δεχόμενον – τοιοῦτον γὰρ
15 τὸ ἴσον ἑαυτῷ τὸν αὐτὸν ὅρον ἀεὶ διαφυλάττον –, τὸ δὲ διὰ τὸ
πλῆθος τῶν δυνάμεων καὶ τὴν ἐν αὐταῖς ὑπεροχὴν καὶ ἔλλειψιν·
ἐπὶ τούτων γὰρ αἱ διαιρέσεις μάλιστα καὶ αἱ ποικιλίαι τῶν
δυνάμεων καὶ αἱ τῶν προόδων διαφορότητες καὶ <αἱ> ἀναλογίαι
καὶ οἱ διὰ τούτων δεσμοὶ τὴν χώραν ἔλαχον, ἀφ' ὧν καὶ ὁ
20 Τίμαιος ὑπέστησε τὰς ἐξημμένας αὐτῶν ψυχάς, αἷς ἀπὸ τῆς
ἰσότητος πᾶσιν ἡ γένεσις. ἀλλὰ ταῦτα μὲν ἐν τοῖς ἑπομένοις
γενήσεται γνωριμώτερα μᾶλλον ἡμῖν, εἰ καὶ ἔστι δῆλον, ὡς
εἴπομεν, καὶ ἐκ τῶν ἐν Τιμαίῳ ῥηθέντων, ὅτι καὶ αἱ ψυχαὶ ⌊καὶ⌋
τὰ σώματα δι' ἀναλογίας συνέστησαν, ὧν τὰς αἰτίας δεῖ
25 προϋπάρχειν ἐν τοῖς προσεχῶς αὐταῖς ἐφεστῶσι θεοῖς.

Ἐκείνων οὖν ἴδιον εἰκότως τὸ ἴσον καὶ τὸ ἄνισον. ποιεῖται δὲ
1203 τὰς περὶ τῶν ἀποφάσεων τοῦ ἴσου καὶ ἀνίσου νῦν ἀποδείξεις ἔκ |
τε τῆς ταυτότητος καὶ ἐκ τῶν πολλῶν, ἀλλ' <οὐκ> ἐκ τοῦ ὁμοίου
καὶ τοῦ ἀνομοίου, καίτοι ταῦτα προείρηται προσεχῶς, εἰκότως·
πᾶσα γὰρ ἡ ἐγκόσμιος θεότης ἀπὸ τῆς δημιουργικῆς πρόεισι
5 μονάδος καὶ τοῦ πρωτίστου πλήθους ὃ πρῶτον ἀπέφησε τοῦ
ἑνός. ὅπως δὲ καὶ ταῦτα ἀληθῆ, προϊοῦσιν ἔσται κατάδηλον.

1202.19 — 25 cf. *Tim.* 31c1-3, 36a7, 41b5, 43a2   **1203.**3 προείρηται: cf.
Parm. 139e7-140b5 (cf. supra, 1194.13-19)   **5**   cf. *Parm.* 137c4-5   **6**
προϊοῦσιν...κατάδηλον: cf. infra, 1206.31-1210.18

1202.13   τὸ¹...ἄνισον addidimus ex g (*le equale et inequale*)   **18**   αἱ²
addidimus   **20** ὑπέστησε A : ὑφέστησε Σ | αἷς scripsimus (cf. *In Tim.* II
19.8) : οἷς ΑΣ   **23** — 24 καὶ³...σώματα correximus ex g (*et corpora*) : τῶν
σωμάτων ΑΣ   **24** ἀναλογίας A : ἀναλογίαν Σg   **25** αὐταῖς Cous² : *ipsis* g
αὐτοῖς Σ αὐτῆς A   **1203.**2 οὐκ add. Mᵇ

πάνυ δ'οὖν τούτῳ πειστέον, ὅτι ἐξ ὧν αἱ ἀποδείξεις, ταῦτά
ἐστιν αἴτια προηγούμενα τούτων περὶ ὧν ὁ λόγος. ὥστε καὶ τὸ
ἴσον καὶ τὸ ἄνισον, καθ'ὅσον ἀπὸ τοῦ ἑνὸς καὶ διὰ τῆς ταυτότη-
τος ὑφέστηκε καὶ τῶν πολλῶν, κατὰ τοσοῦτον ἀποφάσκεται διὰ   10
τούτων τοῦ ἑνός. διὸ καὶ οὕτως ἤρξατο τοῦ λόγου· κ α ὶ μ ὴ ν
τ ο ι ο ῦ τ ό ν γε ὄ ν, οὐχ οἷον νῦν, ἀλλ'οἷον ἔμπροσθεν ἐδείχθη
παντελῶς ἄδεκτον <τοῦ> ταὐτοῦ καὶ ἑτέρου καὶ ἀπλήθυντον.
τοιοῦτον οὖν ὂ ν ο ὔ τ ' ἴ σ ο ν ἐ σ τ ὶ ν ο ὔ τ ' ἄ ν ι σ ο ν ο ὔ τ ε
ἑ α υ τ ῷ ο ὔ τ ε τ ο ῖ ς ἄ λ λ ο ι ς· πάλιν γὰρ καὶ ταῦτα διπλᾶ   15
ἐστι τὰ συμπεράσματα, καθάπερ τὰ περὶ τοῦ ὁμοίου καὶ ἀνο-
μοίου καὶ ταὐτοῦ καὶ ἑτέρου. καὶ εἰ ταῦθ'οὕτως ἔχοι καὶ ἀπὸ τοῦ
ταὐτοῦ καὶ ἑτέρου δεικνύοιτο μήτε ἴσον ὂν μήτε ἄνισον, εἰκότως
ἐπέκεινα τὸ ταὐτὸν δήπου καὶ ἕτερον τοῦ ὁμοίου καὶ ἀνομοίου,
διότι μὴ τούτοις ὑπάρχει μόνοις, ἀλλὰ καὶ τοῖς ἴσοις καὶ ἀνί-   20
σοις· καὶ ὡσαύτως τοῦ τε ὁμοίου καὶ ἀνομοίου ὁλικώτερα·
ὑπάρχει γὰρ καὶ τοῖς ἴσοις καὶ ἀνίσοις· τὸ γὰρ ὑπὸ πλειόνων
μετεχόμενον ὁλικώτερόν ἐστι.

Κ αὶ τοσαῦτα μὲν περὶ τῆς τάξεως τῶν προβλημάτων. ὅτι
δὲ καὶ ταῦτα τὰ δύο τῆς διττῆς ἤρτηται συστοιχίας τῶν θείων,   25
οὐκ ἄδηλον· ἀνατέταται γὰρ τὸ μὲν ἴσον εἰ ς τ ὸ ὅ μ ο ι ο ν καὶ
< τ ὸ > τ α ὐ τ ὸ ν καὶ τὸ ἐ ν ἄ λ λ ῳ καὶ τὸ π ε ρ ι φ ε ρ ὲ ς καὶ
τ ὸ ὅ λ ο ν, τὸ δὲ ἄνισον εἰ ς τ ὸ ἀ ν ό μ ο ι ο ν καὶ τὸ ἕ τ ε ρ ο ν

1203.7−8 cf. Ar., *Anal. post.* I 2, 71b19-23, 29-33   12 οἷον νῦν: cf. *Parm.*
139e7-140b5 | οἷον ἔμπροσθεν: cf. *Parm.* 137c4-5, 139b5-e6   24−26 cf.
Ar., *Met.* I 5, 986a22-26

1203.7 τούτῳ correximus ex g (*huic*): τοῦτο ΑΣ   8 ἐστιν Σ: εἰσιν Α
10 τοσοῦτον ΑΣ: *hoc* g (τοῦτο Γ?)   13 τοῦ addidimus   14 τοιοῦτον οὖν
Α: τοιοῦτο νῦν Σg   18 δεικνύοιτο Σg: δεικνύοι τὸ Α   21 post καὶ² add.
τοῦ Σ | ὁλικώτερα Α: ὁλικωτέρως Σg   27 τὸ¹ addidimus

καὶ τὸ ἐν ἑαυτῷ καὶ τὸ εὐθὺ καὶ τὸ μέρη ἔχον·
30 πάλιν δὲ τούτων, τὰ μὲν εἰς τὸ πέρας, τὰ δὲ εἰς τὸ ἄπειρον. καί
μοι δοκεῖ καὶ διὰ τοῦτο κατά τινας οἷον ἀντιθέσεις προάγειν τὸν
λόγον, ἵνα δείξῃ τὸ ἓν ἐπέκεινα πάσης ἀντιθέσεως, μηδενὶ
συντατόμενον, ἁπάντων | τῶν ἀντικειμένων {ἁπάντων} ὁμοίως
1204 ἐξῃρημένον. καὶ γὰρ αὖ, ὡς εἴπομεν πολλάκις, εἰ μὲν τὸ χεῖρον
εἴη <τῆς ἀντιθέσεως, κρεῖττόν τι ἂν ἦν τοῦ ἑνός· εἰ δὲ τὸ κρεῖτ-
τον> τῆς ἀντιθέσεως, ἄτοπον· οὐδὲν γὰρ κρεῖττον {οὐκ} ἔσται
5 αἴτιον τοῦ χείρονος, ἀλλὰ κοινωνήσει μέν πως αὐτῷ, κυρίως δὲ
αἴτιον οὐκ ἔσται· οὔτε γὰρ ἡ ταυτότης ὑφίστησι τὴν ἑτερότητα,
οὔτε ἡ στάσις τὴν κίνησιν, οὔθ' ὅλως ⌊ἀντίθεσίς⌋ ἐστι τοῦ
παράγοντος πρὸς τὸ παραγόμενον, ἀλλὰ περιοχὴ καὶ ἕνωσις
ἀπὸ τοῦ κρείττονος ἐφήκει τῷ χείρονι.

10 Ἴσον μὲν ὂν τῶν αὐτῶν μέτρων ἔσται ἐκείνῳ ᾧ
ἂν ἴσον ᾖ. – Ναί. – Μεῖζον δέ που ἢ ἔλαττον
ὄν, οἷς μὲν ἂν σύμμετρον ᾖ, τῶν μὲν ἐλαττόνων
πλείω μέτρα ἕξει, τῶν δὲ μειζόνων ⌊ἐλάττω. –
Ναί. – Οἷς δ' <ἂν> μὴ ξύμμετρον, τῶν μὲν
15 σμικροτέρων, τῶν δὲ μειζόνων⌋ μέτρων ἔσται.
– Πῶς γὰρ οὔ; [Parm. 140b7-c3]

1204.2 ὡς...πολλάκις: cf. supra, VI 1095.9-11, 1132.14-18; 1171.16-24

1203.33—1204.1   ἁπάντων...ἀντικειμένων scripsimus : ἅπαν δ' ἓν
ἀντικείμενον ΑΣ omne autem oppositum g   1204.1 ἁπάντων delevimus
3 εἴη correximus ex g (sit) : ἐπὶ ΜΣ legi nequit A²   3 – 4 τῆς...κρεῖττον
addidimus   4 οὐκ delevimus   7 ἀντίθεσίς addidimus ex g (oppositio) :
τὸ Μ om. Σ legi nequit A²   13—15 ἐλάττω...μειζόνων addidimus ex Ag
PLAT. codd. : om. Σ   14 ἂν addidimus ex A PLAT. codd. : om. g

Τὸ μὲν ἴσον καὶ τὸ ἄνισον τὸ νῦν παραλαμβανόμενον
ὡς οὔτε τὸ φυσικὸν ἁπλῶς ἐκληπτέον, οὔτε τὸ μαθηματικόν,
οὔτε τὸ ἐν λόγοις ἱδρυμένον ψυχικοῖς, οὔτε αὐτὸ τὸ νοερὸν εἶδος,
εἴρηται ἡμῖν διὰ τῶν ἔμπροσθεν· πάντα γὰρ ταῦτα μερικῶς   20
ἐφάπτεται τῶν θείων πραγμάτων καὶ ἔστιν ἀνάξια τῆς περὶ τοῦ
ἑνὸς ὑποθέσεως. ποῦ γὰρ ἂν εἴη σεμνόν, ὡς ἤδη προείπομεν, ὡς
ἑνὸς εἴδους νοεροῦ – τί γὰρ ἂν λέγοις τὰ ἄλλα; – κρεῖττον εἶναι
τὸ ἕν; ἀλλ' ὥσπερ εἴπομεν, ἑνὸς ἰσότητα καὶ ἀνισότητα ληπτέον
τὴν διὰ πάσης φοιτῶσαν τῆς ἐγκοσμίου θεότητος, εἰ καὶ ἐφαρ-   25
μόζουσιν αἱ ἀποδείξεις καὶ τοῖς φυσικοῖς ἴσοις καὶ τοῖς μαθημα-
τικοῖς καὶ τοῖς ἐν τοῖς λόγοις τοῖς ψυχικοῖς καὶ τοῖς ἐν τοῖς
εἴδεσι τοῖς νοεροῖς· δεῖ γὰρ ἄνωθεν ἐπὶ πάντων ἄρχεσθαι τὰς
ἀποδείξεις καὶ διατείνειν διὰ πάντων τῶν δευτέρων, ἵνα πάν-
των ἐξῃρημένον ἀποδεικνύηται τὸ ἓν τῶν θείων, τῶν νοερῶν,   30
τῶν ψυχικῶν, τῶν μαθηματικῶν, τῶν φυσικῶν εἰδῶν. πάντα
οὖν ὅσα λέγεται νῦν ἀξιώματα περί τε τῶν ἴσων καὶ ἀνίσων
ἐφαρμοστέον τῇ τάξει ταύτῃ τῶν θεῶν· ἐπεὶ γάρ εἰσι καὶ ἐν
ταύτῃ | πολλαὶ δυνάμεις, αἱ μὲν ἀλλήλαις σύστοιχοι καὶ πρὸς   1205
τὸ αὐτὸ τέλος καὶ ἀγαθὸν ἀνατεινόμεναι, αἱ δὲ διαφέρουσαι
κατά τε ὑπεροχὴν καὶ ὕφεσιν, ἐκείνας μὲν κατὰ τὴν ἰσότητα
χαρακτηρίζεσθαι ῥητέον – τὸ γὰρ αὐτὸ ἀγαθὸν μέτρον ἐστίν
ἑκάστων· τὰ οὖν τῷ αὐτῷ ἀγαθῷ συνηνωμένα τῷ αὐτῷ μέτρῳ   5

1204.20   εἴρηται...ἔμπροσθεν: cf. supra, 1191.19-27, 1192.24-27   **22**
ὡς...προείπομεν: cf. supra, 1191.19-27, 1192.24-27   **24**   ὥσπερ εἴπομεν:
cf. supra, 1202.13-16

1205.1   ἀλλήλαις A : ἀλλήλοις Σ   **4**   αὐτὸ ἀγαθὸν scripsimus : auto-
bonum g αὖ ἀγαθὸν Σ (...θον F) ἀγαθὸν A

μεμέτρηται καὶ ἔστιν ἴσα ἀλλήλοις –, τὰς δέ γε μὴ συστοίχους
ἀλλήλαις κατὰ τὸ ἄνισον πεποιῆσθαι τὴν πρόοδον θετέον,
ἐπειδὴ τὰς μὲν ὑπερέχειν, τὰς δὲ ὑφεῖσθαι λέγομεν. ἀλλ᾽ ἐπεὶ
καὶ τῶν ἀνίσων τὰ μὲν σύμμετρα, <τὰ δὲ ἀσύμμετρα>, δῆλον ὅτι
10 καὶ ταῦτα τοῖς θείοις ἐφαρμόσομεν, τὴν μὲν συμμετρίαν ἐφ᾽ ὧν
τὰ δεύτερα συνανακεράννυται τοῖς πρὸ αὐτῶν καὶ ὅλων μετέχει
τῶν κρειττόνων – οὕτω γὰρ καὶ ἐν τοῖς συμμέτροις τὸ ἔλαττον
ἐθέλει μέτρον κοινὸν ἔχειν πρὸς τὸ μεῖζον, ὅλον ἑκάτερον τοῦ
αὐτοῦ μετροῦντος –, τὴν δὲ ἀσυμμετρίαν ἐφ᾽ ὧν τὰ καταδεέ-
15 στερα διὰ τὴν τῶν κρειττόνων ἐξῃρημένην ὑπεροχὴν μετέχει
μέν πως αὐτῶν, ὅλοις δὲ αὐτοῖς συνάπτεσθαι διὰ τὴν ἑαυτῶν
ὕφεσιν ἀδυνάτως ἔχει· ταῖς γὰρ μερικαῖς αἰτίαις καὶ πολλο-
σταῖς ἀπὸ τῶν πρώτων ἀσύμμετρός ἐστιν ἡ πρὸς ἐκεῖνα κοινω-
νία καὶ ἡ πρὸς τὸ αὐτὸ νοητὸν ἀγαθὸν ἐκείνοις ἀνάτασις. καὶ
20 ἔοικεν, εἰ τῶν ἐγκοσμίων ἐστὶ θεῶν ταῦτα συνθήματα, τὸ ἴσον
λέγω καὶ τὸ ἄνισον, εἰκότως ἐνταῦθα καὶ τὸ σ ύ μ μ ε τ ρ ο ν
ἀναφανῆναι τοῦτο καὶ τὸ ἀ σ ύ μ μ ε τ ρ ο ν· ἐν μὲν γὰρ τοῖς
ἀσωμάτοις καὶ ἀΰλοις χώραν ἡ τούτων ἀντίθεσις οὐκ ἔχει,
πάντων ἐκεῖ ῥητῶν ὄντων καὶ ἐν εἴδεσι καθαροῖς ὑφεστώτων,
25 ὅπου δέ ἐστι καὶ ὑλικὸν ὑποκείμενον καὶ μίξις εἴδους καὶ ἀνει-
δέου τινός, εἰκότως καὶ συμμετρίας ἐστὶν ἐνταῦθα ⌊καὶ
ἀσυμμετρίας⌋ ἀντίθεσις, ὧν οἱ ἐγκόσμιοι προσεχῶς εἰσι συνε-
κτικοί, ψυχῶν καὶ σωμάτων, εἴδους καὶ ὕλης. εἰκότως ἄρα

1205.6 τὰς correximus ex g (eas): τὰ ΑΣ | μὴ συστοίχους scripsimus:
μὴν συστοίχους ΑΣg ἀσυστοίχους Cous²   9   τὰ²...ἀσύμμετρα add. A
15 μετέχει A: μετέχειν Σg   18 ἐκεῖνα ΑΣ: illas g   24 καὶ...ὑφεστώτων
A: τά τε ... ὑφεστώτων Σ que subsistunt g   26—27 καὶ ἀσυμμετρίας
addidimus ex g (et incommensurationis)   27   post ἐγκόσμιοι add. θεοὶ
Cous²

πέφυκεν ἐν αὐτοῖς κατὰ τὴν <τοῦ> ἀνίσου διαίρεσιν τὸ σύμμε-
τρον καὶ ἀσύμμετρον, διὸ καὶ τούτων ὁ παρὼν ἐμνημόνευσε   30
λόγος.

Ταῦτα μὲν οὖν καὶ εἰσαῦθις ἐπὶ πλέον | ἀνασκεψόμεθα. νῦν   1206
δὲ ὅτι γεωμετρικῶς πρὸ τῶν ἀποδείξεων ὅρους παραλαμβάνει
τοῦ ἴσου, τοῦ συμμέτρου, τοῦ ἀσυμμέτρου, λεκτέον· ἴσον μὲν
λέγων τὸ τοῖς αὐτοῖς μέτροις μετρούμενον, σ ύ μ μ ε τ ρ ο ν   δ ὲ
τ ὸ   τ ῷ   α ὐ τ ῷ   μ έ τ ρ ῳ   μ ε τ ρ ο ύ μ ε ν ο ν, ἐὰν μὲν μεῖζον ᾖ,   5
πλεονάκις ἢ τὸ ἔλαττον, ἐὰν δὲ ἔλαττον, ἐλαττονάκις ἢ τὸ
μεῖζον, ἀσύμμετρον δὲ τὸ διαιρούμενον εἰς ἴσα μὲν
κατ᾽ ἀριθμόν, ἄνισα δὲ κατὰ μέγεθος, εἰ μὲν ἔλαττον εἴη, δῆλον
ὡς εἰς ἐλάττονα, εἰ δὲ μεῖζον, δῆλον ὡς εἰς μείζονα· τὸ μὲν
⌊γὰρ⌋ ἔλαττον σ μ ι κ ρ ο τ έ ρ ω ν   ἔσται   μ έ τ ρ ω ν   ἴσων   10
κατ᾽ ἀριθμόν, τὸ δὲ μεῖζον μ ε ι ζ ό ν ω ν· ἐὰν γὰρ λάβῃς τὴν
πλευρὰν καὶ τὴν διάμετρον καὶ διέλῃς ἑκατέραν δίχα, δῆλον ὡς
ἡ μὲν μεῖζον ἕξει τῶν μερῶν ἑκάτερον, ἡ δὲ ἔλαττον. ἐπ᾽ ἀμφο-
τέρων δὲ τῶν συμμέτρων καὶ τῶν ἀσυμμέτρων ὁμοίως πρὸς
μείζονα καὶ ἐλάττονα τῆς παραβολῆς οὔσης, ἐφ᾽ ὧν μὲν τῶν   15
μέτρων τῶν αὐτῶν ὄντων, ἀλλ᾽ ἢ πλεονάκις ἢ ἐλαττονάκις,
ἐφ᾽ ὧν δὲ εἰς ἴσα μὲν τῆς διαιρέσεως γιγνομένης, ἀλλ᾽ ἢ εἰς
μείζονα κατὰ τὸ μέγεθος ἢ εἰς ἐλάττονα, ὅπου μὲν κατὰ τὸ

1206.4 − 5 cf. Eucl., X *Def.* 1   **5 − 7** cf. *Theaet.* 148a2

1205.29 πέφυκεν Cous *natum est* g : πέφηνεν ΑΣ | τοῦ ἀνίσου scripsimus
(cf. infra, 1214.20) : ἄνισον ΑΣg   **30** ὁ παρὼν correximus ex g (*presens*)
(cf. supra, 1156.2) : ἐπαπορῶν Σ ὁ ἐπαπορῶν Α   **1206.6**   ᾖ² Ag : ᾖ Σ
9 δῆλον ὡς om. g | εἰς² om. Σ   **10** γὰρ addimus ex g (*enim*)   **13** ἑκάτε-
ρον Μᵇ *utramque* g : ἑκατέρων Α²ΜΣ   **15** post οὔσης add. *et* g   **16** ἀλλ᾽
ἢ Cous² : ἄλλη ΜΣ legi nequit Α² *sed* g (ἀλλὰ Γ?)   17   ἀλλ᾽ ἢ Cous² *sed*
aut g : ἄλλη ΜΣ legi nequit Α²

πλῆθος τῆς διαφορᾶς οὔσης, ὅπου δὲ κατὰ τὸ μέγεθος ⌊αὐτῶν.
20 καὶ γὰρ ὅπου μὲν κοινὸν μέτρον πάντα μετρεῖ, ὅπου δὲ οὐ δυνα-
τὸν εἶναι πάντων ταὐτὸ μέγεθος⌋ ἀσυμμέτρων ὑπαρχόντων.
τούτων δὴ τῶν ὅρων προειλημμένων ἑξῆς ἐπάγει τὰς ἀποδεί-
ξεις, δι' ὧν ἀποδείκνυται πρῶτον μὲν ὅτι οὐκ ἔστιν ἴσον τὸ ἓν
οὔτε ἑαυτῷ οὔτε ἄλλῳ, ἔπειτα ὅτι οὔτε ἄνισον πάλιν οὔτε ἑαυτῷ
25 οὔτε ἄλλῳ. λέγει δὲ οὕτως·

**Οὐκοῦν ἀδύνατον τὸ μὴ μετέχον τοῦ αὐτοῦ ἢ
μέτρων τῶν αὐτῶν εἶναι ἢ ἄλλων ὡντινωνοῦν
⌊τῶν αὐτῶν⌋. – Ἀδύνατον. – Ἴσον μὲν ἄρα οὔτ'
ἂν ἑαυτῷ οὔτε ἄλλῳ εἴη, μὴ τῶν αὐτῶν ὂν**
30 **μέτρων. – Οὔκουν φαίνεταί γε.** [Parm. 140b7-c3]

Συλλογισμὸς ⌊μὲν⌋ ἐπὶ τοῦ ἴσου γενόμενος καὶ ἀφαιρῶν
αὐτὸ τοῦ ἑνὸς τοιοῦτός ἐστι· τὸ ἓν οὐδενὸς μετέχει ταὐτοῦ· τὸ
ἴσον μετέχει πως τοῦ ταὐτοῦ κατὰ τὴν τοῦ μέτρου δύναμιν· τὸ
ἓν ἄρα οὐδαμῶς ἐστιν ἴσον. ὅτι δὲ ταὐτὸν <τὸ ἓν οὐδαμῶς ἐστι,
1207 δῆλον>· τὸ | γὰρ ταὐτὸν πολλαχῶς ἐστι· καὶ γὰρ κατὰ τὸ
εἶδος καὶ κατὰ τὸ ὑποκείμενον καὶ κατὰ τὸ μέτρον καὶ κατὰ τὸν

1206.35 − 1207.1 = Ar., *Met.* X 3, 1054a32-33

1206.19 − 21   αὐτῶν...μέγεθος addidimus ex g (*ipsorum. etenim alicubi
quidem communis mensura omnia mensurat, alicubi autem non possi-
bile esse omnium eandem magnitudinem*)   24   ἑαυτῷ[1] A : αὐτῷ Σg
ἑαυτῷ[2] A : αὐτῷ Σg   28   τῶν αὐτῶν addidimus ex Ag PLAT. codd. : om.
Σ | μὲν Ag PLAT. codd. : μὲν οὖν Σ   29   ἂν AΣ PLAT. codd. : om. g
29 − 30 ὂν μέτρων Σg : μ. ὄν A PLAT. codd.   30 Οὔκουν PLAT. ed. : οὐκοῦν
AΣg   31 μὲν addidimus ex g (*quidem*)   34 − 35 τὸ...δῆλον addidimus (cf.
supra, 1179.29-30, 1180.10-11), ὅτι μηδὲ τὸ ταὐτὸν κατ' οὐδένα τρόπον
legendum cens. Cous²   1207.2 τὸ[2] scripsimus : τι AΣg

χρόνον ἔστι καὶ κατὰ τὸν τόπον τῶν πραγμάτων ταυτότητα
λαβεῖν· ἔστι γὰρ καὶ τῷ μέτρῳ ταὐτὰ ἀλλήλοις καὶ τῷ χρόνῳ
καὶ τῷ εἴδει καὶ τῷ ἀριθμῷ καὶ ἄλλοις πολλοῖς δι᾽ ὧν ἡ τῆς   5
ταυτότητος διήκει δύναμις. τὸ μὲν οὖν ἴσον ὡς δεύτερον τῆς
ταυτότητος ὑφίσταται κατ᾽ αὐτὴν ἀπὸ τοῦ ἑνός. τὸ δὲ ἓν ἐπέκει-
να ταυτότητος ὂν πολλῷ δήπου μᾶλλον ἐξῄρηται καὶ τῆς
ἰσότητος, ὅπου γε οὐδὲ εἰ μέγεθός τι εἴη, μὴ ὁμοειδὲς δὲ πρὸς ὃ
ἀντεξετάζεται, οὐκ ἄν ποτε ἐκείνῳ ῥηθείη οὔτ᾽ ἴσον οὔτ᾽ ἄνισον·   10
ἐν γὰρ τοῖς ὁμοειδέσι ταῦτα μόνως ἐστί. τίς οὖν ἂν οἰηθείη
γραμμὴν καὶ ἐπιφάνειαν ἴσην, ἢ ἄνισον ἐπίπεδον καὶ στερεόν; οὐ
γὰρ συμβλητὰ ταῦτα ἀλλήλοις, καλῶς καὶ τοῦ Ἀριστοτέλους ἐν
τοῖς περὶ κινήσεως λόγοις τὰς ὁμοειδεῖς ὁρίζοντος εἶναι συμ-
βλητάς, ἀλλ᾽ οὐχὶ τὰς ἀνομοειδεῖς, οἷον αὔξησιν καὶ ἀλλοίωσιν   15
ἢ γένεσιν καὶ τοπικὴν κίνησιν. τὸ τοίνυν ἓν ἀσύμβλητον πᾶσι
τοῖς μετ᾽ αὐτὸ καὶ ἀπ᾽ αὐτοῦ τὴν ὕπαρξιν ἔχουσιν οὔτ᾽ ἴσον
οὔτ᾽ ἄνισον <ἂν> εἶναι δύναιτο ἐκείνοις, ἀλλ᾽ οὐδὲ ἑαυτῷ, τὴν
ἑνοειδῆ κρείττονα οὖσαν ἔχον, καὶ οὐδὲν ἰσότητος δεόμενον· ᾧ
καὶ δῆλον ὅτι οὐχ ὡς ποσόν τι λέγεται τὸ ἕν, ἵνα καὶ ἰσότητος ᾖ   20
δεκτικόν, ἀλλ᾽ ὡς τῆς ἁπλότητος αὐτοῦ καὶ τῆς ἀμερείας διὰ
τούτου μόνον σημαίνεσθαι δυναμένης· τὸ γὰρ ἐκβεβηκὸς ἀπὸ

1207.13–16 cf. Ar., *Phys.* VII 4, 248a10-249b26

1207.3   ταυτότητα correximus ex g (*identitatem*) : ταυτότητας ΑΣ
5 ante ἄλλοις hab. ἐν Σg   10 ἐκείνῳ correximus ex g (*illi*) : ἐκεῖνο ΑΣ
11 οἰηθείη correximus ex g (*estimabit*) : εἴη οἱ ΑΣ εἴη εἰ Μ   12 ἢ cor-
reximus ex g (*aut*) : καὶ ΑΣ   16 τὸ τοίνυν scripsimus : τὸ τὸ Σ *eo quod le*
g τὸ οὖν Α   18 ἂν addidimus   19 οὖσαν ΑΣg : οὐσίαν coni. Chaignet
22 μόνον correximus ex g (*solum*) : μόνου ΑΣ

πά[ντων ἐν]δείξασθαι θέλοντες ἓν αὐτὸ προσείπομεν, οὐχ ὡς
ὁμοταγὲς τοῖς πεπληθυσμένοις, οὐδ' ὡς τὴν μονάδα τὴν ἐν τοῖς
25 ἀριθμοῖς ἓν τιθέντες, ἀλλ' ὡς ὕπαρξιν οὐδὲν οὖσαν τῶν πάντων
σημαίνοντες, ἧς ὁ μετασχὼν μόγις ὄψεται πῶς ἐκεῖνό
ἐστιν ἕν. δέδεικται δ' οὖν μέχρι τούτων ὅτι μηδαμῶς ἐπιδέχεται
1208 τὸ ἴσον, διότι μηδὲ τὸ ταὐτὸν μήτε κατὰ χρό|νον μήτε
κατ' ἀριθμὸν μήτε κατ' ἄλλον τινὰ τρόπον ὡς ταυτότητος ὅλως
ἄδεκτον ὑπάρχον.

Ἀλλὰ μὴν πλειόνων γε μέτρων ὂν ἢ ἐλαττό-
5 **νων, ὅσωνπερ μέτρων, τοσούτων καὶ μερῶν ἂν**
εἴη· καὶ οὕτως αὖ οὐκέτι ἓν ἔσται, ἀλλὰ το-
σαῦτα ὅσαπερ καὶ τὰ μέτρα. – Ὀρθῶς. – Εἰ δέ
γε ἑνὸς μέτρου εἴη, ἴσον ἂν γίγνοιτο τῷ μέτρῳ·
τοῦτο δὲ ἀδύνατον ἐφάνη, ἴσον τῳ αὐτὸ εἶναι. –
10 ⌊**Ἐφάνη γάρ**⌋. [Parm. 140c8-d4]

1207.26 = *Resp.* VII 517c1

1207.23 **πάντων** addidimus ex g (*omnibus*): πα(...) spat. vac. 1 lin. Σ
πα(...) spat. vac. 1/2 lin. A **πάντων καὶ ἀπλήθυντον** addendum cens.
Taylor | **ἐνδείξασθαι** corr. Strobel ex g (*insinuare*): δείξασθαι ΑΣ
24 **τὴν**[1]...**τὴν**[2] correximus ex g (*monadem eam que*): τῶν μονάδων τὸ
ΑΣ | **ἐν** Cous[2] *in* g: ἓν ΑΣ 25 **ἓν τιθέντες** Cous[2]: ἐντιθέντες ΑΣg
26 **μόγις** scripsimus ex PLAT.: μόνως ΑΣg | **ὄψεται** correximus ex g
(*uidebitur*): ἅψεται ΑΣ | **ἐκεῖνό** A: ἐκεῖνός Σ *illo modo* g 28 **μήτε**[1] A:
μηδὲ Σ 1208.4 – 5 **ἢ ἐλαττόνων** Ag PLAT. codd.: εἶναι δ' ἥττόνων Σ
9 **ἀδύνατον** Ag PLAT. codd.: δυνατὸν Σ | **τῳ αὐτὸ** Stephanus (cf. infra, l.
26): τῷ αὐτῷ Σ αὐτὸ αὐτῷ A PLAT. BCD τῷ αὐτὸ PLAT. T τὸ αὐτὸ PLAT. W
idem g 10 **Ἐφάνη γάρ** addidimus ex Ag PLAT. codd.: om. Σ

Δεύτερος ἐν τούτοις παραδίδοται συλλογισμός, ἀναιρῶν τὴν
ἀνισότητα παντελῶς ἀπὸ τοῦ ἑνός, τοιοῦτος· τὸ ἓν πολλῶν
μέτρων οὐκ ἔστι δεκτικόν· ἅπαν δὲ ἄνισον πολλῶν ἐστι μέτρων
δεκτικόν. τὸ ἓν ἄρα οὐκ ἔστιν ἄνισον. κἄν τε γὰρ π λ ε ι ό ν ω ν ᾖ
μ έ τ ρ ω ν τὸ ἄνισον κἂν ἐ λ α τ τ ό ν ω ν, πλῆθος ἔχει τι τῶν   15
μερῶν. πᾶν δὲ πλῆθος ἀφείλομεν ἐκ τοῦ ἑνός, τό τε ἔλαττον καὶ
τὸ πλέον. τὸ ἄρα ἄνισον κατωτέρω μέν ἐστι τοῦ πλήθους τοῦ
πρώτου καὶ ὑφέστηκε κατ᾽αὐτό, μετέχει δὲ καὶ τῆς τοῦ ἑνὸς
αἰτίας· ἡ γὰρ ἀπόφασις γένεσίς ἐστιν, ὡς πολλάκις εἴρηται, τῆς
καταφάσεως.   20

Διὰ τούτων μὲν οὖν ἔδειξε τὸ ἓν καὶ τῆς ἀνισότητος ἐξῃρη-
μένον. ἐπειδὴ δὲ εἶπεν ἄν τις ἀπορῶν· ἀλλὰ ἴσως μήτε ἐλατ-
τόνων ἔσται μέτρων μήτε πλειόνων, ἀλλ᾽ἑνός, ἵνα μὴ πλῆθος
ἐν τῷ ἑνὶ καταλίπωμεν· αὐτὸ οὖν ἔστω ἑαυτοῦ μέτρον· διὰ δὴ
τοῦτο λύων τὴν ἀπορίαν ταύτην ἐπήνεγκεν ὅτι ἄρα, εἴ τις   25
τοιοῦτον ὑπόθοιτο τὸ ἕν, ἔσται ἴσον τινὶ πάντως τῷ ἑαυτοῦ
μέτρῳ. καὶ εἰ μὴ ταὐτὸν τὸ ἴσον καὶ τὸ ἕν, διότι τὸ μὲν
καθ᾽αὐτό, τὸ δὲ πρός τι, δῆλον ὡς ἴσον ὂν τὸ ἓν ἔσται καὶ οὐχ ἓν
διὰ τὸ ἴσον οὐχ ἓν ὄν· ὃ γὰρ ἂν αὐτῷ προσθῇς, ἀφαιρεῖ τὸ ἕν,
ἀναινομένου τοῦ ὡς ἀληθῶς ἑνὸς παντὸς ἄλλου προσθήκην· οὖ   30

1208.16 ἀφείλομεν: cf. Parm. 137c4-5   19 ὡς...εἴρηται: cf. supra, VI
1075.14-15, 1077.9-10, 1099.26, 1133.3-4

1208.11 ἐν Σg : ἐπὶ Α   13 μέτρων scripsimus : spat. vac. 1-3 lin. Σ
μέτρων ἢ καὶ μερῶν Α^c partium g   15 μέτρων scripsimus : μερῶν ΑΣg
κἂν Ag : καὶ τὸ Σ   16 μερῶν correximus ex g (partium) : μέτρων ΑΣ
22 ἴσως Cous² : ἴσον ΑΣg   23 ἔσται Ag : ἔστω Σ   27 ταὐτὸν correximus
ex g (idem) : αὐτῶν ΑΣ   30 παντὸς ἄλλου scripsimus : παντός, ἀλλ᾽οὐ
ΑΣ omni alia g | προσθήκην ΑΣ : appositione g | οὖ scripsimus : οὐ ΑΣg

1209 προστεθέντος | οὐκέτι μόνον ἔσται μετ᾽ἄλλου ὂν οὐδὲ αὐτοέν,
ἀλλά τι ἕν, τὸ μετὰ τοῦ προστεθέντος φανταζόμενον. ἔσται οὖν
οὐχ ἓν ἴσον ὄν, κἄν τε ὑπ᾽ἄλλου τινὸς ἑνὸς μετρῆται κἄν τε
ὑφ᾽ἑαυτοῦ. δέδεικται δὲ ὡς οὐδὲν τὸ ἓν ἴσον ἐστίν. οὔτ᾽ἄρα ἓν
5 ἔχει μέτρον τὸ ἕν, οὔτε πολλά· καὶ γὰρ εἰ μὲν ἑαυτοῦ μέτρον εἴη,
σχέσεως ἀνέμφατον οὐκ ἔσται, μετροῦν ἑαυτὸ καὶ ὑφ᾽ἑαυτοῦ
μετρούμενον, καὶ ἔσται οὐχ ἓν ὡς ἀληθῶς, ἀλλὰ δυοειδές. τοῦτο
δὲ ἡμᾶς ἀνέπεισεν ἀπογνῶναι καὶ ὅτι ἐν ἑαυτῷ ἐστιν, ᾧ καὶ
δῆλον ὅτι καθ᾽αὑτὸ μὲν ἀποδοτέον τῷ ἑνί, πρὸς ἑαυτὸ δὲ οὐδέν,
10 ἵνα μὴ διπλασιάσαντες αὐτὸ λάθωμεν καὶ ποιήσαντες πεπονθὸς
τὸ ἕν, ἀλλ᾽οὐκ αὐτοέν. ⌊εἰ δὲ τῶν⌋ μετ᾽αὐτὸ μέτρον,
συντεταγμένον ἔσται τοῖς μετρουμένοις καὶ ἐν αὐτοῖς ὄν, ἑαυτὸ
κἀκεῖνα μετροῦν ὡς τὸν ἀριθμὸν ἡ μονὰς ἐν τῷ ἀριθμῷ οὖσα.
δεῖ δὲ ἐξῃρημένον αὐτὸ πάντων ὑπάρχειν καὶ μέρος οὐδενὸς ὄν,
15 ἵνα μὴ ἀτελέστερον ᾖ τῶν ἄλλων ὧν ἐστι μέρος· πᾶν γὰρ μέρος
ἀτελές. εἰ οὖν ὡς μέρος τῶν μετρουμένων εἴη μέτρον,
ἀτελέστερον ἔσται τῶν ἄλλων. οὐκ ἄρα ἐκείνων ἐστὶ μέτρον τὸ
ἕν, ἐπεὶ καὶ εἰ ἔστι μέρος ἄλλων, τὶ ἓν ἔσται καὶ οὐκ αὐτοέν· ἡ
γὰρ πρὸς τὰ ἄλλα μέρη διαφορότης τὶ ἓν αὐτὸ ποιήσει· καὶ γὰρ

1209.4 δέδεικται: cf. *Parm.* 140b7-c3   **7—11** cf. *Parm.* 138a6-b5

1208.31   προστεθέντος correximus ex **g** (*apposita*) (cf. infra, 1241.9) :
προστιθέντος ΑΣ   **1209.1** ὂν correximus ex **g** (*ens*) : ἓν ΑΣ   **2** προ-
στεθέντος scripsimus : προστιθέντος ΑΣ   **6** σχέσεως Strobel : σχι(..) M
legi nequit A² *scissure* **g** (σχίσει *Γ*?) | ἀνέμφατον M : ἀνέκφατον(...) Σ legi
nequit A² *utique signaculum* **g** (ἀν σφράγισμα *Γ*?) | ἑαυτὸ A**g** : ἑαυτοῦ Σ
10 λάθωμεν scripsimus : λάβωμεν ΑΣ**g**   **11** εἰ...τῶν addidimus ex **g** (*si
autem eorum que*) : spat. vac. ΑΣ   **12** ἑαυτὸ correximus ex **g** (*se ipsum*) :
ἑαυτῷ ΑΣ   **14** οὐδενὸς ὄν correximus ex **g** (*nullius ens*) : οὐδὲν ὅσον ΑΣ
18 ἐπεὶ καὶ correximus ex **g** (*quoniam et*) : ἐπέκεινα ΑΣ

ἐκείνων ἕκαστον μέρος ὂν ἕν τὶ ἔσται πάντως. εἰ οὖν μηδὲ ὅλον   20
ἐστὶ τὸ αὐτο<έν>, ἵνα μὴ πεπονθὸς ᾖ τὸ ἕν, ὡς ἐν Σοφιστῇ
δέδειχε, πολλῷ μᾶλλον μέρος οὐκ ἔστιν, ἵνα μὴ καὶ ἀτελὲς ᾖ
πρὸς τῷ πεπονθὸς εἶναι τὸ ἕν. ἐκ δὲ τούτου φανερὸν ὡς οὐκ ἔστι
τὸ αὐτοὲν τῶν εἰδῶν τὶ ἕν – πᾶν γὰρ εἶδος μέρος ἐστὶ τοῦ νοητοῦ
παντός –, ἀλλ'ἐξῄρηται καὶ τοῦ ὅλου νοητοῦ καὶ τῶν ἐν αὐτῷ   25
εἰδῶν μερῶν ὄντων. πῶς οὖν λέγεται μ έ τ ρ ο ν αὐτὸ τῶν ὅλων;
ἢ ὡς τὰ μέτρα πᾶσι χορηγοῦν· οὕτω γὰρ καὶ ἓν ἐπονομάζεται
ὡς τῆς ἑνώσεως καὶ τῆς συνοχῆς πᾶσιν αἴτιον, ἐπεὶ καθ'αὑτό
γε τούτων οὐδέν ἐστι. καὶ | πῶς γὰρ ἂν εἴη μέτρον, ἐπέκεινα   1210
παντὸς πέρατος ὂν καὶ ὅρου καὶ ἑνότητος; πᾶν ⌊γὰρ⌋ μέτρον
πέρας ἐστὶ τοῦ μετρουμένου καὶ ὅρος. ⌊καὶ⌋ ὅταν οὖν ὁ Πλάτων
ἐν Νόμοις μ έ τ ρ ο ν λ έ γ ῃ τ ὸ θ ε ῖ ο ν τ ῶ ν π ά ν τ ω ν, κ α ὶ
π ο λ ὺ μ ᾶ λ λ ο ν ἢ τ ὸ ν ἄ ν θ ρ ω π ο ν, ὥς πού τις τολμᾷ τῶν   5
πρὸ αὐτοῦ λέγειν, δεῖ νοεῖν ὅπως αὐτὸ εἶναί φησι μέτρον, εἰ περὶ
τοῦ πάντων ἐπέκεινα ποιοῖτο τὸν λόγον, καὶ ὅτι, ὡς ὁρίζον πᾶσι
τό τε εἶναι τοῖς οὖσι καὶ τὸ εὖ εἶναι, τῶν ἐν ἑκάστοις μέτρων
ὄντων προαίτιον. δηλοῖ γοῦν καὶ ὁ ἐν τῷ Φιλήβῳ Σωκράτης ἐν
τῇ ἀπαριθμήσει τῶν παντοίων ἀγαθῶν, ἐν τοῖς πρώτοις   10

1209.20 — 21 cf. *Soph.* 245a1-c4 (= *Soph.* 245b7-8)   26 cf. *Leg.* IV 716c4;
cf. supra, VI 1124.12-17   1210.4 — 5 = *Leg.* IV 716c4-6   5 τις: Protago-
ras, FVS 80A13 (cf. *Theaet.* 151e8-152a4)   9 — 15 cf. *Phil.* 66a4-8

1209.20 ἔσται correximus ex g (*erit*): ἐστι ΑΣ   21 αὐτοέν scripsimus:
αὐτό ΑΣg   23 τῷ Ag: τὸ Σ | ante πεπονθὸς add. καὶ Α   25 αὐτῷ Σg:
αὐτῶν Α   26 πῶς Cous²: ὡς ΑΣg   27 ὡς ΑΣg: πῶς Cous²   1210.2 γὰρ
addidimus ex g (*enim*): om. Σ add. δὲ Α^sl   3 μετρουμένου Ag: μέτρου
μόνου Σ | καὶ² addidimus ex g (*et*)   5 post τὸν spat. vac. Σ   6 ὅπως αὐτὸ
correximus ex g (*qualiter ipsum*): οἱ ὡς αὐτὸν Σ πῶς αὐτὸ Α   7 ὁρίζον
scripsimus: ὁρίζοντα ΑΣg   8 ἐν Ag: ἓν Σ (έν R)   10 παντοίων
scripsimus: τοίων ΑΣ (τοιούτων F^c) *qualium* g (ποίων Γ?)

μετεχομένοις ἀγαθοῖς καὶ οὔπω περατοειδέσι θέμενος
μέτρον, ὥσπερ καὶ τὸν καιρὸν καὶ τὸ μέτριον, καὶ
περὶ ταῦτα εἶναι τὸ πρῶτον εἰπὼν ἀγαθόν, ἀλλ' οὐ τὸ πάντων
ἐπέκεινα τῶν ὁπωσοῦν ἢ μικτῶν ἢ περατοειδῶν ἢ τῆς ἀπείρου
15   φύσεως εἶναι λεγομένων. ὥστ' εἰ λέγειν τολμῴη τις ἐκεῖνο
μέτρον, ὡς πάντων ὂν ἐφετὸν αὐτὸ θήσεται μέτρον, ἀλλ' οὐχ ὡς
ὁμοταγὲς τοῖς ὑπ' αὐτοῦ μετρουμένοις. τοιοῦτον δὲ ὂν οὐδ'
ἄνισον οἷς ἐστιν ἀσύντακτον.

Οὔτε ἄρα ἑνὸς μέτρου μετέχον ⌊**οὔτε πολλῶν**⌋
20   **οὔτε ὀλίγων, οὔτε τὸ παράπαν τοῦ αὐτοῦ μετέ-**
χον, οὔτε ἑαυτῷ ποτε, ὡς ἔοικεν, ἔσται ἴσον
οὔτε ἄλλῳ· οὔτε ⌊**αὖ**⌋ **μεῖζον οὔτε ἔλαττον οὔτε**
ἑαυτοῦ οὔτε ἑτέρου. — Παντάπασι μὲν οὖν
οὔτως. [Parm. 140d4-8]

25   Παρατηρητέον ὅπως ἐν τῷ συμπεράσματι κατὰ τάξιν ἀπὸ
τῶν προσεχῶς δεδειγμένων ἀνατρέχει διὰ τῶν μέσων ἐπὶ τὴν
ἀρχὴν τῶν προβλημάτων. οὔτε γάρ, φησίν, ἑνὸς μέτρου
μετέχον ἐστὶ τὸ ἕν – τοῦτο δὲ ἦν τὸ ἔσχατον τῶν δεδειγ-
μένων –, οὔτε πολλῶν οὔτε ὀλίγων – ταῦτα δὲ ἦν ἅπερ

1210.28 ἦν: cf. Parm. 140d2-4   29 ἦν: cf. Parm. 140c8-d2

1210.11 οὔπω ΑΣ : sic g   12 μέτριον scripsimus cum Platone : μέτρον
ΑΣg   17—18 τοιοῦτον…ἀσύντακτον om. A   17 οὐδ' Cous² : οὔτ' Σ
19 Οὔτε ἄρα ARg Plat. codd. : οὔτερα (sic) FGP | οὔτε πολλῶν addidimus
ex Ag Plat. codd. : om. Σ   20 ὀλίγων Ag Plat. codd. : ὀλίγον Σ | οὔτε²
Ag Plat. codd. : ὥστε Σ   21 ἔσται Ag Plat. codd. : ἔστω Σ   22 οὔτε αὖ A
Plat. BCD neque rursum g : οὔτε Σ οὐδὲ αὖ Plat. TW | οὔτε³ Σ : οὐδὲ A
Plat. codd. | οὔτε⁴ ΑΣ Plat. codd. : om. g

232

ἐν τοῖς μέσοις ἐδείκνυμεν –, οὔτε τὸ παράπαν τοῦ   30
αὐτοῦ μετέχον – τοῦτο δὲ ἦν ὃ πρώ|τιστον εἴρηται· δείκνυσι   1211
δ' ὅμως ὡς οὐδαμῶς ἐστιν ἴσον τὸ ἕν, ἔπειτα λοιπὸν αὐτὸ τὸ
πρόβλημα, τὸ μήτε ἴσον εἶναι μήτε ἄνισον αὐτό. διεῖλε δὲ τὸ
ἄνισον ἐν τῷ συμπεράσματι, μεῖζον καὶ ἔλαττον εἰπών,
ἅπερ ὠνόμαζεν ἐν τῇ προτάσει κοινῶς διὰ τοῦ ἀνίσου παρα-   5
λαμβάνων ἀμφότερα, δεικνὺς ἡμῖν καὶ διὰ ταύτης τῆς τάξεως
ὅτι ἄρα καὶ τὸ τῶν ἐγκοσμίων θεῶν γένος, οἷς προσήκει τὸ ἴσον
τοῦτο καὶ ἄνισον, ἄνω μὲν καὶ κατὰ τὰς ἄκρας αὐτῶν ἡνωμένον
ἐστί, κάτω δὲ καὶ κατὰ τὸ προϊὸν διῄρηται, καὶ μέχρι τῶν
μερικωτάτων προϊὸν ἀπὸ τῶν αὐτῶν μέτρων ἐπὶ τὰ πολλὰ καὶ   10
τὰ ὀλίγα καὶ τὸ ἓν †οῦ δεῖ καὶ μὴ† μέτρων ἰσότητι κρατούμενον
ἀνακάμπτει καὶ συνελίττεται πάλιν ἐπὶ τὴν ἀρχήν· ἡ γὰρ
ἀνισότης πᾶσα αὐτῶν κρατεῖται πανταχόθεν ὑπὸ τῆς ἰσότητος·
δέδεικται ἄρα τὸ ἓν ἐπέκεινα τῶν ἐγκοσμίων ἁπάντων θεῶν,
εἴπερ τούτων ἴδιον τὸ ἴσον καὶ ἄνισον.   15

Ὅπως μὲν οὖν τῇ τούτων τάξει προσήκειν φαμὲν τὴν
ἀντίθεσιν ταύτην, ἐν τοῖς ἐφεξῆς γνωσόμεθα τοῖς τοῦ Πλάτω-
νος ῥήμασιν ἐφεπόμενοι. λάβωμεν δὲ νῦν ἐκ τῶν προρρηθέντων
τοσοῦτον ὡς ἄρα τὸ ἓν οὐ δεῖ λέγειν οὔτε κατὰ τὴν ἕνωσιν, οὔτε
κατὰ τὴν ἀμέρειαν, οὔτε κατὰ τὸν τῆς αἰτίας λόγον τῶν μετὰ τὸ   20

1210.31 ἦν: cf. *Parm.* 140c4-8   **1211.5 — 6** cf. *Parm.* 140b6-7   **17** cf.
Parm. 149d7-151e2

1211.2 ὡς om. Σ   **9** προϊὸν A *processum* g : προσιὸν Σ   **11** οὐ...μὴ ΑΣ :
quo oportet et non g locus nondum sanatus; an οὐδαμῇ scribendum ?
μέτρων correximus ex g (*mensurarum*) : μέτρον ΑΣ   **12** ἀνακάμπτει
Westerink : ἀνακαλύπτει ΑΣg | συνελίττεται ΑΣ : *conuoluit* g (συνε-
λίττει Γ?) | πάλιν ΑΣ : *omnia* g (πάντα Γ?)   **18** ἐφεπόμενοι Σg : ἑπό-
μενοι A   **19** τοσοῦτον Ag : τοσούτων Σ (τοσοῦτων [sic] FG)

ἕν, οὔτε μεῖζον οὔτε ἔλαττον, οὔτε ἴσον· ἐν οἷς γάρ ἐστι σύγ-
κρισις, ταῦτα μόνοις ἔχει χώραν. ἔστι δὲ παραβολὴ καὶ τοιάδε
σύγκρισις ἐν οἷς ταὐτόν τί ἐστιν, ἐπίτασιν καὶ ἄνεσιν δεδεγ-
μένον. ὅπου δὲ μηδέν ἐστι ταὐτόν, πῶς ἄν τι τῶν κατὰ σύγ-
κρισιν ἢ παράθεσιν ὀνομάτων λέγειν εἴη δυνατόν; οὐδ᾽ ἄρα τὰς
ὑπερθέσεις ἐπ᾽ ἐκεῖνο τῶν ἄλλων ἀνοιστέον πᾶσιν, ἃς εἰώθασί
τινες αὐτῷ προσφέρειν, ἐθέλοντές τι πλέον τῶν ἀποφάσεων περὶ
αὐτοῦ διδάσκειν, στασιμώτατον αὐτὸ καὶ ἐνεργητικώτατον
ὑμνοῦντες· καὶ γὰρ τῶν τοιούτων ὑπερθέσεων ἐκεῖνο κρεῖττόν
ἐστι, πάντων ἄδεκτον ὂν ἐκείνων ἀφ᾽ ὧν αἱ ὑπερθέσεις | τοιαῦ-
ται {δὲ} πάντως ἐλήφθησαν· τὸ γὰρ μηδ᾽ ὅλως λευκὸν οὐκ ἄν τις
εἴποι λευκότατον, καὶ τὸ μηδ᾽ ὅλως μέλαν μελανώτατον·
δεύτεραι γάρ εἰσιν αἱ ὑπερθέσεις τῶν ἁπλῶν μεθέξεων.

**Τί δέ; πρεσβύτερον ἢ νεώτερον ἢ τὴν αὐτὴν
ἡλικίαν ἔχειν τὸ ἓν δοκεῖ τῳ δυνατὸν εἶναι; –
Τί δὴ γὰρ οὔ;** [Parm. 140e1-2]

Μέχρι τῶν ἐγκοσμίων θεῶν προῆλθεν ὁ λόγος, ἀφαιρῶν ἀεὶ
τὰ ἐφεξῆς ἀπὸ τοῦ ἑνὸς διὰ τῶν μέσων γενῶν, μᾶλλον δέ, ἵνα
σαφέστερον εἴπω, παράγων ἀεὶ τὰ δεύτερα διὰ τῶν τῷ ἑνὶ
προσεχῶν ἀπὸ τῆς ἐξῃρημένης τῶν ὅλων αἰτίας. μέλλει δὲ ἄρα

1211.27 τινες: cf. supra, 1172.5-16

1211.23—24 δεδεγμένον AFPg (cf. supra, 1193.18-19): δεδειγμένον GR
1 πάντων ἄδεκτον Cous²: πᾶν σῶμα δεκτὸν Σ πᾶν σῶμα δεκτικὸν A
omne corpus susceptibile g | ἐκείνων A: ἐκεῖνο Σg | ὑπερθέσεις Ag:
ὑποθέσεις Σ **1212.1—2** τοιαῦται correximus ex g (*tales*): αἴτιοι ΑΣ
αἴτιον Cous² **2** δὲ delevimus ex g **4** δεύτεραι Ag: δεύτερα Σ | εἰσιν om.
A

λοιπὸν τὴν θείαν οὐσίαν αὐτὴν τὴν πρώτως μετέχουσαν τῶν
θεῶν καὶ ὑποδεξαμένην τὴν εἰς τὸν κόσμον πρόοδον αὐτῶν
χωρίζειν τοῦ ἑνός, μᾶλλον δὲ καὶ ταύτην παράγειν ἐκ τῆς
ἀρρήτου τῶν ὄντων ἁπάντων, ἵν᾽ οὕτως εἴπω, πηγῆς, δι᾽ ἣν   15
πάντα τὰ θεῖα μετέχει τῆς ἰδιότητος ταύτης, τά τε πρώτως θεῖα
καὶ τὰ ἀπὸ τούτων ἐκθεούμενα· καθάπερ γὰρ ἀπὸ τῆς μονάδος
τῶν ὄντων ὑφίσταται πᾶν τὸ ὁπωσοῦν ὄν, τό τε ὄντως ὂν καὶ τὸ
ὁμοιούμενον πρὸς ἐκεῖνο καὶ καθ᾽ ἑαυτὸ μὲν οὐκ ὄν, διὰ δὲ τὴν
πρὸς τὸ ὄντως ὂν κοινωνίαν ἀμυδρὰν ἔμφασιν τοῦ εἶναι παρα-   20
δεξάμενον, κατὰ τὰ αὐτὰ δὴ καὶ ἐκ τῆς μιᾶς ἑνάδος πάσης
θεότητος, ἧς ἴδιον, εἰ θέμις εἰπεῖν, τὸ θεοῦν πάντα κατά τινα
ὑπεροχὴν ἐξῃρημένην καὶ ἄφραστον, ὑπέστη πᾶς τε θεῖος
ἀριθμός, καθ᾽ ὅν ἐστι τὸ εἶναι, μᾶλλον δὲ προεῖναι τοῖς θεοῖς, καὶ
πᾶσα ἡ ἐκθεουμένη τάξις τῶν ὄντων.   25

Σκοπὸς μὲν οὖν καὶ ταύτης, ὥσπερ εἴπομεν, τῆς οὐσίας
ἐξῃρημένον ἀποφῆναι τὸ ἕν. καί μοι προσέχειν ἀξιῶ τὸν νοῦν
ἐκείνους οἳ ψυχὴν ἢ ἄλλο τι τοιοῦτον εἰρήκασι τὸ πρῶτον, ὅπως
αὐτῶν περιαιρεῖ τὴν ὑπόθεσιν ὁ Παρμενίδης δεικνὺς ὅτι τὸ ἓν
ἄδεκτον χρόνου· τὸ γὰρ ἄδεκτον χρόνου ψυχὴν ἀδύνατον εἶναι·   30
πᾶσα γοῦν μετέχει χρόνου καὶ χρῆται περιόδοις ὑπὸ χρόνου
μετρουμέναις. τοῦ μὲν | δὴ νοῦ κρεῖττον καὶ ἐπέκεινα τὸ ἕν, διότι   1213
νοῦς πᾶς κινεῖται καὶ ἕστηκε, τὸ δὲ ἓν δέδεικται μήτε κινούμε-
νον μήτε ἑστώς· τῆς δὲ ψυχῆς, διότι πᾶσα ψυχὴ μετέχει χρόνου,

---

1212.26 ὥσπερ εἴπομεν: cf. supra, 1212.11-17   28 ἐκείνους: sc. Anax.,
cf. infra, 1214.8-11   1213.2 δέδεικται: cf. *Parm.* 138b8-139b4

1212.12—14 πρώτως...χωρίζειν om. AR   29 αὐτῶν ΑΣ : *ipsum* g
περιαιρεῖ Α : περιαιρῇ Σ spat. vac. g περι ἁ Αᵍ   31 γοῦν Σ : γὰρ Α | ante
μετέχει add. ψυχὴ Cous²

τὸ δὲ ἓν δειχθήσεται χρόνου μὴ μετέχον. ἀλλὰ μὴν καὶ νοῦς
5 ψυχῆς ἕτερος διὰ τὰ αὐτά, χρονικῆς ἐνεργείας καθαρεύων, ὥστε
διὰ τούτων τὰς τρεῖς ἀρχικὰς ὑποστάσεις ἔχοιμεν ἂν γνωρί-
μους γεγενημένας. ὅτι δὲ τὸ ἓν χρόνου παντελῶς ἐστιν ἀμέτο-
χον, δείκνυσιν ἀποδείξας πρότερον μήτε νεώτερον αὐτὸ μήτε
πρεσβύτερον μήτε ἰσήλικον ἑαυτοῦ μήτε ἑτέρου τινός· τὸ γὰρ
10 χρόνου μετέχον πᾶν τούτων ἀνάγκη μετέχειν. ὥστε ἂν τούτων
δειχθῇ καθαρεῦον τὸ ἕν, ἃ δὴ συμπτώματά ἐστι τῶν χρόνου
μετεχόντων πάντων, δεδειγμένον ἔσται μηδὲ χρόνου μετέχον.
τοῦτο δὴ τὸ δοκοῦν ἄπιστον εἶναι πολλοῖς, καὶ μάλιστα τοῖς πρὸ
αὐτοῦ φυσιολόγοις, οἳ πάντα περιέχεσθαι ᾤοντο ὑπὸ
15 τοῦ χρόνου, καὶ εἴ τι ἀΐδιόν ἐστι, τὸν ἄπειρον εἶναι χρόνον,
μηδὲν δὲ ἀκαταμέτρητον ὑπὸ τοῦ χρόνου τῶν πάντων εἶναι· καὶ
γὰρ ὥσπερ ἐν τόπῳ πάντα ᾤοντο εἶναι, σώματα οἰόμενοι πάντα
ὑπάρχειν, ἀσώματον δὲ μηδέν, οὕτω καὶ ἐν χρόνῳ πάντα εἶναι,
κινούμενα ὄντα, ἀκίνητον δὲ μηδέν· συνεισῆγε γὰρ τὸν μὲν
20 τόπον ἡ τῶν σωμάτων ἔννοια, τὸν δὲ χρόνον ἡ κίνησις· ὡς οὖν
δέδεικται τὸ ἓν οὐκ ὂν ἐν τόπῳ, διότι μηδ'ὅλως ἐν ἄλλῳ, καὶ
διὰ τοῦτο ἀσώματον, οὕτω δείκνυται μηδὲ ἐν χρόνῳ διὰ τούτων
1214 τῶν ἐφόδων, καὶ διὰ τοῦτο μηδὲ ψυχὴ | μηδὲ ἄλλο τι τῶν
χρόνου δεομένων καὶ χρόνου μετεχόντων ἢ κατὰ τὴν οὐσίαν ἢ

1213.4 δειχθήσεται: cf. *Parm.* 140e1-141e7   **6** = Plot., *Enn.* V 1 [10]
13—15 Presocratici (cf. Ar., *Phys.* IV 12, 221a7-30; Simpl., *In Phys.* IV 12,
738.6-740.12); cf. infra, 1233.3-5   **14—15** = Ar., *Phys.* IV 12, 221a28   **21**
δέδεικται: cf. *Parm.* 138a2-b7

1213.4 νοῦς A : νοῦ Σ   **9** ἑαυτοῦ...τινός ΑΣ : an ἑαυτῷ μήτε ἑτέρῳ τινί
ex g (*sibi ipsi neque alteri alicui*) corrigendum? (cf. *Parm.* 141a4)
12 δεδειγμένον AF : δεδειγμένων GPR *autem ostensis* g   **20** σωμάτων
Mᶜ *corporum* g : ἀσωμάτων ΑΣ

κατὰ τὴν ἐνέργειαν, ὥστε διὰ τούτων εἶναι δεδειγμένον πάντων
ὅτι οὔτε σῶμα τὸ ἕν, οὔτε ψυχή, οὔτε νοῦς, τὸ μέν, διότι μή
ἐστιν ἐν ἄλλῳ, τὸ δέ, διότι μὴ μετέχει χρόνου, τὸ δέ, διότι μὴ   5
κινεῖται καὶ ἔστηκε. ταῦτα δὴ τὰ τοῖς πολλοῖς τῶν ἐξηγητῶν
εἰωθότα φιλοσοφεῖσθαι περὶ τοῦ ἑνός, ὃ δὴ πρῶτον θέμενοί
φασιν οὔτε σῶμα εἶναι, ⌊ὡς⌋ ἔλεγον οἱ ἀπὸ τῆς Στοᾶς, οὔτε
ψυχὴν ἀσώματον, ὡς Ἀναξαγόρας ἔλεγεν, οὔτε νοῦν ἀκίνητον,
ὡς Ἀριστοτέλης ὕστερον, ⌊ἐν⌋ οἷς καὶ διαφέρειν τὴν τοῦ Πλά-   10
τωνος φιλοσοφίαν τῶν ἄλλων ἐπ' αὐτὸ τὸ ὑπὲρ νοῦν αἴτιον
ἀναδραμοῦσαν.

Τοιαύτης δ' οὖν τῆς προθέσεως οὔσης, ἤδη τὴν ἐπὶ τὸ
πεπληθυσμένον τοῦ λόγου πρόοδον ἡμῖν ἐνδεικνύμενος οὐκ
ἠνέσχετο μεῖναι κατὰ τὸν αὐτὸν τρόπον τοῖς εἰρημένοις ἐπὶ τῆς   15
δυάδος, ἀλλὰ τριαδικῶς τὰ ἴδια τῆς τάξεως ταύτης ἀπηριθμή-
σατο, τὸ πρεσβύτερον, τὸ νεώτερον, τὸ τὴν αὐτὴν
ἡλικίαν ἔχον, καίτοι γε δυνατὸν κἀνταῦθα δυαδικῶς εἰπεῖν,
⌊τὸ⌋ ἰσήλικόν τε καὶ ἀνισήλικον, ὥσπερ ἐκεῖ τό τε ἴσον
καὶ ἄνισον. ἀλλ' ἐκεῖ μὲν προτέραν τὴν δυάδα θείς, οὕτως   20
ἀπὸ τῆς τοῦ ἀνίσου διαιρέσεως εἰς τὴν τριάδα κατήντησεν,
ἐνταῦθα δὲ ἀπὸ τῆς τριάδος αὐτῆς πεποίηται τὴν ἀρχήν· ἐκεῖ
μὲν γὰρ προηγεῖτο τοῦ πλήθους ἡ ἕνωσις καὶ τὸ ὅλον τῶν
μερῶν, ἐπὶ δὲ ταύτης τῆς τάξεως τῶν ὄντων καὶ τὸ πλῆθος

1214.7—8 sc. Stoici, cf. *Theol. plat.* I 3, p. 12.13-17   **9** cf. Anax., FVS
59B13; cf. Ar., *De An.* I 2, 404b1-6; *Phys.* IX 5, 266b24-27 (cf. *Theol. plat.* I
3, p. 13.18-20; Dam., *In Parm.* I, p. 15.1-5)   **10** cf. Ar., *Met.* XII 7-9,
1072a19-1075a10   **19—20** cf. *Parm.* 140b6-d8

1214.3 δεδειγμένον Aɡ : δεδειγμένων Σ   **8** ὡς add. Mᵇ ˢˡ *ut* g   **10** ἐν
addidimus ex **g** (*in*)   **19** τὸ addidimus ex **g** (*scilicet quod*)

1215 ἐκφανέστατόν | ἐστι καὶ ἡ εἰς τὰ μέρη διαίρεσις, ὥς φησιν ὁ
Τίμαιος, ἣν καὶ ἐν τούτοις ὁ Παρμενίδης ἀπομιμούμενος ἄρχε-
ται μὲν ἀπὸ τριάδος, πρόεισι δὲ ἄχρι τῆς ἑξάδος· καὶ γὰρ τὸ
πρεσβύτερον καὶ τὸ νεώτερον καὶ τὸ τὴν αὐτὴν
5 ἡλικίαν ἔχον διπλασιάζεται τῷ ⌊πρὸς⌋ ἑαυτὸ καὶ τῷ πρὸς
ἄλλο τεμνόμενον. ὅπως δὲ καὶ ἡ τριὰς οἰκεία τῇ τάξει ταύτῃ
καὶ ἡ ἑξάς, οὐκ ἄδηλον· τό τε γὰρ τριφυὲς αὐτῆς ἐξ οὐσίας
καὶ ταὐτοῦ καὶ θατέρου γεγονός, καὶ τὸ τριδύναμον ἔκ
τε τοῦ ἡνιόχου καὶ τῶν ἵππων συμπεπληρωμένον
10 δηλοῖ τὴν πρὸς τὴν τριάδα συγγένειαν αὐτῆς, καὶ τὸ τὴν οὐσίαν
ἔχειν ἀρτιοπέριττον ἐξ ἀμφοῖν συμπεπλεγμένην δείκνυσι τὴν
πρὸς τὴν ἑξάδα κατὰ φύσιν αὐτῆς οἰκειότητα.

Ταῦτα μὲν οὖν ῥᾴδια καταμαθεῖν. ἴσως δὲ ἐκεῖνο προσήκει
ζητῆσαι πρώτιστον ἐν τούτοις τίς ποτε ἄρα ὁ χρόνος οὗτός ἐστιν
15 οὗ φησι ταύτην μετέχειν τὴν τάξιν τῶν ὄντων, ἧς ἐξαιρεῖ νῦν τὸ
πρῶτον· οὐ γάρ τι μικρόν ἐστιν, ἀλλ᾽ ὡς λέγεται, χαλεπὸν τὴν
ἰδιότητα αὐτοῦ καὶ τὴν φύσιν ἐνδείξασθαι. δηλοῦσι δὲ αἱ τῶν
πρὸ ἡμῶν ἐξηγήσεις καὶ αἱ πρὸς ἀλλήλους αὐτῶν διαμάχαι·
τοῖς μὲν γὰρ πλείστοις τῶν ταῦτα μεμεριμνηκότων ἤρεσε
20 τόνδε τὸν ἐμφανῆ καὶ συνεγνωσμένον χρόνον παραλαμβάνεσθαι
νῦν ὑπὸ τοῦ Πλάτωνος σαφῶς λέγοντος τὸ γίγνεσθαι

1215.1–2 cf. Tim. 37e3-38b5   2 ἐν τούτοις: cf. Parm. 140e1-2   7–8
cf. Tim. 35a1-37e5   8–9 cf. Phdr. 246a6-b4   16 cf. Ar., Phys. IV 10,
218a31-33   21–22 = Parm. 141a7, b4, b7, c4, cf. Tim. 38a4

1215.5 πρὸς ἑαυτὸ correximus ex g (ad se ipsum): ἑαυτῷ ΑΣ   6 ἄλλο
ΑFg: ἄλλῳ Σ   15 ἐξαιρεῖ...τὸ correximus ex g (exaltat nunc le): ἐξαιρεῖν
αὐτὸ Σ ἐξαιρεῖ αὐτὸ Α (post αὐτο add. τὸ Msl)   19 ἤρεσε Α: ἦρες Σ (ἧς
ἐς P) ad g (πρὸς Γ?), an ἤρεσκε scribendum ?

προσήκειν τοῖς χρόνου μετειληχόσιν. οὓς ἐρωτητέον ποῖον
ἔτι σεμνὸν ἢ θαυμαστὸν τὸ τούτου τοῦ χρόνου κρεῖττον ἀποδεί-
κνυσθαι τὸ ἕν, οὗ καὶ αἱ ψυχαὶ κρείττους εἰσί, τοῦ τὰς κινήσεις
τῶν αἰσθητῶν χρόνου μετροῦντος, αὐταὶ πρὸ σωμάτων οὖσαι. 25
πῶς δὲ ἔτι κατὰ τὴν δευτέραν ὑπόθεσιν ὁ χρόνος οὗτος καταφά-
σκεται τοῦ ὄντως ὄντος, ὡς αὐτοί φασι, καὶ τῆς νοερᾶς οὐσίας
τῆς οὐ προσιεμένης τὸν τοιοῦτον χρόνον; ἅμα γὰρ ἐκείνην τε
λέγειν περὶ τοῦ ὄντος εἶναι καὶ χρό|νον τὸν συνεγνωσμένον   1216
<ἀδύνατον>· χρόνου γὰρ μέρη τὸ ἦν καὶ τὸ ἔσται,
ταῦτα δὲ οὐδὲν προσήκει τοῖς ὄντως οὖσι κατ᾽αὐτὸν τὸν Τί-
μαιον. τοῖς δὲ εἰς ταύτην ἀποβλέψασι τὴν δυσκολίαν καὶ κατὰ
τὴν δευτέραν ὑπόθεσιν ἀκούουσιν ὅτι χρόνου μετέχει τὸ   5
ἕν, ἐπ᾽αὐτὸν τὸν πολυύμνητον αἰῶνα μεταφέρειν ἤρεσκε τὸν
χρόνον, ἵνα δὴ τῷ Πλάτωνι τά τε ἄλλα κατ᾽ἐπίκρυψιν εἰρῆσθαι
δοκῇ καὶ ἀπορρήτως ὁ αἰὼν δηλοῦσθαι διὰ τοῦδε τοῦ χρόνου.
πρὸς οὓς <οὐ> χαλεπὸν ἀπαντᾶν ἀντιπαρατείνοντας τὴν τοῦ
Πλάτωνος λέξιν, πᾶν τὸ χρόνου μετέχον γίγνεσθαι καὶ   10
γεγονέναι λέγουσαν, ὧν μηδέτερον εἰς τὸ ὄντως ὂν καὶ τὰ
αἰώνια τῶν πραγμάτων μετάγειν ὁ Τίμαιος παρεκελεύσατο.

1215.24—25 cf. Ar., *Phys.* IV 12, 221b7   26   cf. *Parm.* 151e3-153b7
1216 .2 = *Tim.* 37e3-5   5—6 = *Parm.* 151e3 (cf. *Parm.* 151e3-153b7)
10—11 cf. *Parm.* 141b3-8, 141c2-7, 141d6-7, 141e5   11—12 cf. *Tim.*
38a3-5

1215.22 προσήκειν scripsimus : προσήκει ΑΣg   25 χρόνου : an delen-
dum ? | αὐταὶ Cous² : αὗται ΑΣg   29 ὄντος : an ὄντως ὄντος scriben-
dum ?   1216 .2 ἀδύνατον addidimus   6 ἤρεσκε ΑΣ : ἤρεσε Cous
8 δοκῇ Ag : δοκεῖ Σ | ἀπορρήτως ΑΣ : remote g | δηλοῦσθαι Σ : δηλοῦται
Α om. g δηλῶται Cous²   9 οὐ add. Mᵇ   11 ὧν correximus ex g (quorum) :
ὃ ΑΣ

τοῖς δὲ καὶ διαιρεῖν ἔδοξε καὶ τὸν μὲν πρῶτον θεὸν καιρὸν
ἀποκαλεῖν, τὸν δὲ δεύτερον α ἰ ῶ ν α, περὶ δὲ τὸν τρίτον ἐνταῦθα
15   καταλείπειν τ ὸ ν χ ρ ό ν ο ν, ἵνα δὴ χρόνου καὶ αἰῶνος ἐπέκεινα
φυλάττηται τὸ ἕν· οἷς συμβαίνει πολλά τε ἄλλα δυσχερῆ καὶ
ὅσα τοῖς πρὸ αὐτῶν ἐξ ἀνάγκης· οὐδὲ γὰρ ἡ προσθήκη τοῦ
καιρὸν εἶναι τὸ ἓν ἀφέλοιτο ἂν αὐτοὺς τῆς περὶ τὸν χρόνον
τοῦτον ἀγνοίας, πρὸς τῷ καὶ τὸν Πλάτωνα τ ὸ ν κ α ι ρ ὸ ν κ α ὶ
20   τ ὸ μ έ τ ρ ι ο ν κ α ὶ τ ὸ μ έ τ ρ ο ν, ὡς ἐν Φιλήβῳ μεμαθή-
καμεν, οὐχὶ περὶ τὸ πρῶτον ἀπολιπεῖν, ἀλλὰ περὶ τὸ τῶν μετε-
χόντων ἐκείνου πρώτιστον, εἰ καὶ τοῖς Πυθαγορείοις ἐδόκει τὸ
πάντων πρῶτον κ α ι ρ ὸ ν ἀποκαλεῖν δι’ ἥντινά ποτε αἰτίαν· καὶ
γὰρ εἰ τοῦτό τις προσοῖτο, συγκλώθειν ἀμήχανον τὸν χρόνον
25   καὶ τὸν καιρὸν ἄλλως τε καὶ κατὰ τοὺς μέσον τὸν αἰῶνα τιθε-
μένους ἀμφοτέρων καὶ λέγειν μ ὴ μ ε τ έ χ ε ι ν χ ρ ό ν ο υ τ ὸ
ἕ ν, διότι και<ρός> ἐστι· μᾶλλον γὰρ ἦν τοῦτο περὶ τοῦ αἰωνίου
λέγειν ἀληθὲς καὶ περὶ τοῦ αἰῶνος, περὶ δὲ τοῦ ἑνὸς ὅτι οὐκ αἰὼν
οὐδὲ αἰώνιον. τοῖς δὲ οὔτε τὸν αἰῶνα λέγουσιν οὔτε ἐπὶ τοῦτον
1217   φερομένοις τὸν συνεγνωσμένον χρό|νον, ἀλλά τινα μεταξὺ φύσιν
ἀναζητήσασιν, ἔδοξε τὸ τῆς τάξεως τῆς νοερᾶς αἴτιον, ὅ τι ποτέ
ἐστι, τὸν χρόνον εἶναι τὸν ἐνταῦθα παραδεδομένον, καὶ τὸ μὲν

1216 .13   cf. infra, 1224.31-1225.4   **20**   cf. *Phil.* 66a4-8   **22—23**   cf.
infra, 1224.31-1225.4; cf. *In Alc.* 121, p. 100.22-24   **26—27** = *Parm.* 141e3
29   sc. Iamblichus, cf. *In Tim.* fr. 63 Dillon; Simpl., *In Phys.* I, 792.20 ss

---

1216 .16   πολλά τε correximus ex g (*multaque*): πολλὰ τὰ Σ πολλ’ ἄττα
A   **17**   τοῦ correximus ex g (*huius scilicet*): τὸν Σ τὸ A   **19**   τὸν¹ om. Σ
20   μέτριον...τὸ² om. Ag   **21**   τὸ² ΑΣ: *illud* g   **22**   πρώτιστον A : πρωτί-
στων Σ (πρωτίσται [sic] R) g   **27**   καιρός scripsimus : καὶ ΑΣg   **28**   αἰὼν
ΑΣ : *ens* g (ὢν Γ?)   **29**   λέγουσιν scripsimus : λέγειν ΑΣg | τοῦτον A :
τούτων Σg

πρεσβύτερον τὴν κατ'οὐσίαν ὑπεροχὴν δηλοῦν, τὸ δὲ νεώτερον
τὴν ὕφεσιν, τὸ δὲ ἐπὶ τῆς ὁμοίας ἱδρυμένον συστοιχίας σημαί-
νεσθαι διὰ τοῦ τὴν αὐτὴν ἡλικίαν ἔχοντος. ἀλλ'οὐδὲ οὗτοι
διασαφοῦσι τί τὸ τῆς τάξεως ταύτης αἴτιον, οὐδὲ πῶς ὁ Πλά-
των τῷ γίγνεσθαι χρῆται καὶ τῷ γεγονέναι περὶ πραγ-
μάτων γενέσεως μὲν πάσης καθαρευόντων, τάξει δὲ μόνῃ
διαφερόντων τοὺς λόγους ποιούμενος.

Μήποτε οὖν ἄμεινον κἀνταῦθα τῆς τοῦ καθηγεμόνος ἡμῶν
μεμνῆσθαι παραδόσεως, ὅτι δὴ περὶ τῶν θείων ψυχῶν ὁ λόγος·
αὗται γὰρ ἐκθεοῦνται τῷ μετέχειν ἀεὶ τῶν θεῶν· ταύταις δὲ
προσήκει χρόνος ὁ πρώτιστος, οὐχ ὁ προελθὼν εἰς τὸ ἐμφανές,
ἀλλ'ὁ ἀπόλυτος καὶ ἄσχετος, καθ'ὃν αἱ περίοδοι πᾶσαι με-
τροῦνται τῶν ψυχῶν καὶ περὶ τὸ νοητὸν χορεῖαι <καὶ> ἀνακυ-
κλήσεις· ἄνωθεν γὰρ ἄρχεται μιμούμενος τὸν αἰῶνα
τὸν πάντων περιεκτικὸν καὶ συνέχει πᾶσαν κίνησιν, εἴτε ψυ-
χικὴν εἴτε ζωτικὴν εἴτε ὁπωσοῦν ὑφίστασθαι λεγομένην, καὶ
ἀνελίττει καὶ τελειοῖ, καὶ ἔστι νοῦς μὲν αὐτὸς κατ'οὐσίαν,
χορείας δὲ ταῖς θείαις ψυχαῖς καὶ τῆς περὶ τὸ νοητὸν ἀπείρου
κινήσεως αἴτιος· διὸ καὶ ἐν ταύταις ἐστὶ τὸ πρεσβύτερον <καὶ
νεώτερον> καὶ τὴν αὐτὴν ἡλικίαν ἄγον· καὶ ταῦτα πάντα διχῶς·
τό τε γὰρ πρεσβύτερον ἐν αὐταῖς πρὸς μὲν ἑαυτάς,
καθ'ὅσον ταῖς κρείττοσιν ἑαυτῶν δυνάμεσι μᾶλλον ἀπολαύουσι

1217.8 cf. *Parm.* 141b3-8, 141c2-7, 141d6-7, 141e5 **11** sc. Syriani **17**
= *Tim.* 38a7

1217.5 — 6 σημαίνεσθαι correximus ex g (*significari*) : ἢ μένεσθαι Σ (ἢ
μαίνεσθαι R) om. A **7** πῶς coni. Chaignet : πω ΑΣg **16** χορεῖαι ΑΣ :
choreales g | καὶ² add. A **18** πάντων Ag : πάντως οὐ Σ **22** διὸ cor-
reximus ex g (*propter quod*). δι'ὃ Μᵘ δι'ὧν ΑΣ **22—23** καὶ νεώτερον
addidimus

τῆς ἀπειρίας τοῦ χρόνου καὶ πλέον αὐτοῦ μετέχουσιν – οὐ γὰρ
τῆς ὁμοίας πληροῦνται τελειότητος ἀπὸ τῶν θειοτέρων κατὰ
πάσας ἑαυτῶν τὰς δυνάμεις, ἀλλὰ ταῖς μὲν πλέον, ταῖς δὲ
ἔλαττον· τὸ δὲ πλείονος χρόνου μετέχον πρεσβύτερόν φαμεν –,
πρὸς δὲ τὰ ἄλλα, καθ᾽ ὅσον αἱ μὲν αὐτῶν τὴν ὅλην ὑποδέχονται |
τοῦ χρόνου μέτρησιν καὶ τὴν πᾶσαν ἔκτασιν τὴν εἰς τὰς ψυχὰς
προϊοῦσαν, αἱ δὲ μερικωτέραις μετροῦνται περιόδοις· πρε-
σβύτεραι οὖν, ὧν ἡ περίοδος ὁλικωτέρα καὶ ἐπὶ χρόνον πλείω
ἐκτεινομένη. καὶ δὴ καὶ τὸ νεώτερον, ⌊τὸ μὲν ὡς πρὸς ἑαυτὸ
τοιοῦτόν ἐστιν οἷον τὸ ταῖς ὑφειμέναις δυνάμεσιν ἔλαττον
χρόνου μετέχον – ἑαυτοῦ γὰρ τὸ τοιοῦτον νεώτερον⌋, ἄνω μὲν
οἷον πολιούμενον τῷ συνεκτείνειν ἑαυτὸ πρὸς τὴν ὅλην τοῦ
χρόνου δύναμιν, κάτω δὲ ἔτι νεάζον τῷ μερικώτερον ἀπολαύειν
τοῦ χρόνου –, ὡς δὲ πρὸς τὰ ἄλλα, κατὰ τὴν ὕφεσιν τῆς ἐνερ-
γείας· τὸ γὰρ δι᾽ ἐλάττονος περιόδου μετρουμένην ἔχον τὴν
ἑαυτοῦ περιφορὰν νεώτερόν ἐστι τοῦ διὰ πλείονος. τό γε μὴν
τὴν αὐτὴν ἡλικίαν ἄγον ἑαυτῷ τε καὶ τοῖς ἄλλοις οὐκ
ἄδηλον ὅπως ἐπὶ τῶν συστοίχων θεωρεῖται πραγμάτων, ἐφ᾽ ὧν
ἡ αὐτὴ μέθεξις καὶ τὸ αὐτὸ τῆς τελειότητος μέτρον. πᾶσα δὲ
θεία ψυχή, κἂν καθ᾽ ἕτερον χρόνον αὐτῆς ἡ περίοδος μετρῆται,
καθ᾽ ἕτερον δὲ τοῦ ἐξημμένου σώματος ἑαυτῆς, ἀλλ᾽ ἔχει τὴν
ἴσην ἀποκατάστασιν αὕτη τε κατὰ τὸν αὐτῆς ἀεὶ χρόνον κἀκεῖνο
κατὰ τὸν ἑαυτοῦ· διὸ πάλιν ἰσήλικός ἐστιν ἑαυτῇ τε καὶ ἐκείνῳ

1217.27 πληροῦνται P replentur g : πληροῦται AFGR   1218.4 ante οὖν
add. quidem g   5–7 τὸ²...νεώτερον addidimus ex g (hoc quidem ut ad
se ipsum tale est quale quod submissis potentiis minus tempore
participat – se ipso enim quod tale iunius)   8 τῷ Ag : τὸ Σ   9 νεάζον A :
νεάζων Σ   14 ἄδηλον A : ἂν δῆλον Σg | ἐπὶ scripsimus : ἐνὶ ΑΣg
θεωρεῖται correximus ex g (consideratur) : θεωρητὰς ΑΣ   18 αὕτη ΑΣ :
ipsi g | τε Σg : δὲ A | κατὰ ΑΣ : et g | αὑτῆς Cous² : αὐτῆς ΑΣg

κατὰ τὸ ἀνάλογον. οὐκ ἄρα ἐπὶ τὸν συνεγνωσμένον χρόνον   20
ἀναγκασθησόμεθα καταφεύγειν διὰ τὸ γίγνεσθαι τοῦτο
καὶ γεγονέναι – καὶ γὰρ ταῦτά ἐστιν ἐν ταῖς περιόδοις τῶν
θείων ψυχῶν –, οὐδ' αὖ ἐπὶ τὸν αἰῶνα μεταβησόμεθα διὰ τὴν
δευτέραν ὑπόθεσιν καταφάσκουσαν τὸν χρόνον· πᾶσαν γὰρ ἐκεῖ
φαμεν κατὰ τὸ ἑξῆς παραδεδόσθαι τὴν τοῦ ὄντος πρόοδον,   25
ἄνωθεν ἀπὸ τῶν νοητῶν μονάδων διὰ τῶν νοερῶν τάξεων καὶ
ὑπερκοσμίων καὶ ἐγκοσμίων ἐπὶ τὴν ἐκθεουμένην ἀσώματον
οὐσίαν καταντήσασαν. ἑπόμεθά γε μὴν τῷ Πλάτωνι καὶ ἐν
Τιμαίῳ τὸν χρόνον πάσης μέτρον ἀποφηναμένῳ ζωῆς μεταβα-
τικῆς, καὶ τὴν ψυχὴν ἄρξασθαι θείας ζωῆς καὶ ἔμ-   30
φρονος βίου πρὸς τὸν σύμπαντα χρόνον, καὶ ἐν τῷ
Φαίδρῳ διὰ χρόνου τὸ ὂν αὐτὰς λέγοντι καθορᾶν, διότι   1219
χρονικῶς, ἀλλ' οὐκ αἰωνίως ὁρῶσι. καὶ οὐδὲν δεησόμεθα τὸ
πρεσβύτερον καὶ νεώτερον καὶ τὴν αὐτὴν ἡλικίαν ἄγον ἐπὶ
τάξεως ἀκούειν καὶ τῆς κατὰ τὸ αἴτιον καὶ αἰτιατὸν διαφορᾶς,
οὐδὲ ζητεῖν τί τὸ τῆς τάξεως ταύτης αἴτιον, ἀλλ' αὐτοφυῶς ἐπὶ   5
τῶν χρονικῶν μέτρων τὰ τοιαῦτα παραλαμβάνομεν τῶν τε
μειζόνων καὶ ἐλαττόνων καὶ τῶν ἀλλήλοις ὁμοστοίχων.

**Ὅτι που ἡλικίαν μὲν τὴν αὐτὴν ἔχον ἢ ἑαυτῷ ἢ
ἄλλῳ ἰσότητος χρόνου καὶ ὁμοιότητος μεθέξει,
ὧν ἐλέγομεν οὐ μετεῖναι τῷ ἑνί, οὔτε ὁμοιότη-**   10

1218.20   cf. supra, 1215.20-1216.2   21—22   cf. *Parm.* 141b3-8, 141c2-7,
141d6-7, 141e5   23   cf. supra, 1216.4-12   25   φαμεν: in parte commen-
tarii deperdita (ad *Parm.* 151e3-153b7)   30—31   = *Tim.* 36e4-5   31—32
= *Phdr.* 247d3   1219.5   cf. supra, 1216.29-1217.10

1218.23   μεταβησόμεθα Σg: καταβησόμεθα A   32   διὰ χρόνου om. A
1219.5   ταύτης Σg: ἐκείνης A   7   ἀλλήλοις scripsimus: ἄλλοις ΑΣg

τος οὔτε ἰσότητος. – Ἐλέγομεν γὰρ οὖν. [Parm. 140e2-6]

Ὥσπερ ἐπὶ τῶν ἄλλων ἔμπροσθεν ἀντιθέσεων πρῶτον
ἔδειξεν ὅτι οὐχ ὅμοιον τὸ ἕν, ἔπειτα ὅτι οὐκ ἀνό-
15 μοιον, καὶ πάλιν ὅτι οὐκ ἴσον, εἶτα ὅτι οὐκ ἄνισον,
οὕτω καὶ ἐπὶ τούτων τῶν προβλημάτων πρῶτον δείκνυσιν ὅτι
οὐκ ἰσήλικον τὸ ἕν, <εἶθ'> ὅτι οὔτε πρεσβύτερον οὔτε
νεώτερον οὔτε ἑαυτοῦ οὔτε ἄλλου· δεῖ γὰρ δειχθῆναι
τὸ ἓν ἐπέκεινα καὶ τῆς θείας πάσης ψυχῆς πρὸ τῶν ἄλλων
20 ψυχῶν, ὡς δέδεικται πρὸ τῶν ὄντως ὄντων καὶ αἴτιον πάντων.
καὶ οὐ διὰ τοῦτο ἀπαιτητέον τὰς αἰτίας αὐτὸ περιέχειν τῶν
πάντων καὶ εἶναι διὰ τοῦτο πλῆθος· ἔστι γὰρ πᾶν αἴτιον μιᾶς
ἰδιότητός τινος αἴτιον, οἷον τὸ αὐτοζῷον τοῦ ζῴοις μόνον εἶναι
αἴτιον καὶ ἕκαστον ὡσαύτως τῶν νοητῶν. καὶ τὸ ἓν οὖν αἴτιον
25 ἑνάδων ἐστὶ καὶ ἑνώσεων τοῖς πᾶσι, καὶ πάντα ἐκεῖθεν, ὡς ἢ
ἑνάδες ὄντα ἢ ἔκ τινων ἑνάδων· καὶ γὰρ τὸ ὂν αὐτὸ καὶ πᾶν
ἁπλῶς ἢ ἕν ἐστιν ἢ ἔκ τινων ἑνάδων· εἰ γὰρ ἡνωμένον, δῆλον
ὡς ἔκ τινών ἐστιν. ταῦτα δέ, εἰ μὲν ἑνάδες, δῆλον τὸ συμβαῖνον,
εἰ δὲ ἡνωμένα, πάλιν εἰς τὰ ἐξ ὧν ἐστι μεταβατέον, καὶ ἢ
30 ἐπ'ἄπειρον <ἢ> εἴς τινας ἑνάδας καταληκτέον, ἐξ ὧν τὸ ἡνω-
μένον ἐστίν, ὡς {ἐκεῖ} ⌊ἐκ⌋ στοιχείων. ἀφ' οὗ καὶ λάβοις ἂν ὅτι
πάντα τὰ πράγματα ἢ ἑνάδες εἰσὶν ἢ ἀριθμοί. τὸ γὰρ μὴ ὂν

1219.13 ἔμπροσθεν: cf. Parm. 139e6-140d7

1219.14 ὅτι¹ om. A | ἔπειτα Σ : εἶτα A   17 εἶθ' Mᵇ ˢˡ : οὕτως ΑΣg
23 post τοῦ add. αὖ Σ | ζῴοις ΑΣ : deest in g   25—26 καὶ¹...ἑνάδων om.
A 29 ἢ Mᵇ aut g : ὃ ΑΣ   30 ἢ add. Mᵇ   31 ἐκεῖ delevimus | ἐκ addidi-
mus ex g (ex) | οὗ Σg : ὧν A

244

ἑνάς, ἀλλ᾽ ἡνω|μένον, εἴπερ ἐστὶν ἔκ τινων ἑνάδων πεπε- 1220
ρασμένον, ἀριθμός ἐστι· καὶ οὕτως ἂν εἴη πρῶτος ἀριθμός, ἐξ
ἀδιαιρέτων ὑποστάς· ἑκάστη γὰρ ἑνὰς ἀδιαίρετος· ὁ δὲ τῶν
ὄντων ἀριθμὸς καὶ ἐξ ὄντων, οὐκ ἐξ ἀδιαιρέτων. ὥστε εἴ τι μὲν
αἴτιον τῶν ὄντων, εἰκότως οὐ πάντων ἐστὶν αἴτιον, εἴ τι δὲ τῶν 5
ἑνάδων ἐξ ὧν τὰ πάντα, εἰκότως πάντων αἴτιον· οὐδὲν γὰρ
ἔστιν ὃ μή ἐστιν ἢ ἑνὰς ⌊ἢ⌋ ἐξ ἑνάδων. οὐκ ἄρα δεῖ πάντων
αἰτίας ἐν τῷ ἑνὶ λέγειν, οὐδὲ μὴν τοῦτο λέγοντάς τινων αἴτιον
ἡγεῖσθαι τὸ ἓν ὡς τὸ ἑνάδων αἴτιον, εἴπερ πάντα ἐκ τούτων
ὑφέστηκεν. ἐπειδὴ τοίνυν καὶ τῆς θείας πάσης ψυχῆς ἐστιν 10
αἴτιον, καθ᾽ ὅσον καὶ ταύταις ἡ ὑπόστασίς ἐστιν ὡς πᾶσι τοῖς
οὖσιν ἐξ ἑνάδων, εἰκότως ἐπέκεινα αὐτὸ δεῖ δειχθῆναι καὶ
ταύτης· καὶ γὰρ αἱ θεῖαι ψυχαί, καθ᾽ ὅσον μέν εἰσι νοεραί, νοῦν
ἔχουσιν αἴτιον, καθ᾽ ὅσον δὲ οὐσίαι, τὸ ὄν, καθ᾽ ὅσον δὲ ἑνοειδεῖς,
τὸ ἕν, ἀπ᾽ ἐκείνου λαβοῦσαι τὴν ὑπόστασιν ᾗ ἑκάστη πλῆθός 15
ἐστί τινων ἑνάδων, καὶ τούτων μὲν ὡς στοιχείων, ἔχει δὲ καὶ
ἑκάστη ⌊τὸ⌋ ἑνίζον τὸ πλῆθος ἕν, διὸ καὶ ὅλον ὅ τι ἐστὶν ἑκάστη,
καὶ οὐχὶ πλῆθος ἀσύντακτον.

Ὅτι δ᾽ οὖν καὶ τούτων ἐπέκεινα τὸ ἓν διὰ τῶν προκειμένων
ἀποδείκνυται ἐφόδων· αἱ πᾶσαί γε μὴν ἀποδείξεις ἔκ τε ἰσό- 20
τητος <καὶ ἀνισότητος> καὶ ἐκ τοῦ ὁμοίου καὶ ἀνομοίου, διότι τὸ

1220.19—20 cf. *Parm.* 139e7-140d8

1220.1—2 πεπερασμένον scripsimus : πεπερασμένων ΑΣg   2 οὕτως
correximus ex g (sic) : οὗτος ΑΣ   7 ἔστιν...μή Μ est quod non : ἔστιν
ὁ(...) Α ἔτι νομή Σ | ἢ¹ correximus ex g (aut) : ἡ Σ om. Α | ἢ² addidimus
ex g (aut)   8 οὐδὲ μὴν correximus ex g (neque etiam) : οὐδὲ μὴ Σ εἰ δὲ
μὴ Α   11 ταύταις ΑΣg : ταύτη Cous²   17 τὸ¹ addidimus ex g (le)   20 αἱ
Strobel deest in g : οὐ ΑΣ   21 καὶ ἀνισότητος add. Cous²

ἰσήλικον καὶ ὁμήλικον λέγεται καὶ τὰ ἀντικείμενα ὁμοίως,
πάλιν ἀπὸ τῶν αἰτίων προϊοῦσαι τῆς θείας ψυχῆς τῶν τε γεννη-
τικῶν καὶ τῶν προσεχῶς αὐτῶν ἐκθεωτικῶν, δι' ὧν μέσων καὶ
25 τῶν πρωτίστων ἐξήρτηνται θεῶν καὶ αὐτοῦ μετέχουσι τοῦ ἑνός·
τὸ μὲν γὰρ ἴσον καὶ ἄνισον τῶν ἐγκοσμίων {ἂν} ἦν ἴδια
θεῶν, παρ' ὧν αἱ θεῖαι ψυχαὶ πάντως ἐκθεοῦνται – νοῦν γὰρ
θεῖον λαβοῦσαι θεῖαί εἰσιν, ὡς ἐν Νόμοις ἠκούσαμεν –, τὸ δὲ
ὅμοιον καὶ ἀνόμοιον τῶν ἀφομοιωτικῶν, ὧνπερ αἱ ψυχαὶ μετέ-
30 χουσι πρώτως· αὗται γὰρ εἰκόνες πρῶται τῶν ὄντων εἰσίν· αἱ
γοῦν ψυχαὶ εἰκόνες οὖσαι πάντως ἀπὸ τούτων ὑφεστᾶσιν, ὥστε
1221 εἰκότως διά τε ἰσότητος | καὶ ὁμοιότητος χαρακτηρίζεται τὸ
ἰσήλικον καὶ ἀνισήλικον, καὶ τὸ ὁμήλικον καὶ ἀνομήλικον.

Ἀλλ' ὅπως μὲν δείκνυται τὸ μήτε πρεσβύτερον ἑαυτοῦ ἢ
ἄλλου του μήτε νεώτερον εἶναι τὸ ἕν, μικρὸν ὕστερον ἐξετά-
5 σομεν. ὅπως δὲ ὅτι οὐκ ἰσήλικον ἑαυτῷ ἢ ἄλλῳ, νῦν σκεπτέον.
τὸ ἓν δή, φησίν, οὔτε πρὸς ἑαυτὸ οὔτε πρὸς ἄλλο μετέχει τοῦ τε
ἴσου καὶ τοῦ ὁμοίου· δέδεικται γὰρ ἀμφότερα. πᾶν δὲ τὸ ἰσήλι-
κον, εἴτε πρὸς ἑαυτὸ ᾗ τοιοῦτον εἴτε πρὸς ἄλλο, μετέχει τοῦ τε
ἴσου καὶ τοῦ ὁμοίου πρὸς ὃ καὶ ἔστιν ἰσήλικον· τὸ ἄρα ἓν οὔτε
10 ἑαυτῷ φατέον οὔτε ἄλλῳ τινὶ τῶν πάντων ἰσήλικον· δεῖ γὰρ
ἀμφοῖν εἰς τὴν καθ' ἡλικίαν ταυτότητα, καὶ τοῦ ἴσου καὶ τοῦ

1220.26 ἦν: cf. supra, 1202.12-25   **27—28**   cf. *Leg.* X 899b5-7
1221.4 – 5 μικρὸν...ἐξετάσομεν: cf. infra, 1222.16-1223.21   **7** δέδεικται:
cf. *Parm.* 139e6-140d7

1220.22 ὁμοίως ΑΣg : τούτοις Cous   **23** προϊοῦσαι ΑΣg : προϊοῦσι Cous²
26 ἂν delevimus ex g   **29** ὧνπερ Α : ὧν(...) Σ *quibus ut* g   **30** πρώτως
ΑΣ : *penitus* g (πάντως Γ?)   **30 – 31** αἱ γοῦν correximus ex g (*enim*) :
ἤγουν ΑΣ   **1221.1** τὸ iter. Σ   **2** post καί³ add. τὸ Α   **4** του Α : τοῦ Σ
9 τὸ...ἓν scripsimus : τὸ αὖ ἓν Σ τὸ ἓν αὖ Α τὸ ἓν οὖν Μᵇ *le unum* g

ὁμοίου· τά τε γὰρ τοῦ ἴσου χρόνου, εἰ μὴ καὶ ὁμοίως ἔχοι, τὴν
αὐτὴν ἡλικίαν οὐκ ἂν ἄγειν λέγοιτο· οὐκοῦν οὐδὲ ἄνθρωπος
τριακοντούτης ἰσήλικός ἐστι φοίνικι τριακοντούτῃ· κωλύει γὰρ
οὐδὲν τὸν μὲν ἤδη πρεσβύτην εἶναι, τὸν δὲ νεώτατον, διότι μηδὲ   15
ὁ σύμπας βίος ὡσαύτως ἀμφοῖν· καὶ τὰ ὅμοια ἀλλήλοις, εἰ μὴ
καὶ τὸν ἴσον εἴη βεβιωκότα χρόνον, οὐκ ἂν ἔχοι τὴν αὐτὴν
ἡλικίαν· πρεσβύτης γὰρ ἄνθρωπος ἵππῳ πρεσβύτῃ δηλονότι
ὅμοιός ἐστιν, ἀλλ᾽ οὐκ ἰσῆλιξ· ἡ γάρ, οἶμαι, χρόνου
ἰσότης οὐ ποιεῖ ταυτότητα τῆς ἡλικίας· ἀμφότερα ἄρα συλ-   20
ληπτέον, τό τε ὅμοιον καὶ τὸ ἴσον εἰς τὸ καθ᾽ ἡλικίαν ταὐτόν· διὸ
καὶ τὸ μὲν ἰσήλικον ὀνομάζεται, τὸ δὲ ὁμήλικον, τὸ μὲν ἀπὸ τῆς
κατὰ τὸ τοῦ χρόνου πλῆθος ἰσότητος, τὸ δὲ ἀπὸ τῆς κατὰ τὸ τῆς
ἡλικίας εἶδος ὁμοιότητος.

Καὶ οὕτω μὲν φυσικῶς. ἔτι δὲ κάλλιον εἴποις ἂν ὅτι τούτων   25
τῶν δύο τάξεων ἐξήρτηται προσεχῶς ἡ θεία πᾶσα ψυχή, καὶ
διὰ τούτων ὁμοιοῦται τοῖς θείοις καὶ ἀνάγεται καὶ ἐκθεοῦται καὶ
μετέχει τοῦ ἑνός, ὡς μὲν ἐκθεουμένη, τῶν ἐγκοσμίων δεομένη
θεῶν τῶν ἐκθεούντων αὐτήν, ὡς δὲ εἰκαζομένη, τῶν ὑπερ-
κοσμίων, οὓς καὶ πρώτους ἀφομοιοῦν πάντα τοῖς οὖσιν ἐλέγο-   30
μεν. ἐκεῖθεν οὖν καὶ ἡ ἰσότης καὶ ἡ ὁμοιότης ἐφήκει τοῖς τὴν
αὐτὴν ἡλικίαν ἄγουσι· καὶ γὰρ τὸν | χρόνον ἀμφότεραι γεννῶσιν   **1222**
αἱ τάξεις, αἱ μὲν ὡς πρῶται ἐλλάμπουσαι τοῖς ἐν τῷ κόσμῳ
τῷδε χρόνου μετέχουσιν, αἱ δὲ ὡς πρώτων εἰκόνων οὐσῶν τῶν

1221.19—20 = *Phdr.* 240c2   30—31 ἐλέγομεν: cf. supra, 1191.10-17

1221.12 ἔχοι Σg : ἔχει A   13 ἂν ἄγειν Cous : ἀνάγειν Σg ἀνάγκη A
15 νεώτατον ΑΣ : *iuniorem* g   16 ὡσαύτως correximus ex g (*eodem
modo*) : ὁ αὐτὸς ΑΣ   18 δηλονότι scripsimus : *palam quod* g δῆλον ΑΣ
20 ἰσότης ΑᶜPg : ἀνισότης AFGR   23 τῆς² om. FGR   26 ἐξήρτηται
AFᶜPg : ἐξῄρηται FGR   1222.3 πρώτων APᵃ : πρῶτον Σg

ὑπὸ τοῦ χρόνου μετεχομένων, μᾶλλον δέ, ὡς πρώτης εἰκόνος
5 ὄντος τοῦ χρόνου, καθάπερ καὶ ὁ Τίμαιός φησι· πρὸ γὰρ
τῶν ὑπὸ χρόνου μετρουμένων ἐστὶν εἰκὼν ὁ χρόνος αὐτὸς
τοῦ αἰῶνος, ὡς ἐκεῖνός φησιν.

**Καὶ μὴν καὶ ὅτι ἀνομοιότητός τε καὶ ἀνισότη-
τος οὐ μετέχει, καὶ τοῦτο ἐλέγομεν. – Πάνυ
10 μὲν οὖν. – Πῶς οὖν οἷόν τε ἔσται τινὸς ἢ
πρεσβύτερον ἢ νεώτερον εἶναι, ἢ τὴν αὐτὴν
ἡλικίαν ἔχειν τω τοιοῦτον ὄν; – Οὐδαμῶς. –
Οὐκ ἄρα ἂν εἴη νεώτερόν γε οὐδὲ πρεσβύτερον
οὐδὲ τὴν αὐτὴν ἡλικίαν ἔχον τὸ ἕν, οὔτε ἑαυτῷ
15 οὔτε ἄλλῳ. – Οὐ φαίνεται.** [Parm. 140e6-141a4]

Τὰ λοιπὰ προβλήματα διὰ τούτων ἀποδείκνυται τῶν
ῥημάτων ὡς οὔτε πρεσβύτερον οὔτε νεώτερόν ἐστι τὸ πρῶτον
οὔτε ἑαυτοῦ οὔτε ἄλλου τινός. ἡ δὲ ἀπόδειξις ἀπὸ τῶν ἀντικει-
μένων τοῖς προειρημένοις, τῆς ἀνομοιότητος λέγω καὶ τῆς
20 ἀνισότητος, τοιόνδε τινὰ προαγομένη τρόπον· τὸ ἕν οὔτε ἄνισον
ἑαυτῷ ἐστιν ἢ ἄλλῳ οὔτε ἀνόμοιον, ⌊ὧν ἑκάτερον⌋ προαπο-
δέδεικται. πᾶν δὲ τὸ πρεσβύτερον <καὶ νεώτερον> εἴτε ἑαυτοῦ
εἴτε ἄλλου, ἄνισόν ἐστι κατὰ χρόνον καὶ ἀνόμοιον ἐκείνῳ οὗ ἂν ᾖ

1222.4 – 5 = Tim. 37d6-7   19 τοῖς προειρημένοις: cf. Parm. 140e2-5
21 – 22 προαποδέδεικται: cf. Parm. 139e7-140b5, 140b6-d8

1222.5 – 7 πρὸ...φησιν om. A   8 – 9 ἀνισότητος ΑΣg Plat. TW: ἰσότητος
Plat. BCD   9 ἐλέγομεν Mg Plat. codd.: λέγομεν ΑΣ   12 τω ΑΣ Plat.
codd.: om. g   13 εἴη Ag Plat. codd.: ᾖ Σ (om. R) | γε Σ Plat. TW: om. A
Plat. BCD   21 ὧν ἑκάτερον scripsimus: ut utrumque g (...)τερον Σ ἃ δὴ
πρότερον A   22 καὶ νεώτερον addidimus   23 εἴτε Σg: εἴ του A

νεώτερον ἢ πρεσβύτερον· τὸ ἄρα ἓν οὔτε πρεσβύτερον οὔτε
νεώτερον οὔτε ἑαυτοῦ οὔτε ἄλλου· τὸ μὲν γὰρ τῆς κατὰ χρόνον   25
ἀνισότητος μὴ μετέχον καὶ ἀνομοιότητος οὐ κωλύεται
καθ᾽ ἕτερον τρόπον ἄνισον εἶναι καὶ ἀνόμοιον. οὔκουν ἐν τοῖς
αἰωνίοις ἔστιν ἡ κατὰ χρόνον ἀνισότης καὶ ἀνομοιότης, ἔστι δὲ
ὅμως ἄλλως καὶ οὐ κατὰ χρόνον ἐν τοῖς πλήθεσιν αὐτῶν καὶ ἐν
ταῖς δυνάμεσι· τὸ δὲ μηδαμῶς τοῦ ἀνίσου καὶ τοῦ ἀνομοίου   30
δεκτικὸν δῆλον ὡς οὐδ᾽ ἂν τῆς κατὰ χρόνον ἀνισότητος μετέχοι
καὶ ἀνομοιότητος· πολλῷ ἄρα μᾶλλον τὸ ἓν ἐξῄρηται τῆς κατὰ
χρόνον ἐνεργούσης θείας οὐ\σίας, ὅσῳ δὴ καὶ τῶν αἰτίων αὐτῆς   1223
ὑπερέχει τῶν τελειωτικῶν· τοῦτο γὰρ δὴ καὶ αὐτὸς ἡμῖν ἐν-
δεικνύμενος προσέθηκε τὸ τοιοῦτον ὄν· τὸ γὰρ ὁμοιότητος
καὶ ἀνομοιότητος ἐπέκεινα πῶς ἂν μετέχοι τῶν ὁμοιότητος καὶ
ἀνομοιότητος μετεχόντων; καὶ τὸ ἰσότητος καὶ ἀνισότητος   5
ἐξῃρημένον πῶς ἂν συντάττοιτο τοῖς μερικῶς τούτων μετειλη-
φόσι; τὸ γὰρ κατὰ χρόνον ἄνισον καὶ ἴσον οὐ πάσης μετέσχε τῆς
τοῦ ἀνίσου τε καὶ ἴσου δυνάμεως. συμπερανάμενος δὴ οὖν καὶ
ταῦτα τὰ λοιπὰ δύο προβλήματα, τὸ μήτε πρεσβύτερον εἶναι
μήτε νεώτερον τὸ ἕν, ἐπάγει κοινὸν συμπέρασμα τῆς τριάδος   10
ταύτης ὡς ἄρα οὔτε πρεσβύτερόν ἐστιν οὔτε νεώ-
τερον οὔθ᾽ ἑαυτοῦ οὔτε ἄλλου τὸ ἓν οὔτε τὴν
αὐτὴν ἡλικίαν ἔχον, συναιρῶν τὸ πλῆθος ὅλον εἰς μίαν
καὶ κοινὴν ἀρχήν. προσθεὶς δὲ καὶ τὸ οὔτε ἑαυτῷ οὔτε
ἄλλῳ καὶ τὴν εἰς ἓξ διαίρεσιν ἡμῖν παραδέδωκε καὶ τὴν διὰ   15
τῆς τριάδος ἄνοδον ἐπὶ τὴν δυάδα τὴν θείαν δεδήλωκε· διὰ

1222.24 νεώτερον ἢ om. g | post πρεσβύτερον[1] add. ἦ Σ | οὔτε πρεσβύτε-
ρον huc transposuimus ex g (neque senius): post ἄλλου hab. A om. Σ
27 οὔκουν Ag : οὐκοῦν Σ   32 πολλῷ Ag : πολλῶν Σ   1223.13 συναιρῶν
ΑΣ : conducens g (συνάγων Γ?) | εἰς Ag : ἐστι Σ΄   14 ἑαυτῷ Ag : αὑτῷ FR
αὐτῷ GP   15 ἡμῖν A nobis g : ἡμῶν Σ

δυάδος γὰρ ἡμῖν πάσας τὰς τάξεις παραδοὺς τὰς θείας, ἐνταῦθα
διὰ τριάδος πεποίηται τὴν ἔκφανσιν τῆς θείας ψυχῆς, καὶ
εἴπομεν δι᾽ ἣν αἰτίαν. ἵν᾽ οὖν πάλιν δυαδικῶς καὶ ταύτην ὑφε-
20 στῶσαν θεωρήσωμεν, τὸ οὔτε ἑαυτῷ οὔτε ἄλλῳ προσέ-
θηκεν ἐν τῷ συμπεράσματι.

**Ἆρ᾽ οὖν οὐδὲ ἐν χρόνῳ τὸ παράπαν δύναιτ᾽ἂν
εἶναι τὸ ἕν, εἰ τοιοῦτον εἴη; ⌊ἢ⌋ οὐκ ἀνάγκη, ἐάν
τι ᾖ ἐν χρόνῳ, ἀεὶ αὐτὸ αὑτοῦ πρεσβύτερον
25 γίγνεσθαι; – Ἀνάγκη.** [Parm. 141a5-7]

Μετὰ τὴν τριάδα τὴν πρώτως θεωρουμένην ἐπὶ τῆς θείας
ψυχῆς ἐθέλει καὶ πᾶσαν χρονικὴν μέθεξιν ἀποφῆσαι τοῦ ἑνός.
ἔστιν οὖν ἡ ἀπόδειξις τοιαύτη· τὸ ἓν οὔτε πρεσβύτερον ἑαυτοῦ
ἐστιν οὔτε νεώτερον οὔτε ἰσήλικον, ὥσπερ δέδεικται. πᾶν δὲ τὸ
30 χρόνου μετέχον ἑαυτοῦ πρεσβύτερόν ἐστιν ἅμα καὶ νεώτερον καὶ
ἰσήλικον· τὸ ἄρα ἓν οὐ μετέχει χρόνου. καὶ πῶς γὰρ ἂν τοῦ ὅλου
1224 χρόνου καὶ αὐτοῦ τοῦ αἰῶνος | ἐξῃρημένον μερικῶν τινων
ἀπ᾽ αὐτοῦ μετέχοι περιοδικῶν μετρήσεων; καίτοι καὶ τοῦτο
ζητήσεως ἄξιον, πῶς οὐκ αἰῶνος ἐπέκεινα τὸ πρῶτον ἔδειξεν,
ἀλλὰ χρόνου μόνον· κωλύεται γὰρ οὐδὲν πρὸ χρόνου παντὸς
5 ὑφεστὼς εἶναι αἰώνιον. ἢ καὶ τοῦτο τότε δείξει προελθὼν ὁ
λόγος, ὅταν αὐτὸ δείξῃ μηδὲ τοῦ ἔστιν ἀνεχόμενον, καὶ πολλῷ

1223.19 εἴπομεν: cf. supra, 1214.13-1215.12   **29** ὥσπερ δέδεικται: cf.
Parm. 140e1-141a4   **1224.**6 cf. Parm. 141e7-10

1223.18 ἔκφανσιν AGPg: ἔκφασιν FR   **20** τὸ A : τῷ Σ   **22** Ἆρ᾽ Σ Plat.
codd. : ἄρ᾽ A   **23** ἢ addidimus ex Mg Plat. codd. : ᾖ A om. Σ   **24** τι ᾖ Ag
Plat. codd. : τινι Σ | αὑτοῦ A Plat. codd. : αὐτοῦ Σg   **30** χρόνου Ag :
χρόνον οὐ Σ   **1224.**4 μόνον Σ : μόνου A   **6** ἀνεχόμενον ΑΣ : adherens g

πλέον ὅταν μηδὲ τοῦ ἑνὸς τοῦ σὺν τῷ ἔστι· πᾶν γὰρ τὸ
αἰώνιον ἅμα τῷ ἔστιν ὑφέστηκεν, εἴπερ τὸ ἀεὶ εἶναι προσήκει
τοῖς αἰωνίοις. νῦν δὲ ἐπειδὴ τὴν ἀρχὴν πεποίηται τῶν ἀποφά-
σεων ἀπὸ τῶν πολλῶν, ἃ δὴ μετὰ τὸ νοητόν ἐστιν – ἐν δὲ   10
τούτῳ καὶ ὁ αἰών –, εἰκότως τῶν μὲν χρόνου μετεχόντων
δείκνυσι τὸ ἓν ἐξῃρημένον καὶ χρόνου παντός, τὸν δὲ αἰῶνα καὶ
τὰ αἰώνια σεσίγηκε, καίτοι γε ἀμφοτέρων μέτρων ὄντων, τοῦ
μὲν ἐν τοῖς οὖσι, τοῦ δὲ ἐν τοῖς γιγνομένοις· καὶ ὄντων καὶ
αἰώνων πολλῶν καὶ χρόνων, τὸ πρῶτον ὑπὲρ πάντα τὰ μέτρα   15
ταῦτά ἐστι, δι' αὐτὴν τὴν ἑνότητα πάντων ὂν μέτρον καὶ τῶν
αἰώνων καὶ τῶν χρόνων, παρ' ὧν τὸ μετρεῖσθαι τοῖς οὖσιν
ὑπάρχει καὶ τοῖς γιγνομένοις. εἰ δὲ βούλει, καὶ τοῦτο λεγέσθω
πρὸς τὴν προκειμένην ζήτησιν, ὅτι, δείξας τὸ ἓν μὴ ἑστὼς ἐν
τοῖς ἔμπροσθεν, ἔχει καὶ ὅτι οὐκ αἰώνιον οὐδ' αἰών· μένει γὰρ   20
ἐν ἑνὶ καὶ αἰὼν καὶ πᾶν τὸ αἰώνιον ἔστηκεν ἐν τῷ αὐτῷ.
δι' ἐκείνων τοίνυν δεδειγμένον εἰκότως οὐκ ἠξίωται λόγου
χωρίς.

Μήποτε οὖν, φαίη ἄν τις, χρόνου μὲν οὐδαμῶς ἐστι μετέχον
τὸ ἕν, χρόνος δέ ἐστιν αὐτό· καὶ γὰρ οἱ Πυθαγόρειοι καιρὸν   25
αὐτὸ προσηγόρευον, καὶ Ὀρφεὺς χρόνον ἀποκαλεῖ τὸ πρώτι-

1224.7 cf. *Parm.* 141e10-142a1   9 — 10 cf. *Parm.* 137c4-5   19 — 20 ἐν
τοῖς ἔμπροσθεν: cf. *Parm.* 139a3-b3   20 — 21 = *Tim.* 37d6   25 — 26 cf.
supra, 1216.13-16, 1216.23-28   26 — 27 = *Orph.*, fr. 109 F (III) B. (fr. 60,
65, 68 K.)

1224.8 τὸ Ag: τὰ Σ | προσήκει A *conuenit* g: προσῆκε Σ   10 μετὰ...νοη-
τόν correximus ex g (*post intelligentiale*): μετὰ τῶν νοητῶν ΑΣ
11 τούτῳ correximus ex g (*hoc*)· τῷ ΑΣ νῷ Cous² νοητῷ coni. Westerink
15 αἰώνων correximus ex g (*eternitatibus*) (cf. infra, l. 17): αἰωνίων ΑΣ

στον. ἢ χρόνος μὲν οὐκ ἔστιν, ἵνα μὴ μέχρι ψυχῶν καὶ ὅλως
τῶν κινουμένων ἡ ἀπ'αὐτοῦ καθήκῃ τελειότης· τὰ γὰρ αἰώνια
κρείττω τῶν κατὰ χρόνον ἐνεργούντων ἐστί, καὶ οὐ⌊δαμῶς⌋ <τὸ
30   ἓν> τῶν μὲν χειρόνων ἐστὶν ὑποστατικόν, τῶν δὲ κρειττόνων
ἀναίτιον· καιρὸς δὲ ἐκαλεῖτο παρὰ τοῖς Πυθαγορείοις, ὅτι τοῦ
1225 ⌊εὖ⌋ καὶ τοῦ δέοντος αἴτιός ἐστιν· ὁ γὰρ καιρὸς τοιοῦτος νέμων |
ἑκάστῳ κατὰ τὸ πρόσφορον τὴν αὐτῷ προσήκουσαν ὠφέλειαν.
εἴρηται δὲ ἔμπροσθεν ὅπως κατὰ Πλάτωνα καὶ ὁ καιρὸς τῶν
μετὰ τὸ πρῶτόν ἐστιν, ἐκ τῶν ἐν Φιλήβῳ κεκηρυγμένων.
5   χρόνος δὲ ὑπὸ Ὀρφέως ὀνομάζεται κατὰ δή τινα θαυμαστὴν
ἀναλογίαν· γενέσεις γὰρ ὁ θεολόγος τῶν ἀγεννήτων μυστικῶς
παραδοὺς καὶ τὸ αἴτιον τῆς ἐκφάνσεως τῶν θείων χρόνον
συμβολικῶς ὠνόμασεν· ὅπου γὰρ γένεσις, ἐκεῖ καὶ χρόνος· ἥ τε
γὰρ τῶν αἰσθητῶν γένεσις κατὰ χρόνον ἐστὶ τὸν ἐγκόσμιον, καὶ
10   ἡ τῶν ψυχῶν κατὰ τὸν ὑπερουράνιον, καὶ ἡ τῶν ἀϊδίων κατὰ τὸ
ἕν, ἐπειδὴ καὶ ταύτην γένεσιν κεκλήκαμεν τὴν ἀπόρρητον
αὐτῶν ἐπικρύπτοντες πρόοδον. ὥσπερ οὖν τὴν ἄγρυπνον τῶν
θείων ἐνέργειαν τὴν χωριστὴν ἀπὸ τῶν προνοουμένων ὕπνον
αὐτῶν ἀνεχόμεθα καλούντων καὶ δεσμὸν τὴν ἕνωσιν καὶ

1225.3 εἴρηται...ἔμπροσθεν: cf. supra, 1216.20-23   3 – 4 cf. *Phil.* 66a4-8
5 – 8 = *Orph.*, fr. 109 F (IV) B. (fr. 60 et 65 et 68 K.)   13 cf. Hom., *Il.* XIV
346 ss.

1224.27   ἢ Mᵇ : μὴ Σg om. A | ὅλως Cous² *totaliter* g : ὅλης Σ ὅλοις A
28 καθήκῃ Ag : καθήκει Σ | τελειότης ARg : τελειότητος FGP   29 οὐδα-
μῶς correximus ex g (*nequaquam*) : οὐ(...) Σ οὐ A   29 – 30   τὸ ἓν addidi-
mus   1 εὖ addidimus ex g (*boni*) (cf. Olymp. *In Alc.* 39.8-9; *In Phd.* 9.11) :
spat. vac. ΑΣ, προσφόρου add. Cous²   1225.6   μυστικῶς scripsimus (cf.
In Parm. IV 928.7; *In Tim.* III 168.10) : μυστικὰς ΑΣg   7 παραδοὺς ΑΣg :
προόδους coni. Taylor | χρόνον Ag : χρόνων Σ   10   τὸν Σ : τῶν A
12 αὐτῶν ΑΣ : *ipsum* g

λύσιν τὴν πρόοδον, οὕτω καὶ χρόνον καὶ γένεσιν τοῖς ἀχρόνοις   15
καὶ ἀγεννήτοις προσαγόντων ἀνεκτέον, τοῦ Πλάτωνος τὸν
συνεγνωσμένον χρόνον τοῦ ἑνὸς ἐν τούτοις ἀποφάσκοντος.

**Οὐκοῦν τό γε πρεσβύτερον ἀεὶ νεωτέρου
πρεσβύτερον; –** ⌊**Τί μήν; – Τὸ πρεσβύτερον**⌋
ἄρα ἑαυτοῦ γιγνόμενον καὶ νεώτερον ἑαυτοῦ   20
**ἅμα γίγνεται, εἴπερ μέλλει ἔχειν ὅτου
πρεσβύτερον γίγνεται. – Πῶς λέγεις; – Ὧδε.**
[*Parm.* 141a7-b3]

Βούλεται μὲν κατασκευάσαι διὰ τούτων τε καὶ τῶν ἑξῆς ὅτι
πᾶν τὸ χρόνου μετέχον πρεσβύτερόν ἐστι καὶ <νεώτερον καὶ>   25
ἰσήλικον ἑαυτῷ. τοῦτο δὲ βουλόμενος ἀναγκαίως προαπο-
δείκνυσιν ὅτι αὐτό τι ἑαυτοῦ πρεσβύτερόν ἐστιν. εἰ δὲ αὐτὸ
ἑαυτοῦ πρεσβύτερον, δῆλον ὅτι καὶ ἑαυτοῦ νεώτερόν ἐστι· πρὸς
γὰρ ἑαυτὸ καλεῖται νεώτερον ἅμα καὶ πρεσβύτερον. δόξειε δ' ἂν
ἀπορώτατος εἶναι καί, ἵν' οὕτως εἴπω, σοφιστικὸς οὗτος ὁ   30
λόγος· πῶς γὰρ αὐτό τι ἑαυτοῦ καὶ πρεσβύτερον ἅμα καὶ νεώ-
τερόν ἐστιν; οὔκουν δὴ ὅ γε Σωκράτης [ὃ ἑαυτοῦ ἐστι, τὸ μέν γε
πρεσβυτικὸν αὐτῷ] ὁ ἑαυτοῦ πρεσβύτερος γεγονώς, καὶ νεώτε-

1225.15 cf. Hom., *Il.* I 396 ss.   **24** cf. *Parm.* 141b3-141d5

1225.19 *Τί...πρεσβύτερον*² addidimus ex Ag PLAT. codd.: om. Σ   **21** *μέλ-
λει* ΑΣ PLAT. codd.: *debeat* g   **22** *Πῶς* ΑΣ PLAT. codd.: *quomodo autem*
g (*πῶς δὲ Γ?*) | *λέγεις* Ag PLAT. codd.: *λέγει* Σ   **25** *νεώτερον καὶ*
addidimus   **27** *εἰ* correximus ex g (*si*): *ἢ* ΑΣ   **29** ante *ἅμα* add. *enim* g
(*γὰρ Γ?*)   **30** *ἀπορώτατος* Cous: *ἀπορώτατον* ΑΣg | *οὕτως...σοφιστικὸς*
scripsimus: *οὕτω· πῶς γὰρ σοφιστικὸς* Σg *εἴπω σοφιστός πως* Α
32 *οὔκουν* Mᶜ: *οὐκοῦν* ΑΣg   *32–33* ὃ...αὐτῷ delevimus (cf. infra, 1226.1),
deest in M (g perperam *ipsum* pro *ipsi*)

1226 ρος | ἑαυτοῦ ἐστι· τὸ μέν γε πρεσβυτικὸν αὐτῷ πάρεστιν,
οἴχεται δὲ ἡ νεότης. ἔνιοι μὲν οὖν ἐνέδοσαν τῷ λόγῳ καὶ οὐδὲ
τοῦτο ἀπέσχοντο εἰπεῖν ὅτι σοφιζομένῳ ἔοικεν ὁ Πλάτων, πάνυ
προχείρως τὴν ἑαυτῶν ἄγνοιαν ἐπὶ τὸν λόγον μετάγοντες. οἱ δὲ
5 καὶ ἀντισχεῖν πρὸς αὐτοὺς πειραθέντες μαλακώτερον προέστη-
σαν τῆς ἀληθείας· τὸ γὰρ αὐτό, φασίν, ἅμα νεώτερον καὶ
πρεσβύτερον, κατὰ μὲν τὸν μέλλοντα χρόνον νεώτερον – οὔπω
γὰρ ἐκεῖνον προσείληφε –, κατὰ δὲ τὸν παρελθόντα πρεσβύτε-
ρον οὗ ἤδη βεβίωκεν. ἀλλὰ τοῦτο οὐκ ἦν ἑαυτοῦ ν ε ώ τ ε ρ ο ν
10 ἅ μ α   γ ί γ ν ε σ θ α ι   κ α ὶ   π ρ ε σ β ύ τ ε ρ ο ν, ἀλλὰ νεώτερον μὲν
ἄλλου, πρεσβύτερον δὲ ἄλλου. ταχὺ ἄρα ἡμῖν ἀσθενὴς ἐφάνη
⌊καὶ⌋ ὁ τούτων λόγος· οἱ δὲ ἀνάπαλιν ἔφασαν τὸ πρεσβύτερον
ἑαυτοῦ πᾶν εἶναι καὶ νεώτερον, πρεσβύτερον μὲν τὸ νῦν ὄν,
νεώτερον δὲ ὃ ἦν ἔμπροσθεν· τὸ γοῦν νῦν <ὂν> πρεσβύτερον τοῦ
15 πρότερον ὄντος νεωτέρου λέγεσθαι πρεσβύτερον· οὐδ᾽ οὗτοι
συνέντες ὅπως φησὶν ὁ Πλάτων τὸ μὲν ὂν πρὸς τὸ ὂν λέγεσθαι,
τὸ δὲ ἐσόμενον πρὸς τὸ ἐσόμενον ἀεὶ τῶν πρός τι, τὸ δὲ γεγονὸς
⌊πρὸς τὸ γεγονός⌋. <οὔκ>ουν τοῦ γεγονότος νεωτέρου δυνατὸν
φάναι τὸ νῦν ὂν πρεσβύτερον· τοῦτο γάρ ἐστιν ἐπαλλάττειν τοὺς

1226.16 – 18   cf. *Parm.* 141b3-c1 (cf. *Tim.* 38b1-3)   **19 – 21**   cf. *Parm.*
141b3-c1

1226.1 τὸ ΑΣ : *quo* g   **4** ἐπὶ...λόγον ΑΣ : *in sermonibus* g (ἐπὶ τῶν λόγων
Γ?)   **5** αὐτοὺς scripsimus : αὐτὸν ΑΣ *ipsam* g   **9** οὗ correximus ex g
(*quo*) : ὃν ΑΣ   **12** καὶ addidimus ex g (*et*) | τούτων correximus ex g
(*horum*) : τούτου ΑΣ   **14** τὸ om. Σ | ὂν addidimus   **15** νεωτέρου ΑΣ :
iunius g   **17** τι...δὲ² correximus ex g (*aliquid, hoc autem*) : τὸ τόδε ΑΣ
18 πρὸς...γεγονός addidimus ex g (*ad factum*) | οὔκουν scripsimus :
(...)*igitur* g οὖν ΑΣ (post νεωτέρου add. οὐ Α) | τοῦ...νεωτέρου ΑΣ : *factum
iunius* g

χρόνους καὶ μὴ φυλάττειν ὃν αὐτὸς εἶπε κανόνα περὶ τῶν πρός   20
τι πάντων.

Πάλιν οὖν ἡμῖν ἐπὶ τὸν ἡμέτερον καθηγεμόνα τρεπτέον καὶ
τὴν ἐκείνου παράδοσιν εἰς μέσον ἀκτέον, φῶς ἀνάπτουσαν
εἰς πάντα τὸν προκείμενον λόγον. διττὸν δὴ τὸ χρόνου μετέχον
ἐστί, τὸ μὲν οἷον ⌊κατ'⌋ εὐθεῖαν ὁδεῦον καὶ ἀρχόμενόν τε ἀπό   25
τινος καὶ εἰς ἄλλο καταλῆγον, τὸ δὲ κατὰ κύκλον περιπορευό-
μενον καὶ ἀπὸ τοῦ αὐτοῦ πρὸς τὸ αὐτὸ τὴν κίνησιν ἔχον, ᾧ καὶ
ἀρχὴ καὶ πέρας ἐστὶ ταὐτὸν καὶ ἡ κίνησις ἀκατάληκτος, ἑκά-
στου τῶν ἐν αὐτῇ καὶ ἀρχῆς καὶ πέρατος ὄντος, καὶ οὐδὲν ἧττον
ἀρχῆς ἢ πέρατος. τὸ δὴ κυκλικῶς ἐνεργοῦν μετέχει τοῦ χρόνου   30
περιοδικῶς, καὶ ἐπειδὴ τὸ αὐτὸ καὶ πέρας αὐτῷ τῆς κινήσεώς
ἐστι καὶ ἀρχή, καθ' ὅσον μὲν ἀφίσταται τῆς ἀρχῆς, πρεσβύτερον
γίγνεται, | καθ' ὅσον δὲ ἐπὶ τὸ πέρας ἀφικνεῖται, νεώτερον   1227
γίγνεται· γιγνόμενον γὰρ ἔγγιον τοῦ πέρατος ἐγγύτερον
γίγνεται τῆς οἰκείας ἀρχῆς· τὸ δὲ τῆς οἰκείας ἀρχῆς ἐγγυτέρω
γιγνόμενον νεώτερον γίγνεται· τὸ ἄρα ἐπὶ τὸ πέρας ἀφικνού-
μενον κυκλικῶς νεώτερον γίγνεται τὸ αὐτὸ κατὰ τὸ αὐτὸ καὶ   5
πρεσβύτερον γιγνόμενον· τὸ γὰρ τῷ ἑαυτοῦ πέρατι συνεγγίζον
ἐπὶ τὸ πρεσβύτερον πρόεισιν. ᾧ μὲν οὖν ἀρχὴ ἄλλο καὶ {τὸ}
πέρας, τούτῳ καὶ τὸ νεώτερον ἕτερον ἢ τὸ πρεσβύτερον· ᾧ δὲ
ταὐτὸν ἀρχὴ καὶ πέρας, οὐδὲν μᾶλλον νεώτερόν ἐστι {τὸ νεώτε-
ρον} ἢ πρεσβύτερον, ἀλλ' ὡς ὁ Πλάτων φησίν, ἅμα νεώτε-   10

1226.22   ἐπὶ...καθηγεμόνα: sc. Syrianum   23   = Tim. 39b4
1227.10−11 = Parm. 141b1-2

1226.20 ὃν Ag : ὃν Σ   22 τρεπτέον ΑΣ : recurrendum g   25 κατ' add.
Cous² secundum g   27 ᾧ Σg : ὃ A   31 πέρας A : πέρατος Σ | αὐτῷ om.
A | τῆς A : τε Σ   1227.6 γιγνόμενον om. A   7 τὸ² delevimus   9−10 τὸ
νεώτερον delevimus ex g   10 ὡς om. A

ρον ἑαυτοῦ καὶ πρεσβύτερον γίγνεται· τὸ μὲν γὰρ
κατ᾽ εὐθεῖαν κινούμενον οὐκ ἔχει, διότι πέρας καὶ ἀρχὴ
διαφέρετον ἐπ᾽ αὐτοῦ, τὸ δὲ κατὰ κύκλον ἔχει τὸ νεώτερον
ἑαυτοῦ τῷ πρὸς τὸ αὐτὸ καὶ ὡς ἀρχὴν καὶ ὡς πέρας γίγνεσθαι
τὴν κίνησιν· πᾶν ἄρα τὸ χρόνου μετέχον, εἰ πρεσβύτερον ἑαυτοῦ
15   γίγνεται, καὶ νεώτερον ἑαυτοῦ γίγνεται· τοιοῦτον δὲ τὸ κυ-
κλικῶς κινούμενον. ὅθεν εἰκότως ἐθορυβοῦντο καὶ οἱ ἀρχαῖοι μή
πῃ σοφισματώδης οὗτος ὁ λόγος ἐστίν, εἰς τὰ κατ᾽ εὐθεῖαν
κινούμενα βλέποντες, δέον διελέσθαι καὶ θεωρῆσαι τίσι μὲν τὸ
αὐτὸ καὶ ἀρχὴ καὶ πέρας, τίσι δὲ ἕτερον, καὶ ὅτι νῦν περὶ τῶν
20   θείων ψυχῶν ὁ λόγος, ‹αἲ› καὶ χρόνου μετέχουσι περιοδικὸν
ἔχουσι τὸν χρόνον τῆς οἰκείας κινήσεως, ὥσπερ καὶ τὰ ὀχή-
ματα τὰ ἐξημμένα αὐτῶν.

Ἀλλ᾽ οὗτος μὲν ὁ λόγος τοῦ καθηγεμόνος ἡμῶν. ὅπως δὲ καὶ
25   πᾶν τὸ πρεσβύτερον ἑαυτοῦ γιγνόμενον ἅμα καὶ νεώτερον
ἑαυτοῦ γίγνεται, διδάξει διὰ τῶν μεσοτήτων δύο ἡ δευτέρα
ὑπόθεσις εὑρίσκουσα τὴν ἀνάγκην τῆς ἀδιαζεύκτου τούτων ἐπὶ
πάντων τῶν χρόνου μετειληχότων ὑποστάσεως καὶ οὐκ ἐπὶ τῶν
κύκλῳ κινουμένων μόνως. νῦν δ᾽ οὖν ταῦτα τοῖς ὑποκειμένοις
30   οἰκείως ῥηθέντα καὶ ταῖς περιόδοις ἐφαρμόζοντα τῶν θείων
ψυχῶν ἡμῖν ἀναγεγράφθω, καθάπερ εἴπομεν. εἰ δὲ δεῖ καθο-
1228   λικὸν ὄντα τὸν λόγον καὶ νῦν συντόμως ἡμᾶς ἐφαρμόσαι πᾶσι |

1227.17   cf. supra, 1225.28-1226.4   24   τοῦ καθηγεμόνος: sc. Syriani
26 — 27 cf. *Parm.* 151e3-153b7 (cf. infra, 1231.6-7)   **31** καθάπερ εἴπομεν:
cf. supra, 1217.11-1218.20

1227.12 ἔχει Ag : ἔχειν Σ (om. G)   13   διαφέρετον A : διαφέρει τῶν Σg
ἔχει Ag : ἔχειν Σ   15   τὸ A : τοῦ Σ   16   τὸ om. Σ (hab. καὶ R)   19   θεωρῆ-
σαι Ag : θεωρεῖσθαι Σ   21   αἲ add. A   26   δύο : an delendum ? (Dillon)
28   χρόνου A : χρόνων οὐ Σg

τοῖς γιγνομένοις πρεσβυτέροις ἑαυτῶν, ἐπιστήσαντες εἴπωμεν
ὅτι πᾶν ὡς ἀληθῶς τὸ γιγνόμενον ἑαυτοῦ πρεσβύτερον, ἐν ᾧ
γίγνεται πρεσβύτερον, καὶ νεώτερον γίγνεται τοῦτο καθὸ
γίγνεται πρεσβύτερον· τὸ γάρ τοι δεκαετὲς γιγνόμενον τοῦ   5
ἐνναετοῦς γίγνεται πρεσβύτερον. ἐν ᾧ δὲ γίγνεται τοῦτο, νεώ-
τερον αὐτοῦ γίγνεται τὸ ἐνναετές, ὥσπερ καὶ πρὸ τούτου τὸ μὲν
ἐνναετὲς ἐγίγνετο πρεσβύτερον, τὸ δὲ ὀκταετὲς ἐγίγνετο τοῦ
τότε γιγνομένου νεώτερον· ἑκάτερον γὰρ ἐν γενέσει ὂν ἄλλο καὶ
ἄλλο γίγνεται, καὶ οὐδέποτε μένει ταὐτόν. καὶ εἰ οὕτω τὸ   10
γίγνεσθαι λάβοιμεν, εὑρήσομεν {ὂν τὸ} ὡς ἀληθῶς ὂν τὸ πᾶν
γιγνόμενον πρεσβύτερον διὰ τὸ ἀεὶ ἄλλο λαμβάνεσθαι, καὶ
καθάπερ τὸ πρεσβύτερον, οὕτω καὶ τὸ νεώτερον μετατιθέμενον,
ὡς ἐκεῖνο ἀπ' ἄλλου ἐπ' ἄλλο, καθάπερ πρότερον ἦν τὸ πρεσβύ-
τερον αὐτὸ μεθιστάμενον.   15

**Διάφορον ἕτερον ἑτέρου οὐδὲν δεῖ γίγνεσθαι
ἤδη ὄντος** ⌊**διαφόρου, ἀλλὰ τοῦ μὲν ἤδη ὄντος**⌋
**ἤδη εἶναι, τοῦ δὲ γεγονότος γεγονέναι, τοῦ δὲ
μέλλοντος μέλλειν, τοῦ** ⌊**δὲ**⌋ **γιγνομένου οὔτε
γεγονέναι οὔτε μέλλειν οὔτε εἶναί πω διάφο-**   20
**ρον, ἀλλὰ γίγνεσθαι καὶ ἄλλως οὐκ εἶναι. –
Ἀνάγκη γάρ.** [Parm. 141b3-c1]

1228.2   εἴπωμεν Σg : εἴπομεν Α   7   αὐτοῦ scripsimus : αὐτοῦ ΑΣg
8   ἐγίγνετο¹ ΑΣ : fit g   8–9   τοῦ τότε Cous : τοῦτό τε ΑΣg   11   ὂν τὸ¹
delevimus, ὂν om. g   16   Διάφορον Σ Plat. TW : διαφέρον Α Plat. BCDW²
17   διαφόρου...ὄντος² addidimus ex Ag Plat. codd. : om. Σ   18   ἤδη Ag
Plat. codd. : εἴδη Σ   19   δὲ addidimus ex Ag Plat. codd. : om. Σ   20   πω
correximus ex g (nondum) et Plat. codd. : πῶς Σ που Α   20–21   διάφο-
ρον ΑΣ Plat. BCD : τὸ διάφορον Plat. TW   22   γάρ ΑΣg Plat. T : γὰρ ἂν
Plat. BCDW

Τοῦ προσδιαλεγομένου ζητήσαντος πῶς τὸ αὐτὸ καὶ
πρεσβύτερόν ἐστι ἅμα ἑαυτοῦ καὶ νεώτερον, εἰς τὴν τούτου
25 θήραν ὁ Παρμενίδης παραλαμβάνει κοινόν τινα κανόνα περὶ
τῶν ἀντικειμένων ἀπαξαπάντων ὡς πρός τι μέν, ἀλλ'οὐχ ὅταν
ᾖ συνώνυμα ὡς τὸ ἴσον ἢ ὅμοιον, ἀλλ'ἑτερώνυμα ὡς πατήρ,
υἱός· τῷ γὰρ ὄντι τὰ τοιαῦτα διάφορά ἐστιν, οὐ τοῖς ὀνόμασι
μόνον, ἀλλὰ καὶ τοῖς εἴδεσιν· ὁμοειδῆ γὰρ ἐκεῖνα ὅσα συνώνυμά
30 ἐστι· διάφορα οὖν ταῦτα προσαγορεύουσι· καὶ ὃ λέγει, τοιοῦτόν
ἐστιν· ὡς ἂν ἔχῃ τῶν οὕτως ἀντικειμένων θάτερον, οὕτως ἕξει
καὶ τὸ λοιπόν, εἰ τῶν ὄντων ἢ τῶν μελλόντων θάτερον, καὶ τὸ
λοιπὸν τῶν <ὄντων ἢ τῶν> μελλόντων, εἰ τῶν γεγονότων ἢ τῶν
1229 γιγνομένων θάτερον, | κἀκεῖνο τῶν <γεγονότων ἢ τῶν> γιγνομέ-
νων· εἰ γὰρ τὸ μὲν εἴη, τὸ δὲ μή, δῆλον ὡς κατὰ μὲν τὴν αὐτοῦ
φύσιν ἔστιν ἐκεῖνο, ὡς δὲ ἀντικείμενον οὐκ ἔστι· καὶ γὰρ τὸ
ὁπωσοῦν ἀντικείμενον κατ'αὐτὸ τοῦτο, καθ'ὅσον ἀντικείμενον
5 λέγεται, τῆς τοῦ πρός τι μετέχει φύσεως· ἀντικειμένῳ γὰρ
ἀντίκειται.

Τοιοῦτος μέν ἐστιν ὁ κανών. ἴσως δ'ἄν τις ζητήσειε πῶς
εἰκόνα καὶ παράδειγμα τῶν πρός τι λέγοντες τὸ μὲν εἶναί
φαμεν, τὴν δὲ γίγνεσθαι καὶ γεννητὸν εἶναι. ῥητέον δὲ ὡς εἰκὼν
10 οὐ γίγνεται εἰκών, ἀλλά τι ἄλλο γιγνομένη ἐστὶν τῷ εἰκάζειν ὃ
γίγνεται τοῦ ἑαυτῆς παραδείγματος εἰκών· καθ'ὅσον γὰρ εἰκών

1228.28–30 cf. Ar., *Cat.* 1, 1a1-15

1228.24 ἐστὶ...ἑαυτοῦ inv. A   25 παραλαμβάνει : an προλ- ex g (*preacci-
pit*) corrigendum ?   31 ὡς ΑΣg : ἕως Westerink | ἔχῃ Σg : ἔχοι A
33 ὄντων...τῶν² addidimus   1229.1 γεγονότων...τῶν² addidimus
2 αὐτοῦ scripsimus : αὑτοῦ ΑΣg 9 τὴν scripsimus (cf. infra, l. 16) : τὸ ΑΣ
10   εἰκάζειν correximus ex g (*assimilare*) (cf. *In Parm.* IV 842.3) : εἴκειν
ΑΣ | ὃ Σg : καὶ A 11 γίγνεται correximus ex g (*fit*) : γίγνεσθαι ΑΣ

ἐστι τοῦ ὄντος, ἔχει τὸ εἶναι τοῦτο ὅπερ δὴ καὶ λέγεται εἰκονι-
κῶς, καὶ ἀεί ἐστιν εἰκὼν ὡς κἀκεῖνο ἀεὶ παράδειγμα. καὶ εἰ
ἔστιν ἐν τῷ γίγνεσθαι τῇ εἰκόνι τὸ εἶναι, συνυφέστηκε τὸ
γίγνεσθαι τῆς εἰκόνος ἀεὶ τῷ εἶναι τοῦ παραδείγματος, καὶ ⌊εἰ⌋   15
τὸ ἀεὶ τοῦ μέν ἐστιν αἰώνιον, τῆς δὲ κατὰ τὸν ἄπειρον χρόνον. εἰ
δὲ ταῦτα ὀρθῶς φαμεν, οὐκ ἀποδεξόμεθα τοὺς πραγμάτων
ἐπικήρων παραδείγματα ποιοῦντας· ἔσται γὰρ τὸ παράδειγμα
τῆς εἰκόνος οὐκ οὔσης. εἰ δὲ μὴ ἔσται τότε παράδειγμα, δῆλον
ὡς οὐ κατ᾽ οὐσίαν αἴτιον ἦν οὐδὲ αὐτῷ τῷ εἶναι· τὸ γὰρ τῷ εἶναι   20
αἴτιον, ἔστ᾽ ἂν ᾖ, τὸ αὐτὸ πέφυκεν ἐνεργεῖν. τῶν οὖν δύο θάτε-
ρον· εἰ τῶν ποτὲ ὄντων καὶ γιγνομένων καὶ ἀπολλυμένων εἶναι
παραδείγματα ἄττα συγχωρήσαιμεν, ἀναγκασθησόμεθα λέγειν
ἢ κἀκείνοις προσεῖναί τι γενέσεως, παραδείγμασι τότε γιγνο-
μένοις, ὅταν αἱ εἰκόνες αὐτῶν γίγνωνται, καὶ μήτε πρότερον   25
μήθ᾽ ὕστερον οὖσι παραδείγμασι, καὶ διὰ τοῦτο μηδὲ
κατ᾽ οὐσίαν αὐτοῖς ὑπάρχειν, ἀλλὰ κατὰ συμβεβηκὸς τὸ εἶναι
παραδείγμασιν, ὡς εἴπομεν, ἢ καὶ τὰς εἰκόνας αὐτῶν ἀεὶ οὔσας
εἶναι, τὰς ποτὲ οὔσας καὶ ἐν γενέσει φερομένας, εἴπερ οἱ προ-
κείμενοι περὶ τῶν πρός τι καὶ ὅλως τῶν ἀντικειμένων κανόνες   30
εἰσὶν ἀληθεῖς.

Τοῦτο μὲν ⌊οὖν⌋ ὡς πόρισμα | ληπτέον ἐκ τοῦ λόγου.   1230

1229.13 ἀεὶ Σg : ἐστι A   15 εἰ addidimus ex g (etsi)   16 τὸ correximus ex
g (le) : τοῦ ΑΣ | τοῦ correximus ex g (huius) : τῷ ΑΣ   19 τότε correximus
ex g (tunc) : τό τε ΑΣ   20 αὐτῷ τῷ correximus ex g (ipso) : ἐν τῷ τῷ Σ
ἐν τῷ A   23 συγχωρήσαιμεν MᵇRᶜ concedemus g : χωρῆσαι μέν FG
χωρήσαιμεν APR   24 ἢ Mᵇ : εἰ ΑΣg | κἀκείνοις ΑΣ : et illud g   26 μηδὲ
scripsimus : μήτε ΑΣ non g   28 ἢ A : εἰ Σg   29 ποτὲ ΑΣ : -que g   32 οὖν
addidimus ex g (igitur)

θαυμαστὸν δὲ ἔστω μηδὲν εἰ {μὴ εἰς} τοὺς τρεῖς χρόνους λαβὼν
διὰ τοῦ εἶναι καὶ γεγονέναι καὶ μέλλειν ἐπήνεγκε καὶ
τὸ γίγνεσθαι· τοῦτο γὰρ σημαίνει τὴν ἐν τῷ προϊέναι καὶ
ὑφίστασθαι παράτασιν, οὐκ αὐτὴν ψιλὴν τὴν ὕπαρξιν, ὥσπερ τὸ
5   εἶναι καὶ τὸ ὄν. διὸ καὶ τοῦτο προσέθηκεν ἅτε οἰκεῖον τοῖς
χρόνου μετειληχόσι· τάχα δ' ἂν καὶ τὸ μὲν ἤδη ὂν αὐτῷ
σημαίνοι τὸ πρὸ πάσης κινήσεως ἐν τῷ νῦν ὁρώμενον ἐνεικονι-
ζόμενον τὸ ἐν τῷ αἰῶνι ὄν, τὸ δὲ γιγνόμενον τὸ κατὰ τὴν
ἀπειρίαν τὴν χρονικὴν ἐκτεινόμενον· τὸ μὲν γὰρ αἰώνιον πᾶν
10 ὁμοῦ ἐστιν ἔν τε τῷ ἀμερεῖ καὶ τῷ ἀπείρῳ τοῦ αἰῶνος, διότι
μένει ὁ αἰὼν ἐν ταὐτῷ ⌊διὰ⌋ τὴν ἀπειρίαν, τὸ δὲ χρόνου μετέχον
ἔστι μὲν ἀεὶ κατὰ τὸ νῦν, γίγνεται δὲ κατὰ τὸ ἄπειρον τοῦ
χρόνου, διὸ καὶ ὁ χρόνος κατ' ἄλλο ἐστὶν ἀμερὴς καὶ κατ' ἄλλο
15 ἄπειρος.

Ἀλλὰ μὴν τό γε πρεσβύτερον διαφορότης νεω-
τέρου ἐστὶ καὶ οὐδενὸς ἄλλου. – Ἔστι γάρ. –
Τὸ ἄρα πρεσβύτερον ἑαυτοῦ γιγνόμενον ἀνάγ-
κη καὶ νεώτερον ἅμα ἑαυτοῦ γίγνεσθαι. –
20 <Ἔοικεν>. [Parm. 141c1-4]

1230.2 ἔστω Σg: ἔσται Α | μὴ ΑΣg: μὴν Cous² | μὴ εἰς del. Strobel
λαβὼν ΑΣg: βλέπων Cous²   5 ante αὐτὴν add. secundum g   6 τοῖς Α:
τοῦ Σ   7 ἤδη ὂν Cous² ex PLAT. (Parm. 141b4): δὴ οὖν ΑΣg   8 σημαίνοι
Σᶜg: σημαίνει Α   8–9 ἐνεικονιζόμενον scripsimus: ὂν εἰκονιζόμενον
ΑΣg   9 ἐν...ὄν correximus ex g (in eternitate ens): ἐν τῷ αἰώνιον ΑΣ ἐν
τῷ αἰωνίῳ Cous² | γιγνόμενον Cous² fiens g: γενόμενον ΑΣ   11 ἀμερεῖ
scripsimus (ἀμέρει Cous²): μέρει ΑΣg   12 διὰ addidimus partim ex g
(per) (perperam pro propter) (cf. supra, VI 1121.4), κατὰ add. Cous²
19 καὶ Ag PLAT. codd.: καὶ ἢ Σ   20 Ἔοικεν addidimus ex Α PLAT. codd.:
om. Σg

Ἀπὸ τοῦ κοινοῦ κανόνος ἐπὶ τὸ προκείμενον μεταβέβηκεν· εἰ
γὰρ τὸ πρεσβύτερον ἀντίθεσις, ἣν αὐτὸς διαφορότητα
κέκληκεν ἐν τούτοις, εἴρηται δὲ ὡς εἰ γίγνοιτο τῶν ἀντικειμέ-
νων θάτερον, γίγνεται καὶ τὸ λοιπόν, δῆλον τὸ συναγόμενον ὡς
εἰ γίγνοιτο <τὸ> πρεσβύτερον, γίγνεται καὶ τὸ νεώτερον· τὸ   25
γὰρ ἑαυτοῦ γιγνόμενον πρεσβύτερον ἅμα καὶ
νεώτερον ἑαυτοῦ γίγνεται· τὸ γὰρ οὗ γίγνεται
πρεσβύτερον αὐτό ἐστιν, ὥστε αὐτὸ καὶ τὸ νεώτερον καὶ πρὸς τὸ
αὐτὸ ἄμφω, καθάπερ εἴπομεν ἔμπροσθεν. εἰ δὲ λέγοι τις ὅτι καὶ
ὁ Σωκράτης ἑαυτοῦ γίγνεται πρεσβύτερος, ἀλλ' οὐ νεώτερος,   30
ἐροῦμεν ὅτι γίγνεται μὲν πρεσβύτης ὁ Σωκρά|της κυρίως, ἅμα   1231
δὲ ὁ αὐτὸς γίγνεται καὶ νεώτερος αὐτὸς αὐτοῦ, διότι καὶ τὸ
νεώτερον ἐν αὐτῷ ἄλλο καὶ ἄλλο ἀεὶ γίγνεται, καθάπερ καὶ τὸ
πρεσβύτερον· ἐν γενέσει γὰρ ὂν τὸ μεταλλάττον συνεξαλλάττε-
ται, καθάπερ εἴπομεν. εἰ δὲ καὶ ἄλλος τις τρόπος ἐστὶ τοῦ καὶ   5
πρεσβύτερον ἑαυτοῦ τι γιγνόμενον ἅμα γίγνεσθαι καὶ νεώτερον,
ἡ δευτέρα ὑπόθεσις ἡμᾶς ἀναδιδάξει· ἡ γὰρ αὐτὴ πρόσθεσις
κατὰ μὲν τὴν ἀριθμητικὴν μεσότητα ἑαυτοῦ ποιεῖ πρεσβύτερον

1230.23 εἴρηται: cf. supra, 1228.30-1229.6   **29** καθάπερ...ἔμπροσθεν: cf.
supra, 1227.24-1229.6   **1231.5**   καθάπερ εἴπομεν: cf. supra, 1227.24-
1228.15   **7**   in parte commentarii deperdita (ad *Parm.* 151e3-153b7); cf.
supra, 1227.24-31

1230.22   ἀντίθεσις Α : ἀντίθεσιν Σg   **23**   γίγνοιτο Σ : γίγνεται Α
24 λοιπόν correximus ex g (*reliquum*) : λεῖπον ΑΣ (λοῖπον [sic] R)   **25** τὸ[1]
addidimus   **27—28** ἑαυτοῦ...νεώτερον om. Α, add. ἑαυτοῦ γίγνεται Μ[b] [mg]
27 οὗ Cous[2] : οὐ Σg   **31** πρεσβύτης ΑΣg : πρεσβύτερος Cous   **1231.1** κυ-
ρίως Αg : κύριος Σ   **2** αὐτοῦ Μ : αὐτοῦ ΑΣg   **4** μεταλλάττον correximus
ex Α[g] (*quod transmutat*) : μετ' ἀλλήλων ΑΣ   **4—5**   συνεξαλλάττεται
correximus ex g (*compermutatur*) : συνεξαλλύιτευθαι ΑΣ   **7** πρόσθεσις
Α : πρόθεσις Σg

τὸ τὴν προσθήκην τοῦ χρόνου ταύτην λαβόν, κατὰ δὲ τὴν
10 γεωμετρικὴν τὸ αὐτὸ νεώτερον ἐλαττούμενον κατὰ τὸν λόγον,
ὡς ἐν ἐκείνοις ἔσται καταφανές.

Ἀλλὰ μὴν καὶ μήτε πλείω ἑαυτοῦ χρόνον γί-
γνεσθαι μήτε ἐλάττω, ἀλλὰ τὸν ἴσον χρόνον
καὶ γίγνεσθαι ἑαυτῷ καὶ εἶναι καὶ γεγονέναι
15 **καὶ μέλλειν ἔσεσθαι. – Ἀνάγκη γὰρ οὖν καὶ**
ταῦτα. [Parm. 141c4-7]

Δέδεικται ὅτι τὸ χρόνου μετέχον, ὃ καὶ ἀποφῆσαι βούλεται
τοῦ ἑνός, ἅμα νεώτερον ἑαυτοῦ γίγνεται καὶ πρεσβύτερον, καὶ
εἴπομεν ὅπως τε οἰκειοῦντες τὸν λόγον τοῖς περιοδικῶς ζῶσι
20 πρός γε τὸ παρὸν ἱκανῶς, διότι τὸ κυκλικῶς ἐνεργοῦν τὴν
αὐτὴν ἀρχὴν ἔχει τῆς περιόδου καὶ τελευτήν, καὶ ὡς μὲν ἐγγυ-
τέρω τῆς τελευτῆς γιγνόμενον πρεσβύτερον γίγνεται, ὡς δὲ
συνεγγίζον μᾶλλον καὶ μᾶλλον τῇ ἀρχῇ <νεώτερον γίγνεται,
καὶ ὡς ἡ ἀρχὴ> καὶ τὸ πέρας ἕν, οὕτω τὸ πρεσβύτερον ἑαυτοῦ
25 καὶ νεώτερον ταὐτόν, καὶ ὅπως ἀληθὴς ὁ λόγος καὶ ἐπὶ πάντων
τῶν χρόνου μετεχόντων ἀεί, καὶ ἐπὶ τοῦ πρεσβυτέρου καὶ τοῦ
νεωτέρου κινουμένων καὶ ἐν γενέσει ὄντων, καὶ πρὸς ἄλλο τὸ
πρεσβύτερον ἄλλου τοῦ νεωτέρου πάντως ἀναφαινομένου διὰ
τὴν ἅμα τῷ πρεσβυτέρῳ τοῦ νεωτέρου πάντως ἐξαλλαγήν.

1231.19 εἴπομεν: cf. supra, 1217.11-1218.20

1231.9 λαβόν A : λαβών Σ | δὲ correximus ex g (autem): γε ΑΣ   12–13
χρόνον γίγνεσθαι Σg PLAT. TW : γί. χρ. A PLAT. BCD   23–24   νεώτε-
ρον...ἀρχὴ addidimus (post ἀρχῇ add. νεώτερον, post πέρας add. καὶ ἡ
ἀρχὴ Cous²)   24 ἑαυτοῦ Cous² : ἐπ᾽ αὐτοῦ ΑΣg   29 τῷ πρεσβυτέρῳ A :
τῶν πρεσβυτέρων Σg

βούλεται δὴ οὖν ὁμοῦ τοῖς εἰρημένοις συναγαγεῖν ὅτι τὸ τοιοῦ- 30
τον καὶ ἰσήλικόν ἐστιν ἑαυτῷ· τὸν γὰρ ἴσον χρόνον ἑαυ-
τῷ πᾶν ⌊καὶ⌋ γέγονε καὶ μέλλει καὶ γίγνεται
καὶ ἔστιν· εἰ γάρ ἐστιν ὁ Σωκράτης ἑβδομηκοντούτης,
ἰσῆλιξ ἑαυτῷ ἐστι, καὶ εἰ γέγονε τριακοντούτης, | τὸν ἴσον 1232
ἑαυτῷ γέγονε χρόνον· καὶ εἰ γίγνεται δεκαετής, ὁμοίως ἑαυτῷ
γίγνεται τὸν ἴσον χρόνον· πρὸς γὰρ ἑαυτὸν συγκρινόμενος
ἑαυτῷ τὸν ἴσον ἔχει χρόνον. τοῦτο μὲν οὖν οὐδὲν ποικίλον, ἀλλὰ
καὶ ἐν τοῖς κατ'εὐθεῖαν γιγνομένοις δῆλον ὅπως ἐστὶν ὑπάρχον. 5
ἄλλο μὲν γὰρ ἄλλου πλείω καὶ ἐλάττω χρόνον εἶναι καὶ
γίγνεσθαι καὶ γεγονέναι δυνατόν, αὐτῷ <δὲ> πάντως
ἴσον, καὶ οὔτε πλείω οὔτε ἐλάττω.

**Ἀνάγκη ἄρα ἐστίν, ⌊ὡς ἔοικεν, ὅσα γε ἐν χρόνῳ
ἐστὶ⌋ καὶ μετέχει τοῦ τοιούτου, ἕκαστον αὐτῶν 10
τὴν αὐτήν τε αὐτὸ αὑτῷ ἡλικίαν ἔχειν, καὶ
πρεσβύτερόν τε αὐτοῦ ἅμα καὶ νεώτερον γίγνε-
σθαι. – Κινδυνεύει. – Ἀλλὰ μὴν τῷ γε ἑνὶ τῶν
τοιούτων παθημάτων οὐδὲν μετῆν. – Οὐ γὰρ
μετῆν. – Οὐδὲ ἄρα χρόνου αὐτῷ μέτεστιν, οὐδὲ 15**

1231.31 τὸν A : τὸ Σ   32 καὶ¹ addidimus ex g (et)   **1232**.2 δεκαετής
Cous² : δὴ καὶ τῆς Σ δὴ καὶ τοῦ A om. g   3 συγκρινόμενος scripsimus :
comparatum g κρινόμενος Σ (om. P) κρινόμενον A γιγνόμενος Cous²
6 ἄλλο Σg : ἄλλον A   7 αὐτῷ scripsimus : αὑτῷ AΣg | δὲ addidimus
9–10 ὡς...ἐστὶ addidimus ex Ag PLAT. codd. : om. Σ   10 μετέχει Σg
PLAT. codd. : μετέχειν A   11 αὐτὸ αὑτῷ Σ PLAT. BCDT : ipsum ipsi g
αὑτῷ A αὐτῷ PLAT. W   12 τε Σ PLAT. codd. : γε A | αὐτοῦ ἅμα PR PLAT.
BTW : αὑτοῦ ἅμα FGg ἅμα αὐτοῦ A ἅμα αὑτοῦ PLAT. CD   14 παθημάτων
A Σg PLAT. BCDW : μαθημάτων PLAT. T

ἔστιν ἔν τινι χρόνῳ. – Οὔκουν <δή>, ὥς γε ὁ λόγος αἱρεῖ. [Parm. 141c8-d6]

Διὰ τούτων συνάγει τὸ προκείμενον. τοῦτο δὲ ἦν ὅτι χρόνου
τὸ ἓν οὐ μετείληχεν, οὐδὲ ἔστιν ἐν χρόνῳ· δεῖ γὰρ αὐτοῦ καὶ
20 πᾶσαν τὴν θείαν οὐσίαν ἀφελεῖν, ἀλλὰ μὴ μόνον τὴν ἀκρότητα
αὐτῶν· ταῦτα γάρ ἐστι τὰ ἔν τινι χρόνῳ ἐνεργοῦντα, ἀλλὰ μὴ ἐν
αἰῶνι, καὶ μετέχοντα χρόνου τινός, ἃ πρότερον ἐλέγομεν. τὸ δὲ
ἓν οὐδενὸς μετέχει χρόνου· πάντῃ ἄρα τούτων ἐξῄρηται τῶν
τινὸς χρόνου μετεχόντων. πῶς οὖν ὅτι οὐδενὸς χρόνου μετέχει
25 τὸ ἓν ἀποδείκνυται, λέλεκται μὲν καὶ πρότερον, λεγέσθω δὲ καὶ
νῦν αὐτὸς ὁ συλλογισμός· τὸ ἓν οὐδαμῶς ἐστιν ἑαυτοῦ πρεσβύ-
τερον ἢ νεώτερον ἢ ἰσήλικον. πᾶν δὲ τὸ χρόνου μετέχον ἑαυτοῦ
πρεσβύτερόν ἐστιν ἅμα καὶ νεώτερον καὶ ἰσήλικον. οὐδαμῶς
ἄρα τοῦ χρόνου μετέχει τὸ ἕν, ὃ καὶ αὐτὸς συνήγαγεν εἰπών·
30 οὐδὲ ἄρα χρόνου αὐτῷ μέτεστιν, εἶτα ἔτι τελειότερον·
οὐδὲ ἔστιν ἐν χρόνῳ τινί· παντελῶς γὰρ ἐξῄρηται τοῦ
χρόνου καὶ πάσης ὑπερίδρυται τάξεως χρονικῆς. τοῦτο δὲ οὐ τῷ
ἑνὶ μόνον ὑπάρχει τὸ χρόνου μὴ μετέχειν, ἀλλὰ καὶ πᾶσι τοῖς
1233 κατὰ τὴν μεταβατικὴν κίνησιν ἀκινή|τοις· οὐδὲ γὰρ ἐκεῖνα
κινεῖται κατὰ χρόνον, καὶ εἰ κινεῖται, χρόνου ὄντος οὐ περὶ αὐτά,
ἀλλὰ τὰ μετὰ ταῦτα· οὐδὲ γὰρ ἦν τὸ εἶναι ἐν χρόνῳ

1232.22 ἃ...ἐλέγομεν: cf. supra, 1224.12-23 **25** λέλεκται...πρότερον: cf.
supra, 1212.26-1214.12 **1233.3 – 5** = Ar., *Phys.* IV 12, 221a9-10, 19-22

1232.16 Οὔκουν δή A PLAT. codd.: οὐκοῦν Σ **17** αἱρεῖ Ag PLAT. BDTW:
ἐρεῖ Σ PLAT. C **21** μὴ A: μὴν Σg **23** ἄρα scripsimus: γὰρ AΣg **30** ἔτι
Ag: εἴ τι Σ **31** ante οὐδὲ add. καὶ AG **32** οὐ τῷ A¹: οὕτως AΣ *sic neque*
g **33** μόνον Σg: μόνῳ A¹ ˢˡ

τοῦτο, τὸ εἶναι ὅτε ὁ χρόνος ἔστιν· οὐ γὰρ τὸ εἶναι
ἐν τόπῳ τουτέστι τὸ εἶναι ὅτε τόπος ἔστιν. ἢ οὕτω
πᾶν τὸ ἀσώματον ἐν τόπῳ φήσομεν εἶναι, διότι τόπου ὄντος
ἔστιν; ὡς οὖν οὐκ ἐν τόπῳ τὸ ἀσώματον, κἂν ᾖ ὅτε ἔστι τόπος,
οὕτως οὐδ' ἐν χρόνῳ ἐστί· μήποτε δὲ οὐδὲ λεκτέον εἶναι ὅτε
χρόνος ἔστι, διότι προϋφέστηκε τοῦ προϋφεστῶτος τῶν ἐν
χρόνῳ ὄντων, καὶ τὸ ὅτε χώραν ἐπὶ τούτου παντελῶς οὐκ ἔχει,
πρὸ αἰῶνος ὑφεστῶτος, ὅς ἐστι παράδειγμα τοῦ χρόνου· πῶς
γὰρ ἂν εἴποι τις τὸ ὅτε ἐπὶ τοῦ μήτε ἐν αἰῶνι μήτε ἐν χρόνῳ
ὄντος, ἀναινομένου δὲ τὴν πρὸς ἄμφω κοινωνίαν; ὡς γὰρ οὐκ ἐν
χρόνῳ τὸ ἕν, ὅτι μὴ ἐν κινήσει, οὕτως οὐδὲ ἐν αἰῶνι, ὅτι μὴ ἐν
στάσει· μένει γὰρ ὁ αἰών, ὡς ὁ Τίμαιός φησιν.

*Τί οὖν; τὸ ἦν καὶ τὸ γεγονέναι καὶ τὸ ἐγίγνετο
οὐ χρόνου μέθεξιν δοκεῖ σημαίνειν τοῦ ποτὲ
γεγονότος; – Καὶ μάλα. – Τί δέ; τὸ ἔσται καὶ
τὸ γενήσεται καὶ τὸ γενηθήσεται οὐ τοῦ ἔπειτα
τοῦ μέλλοντος; – Ναί. – Τὸ δὲ δὴ ἔστι καὶ τὸ
γίγνεται οὐ τοῦ νῦν παρόντος; – Πάνυ μὲν οὖν.*
[*Parm.* 141d7-e3]

Ἀπέφησε πάντα τοῦ ἑνὸς ἐν τάξει, τὸ χρόνου μετέχειν ἀπὸ

1233.15 = *Tim.* 37d6

1233.4 ὅτε correximus ex g (*quando*) : τότε Σ τότε ὅτε A   7 κἂν Ag : καὶ
Σ   8 οὐδ' corr. Strobel ex g (*neque*) : οὐκ ΑΣ | οὐδὲ scripsimus : τότε
ΑΣg   16 ἦν Aᶜg PLAT. codd. : εἶναι ΑΣ | γεγονέναι ΑΣ PLAT. W *factum
fuisse* g (cf. infra, 1234.24) ; γέγονε PLAT. BCDT   19 γενηθήσεται AR
PLAT. codd. : γεννηθήσεται FGP | τοῦ ἔπειτα Ag PLAT. codd. : τὸ τοῦ ἐπὶ Σ

τοῦ μήτε πρεσβύτερον εἶναι μήτε νεώτερον, τὸ πρεσβύτερον καὶ
25 νεώτερον ἀπὸ τοῦ μήτε ὁμοιότητος μήτε ἰσότητος μήτε <ἀνο-
μοιότητος μήτε> ἀνισότητος μετέχειν, τὸ ἴσον καὶ ἄνισον καὶ
ὅμοιον καὶ ἀνόμοιον ἀπὸ τοῦ μήτε ταὐτὸν εἶναι μήτε ἕτερον,
τοῦτο δὲ ἀπὸ τοῦ μὴ κινεῖσθαι μηδαμῶς, τὸ δὲ μήτε κινεῖσθαι
μήτε ἑστάναι ἀπὸ τοῦ μήτε ἐν ἑαυτῷ εἶναι μήτε ἐν ἄλλῳ, τοῦτο
1234 δὲ ἀπὸ τοῦ μήτε περιέχειν ἑαυτὸ μήτε περιέχεσθαι, | τοῦτο δὲ
ἀπὸ τοῦ μέρη μὴ ἔχειν, τοῦτο δὲ ἐκ τοῦ μὴ εἶναι ὅλον, τοῦτο δὲ
ἐκ τοῦ μὴ εἶναι πλῆθος, τοῦτο δὲ ἀπὸ τοῦ μὴ εἶναι ἄλλο τι ἢ ἕν.
ταῦτα οὖν ἀποφήσας καὶ καταντήσας ἐπὶ τὸ τοῦ χρόνου {μὴ}
5 μετέχον, ὃ δὴ τῷ πλήθει <προσήκει> τῶν θείων ψυχῶν καὶ τῶν
συνηρτημένων αὐταῖς θείων γενῶν – καὶ γὰρ μάλιστα τούτοις
προσήκειν τὴν διαίρεσιν ταύτην φαμέν –, καὶ ἄνωθεν εἰς αὐτοὺς
πρόεισι, πρῶτον μὲν τριαδικῶς εἰς τὸ παρὸν καὶ παρελθὸν καὶ
μέλλον, ἔπειτα ἐνναχῶς ἕκαστον τῶν τριῶν τούτων εἰς τρία
10 πάλιν ὑποδιαιρῶν. τούτων δὲ τῶν διαιρέσεων καὶ ἐν ἄλλοις
αὐτὸς ἡμῖν παρέσχετο τῆς τάξεως ἀφορμάς. ἢ οὐχὶ καὶ ὁ ἐν
Πολιτείᾳ Σωκράτης τὰς Μοίρας διῃρῆσθαι τὸν χρόνον φησί,
καὶ τὴν μὲν ᾄδειν τὰ παρελθόντα, τὴν δὲ τὰ παρόντα, τὴν δὲ τὰ

1234.10 ἐν ἄλλοις: cf. *Resp.* X 617b7-e5

1233.24 post **νεώτερον** add. ἑαυτοῦ Cous²   24—25 τὸ...νεώτερον Σg: om.
A τοῦτο A¹ ˢˡ   25 ἀπὸ τοῦ A¹ ˢˡg: αὐτοῦ Σ   25—26 ἀνομοιότητος...ἀνισό-
τητος A: ἀνισότητος Σ spat.vac. g   28   μήτε scripsimus: μὴ AΣg
29 post ἑστάναι add. τοῦτο δὲ Cous² | ἑαυτῷ Ag: αὐτῷ FP αὐτῷ GR
30 περιέχειν Ag: ἔχειν Σ | ἑαυτὸ A: ἑαυτῷ Σ se ipso g   1234.3 τοῦτο
correximus ex g (*hoc*): ταῦτα AΣ | τοῦτο...ἕν huc transp. Cous²: post
ἕτερον (cf. supra, 1233.27) hab. AΣg   4 μὴ delevimus   5 μετέχον Σg:
μετέχειν A | προσήκει addidimus (post γενῶν add. Cous²)   7 καὶ AΣ: *et
si* g   12 διῃρῆσθαι Σg: διαιρεῖσθαι A

μέλλοντα; καὶ ταύτην ἄρα ⌊τὴν τριαδικὴν⌋ τοῦ χρόνου διαίρεσιν
περί τινας τριπλᾶς ὑποστάσεις τῶν κρειττόνων ἡμῶν ἀπο- 15
ληπτέον, ὧν ἐξῃρημένον εἶναι βούλεται τὸ ἓν ὁ Παρμενίδης· ἡ
μὲν γὰρ μονὰς τῶν ψυχῶν ἥνωται πρὸς τὸν ὅλον χρόνον, αἱ δὲ
πολλαὶ δευτέρως αὐτοῦ μετέχουσι. καὶ αἱ μὲν ὁλικῶς, ὅσαι κατὰ
τὸ παρελθὸν ἢ παρὸν ἢ μέλλον, αἱ δὲ μερικῶς, ὥσπερ αἱ κατὰ
τὰς τούτων διαφορὰς οὐσιωμέναι· ἑκάστῃ γὰρ τῶν ὅλων 20
συντέτακται πλῆθος εἰς πρῶτα καὶ μέσα καὶ τελευταῖα διαι-
ρούμενον· καὶ γὰρ τῇ κατὰ τὸ παρελθὸν ἱσταμένῃ σύνεστί τι
πλῆθος οἰκεῖον, οὗ τὸ μὲν ἄκρον κατὰ τὸ ἦν, τὸ δὲ μέσον κατὰ
τὸ γεγονέναι, τὸ δὲ τελευταῖον κατὰ τὸ ἐγίγνετο· καὶ τῇ
κατὰ τὸ παρὸν ἄλλο δεύτερον, οὗ τὸ μὲν κυριώτατον χαρακτη- 25
ρίζεται τῷ ἔστι, τὸ δὲ μέσον τῷ γέγονε, τὸ δὲ τελευταῖον τῷ
γίγνεται· καὶ τῇ κατὰ τὸ μέλλον ἄλλο τρίτον, οὗ τὸ μὲν
ὑψηλότατον τῷ ἔσται, τὸ δὲ ἐν μέσῳ τεταγμένον τῷ γενή-
σεται, τὸ δὲ τελευταῖον ἀφορίζεται τῷ γε|νηθήσεται. καὶ 1235
οὕτω δὴ τῶν τριῶν τούτων ὁλοτήτων αἱ τρεῖς τριάδες ἔσονται
προσεχῶς ἐξηρτημέναι, πᾶσαι δὲ αὗται τῆς ἑαυτῶν μονάδος.

Τί οὖν; ἆρα τοῦτό φαμεν, ὅτι μεμερισμένως ἐνεργοῦσιν αἱ
διῃρημέναι κατὰ τὰ μόρια τοῦ χρόνου τάξεις καὶ οὐ πᾶσαι κατὰ 5
πάντα τὸν χρόνον, ἀλλ᾽ αἱ μὲν κατὰ τὸ παρελθόν, <αἱ δὲ κατὰ τὸ
παρόν, αἱ δὲ κατὰ τὸ μέλλον> μόνον· καὶ τίνι τούτων ἕκαστον
ἀφορίζομεν, οὐχ ἕξομεν εἰπεῖν· μέχρι τίνος γὰρ ἢ τὸ παρὸν ἢ τὸ

1234.14 τὴν τριαδικὴν addidimus ex g (trinitalem)   16 ἐξῃρημένον Aᶜg :
ἐξῃρημένων Σ   17 τὸν scripsimus : τὸ ἓν ΑΣ deest in g   18 ὅσαι Cous² :
ὅσα ΑΣg   19 ὥσπερ αἱ ΑΣ : et g   24 γεγονέναι ΑΣg : γέγονε coni.
Stallbaum   τὸ³ ΑΣ : le tunc g (τὸ τότε Γ?)   καὶ ΑΣ : etenim g   25 οὗ...
μὲν ΑΣ : sic enim g   27 ἄλλο τρίτον Λg. ἀλλότριον Σ   1235.6−7 αἱ...
μέλλον addidimus   8 ἢ¹ correximus ex g (aut) : ᾖ Σ ἦν Α

παρελθόν; καὶ πόθεν ἄρξεται λοιπὸν τὸ μέλλον; ἀλλ᾽ἴσως
10 ἄμεινον λέγειν ὅτι πᾶσαι μὲν κατὰ πάντα τὸν χρόνον ἐνεργοῦ-
σιν, ἀλλ᾽ἔχοντος τοῦ ὅλου χρόνου τριπλᾶς ἐν ἑαυτῷ δυνάμεις,
τὴν μὲν τελεσιουργὸν πάσης κινήσεως, τὴν δὲ συνεκτικὴν τῶν
ὑπ᾽αὐτοῦ βασιλευομένων καὶ φρουρητικήν, τὴν δὲ ἐκφαντορι-
κὴν τῶν θείων· καὶ γὰρ εἰς κύκλον τὰ πάντα περιάγων τὰ μὴ
15 αἰώνια τῶν πραγμάτων τελειοῖ, καὶ συνέχει τὴν οὐσίαν αὐτῶν,
καὶ ἐκφαίνει τὴν ἡνωμένην τοῦ αἰῶνος αὐτοῖς ἀπειρίαν, ἀνελίτ-
των τὸ συνηρημένον ἐν τοῖς αἰωνίοις πλῆθος. ὅθεν δὴ οὗτος ὁ
ἐμφανὴς χρόνος, ὥς φησιν ὁ Τίμαιος, ἐκφαίνει ἡμῖν τὰ μέτρα
τῶν θείων περιόδων καὶ τελειοῖ τὰ τῇδε καὶ <τὰ> γιγνόμενα
20 φρουρεῖ τοῖς οἰκείοις ἀριθμοῖς. τοῦ δ᾽οὖν χρόνου τοῦ πρὸ τῶν
ψυχῶν τριττὰς δυνάμεις ἔχοντος, τὴν τελεσιουργόν, τὴν συνε-
κτικήν, τὴν ἐκφαντορικήν, κατὰ τὴν πρὸς τὸν αἰῶνα ὁμοιότητα·
καὶ γὰρ ὁ αἰών, ὡς ἐν ἄλλοις ἐδείξαμεν, τὴν μέσην τάξιν ἔχων
ἐν τοῖς νοητοῖς, τελειοῖ μὲν τὴν μεθ᾽ ἑαυτὸν τάξιν, ἕνωσιν αὐτῇ
25 χορηγῶν, ἐκφαίνει δὲ τὴν πρὸ αὐτοῦ, τὴν ἄρρητον αὐτῆς ἕνωσιν
προάγων εἰς πλῆθος, συνέχει δὲ τὸν μέσον τῶν νοητῶν σύν-
δεσμον καὶ πάντα φρουρεῖ διὰ τῆς ἑαυτοῦ δυνάμεως ἀμετα-
στάτως· ἄνωθεν δ᾽οὖν ἀπὸ τοῦ αἰῶνος ὁ χρόνος τὰς τριπλᾶς
δυνάμεις καταδεξάμενος δίδωσιν αὐτὰς καὶ ταῖς ψυχαῖς. ἀλλ᾽ὁ
30 μὲν αἰὼν ἡνωμένως ἔχει τὴν τριάδα ταύτην, ὁ δὲ χρόνος ἡνωμέ-
1236 νως ἅμα καὶ | διῃρημένως, αἱ δὲ ψυχαὶ διῃρημένως. ὅθεν δὴ

1235.18 cf. *Tim.* 37d5-e5   **23** ὡς...ἐδείξαμεν: *In Tim.* III 14.16-16.11

1235.9 καὶ ΑΣ : *aut* g   **14** περιάγων A : περιάγον Σ om. g   **17** αἰωνίοις R
eternalibus g : αἰων^ν-FG αἰω(.) P αἰῶσι A   **18**   ἐκφαίνει correximus ex g
(*insinuat*) (cf. infra, l. 25) : ἐκφαίνεται AR ἐκφαίνηται FGP   **19**   τὰ²
addidimus | γιγνόμενα Cous² : γενόμενα ΑΣg   **23** ὡς om. Σ   **24** ἑαυτὸν
M^b : *ipsam* g ἑαυτῶν ΑΣ   **30** ἔχει Cous² *habet* g : ἦκε ΑΣ

τούτων αἱ μὲν κατ᾽ἄλλην, αἱ δὲ κατ᾽ἄλλην χαρακτηρίζονται
δύναμιν, αἱ μὲν τὸ ἐκφαντορικὸν μιμούμεναι τοῦ χρόνου, αἱ δὲ τὸ
τελεσιουργόν, αἱ δὲ τὸ συνεκτικόν· ὥσπερ καὶ τῶν Μοιρῶν αἱ
μὲν πρὸς τὸ συμπληροῦν καὶ τελειοῦν ᾠκειωμέναι λέγονται τὰ   5
παρελθόντα ᾄδειν – ἀεὶ γὰρ ἐνεργοῦσαι καὶ ἀεὶ ᾄδουσαι τὰς
ἑαυτῶν ᾠδάς, νοήσεις οὔσας καὶ ποιήσεις περικοσμίους· συμ-
πληρωτικὸν γάρ ἐστι τὸ παρελθόν –, αἱ δὲ πρὸς τὸ συνέχειν τὰ
παρόντα – φρουροῦσι γὰρ αὐτῶν τὴν οὐσίαν καὶ τὴν γένεσιν –,
αἱ δὲ πρὸς τὸ ἐκφαίνειν τὸ μέλλον· τὸ γὰρ μήπω ὂν εἰς οὐσίαν   10
καὶ εἰς τέλος ἄγουσιν. οὐκ ἀστόχως ἄρα καὶ τὸν χρόνον τριχῇ
τοῦτον εἰώθαμεν διαιρεῖν εἰς παρελθὸν καὶ μέλλον καὶ παρὸν
διὰ τὰς τριπλᾶς τοῦ χρόνου δυνάμεις, τὴν ἐκφαντορικήν, τὴν
τελεσιουργόν, τὴν συνεκτικήν, αὗται δὲ ἄλλως μὲν ἐπὶ τοῦ
αἰῶνος, ἄλλως δὲ ἐπὶ τοῦ χρόνου, καὶ ἄλλως δὲ ἐπὶ τῶν ψυχῶν.   15

Εἰ δὲ βούλει καὶ κατ᾽ἄλλον τρόπον, ἐπειδὴ τῶν κρειττόνων
ἡμῶν ψυχῶν τάξις ἐστὶν εἰς πρώτας καὶ μέσας καὶ τελευταίας
διῃρημένων, αἱ μὲν ὁλικώταται αὐτῶν ᾠκείωνται πρὸς τὸ
παρελθόν – γέγονε <γὰρ> καὶ τὸ παρὸν καὶ τὸ μέλλον· ὡς οὖν
τοῦτο τῶν δύο περιεκτικόν, οὕτω καὶ ἐκεῖναι τῶν λοιπῶν –, αἱ   20
δὲ μέσαι πρὸς τὸ παρόν – καὶ γὰρ τοῦτό ποτε μέλλον ἦν, οὔπω
δὲ ⌊καὶ⌋ παρελθόν· ὡς οὖν τὸ παρὸν περιεκτικὸν τοῦ μέλλοντος,

---

1236.4 – 11 cf. *Resp.* X 617b7-c5

1236.6 ᾄδειν Mg : ἤδειν Σ legi nequit A² | γὰρ correximus ex g (*enim*) :
μὲν ΑΣ   7 οὔσας Cous² : οὔσαι ΑΣ   7 – 8 συμπληρωτικὸν ΑΣ : *comple-
tiuorum* g   11 ἄγουσιν Σg : ᾄδουσιν Α   14 αὗται scripsimus : αὐτὰ ΑΣg
ἐπὶ Aᶜ *in* g : ἀπὸ ΑΣ   15 δὲ² scripsimus : μὲν Σg om. Α   19 γέγονε om.
Α | γὰρ addidimus | τὸ¹ om. Σ | τὸ² om. Σ   20 περιεκτικόν ΑΣ : *produc-
tiuum* g (παρακτικόν Γ?)   22 καὶ addidimus ex g (*et*) | περιεκτικὸν ΑΣ :
productiuum g (παρακτικόν Γ?)

οὕτω καὶ αἱ μέσαι τῶν μετ'αὐτὰς περιληπτικαί, περιέχονται δὲ
ἐν ταῖς πρὸ αὐτῶν –, αἱ δὲ τρίται κατὰ τὸ μέλλον· τοῦτο γὰρ οὐ
25 διὰ τοῦ παρόντος ὥδευσεν οὐδέ πως γέγονε παρελθόν, ἀλλ'ἔστι
μέλλον μόνον, ὥσπερ δὴ καὶ αἱ τρίται ψυχαὶ ἑαυτῶν εἰσι μόνον,
ἄλλων δὲ διὰ τὴν εἰς τὸ μερικώτατον ὑπόβασιν οὐδαμῶς
περιεκτικαί· τὸ γὰρ πέρας αὗται συνελίττουσι κατὰ τὴν εἰς τρία
διαίρεσιν τῶν μετὰ θεοὺς γενῶν, ἐπεὶ καθ'ἑκάστην πάλιν τῶν
1237 τριῶν τούτων ὁλοτή|των πλῆθός ἐστι τριαδικόν.

Ἀλλὰ τὰ μὲν ἄλλα προϊόντες θεωρήσομεν, τὴν δὲ πρώτην
τριάδα τέως ἐπισκεπτέον. αὕτη δήπου κοινὸν ἔχει πᾶσα τὸ
π ο τ έ – τοῦτο γὰρ τοῦ παρελθόντος καὶ τῆς συμπληρώσεως
5 ἴδιον – διαιρεῖται δὲ τῷ ἦ ν, τῷ γ έ γ ο ν ε, τῷ ἐ γ ί γ ν ε τ ο.
πάλιν οὖν τῶν τριῶν τούτων, τὸ μὲν σημαίνει τὴν ἀκρότητα τῆς
τριάδος τὸ ἦ ν, κατ'αὐτὴν τὴν ὕπαρξιν ἀφοριζόμενον, τὸ δὲ
τὴν ἀθρόαν τελείωσιν τὸ γ έ γ ο ν ε, τὸ δὲ τὴν ἐν τῷ τελειοῦσθαι
παράτασιν τὸ ἐ γ ί γ ν ε τ ο. μιμήματα καὶ ταῦτα τῶν νοητῶν, τὸ
10 μὲν ἦ ν τοῦ ὄντος, τὸ δὲ γ έ γ ο ν ε τοῦ αἰῶνος, τὸ δὲ ἐ γ ί γ ν ε τ ο
τοῦ πρώτως αἰωνίου· τὸ μὲν γὰρ εἶναι πᾶσιν ἐκ τοῦ πρώτου, τὸ
δὲ ὁμοῦ πᾶν καὶ ὅλον ἀπὸ τοῦ μέσου, τὸ δὲ πληθύεσθαι καὶ
ἐκτείνεσθαι ὁπωσοῦν ἐκ τοῦ τρίτου. τούτοις δὲ τοῖς τρισὶ καὶ τὰ
ἑξῆς ἐστιν ἀνάλογον τρία, κατά τε τὸ μέλλον καὶ κατὰ τὸ
15 παρόν, τῷ μὲν ἦ ν τὸ ἔ σ τ α ι καὶ τὸ ἔ σ τ ι, τὸ μὲν τοῦ μέλ-
λοντος, τὸ δὲ τοῦ παρόντος, τῷ δὲ γ έ γ ο ν ε τὸ γ ε ν ή σ ε τ α ι
καὶ τὸ γ έ γ ο ν ε ν, ἕτερον παρ'ἐκεῖνο τὸ γ έ γ ο ν ε, τὸ μὲν ὡς
παρελθόν, τὸ δὲ ὡς παρόν· συντελικὸν γάρ ἐστι τὸ γ έ γ ο ν ε, καὶ
ὁρῶμεν αὐτὸ καὶ ὡς τελειωθὲν καὶ ὡς νῦν τελειωθὲν κατὰ τὸ

1236.23	post περιληπτικαί add. *et* g	**25**	οὐδέ Strobel : οὔτε ΑΣg
29 θεοὺς Cous² : θεοῦ ΑΣg	**1237.5** διαιρεῖται Aˢlg : διαιρεῖ Σ	**15** post
παρόν add. καὶ τὸ παρελθόν A	**18** συντελικὸν Σg : συνεκτικὸν A

νῦν τὸ ἄχρονον, οἷον "γέγονεν ἡ ἔκλειψις"· ταὐτὸν γὰρ τοῦτο τῷ   20
"συντετέλεσται νῦν". ἐπεὶ οὖν διττὸν ἐσήμαινε τὸ γέγονεν,
ἐπὶ τοῦ παρόντος δύο μόνον εἶπε τὴν πρώτην, τὸ ἔστι καὶ <τὸ>
γίγνεται, ἵνα μὴ ταράξῃ τὸν λόγον, ὕστερον δὲ προσθήσει
καὶ ἐπὶ τοῦ παρόντος τὸ γέγονε. τῷ δὲ ἐγίγνετο τρίτον
ἀνάλογον λαμβάνει τὸ γίγνεται, δεύτερον δὲ τὸ γενηθή-   25
σεται· τοῦτο γὰρ οὐ ταὐτὸν τῷ γενήσεται, μὴ τοῦθ᾽ ὑπο-
λάβωμεν· σημαίνει γὰρ τὸ μὲν γενήσεται τὴν ἄχρονον ⌊καὶ⌋
ἀθρόαν εἰς τὸ μέλλον ὕπαρξιν, οἷον "ἀστραπὴ γενήσεται", τὸ δὲ
γενηθήσεται τὴν μετὰ παρατάσεως πρόοδον, ⌊οἷον⌋ "γενη-
θήσεται ἄνθρωπος"· ἐπὶ γὰρ ἀστραπῆς εἰπεῖν τὸ γενηθή-   30
σεται ψεῦδός ἐστιν.

| Ἀνάλογον οὖν αἱ δύο τριάδες αὗται τῇ πρὸ αὐτῶν, καὶ   **1238**
μέσον τοῦ μὲν ἦν καὶ <τοῦ> ἔσται τὸ ἔστι, τοῦ δὲ γέ-
γονε κατὰ τὸ παρελθὸν καὶ τοῦ γενήσεται τὸ γέγονε ὅ
ἐστι κατὰ τὸ νῦν, τοῦ δὲ ἐγίγνετο καὶ ⌊τοῦ⌋ γενηθήσε-
ται τὸ γίγνεται. πανταχοῦ δὲ αἱ μὲν πρῶται μονάδες   5
ὑπάρξεώς εἰσιν, αἱ δὲ μέσαι δυνάμεως ὅλης οὔσης καὶ ἀθρόας,
αἱ δὲ τρίται τῆς κατὰ παράτασιν ἐνεργείας. ἴδιον δὲ πάσης μὲν
τῆς πρώτης τὸ ποτέ, πάσης δὲ τῆς <δευτέρας τὸ νῦν, πάσης
δὲ τῆς> τρίτης τὸ ἔπειτα, καὶ χρῆται καὶ τοσαύταις φωναῖς.

1237.22 cf. *Parm.* 141e2   23 cf. *Parm.* 141e4-5

1237.20—21   τοῦτο...συντετέλεσται A (cf. infra, l. 26) : τούτῳ τὸ συν- Σ
huic completum g   21 ἐπεὶ Σ : ἐπειδὴ A   22 μόνον Σg : μόνα A | τὸ²
addidimus   24 τῷ scripsimus : τὸ AΣg   25 τὸ¹ Σg : τῷ A   27 καὶ
addidimus ex g (*et*)   29 οἷον add. Cous² *puta* g   30 γὰρ correximus ex g
(*enim*) : om. Σ δὲ A   **1238.**2 τοῦ² add. Mʰ   4 τοῦ² add. Cous² *del* g
5 γίγνεται AΣ · egeneto g   7 τῆς A : τε Σ   8—9 δευτέρας...τῆς ad-
didimus   9 τοσαύταις A : τοσαύταις cum spat. vac. Σ *hiis* g

10 εἰ δὲ τὴν κατὰ τὸ μέλλον δευτέραν ἔταξε, μὴ θαυμάσῃς· μιμεῖ-
ται γὰρ τὸν τοῦ χρόνου κύκλον, τῇ ἀρχῇ τὸ πέρας συνάπτων,
ἐπεὶ προϊὼν μέσην τάξει τὴν κατὰ τὸ παρὸν τριάδα, τελευταίαν
δὲ τὴν κατὰ τὸ μέλλον.

Εἰ ἄρα τὸ ἓν μηδαμῇ μηδενὸς μετέχει χρόνου,
15 **οὔτε ποτὲ γέγονεν οὔτε ἐγίγνετο οὔτ᾽ ἦν ποτέ,**
οὔτε ⌊νῦν⌋ γέγονεν οὔτε γίγνεται οὔτε ἔστιν,
οὔτ᾽ ἔπειτα γενήσεται οὔτε γενηθήσεται οὔτε
ἔσται. – Ἀληθέστατα. [Parm. 141e3-7]

Ὁ μὲν συλλογισμὸς πῶς πρόεισιν ἐν τούτοις, οὐκ ἄδηλον. τὸ
20 ἓν οὐδενὸς χρόνου μετέχει. πᾶν ὅ ποτε ἦν ἢ γέγονεν ἢ ἐγίγνετο,
⌊καὶ⌋ ὅπερ κατὰ τὸ παρὸν ἔστιν ἢ γέγονεν ἢ γίγνεται, καὶ ὅπερ
κατὰ τὸ μέλλον ἔσται ἢ γενήσεται ἢ γενηθήσεται, χρόνου
μετέχει τινός· ταῦτα ⌊γὰρ⌋ πάντα κατενείματο τὴν ὁλότητα τὴν
χρονικήν· τὸ ἄρα ἓν ἐξῄρηται καὶ ὑπερήπλωται καὶ τριάδος τῆς
25 χρονικῆς καὶ τῆς ἐννεάδος. ἀλλ᾽ ἡ μὲν ἀπόδειξις ἐναργής ἐστι
διὰ τῶν προειρημένων. ἐν δὲ τῇ τῶν τριῶν τριάδων ἀπαριθμή-
σει προσεκτέον ὅπως τὴν μὲν αὐτῶν πρὸς ἀλλήλας τάξιν
διεφύλαξε, πρώτην ⌊μὲν⌋ τὴν κατὰ τὸ παρελθόν, δευτέραν δὲ
τὴν κατὰ τὸ <παρόν, τρίτην δὲ τὴν κατὰ τὸ> μέλλον θείς, ὥσπερ
30 καὶ ἐν Πολιτείᾳ τῇ μὲν πρωτίστῃ τῶν Μοιρῶν ἀπένειμε τὸ

1238.29 − 31 cf. *Resp.* X 617b7-c5; cf. supra, **1234**.11-16

1238.16   νῦν addidimus ex Ag PLAT. codd.: om. Σ   **17**   οὔτ᾽ Ag PLAT.
codd.: οὔτε δ᾽ Σ   **21** καὶ¹ addidimus ex g (*et*)   **23** γὰρ addidimus ex g
(*enim*) add. δὲ P   **25** ἐννεάδος correximus ex g (*nouennario*): ἐνάδος A
ἐνάδος Σ   **28** διεφύλαξε scripsimus: διαφυλάξαι Σ διαφυλάξῃ A om. g
μὲν addidimus ex g (*quidem*)   **29** παρόν...τὸ² add. Cous²

παρελθόν, τῇ δὲ μέσῃ τὸ παρόν, τῇ δὲ τρίτῃ τὸ μέλλον, ὡς τοῦ
ὅλου | χρόνου δηλαδὴ περιεχομένου νοερῶς ὑπὸ τῆς μητρὸς
αὐτῶν, τῆς Ἀνάγκης. ἐφ'ἑκάστης δὲ οὐκ ἀπὸ τοῦ ἦν καὶ
ἔστι καὶ ἔσται πεποίηται τὴν ἀρχήν, ἀλλ'ἀπὸ τοῦ μέσου,
τοῦ γέγονε ποτὲ καὶ νῦν γέγονε καὶ γενήσεται·
τοῦτο γὰρ ἅτε τὸν αἰῶνα μιμουμένοις αὐτοῖς οἰκεῖον
καὶ δυνατὸν καὶ ἐντεῦθεν ἀρχομένοις οὕτω τῶν ἄκρων μνημο-
νεύειν.

Ταῦτα καὶ περὶ τούτων. ἓν δὲ τοῦτο συναγαγεῖν χρὴ κε-
φάλαιον ἀπὸ πάντων τῶν ἐν τούτοις εἰρημένων ὅτι τὸ ἓν ὑπερί-
δρυται πάσης τε ψυχικῆς θείας οὐσίας καὶ τῆς ἀεὶ ὡσαύτως
ἐνεργούσης, οἵα δή ἐστιν ἡ τῶν κρειττόνων γενῶν, εἴτε τριαδι-
κῶς εἴτε ἐννεαχῶς εἴτε κατ'ἄλλον ἀριθμὸν διαιρουμένης· καὶ
οὐδὲν χρὴ τοιοῦτον ἀναφέρειν ἐπὶ τὸ ἕν. καὶ ὡς μέχρι ταύτης
προῆλθεν ὁ λόγος, πάσας τὰς τάξεις τάς τε νοερὰς καὶ τὰς
ἄλλας ἀποφάσκων τοῦ ἑνός. ποῖ δὲ ἡμᾶς ἄξει προϊών, εἰσόμεθα
συνοδεύοντες αὐτοῦ ταῖς ὑφηγήσεσι καὶ ἀνασκοποῦντες ἕκαστα
τῶν λεγομένων.

Ἔστιν οὖν οὐσίας ὅπως ἄν τι μετάσχοι ἄλλως
ἢ κατὰ τούτων τι; – Οὐκ ἔστιν. – Οὐδαμῶς ἄρα
τὸ ἓν οὐσίας μετέχει. – Οὐκ ἔοικεν. – Οὐδαμῶς
ἄρα ἔστι τὸ ἕν. – Οὐ φαίνεται. [Parm. 141e7-10]

1239.5 = Tim. 38a7

1239.1 τῆς scripsimus : τε ΑΣ   6 ἄκρων Σg : ἄλλων Α   10 post ψυχικῆς
add. καὶ Α   13 ὡς om. g   14 ὁ λόγος ΑΣ : theologus g   15 ποῖ cor-
reximus ex g (quo) : ποῆ ΑΣ   10   ἂν τι Α PLAT. codd. : ἂν ποτέ τι Σ
20 μετέχει Ag PLAT. codd. : μετέχειν Σ

Μέχρι τῆς ἐκθεουμένης οὐσίας καὶ πάσης τῆς ἀεὶ ὡσαύτως
ἐνεργούσης προελθὼν διὰ πάντων τῶν εἰρημένων, καὶ πάσας
τὰς τάξεις ἀποφήσας τοῦ ἑνός, τάς τε θείας καὶ νοερὰς καὶ ὅσαι
25 *ψυχικαί, πάλιν ἀνατρέχει διὰ τῆς κοινῆς πασῶν τῶν εἰρημένων*
τάξεων φύσεως ἐπὶ τὴν νοητὴν μονάδα τῶν ὄντων, καὶ ταύτης
ἐξαιρεῖ τὸ ἕν· ὡς γὰρ καὶ πρότερον εἴπομεν, οὐκ ἀπὸ τῆς τῶν
νοητῶν ἀκρότητος, ἀλλ᾽ἀπὸ τῆς τῶν <νοητῶν καὶ> νοερῶν
ἐπεποίητο τὴν ἀρχὴν τῶν ἀποφάσεων· ἐκεῖ γὰρ τ ὰ π ο λ λ ὰ
30 *τέτακται, ὡς ἔσται δῆλον ἡμῖν προελθοῦσι κατὰ τὴν δευτέραν*
1240 *ὑπόθεσιν. ἡ δὲ οὐσία καὶ τὸ ἓν ὂν | πρὸ τούτων ἐστὶ τῶν πολλῶν*
καὶ πάσαις ὑπάρχει ταῖς εἰρημέναις τάξεσι, τοῖς πολλοῖς, τῇ
ὁλότητι, τῷ σχήματι, τοῖς ἑξῆς ἅπασι· διὸ καὶ ἀπὸ πάντων ὡς
κοινῇ μετεχόντων τῆς οὐσίας ἐπ᾽αὐτὴν ἀνατρέχει τὴν οὐσίαν.
5 *καὶ διὰ τοῦτο ἀρχόμενος ταύτης τῆς ἀποφάσεως, πᾶν {γάρ},*
φησί, τ ὸ μ ε τ έ χ ο ν ο ὐ σ ί α ς κ α τ ά τ ι τ ο ύ τ ω ν ἐ σ τ ὶ
μετέχον, οὐ τῶν προσεχῶς εἰρημένων λέγων, ἀλλὰ πάντων
ὁμοῦ τῶν ἐν τῇ πρώτῃ κατηριθμημένων ὑποθέσει, οἷον ἢ ὅλον
ἐστὶν ἢ μέρη ἔχον ἢ ἀρχὴν ἢ μέσον ἔχον ἢ τελευτὴν ἢ ἐν αὐτῷ ἢ
10 *ἐν ἄλλῳ, καὶ ἑξῆς πάντα τὰ ἀποπεφασμένα τοῦ ἑνός· ᾧ καὶ*

1239.27 ὡς...εἴπομεν: cf. supra, VI 1091.19-1092.12   **30 — 31** cf. *Parm.*
143a4-144e7   **1240.7** τῶν...εἰρημένων: cf. *Parm.* 141d6-e7

1239.23 προελθὼν correximus ex g (*procedens*) (sc. ὁ λόγος, cf. supra, l.
14): προελθόντες ΑΣ   **24** ἀποφήσας correximus ex g (*abnegans*):
ἀποφήσαντες Σ ἀποφήναντες Α   **25** ἀνατρέχει correximus ex g (*re-
currit*): ἀνατρέχοιμεν Σ ἀνατρέχομεν Α   **26** ταύτης Ag: ταύτην Σ
27 ἐξαιρεῖ correximus ex g (*exaltat*): ἐξαιρήσομεν ΑΣ   **28** νοητῶν καὶ
add. Cous²   **30** τέτακται correximus ex g (*ordinata sunt*): τίκτεται ΑΣ
31 καὶ correximus ex g (*et*): κατὰ ΑΣ   **1240.4** ἀνατρέχει correximus ex g
(*recurrit*): ἀνατρέχομεν ΑΣ   **5** γάρ del.Strobel ex g   **7** post οὐ add. περὶ
Cous² *de* g   **10** ᾧ correximus ex g (*quo*): ὡς ΑΣ

δῆλον ὅτι ταῦτα παρέλαβεν, ὃ καὶ ἐξ ἀρχῆς εἴπομεν, ὅσα παρ-
έπεται τοῖς οὖσιν, ᾗ ὄντα ἐστίν, ἀλλ᾽ οὐχ ᾗ ζῶντα ἄττα ἐστὶν ἢ
νοοῦντα· πᾶν γὰρ τὸ οὐσίας ἁμωσγέπως μετέχον κατά
τι τούτων τῶν ἀποπεφασμένων, φησίν, οὐσίας μετέ-
χει· <τὸ δὲ ἓν οὐδενὸς μετέχει> τούτων· οὐδ᾽ ἄρα οὐσίας   15
μετείληχεν. οὕτω δέ που καὶ ὁ ἐν Πολιτείᾳ Σωκράτης τὸ
πρῶτον ἐπέκεινα οὐσίας ἔλεγεν εἶναι καὶ οὐκ οὐσίαν,
αἴτιον δὲ οὐσίας, καὶ ἐπέκεινα νοοῦντος καὶ νοουμένου παντός,
ὥσπερ τὸν ἥλιον τῶν ὁρώντων καὶ τῶν ὁρωμένων αἴτιον εἶναί
φαμεν, οὐκ ἄλλο τι λέγων τὴν οὐσίαν παρὰ τὸ ὄν· σαφῶς γὰρ   20
αὐτὸς καὶ ἐνταῦθά φησιν ὅτι οὐχ οἷόν τε εἶναι μέν τι, μὴ μετέ-
χειν δὲ οὐσίας, καὶ ἐν τούτῳ τῷ διαλόγῳ καὶ ἐν Τιμαίῳ παρα-
πλησίως. εἰ οὖν τὸ πρῶτον ὑπὲρ οὐσίαν καὶ ὑπὲρ τὸ ὄν ἐστι πᾶν,
καὶ τὸ εἶναι αὐτὸ ψεῦδος· ἐπέκεινα γὰρ <οὐσίας> ἐξῄρηται καὶ
τοῦ ὄντος. καὶ ταύτῃ διέστηκεν ὁ παρὰ Πλάτωνι Παρμενίδης   25
τοῦ ἐν τοῖς ἔπεσιν, ὅτι ὁ μὲν εἰς τὸ ἓν ὂν βλέπει καὶ τοῦτό φησιν
εἶναι πάντων αἴτιον, ὁ δὲ εἰς τὸ ἕν, ἀπὸ τοῦ ἑνὸς ὄντος εἰς τὸ
μόνως ἓν καὶ πρὸ τοῦ ὄντος ἀναδραμών.

Ἀποφήσας δ᾽ οὖν τὸ μετέχειν οὐσίας τοῦ ἕν, ἐπειδὴ οἶδεν ὅτι
δύναταί ἔτι ἡ πρώτη οὐσία εἶναι – τὸ γὰρ μετέχειν νῦν τὸ | 1241
δευτέρως ἀπολαύειν ἐδήλου –, προσέθηκεν οὐδαμῶς ἄρα
ἔστι τὸ ἕν, οὐκέτι τοῦτο δι᾽ ἀποδείξεως λαμβάνων· οὐδὲ γὰρ
ἦν ἀποδεῖξαι δυνατὸν τοῦτο αὐτόθεν διὰ τὴν τοῦ ὄντος πρὸς τὸ

1240.11 ὃ...εἴπομεν: cf. supra, VI 1086.8-1087.10 **13** = *Tim.* 52c4
16−20 cf. *Resp.* VI 509b2-10 **22−23** cf. *Tim.* 52c4-5

1240.15 τὸ...μετέχει add. Westerink **20** παρὰ Ag : περὶ Σ **23** ὑπὲρ
οὐσίαν Mg : ὑπερουσίαν Σ legi nequit A² **24** οὐσίας add. Cous² **26** post
ἔπεσιν add. δὲ Σ **29** τοῦ scripsimus : τὸ AΣg **30** ἔτι scripsimus : τι
AΣg τι ἓν Cous²

5 ἓν συγγένειαν· καὶ γὰρ ἐν ταῖς ἀποφάσεσι τὰ συγγενέστερα
δυσαποδεικτότερα, καθάπερ εἴπομεν ἔμπροσθεν. ἀλλ᾽ ὅτι μὲν τὸ
ἓν οὐκ ἔστι ταὐτὸν καὶ τὸ ὄν, δείξει τῆς δευτέρας ἀρχόμενος
ὑποθέσεως. εἰ δὲ τοῦτο ἀληθές, δῆλον ὅτι οὐδὲ ἔστι τὸ ἕν· πᾶν
γὰρ τὸ παρὰ τὸ ἓν τῷ ἑνὶ προστεθὲν ἐλαττοῖ τὴν ἐξῃρημένην
10 ὑπεροχὴν τοῦ ἑνός.

Τοῦτο μὲν οὖν οὕτως ἔλαβεν ἀπὸ τοῦ κοινοῦ τοῦ ἐν πᾶσι τοῖς
οὖσιν ἐπὶ τὴν αἰτίαν τῶν ὄντων ἀναδραμὼν καὶ οὐδὲ ταύτην
ἐφαρμόζειν τῷ ἑνὶ τιθέμενος. ἴσως δ᾽ ἄν τις ἐπιζητήσειε διὰ
ποίαν αἰτίαν οὐκ ἀπὸ τοῦ ἔστιν ἤρξατο τῶν ἀποφάσεων,
15 ἀλλ᾽ ἀπὸ τῶν π ο λ λ ῶ ν, καὶ οὔτε τὴν ἀπὸ τοῦ μετὰ τὸ ἓν εὐθὺς
ἄχρι τῶν ἐσχάτων τάξιν οὔτε τὴν ἀπὸ τούτων ἄχρι τῆς ἀκρό-
τητος τῶν ὄντων προέκρινεν, ἀλλὰ τὴν ἀπὸ τῶν πολλῶν. ῥητέον
δὲ πρὸς τὴν ζήτησιν ὅτι πρὸς τὴν ὑπόθεσιν ἐναντίως εἶχεν ἡ
τῆς οὐσίας ἀπόφασις· ἡ μὲν γὰρ λέγει τὸ ἓν ὡς ἔστιν, ἡ δὲ
20 ἀπόφασις ὡς οὐκ ἔστι· πάντων οὖν γελοιότατον ἦν εὐθὺς ἐξ
ἀρχῆς λέγειν· ε ἰ ἔ σ τ ι τὸ ἕ ν, ο ὐ κ ἔ σ τ ι τ ὸ ἕ ν· αὐτὸς
γὰρ ἂν ἑαυτὸν ἔδοξεν ἀναιρεῖν ὁ λόγος. ἀλλὰ διὰ τοῦτο τῷ
ἔ σ τ ι καταχρησάμενος καὶ ὡς μηδὲν διαφέρον λέγων ε ἰ ἔ σ τ ι
τ ὸ ἕ ν, εὗρεν ὅτι τὰ πολλὰ μάλιστα ἀντικεῖσθαί πως δοκεῖ
25 πρὸς τὸ ἕν, καὶ ἄλλως τῷ Παρμενίδῃ δοκοῦν ἓν εἶναι τὸ ὂν καὶ
οὐ πολλά. ἀρξάμενος οὖν ἀπὸ τούτων ὡς γνωριμωτάτων καὶ

1241.6 καθάπερ...ἔμπροσθεν: cf. supra, 1178.5-10 (cf. supra, VI 1088.27-
1089.13) 7—8 δείξει...ὑποθέσεως: cf. Parm. 142b1-144a8

1241.5 καὶ γὰρ A^c: enim g εἰ γὰρ Σ 6 τὸ A^cΣg: οὐκ A 9 παρὰ Ag:
περὶ Σ 11 οὕτως scripsimus: iste g (οὗτος Γ?) ὅπως ΑΣ 12 οὐδὲ
ταύτην correximus ex g (neque hanc): οὐδὲν ταύτην A^cΣ οὐδὲν ταύτῃ M
οὐδὲν ταύτης Cous² 25 post ἕν add. καὶ ἄλλως τῷ δοκεῖ πρὸς τὸ ἓν Σ

πάντα τὰ ἄλλα ἀποφήσας κατεῖδεν ὡς ἡ τοῦ ἑνὸς ἔννοια καὶ τὴν
τῆς οὐσίας ἀναίνεται συνάρτησιν καὶ αὐτὸ τὸ ἔστιν· ὥστε δύο
τῶν ὅρων ὄντων, τοῦ ἑνὸς καὶ τοῦ ἔστιν, ἀνυσιμώτερον οἶδε τῷ
ὑποκειμένῳ τὸ ἀντικείμενον λαβεῖν ἢ τῷ κατηγορουμένῳ, καὶ   30
οὕτω λαβὼν τῷ ἑνὶ τὰ πολλὰ ἀντικεῖσθαι συνήγαγεν ὅτι εἰ   1242
ἓν ἔστι, πολλὰ οὐκ ἔστιν, ἀλλ᾽οὐχὶ εἰ ἓν <ἔστι>,
τὸ ἓν οὐκ ἔστιν. εἰ δέ, ὥσπερ εἴπομεν, καὶ ἀρχόμενος τῆς
δευτέρας δείκνυσι μηδὲ ἐκεῖνο τὸ ἓν τῷ ὄντι ταὐτόν, καίτοι
συμπεπλεγμένον πρὸς τὸ ὄν, πῶς οὐκ ἐκ περιουσίας καὶ τὸ   5
πρῶτον ἓν ἀποδείκνυται καθ᾽αὑτὸ τοῦ ὄντος καθαρεῦον; ὥστε
⌊καὶ⌋ τοῦτο μὲν καὶ δι᾽ἐκείνων ἔσται δῆλον, δέοντος πανταχοῦ
τὸ ἀμέθεκτον ἡγεῖσθαι τῶν μετεχομένων, καὶ τοῦτο ⌊καὶ⌋ ἐπὶ
τῶν εἰδῶν τοῦ Πλάτωνος κρατύνοντος, καὶ διὰ τοῦτο τὰ
καθ᾽αὑτὰ προϋφεστάναι λέγοντος τῶν ἐν ἄλλῳ ὑφεστώτων·   10
ὥστε εἰ τὸ μετεχόμενον ὑπὸ τοῦ ὄντος ἓν τοῦ ὄντος διαφέρει,
πᾶσα ἀνάγκη τὸ ἀμέθεκτον μειζόνως ἐξῃρῆσθαι τοῦ ὄντος.
οὐδ᾽ἄρα οὐσίας μετέχει τὸ ἕν, κἂν οὐσίαν λαμβάνω-
μεν τὴν ἀκροτάτην καὶ μόνως οὐσίαν καὶ τὸ ὂν αὐτὸ τὸ μόνως
ὂν καὶ πρὸ τῶν πολλῶν ἱδρυμένον τοῦ ὄντος γενῶν.   15

Ἐπειδὴ δὲ τὸ μετέχειν ἐλάμβανε κατὰ πάντας τοὺς
ἔμπροσθεν λόγους, κατὰ τὴν συνάρτησιν τῶν μετὰ τὸ ὂν τὴν
πρὸς τὸ ἕν, διὰ δὴ τοῦτο καὶ ἐν τούτοις οὑτωσὶ λέγων τὴν

1242.1−2 = Parm. 137c7   3 ὥσπερ εἴπομεν: cf. supra, 1241.6-8   8 − 9
cf. Parm. 130b1-6 (cf. In Parm. III 797.3-798.18)   16 −17 τοὺς...λόγους:
cf. Parm. 137c4-141e7

1241.27 πάντα ΑΣ : utique g   29 ἀνυσιμώτερον Cous² : ἀνυσιμώτατον
ΑΣ ἀγισυμώτατον Aᵍ | οἶδε Mᵇ nouit g : εἰ δὲ ΑΣ   1242.2 ἔστι² ad-
didimus   7 καὶ¹ addidimus ex g (et)   8 καὶ² addidimus ex g (et)
14 μόνως¹ PGg : μόνην AFR

μέθεξιν, πᾶν, φησί, τὸ μετέχον οὐσίας κατά τι τού-
20 των αὐτῆς μετέχει. λέγει δὲ ἢ κατὰ τὸ ὅλον ἢ κατὰ τὸ σχῆμα
ἢ κατὰ τὸ ταὐτὸν καὶ ἕτερον, ἢ κατ' ἄλλο τι τῶν ἀποπεφα-
σμένων τοῦ ἑνός. τούτων δὲ προρρηθέντων συνῆψεν ὅτι
οὐδαμῶς οὐσίας μετέχει τὸ ἓν οὕτως ὡς κατά τι
τούτων μετέχον αὐτῆς. ὅθεν ἐπειδήπερ ὑπελείπετο λέγειν,
25 μήποτε κατά τι ⌊μὲν⌋ τούτων οὐ μετέχει τὸ ἓν οὐσίας,
αὐτῆς δὲ μετέχει τῆς πρὸ τούτων οὔσης οὐσίας, καὶ ἔστιν ἐκείνη
τῇ οὐσίᾳ συμπεπλεγμένον, ἐπήνεγκεν οὐδ' ἄρα.

1242.25 μὲν addidimus ex g (quidem)   26 μετέχει scripsimus : ἔχει ΑΣg

LIBRI SEPTIMI FINIS EX INTERPRETATIONE GUILLELMI GRAECE REDDITUS

SIGLA ET COMPENDIA

g	= interpretatio latina Guillelmi de Moerbeka, secundum editionem C. Steel
Γ	= exemplar graecum Guillelmi de Moerbeka (deperditum)
A	= Ambrosianus A 167 sup (a. 1508)
C	= Cusanus Hospit. S. Nicolai 186 (saec. XV)
C^c	= correctio Ioannis Andreae Bussi in C
R	= Vaticanus latinus 11600 (saec. XV)
O	= Oxoniensis Bodleianus Digbeianus 236 (saec. XIV)
V	= Vaticanus latinus 3074 (saec. XV)
KL	= *Parmenides usque ad finem primae hypothesis nec non Procli Commentarium in Parmenidem, pars ultima adhuc inedita interprete Guillelmo de Moerbeka*, edd. R. Klibansky et C. Labowsky (Londinii, 1953).
Rumbach	in *Documenti e studi sulla tradizione filosofica medievale*, 8 (1997), 211–67.
Saffrey	in *Deutsche Literaturzeitung* 81 7/8(1960), 621-29.
Strobel	in M. Perkams - R. M. Piccione (edd.), *Proklos: Methode, Seelenlehre, Metaphysik* (Lugduni Batavorum, 2006), 98–113.

Bossier, Guldentops, Markesinis = emendationes ab his viris doctis communicatae

497   Unde quoniam relinquebatur dicere, ne forte *secundum aliquid* quidem *horum* non participat le unum substantia, ipsius autem habet eius que ante hec entis substantie, et est illi substantie complexum, intulit *neque ergo est le unum,* hoc

5   primo ostendens, scilicet non esse ipsum substantiam ipsam. Non enim le est predicatur de primo, hoc est le prime ens. Huic autem consequenter superducet iam quod *neque unum est* illud

498   le unum, puta quod cum | substantia unum et participans autosubstantia, quale erat quod Parmenidiale.

Imitatur itaque totorum circulum, non solum procedentem ex uno, sed et conuertentem ad unum. Per multitudinem enim

5   uadens secundum processum – principium enim processus que ibi multitudo, propter quod et omnis processus secundum procedentis fit multitudinem –, conuertit ad unum rursum per unum ens. Inde enim omnibus unio, et secundum unum quod sui ipsorum singula coniunguntur ad unum. Unde igitur aliunde

10   oportebit tradentem eum qui ex uno processum inchoare entia quam a multis? unde autem conuersionem per unum ens? Multiplicant enim processus entia, conducunt autem et uniunt conuersiones. Omnia enim secundum quod communiter participant substantia, copulantur ad unum ens; illud enim

15   monas entium. Per illud autem rursum mistice mouentur ad id quod in ipso unum, deinde per hoc ad exaltatam ab entibus unitatem. Quid igitur aliud dices utique quam imitari Platonem et hac theologos, qui post processum et egenerationem

---

498.10   inchoare entia : *forsan* τῶν ὄντων *ut gen. ap.* ἄρχεσθαι *interpretatur Guil.*

ὅθεν ἐπειδήπερ ὑπελείπετο λέγειν μήποτε κ α τ ά τι μὲν 497
τ ο ύ τ ω ν οὐ μετέχει τὸ ἓν οὐσίας, αὐτῆς δὲ μετέχει τῆς πρὸ
τούτων οὔσης οὐσίας καὶ ἔστιν ἐκείνῃ τῇ οὐσίᾳ συμπεπλεγμέ-
νον, ἐπήνεγκεν ο ὐ δ ' ἄ ρ α [ἔ σ τ ι τ ὸ ἕ ν, τοῦτο πρῶτον
ἐνδεικνύμενος τὸ μὴ εἶναι αὐτὸ τὴν οὐσίαν αὐτήν· οὐ γὰρ τὸ ἔστι 5
κατηγορεῖται τοῦ πρώτου, τουτέστι τὸ πρώτως ὄν· τούτῳ δὲ
ἐφεξῆς ἐπάξει λοιπὸν ὅτι ο ὐ δ ' ἕ ν ἐ σ τ ι ν ἐκεῖνο τὸ ἕν, οἷον τὸ
μετὰ | τῆς οὐσίας ἓν καὶ μετέχον τῆς αὐτοουσίας, οἷον ἦν τὸ 498
Παρμενίδειον.

Μιμεῖται δὴ τὸν κύκλον τῶν ὅλων οὐ μόνον προϊόντα ἐκ τοῦ
ἑνός, ἀλλὰ καὶ ἐπιστρέφοντα πρὸς τὸ ἕν· διὰ γὰρ τοῦ πλήθους
ὁδεύσας κατὰ τὴν πρόοδον – ἀρχὴ γὰρ τῆς προόδου τὸ ἐκεῖ 5
πλῆθος· διὸ καὶ πᾶσα πρόοδος κατὰ τὸ τοῦ προϊόντος γίγνεται
πλῆθος – ἐπιστρέφει πρὸς τὸ ἓν πάλιν διὰ τοῦ ἑνὸς ὄντος·
ἐκεῖθεν γὰρ πᾶσιν ἡ ἕνωσις, καὶ κατὰ τὸ ἓν τὸ ἑαυτῶν ἕκαστα
συνάπτεται πρὸς τὸ ἕν. πόθεν οὖν ἄλλοθεν δεήσει τὸν παραδι-
δόντα τὴν ἐκ τοῦ ἑνὸς πρόοδον ἄρχεσθαι τῶν ὄντων ἢ ἀπὸ τῶν 10
πολλῶν; πόθεν δὲ τὴν ἐπιστροφὴν <ἢ> διὰ τοῦ ἑνὸς ὄντος; πληθύ-
νουσι γὰρ αἱ πρόοδοι τὰ ὄντα, συνάγουσι δὲ καὶ ἑνίζουσιν αἱ
ἐπιστροφαί· πάντα γάρ, καθ'ὃ κοινῇ μετέχει τῆς οὐσίας, συνά-
πτεται πρὸς τὸ ἓν ὄν – ἐκεῖνο γὰρ μονὰς τῶν ὄντων –, διὰ δὲ
ἐκείνου αὖ μυστικῶς κινεῖται πρὸς τὸ ἐν αὐτῷ ἕν, ἔπειτα διὰ 15
τούτου πρὸς τὴν ἐξῃρημένην τῶν ὄντων ἑνάδα. τί οὖν ἄλλο ἂν
εἴποις ἢ μιμεῖσθαι τὸν Πλάτωνα καὶ ταύτῃ τοὺς θεολόγους
τοὺς μετὰ τὴν τῶν θείων πρόοδον καὶ ἀπογέννησιν καὶ τὴν

497.7 = Parm.141e10-11

497.4 ἔστι : abhinc deest textus graecus. quod sequitur est versio ex
interpretatione Guillelmi ab editore facta 498.11 ἢ addidimus

diuinorum et progressum ipsorum tradunt eam que ad uniales
20   singulorum   causas   et   ultimam   omnium   unionem   ad
primissimum unum?

**Neque ergo sic est ut unum sit; esset enim
utique iam ens et substantia participans; sed
ut uidetur, le unum neque unum est neque est,**
25   **si oportet tali sermoni credere. Periclitatur.**
[*Parm.* 141e10-13]

Dictum est quod non participat ipso esse le unum sic ut
multa et totum et pars et figura et omnia que deinceps, deinde
quod *neque est* ut ipsum prime ens. Quoniam autem quod post
30   ipsum unum dicitur participare ente tamquam enti connexum, in
hiis et hoc apponit quod *neque unum est le unum.* Nouit enim
quod le unum duplex, et aliud quidem exaltatum, aliud autem
enti coordinatum; hoc enim comparabile aliqualiter ad ens ut
participans ipso et participatum ab ipso, illud autem incompara-
35   bile et ab omnibus imparticipabile. Ostendit igitur quod non est
tale unum le primum, quale quod enti coexistens. Nam le unum
esse coassumit entis, siquidem uerificatur de ipso le unum esse;
de exaltato enim uno ait quod neque esse unum ipsum dicere
possibile; de quo enim le unum esse dicimus uere, illud cum ente
499   est. Non ergo oportet dicere esse le unum | illud. Nam le unum
esse eius quod cum ente unius est, et quod participat substantia,
non mansit unum, sed factum <est> unum ens.

498.19 eam que : *erronee pro* eum qui (Strobel)

499.3 est *addidimus*

ἄνοδον αὐτῶν παραδιδόντας τὴν πρὸς τὰς ἐνιαίας ἑκάστων
αἰτίας καὶ τελευταίαν τὴν τῶν πάντων ἕνωσιν πρὸς τὸ   20
πρώτιστον ἕν;

**Οὐδ'ἄρα οὕτως ἔστιν ὥστε ἓν εἶναι· εἴη γὰρ ἂν
ἤδη ὂν καὶ οὐσίας μετέχον· ἀλλ'ὡς ἔοικε, τὸ ἓν
οὔτε ἕν ἐστιν οὔτε ἔστιν, εἰ δεῖ τῷ τοιῷδε
λόγῳ πιστεύειν. – Κινδυνεύει.** [Parm. 141e10-13]   25

Εἴρηται ὅτι οὐ μετέχει τοῦ εἶναι τὸ ἓν οὕτως ὡς τὰ πολλὰ
καὶ τὸ ὅλον καὶ τὸ μέρος καὶ τὸ σχῆμα καὶ πάντα τὰ ἑξῆς,
ἔπειτα ὅτι οὐδ'ἔστιν ὡς αὐτὸ τὸ πρώτως ὄν. ἐπειδὴ δὲ τὸ
μετ'αὐτὸ ἓν λέγεται μετέχειν τοῦ ὄντος ὡς τῷ ὄντι συνημμένον,
ἐν τούτοις καὶ τοῦτο προστίθησιν, ὅτι οὐδ'ἕν ἐστι τὸ ἕν·   30
οἶδε γὰρ ὅτι τὸ ἓν διττόν· καὶ ἄλλο μὲν τὸ ἐξῃρημένον, ἄλλο δὲ
τὸ τῷ ὄντι συνταττόμενον· τοῦτο γὰρ συμβλητόν πως πρὸς τὸ
ὄν, ὡς μετέχον αὐτοῦ καὶ μετεχόμενον ὑπ'αὐτοῦ, ἐκεῖνο δὲ
ἀσύμβλητον καὶ ὑπὸ πάντων ἀμέθεκτον. δείκνυσιν οὖν ὅτι οὐκ
ἔστι τοιοῦτον ἓν τὸ πρῶτον, οἷον τὸ τῷ ὄντι συνόν· τὸ γὰρ ἓν   35
εἶναι συμπαραλαμβάνει <εἰς ἔνδειξιν τοῦ ἑνὸς> ὄντος, εἴπερ
ἐπαληθεύει κατ'αὐτοῦ τὸ ἓν εἶναι· περὶ γὰρ τοῦ ἐξῃρημένου ἑνός
φησιν ὅτι οὐδ'εἶναι ἓν αὐτὸ λέγειν δυνατόν· καθ'οὗ γὰρ τὸ ἓν
εἶναι λέγομεν ἀληθῶς, ἐκεῖνο μετὰ τοῦ ὄντος ἐστίν· οὐκ ἄρα δεῖ
λέγειν <ἓν> εἶναι τὸ ἓν | ἐκεῖνο· τὸ γὰρ ἓν εἶναι τοῦ μετὰ τοῦ   499
ὄντος ἑνός ἐστι καὶ τὸ μετέχον οὐσίας οὐκ ἔμεινεν ἕν,
ἀλλ'ἐγένετο ἓν ὄν.

498.26 εἴρηται: cf. *Parm.* 137c3-141e6

498.36 εἰς...ἑνὸς add. Strobel (cf. *In Remp.* I 135.3; *In Tim.* I 190.10-12; *In Euc.* 162.19-21) **40** ἓν[1] add. Strobel

Si autem hec uera, qualiter possibile dicere primam
5   ypothesim esse non de primo deo solum, sed et de omnibus diis?
Etenim omnes deorum aliorum unitates cum ente consubsistunt.
Quare unusquisque deus est, solum autem illud unum ipsum
dicetur utique et supra ens imparticipatum, ut non aliquod unum
sit pro simpliciter uno. Nam le simul alii unum aliquod unum,
10   sicut et le ens le simul uite aliquid ens est {ens}, et non ipsum
ens, et uita que simul intellectui intellectualis est uita, et non
simpliciter uita; et omne cum differentia sumptum non est idem
ei quod simpliciter et ante differentiam. Necesse ergo le
autounum esse ante id quod simul cum ente unum.

15   Propter hoc quidem igitur hanc ypothesim non oportet dicere
et de diis esse, sicut putauerunt quidam. Quod autem de uno
disputans non de anypostato accumulat in principio ostendimus,
quando Eleatem xenum ostendimus *le uere unum impartibile*
esse dicentem; hoc autem ex necessitate consequens
20   Parmenidem concludere, incipientem a partes non habere le
unum; que autem possibili consequentia ex necessitate esse
possibilia; et non de inexistente esse ypothesim. Si autem a
principio quidem ostendimus quod circa subsistens uersatur le
unum, a fine autem quod non de diis indeterminate ostendimus,
25   ostensum utique erit de primo solum uno ipsam tractare per
omnia. Neque est le unum, ut participatum ab ente est, et le

499.10 ens³ *delevimus* : *om.* RV   **17** accumulat *scripsimus* : accumulare
codd. accumulate KL   **20** incipientem KL : incipiente AO incipientes RV

Εἰ δὲ ταῦτα ἀληθῆ, πῶς δυνατὸν λέγειν τὴν πρώτην ὑπόθε-
σιν εἶναι οὐ περὶ τοῦ πρώτου θεοῦ μόνον, ἀλλὰ καὶ περὶ πάντων   5
τῶν θεῶν; καὶ γὰρ πᾶσαι αἱ τῶν ἄλλων θεῶν ἑνάδες τῷ ὄντι
συνυφεστήκασιν, ὥστε ἕκαστος θεὸς ἔστι, μόνον δὲ ἐκεῖνο ἓν
αὐτὸ λέγοιτο ἂν καὶ ὑπὲρ τὸ ὂν ἀμέθεκτον, ἵνα μὴ τὶ ἓν ᾖ ἀντὶ
τοῦ ἁπλῶς ἑνός· τὸ γὰρ ἅμα ἄλλῳ ἓν τὶ ἕν, ὥσπερ καὶ τὸ ὂν τὸ
ἅμα τῇ ζωῇ τὶ ὄν ἐστιν καὶ οὐκ αὐτὸ τὸ ὄν, καὶ ἡ ζωὴ ἡ ἅμα τῷ   10
νῷ νοερά ἐστι ζωὴ καὶ οὐχ ἁπλῶς ζωή· καὶ πᾶν τὸ μετὰ τῆς
διαφορᾶς ληφθὲν οὐκ ἔστι ταὐτὸν τῷ ἁπλῶς καὶ πρὸ τῆς
διαφορᾶς· ἀνάγκη ἄρα τὸ αὐτοὲν εἶναι πρὸ τοῦ ἅμα τῷ ὄντι ἑνός.

Διὰ μὲν οὖν τοῦτο ταύτην τὴν ὑπόθεσιν οὐ δεῖ λέγειν καὶ
περὶ τῶν θεῶν εἶναι, ὥς τινες ᾠήθησαν. ὅτι δὲ περὶ τοῦ ἑνὸς   15
διαλεγόμενος οὐ περὶ τοῦ ἀνυποστάτου †σωρεύειτ, ἐν ἀρχῇ
ἀπεδείξαμεν, ὅτε τὸν Ἐλεάτην ξένον ἐδείξαμεν τὸ ἀληθῶς
ἓν ἀμερὲς εἶναι λέγειν, τὸ δὲ τούτῳ ἐξ ἀνάγκης ἑπόμενον
τὸν Παρμενίδην συνάγειν, ἀρχόμενον ἀπὸ τοῦ μέρη μὴ ἔχειν τὸ
ἕν, τὰ δὲ τῷ δυνατῷ ἑπόμενα ἐξ ἀνάγκης εἶναι δυνατά, καὶ μὴ   20
περὶ τοῦ ἀνυποστάτου εἶναι τὴν ὑπόθεσιν. εἰ δὲ ἀπὸ μὲν τῆς
ἀρχῆς ἐδείξαμεν ὅτι περὶ ὑφεστὼς διατρίβει τὸ ἕν, ἀπὸ δὲ τοῦ
τέλους ὅτι οὐ περὶ τῶν θεῶν ἀορίστως ἐδείξαμεν, δεδειγμένον
ἂν εἴη περὶ τοῦ πρώτου μόνον ἑνὸς αὐτὴν πραγματεύεσθαι διὰ
πάντων· οὐδὲ <γὰρ> ἔστι τὸ ἕν, ὡς τὸ ὑπὸ τοῦ ὄντος μετεχόμενον   25

499.4–15 cf. sc. Iamblichus, *In Parm.*, fr. 2 (Dillon); cf. supra, VI 1054.31-
1055.14, 1066.16-1067.2   **16–17** ἐν...ἀπεδείξαμεν: cf. supra, VI 1065.1-
1066.12, 1087.10-1088.2, 1110.9-11   **17–18** = *Soph.* 245a8-9   **19–20** cf.
Parm. 137c5-d4

499.16 σωρεύει : locus nondum sanatus   **10** λέγειν scripsimus : *dicen-*
tem g | τὸ...τούτῳ scripsimus : *hoc autem* g   **25** γὰρ add. Strobel

unum esse; participabile enim hoc unum, et ipso esse transumens le unum, quorum utrumque abnegauit ab uno, dicens quod, *uidetur, le unum* le exaltatum *neque unum est,*

30 tamquam unum illud ens quod est cum le est, *neque est,* ut le ens ipsum et substantia existens. Neutrum autem horum ens, exaltatum est omnino ab uno ente le unum.

500 | Concludentes igitur dicamus quod, si idem est intransmutabiliter le unum et le ens, indifferentia ab inuicem. At uero nichil secunda ypothesis tolerabit le unum et le ens inuariata dicere. Differunt ergo ab inuicem. Differentia autem aut

5 coelementalia sunt inuicem, et non alterum altero prius, aut non coelementalia. Et si quidem coelementalia, aut neutrum communicat alteri et principia duo omnium; et quid conducens ipsa? Aut, si nichil conducit le ens desertum ens ab uno et nullatenus unum, ex infinitis aliquibus erit unumquodque non

10 unum. Aut communicant et mixta sunt inuicem, et le unum ens est et le ens unum. Oportet ante ipsa esse miscens ambo et faciens unum le unum ens. Etenim in *Filebo* didicimus esse ante mixturam et mixta miscens ex necessitate. Illud igitur rursum aut ens est sine uno, aut unum sine ente. Si ambo, eadem ratio.

15 Si autem ens sine uno, non unum erit aut nichil. Sed nichil dicere dicentes ens impossibile. Non unum ergo est. Si autem non unum, necesse et unumquodque ex quibus nichil est, non unum esse; et ex illis que non unum unumquodque; et sic ex

---

500.2 intransmutabiliter : ἀπαραλλάκτως (cf. *In Parm.* II 753.3; 109.2-3 impermutabiliter)

499.27 ipso SW : ipse *codd.* ipsum KL **500.5** coelementalia Cᶜ : coelementaria AROVC

ἔστι καὶ τὸ ἓν εἶναι – μεθεκτὸν γὰρ τοῦτο τὸ ἕν – καὶ τὸ εἶναι
μεταλαβὸν τοῦ ἑνός, ὧν ἑκάτερον ἀπέφησε τοῦ ἑνὸς εἰπὼν ὅτι,
ἔοικε, τὸ ἓν τὸ ἐξῃρημένον οὔτε ἕν ἐστιν, ὡς ἓν ἐκεῖνο
ὄν, ὅ ἐστι μετὰ τοῦ ἔστιν, οὔτε ἔστιν, ὡς τὸ ὂν αὐτὸ καὶ
οὐσία ὑπάρχον. οὐδέτερον δὲ τούτων ὂν ἐξῄρηται παντελῶς τοῦ   30
ἑνὸς ὄντος τὸ ἕν.

| Συνελόντες οὖν εἴπωμεν ὅτι, εἰ ταὐτόν ἐστιν ἀπαραλλά-   500
κτως τὸ ἓν καὶ τὸ ὄν, ἀδιάφορα ἀλλήλων· ἀλλὰ μὴν οὐδὲ ἡ
δευτέρα ὑπόθεσις ἀνέξεται τὸ ἓν καὶ τὸ ὂν ἀπαράλλακτα λέγειν·
διαφέρει ἄρα ἀλλήλων. τὰ δὲ διαφέροντα ἢ σύστοιχά ἐστιν
ἀλλήλοις καὶ οὐ τὸ ἕτερον τοῦ ἑτέρου πρότερον, ἢ οὐ σύστοιχα.   5
καὶ εἰ μὲν σύστοιχα, ἢ οὐδέτερον κοινωνεῖ θατέρῳ καὶ ἀρχαὶ δύο
τῶν πάντων – καὶ τί τὸ συνάγον αὐτά; ἢ εἰ μηδὲν συνάγει, τὸ ὂν
ἔρημον ὂν τοῦ ἑνὸς καὶ οὐδαμῶς ἓν ἐξ ἀπείρων τινῶν ἔσται <ὧν>
ἕκαστον οὐχ ἕν –· ἢ <εἰ> κοινωνεῖ καὶ μέμικται ἀλλήλοις καὶ τὸ
ἓν ὄν ἐστι καὶ τὸ ὂν ἕν, δεῖ πρὸ αὐτῶν εἶναι τό τε μῖξαν ἀμφότε-   10
ρα καὶ ποιοῦν ἓν τὸ ἓν ὄν· καὶ γὰρ ἐν Φιλήβῳ μεμαθήκαμεν
εἶναι πρὸ τῆς μίξεως καὶ τῶν μικτῶν τὸ μῖξαν ἐξ ἀνάγκης·
ἐκεῖνο οὖν πάλιν ἢ ὄν ἐστι χωρὶς τοῦ ἑνός, ἢ ἓν χωρὶς τοῦ ὄντος·
εἰ <γὰρ> ἀμφότερα, ὁ αὐτὸς λόγος· εἰ δὲ ὂν χωρὶς τοῦ ἑνός, οὐχ
ἓν ἔσται ἢ οὐδέν. ἀλλ' οὐδὲν λέγειν λέγοντας τὸ ὂν ἀδύνατον·   15
οὐχ ἓν ἄρα ἐστίν· εἰ δὲ οὐχ ἕν, ἀνάγκη καὶ ἕκαστον ἐξ ὧν οὐδ' ἕν
ἐστιν, οὐχ ἓν εἶναι καὶ ἐξ ἐκείνων τῶν οὐχ ἓν ἕκαστον· καὶ οὕτως

500.11–12 cf. *Phil.* 23d7-8, 26e1-27b2

499.26 μεθεκτὸν…ἕν : sic interp. Strobel   500.2 οὐδὲ scripsimus : *nichil* g
(οὐδὲν Γ?)   8 ὧν addidimus   9 εἰ addidimus   14 γὰρ add. Strobel
16 οὐδ' ἕν scripsimus : *nichil* g (οὐδέν Γ?)

infinitis le ens esse quod non unum, quia ante unum ens non est

20 unum. Si autem unum quidem est, non ens autem, inuenitur
participabile ab ente et non participans essentia unum. Si autem
non coelementalia le ens et le unum, aut le ens superius ante
unum ens aut le unum superius ante ens ens. Et si quidem le ens
ante unum, ipsum producens le unum tamquam prius illo,

25 iterum non unum erit le ens, et eadem rationis deductio et in
infinitum progressus. Si autem le unum prius et causa entis,
ipsum ergo secundum suam existentiam non est ens, substituens
le ens; neque participat ente. Quod quidem erat quesitum. Aut
enim erit le prime unum participans aliqualiter ente, etsi ut

30 superius et producens ens, erit aliquid unum entis existentiam
assumens. Non enim ens aliquid unum non utique erit entis, sed
omnium causa, etsi ante alia entis. Et si unumquodque necesse

501 participare causa, erit aliquid | aliud ab ente unum a simpliciter
uno substituens hoc.

Et ut Speusippus narrans tamquam placentia antiquis audi
quid dicit. *Le unum enim melius ente putantes et a quo le ens et*

5 *ab ea que secundum principium habitudine ipsum liberauerunt;*
existimantes autem quod, si quis le unum ipsum seorsum et
solum meditatum sine aliis secundum se ipsum suadere, nullum
alterum elementum ipsi apponens, nichil utique fiet aliorum,

501.1 *post* aliud *addendum cens.* participatum KL   **3**   audi C^c : audit
AROVC (Strobel)

ἐξ ἀπείρων τὸ ὂν εἶναι τὸ οὐχ ἕν, ἐπεὶ πρὸ τοῦ ἑνὸς ὄντος οὐκ
ἔστι τὸ ἕν. εἰ δὲ ἓν μέν ἐστι, μὴ δὲ ὄν, εὑρίσκεται τὸ <ἀ>μέθεκτον
ὑπὸ τοῦ ὄντος καὶ οὐ μετέχον οὐσίας ἕν. εἰ δὲ μὴ σύστοιχα τὸ ὂν   20
καὶ τὸ ἕν, ἢ τὸ ὂν ὑπέρτερον πρὸ τοῦ ἑνὸς ὂν ἢ τὸ ἓν ὑπέρτερον
πρὸ τοῦ ὄντος ὄν. καὶ εἰ μὲν τὸ ὂν πρὸ τοῦ ἑνός, αὐτὸ παράγον τὸ
ἓν ὡς πρότερον ἐκείνου, πάλιν οὐχ ἓν ἔσται τὸ ὄν, καὶ ἡ αὐτὴ τοῦ
λόγου ἀγωγὴ καὶ ἐπ'ἄπειρον ἡ πρόοδος· εἰ δὲ τὸ ἓν πρότερον
καὶ αἴτιον τοῦ ὄντος, αὐτὸ ἄρα κατὰ τὴν ἑαυτοῦ ὕπαρξιν οὐκ   25
ἔστιν ὄν, ὑποστῆσαν τὸ ὄν, οὐδὲ μετέχει τοῦ ὄντος, ὅπερ ἦν τὸ
ζητούμενον. εἰ γὰρ ἔσται τὸ πρώτως ἓν μετέχον πως τοῦ ὄντος,
κἂν ὡς ὑπέρτερον καὶ παράγον τὸ ὄν, ἔσται τὶ ἓν τὴν τοῦ ὄντος
ὕπαρξιν προσλαβόν· μὴ γὰρ ὂν τὶ ἓν οὐκ ἂν εἴη τοῦ ὄντος, ἀλλὰ
πάντων αἴτιον, εἰ καὶ πρὸ τῶν ἄλλων τοῦ ὄντος· καὶ εἰ ἕκαστον   30
ἀνάγκη μετέχειν αἰτίας, ἔσται ǀ τι ἄλλο <πρὸ> τοῦ ὄντος ἕν, ἀπὸ   501
τοῦ ἁπλῶς ἑνὸς ὑφεστώς.

Ταῦτα καλῶς ὁ Σπεύσιππος ἱστορῶν ὡς ἀρέσκοντα τοῖς
παλαιοῖς, ἄκουε τί φησι· τὸ γὰρ ἓν κρεῖττον τοῦ ὄντος
ἡγούμενοι καὶ ἀφ'οὗ τὸ ὄν, καὶ τῆς κατ'ἀρχὴν   5
σχέσεως αὐτὸ ἀπήλλαξαν· ὑπολαμβάνοντες δὲ
ὅτι, εἴ τις τὸ ἓν αὐτὸ χωρὶς καὶ μόνον διανοού-
μενος ἄνευ τῶν ἄλλων καθ'αὑτὸ τιθείη, μηδὲν
ἕτερον στοιχεῖον αὐτῷ προσθείς, οὐδὲν ἂν

501.4–11 Speusippus, fr. 48 (Táran)   **7–8** cf. *Parm.* 143a7-9

500.19 ἀμέθεκτον scripsimus : *participabile* g   **27** εἰ KL : *aut* g (ἢ *Γ*?)
501.1 πρὸ add. Strobel (cf. *Theol. plat.* III 8, p. 31.14-18)   **2** ὑφεστώς
scripsimus : *substituens* g   **3** Ταῦτα Strobel : *hoc* g ǀ καλῶς scripsimus
(cf. infra, 512.23) : *et ut* g *ut et* KL   **7–8** διανοούμενος scripsimus (cf.
Parm. 143a7, διανοίᾳ) : *meditatum* g   **8** τιθείη KL : *suadere* g (πείθειν *Γ*?)

interminabilem dualitatem entium principium inducens. Quare

10 testatur et iste hanc esse antiquorum opinionem de uno, quod ultra ens sursumraptum est, et quod post unum interminabilis dualitas. Et hic igitur Plato hoc ostendit le unum ultra le ens et ultra id quod in ipso unum et ultra totum unum ens. Primum enim aliquid et le unum ens dicet per secundam ypothesim, ex

15 dissimilibus ens per unum et ens, ultra quod ait esse le autounum. Non enim le unum est le ens per entis, sed hoc aliquid unum est; nusquam autem le aliquid ei quod simpliciter idem; aut le ens; sed et hoc difficile; duo enim utique iam essent et non autounum; nam duo non unum. Est ergo unum et non

20 unum; hoc autem non autounum; neque enim le autoequale et equale et non equale. Merito ergo ponitur le autounum esse ultra et unum quod in ente ens, et ultra id quod ex hiis, simplicitatem ipsius seruans.

Hic itaque progressus aspexit merito quod utique tale ens le

25 unum incognitum est omnibus partialibus cognitionibus et indicibile et ineffabile. Nominabile enim prime et cognoscibile le unum essentia unum et omne simpliciter imparticipabile. Ut enim ad contingere cognoscibiliter mundialibus diis habemus et sensum cooperantem, aspicientem patentia ipsorum habitacula

30 et per hec proprietatis illorum nobis reminiscentem, ad

501.11 ultra *a Guil. additum censuimus*   **15** per : *forsan* per *pro* propter

---

501.16   *post* entis *addendum cens.* unum KL   **27**   *ante* simpliciter
addendum cens. non KL

γένοιτο τῶν ἄλλων, τὴν ἀόριστον δυάδα τῶν 10
ὄντων ἀρχὴν εἰσήγαγον· ὥστε μαρτυρεῖ καὶ οὗτος
ταύτην εἶναι τὴν τῶν παλαιῶν δόξαν περὶ τοῦ ἑνός, ὅτι τοῦ
ὄντος ὑπερήρπασται καὶ ὅτι μετὰ τὸ ἓν ἡ ἀόριστος δυάς. κἀν-
ταῦθα τοίνυν ὁ Πλάτων τοῦτο δείκνυσι τὸ ἓν ἐπέκεινα τοῦ ὄντος
καὶ τοῦ ἐν αὐτῷ ἑνὸς καὶ ὅλου τοῦ ἑνὸς ὄντος· ὅλον γάρ τι καὶ τὸ 15
ἓν ὂν ἐρεῖ διὰ τῆς δευτέρας ὑποθέσεως ἐξ ἀνομοίων ὂν διὰ τὸ ἓν
καὶ ὄν, οὗ ἐπέκεινά φησιν εἶναι τὸ αὐτοέν· οὐ γὰρ δὴ τὸ ἕν ἐστι
τὸ ἓν μετὰ τοῦ ὄντος, ἀλλὰ τοῦτο τὶ ἕν ἐστιν· οὐδαμοῦ δὲ τὸ τὶ
τῷ ἁπλῶς ταὐτόν· ἢ τὸ ὄν; ἀλλὰ καὶ τοῦτο ἀμήχανον· δύο γὰρ
ἂν ἤδη ἦν καὶ οὐκ αὐτοέν· δύο γὰρ οὐχ ἕν· ἔστιν ἄρα ἓν καὶ οὐχ 20
ἕν· τοῦτο δὲ οὐκ αὐτοέν· οὐδὲ γὰρ τὸ αὐτοῖσον καὶ ἴσον καὶ οὐκ
ἴσον· εἰκότως ἄρα τίθεται τὸ αὐτοὲν εἶναι ἐπέκεινα καὶ τοῦ ἑνὸς
τοῦ ἐν τῷ ὄντι <καὶ> τοῦ ὄντος καὶ τοῦ ἐκ τούτων, τὴν ἁπλότητα
αὐτοῦ φυλάττων.

Ἐνταῦθα δὴ προελθὼν κατεῖδεν εἰκότως ὡς ἄρα τοιοῦτον 25
ὂν τὸ ἓν ἄγνωστόν ἐστι πάσαις ταῖς μερικαῖς γνώσεσι καὶ
ἄρρητον καὶ ἄφατον· ὀνομαστὸν γὰρ πρώτως καὶ γνωστὸν τὸ ἐν
οὐσίᾳ ἕν, καὶ πᾶν ἁπλῶς μεθεκτόν· ὥσπερ γὰρ πρὸς τὸ συνά-
πτεσθαι γνωστικῶς τοῖς ἐγκοσμίοις θεοῖς ἔχομεν καὶ τὴν
αἴσθησιν συνεργοῦσαν, θεωμένην τὰς αὐτῶν ἐμφανεῖς οἰκήσεις 30
καὶ διὰ τούτων τῆς ἐκείνων ἰδιότητος ἡμᾶς ἀναμιμνῆσκουσαν,

501.13 cf. *Or. chald.* fr. 3.1 **21–22** cf. *Phd.* 74c1-2

501.11 εἰσήγαγον KL : *inducens* g (εἰσάγον Γ?) **15** ὅλον scripsimus :
primum g (πρῶτον Γ?) **18** ἓν scripsimus : *ens* g (ὂν Γ?) | μετὰ...ὄντος
scripsimus (cf. *Theol. plat.* I 26, p. 114.18; III 4, p. 15.9; supra, VI
1068.26-27; 498.39, 499.1-2) : *per entis* (sic) g (forte erronee διά pro μετά)
23 καὶ¹ addidimus **27** ἐν scripsimus : *unum* g (ἓν Γ?) **28** μεθεκτόν
scripsimus : *imparticipabile* g (ἀμέθεκτον Γ?)

cognoscere autem supercelestes deos nichil adiuuamur a sensu,
sic utique et ad contactum ad unum ens intelligentia nobis
confert et cognitio entis, ad unionem autem eam que ad ipsum le
unum, nichil entium cognitiue uirtutes cooperantur, nisi
502 tamquam predispositiones quedam | sursumductionis ad ipsum.
Omniquaque enim est illud et ab omnibus entibus
imparticipatum.

Si autem *oportet,* ait Plato, *tali rationi credere.* Procedentes
5 enim abnegatiue et ab omnibus exaltatum pronuntiauimus le
unum, ab intelligentialibus, ab intellectualibus, a supramundanis,
mundialibus, ab edeificata substantia. Si igitur *oportet tali
rationi credere,* imparticipabile est le unum. Ratio autem hec,
quod humana et quod partialis, palam. Sed neque diuina ratio
10 aliud aliquid dicit quam quod imparticipabile le unum. Omnia
enim, ut diximus prius, per sui ipsorum summitatem uolunt
imitari le unum. Ut igitur in animabus imparticipabilis que prima
anima et unialis, et rursum in intellectuali substantia
imparticipabilis diuinus intellectus et unialis, ita et in unitatibus
15 omnibus diuinis imparticipabile le autounum. Unde igitur in
secundis le imparticipabile aut ab uno? Nam le exaltatum esse
magis existit primis quam hiis que consequenter. Magis ergo
exaltatum est ab entibus le unum quam intellectus ab animabus,
aut anima a corporibus. Si igitur primus intellectus et diuinus
20 imparticipabilis, palam quod et autounum sic nichil entium
coest.

πρὸς δὲ τὸ γιγνώσκειν τοὺς ὑπερουρανίους θεοὺς οὐδὲν
ὠφελούμεθα ὑπὸ τῆς αἰσθήσεως, οὕτω δὴ καὶ εἰς τὴν πρὸς τὸ ἓν
ὂν συναφὴν ἡ νόησις ἡμῖν συντελεῖ καὶ ἡ τοῦ ὄντος γνῶσις,
πρὸς δὲ τὴν ἕνωσιν εἰς αὐτὸ τὸ ἓν οὐδὲν αἱ τῶν ὄντων γνωστι-   35
καὶ δυνάμεις συνεργοῦσιν, εἰ μὴ ὡς προκατασκευαί | τινες τῆς   502
ἐπ᾽αὐτὸ ἀναγωγῆς· πάντῃ γάρ ἐστιν ἐκεῖνο καὶ ὑπὸ πάντων
τῶν ὄντων ἀμέθεκτον.

Εἰ δὲ δεῖ, φησὶν ὁ Πλάτων, τῷ τοιῷδε λόγῳ πι-
στεύειν· προελθόντες γὰρ ἀποφατικῶς καὶ πάντων ἐξῃρημέ-   5
νον ἀπεφήναμεν τὸ ἓν τῶν νοητῶν, τῶν νοερῶν, τῶν ὑπερκο-
σμίων, τῶν ἐγκοσμίων, τῆς ἐκθεουμένης οὐσίας. εἰ δ᾽ οὖν δεῖ
τῷ τοιῷδε λόγῳ πιστεύειν, ἀμέθεκτόν ἐστι τὸ ἕν. ὁ δὲ
λόγος οὗτος, ὅτι ἀνθρώπινος καὶ ὅτι μερικός, δῆλον. ἀλλ᾽οὐδὲ ὁ
θεῖος λόγος ἄλλο τι λέγει ἢ ὅτι ἀμέθεκτον τὸ ἕν· πάντα γάρ,   10
ὥσπερ εἴπομεν πρότερον, διὰ τῆς ἑαυτῶν ἀκρότητος βούλεται
μιμεῖσθαι τὸ ἕν. ὥσπερ οὖν ἐπὶ τῶν ψυχῶν ἀμέθεκτος ἡ πρώτη
ψυχὴ καὶ ἑνοειδής, καὶ αὖ ἐπὶ τῆς νοερᾶς οὐσίας ἀμέθεκτος ὁ
θεῖος νοῦς καὶ ἑνοειδής, οὕτω δὴ καὶ ἐπὶ πασῶν τῶν θείων
ἑνάδων ἀμέθεκτον τὸ αὐτοέν. πόθεν οὖν ἐν τοῖς δευτέροις τὸ   15
ἀμέθεκτον ἢ ἀπὸ τοῦ ἑνός; τὸ γὰρ ἐξῃρῆσθαι μᾶλλον ὑπάρχει
τοῖς πρώτοις ἢ τοῖς ἐφεξῆς· μᾶλλον ἄρα ἐξῄρηται τῶν ὄντων τὸ
ἓν ἢ ὁ νοῦς τῶν ψυχῶν ἢ ἡ ψυχὴ τῶν σωμάτων. εἰ οὖν ὁ πρῶτος
νοῦς καὶ θεῖος ἀμέθεκτος, δῆλον ὅτι καὶ τὸ αὐτοὲν οὕτως οὐδενὶ
τῶν ὄντων σύνεστιν.   20

502.11 ὥσπερ...πρότερον: cf. supra, VII 1199.17-24

502.19 οὐδενὶ KL : nichil g

Sed aliquid *credere*. Uidebitur enim utique contrasententiari sermoni propter creditiuam persuasionem doctrine, ut ipse ait, debiliorem entem. Aut non tale est hoc le credere quale in
25 sensibilibus in aliis dicebamus, sed quale et theologi aiunt, quod *mansiue et intransuertibiliter primorum fide* seruatum aiunt *et ueritate et amore,* et le quale colligans nos et uniens ad unum. Credendum igitur talibus sermonibus, mansiuis ipsis utentem et incessibiliter, sed non opinabiliter et dubie ipsis attingentem. Si
30 autem dubie dixit *si oportet credere tali rationi,* per abnegationes insinuari summam unius existentiam conanti, nichil mirum. Rationi enim totaliter permittere illius comprehensionem non possibile, ubi autem neque purissime cognitionum ipsum ualent comprehendere. Sed quanto utique ipsi fiunt propinquius et
35 aliquid attingunt illis congeneorum, tanto magis inueniunt illud sui ipsarum operationibus incomprehensibile existens, etsi

---

502.23 doctrine : *forsan gen. pro abl. comparationis*

502.26 seruatum *scripsimus* : seruata *codd.*

'Αλλὰ τί τὸ πιστεύειν; δόξειε γὰρ ἂν καταψηφίζεσθαι
τοῦ λόγου διὰ τὴν πιστευτικὴν πειθὼ τῆς μαθήσεως, ὡς αὐτός
φησιν, ἀσθενεστέραν οὖσαν· ἢ οὐ τοιοῦτόν ἐστι τοῦτο τὸ πι-
στεύειν οἷον ἐπὶ τῶν αἰσθητῶν, <ὡς> ἐν ἄλλοις ἐλέγομεν, ἀλλ'
οἷον καὶ οἱ θεολόγοι φασί, τὸ μονίμως καὶ ἀμεταπτώτως τῶν 25
πρώτων πίστει φυλαττόμενον, φασί, κ ἀ λ η θ ε ί ᾳ κ α ὶ
ἔ ρ ω τ ι, καὶ τὸ οἷον σ υ ν α γ ε ῖ ρ ο ν ἡμᾶς καὶ ἐνίζον πρὸς τὸ ἕν.
πιστευτέον τοίνυν τοιοῖσδε τοῖς λόγοις μ ο ν ί μ ω ς αὐτοῖς
χ ρ ώ μ ε ν ο ν καὶ ἀ π τ α ί σ τ ω ς, ἀλλ' οὐ δοξαστικῶς καὶ
ἀμφιβόλως αὐτῶν ἐφαπτόμενον. εἰ δὲ ἀμφιβόλως εἶπεν εἰ δεῖ 30
π ι σ τ ε ύ ε ι ν τ ῷ τ ο ι ῷ δ ε λ ό γ ῳ τῷ δι'ἀποφάσεων ἐνδείκνυ-
σθαι τὴν ἀκροτάτην τοῦ ἑνὸς ὕπαρξιν ἐπιχειροῦντι, οὐδὲν
θαυμαστόν· τῷ γὰρ λόγῳ ὅλως ἐπιτρέπειν τὴν ἐκείνου περίλη-
ψιν οὐ δυνατόν, ὅπου γε οὐδὲ αἱ καθαρώταται τῶν γνώσεων
αὐτὸ δύνανται περιλαβεῖν· ἀλλ' ὅσῳ δὴ αὐτοῦ γίγνονται ἐγγυτέ- 35
ρω καί τινος ἐφάπτονται τῶν ἑαυταῖς συγγενῶν, τοσούτῳ
μᾶλλον εὑρίσκουσιν ἐκεῖνο ταῖς ἑαυτῶν ἐνεργείαις ἀπερίληπτον

502.21–23 cf. *Gorg.* 454d1-455a6 **23–24** πίστις in sensibilibus: cf.
Resp. VI 511e1 **24** ὡς...ἐλέγομεν: *In Tim.* I 346.3-12 (cf. *Tim.* 29c) **25**
cf. *Tim.* 29b7 **25–27** *Or. chald.* ignotum; cf. *Or. chald.* fr. 46 (cf. *Theol.
plat.* I 25, p. 109.4-113.10; IV 9, p. 31.6-16) **27** = *Phd.* 67c8 **28–29** =
Resp. VI 505e2-3 **30–31** *Parm.* 141e12-142a1

502.21 τί KL : *aliquid* g **24** ὡς addidimus **25** ἀμεταπτώτως scripsi-
mus (cf. *In Tim.* I 341.26, 342.21; II 310.10) : *intransuertibiliter* g (ἀμετα-
τρέπτως Γ?) **28** μονίμως scripsimus : *mansiuis* g **29** ἀπταίστως
scripsimus : ἀπταίστοις Strobel *incessibiliter* g (ἀπαύστως Γ?) **34** γε
scripsimus : *autem* g (δὲ Γ?) **36** ἑαυταῖς Strobel (cf. supra, VI 1073.20) :
illis g (ἐκείναις Γ?)

percipiant aliquid ut subtile. Sed quia isto maius desiderant,
503 quod|cumque   cognouerint,   propter   connaturalem   ipsis
inexistentem   supereminentie unius, hoc depulso tamquam
deficiente proprietate illius contrasententiantes, tanta nobis
iniacet circa ipsum reuerentia.

5   **Quod autem non est, huic non enti erit utique
aliquid aut ipsi aut ipsius? — Et qualiter?** [*Parm.*
142a1-3]

Omne existens alicui palam quod prius ens aliquid et existit.
Quomodo enim utique alii poterit tradere esse le non ens? Ipsum
10   est habitudo que entium est. Quare si ostensum est le unum
ultra ens, neque ipsi alicui existit utique, puta nomen et sermo;
neque ipsius aliquid utique unum erit, puta cognitio aut sensus.
Esset enim utique iam cognoscibile et sensibile et nominabile et
dicibile; et habet ad aliud habitudinem. Habens autem
15   habitudinem qualitercumque entium est. Etenim intelligentie
habitudinem habet quandam ad intellectum, secundum quod et
coordinata sunt hec inuicem, et scibile ad scientiam. Quod
autem exaltatum, ut ostensum est, ab omnibus, nullam suscipit
ad alia habitudinis insinuationem.

503.2 *post* inexistentem *spat. vac. codd.* ωδεινα A^{mg}   **3**   proprietate
codd. : proprietati *scr.* KL

ὄν, κἂν ἀντιλάβωνταί τινος ὡς ἴχνους· ἀλλὰ διότι τούτου μεῖζον
ποθοῦσιν, ὅ | τι ἂν γνῶσι, διὰ τὴν συμφυῆ αὐταῖς ἐνυπάρχουσαν   503
ὠδῖνα τῆς τοῦ ἑνὸς ὑπεροχῆς, τούτου τοῦ γνωσθέντος ὡς ἀπο-
λειπομένου τῆς ἐκείνου ἰδιότητος καταψηφίζονται· τοσοῦτον
ἡμῖν ἔγκειται περὶ αὐτὸ σέβας.

῾Ο δὲ μὴ ἔστι, τούτῳ τῷ μὴ ὄντι εἴη ἄν τι ἢ   5
αὐτῷ ἢ αὐτοῦ; – Καὶ πῶς; [Parm. 142a1-3]

Πᾶν τὸ τινὶ ὑπάρχον δῆλον ὅτι πρότερον ὄντι καὶ ὑπάρχει·
πῶς γὰρ ἂν ἄλλῳ δύναιτο μεταδιδόναι τοῦ εἶναι τὸ μὴ ὄν; αὐτὸ
γὰρ σχέσις τῶν ὄντων ἐστίν· ὥστε εἰ δέδεικται τὸ ἓν ἐπέκεινα
τοῦ ὄντος, οὔτε αὐτῷ τι ὑπάρχοι ἄν, οἷον ὄνομα καὶ λόγος, οὔτε   10
αὐτοῦ τι ἂν {ἓν} εἴη, οἷον γνῶσις ἢ αἴσθησις· ἦν γὰρ ἂν ἤδη
γνωστὸν καὶ αἰσθητὸν καὶ ὀνομαστὸν καὶ ῥητὸν καὶ εἶχε πρὸς
ἄλλο σχέσιν. τὸ δ᾽ἔχον σχέσιν τῶν ὁπωσοῦν ὄντων ἐστί· καὶ
γὰρ τὸ νοητὸν σχέσιν ἔχει τινὰ πρὸς τὸν νοῦν, καθ᾽ὃ καὶ συντέ-
τακται ταῦτα ἀλλήλοις, καὶ τὸ ἐπιστητὸν πρὸς τὴν ἐπιστήμην·   15
τὸ δὲ πάντων ἐξῃρημένον, ὡς δέδεικται, οὐδεμίαν ἐπιδέχεται
τῆς πρὸς τὰ ἄλλα σχέσεως ἔμφασιν.

502.38   ἴχνους Rumbach (cf. *De dec. dub.* 64.10) : *subtile* g (ἰσχνοῦ Γ?)
503.2   γνωσθέντος scripsimus : *depulso* g (ἀπωσθέντος Γ?)
3 καταψηφίζονται scripsimus : *contrasententiantes* g (καταψηφιζόμεναι
Γ?)   **5** ἢ g Plat. W : deest in Aᵍʳ Plat. BCDT   **7** ὄντι scripsimus : *ens*
aliquid g   **8** αὐτὸ sc. τὸ μεταδιδόναι   **9** γὰρ scripsimus : *est* g (forsan
perperam pro *enim*) | post σχέσις add *que* g   **10** τι KL : *alicui* g   **11** ἓν
delevimus (cf. *Parm.* 142a2)   **12** εἶχε KL : *habet* g

20   Sed quid uult *huic non enti* appositum ualde diligenter, aut
le non ens? Multipliciter enim le non ens; etenim quod
nullatenus ens non ens, et genitum non ens, et statio non ens, et
motus propter alterius naturam, et le unum ipsum non ens. Sed
non omne non ens incognitum est et indicibile. Igitur statio et
25   motus et totaliter quod in intelligentialibus non ens incognitum
est; ipsum enim hoc dicitur intelligentiale. Sed neque le genitum
incognitum; sensibile enim est et opinabile, ut ait Timeus. Sed
incognita non entium le unum ipsum et nullatenus ens; hoc
quidem ut melius omni entium cognitione, hoc autem ut
30   decidens ab eo quod qualitercumque esse cognoscibile. Sic autem
504   et in *Politia* Socrates et le | nullatenus ens dicebat non ens uelut
opinabile, et quod post perfecte ens, uelut quod scibile, et
incognitum ipsum ponebat; et iterum le bonum non ens,
tamquam supra ens, dicens ipsum ultra del esse, et ipsa essentia
5   et intelligentialibus melius quidem, et ueritatis lumen conducens
intelligibilia ad intellectum.

Duplex igitur le non ens et duplex le incredibile, et merito.
Anima enim ad exterminationem quidem nullatenus entis et

504.8   exterminationem : τῇ ἀχανείᾳ (cf. *In Parm.* VI 1072.5 *ubi tamen*
interminatio; cf. *In Tim.* I 209.31; *De dec. dub.* 16.29)

504.1 *post* ens¹ *add.* a quo differre dicebat le genitum non ens KL

'Αλλὰ τί βούλεται τὸ τούτῳ τῷ μὴ ὄντι λίαν ἀκρι-
βῶς προστεθέν; ἢ τὸ μὴ ὂν <διοριστέον>; πολλαχῶς γὰρ τὸ
μὴ ὄν· καὶ γὰρ τὸ μηδαμῶς ὂν μὴ ὄν, καὶ τὸ γιγνόμενον μὴ   20
ὄν, καὶ ἡ στάσις μὴ ὂν καὶ ἡ κίνησις διὰ τὴν θατέρου
φύσιν, καὶ τὸ ἓν αὐτὸ μὴ ὄν, ἀλλ'οὐ πᾶν τὸ μὴ ὂν ἄγνωστόν
ἐστι καὶ ἄρρητον. οὔκουν ἡ στάσις καὶ ἡ κίνησις καὶ ὅλως τὸ ἐν
τοῖς νοητοῖς μὴ ὂν ἄγνωστόν ἐστιν· αὐτὸ γὰρ τοῦτο λέγεται
νοητόν. ἀλλ'οὐδὲ τὸ γιγνόμενον ἄγνωστον· αἰσθητὸν γάρ ἐστι   25
καὶ δοξαστόν, ὥς φησιν ὁ Τίμαιος. ἀλλ'ἄγνωστα τῶν μὴ ὄντων
τό τε ἓν αὐτὸ καὶ τὸ μηδαμῶς ὄν, τὸ μὲν ὡς κρεῖττον πάσης τῶν
ὄντων γνώσεως, τὸ δὲ ὡς ἀποπῖπτον τοῦ ὁπωσοῦν εἶναι
γνωστόν. οὕτω δὲ καὶ ὁ ἐν Πολιτείᾳ Σωκράτης καὶ τὸ | 504
μηδαμῶς ὂν ἔλεγε μὴ ὂν <ὡς μετὰ τὸ πῇ μὲν ὄν, πῇ δὲ μὴ
ὄν>, οἷον τὸ δοξαστόν, καὶ {τὸ} μετὰ τὸ παντελῶς ὄν, οἷον
τὸ ἐπιστητόν, καὶ ἄγνωστον αὐτὸ ἐτίθετο, καὶ αὖ τὸ ἀγαθὸν μὴ
ὂν ὡς ὑπὲρ τὸ ὄν, λέγων αὐτὸ ἐπέκεινα τοῦ εἶναι καὶ αὐτῆς   5
τῆς οὐσίας, καὶ τῶν νοητῶν κρεῖττον καὶ ὑπὲρ τὸ τῆς
ἀληθείας φῶς τὸ συνάγον τὰ νοητὰ πρὸς τὸν νοῦν.

Διττὸν οὖν τὸ μὴ ὂν καὶ διττὸν τὸ ἀόριστον, καὶ εἰκότως· ἡ
γὰρ ψυχὴ ἐπὶ μὲν τῇ ἀχανείᾳ τοῦ μηδαμῶς ὄντος καὶ τῇ

503.19-20 = Ar., Met. XIV 2, 1089a16   20 cf. Soph. 237b7-8   20-21 cf.
Tim. 27d6-7   21-22 cf. Soph. 256d8-e4   25-26 cf. Tim. 28a2-4   27 cf.
Soph. 238c8-11   29-504.4 cf. Resp. V 477a3-4   504.5-6 = Resp. VI
509b9, cf. Resp. VI 508e1-509a5

503.19 διοριστέον addidimus   23 οὔκουν scripsimus : igitur g
504.2-3 ὡς...ὄν¹ add. Strobel (cf. supra, VI 1039.25, 1041.23-24, 1059.20)
3 τὸ² del. Strobel   6 καὶ ὑπὲρ Strobel : quidem et g (καὶ...περ Γ?)
8 ἀόριστον Strobel : incredibile g (ἄπιστον Γ?)

interminationem   , et difficultatem patiens ad
10 perceptionem ipsius, sui ipsius ignorantiam diligit timore
egressionis   ad   indeterminatum   et   immensum;   ad
incomprehensibilem autem supereminentiam unius ascendens
desiderio quidem nature illius fertur ad ipsum, circumcurrens
ipsum et amplecti uolens et summo amore ipsi adesse perfecte
15 uolens, et secundum posse uniens et omnem sui ipsius purgans
multitudinem, ut aliqualiter uno perficiatur; impotens autem
aliqualiter   comprehendere   ipsius   incomprehensibile   aut
cognoscere le incognitum, diligit secundum sui ipsius processum
illius   participationis   indicibilem   perceptionem.   Suscipiens
20 aliquid enim coexistens prius est ens; quid autem contingere non
tangibili? Ab omni ergo cognitione partibili et intelligentia le
unum exaltatum est et ab omni contactu. Solum autem unio nos
adducit uni. Et hoc quidem ut melius omni ente incognitum, et
propter hoc dicitur in *Epistolis* mathema illud omnibus aliis
25 mathematibus emutatum.

Et hoc quidem tale; quod autem nullatenus ens ut ab
omnibus diffinitione et omni ypostasi decidens erat incognitum.
Ridiculum ergo dicere quod nullatenus enti idem erit le unum,
neque cognoscibile ens neque opinabile. Nam nullatenus quidem
30 ens nichil est; neque enim le «aliquid» ferre super ipsum
possibile, cui opponitur le nichil. Le unum autem neque dicere

---

504.9   difficultatem patiens : ἀλγοῦσα (cf. Plot., *Enn.* II 4 [12] 10.34)
14   summo : *forsan* ἀκμήτῳ (cf. supra, V 1038.1) (Strobel)
19 perceptionem : συναίσθησιν (cf. supra, VI 1071.14-15, 1072.3; cf. infra, 506.1)

504.9 *post* interminationem *spat. vac.* ARVC *om.* O ἀσχαλλεται A^mg

ἀοριστίᾳ ἀσχάλλει, καὶ ἀλγοῦσα ἐπὶ τῇ ἀντιλήψει αὐτοῦ, τὴν   10
ἑαυτῆς ἄγνοιαν ἀγαπᾷ φόβῳ τῆς ἐκβάσεως εἰς τὸ ἀόριστον καὶ
ἀχανές· εἰς δὲ τὴν ἀπερίληπτον τοῦ ἑνὸς ὑπεροχὴν ἀνιοῦσα, τῷ
μὲν πόθῳ τῆς ἐκείνου φύσεως φέρεται ἐπ᾽ αὐτό, περιτρέχουσα
αὐτὸ καὶ ἐγκολπίζεσθαι βουλομένη καὶ ἀκμήτῳ ἔρωτι αὐτῷ
παρεῖναι τελείως ἐθέλουσα καὶ κατὰ δύναμιν ἐνίζουσα καὶ πᾶν   15
τὸ ἑαυτῆς καθαίρουσα πλῆθος, ἵνα πως τῷ ἑνὶ τελειωθῇ· ἀδυνα-
τοῦσα δέ πως περιλαβεῖν αὐτοῦ τὸ ἀπερίληπτον ἢ γιγνώσκειν
τὸ ἄγνωστον, ἀγαπᾷ κατὰ τὴν ἑαυτῆς πρόοδον τὴν τῆς ἐκείνου
μετουσίας ἄρρητον συναίσθησιν· τὸ γὰρ <τῷ> λαβόντι συνὸν
πρότερόν ἐστιν ὄν. τί δὲ τὸ ἅπτεσθαι τοῦ μὴ ἁπτοῦ; πάσης ἄρα   20
μεριστῆς γνώσεως καὶ νοήσεως τὸ ἓν ἐξήρηται καὶ πάσης
συναφῆς· μόνον δὲ ἡ ἕνωσις ἡμᾶς προσάγει τῷ ἑνί· καὶ τοῦτό
γε, ὡς κρεῖττον παντὸς τοῦ ὄντος, ἄγνωστον, καὶ διὰ τοῦτο
λέγεται ἐν Ἐπιστολαῖς ἐκεῖνο τὸ μάθημα πάντων τῶν ἄλ-
λων μαθημάτων ἐξηλλαγμένον.   25

Καὶ τοῦτο μὲν τοιοῦτον· τὸ δὲ μηδαμῶς ὄν, ὡς παντὸς ὅρου
καὶ πάσης ὑποστάσεως ἀποπῖπτον, ἢν ἄγνωστον· γελοῖον ἄρα
λέγειν ὅτι τῷ μηδαμῶς ὄντι ταὐτὸν ἔσται τὸ ἕν, οὔτε γνωστὸν
ὂν οὔτε δοξαστόν· τὸ μὲν γὰρ μηδαμῶς ὂν οὐδέν ἐστιν· οὐδὲ γὰρ
τό τι φέρειν ἐπ᾽ αὐτὸ δυνατόν, ᾧ ἀντίκειται τὸ οὐδέν· τὸ   30

504.23–25   cf. Ep. VII 341c5-6   29–30   cf. Soph. 237c7-d8   30   = Soph.
237c10-11

504.10 ἀσχάλλει Strobel : ἀσχαλλεται Aᵍ   19 τῷ addidimus | λαβόντι
Strobel : suscipiens aliquid g (λαβόν τι Γ?)   26 παντὸς KL : omnibus g

impossibile; negatio enim cum omnibus et unius est le «neque unum», idest nichil. Igitur neque simpliciter le unum abnegauit de ipso, sed entis unum, ut et le ens.

505 | **Neque ergo nomen est ipsi neque sermo neque aliqua scientia neque sensus neque opinio. – Non uidetur.** [*Parm.* 142a3-4]

Si quidem in duo secare uelis abnegationes has, dices quod le

5 unum et indicibile pronuntiatur esse et incognoscibile. Si autem et dicibile secueris et cognoscibile, dices quod dupliciter quidem est indicibile, tripliciter autem incognoscibile.

Preterquam enim le dicibile aut sermone aut nomine dicibile est. Sed nomen quidem senius, sermo autem nature nominis

10 secundus. Hoc quidem enim simplicitatem imitatur entium et unionem, hic autem multitudinem et uarietatem. Propter quod et nomen quidem unum simul omne significans subiectum, sermo autem circumcurrit rei substantiam, reuoluens ipsius multitudinem. Et nomen quidem et sermo a re inchoat

15 intelligibilium; secreta autem et ipsi uni counita *deothremmoni* detinentur *silentio,* imitantia le indicibile et le ineloquibile unius; quod autem supra silentium est et intelligentiam et cognitionem eiusdem tribus cum entibus superlocatum.

505.9 nature : *erronee dat. pro. abl.* **18** eiusdem tribus : συμφύλον (cf. supra, VI 1073.27)

505.15 deothremmoni *codd.* : οεοθρεμμονι A^{mg}

δὲ ἓν οὐδὲν λέγειν ἀδύνατον· ἀπόφασις γὰρ πρὸς πᾶσι καὶ τοῦ
ἑνός ἐστι τὸ οὐδέν, τοῦτ᾽ ἔστιν οὐδ᾽ ἕν. οὐκοῦν οὐδὲ ἁπλῶς τὸ ἓν
ἀπέφησεν αὐτοῦ, ἀλλὰ τὸ τοῦ ὄντος ἓν ὡς καὶ τὸ ὄν.

**| Οὐδ᾽ ἄρα ὄνομά ἐστιν αὐτῷ οὐδὲ λόγος οὐδέ 505
τις ἐπιστήμη οὐδὲ αἴσθησις οὐδὲ δόξα. – Οὐ
φαίνεται.** [Parm. 142a3-4]

Εἰ μὲν δίχα τέμνειν ἐθέλοις τὰς ἀποφάσεις ταύτας, ἐρεῖς ὅτι
τὸ ἓν καὶ ἄρρητον ἀποφαίνεται εἶναι καὶ ἄγνωστον· εἰ δὲ καὶ τὸ 5
ῥητὸν τέμνοις καὶ τὸ γνωστόν, ἐρεῖς ὅτι διχῶς μέν ἐστιν ἄρρη-
τον, τριχῶς δὲ ἄγνωστον.

Πᾶν γὰρ τὸ ῥητὸν ἢ λόγῳ ἢ ὀνόματι ῥητόν ἐστιν· ἀλλὰ τὸ
μὲν ὄνομα πρεσβύτερον, ὁ δὲ λόγος φύσει τοῦ ὀνόματος δεύτε-
ρος· τὸ μὲν γὰρ τήν τε ἁπλότητα μιμεῖται τῶν ὄντων καὶ τὴν 10
ἕνωσιν, ὁ δὲ τό τε πλῆθος καὶ τὴν ποικιλίαν· διὸ καὶ τὸ μὲν
ὄνομα ἕν, ὁμοῦ πᾶν σημαῖνον τὸ ὑποκείμενον, ὁ δὲ λόγος περιθεῖ
τὴν τοῦ πράγματος οὐσίαν, ἀνελίττων αὐτῆς τὸ πλῆθος. καὶ τὸ
μὲν ὄνομα καὶ ὁ λόγος ἀπὸ τοῦ πέρατος ἄρχεται τῶν νοητῶν, τὰ
δὲ κρύφια καὶ αὐτῷ συνηνωμένα τῷ ἑνὶ τῇ θεοθρέμμονι 15
κατέχεται σιγῇ, μιμούμενα τὸ ἄρρητον καὶ τὸ ἄφθεγκτον τοῦ
ἑνός, ὃ δή ἐστι τῆς σιγῆς καὶ τῆς νοήσεως καὶ τῆς συμφύλου
τοῖς οὖσι γνώσεως ὑπεριδρυμένον.

505.15–16 = Or. chald. fr. 16 (cf. supra, VII 1171.5)

504.31 οὐδὲν scripsimus : *neque* g (οὐδὲ *Γ*?) 32 οὐδέν Strobel : *neque
unum* g (οὐδ᾽ ἕν *Γ*?) | οὐδ᾽ ἕν Strobel : *nichil* g (οὐδέν *Γ*?) 505.8 Πᾶν
Saffrey : *preterquam* g (πλὴν *Γ*?) 11 πέρωιος scripsimus (cf. *In Crat.*, p.
65.20-21) : *a re* g (πράγματος *Γ*?) 17 δή scripsimus : *autem* g (δέ *Γ*?)

Iterum cognoscibile aut opinabile aut scibile. Omnis enim
20   cognitio aut irrationalis est aut secundum rationem; et hec
dupliciter: aut secundum causam aut sine causa. Triplex igitur
cognitio in nobis: aut sensitiua aut opinatiua aut scientionalis.
Quare quod penitus nobis incognitum, neque scibile neque
opinabile neque sensibile est. Ab hiis autem que in nobis
25   cognitionibus sumendum et totalitates ipsarum, ut et omnem
cognitionem uideamus abnegatam ab uno. Quomodo enim
sensibile quod ultra omnia entia? Quomodo autem opinabile
quod quidem sic nichil ens, sic autem non ens? Quomodo autem
scibile quod non habet causam? Recte ergo dicitur et in *Epistolis,*
30   ut diximus, quod alio modo illud *dicibile, ex multa attentione
circa ipsum lumine* in nobis *accenso* diuino, per quod possibili
506   nobis modo illius fit | perceptio secundum diuinissimum nobis
ipso participantibus. Diuinissimum autem eorum que in nobis le
unum, quod et Socrates uocabat ipsam illustrationem anime,
sicut ipsam ueritatem lumen – particulare enim et ipsa lumen –,
5   ut et hic simili simile sit cognoscibile, si fas est dicere; ut sensu
sensibile, ut opinione opinabile, ut scientia scibile, sic uno unum
et claritate luminis causam omnibus entibus, per quod omnia
participant uno.

506.1 perceptio : συναίσθησις (cf. supra, 504.19)

505.25 ipsarum KL : ipsorum *codd.*   **30** dicibile ORVC : discibile A

Πάλιν τὸ γνωστὸν <ἢ αἰσθητὸν> ἢ δοξαστὸν ἢ ἐπιστητόν.
πᾶσα γὰρ γνῶσις ἤτοι ἄλογός ἐστιν ἢ κατὰ λόγον, καὶ αὕτη   20
διχῶς· ἢ κατ᾽ αἰτίαν ἢ ἄνευ αἰτίας. τριττὴ τοίνυν ἡ γνῶσις ἐν
ἡμῖν· ἢ αἰσθητικὴ ἢ δοξαστικὴ ἢ ἐπιστημονική, ὥστε τὸ παντε-
λῶς ἡμῖν ἄγνωστον οὔτε ἐπιστητὸν οὔτε δοξαστὸν οὔτε αἰσθη-
τόν ἐστιν. ἀπὸ δὲ τῶν ἐν ἡμῖν γνώσεων ληπτέον καὶ τὰς ὁλότη-
τας αὐτῶν, ἵνα καὶ πᾶσαν τὴν γνῶσιν ἴδωμεν ἀποπεφασμένην   25
τοῦ ἑνός· πῶς γὰρ αἰσθητὸν τὸ πάντων ἐπέκεινα τῶν ὄντων;
πῶς δὲ δοξαστὸν τὸ μὴ πῇ μὲν ὄν, πῇ δὲ μὴ ὄν; πῶς δὲ ἐπιστη-
τὸν τὸ μὴ ἔχον αἰτίαν; ὀρθῶς ἄρα λέγεται καὶ ἐν ᾿Επιστολαῖς,
ὅπερ εἴπομεν, ὅτι ἄλλον τρόπον ἐκεῖνο ῥητόν, ἐκ πολλῆς
συνουσίας περὶ αὐτὸ φωτὸς ἐν ἡμῖν ἐξαφθέντος   30
θείου, δι᾽ οὗ τὸν ἡμῖν δυνατὸν τρόπον ἐκείνου γίγνεται | ἡ   506
συναίσθησις, κατὰ τὸ θειότατον ἡμῶν αὐτοῦ μετεχόντων· τὸ δὲ
θειότατον τῶν ἐν ἡμῖν τὸ ἕν, ὃ καὶ ὁ Σωκράτης ἐκάλει αὐτὴν
τὴν ἔλλαμψιν τῆς ψυχῆς, ὥσπερ αὐτὴν τὴν ἀλήθειαν φῶς –
νοητὸν γὰρ καὶ αὐτὴ φῶς –, ἵνα καὶ ἐνταῦθα τῷ ὁμοίῳ τὸ   5
ὅμοιον ᾖ γνωστόν, εἰ θέμις εἰπεῖν· ὡς τῇ αἰσθήσει τὸ αἰσθη-
τόν, ὡς τῇ δόξῃ τὸ δοξαστόν, ὡς τῇ ἐπιστήμῃ τὸ ἐπιστητόν,
οὕτω τῷ ἑνὶ τὸ ἕν, καὶ τῇ αὐγῇ τὸ τοῦ φωτὸς αἴτιον πᾶσι τοῖς
οὖσι, δι᾽ οὗ πάντα μετέχει τοῦ ἑνός.

505.29 ὅπερ εἴπομεν: cf. supra, 504.23-24   29–30   = Ep. VII 341c6-d1
506.3–4   cf. Resp. VII 540a7 (αὐγήν)   5–6   = Ar., De An. I 2, 404b17-18,
405b15; cf. Plot., Enn. VI 9 [9] 11.32

505.19 ἢ αἰσθητὸν add. KL   27 μὴ¹ scripsimus : quidem g (μὲν Γ?) | μὲν
scripsimus : nichil g (μηδὲν Γ?)   30 συνουσίας scripsimus ex Platone :
attentione g (ἐπιστασίας Γ?)   506.5 νοητὸν scripsimus (cf. In Parm. IV
944.10, 23) : particulare g (μερικὸν Γ?)

Sume igitur non eum qui in nobis solum sensum, sed et eum
10   qui demonum ipsorum et eum qui mundialium deorum et ipsum
solarem et eum qui in absolutis diis et eum qui in assimilatiuis,
et ipsum fontem sensus, dico conditiuum

> *intellectu enim detinet intelligibile,*

sensum autem adducit mundus

15   paulatim; omnem igitur hanc que a fontali sensu seiram
considerans, inuenies neque unam ipsarum cognoscere le unum.
Qui quidem igitur apud Homerum Iupiter inuisibilis esse dicitur
a solari sensu

> *sicut*

20   *neque et acutissimum uicinat lumen.*

Plato autem le unum a nullo sensu cognosci ait; *nichil* enim, ait,
ipsum sentit entium. Palam neque diuinum sensum, neque eum
qui secundum causam; neque utique in diuino intellectu
coelementalem illi cognitionem existere. Neque ergo conditiuus
25   sensus sentit unum; etenim hic entium est.

506.18 *post* sensu *spat. vac. codd.*

Λάμβανε τοίνυν μὴ τὴν ἐν ἡμῖν μόνον αἴσθησιν, ἀλλὰ καὶ   10
τὴν τῶν δαιμόνων αὐτῶν καὶ τὴν τῶν ἐγκοσμίων θεῶν καὶ
αὐτὴν τὴν ἡλιακὴν καὶ τὴν ἐν τοῖς ἀπολύτοις θεοῖς καὶ τὴν ἐν
τοῖς ἀφομοιωτικοῖς καὶ αὐτὴν τὴν πηγὴν τῆς αἰσθήσεως, λέγω
τὴν δημιουργικήν·

            νῷ γὰρ κατέχει τὰ νοητά,   15

    αἴσθησιν δ'ἐπάγει κόσμοις,

κατὰ τὸ λόγιον· πᾶσαν οὖν ταύτην τὴν ἀπὸ τῆς πηγαίας
αἰσθήσεως σειρὰν σκοπῶν εὑρήσεις οὐδεμίαν αὐτῶν γιγνώ-
σκουσαν τὸ ἕν· ὁ μὲν οὖν παρ' Ὁμήρῳ Ζεὺς ἀόρατος εἶναι
λέγεται ὑπὸ τῆς ἡλιακῆς αἰσθήσεως·   20

            <'Ἥλι>ός περ

    οὗ τε καὶ ὀξύτατον πέλεται φάος·

ὁ δὲ Πλάτων τὸ ἓν ὑπ'οὐδεμιᾶς αἰσθήσεως γιγνώσκεσθαί
φησιν· οὐδὲν γάρ, φησίν, αὐτοῦ αἰσθάνεται τῶν
ὄντων, δηλῶν μήτε τὴν θείαν αἴσθησιν μήτε τὴν κατ'αἰτίαν   25
οὖσαν ἐν τῷ θείῳ νῷ σύστοιχον ἐκείνῳ γνῶσιν ὑπάρχειν· οὐδ'
ἄρα ἡ δημιουργικὴ αἴσθησις αἰσθάνεται τοῦ ἑνός· καὶ γὰρ αὕτη
τῶν ὄντων ἐστίν.

506.15–16 = *Or. chald.* fr. 8   **21–22** = Hom., *Il.* XIV 344-345   **24–25** =
*Parm.*142a6

506.15 τὰ νοητά scripsimus : *intelligibile* g (τὸ νοητόν Γ?)   **16** κόσμοις
KL : *mundus* g (κόσμος Γ?)   **17** κατὰ...λόγιον scripsimus (cf. *Theol. plat.*
III 26, p. 91.6; 27, p. 97.24) : *paulatim* g (κατ'ὀλίγον Γ?)
21–22 'Ἥλιός...τε scripsimus ex textu Hom. : (...)*sicut neque* g (ὥσπερ
οὔτε Γ?)   25 δηλῶν scripsimus : *palam* g   26 οὖσαν Strobel : *neque
utique* g (οὐδὲ ἂν Γ?)

Secundo igitur uide eam que in nobis primam opinionem, deinde eam que in demonibus, deinde eam que in angelis, deinde eam que in mundialibus diis, deinde eam que absolutorum – nam secundum quod et hii uniuersum tangunt, rationes habent

30   sensibilium –; deinde eam que assimilatiuorum – sunt enim et in hiis cause mundialium –; et ultimo conditiuam; hec enim est fons omnis opinionis, que primitus causa earum que in mundo rerum, et ab hac qui alterius circulus subsistit. Omnem igitur hanc seiram considerans pone secundum omnem opinionem

35   incognoscibile esse le unum.

Reliquam igitur scientiam non solum uideas in nobis –

507   partialis enim | hec et nichil uenerabile in ipsa; non cognoscit le unum –; sed et demonialem scientiam, per quam entia uidentur; et angelicam, per quam intelligunt que ante ipsa; et eam que mundialium deorum, per quam assequuntur absolutis presidibus;

5   et eam que absolutorum ipsorum, secundum quam absolute circa intelligibile operantur; et superius eam que assimilatiuorum, per quam se ipsos primo assimilant intellectualibus diis; et cum hiis adhuc fontalem scientiam ipsis unitam intelligibilibus, quam et autoscientiam *Fedrus* appellauit; et super omnes intelligentialem

10   unionem interius quidem entem in abdito entis, secretam entem et ineloquibilem. Et has omnes cognitiones considerans et

Δεύτερον τοίνυν ὅρα τὴν ἐν ἡμῖν πρῶτον δόξαν, εἶτα τὴν ἐν
τοῖς δαίμοσιν, εἶτα τὴν ἐν τοῖς ἀγγέλοις, εἶτα τὴν ἐν τοῖς ἐγκο- 30
σμίοις θεοῖς, εἶτα τὴν τῶν ἀπολύτων – καθ᾽ ὅσον γὰρ καὶ οὗτοι
τοῦ παντὸς ἅπτονται, τοὺς λόγους ἔχουσι τῶν αἰσθητῶν –, εἶτα
τὴν τῶν ἀφομοιωτικῶν – εἰσὶ γὰρ καὶ ἐν τούτοις αἰτίαι τῶν
ἐγκοσμίων –, καὶ τελευταῖον τὴν δημιουργικήν· αὕτη γάρ ἐστι
πηγὴ πάσης δόξης, ἡ πρώτως αἰτία τῶν ἐν τῷ κόσμῳ πραγμά- 35
των, καὶ ἀπὸ ταύτης ὁ θ α τ έ ρ ο υ κ ύ κ λ ο ς ὑφέστηκε· πᾶσαν
τοίνυν ταύτην τὴν σειρὰν θεωρήσας τίθει κατὰ πᾶσαν δόξαν
ἄγνωστον εἶναι τὸ ἕν.

Λοιπὸν τοίνυν ἐπιστήμην μὴ μόνον ἴδῃς τὴν ἐν ἡμῖν –
μερικὴ γὰρ | αὕτη καὶ οὐδὲν σεμνὸν εἰ αὐτὴ οὐ γιγνώσκει τὸ ἕν 507
–, ἀλλὰ καὶ τὴν δαιμονίαν ἐπιστήμην δι᾽ ἧς τὰ ὄντα θεῶνται,
καὶ τὴν ἀγγελικὴν δι᾽ ἧς νοοῦσι τὰ πρὸ αὐτῶν, καὶ τὴν τῶν
ἐγκοσμίων θεῶν δι᾽ ἧς ἐφέπονται τοῖς ἀπολύτοις ἡγεμόσι, καὶ
τὴν τῶν ἀπολύτων αὐτῶν καθ᾽ ἣν ἀπολύτως περὶ τὸ νοητὸν 5
ἐνεργοῦσι, καὶ ἀνωτέρω τὴν τῶν ἀφομοιωτικῶν δι᾽ ἧς ἑαυτοὺς
πρώτως ἀφομοιοῦσι τοῖς νοεροῖς θεοῖς, καὶ πρὸς ταύταις ἔτι τὴν
πηγαίαν ἐπιστήμην αὐτοῖς ἡνωμένην τοῖς νοητοῖς, ἣν καὶ
αὐτοεπιστήμην ὁ Φαῖδρος προσηγόρευσε, καὶ ὑπὲρ πάσας τὴν
νοητὴν γνῶσιν ἔνδον μένουσαν ἐν τῷ ἀδύτῳ τοῦ ὄντος, κρυφίαν 10
οὖσαν καὶ ἄφθεγκτον. καὶ ταύτας ἁπάσας τὰς γνώσεις θεωρή-

506.36 cf. *Tim.* 37b3-c5   507.8–9 cf. *Phdr.* 247d6-e2

506.29 πρῶτον scripsimus : *primam* g   39 Λοιπὸν scripsimus : *reliquam*
g   507.1 εἰ αὐτὴ scripsimus : *in ipsa* g (ἐν αὐτῇ Γ?)   2 θεῶνται
scripsimus : *uidentur* g   10 γνῶσιν scripsimus (cf. *Theol. plat.* III 7, p.
29.21; 18, p. 63.1) · *unionem* g (ἕνωσιν Γ?) | μένουσαν scripsimus :
quidem entem (μὲν οὖσαν Γ?)

intelligentias entis, omnes ipsas deficere uidebis ab uno. Entis enim sunt omnes et non unius. Le unum autem supra ens ostendit ratio. Omnis igitur cognitio, siue scientionalis siue
15 opinatiua siue sensitiua, secundi cuiusdam est et non unius.

Dictum est autem quod et   unumquodque palam quod nominabilis omnis, sic autem et adhuc magis quod in .τω. multa circumcurrens aliquid dico, incognoscibile est. Siue igitur humana nomina sunt siue demonia siue angelica siue diuina –
20 etenim talia sunt nomina, sicut ait Kratylus, per que ad inuicem, ait, dii *nominant,* et in *Fedro* Socrates indiuinans (ipse enim est qui dicit: *quem Iupiter*   *nominauit*), et quod quidem conditorem asserens dicit *hanc quidem eiusdem circulationem,* *hanc autem alterius;* significant enim, ut estimo, per hec et ipsi
25 cum theologis esse et diuinorum nominum quendam ordinem –,

---

σας καὶ τὰς νοήσεις τοῦ ὄντος, πάσας αὐτὰς ἀπολειπομένας
ὄψει τοῦ ἑνός· τοῦ γὰρ ὄντος εἰσὶ πᾶσαι καὶ οὐ τοῦ ἑνός· τὸ δὲ ἓν
ὑπὲρ τὸ ὂν ἔδειξεν ὁ λόγος. πᾶσα τοίνυν γνῶσις, εἴτ᾽ ἐπιστημο-
νικὴ εἴτε δοξαστικὴ εἴτ᾽ αἰσθητική, δευτέρου τινός ἐστιν καὶ οὐ   15
τοῦ ἑνός.

Εἴρηται δὲ ὅτι καὶ <ἄρρητόν ἐστι τὸ ἕν· πῶς γὰρ ἂν εἴη
ὄνομα τοῦ ἑνός; πᾶν γὰρ ὄνομα σύγκειται ἔκ τε γραμμάτων
καὶ> συλλαβῶν ὧν ἕκαστον δηλοῖ τὸ ὀνομαστὸν πάντως· οὕτω
δὲ καὶ ἔτι μᾶλλον τὸ ἓν τῷ τὰ πολλὰ περιθέοντι λόγῳ ἄρρητόν   20
ἐστιν. εἴτ᾽ οὖν ἀνθρώπινα τὰ ὀνόματά ἐστιν εἴτε δαιμόνια εἴτε
ἀγγελικὰ εἴτε θεῖα – καὶ γὰρ καὶ τοιαῦτα ἔστιν ὀνόματα,
καθάπερ φησὶν ὁ Κρατύλος, δι᾽ ὧν πως ἀλλήλους, φησίν, οἱ
θεοὶ κ α λ ο ῦ σ ι ν, καὶ ὁ ἐν τῷ Φαίδρῳ Σωκράτης ἐνθουσιάζων
(αὐτὸς γάρ ἐστιν ὁ λέγων· ὃν Ζ ε ὺ ς <Γ α ν υ μ ή δ ο υ ς ἐ ρ ῶ ν   25
ἵ μ ε ρ ο ν> ὠ ν ό μ α σ ε), καὶ ὁ Τ ί μ α ι ο ς τὸν δημιουργὸν
ἐ π ι φ η μ ί σ α ι φησὶ τ ὴ ν μ ὲ ν τ α υ τ ο ῦ π ε ρ ι φ ο ρ ά ν, τ ὴ ν
δ ὲ θ α τ έ ρ ο υ· δηλοῦσι γάρ, ὡς οἶμαι, διὰ τούτων καὶ αὐτοὶ
μετὰ τῶν θεολόγων εἶναι καὶ τῶν θείων ὀνομάτων τάξιν τινά –,

507.17 Εἴρηται: cf. supra, 505.8-18   22–24 cf. *Crat.* 400d8-9   25–26 =
Phdr. 255c1-2   27–28 = *Tim.* 36c4-5

507.12 ἀπολειπομένας scripsimus : *deficere* g   17–19 ἄρρητόν...καὶ
addidimus : spat. vac. g   19 δηλοῖ τὸ scripsimus : *palam quod* g (δῆλον
ὅτι Γ?) | ὀνομαστὸν πάντως scripsimus : *nominabilis omnis* g   20 ἓν
scripsimus : *in* g (ἐν Γ?) | περιθέοντι λόγῳ scripsimus (partim iam
Westerink) : *circumcurrens aliquid dico* g | ἄρρητόν scripsimus : *incog-
noscibile* g   23   πως Strobel : *ad* g (πρὸς Γ?)
25–26 Γανυμήδους͵ ἵμερον add. KL ex Plat. : spat. vac. g   26 ὁ Τίμαιος
KL : *quod quidem* g (ὅτι μὲν Γ?)   27 ἐπιφημίσαι Bossier : *asserens* g

508 omnia hec eorum que post unum sunt, sed non | ipsius unius.
Nichil enim conuenit uni aliorum. Omnia enim ipso deteriora
sunt et deficiunt a supereminentia ipsius exaltata. Quid enim
utique illi fiet commensurabile, nichil enti entium, ei quod
5   similiter ultra omnia? Quibus enim est aliquid commensuratum,
hec   hiis   quidem   sunt   conuenientiora,   hiis   autem
inconuenientiora; Le unum autem ab omnibus similiter
exaltatum est. Commensurabile ergo nichil est ipsi neque nature
conueniens neque comparabile eorum que post ipsum. Omne
10   autem nomen quod proprie dicitur, natura conuenit nominato et
est imago rationalis rei.

Non ergo nomen est aliquod unius, sed – ut ait aliquis –
ipsum quidem et supra spiritum; eorum autem que ex ipso, le
primum quidem manifestatur per spiritum cum quo le unum
15   euocamus, indicibile et ipsum existens, sicut et spiritus tacitus;
secundum autem per dicibile factum iam cum spiritu dicibile,
iam et ipsum factum dicibile et indicibile, et tacitum simul et
eloquibile existens – oportere enim et horum per mediationem
esse submissionem –; tertium autem est le unum, quod et
20   spiritum habet indicibilem et eam que   uirtutem dicibilem et
quod cum hoc elementum, propter conuersionem imitans quod
spiritus indicibile secundum suum ordinem. Et le totum est
trinitas, ut quod de ipso dualitas, quod autem ultra hoc monas.
Quod autem primum, ultra omnia et non solum ultra hanc
25   trinitatem primam entem post ipsum.

508.8 nature : *erronee dat. pro abl.*   **15** euocamus : ἐκφωνοῦμεν (cf. *In Tim.* II 277.25 [Strobel])

508.20 *post* que *spat. vac.* ARVC *spat. vac. om.* O του ε A[mg]

πάντα ταῦτα τῶν μετὰ τὸ ἕν ἐστιν, ἀλλ᾽ οὐκ | αὐτοῦ τοῦ ἑνός·   508
οὐδὲν γὰρ προσήκει τῷ ἑνὶ τῶν ἄλλων· πάντα γὰρ αὐτοῦ κατα-
δεέστερά ἐστι καὶ ἀπολείπεται τῆς ἐξῃρημένης αὐτοῦ ὑπεροχῆς·
τί γὰρ ἂν ἐκείνῳ γένοιτο σύμμετρον, οὐδὲν ὄντι τῶν ὄντων, τῷ
πάντων ὁμοίως ἐπέκεινα; οἷς γάρ ἐστί τι σύμμετρον, ταῦτα τοῖς   5
μέν ἐστιν οἰκειότερα, τοῖς δὲ ἀνοικειότερα· τὸ δὲ ἓν πάντων
ὁμοίως ἐξῄρηται· σύμμετρον ἄρα οὐδέν ἐστιν αὐτῷ οὐδὲ φύσει
προσῆκον οὐδὲ συμβλητὸν τῶν μετ᾽ αὐτό· πᾶν δὲ τὸ κυρίως
λεγόμενον ὄνομα φύσει προσήκει τῷ ὀνομαστῷ καὶ ἔστιν εἰκὼν
λογικὴ τοῦ πράγματος.   10

   Οὐκ ἄρα ὄνομά ἐστί τι τοῦ ἑνός, ἀλλ᾽ ὥς φησί τις, αὐτὸ μὲν
καὶ ὑπὲρ τὸ ἄσθμα· τῶν δὲ ἐξ αὐτοῦ, τὸ μὲν πρῶτον δηλοῦται
διὰ τοῦ ἄσθματος, μεθ᾽ οὗ τὸ "ἕν" ἐκφωνοῦμεν, ἄρρητον καὶ αὐτὸ
ὑπάρχον, ὥσπερ καὶ τὸ ἄσθμα σιγώμενον, τὸ δὲ δεύτερον διὰ
τοῦ ῥητοῦ γενομένου ἤδη μετὰ τοῦ <ε> ἄσθματος, ῥητὸν ἤδη καὶ   15
αὐτὸ γενόμενον {ῥητὸν} καὶ ἄρρητον, καὶ σιγώμενον ἅμα καὶ
φθεγκτὸν ὑπάρχον – δεῖν γὰρ καὶ τούτων διὰ μεσότητος εἶναι
τὴν ὕφεσιν –· τὸ δὲ τρίτον ἐστὶ τὸ ἓν ὃ καὶ τὸ ἄσθμα ἔχει τὸ
ἄρρητον καὶ τὴν ῥητὴν τοῦ ε δύναμιν καὶ τὸ πρὸς τούτῳ στοι-
χεῖον <ν>, διὰ τὴν ἐπιστροφὴν μιμούμενον τὸ τοῦ ἄσθματος   20
ἄρρητον κατὰ τὴν οἰκείαν τάξιν. καὶ τὸ ὅλον ἐστὶ τριὰς ὡς τὸ
πρὸ αὐτοῦ δυάς, τὸ δὲ ἐπέκεινα τούτου μονάς. τὸ δὲ πρῶτον
ἐπέκεινα πάντων καὶ οὐ μόνον ἐπέκεινα τῆς τριάδος ταύτης,
πρώτης μετ᾽ αὐτὸ οὔσης.

508.11 τις: Theodorus Asinaeus, test. 9 (Deuse) (cf. *In Tim.* II 274.10 ss.)

508.15 ε add. Strobel   16 ῥητὸν delevimus   20 ν addidimus   22 πρὸ
scripsimus : de g (περὶ Γ?)

Hec quidem igitur illius sermo per nomina a primo trinitatem producens, et hec theologizans uir sic ad ipsam solam aspiciens primam nominum productionem, et le unum primissimum nominum ponens et hoc a simplicitate unius submissum
30   inueniens, secundum ipsam solam nominatorum intelligentiam, duo quidem dicibilia assumentium, prius appositis autem hiis ex tertiis spiritum silenter ens existentie symbolum.

Videtur autem esse primo hoc inquirendum, quomodo nullum est nomen unius   uocatum. Quod quidem igitur, si
35   nomina natura, primi nomen nullum est, neque ipsum hoc «le unum», addiscemus utique, intelligentes quod necessarium omne
509   quod natura nomen ens alicuius aut | per resolutionem ad simplicia nomina notificare, congruum ens nominabili, aut per reductionem ad elementa. Si autem hoc, «le unum» utique ad elementa referendum; non enim utique ad aliud nomen
5   simplicius. Necesse ergo elementa, ex quibus est, representare aliquid nature illius. Utrumque igitur aliud aliquid imitabitur, et ita le primum erit non unum. Si ergo est nomen ipsius, le unum non utique erit unum.

Hoc quidem igitur ostensum est hiis que in *Kratylo*
10   iacentibus confesse canonibus de nominibus. Illud attamen querendum quomodo uocamus ipsum, non ens totaliter nominabile, «unum». Aut non illud uocamus sic nominantes, sed eam que in nobis intelligentiam unius. Omnia enim entia

---

508.30   nominatorum : *gen. plur. a uerbo* nominator, *i.e.* ὀνοματοθετῶν (cf. *In Tim.* III 29.14)   **31**   appositis : *erronee pro* apponentibus, *i.e.* προσθέντων (cf. *In Parm.* IV 900.11; V 1026.23)

508.34 *post* unius *spat. vac.* A *spat. vac. om.* ORVC ὅστε Aᵐᵍ

Ταῦτα μὲν οὖν ὁ ἐκείνου λόγος διὰ τῶν ὀνομάτων ἀπὸ τοῦ   25
πρώτου τὴν τριάδα παράγων· καὶ ταῦτα θεολογῶν ὁ ἀνὴρ οὗτος
πρὸς αὐτὴν μόνην ἀπέβλεπε τὴν πρώτην τῶν ὀνομάτων παρα-
γωγήν, καὶ τὸ ἓν πρώτιστον τῶν ὀνομάτων τιθέμενος, καὶ τοῦτο
τῆς τοῦ ἑνὸς ἁπλότητος ὑφειμένον ἀνευρὼν κατ᾽αὐτὴν μόνην
τὴν τῶν ὀνοματοθετῶν νόησιν, δύο μὲν ῥητὰ παραλαβόντων   30
πρότερον, προσθέντων δὲ τούτοις ἐκ τρίτων τὸ ἄσθμα, σιγῇ τῆς
ὑπάρξεως σύμβολον ὄν.

Δοκεῖ δὲ εἶναι πρῶτον τοῦτο ζητητέον, πῶς οὐδέν ἐστι τοῦ
ἑνὸς ὄνομα ὅ τι καλοῦμεν. ὅτι μὲν οὖν, εἰ τὰ ὀνόματα φύσει, τοῦ
πρώτου ὄνομα οὐδέν ἐστιν, οὐδὲ αὐτὸ τοῦτο "ἕν", μάθοιμεν ἂν   35
ἐννοήσαντες ὅτι ἀναγκαῖον πᾶν τὸ φύσει ὄνομά τινος ὄν, ἢ | 509
δι᾽ἀναλύσεως ἐπὶ τὰ ἁπλᾶ ὀνόματα γνωρίζειν οἰκεῖον ὂν τῷ
ὀνομαστῷ, ἢ δι᾽ἀναγωγῆς ἐπὶ τὰ στοιχεῖα. εἰ δὲ τοῦτο, τὸ ἓν
δήπου ἐπὶ τὰ στοιχεῖα ἀνενεκτέον· οὐ γὰρ δὴ ἐπ᾽ἄλλο ὄνομα
ἁπλούστερον· ἀνάγκη ἄρα τὰ στοιχεῖα ἐξ ὧν ἔστιν, ἀπεικονίζε-   5
σθαί τι τῆς ἐκείνου φύσεως. ἑκάτερον οὖν ἄλλο τι μιμήσεται,
καὶ οὕτω τὸ πρῶτον ἔσται οὐχ ἕν· εἰ ἄρα ἔστιν ὄνομα αὐτοῦ, τὸ
ἓν οὐκ ἂν εἴη ἕν.

Τοῦτο μὲν οὖν δέδεικται ὁμολογουμένως τοῖς ἐν *Κρατύλῳ*
κειμένοις κανόσι περὶ τῶν ὀνομάτων. ἐκεῖνο δὲ ὅμως ζητητέον,   10
πῶς καλοῦμεν τὸ μὴ ὂν ὅλως ὀνομαστὸν "ἕν". ἢ οὐκ ἐκεῖνο
καλοῦμεν οὕτως ὀνομάζοντες, ἀλλὰ τὴν ἐν ἡμῖν ἔννοιαν τοῦ
ἑνός; πάντα γὰρ τὰ ὄντα τῆς πρωτίστης αἰτίας ἐφίεται καὶ ἔχει

509.9 cf. *Crat.* 390d, 434a3-b9

508.26 οὗτος scripsimus : *sic* g (οὕτως *Γ*?)   27 ἀπέβλεπε Strobel :
aspiciens g   34 ὅ τι scripsimus : spat. vac. g | καλοῦμεν scripsimus :
uocatum g (καλούμενον *Γ*?)

primissimam causam desiderant et habent quandam secundum
15 naturam   circa ipsam, et intellectualia et animealia et
animata et inanimata et ipsa cum hiis materia. Penes quod et
illud ostendimus, quod non est per cognitionem eligere le unum.
Non enim utique appeteret ipsum et quod cognitionis expers;
omnia autem habent per se naturalem circa unum ὠδῖνα, et
20 etiam anima. Quid enim aliud est le unum quod in nobis quam
ὠδῖνος; huius operatio et adiectio? Hanc igitur intrinsecam unius
intelligentiam, prouolen entem eius quod in nobis unius et uelut
expressionem, sic nominamus unum. Non illud igitur
nominabile, sed quod in nobis unum. Per hoc autem ut
25 conuenientissimo ipsi primo circa illud dicimus et insinuamus
uicinis.

    Etenim duplici ente in nobis operatione, hac quidem
appetitiua, hac autem inspectiua, et hac quidem etiam hiis que
post nos ente innata, hac autem hiis que attendere solum
30 possunt sui ipsorum appetitibus, oportebat utique manentem
communem omnium neque nostram animam deficere, sed et hiis
que circa primum operationibus promptam esse et propter hoc
amorem unius inextinguibilem, qua quidem existit, etsi
incomprehensibile sit et incognoscibile; inspectiuam autem

509.28 inspectiua : προσεκτικῆς (cf. *In Tim*. II 306.1: opinio Attici; Ps. Phil., *In De An*. 464.36-465.17: opinio recentiorum philosophorum (an Procli?); *an* ἐπισκεπτικῆς *legit Guillelmus* ?

509.15 *post* naturam *spat. vac. codd.* ωδεινα A^mg **19** ὠδῖνα *scripsimus* : ὠδεινησ A *spat. vac.* ORVC **21** ὠδῖνος *scripsimus* : ὠδεινα A *spat. vac.* O *spat. vac. om.* RVC **25** conuenientissimo *codd.* : conuenientissimum *coni.* KL

τινὰ κατὰ φύσιν ὠδῖνα περὶ αὐτήν, καὶ τὰ νοερὰ καὶ τὰ ψυχικὰ
καὶ τὰ ἔμψυχα καὶ τὰ ἄψυχα καὶ αὐτὴ πρὸς τούτοις ἡ ὕλη· 15
καθ᾽ ὃ κἀκεῖνο δείκνυμεν ὅτι οὐκ ἔστι διὰ γνώσεως ἑλεῖν τὸ ἕν·
οὐ γὰρ ἂν ἐφίετο αὐτοῦ καὶ τὸ γνώσεως ἄμοιρον· πάντα δὲ ἔχει
τὴν αὐτοφυῆ περὶ τὸ ἓν ὠδῖνα, καὶ δὴ καὶ ἡ ψυχή· τί γὰρ ἄλλο
ἐστὶ τὸ ἓν τὸ ἐν ἡμῖν ἢ ἡ τῆς ὠδῖνος ταύτης ἐνέργεια καὶ
ἐπιβολή; ταύτην οὖν τὴν ἔνδον τοῦ ἑνὸς ἔννοιαν, προβολὴν οὖσαν 20
τοῦ ἐν ἡμῖν ἑνὸς καὶ οἷον ἔκφανσιν, οὕτως ὀνομάζομεν τὸ ἕν. οὐκ
ἐκεῖνο οὖν ὀνομαστόν, ἀλλὰ τὸ ἐν ἡμῖν ἕν· διὰ δὲ τούτου ὡς
οἰκειοτάτου αὐτῷ τῷ πρώτῳ περὶ ἐκείνου λέγομεν καὶ
ἐνδεικνύμεθα τοῖς συγγενέσιν.

Καὶ γὰρ διττῆς οὔσης ἐν ἡμῖν τῆς ἐνεργείας, τῆς μὲν 25
ὀρεκτικῆς, τῆς δὲ προσεκτικῆς, καὶ τῆς μὲν καὶ τοῖς μεθ᾽ ἡμᾶς
ἐμφυομένης, τῆς δὲ τοῖς προσέχειν μόνον δυναμένοις ταῖς
ἑαυτῶν ὀρέξεσιν, ἔδει δήπου τὴν μὲν οὖσαν κοινὴν πάντων μηδὲ
τὴν ἡμετέραν ψυχὴν ἀπολείπειν, ἀλλὰ καὶ ταῖς περὶ τὸ πρῶτον
ἐνεργείαις πρόχειρον εἶναι, καὶ διὰ τοῦτο τὸν ἔρωτα τοῦ ἑνὸς 30

509.23 περὶ ἐκείνου scripsimus : *circa illud* g   **28** μὲν οὖσαν scripsimus :
manentem g

35 quandoque elaborare et deficere incognitis incidentem; et propter
510 hoc et tacitam intelligentiam esse ante elocutionalem et |
desiderium ante omnem intelligentiam inexpressibile et
intelligentia expertibus insidens.

Propter quid igitur, aiunt, eam que de ipso nominamus unum,
5 sed non aliud aliquid? Quia, dicam, le unum uenerabilissimum
est hoc eorum que in nobis notorum omnium. Omnia enim
saluantur et perficiuntur per suam unionem, pereunt autem et
imperfectiora fiunt carentia ea que ad se ipsa connuitione et
elongata ab uno. Sic et corpora dispersa pereunt et anime
10 multiplicantes sui ipsarum uirtutes sui ipsarum morte
moriuntur, reuiuificantur autem congregantes se ipsas et
refugientes iterum a partitione et dispersione uirtutum ad unum.

Quia igitur uenerabilissimum le unum, perfectiuum existens
et saluatiuum entium omnium, propter hoc utique eum qui apud
15 nos de primo conceptum sic uocauimus; et quia aliis quidem
uidebamus non omnia participantia, etsi ipsum ens dicas – est
enim aliquid secundum se non ens et inessentiale –, uita autem
et intellectu et statione et motu multo plus non omnia
participant, uno autem omnia. Etenim si ipsam multitudinem
20 dicas, neque hanc subsistere possibile non et quacumque unione
sortientem. Infinita quidem enim non utique erit multitudo;
quare si qua fiat multitudo, finita erit; finita autem multitudo

---

509.35 elaborare : ἐξολισθάνειν (cf. Plot., *Enn.* VI 9 [9] 3.4-6)

ἄσβεστον ἡμῖν ὑπάρχειν, κἂν ἀπερίληπτον ᾖ καὶ ἄγνωστον, τὴν
δὲ προσεκτικήν ποτε ἐξολισθάνειν καὶ ἐκλείπειν, τοῖς ἀγνώ-
στοις ἐπιβάλλουσαν· καὶ διὰ τοῦτο καὶ τὴν σιγωμένην νόησιν
εἶναι πρὸ τῆς λεκτικῆς καὶ | τὴν ἔφεσιν πρὸ πάσης νοήσεως   510
ἀνέκφαντον καὶ τοῖς νοήσεως ἀμοίροις ἐποχουμένην.

Διὰ τί οὖν, φασί, τὴν περὶ αὐτοῦ <ὠδῖνα> ὀνομάζομεν "ἕν",
ἀλλ᾽ οὐκ ἄλλο τι; διότι, φήσω, τὸ ἓν σεμνότατόν ἐστι τοῦτο τῶν
{ἐν} ἡμῖν γνωρίμων πάντων· πάντα γὰρ σῴζεται καὶ τελειοῦται   5
διὰ τῆς οἰκείας ἑνώσεως, ἀπόλλυται δὲ καὶ ἀτελέστερα γίγνε-
ται παρῃρημένα τῆς εἰς ἑαυτὰ συννεύσεως καὶ τοῦ ἑνὸς ἀφιστά-
μενα· οὕτω καὶ τὰ σώματα διεσπαρμένα ἀπόλλυται, καὶ αἱ
ψυχαὶ πληθύουσαι τὰς ἑαυτῶν δυνάμεις τὸν οἰκεῖον θάνατον
ἀποθνῄσκουσιν· ἀναβιώσκονται δὲ συλλέγουσαι ἑαυτὰς καὶ   10
ἀναφεύγουσαι πάλιν ἀπὸ τοῦ μερισμοῦ καὶ τοῦ σκεδασμοῦ τῶν
δυνάμεων εἰς τὸ ἕν.

Διότι δὴ οὖν σεμνότατον τὸ ἕν, τελειωτικὸν ὑπάρχον καὶ
σωστικὸν τῶν ὄντων ἁπάντων, διὰ δὴ τοῦτο τὴν παρ᾽ ἡμῖν περὶ
τοῦ πρώτου ἔννοιαν οὕτως ἐκαλέσαμεν, καὶ διότι τῶν μὲν   15
ἄλλων ὁρῶμεν οὐ πάντα μετέχοντα, κἂν αὐτὸ εἴπῃς τὸ ὄν – ἔστι
γάρ τι καθ᾽ αὑτὸ μὴ ὂν καὶ ἀνούσιον –, ζωῆς δὲ καὶ νοῦ καὶ
στάσεως καὶ κινήσεως πολλῷ πλέον οὐ πάντα μετέχει, τοῦ δὲ
ἑνὸς πάντα. καὶ γὰρ κἂν αὐτὸ εἴπῃς τὸ πλῆθος, οὐδὲ τοῦτο
ὑφίστασθαι δυνατὸν μὴ καὶ ἡντινοῦν ἕνωσιν λαχόν· ἄπειρον μὲν   20
γὰρ οὐκ ἂν εἴη πλῆθος, ὥστ᾽ εἴ τι γένοιτο πλῆθος, πεπερασμέ-
νον ἔσται· πεπερασμένον δὲ πλῆθος ἀριθμός· ἀριθμὸς δὲ ἕν τί

510.9–10 cf. *Resp.* X 609d4-610e8

509.31 ἡμῖν ὑπάρχειν Bossier : *qua quidem existit* g   510.3 ὠδῖνα
addidimus   5 ἐν delevimus   16 ὁρῶμεν Strobel : *uidebamus* g

numerus; numerus autem unum aliquid est. Nam ternarius et
quaternarius et unusquisque numerorum unitas quedam est.
25 Monas quidem enim non sit, omnino autem unitas est; species
enim est. Species autem unitate semper participat; ipsa enim
unificatiua est partium. Aut quomodo dicimus alium quidem
numerum tria, alium autem quattuor, si non distinguantur ab
inuicem unitatibus propriis? Omnia igitur participant aliquo uno,
30 quare et propter hoc uenerabilissimum esse uidetur le unum.
Merito ergo eum qui in nobis conceptum primi hanc
nominationem ponebamus «unum». Scientes igitur omnium
commune et omnium saluatiuum le unum, quod omnium causa
ipsa et omnibus desiderabile uocabamus ab hiis. Oportebat enim
35 aut ab omnibus ad ipsum nomina ferre aut hiis que post ipsum
proxime; unum igitur ab omnibus ipsum nominabile ens.

Propter quid igitur non et alia nomina dicimus esse eorum
que in nobis conceptuum nomina et non ipsarum rerum, puta
intellectus, intelligibile, unumquodque talium? Dicam quod
511 aliorum quidem conceptus cognitiui | sunt illorum, quorum sunt
conceptus, et cognitiue in nobis utique excitantur, propter quod
et aliquando, sed non semper, preiecti sunt; unius autem
conceptus et apprehensio per se naturalis est et non secundum
5 adiectionem infit et cognitionem. Illi quidem igitur ut
cognitiones entes coexistunt cognitis et possunt ipsa nominare –
comprehensibilia enim aliqualiter sunt ipsis –; hic autem neque
cognitiuus ens neque comprehendens le unum est per se

ἐστιν· ἡ γὰρ τριὰς καὶ ἡ τετρὰς καὶ ἕκαστος τῶν ἀριθμῶν ἑνάς
τίς ἐστι· μονὰς μὲν γὰρ μὴ ἔστω, πάντως δὲ ἑνάς ἐστιν· εἶδος
γάρ ἐστι· τὸ δὲ εἶδος τῆς ἑνάδος ἀεὶ μετέχει· αὕτη γὰρ ἑνοποιός   25
ἐστι τῶν μερῶν. ἢ πῶς λέγομεν ἄλλον μὲν ἀριθμὸν τὰ τρία,
ἄλλον δὲ τὰ τέτταρα, εἰ μὴ διακρίνοιντο ἀλλήλων ταῖς οἰκείαις
ἑνάσιν; πάντα γοῦν μετέχει ἑνός τινος, ὥστε καὶ διὰ τοῦτο
σεμνότατον εἶναι δοκεῖ τὸ ἕν· εἰκότως ἄρα τῇ ἐν ἡμῖν ἐννοίᾳ τοῦ
πρώτου ταύτην τὴν ἐπωνυμίαν ἐτιθέμεθα "ἕν". εἰδότες οὖν   30
πάντων κοινὸν καὶ πάντων σωστικὸν τὸ ἕν, τὸ πάντων αἴτιον
αὐτὸ καὶ πᾶσιν ἐφετὸν ἐκαλοῦμεν ἀπὸ τούτων· ἔδει γὰρ ἢ ἀπὸ
πάντων ἐπ᾽αὐτὸ τὰ ὀνόματα φέρειν ἢ ἀπὸ τῶν προσεχῶς
μετ᾽αὐτό· τὸ ἕν ἄρα ἀπὸ πάντων αὐτὸ ὀνομαστέον.

Διὰ τί οὖν οὐ καὶ τἆλλα ὀνόματα λέγομεν εἶναι τῶν ἐν ἡμῖν   35
ἐννοιῶν ὀνόματα καὶ οὐκ αὐτῶν τῶν πραγμάτων, οἷον νοῦς,
νοητόν, ἕκαστον τῶν τοιούτων; ὅτι, φήσω, τῶν μὲν ἄλλων αἱ
ἔννοιαι γνωστικαί | εἰσιν ἐκείνων ὧν εἰσιν ἔννοιαι, καὶ γνωστι-   511
κῶς ἐν ἡμῖν ἀνεγείρονται· διὸ καί ποτε, ἀλλ᾽οὐκ ἀεὶ προβέβλην-
ται· τοῦ δ᾽ἑνὸς ἡ ἔννοια καὶ κατάληψις αὐτοφυής ἐστι καὶ οὐ
κατ᾽ἐπιβολὴν ἐγγίγνεται καὶ γνῶσιν· ἐκεῖναι μὲν οὖν ὡς
γνώσεις οὖσαι συνυπάρχουσι τοῖς γνωστοῖς καὶ δύνανται αὐτὰ   5
ὀνομάζειν – περιληπτὰ γάρ πώς ἐστιν αὐταῖς –, αὕτη δὲ οὔτε
γνωστικὴ οὖσα οὔτε περιλαμβάνουσα τὸ ἕν ἐστιν αὐτοφυὴς
ἐνέργεια καὶ ἔφεσις τοῦ ἑνός. δηλοῖ δὲ παντὸς ἔφεσις ὀρεκτικὴ
οὖσα τοῦ ἑνός· εἰ δὲ ἦν γνωστόν, μόναις ἂν ἦν ἐφετὸν ταῖς

510.25 αὕτη scripsimus : *ipsa* g (αὐτὴ Γ?)   29 τῇ...ἐννοίᾳ Strobel (cf.
infra, 518.15-16) : *eum qui...conceptum* g   34 ὀνομαστέον scripsimus :
nominabile ens g   37 ὅτι φήσω transposuimus   511.2 ἀνεγείρονται
scripsimus : *utique excitantur* g

naturalis operatio et desiderium unius. Manifestat autem omnis
10   desiderium ens desideratiuum unius. Si autem esset cognitum,
solis utique esset desiderabile cognitiuis uirtutibus, non
expertibus cognitione. Quo et palam quod idem est le unum et le
bonum. Utrumque enim omnibus est desiderabile, sicut omnibus
fugibile nichil et malum. Etenim si est aliud le unum et le
15   bonum, aut duo erunt principia, aut si unum ante bonum,
quomodo non magis unius est desiderium quam boni? Quomodo
autem melius quod non bonum? Aut si bonum ante unum, non
unum ens, bonum erit et non bonum. Si itaque idem est unum et
bonum, merito est ante cognitionem omnem desiderabile, et non
20   talis ipsius apprehensio, quales que cognoscibilium. Unde ille
quidem nomina rebus ut cognitis inducunt; hec autem
incognitum desiderans et comprehendere non potens ponit
denominationem unius non incognito – quomodo enim? –, sed
sibi ipsi diuinanti aliqualiter ypostasim illius et a se ipsa et ab
25   aliis omnibus   autem est, impotens considerare. Natura enim
est, ut diximus, in omnibus, et non secundum iniectionem,
unius desiderium et indeficiens motio   , quoniam et diuinus
intellectus non epiulitice (idest iniectiue), ut dictum est michi et
prius, neque intellectualiter cognoscit le unum, sed unitus est ad
30   ipsum, *inebriatus nectare;* natura quedam et que in ipso melius

511.25 *post* omnibus *spat. vac.* A *spat. vac. om.* ORVC ἥτις A^mg exalta-
tum; quid *addendum cens.* KL   **27** *post* motio *spat. vac.* A *spat. vac. om.*
O *om.* RVC ὠδίς motio A^mg

γνωστικαῖς δυνάμεσιν, οὐ ταῖς γνώσεως ἀμοίροις· ᾧ καὶ δῆλον   10
ὅτι ταὐτόν ἐστι τὸ ἓν καὶ τὸ ἀγαθόν· ἑκάτερον γὰρ πᾶσίν ἐστιν
ἐφετόν, ὥσπερ πᾶσι φευκτὸν τὸ μηδ'ἓν καὶ τὸ κακόν· καὶ γὰρ εἰ
ἔστιν ἄλλο τὸ ἓν καὶ <ἄλλο> τὸ ἀγαθόν, ἢ δύο ἔσονται ἀρχαί· ἢ εἰ
τὸ ἓν πρὸ τοῦ ἀγαθοῦ, πῶς οὐ μᾶλλον τοῦ ἑνός ἐστιν ἡ ἔφεσις ἢ
τοῦ ἀγαθοῦ; πῶς δὲ κρεῖττον τὸ μὴ ἀγαθόν; ἢ εἰ τὸ ἀγαθὸν πρὸ   15
τοῦ ἑνός, οὐχ ἓν ὄν, ἀγαθὸν ἔσται καὶ οὐκ ἀγαθόν. εἰ δὴ ταὐτόν
ἐστι τὸ ἓν καὶ τὸ ἀγαθόν, εἰκότως ἐστὶ πρὸ πάσης γνώσεως
ἐφετόν, καὶ οὐ τοιαύτη αὐτοῦ ἡ κατάληψις, οἷαι αἱ τῶν γνω-
στῶν. ὅθεν ἐκεῖναι μὲν ὀνόματα τοῖς πράγμασιν ὡς γνωστοῖς
ἐπάγουσιν, αὕτη δὲ τοῦ ἀγνώστου ἐφιεμένη καὶ περιλαβεῖν οὐ   20
δυναμένη τίθεται τὴν ἐπωνυμίαν τοῦ ἑνὸς οὐ τῷ ἀγνώστῳ –
πῶς γάρ; –, ἀλλ'ἑαυτῇ, ἀ π ο μ α ν τ ε υ ο μ έ ν η πως τὴν ὑπό-
στασιν ἐκείνου καὶ ἀφ'ἑαυτῆς καὶ ἀπὸ τῶν ἄλλων πάντων, ἥτις
δ'ἐστίν, ἀδυνατοῦσα καθορᾶν· φύσει γὰρ ἔστιν, ὅπερ εἴπομεν, ἐν
πᾶσι, καὶ οὐ κατ'ἐπιβολὴν ἡ τοῦ ἑνὸς ἔφεσις καὶ ἀνέκλειπτος   25
ὠδίς, ἐπειδὴ καὶ ὁ θεῖος νοῦς οὐκ ἐπιβλητικῶς, ὡς εἴρηταί μοι
καὶ πρότερον, οὐδὲ νοερῶς γιγνώσκει τὸ ἕν, ἀλλ'ἥνωται πρὸς
αὐτὸ μ ε θ ύ ω ν τ ῷ ν έ κ τ α ρ ι, φησί τις, καὶ τῷ ἐν αὐτῷ

511.22–24   cf. *Resp.* VI 505e1-3   **24**   ὅπερ εἴπομεν: cf. supra, 511.3-4
26–27   ὡς...πρότερον: cf. supra, VI 1080.4-15   **28**   = Plot., *Enn.* VI 7 [38]
35.19-28; cf. *Symp.* 203b5

511.12 μηδ'ἓν scripsimus : *nichil* g (μηδὲν Γ?)   **13** ἄλλο[2] add. Strobel
22 ἀπομαντευομένη Strobel : *diuinanti* g (ἀπομαντευομένη Γ?)   **28** φησί
τις Saffrey (cf. supra, VI 1080.8) : *natura quedam* g (φύσις τις Γ?) | τῷ[2]
scripsimus : *que* g

.ει. cognitione; sic et commune desiderium, quo saluantur omnia et sunt quod sunt et cuius gratia omnia parua alia omnibus sunt, sicut et quod boni.

512   Propter quod | et illud cognoscibile dicens a principio Socrates, qualiter est cognoscibile uix elocutus, dixit quod *acclinanti sui ipsius claritatem ad illud.* Quam aliam dicens *claritatem* quam le unum anime? Quoniam enim soli le bonum
5   proportionale dixit, quod ex bono animabus impositum sperma uocauit ipsam; et etiam et quia ante uocari *claritatem* que ab abnegationibus est uia ad ipsum plane et ille determinauit, dicens *ut in pugna* oportere omnia ab ipso *auferre* et *ab omnibus* illud separare.

10   Merito igitur neque nomen ipsi possibile adducere, tamquam adaptari potens; hoc itaque, quod ultra omnia et soli «le unum» potens efferibile fieri desiderantibus eloqui quod ineloquibile, non Plato solummodo, sed et dii appellauerunt sic. Ipsi enim sunt responsa dantes sic:

15   *omnia enim ex uno entia et e conuerso ad unum uadentia*

511.31 ει AR (sic) : si O si a VC   **512.11** soli *codd.* : solo *coni.* S

κρείττονι τῆς γνώσεως· οὕτω καὶ κοινὴ ἡ ἔφεσις <τοῦ ἑνός>, ᾧ
σῴζεται τὰ πάντα καὶ ἔστιν ὅ ἐστι, καὶ οὗ ἕνεκα πάντα   30
σμικρὰ τὰ ἄλλα πᾶσίν ἐστιν, ὥσπερ καὶ ἡ τοῦ ἀγαθοῦ.

Διὸ | καὶ ἐκεῖνο γνωστὸν εἰπὼν τὴν πρώτην ὁ Σωκρά-   512
της, ὅπως <δ'> ἐστὶ γνωστὸν μόγις φθεγξάμενος εἶπεν ὅτι
τῷ ἀνακλίναντι τὴν ἑαυτοῦ αὐγὴν εἰς αὐτό, τίνα
ἄλλην λέγων αὐγὴν ἢ τὸ ἐν τῆς ψυχῆς; ἐπειδὴ γὰρ τὸ ἀγαθὸν
τῷ ἡλίῳ ἀνάλογον εἶπε, τὸ ἐκ τοῦ ἀγαθοῦ ταῖς ψυχαῖς ἐγκείμε-   5
νον σπέρμα ἐκάλεσεν αὐγήν· καὶ δὴ καὶ ὅτι πρὶν ἀνακλι-
θῆναι τὴν αὐγὴν ἡ ἀπὸ τῶν ἀποφάσεών ἐστιν ὁδὸς
ἐπ'αὐτὸ σαφῶς καὶ ἐκεῖνος διωρίσατο, λέγων ὥσπερ ἐν
μάχῃ δεῖν πάντα ἀπ'αὐτοῦ ἀφελεῖν καὶ ἀπὸ πάντων
ἐκεῖνο χωρίσαι.   10

Εἰκότως οὖν οὐδὲ ὄνομα αὐτῷ δυνατὸν προσάγειν ὡς
ἐφαρμόσαι δυνάμενον. τοῦτο δὴ τὸ ἐπέκεινα πάντων καὶ μόνῳ
τῷ "ἕν" δυνάμενον ἔκφορον γενέσθαι τοῖς φθέγξασθαι ἐφιεμέ-
νοις τὸ ἄφθεγκτον, οὐχ ὁ Πλάτων μόνος, ἀλλὰ καὶ οἱ θεοὶ
προσεῖπον οὕτως· αὐτοὶ γάρ εἰσιν οἱ χρησμῳδοῦντες ὧδε·   15

πάντα γὰρ ἐξ ἑνὸς ὄντα καὶ ἔμπαλιν εἰς ἓν ἰόντα

511.30 = Plot., *Enn.* V 3 [49] 15.12   **512.1–2**   cf. *Resp.* VII 517b8-9   **3** =
Resp. VII 540a7   **4–5** cf. *Resp.* VI 508b12-c2   **6–7** = *Resp.* VII 540a7
8–9 = *Resp.* VII 534b8-c1   **16–17**   *Or. chald.* ignotum (sic W. Theiler
uersus restituit)

511.29 *κρείττονι* scripsimus : *melius* .ει. g *βελτίονι* Saffrey *melius omni*
KL | *τοῦ ἑνός* addidimus   **512.2** δ' addidimus   **6** *αὐγήν* scripsimus :
ipsam g   **6–7**   *ἀνακλιθῆναι* Strobel : *uocari* g (*ἀνακληθῆναι* Γ?)
14 *μόνος* scripsimus : *solummodo* g (*μόνως* Γ?)

secta sunt, sicut intellectualiter, in corpora multa

et nobis consulentes seponere quidem anime multitudinem, intelligentiam autem nostram sursumducere et circumducere in unum:

20   *neque in tua intellectu detinere multiuarium aliud*

dicentes,

sed anime noema in unum ampliare.

Dii quidem igitur que sui ipsorum scientes et ut sui ipsorum uno ad illud unum sursumtendunt; et theologice autem eadem eorum
25   qui ut uere theologorum fame hanc nobis de primo tradiderunt intentionem, illud quidem sui ipsorum uoce uocantes Ad, quod significat unum secundum ipsos, ut qui illorum linguam sciunt interpretantur, intellectum autem conditiuum mundi duplantes hoc appellantes, et hunc dicentes esse ualde ymnizabilem
30   Adadon, neque hunc mox post unum esse dicentes, sed proportionaliter uni ponentes; quod enim est ille ad intelligibilia, hoc est iste ad inuisibilia; propter quod et hic quidem ipsis solum Ad uocatur, hic autem Adados duplans le unum. Orfeus et
513   quis qui primus nominatur deus | enuntiauit, dicens quod *Fanetem* primum sic *nominabant dii secundum longum*

τέτμηται γ᾽ ὡσεὶ νοερῶς εἰς σώματα πολλὰ
καὶ ἡμῖν συμβουλεύοντες τὸ μὲν τῆς ψυχῆς πλῆθος ἀποθέσθαι,
τὴν δὲ ἡμετέραν νόησιν ἀνάγειν καὶ περιάγειν εἰς τὸ ἕν,

μηδὲ τεῷ γ᾽ ἐν νῷ κατέχειν πολυποίκιλον ἄλλο   20
λέγοντες, ἀλλὰ

τῆς ψυχῆς γε νόημα ἐς ἓν πετάσαι·

οἱ μὲν οὖν θεοὶ τὰ ἑαυτῶν εἰδότες καλῶς τῷ ἑαυτῶν ἑνὶ πρὸς
ἐκεῖνο τὸ ἓν ἀνατείνονται· καὶ θεολογικῶς δὲ αὖ αἱ τῶν ὡς
ἀληθῶς θεολόγων φῆμαι ταύτην ἡμῖν τὴν περὶ τοῦ πρώτου   25
παραδεδώκασιν ἔννοιαν, ἐκεῖνο μὲν τῇ ἑαυτῶν φωνῇ καλοῦντες
Αδ, ὅπερ σημαίνει ἓν κατ᾽αὐτούς, ὡς οἱ τὴν ἐκείνων γλῶτταν
ἐπιστάμενοι ἑρμηνεύουσιν, τὸν δὲ νοῦν τὸν δημιουργικὸν τοῦ
κόσμου διπλασιάσαντες τοῦτο προσαγορεύοντες καὶ τοῦτον
λέγοντες εἶναι τὸν πολύμνητον Αδαδον, οὐδὲ τοῦτον εὐθὺς   30
μετὰ τὸ ἓν εἶναι λέγοντες, ἀλλ᾽ἀνάλογον τῷ ἑνὶ τιθέμενοι· ὃ
γάρ ἐστιν ἐκεῖνος πρὸς τὰ νοητά, τοῦτό ἐστιν οὗτος πρὸς τὰ
ὁρατά· διὸ καὶ ὁ μὲν αὐτοῖς μόνον Αδ καλεῖται, ὁ δὲ Αδαδος,
διπλασιάζων τὸ ἕν. ὁ <δὲ> Ὀρφεὺς καὶ τίς ὁ πρῶτος ὀνομάζεται
θεὸς | ἀπέφηνεν εἰπὼν ὅτι Φάνητα πρῶτον οὕτως κάλεον   513

512.20–22   = *Or. chald.* fr. 9, sed ultima pars non includitur in editione
(cf. *Or. chald.* fr. 112: ὄμματα πάντα ἄρδην ἐκπέτασον ἄνω)   30   cf.
Macr., *Sat.* I 23.17 (Dillon n. 121)   34–513.6   = *Orph.*, fr. 141 F [XII] B. (85
K.) ὅν τε Φάνητα πρωτόγονον μάκαρες κάλεον κατὰ μακρὸν Ὄλυμπον;
cf. *In Crat.* LXXI, p. 33.6, XCIX, p. 48.18

512.23 καλῶς scripsimus : *et ut* g (καὶ ὡς Γ?)   24 αὖ αἱ Strobel : *eadem*
g   33 ὁρατά Saffrey : *inuisibilia* g   34 δὲ addidimus

327

Olympum, que autem ante Fanetem, ipse nominauit symbolice
ab ultimis temporibus et Etherem et Chaos, si uelis   ,
5   nusquam dicens deos sic nominari. Neque enim erant illorum
nomina hec, sed iacentia in aliis ipse ad illa transduxit.

Si igitur nomen aliquod oportet primo adducere, uidetur le
unum et le bonum ipsi conuenire, que utique et uidentur
penetrantia per omnia entia, quamuis et ipsum sit ultra nomen
10 omne. Propter quod et quod omnium ultimum, dissimiliter illud
imitans, neque ipsum per nomen suum manifestare aliqualiter
possibile – quomodo enim quod sine specie? – sed ab hiis que
ante ipsum nominatur *dexameni,* (idest suscipiens) et *tethini* et
materia et subiectum, sicut ab hiis que post ipsum le primum.

15 **Neque nominatur ergo neque dicitur neque
opinatur neque cognoscitur neque aliquid
entium ipsius sentit. – Non uidetur.** [*Parm.*
142a4-6]

Dictum est plane in *Epistolis* quod neque nomen potest
20 comprehendere certitudinaliter rem intelligibilem, neque ydolum
ipsius quod apparet, neque diffinitiuus sermo, neque que circa
ipsum omnis scientia. Solus autem intellectus certitudinaliter et
perfecte tollere potest intelligibilem speciem. Et fecit rationem in
uno quodam exemplo, puta in circulo. Quando enim ipsum hoc

513.4 *post* uelis *spat. vac.* ARVC *spat. vac. om.* O καὶ ὠόν A[mg]   **5** nomi-
nari *scripsimus*: nominare *codd.*   **7** aliquod *codd.*: aliquid KL   **9** ipsum
KL: ipse AOVC ipsi R

οἱ θεοὶ κατὰ μακρὸν "Ολυμπον· τὰ δὲ πρὸ τοῦ Φάνητος
αὐτὸς ὠνόμασε συμβολικῶς ἀπὸ τῶν ἐσχάτων Χρόνον καὶ
Αἰθέρα καὶ Χάος, εἰ βούλει, καὶ 'Ωιόν, οὐδαμοῦ λέγων
θεοὺς οὕτως ὀνομάζεσθαι· οὐδὲ γὰρ ἐκείνων ἦν τὰ ὀνόματα   5
ταῦτα, ἀλλὰ κείμενα ἐπ'ἄλλοις αὐτὸς ἐπ'ἐκεῖνα μετήγαγεν.

Εἰ τοίνυν ὄνομά τι δεῖ τῷ πρώτῳ προσάγειν, δοκεῖ τὸ ἓν καὶ
τὸ ἀγαθὸν αὐτῷ προσήκειν, ἃ δὴ καὶ φαίνεται διήκοντα διὰ
πάντων τῶν ὄντων, εἰ καὶ αὐτό ἐστιν ἐπέκεινα ὀνόματος παντός.
διὸ καὶ τὸ πάντων ἔσχατον, ἀνομοίως ἐκεῖνο μιμούμενον, οὐδὲ   10
αὐτὸ δι'ὀνόματος οἰκείου δηλοῦν πως δυνατόν – πῶς γὰρ τό
γ'ἀνείδεον; –, ἀλλ'ἀπὸ τῶν πρὸ αὐτοῦ ὀνομάζεται δεξαμενὴ
καὶ τιθήνη καὶ ὕλη καὶ ὑποκείμενον, ὥσπερ τὸ πρῶτον
ἀπὸ τῶν μετ'αὐτό.

Οὐδ'ὀνομάζεται ἄρα οὐδὲ λέγεται οὐδὲ δοξάζε-   15
ται οὐδὲ γιγνώσκεται, οὐδέ τι τῶν ὄντων αὐτοῦ
αἰσθάνεται. – Οὐκ ἔοικεν. [Parm. 142a4-6]

Εἴρηται σαφῶς ἐν 'Επιστολαῖς ὅτι οὔτε ὄνομα δύναται
περιλαβεῖν ἀκριβῶς τὸ πρᾶγμα τὸ νοητόν, οὔτε τὸ εἴδωλον
αὐτοῦ τὸ φαινόμενον, οὔτε ὁ ὁριστικὸς λόγος οὔτε ἡ περὶ αὐτὸ   20
πᾶσα ἐπιστήμη· μόνος δὲ ὁ νοῦς ἀκριβῶς καὶ τελείως αἱρεῖν
δύναται τὸ νοητὸν εἶδος· καὶ πεποίηται τὸν λόγον ἐφ'ἑνός τινος
παραδείγματος, οἷον κύκλου· οὔτε γὰρ αὐτὸ τοῦτο τὸ ὄνομα

513.3-4   = *Orph.*, fr. 111 F [II] B. (66 K.)   **12**   = *Tim.* 53a3   **13**   = *Tim.*
49a6, 52d5, 88d6   **18-514.8**   cf. *Ep.* VII 342a7-344a1

513.3   Χρόνον Westerink : *temporibus* g (χρόνων Γ?)   **6**   ἐπ'ἄλλοις
scripsimus : *in aliis* g   **21**   αἱρεῖν scripsimus (cf. intra, l. 30) : *tollere* g
(αἴρειν Γ?)   **23** οὔτε scripsimus : *quando* g (ὅτε Γ?)

25 nomen «circulus» comprehendit totam speciem intelligibilis
circuli? Quid enim nouimus audientes nomen preter nomen?
Neque impressio in cinere a geometris protracta – ydolum enim
est illius submultiplex, neque ratiocinatione primus, sed sensu et
fantasia cognoscibile –, neque ratio que circuli – circumcurrit
30 quidem enim speciem, uaria autem ens et composita non potest
514 simplicitatem speciei tollere –; | neque que circa ipsum scientia,
etsi milies reuoluat que per se circulo accidentia, quam utique
dicent et aliorum quidam scientiam; omnia enim hec circa ipsum
sunt et non ipse. Intellectus autem et intellectualis scientia et
5 ipsam cognoscit speciem et comprehendit cognoscibile et per
simplicem iniectionem. Solus igitur iste est dignus ad circuli
cognitionem, similiter autem et equalis et inequalis et
singularum aliarum specierum.

Si igitur nomina et rationes et scientias multas
10 inhonorauimus ad perceptionem intelligibilium, quid oportet de
ipso uno dicere? Non quod omnia nomina ab ipso deficiant et
omnis sermo et omnis scientia? Non ergo est nominabile neque
dicibile neque scibile neque sensibile nulli entium le unum.
Quare omni sensui incomprehensibile est et omni opinioni et
15 scientie omni et omni rationi, et omnibus nominibus incompre-
hensibile.

Sed dices utique: quid differunt hec ab hiis que ante ipsa?

513.27   in cinere : ἐν τῇ τέφρᾳ (cf. Syr., *In Met.* 92.27) | protracta :
γραφόμενον (cf. A.L., *De inc. animal.* 709a2 [Strobel])

κύκλος περιλαμβάνει τὸ ὅλον εἶδος τοῦ νοητοῦ κύκλου – τί
γὰρ ἴσμεν ἀκούοντες τοῦ ὀνόματος παρὰ τὸ ὄνομα; –, οὔτε τὸ   25
ἐκτύπωμα τὸ ἐν τῇ τέφρᾳ ὑπὸ τῶν γεωμετρῶν γραφόμενον –
εἴδωλον γάρ ἐστιν ἐκείνου πολλοστόν, οὐδὲ διανοίᾳ ληπτόν,
ἀλλ᾽ αἰσθήσει καὶ φαντασίᾳ γνωστόν –, οὔτε ὁ λόγος ὁ τοῦ
κύκλου – περιθεῖ μὲν γὰρ τὸ εἶδος, ποικίλος δὲ ὢν καὶ σύνθετος
οὐ δύναται τὴν ἁπλότητα τοῦ εἴδους αἱρεῖν –, | οὔτε ἡ περὶ αὐτὸ   514
ἐπιστήμη, κἂν μυριάκις ἀνελίττῃ τὰ καθ᾽ αὑτὰ τῷ κύκλῳ
συμβεβηκότα, ἣν ἂν φαῖεν καὶ τῶν ἄλλων τινὲς ἐπιστήμην·
πάντα γὰρ ταῦτα περὶ αὐτό ἐστι καὶ οὐκ αὐτό· ὁ δὲ νοῦς καὶ ἡ
νοερὰ ἐπιστήμη καὶ αὐτὸ γιγνώσκει τὸ εἶδος καὶ περιλαμβάνει   5
τὸ γνωστὸν καὶ δι᾽ ἁπλῆς ἐπιβολῆς· μόνος οὖν οὗτός ἐστιν ἄξιος
τῆς τοῦ κύκλου γνώσεως, ὁμοίως δὲ καὶ τοῦ ἴσου καὶ τοῦ ἀνίσου
καὶ ἑκάστου τῶν ἄλλων εἰδῶν.

Εἰ οὖν <καὶ> τὰ ὀνόματα καὶ τοὺς λόγους καὶ τὰς ἐπιστήμας
τὰς πολλὰς ἠτιμάσαμεν πρὸς τὴν ἀντίληψιν τῶν νοητῶν, τί δεῖ   10
περὶ αὐτοῦ τοῦ ἑνὸς εἰπεῖν; οὐχ ὅτι πάντα τὰ ὀνόματα αὐτοῦ
ἀπολείπεται καὶ πᾶς λόγος καὶ πᾶσα ἐπιστήμη; οὐκ ἄρα ἐστὶν
ὀνομαστὸν οὐδὲ ῥητὸν οὐδὲ ἐπιστητὸν <οὐδὲ δοξαστὸν> οὐδὲ
αἰσθητὸν οὐδενὶ τῶν ὄντων τὸ ἕν, ὥστε πάσῃ αἰσθήσει ἄληπτόν
ἐστι καὶ πάσῃ δόξῃ καὶ πάσῃ ἐπιστήμῃ καὶ παντὶ λόγῳ καὶ   15
πᾶσιν ὀνόμασιν ἄληπτον.

Ἀλλὰ τί, φαίης ἄν, διαφέρει ταῦτα τῶν πρὸ αὐτῶν; καὶ γὰρ

514.3 τινὲς: Peripatetici? cf. Ar., *Met.* IV 1, 1003a22

513.27   ληπτόν scripsimus (cf. *In Eucl.* 14.22) : *primus* g (πρῶτον Γ?)
30   αἱρεῖν scripsimus (cf. supra, l. 21) : *tollere* g (αἴρειν Γ?)
514.8   ἑκάστου scripsimus : *singularum* g (ἑκάστων Γ?)   9   καὶ¹ add.
Strobel   13 οὐδὲ δοξαστὸν addidimus

Etenim in illis dixit quod neque una cognitio est unius. Aut in
illis quidem dicebat quod neque unum aliorum. Instantia igitur
20   ipsa ostendens non propter debilitatem aliorum, sed propter
ipsius naturam incognoscibile le unum. Et per illud quidem
aliorum submissio insinuatur ad ipsum, per hec autem que ipsius
ad se ipsum superexcellentia.

Oportet autem attendere et {quod}, quando dicit neque
25   *cognosci* le unum, quod le *cognosci* accepit pro *scire*. Tria enim
dicens prius – *scire, opinari, sentire* –, duo autem in hiis eadem
sumens cum illis, scilicet *sentire* et *opinari,* palam quod le
cognosci tertium accepit pro solo *scire,* ut si qua est melior quam
scientia cognitio indiuinata et quod in nobis unum illi uni
30   adducens, palam quod hanc non interemit sermo; et *mathema*
igitur *ultimum,* ut ait Socrates merito, quod in ultima
cognitionum. Ultima autem non scientia, sed que ante scientiam.

514.24 quod *del.* Strobel   **30** interemit ORVC : interimit A

καὶ ἐν ἐκείνοις εἶπεν ὅτι οὐδεμία γνῶσίς ἐστι τοῦ ἑνός. ἢ ἐν μὲν
ἐκείνοις ἔλεγεν ὅτι οὐδὲν τῶν ἄλλων <γιγνώσκει τὸ ἕν, ἐν δὲ
τούτοις ὅτι καὶ δι'ἑαυτὸ ἄγνωστον>· ἡ οὖν ἔνστασις αὕτη   20
δείκνυσι οὐ διὰ τὴν ἀσθένειαν τῶν ἄλλων, ἀλλὰ διὰ τὴν ἑαυτοῦ
φύσιν ἄγνωστον τὸ ἕν. καὶ διὰ μὲν ἐκείνων ἡ τῶν ἄλλων ὕφεσις
ἐνδείκνυται πρὸς αὐτό, διὰ δὲ τούτων ἡ αὐτοῦ πρὸς αὐτὰ
ὑπεροχή.

Δεῖ δὲ ἐφιστάνειν καὶ ὅταν λέγῃ μηδὲ γιγνώσκεσθαι τὸ ἕν,   25
ὅτι τὸ γιγνώσκεσθαι παρείληφεν ἀντὶ τοῦ ἐπίστασθαι·
τρία γὰρ εἰπὼν ἔμπροσθεν – τὸ ἐπίστασθαι, τὸ δοξά-
ζειν, τὸ αἰσθάνεσθαι –, δύο δὲ ἐν τούτοις ταὐτὰ λαβὼν
ἐκείνοις – τὸ αἰσθάνεσθαι καὶ τὸ δοξάζειν –, δῆλον ὅτι
τὸ γιγνώσκεσθαι τρίτον παρείληφεν ἀντὶ μόνου τοῦ   30
ἐπίστασθαι· ὥστε εἴ τις ἔστι κρείττων ἐπιστήμης γνῶσις
ἔνθεος καὶ τὸ ἐν ἡμῖν ἐν ἐκείνῳ τῷ ἑνὶ προσάγουσα, δῆλον ὅτι
ταύτην οὐκ ἀνεῖλεν ὁ λόγος· καὶ μάθημα οὖν ἔσχατον, ὥς
φησιν ὁ Σωκράτης εἰκότως, τὸ ἐπὶ τῆς ἐσχάτης τῶν γνώσεων·
ἐσχάτη δὲ οὐχ ἡ ἐπιστήμη, ἀλλ'ἡ πρὸ τῆς ἐπιστήμης.   35

514.27 ἔμπροσθεν: cf. *Parm.* 142a3   33 = *Resp.* VI 505a2, 504d2

514.19–20 γιγνώσκει...ἄγνωστον addidimus   20 αὕτη scripsimus : *ipsa*
g   21 δείκνυσι scripsimus : *ostendens* g   22 διὰ...ἐκείνων scripsimus :
per illud quidem g (διὰ...ἐκείνου Γ?)   23 αὐτὰ Strobel : *se ipsum* g

Aut possibile igitur circa unum hec sic habere? – Igitur michi uidetur. [*Parm.* 142a6-8]

35   Valde hanc inopinabilem conclusionem et multa dubitatione dignam superinduxit omnibus simul dictis abnegationibus.
515   Qualiter enim impos|sibile hec circa le unum sic habere? Quomodo autem non omnes nobis predicti sermones reiecti sunt per hoc unum solum uerbum?

    Quidam quidem igitur hinc moti dixerunt impossibilia
5   concludere primam ypothesim et propter hoc et le unum anypostaton esse. Connectunt enim coniunctum: si est le unum, ipsum non est totum, non est principium habens, medium aut finem, non est figuram habens, et omnia consequenter; et post omnia non unum essentiale, non essentia, non dicibile, non
10   nominabile, non cognoscibile. At uero impossibilia hec, ut ipse ait, impossibile esse le unum ipsum. Hoc autem erat quod et ipsi dicebant non esse aliquid imparticipabile ab essentia unum non unum, neque ab uno ente. Tot modis enim esse le unum, quot modis et le ens, et le superessentiale unum nomen esse solum.
15   Ad quos necessarium dicere quod impossibilia aut penes assumptionem sunt aut penes consequentiam. Sed consequentia necessaria erat in omnibus ostensis semper secundis per dicta ante ipsa, et assumptio uera. Oportet enim esse le autounum, ut

---

515.6 Connectunt : πλέκουσι (cf. *In Parm.* II 777.25 [Strobel])   **17** dicta : *a Guil. additum censuimus* (cf. Simpl., *In Cael.* 297.3-4; *In Cat.* 1.19; 2.20; 62.9-10; 391.1)

Ἦ δυνατὸν οὖν περὶ τὸ ἓν ταῦτα οὕτως ἔχειν; –
Οὔκουν ἔμοιγε δοκεῖ. [*Parm.* 142a6-8]   40

Πάνυ τοῦτο παράδοξον τὸ συμπέρασμα καὶ πολλῆς ἀπορίας
ἄξιον ἐπήγαγε πάσαις ὁμοῦ ταῖς εἰρημέναις ἀποφάσεσι· πῶς
γὰρ ἀδύνατον | ταῦτα περὶ τὸ ἓν οὕτως ἔχειν; πῶς   515
δὲ οὐχὶ πάντες οἱ ἡμῖν προειρημένοι λόγοι διαβέβληνται διὰ
τούτου μόνον τοῦ ἑνὸς ῥήματος;

Ἔνιοι μὲν οὖν ἐντεῦθεν ὁρμηθέντες εἰρήκασιν ἀδύνατα
συνάγειν τὴν πρώτην ὑπόθεσιν καὶ διὰ τοῦτο καὶ τὸ ἓν ἀνυπό-   5
στατον εἶναι· συνημμένον γὰρ πλέκουσι "εἰ ἔστι τὸ ἓν αὐτό, οὐκ
ἔστιν ὅλον, οὐκ ἔστιν ἀρχὴν ἔχον, μέσον ἢ τελευτήν, οὐκ ἔστι
σχῆμα ἔχον", καὶ τὰ ἑξῆς πάντα· καὶ ἐπὶ πᾶσιν οὐχ ἓν οὐσιῶδες,
οὐκ οὐσία, οὐ ῥητόν, οὐκ ὀνομαστόν, οὐ γνωστόν. ἀλλὰ μὴν
ἀδύνατα ταῦτα, ὡς αὐτός φησιν· ἀδύνατον <ἄρα> εἶναι τὸ ἓν   10
αὐτό. τοῦτο δὲ ἦν ὃ καὶ αὐτοὶ ἔλεγον, τὸ μὴ εἶναί τι τὸ ἀμέθε-
κτον ὑπὸ οὐσίας ἕν, μὴ ὄν, μηδὲ ὑπὸ τοῦ ἑνὸς ὄντος· τοσαυταχῶς
γὰρ εἶναι τὸ ἕν, ὁσαχῶς καὶ τὸ ὄν, καὶ τὸ ὑπερούσιον ἓν ὄνομα
εἶναι μόνον. πρὸς οὓς ἀναγκαῖον εἰπεῖν ὅτι τὰ ἀδύνατα ἢ κατὰ
τὴν πρόσληψίν ἐστιν ἢ κατὰ τὴν ἀκολουθίαν. ἀλλ᾽ ἡ ἀκολουθία   15
ἀναγκαία ἦν ἐπὶ πάντων, δεδειγμένων ἀεὶ τῶν δευτέρων διὰ
τῶν πρὸ αὐτῶν, καὶ ἡ πρόσληψις ἀληθής· δεῖ γὰρ εἶναι τὸ

515.4   ἔνιοι μὲν: sc. Origenes Neoplatonicus; cf. fr. 7 (Weber) (= *Theol.*
plat. II 4, p. 32.4-22); cf. supra, VI 1065.1-1066.12, 1087.10-1088.2,
1110.9-11   **6–7** cf. *Parm.* 137c5-d4   **7** cf. *Parm.* 137d4-7   **7–8** cf. *Parm.*
137d9-138a1   **8–9** cf. *Parm.* 141e7-142a3   **9** cf. *Parm.* 142a3-7   **17–18**
cf. *Soph.* 245a8-9

515.10 ἄρα add. Strobel   **12** ὄν scripsimus : *unum* g (ἕν *Γ*?)

335

ostendimus, ex hiis que in *Sophiste* et ex rerum necessitate. Non
20   ergo impossibilia conclusit ypothesis neque repugnantia Platoni.
Quid enim oportet dicere plura ad istos quos arguunt et que in
Politia dicta de dialetica, quod intelligibilium omnium causam
ipsa considerat *ab aliis omnibus* entibus *remouens*,
abnegationum nulla distat. Si enim hoc uerum, ubi utique
25   umquam erit de ipso disputans abnegatiue? Neque enim per
secundam, in qua omnia affirmatiue, neque per tertiam, in qua
omnia abnegatiue. Relinquitur igitur aut in hac esse de uno
sermonem aut nusquam. Hoc autem inconueniens, quia
dialeticam circa illud maxime extendi ait in illis Socrates.

30   Alii autem admittentes ypothesim, quoniam et hoc dictum
est de primo in *Politia* ipsum esse quod *ultra* intellectum et
intelligibile et *essentiam*, que utique et hic abnegauit ab uno, in
secunda ante omnia essentia affirmata – quare si illa non de eo
quod *ultra essentiam*, que utique alia erit preter hanc? – igitur ad
35   hanc dixerunt dubitationem quod omnes quidem predictas

336

αὐτοέν, ὡς ἐδείξαμεν, ἔκ τε τῶν ἐν Σοφιστῇ καὶ τῆς τῶν
πραγμάτων ἀνάγκης· οὐκ ἄρα ἀδύνατα συνήγαγεν ἡ ὑπόθεσις
οὐδὲ μαχόμενα τῷ Πλάτωνι· τί γὰρ δεῖ λέγειν πλείω πρὸς   20
τούτους, οὓς διελέγχει καὶ τὰ ἐν Πολιτείᾳ ῥηθέντα περὶ τῆς
διαλεκτικῆς, ὅτι τὴν τῶν νοητῶν πάντων αἰτίαν αὕτη θεωρεῖ,
ἀπὸ τῶν ἄλλων πάντων ὄντων ἀφελοῦσα, <καὶ> τῶν
ἀποφάσεων οὐδεμιᾶς ἀφίσταται; εἰ γὰρ τοῦτο ἀληθές, ποῦ
ποτ᾿ ἂν εἴη περὶ αὐτοῦ διαλεγόμενος ἀποφατικῶς; οὔτε γὰρ διὰ   25
τῆς δευτέρας, ἐν ᾗ πάντα καταφατικῶς, οὔτε διὰ τῆς τρίτης, ἐν
ᾗ πάντα ἀποφατικῶς <ἅμα καὶ καταφατικῶς>. λείπεται οὖν ἢ ἐν
ταύτῃ εἶναι τὸν περὶ τοῦ ἑνὸς λόγον ἢ οὐδαμοῦ. τοῦτο δὲ ἄτοπον,
διότι τὴν διαλεκτικὴν πρὸς ἐκεῖνο μάλιστα ἀνατείνεσθαί φησιν
ἐν ἐκείνοις ὁ Σωκράτης.   30

Ἄλλοι δὲ προσιέμενοι τὴν ὑπόθεσιν, ἐπειδὴ καὶ τοῦτο
εἴρηται περὶ τοῦ πρώτου ἐν Πολιτείᾳ, αὐτὸ εἶναι τὸ ἐπέκεινα
τοῦ νοῦ καὶ τοῦ νοητοῦ καὶ τῆς οὐσίας, ἃ δὴ καὶ ἐνταῦθα
ἀπέφησε τοῦ ἑνός, ἐν τῇ δευτέρᾳ πρὸ πάντων τῆς οὐσίας κατα-
φασκομένης· ὥστε εἰ ἐκείνη μὴ περὶ τοῦ ἐπέκεινα τῆς   35
οὐσίας, τίς ἂν ἄλλη εἴη παρὰ ταύτην; – <οὗτοι> δ᾿ οὖν πρὸς
ταύτην εἰρήκασι τὴν ἀπορίαν, ὅτι πάντα μὲν τὰ προειρημένα

515.18   ὡς ἐδείξαμεν: cf. supra, VI 1065.1-1066.12, 1087.10-1088.2
21–24 cf. *Resp.* VII 534b8-c3   **23** = *Resp.* VII 534b9   **25–26** cf. *Parm.*
142b1-155e3   **26** cf. *Parm.* 155e4-157b5   **30** cf. *Resp.* VII 534b8-c3   **31**
Ἄλλοι: sc. Porphyrius   **32–33** = *Resp.* VI 509b8-9   **33** ἐνταῦθα: cf.
Parm. 141e6-142a2   **34**   cf. *Parm.* 142b5-143a3; cf. *Parm.* 155c9-d4
37–38 cf. *Parm.* 137c4-142a8

515.22   αὕτη Strobel : *ipsa* g (αὐτὴ Γ?)   **23** καὶ add. Guldentops
27 ἅμα...καταφατικῶς addidimus   **29** πρὸς Strobel : *circa* g (περὶ Γ?)
36 οὗτοι addidimus

conclusiones ueras putat esse Parmenides, et non criminans
516 ipsas, hoc apponit autem principium et occasionem | secunde
ypotheseos statuens dixit quod uidebuntur utique alicui hec
impossibilia esse circa unum. Debebat enim inferre quod oportet
ad ypothesim superuenire, ne forte *aliquid nobis* et *extraneum*
5 appareat. Hec enim impossibilia utique esse uidebuntur propter
indicibilem unius causam; quoniam quod et secundum ueritatem
non sunt impossibilia, palam esse omni. Nam impossibilia non
possibilibus assequuntur; esse autem et ypothesim possibilem,
siquidem et quod ut uere unum non est impossibile ad
10 existentiam, quod et qui in *Sophiste* xenus meminit, in quibus
obuiauit ad dicentem primum esse le totum, ipse ostendens
quod non est totum le ut uere unum; et antecedenti huic enti
esse quod simpliciter unum consecuta sunt omnia ex necessitate
coniunctis necessariis sumptis. Non igitur impossibilia esse hec,
15 ut uiam ipsi exhiberet ad secundam ypothesim, introductionem
solam propositum textum, tamquam propter superexcellentiam
hiis impossibilibus entibus. Magis commensurata enim nobis ad
traditionem erunt dicenda quam dicta, quoniam et nobis magis
congenea, et ipso Platone in *Epistolis* dicente ad interrogantem
20 de primo cui   non inconueniens esse tale interrogationem.
Oportere enim primo nichil adducere in nobis *congeneorum*
neque totaliter le *quale* in ipso querere. Circa hoc enim secundam

---

516.20 *post* cui *spat. vac. codd.* **HTI** A^mg τί μήν *addendum cens.* KL

συμπεράσματα ἀληθῆ νομίζει εἶναι ὁ Παρμενίδης καὶ οὐ δια-
βάλλων αὐτὰ τοῦτο προστίθησι, ἀρχὴν δὲ καὶ ἀφορμὴν | τῆς   516
δευτέρας ὑποθέσεως καταβαλλόμενος, εἶπεν ὅτι δόξειεν ἄν τινι
ταῦτα ἀδύνατα εἶναι περὶ τὸ ἕν· ἔμελλε γὰρ ἐπιφέρειν ὅτι δεῖ
ἐπὶ τὴν ὑπόθεσιν ἐπανελθεῖν, μήποτέ τι ἡμῖν καὶ
ἀλλοῖον φανῇ· ταῦτα γὰρ ἀδύνατα ἂν εἶναι δόξειε διὰ τὴν   5
ἄρρητον τοῦ ἑνὸς αἰτίαν, ἐπεὶ ὅτι γε καὶ κατ᾽ἀλήθειαν οὐκ ἔστιν
ἀδύνατα, δῆλόν ἐστι παντί· τὰ γὰρ ἀδύνατα οὐ τοῖς δυνατοῖς
ἀκολουθεῖ· εἶναι δὲ καὶ τὴν ὑπόθεσιν δυνατήν, εἴπερ καὶ τὸ ὡς
ἀληθῶς ἓν οὐκ ἔστιν ἀδύνατον πρὸς τὴν ὕπαρξιν, οὗ καὶ ὁ ἐν
Σοφιστῇ ξένος ἐμνημόνευσεν, ἐν οἷς ἀπήντησε πρὸς τὸν λέγον-   10
τα πρῶτον εἶναι τὸ ὅλον, αὐτὸς δείξας ὅτι οὐκ ἔστιν ὅλον τὸ ὡς
ἀληθῶς ἕν· καὶ τούτῳ τῷ ἡγουμένῳ τῷ <λέγ>οντι εἶναι τὸ
ἁπλῶς ἓν ἀκολουθῆσαι πάντα ἐξ ἀνάγκης, τῶν συνημμένων
ἀναγκαίων ληφθέντων. οὔκουν ἀδύνατα εἶναι ταῦτα· ὥστε ὁδὸν
αὐτῷ παρέχειν ἐπὶ τὴν δευτέραν ὑπόθεσιν, <καὶ> εἰσαγωγὴν   15
μόνην τὴν προκειμένην λέξιν, ὡς διὰ τὴν ὑπεροχὴν τούτων
ἀδυνάτων ὄντων· συμμετρότερα γὰρ ἡμῖν πρὸς τὴν παράδοσιν
ἔσται τὰ ῥηθησόμενα ἢ τὰ εἰρημένα, ἐπειδὴ καὶ ἡμῖν συγγενέ-
στερα, καὶ αὐτοῦ τοῦ Πλάτωνος ἐν Ἐπιστολαῖς λέγοντος πρὸς
τὸν ἐρωτήσαντα περὶ τοῦ πρώτου ποῖόν τι μὴν ἄτοπον   20
εἶναι τὴν τοιαύτην ἐρώτησιν· δεῖν γὰρ τῷ πρώτῳ μηδὲν προσά-
γειν τῶν {ἐν} ἡμῖν συγγενῶν μηδ᾽ὅλως τὸ ποιὸν

516.4–5 =*Parm.* 142b1-2   9–12 cf. *Soph.* 245a1-b10   19–23 cf. *Ep.* II
312e1-313a6   20 = *Ep.* II 313a3   22 = *Ep.* II 313e5

516.7 ἐστι Markesinis : *esse* g   12 λέγοντι scripsimus : *enti* g (ὄντι Γ?)
13 ἀκολουθῆσαι Strobel : *consecuta sunt* g (ἠκολούθησε Γ?)   15 καὶ
addidimus   20 ποῖόν...μὴν scripsimus ex *Ep.* II 313a : *cui non* g   22 ἐν
delevimus (cf. infra, l. 29)

ypothesim uerti, querentem quale quid le unum ens est, et
ostendentem quod totum, quod multitudo infinita et finita, quod
25   motum et stans, quod omnia consequenter quecumque congrua
qualium aliquid sunt; primam autem sumentem le simpliciter
unum non ostendere quale est, auferentem omnia, ponentem
autem nichil, quia nichil de illo oportet dicere nobis
congeneorum; ex quibus esse palam quod dicta uidebuntur
30   utique et impossibilia esse, et hec entia possibilia omnia, ut
ostensum est, quia longe sunt a nostra natura et alienissima ab
eo qui de primo canone Platonis.

Hic quidem igitur horum sermo. Alii autem post istos putant
communem esse hanc conclusionem et omnium dictarum
35   abnegationum contentiuam. Ut enim secundum unumquodque
theorema conclusiones erant, sic et post omnes superinferri hanc
517 conclusionem, quod impossibile | omnia hec esse circa unum,
scilicet multa, totum, figuram, le in se ipso et alio, genera entis,
simile et dissimile, equale et inequale, senius se ipso et iunius et
equalis etatis idioma, trinitatem et nouennarietatem temporis
5   partium; post omnes has, participare substantia, esse essentiam,
esse participabile ab essentia, dicibile, cognoscibile. Hec igitur
omnia impossibile esse circa unum, ut ostensum est. Et propter
hoc, ait, ipseque interrogauit si possibile est dicere hec esse circa

ἐπ᾽ αὐτοῦ ζητεῖν· περὶ γὰρ τοῦτο τὴν δευτέραν ὑπόθεσιν στρέφε-
σθαι, ζητοῦσαν ποῖόν τι τὸ ἓν ὄν ἐστι, καὶ δεικνῦσαν ὅτι ὅλον, ὅτι
πλῆθος ἄπειρον καὶ πεπερασμένον, ὅτι κινούμενον καὶ ἑστώς,   25
ὅτι πάντα τὰ ἑξῆς ὅσα οἰκεῖα τῷ "ποῖόν τί" ἐστι· τὴν δὲ πρώτην
λαβοῦσαν τὸ ἁπλῶς ἓν μὴ δεικνύναι ποῖόν ἐστιν, ἀφαιροῦσαν
<μὲν> πάντα, τιθεῖσαν δὲ μηδέν, διότι οὐδὲν περὶ ἐκείνου δεῖ
λέγειν τῶν ἡμῖν συγγενῶν· ἐξ ὧν εἶναι δῆλον ὅτι τὰ εἰρημένα
δόξειεν ἂν καὶ ἀδύνατα εἶναι, καὶ ταῦτα πάντα δυνατὰ ὄντα, ὡς   30
δέδεικται, διότι πόρρω ἐστὶ τῆς ἡμετέρας φύσεως καὶ ἀλλοτρι-
ώτατα πρὸς τὸν περὶ τοῦ πρώτου κανόνα τοῦ Πλάτωνος.

Οὗτος μὲν οὖν ὁ τούτων λόγος. ἄλλοι δὲ μετὰ τούτους κοινὸν
οἴονται εἶναι τοῦτο τὸ συμπέρασμα καὶ πασῶν τῶν εἰρημένων
ἀποφάσεων περιεκτικόν· ὡς γὰρ καθ᾽ ἕκαστον θεώρημα συμπε-   35
ράσματα ἦν, οὕτω καὶ ἐπὶ πᾶσιν ἐπεισάγεσθαι τοῦτο τὸ συμπέ-
ρασμα, ὅτι ἀδύνατον | πάντα ταῦτα εἶναι περὶ τὸ ἕν, τὰ πολλά,   517
τὸ ὅλον, τὸ σχῆμα, τὸ ἐν ἑαυτῷ καὶ <ἐν> ἄλλῳ, τὰ γένη τοῦ
ὄντος, τὸ ὅμοιον καὶ ἀνόμοιον, τὸ ἴσον καὶ ἄνισον, τὸ πρεσβύτε-
ρον ἑαυτοῦ καὶ νεώτερον καὶ τὸ ἰσήλικον ἰδίωμα, τὴν τριάδα καὶ
ἐννεάδα τῶν τοῦ χρόνου μορίων· <καὶ> ἐπὶ πᾶσι τούτοις τὸ   5
μετέχειν τῆς οὐσίας, τὸ εἶναι οὐσίαν, τὸ εἶναι μεθεκτὸν ὑπὸ
οὐσίας, τὸ ῥητόν, τὸ γνωστόν. ταῦτα οὖν πάντα ἀδύνατον εἶναι
περὶ τὸ ἕν, ὡς δέδεικται. καὶ διὰ τοῦτο, φασίν, αὐτός τε ἠρώτη-

516.24   cf. *Parm.* 144e8-145a4   24–25   cf. *Parm.* 144e8-145a4   25   cf.
Parm. 145e7-146a8   26   cf. *Parm.* 146a9-155e3   30–31   ὡς δέδεικται: cf.
supra, l. 5-14   33   ἄλλοι: sc. Iamblichus

516.26   τῷ ποῖόν Strobel : *qualium* g (τῶν ποιῶν Γ?)   28   μὲν addidimus
517.2 ἐν² addidimus   5 καὶ addidimus   8 φασίν scripsimus : *ait* g (φησίν
Γ?)

341

unum, et Aristoteles abnegauit. Etenim le ens aliquid omne
10 quodcumque uni apponas, aliud aliquid est preter unum. Le
unum igitur aliud aliquid assumens preter quod est, fit aliquid
unum pro simpliciter uno, sicut et animal aliud aliquid assumens
preter quod est, fit aliquod animal, et unumquodque simpliciter
bonum aut simpliciter equale aut simpliciter simile aut totum, si
15 quid assumat, fit pro simpliciter aliquod bonum, aliquod equale,
aliquod simile; communiter igitur de omnibus hiis que
simpliciter hoc dicendum, sicut et de uno. Una igitur abnegatio
omnibus ipsis   contentiua   le unum nullum ens
omnium causa est omnium. Communis igitur abnegatio imitatur
20 simul totum transitum totorum ab uno et expressionem
singulorum et simul et seorsum secundum conuenientem
ordinem apparentem.

Habent quidem igitur et hec recte. Et est hec quidem
solutionum coniecturans consequentiam logograficam, hec
25 autem a rerum theoria non discedens. Dicendum autem et ut
noster magister, quod abnegationes in entibus exquisite dicuntur
esse circa illam rem, circa quam sunt abnegationes, alicubi
quidem et specionaliter, alicubi autem solum priuatiue. Puta in
exemplo, stationem dicimus non ens − non enim est motus
30 neque identitas neque alteritas −, et motum similiter non ens

---

517.18 *post* ipsis *spat. vac. codd.* θεισων A^{mg} **προλεχθεισῶν** KL | *post*
contentiua *spat. vac. codd.* est abnegationum. Le *addendum cens.* KL

σεν εἰ δυνατόν ἐστι λέγειν ταῦτα εἶναι περὶ τὸ ἕν, καὶ ὁ ᾿Αρι-
στοτέλης ἀπέφησε· καὶ γὰρ τῷ ὄντι πᾶν ὅ τι περ ἂν τῷ ἑνὶ   10
προσθῇς, ἄλλο τί ἐστι παρὰ τὸ ἕν. τὸ οὖν ἓν ἄλλο τι προσλαβὸν
παρ᾿ ὅ ἐστιν, γίγνεται τὶ ἓν ἀντὶ τοῦ ἁπλῶς ἑνός, ὥσπερ καὶ τὸ
ζῷον ἄλλο τι προσλαβὸν παρ᾿ ὅ ἐστιν, γίγνεται τὶ ζῷον, καὶ
ἕκαστον ἁπλῶς ἀγαθὸν ἢ ἁπλῶς ἴσον ἢ ἁπλῶς ὅμοιον {ἢ ὅλον},
ἐάν τι προσλάβῃ, γίγνεται ἀντὶ τοῦ ἁπλῶς τὶ ἀγαθόν, τὶ ἴσον, τὶ   15
ὅμοιον· κοινῇ οὖν περὶ πάντων τῶν ἁπλῶς τοῦτο ῥητέον, ὥσπερ
καὶ περὶ τοῦ ἑνός. μία οὖν ἀπόφασις πασῶν τῶν προληφθεισῶν
περιεκτικὴ <ἐνδείκνυται ὅτι> τὸ ἕν, μηδὲν ὂν πάντων, αἴτιόν
ἐστι πάντων· ἡ δ᾿ οὖν κοινὴ ἀπόφασις μιμεῖται τὴν ἀθρόαν
πρόοδον τῶν ὅλων ἀπὸ τοῦ ἑνὸς καὶ τὴν ἔκφανσιν ἑκάστων καὶ   20
ὁμοῦ καὶ χωρὶς κατὰ τὴν προσήκουσαν τάξιν ἐκφαινομένην.

῎Εχει μὲν οὖν καὶ ταῦτα ὀρθῶς. καὶ ἔστιν ἡ μὲν τῶν λύσεων
στοχαζομένη ἀκολουθίας λογογραφικῆς, ἡ δὲ τῆς τῶν πραγμά-
των θεωρίας οὐκ ἀφισταμένη· ῥητέον δὲ καὶ ὡς ὁ ἡμέτερος
καθηγεμών, ὅτι αἱ ἀποφάσεις ἐπὶ τῶν ὄντων ἐξεταζόμεναι περὶ   25
ἐκεῖνο λέγονται εἶναι τὸ πρᾶγμα, περὶ ὅ εἰσιν ἀποφάσεις, ὅπου
μὲν καὶ εἰδητικῶς, ὅπου δὲ μόνον στερητικῶς· οἷον ἐπὶ παρα-
δείγματος τὴν στάσιν λέγομεν μὴ ὄν – οὐ γάρ ἐστι κίνησις
οὐδὲ ταυτότης οὐδὲ ἑτερότης –, καὶ τὴν κίνησιν ὁμοίως μὴ ὂν

517.18–19 = Plot., _Enn._ VI 9 [9] 6.55   24–25 sc. Syrianus   28–29 cf.
Soph. 256d8-e4

517.10 τῷ ὄντι scripsimus (cf. _In Remp._ II 308.28) : _le ens aliquid_ g   14 ἢ
ὅλον delevimus   17   προληφθεισῶν scripsimus : spat. vac. g
18 ἐνδείκνυται ὅτι scripsimus : spat. vac. g   20 πρόϋθον scripsimus (cf.
supra, VII 1194.28) : _transitum_ g

uocamus; non enim est aliorum entium neque unum. Et totaliter unumquodque entium singulariter quidem ens est, qua ipsum, multipliciter autem non ens, qua ab aliis remotum est. Attamen et si alia abnegamus ab ipso, sed abnegationes circa ipsum sunt
35   mixte aliqualiter affirmationibus. Participat quidem enim et aliorum unoquoque; seruans autem sui ipsius puritatem est quod est. Specionales igitur abnegationes in ipso; nam non ens illud alterum erit; hoc autem species est intellectualis. Ostensum est
518 enim quod *que alterius natura dispartita* facit quod in | illis non ens; hoc autem erat abnegatio. Iterum in sensibilibus Socratem dicimus neque equum esse neque leonem neque aliorum nullum. Omnium igitur aliorum habet priuationes. Unum enim aliquod
5   ens infinita alia non est, et sunt in ipso omnium priuationes, priuationes entes solum. Non enim participat aliqualiter aliis, sicut in intelligentialibus dicebamus, neque propter puritatem le non participare, sed propter debilitatem materialis et corporalis ypostaseos non potentis omnibus simul participare entibus.
10   Igitur causa intelligentialibus abnegationes circa ipsa sunt; qui igitur abnegantur et in sensibilibus, ibi quidem specionaliter, hic autem priuatiue.

Que itaque unius abnegationes, non sunt circa unum. Nichil enim totaliter illi adest, neque ut species, neque ut priuatio; sed
15   sicut dicebamus quod nomen hoc, scilicet unum, est eius qui in

---

518.3 nullum : οὐδέν

518.10   Igitur causa *codd.* : hac igitur causa et in *addendum cens.* KL
qui AOVC : qua R que KL

καλοῦμεν – οὐ γάρ ἐστι τῶν ἄλλων ὄντων οὐδέν –, καὶ ὅλως 30
ἕκαστον τῶν ὄντων μόνως μὲν ὄν ἐστιν, ᾗ αὐτό, πολλαχῶς δὲ
μὴ ὄν, ᾗ τῶν ἄλλων ἐξήλλακται· ἀλλ᾽ ὅμως κἂν τὰ ἄλλα
ἀποφάσκωμεν αὐτοῦ, ἀλλ᾽ αἱ ἀποφάσεις περὶ αὐτό εἰσι μεμιγ-
μέναι πως ταῖς καταφάσεσι· μετέχει μὲν γὰρ καὶ τῶν ἄλλων
ἑκάστου, φυλάττον δὲ τὴν ἑαυτοῦ καθαρότητά ἐστιν ὅ ἐστιν. 35
εἰδητικαὶ τοίνυν αἱ ἀποφάσεις ἐπ᾽ αὐτοῦ· μὴ γὰρ ὂν ἐκεῖνο
ἕτερον ἔσται· τοῦτο δὲ εἶδός ἐστι νοερόν· δέδεικται γὰρ ὅτι ἡ
θατέρου φύσις κατακεκερματισμένη ποιεῖ τὸ ἐν | 518
ἐκείνοις μὴ ὄν· τοῦτο δὲ ἦν ἡ ἀπόφασις· πάλιν ἐπὶ τῶν αἰσθητῶν
τὸν Σωκράτη λέγομεν οὔτε ἵππον εἶναι οὔτε λέοντα οὔτε τῶν
ἄλλων οὐδέν· πάντων οὖν τῶν ἄλλων ἔχει τὰς στερήσεις· ἐν
γάρ τι ὂν ἄπειρα ἄλλα οὐκ ἔστι, καὶ εἰσὶν ἐν αὐτῷ τῶν πάντων 5
ἀποφάσεις, στερήσεις οὖσαι μόνον· οὐ γὰρ μετέχει πως τῶν
ἄλλων, ὥσπερ ἐπὶ τῶν νοητῶν ἐλέγομεν, οὐδὲ διὰ τὴν καθαρό-
τητα τὸ μὴ μετέχειν, ἀλλὰ διὰ τὴν ἀσθένειαν τῆς ὑλικῆς καὶ
σωματικῆς ὑποστάσεως, οὐ δυναμένης πάντων ὁμοῦ μετέχειν
τῶν ὄντων. οὐκοῦν αἵ τε ἐν τοῖς νοητοῖς αἱ ἀποφάσεις περὶ αὐτά 10
εἰσιν, ὅσων ἀποφάσκονται, καὶ αἱ ἐν τοῖς αἰσθητοῖς, ἐκεῖ μὲν
εἰδητικῶς, ἐνταῦθα δὲ στερητικῶς.

Αἱ γοῦν τοῦ ἑνὸς ἀποφάσεις οὐκ εἰσὶ περὶ τὸ ἕν· οὐδὲν γὰρ
ὅλως ἐκείνῳ πρόσεστιν οὔτε ὡς εἶδος οὔτε ὡς στέρησις, ἀλλ᾽
ὥσπερ ἐλέγομεν ὅτι τὸ ὄνομα τοῦτο "τὸ ἕν" τῆς ἐν ἡμῖν ἐστιν 15

517.38 *Soph.* 258d7-e1, cf. 255e3-6e   **518.7** ὥσπερ...ἐλέγομεν: cf. supra,
517.34-35   **14–15** ὥσπερ ἐλέγομεν: cf. supra, 509.9-24

517.30 οὐδέν scripsimus : *neque unum* g (οὐδ᾽ ἕν Γ?)   **518.6** ἀποφάσεις
scripsimus : *priuationes* g (στερήσεις Γ?)   **10** αἵ τε scripsimus : *causa* g
et in add. KL   **11** ὅσων scripsimus : *qui igitur* g (οἳ οὖν Γ?)

nobis conceptus, sed non ipsius unius, sic utique dicimus quod et abnegatio circa hunc est, circa illud autem unum nulla est dictarum abnegatiuarum conclusionum; sed exaltatum est propter simplicitatem ab omni oppositione et omni negatione.

20   Merito ergo in fine apposuit quod abnegationes hee non sunt *circa unum*. Aliud enim est esse de uno et aliud esse circa unum. Etenim sermo circa unum quidem non est – indeterminabile enim est –, de uno autem est, ipsum hoc dicentibus nobis quod indicibile. Quare et dicte abnegationes non sunt circa unum, sed

25   de uno. Neque ergo hiis que intelligentialium neque hiis que sensibilium abnegationibus nichil ipse assimilantur. Hee quidem enim circa hec illa sunt quorum utique et sunt abnegationes, hee autem nullatenus sunt circa unum.

Sic   quidem   igitur   soluendum   primam   dubitationem.

30   Secundum alteram autem adiectionem dicendum quod prius quidem abnegat omnia ab uno, putans ipsi abnegationes magis conuenire quam affirmationes, et seruans ypothesim dicentem esse le unum. Quoniam autem progrediens interemit ab ipso alia omnia, et participare essentia, et le esse ipsum ualde honorabile

35   unum, et ostendit quod neque dicibile est neque cognoscibile, merito ultimas utique dicet et ipse abnegationes ab uno. Si enim non est dicibile et nullus est illius sermo, quomodo utique

519   abnegationes | uere in ipso? Omnis enim propositio accidit hoc

ἐννοίας, ἀλλ' οὐκ αὐτοῦ τοῦ ἑνός, οὕτω δὴ λέγομεν ὅτι καὶ ἡ
ἀπόφασις περὶ ταύτην ἐστί, περὶ δὲ ἐκεῖνο τὸ ἓν οὐδέν ἐστι τῶν
εἰρημένων ἀποφατικῶν συμπερασμάτων, ἀλλ' ἐξήρηται διὰ τὴν
ἁπλότητα πάσης ἀντιθέσεως καὶ πάσης ἀποφάσεως· εἰκότως
ἄρα ἐπὶ τέλει προσέθηκεν ὅτι αἱ ἀποφάσεις αὗται οὐκ εἰσὶ π ε ρ ὶ   20
τ ὸ ἕ ν · ἄλλο γάρ ἐστι τὸ εἶναι περὶ τοῦ ἑνὸς καὶ ἄλλο τὸ εἶναι
περὶ τὸ ἕν· καὶ γὰρ ὁ λόγος περὶ μὲν τὸ ἓν οὐκ ἔστιν – ἀόριστον
γάρ ἐστι –, περὶ δὲ τοῦ ἑνός ἐστιν, αὐτὸ τοῦτο λεγόντων ἡμῶν
τὸ ἄρρητον· ὥστε καὶ αἱ εἰρημέναι ἀποφάσεις οὐκ εἰσὶ περὶ τὸ
ἕν, ἀλλὰ περὶ τοῦ ἑνός· οὔτ' ἄρα ταῖς τῶν νοητῶν οὔτε ταῖς τῶν   25
αἰσθητῶν ἀποφάσεσιν οὐδὲν αὗται ἐοίκασιν· αἱ μὲν γὰρ περὶ
ταῦτα ἐκεῖνά εἰσιν, ὧν δὴ καὶ εἰσὶν ἀποφάσεις, αἱ δὲ οὐδαμῶς
εἰσι περὶ τὸ ἕν.

Οὕτω μὲν οὖν λυτέον πρῶτον τὴν ἀπορίαν. κατ' ἄλλην δὲ
ἐπιβολὴν ῥητέον ὅτι πρότερον μὲν ἀποφάσκει πάντα τοῦ ἑνός,   30
νομίζων αὐτῷ τὰς ἀποφάσεις μᾶλλον προσήκειν ἢ τὰς καταφά-
σεις καὶ φυλάττων τὴν ὑπόθεσιν τὴν λέγουσαν εἶναι τὸ ἕν.
ἐπειδὴ δὲ προελθὼν ἀφεῖλεν ἀπ' αὐτοῦ τά τε ἄλλα πάντα καὶ τὸ
μετέχειν οὐσίας, καὶ τὸ εἶναι αὐτὸ τὸ πολυτίμητον ἕν, καὶ
ἔδειξεν ὅτι οὔτε ῥητόν ἐστιν οὔτε γνωστόν, εἰκότως τελευταίας   35
ἀφαιρεῖ καὶ αὐτὰς τὰς ἀποφάσεις ἀπὸ τοῦ ἑνός· εἰ γὰρ μή ἐστι
ῥητὸν καὶ μηδείς ἐστιν ἐκείνου λόγος, πῶς ἂν αἱ ἀποφάσεις εἶεν
| ἀληθεῖς ἐπ' αὐτοῦ; πᾶσα γὰρ πρότασις σημαίνει τόδε τῷδε   519

518.35 cf. *Parm.* 142a2-5

518.26 αὗται scripsimus : *ipse* g   36 ἀφαιρεῖ scripsimus : *utique dicet* g
(ἂν ἐρεῖ Γ?) | αὐτὰς scripsimus (cf. infra, 519.8) : *ipse* g   519.1 σημαίνει
Strobel : *accidit* g (συμβαίνει Γ?)

huic existere? ε   existere licitum, neque totaliter nominabile
est.   Oportet   autem   nomen   aliquod   esse   subiectum
abnegationibus. Neque ergo abnegationes uere de uno, sed magis
5   quidem abnegationes quam affirmationes ; deteriores tamen et
hee pro simplicitate unius. Etenim ueritas omnis in ipso; melius
autem ipsum omni ueritate. Quomodo igitur ipsi possibile aliquid
superuerificari? Merito ergo ultimo et ipsas abnegationes remouit
ab uno, impossibile dicens has esse circa unum indicibile et
10   incognoscibile existens. Et non mireris, si ubique honorans
axiomata contradictionis Plato hic simul mentiri dicit et
affirmationes et negationes in uno. In rebus enim dicibilibus
diuidunt uerum et falsum; ubi autem nullus est sermo, qualis
affirmatio congruet utique tali? Et michi uidetur et non
15   admittens post ipsum unum quod supra intellectum, eo quod
contradictionis axiomate omnino persuasus; uidens autem
indicibile illud et ineloquibile apparens, stare usque ad
intellectualem causam et intellectum, supra   totorum
causam; intellectum autem ponens prouidentiam interimere −
20   hoc enim erat eius que supra intellectum unitatis proprium,
neque considerare secundum quod intellectus −; prouidentiam
autem auferens et factionem interimere − nam le prouidere non
potens nulli sterile est −; factionem autem respuens non
admittere idearum ypothesim secundum quas facit faciens; et ut

---

519.6 pro : *a Guil. additum censuimus*

519.2   ε *cum spat. vac.* A *spat. vac.* RV *spat. vac. om.* C *loco spatii*
signum + *inser.* O **18** *post* supra *spat. vac. codd.*

ὑπάρχειν· ἐ<κεῖνο δὲ ᾧ οὐδὲν> ὑπάρχειν θεμιτόν, οὐδ'ὅλως
ὀνομαστόν ἐστι· δεῖ δὲ ὄνομά τι εἶναι ὑποκείμενον ταῖς ἀποφά-
σεσιν. οὐδ'ἄρα αἱ ἀποφάσεις ἀληθεῖς ἐπὶ τοῦ ἑνός, ἀλλὰ μᾶλλον
μὲν αἱ ἀποφάσεις ἢ αἱ καταφάσεις, καταδεέστεραι μέντοι καὶ   5
αὗται τῆς ἁπλότητος τοῦ ἑνός· καὶ γὰρ πᾶσα ἀλήθεια ἀπ'
αὐτοῦ, κρεῖττον δ'αὐτὸ πάσης ἀληθείας· πῶς οὖν αὐτῷ δυνατόν
τι ἐπαληθεύειν; εἰκότως ἄρα τελευταῖον καὶ αὐτὰς τὰς ἀποφά-
σεις ἀφεῖλε τοῦ ἑνός, ἀδύνατον εἰπὼν ταύτας εἶναι περὶ τὸ ἕν,
ἄρρητον καὶ ἄγνωστον ὑπάρχον· καὶ μὴ θαυμάσῃς εἰ ὁ παντα-   10
χοῦ τιμῶν τὰ τῆς ἀντιφάσεως ἀξιώματα Πλάτων ἐνταῦθα
ψεύδεσθαι ἅμα λέγει καὶ τὰς καταφάσεις καὶ τὰς ἀποφάσεις
ἐπὶ τοῦ ἑνός· ἐπὶ γὰρ πραγμάτων ῥητῶν διαιρεῖ τὸ ἀληθὲς καὶ
ψεῦδος, ὅπου δ'οὐδείς ἐστι λόγος, ποία ἀντίφασις προσήκοι ἂν
τῷ τοιούτῳ; καί μοι δοκεῖ καὶ ὁ μὴ προσιέμενος μετ'αὐτοῦ τὸ ἓν   15
τὸ ὑπὲρ νοῦν, τῷ τῆς ἀντιφάσεως ἀξιώματι πάντως πειθόμενος,
ἰδὼν δὲ ἄρρητον ἐκεῖνο καὶ ἄφθεγκτον ἀναφαινόμενον, ἵστασθαι
μέχρι τῆς νοερᾶς αἰτίας καὶ τὸν νοῦν ὑπερ<ιδρῦσαι> τῶν ὅλων
αἰτίαν, τὸν δὲ νοῦν θέμενος τὴν πρόνοιαν ἀνελεῖν – τοῦτο γὰρ ἦν
τῆς ὑπὲρ νοῦν ἑνάδος ἴδιον, νοῦ δὲ τὸ θεωρεῖν καθὸ νοῦς –, τὴν   20
δὲ πρόνοιαν ἀνελὼν καὶ τὴν ποίησιν ἀνελεῖν – τὸ γὰρ προνοεῖν
μὴ δυνάμενον μηδενὸς ἄγονόν ἐστι –· τὴν δὲ ποίησιν διαβαλὼν
οὐ προσίεσθαι τὴν τῶν ἰδεῶν ὑπόθεσιν, καθ'ἃς ποιεῖ ὁ ποιῶν,

519.15–16 cf. Ar., *Met.* IV 3, 1005b11-34   **15–29** sc. Aristoteles

---

519.2 ἐκεῖνο...οὐδὲν add. Markesinis : ϵ cum spat. vac. g *uni autem neque
aliquid* add. KL   **6** ἀπ' Strobel : *in* g (ἐπ' Γ?)   **14** ἀντίφασις scripsimus :
affirmatio g (κατάφασις Γ?)   **15** μετ'αὐτοῦ scripsimus : *post ipsum* g
18 ὑπεριδρῦσαι scripsimus : *supra* cum spat. vac. g   **19** τοῦτο sc. τὸ
προνοεῖν   **20** νοῦ δὲ Strobel : *neque* g (οὐδὲ Γ?)

25 non omnia dinumerem, totum consequenter dialogum   ,
paternalem philosophiam nouis dogmatibus introducere. Ut
igitur hoc non patiamur, contradictionem in indicibili quidem
simul falsam esse dicendum, in solis autem dicibilibus diuidere
uerum et falsum, conuerificari autem nullatenus in nulla rerum.

520 | *Tertio* igitur   , aiunt, dicimus quod abnegationes in
uno assumens ut generatiuas affirmationum, sicut dictum est
sepe, ut non uirtutem putans habere le unum generatiuam
entium omnium et existentiam substitutiuam auferens ab ipso et
5   essentiam lateas intermedie horum entem uirtutem uni apposita,
fert et abnegationes generatiuas ab ipso. Et hoc est le non
possibile esse *hec circa unum*, le neque potentiam generatiuam
totorum ipsum habere, qualem esse abnegationem dicebamus.
Etsi igitur generare dicatur, etsi substituere, ab entibus ad ipsum
10 transferuntur honoratissima omnium nominum uirtutibus
iacentium, et hiis nominibus omnibus ens melius, sicut et rebus
que a nominibus significantur. Etenim si me oportet quod
uidetur dicere, affirmationes quidem sunt magis unitatibus
entium – in hiis enim et generatiua entium uirtus – le primum
15 autem et ante uirtutem omnem et ante affirmationes.

520.4   existentiam substitutiuam : *a Guil. transpositum censuimus*,
substitutiuam *cum* uirtutem *conn.* Strobel (ὑποστατικὴ δύναμις, cf. *In
Parm.* IV 922.8-9; *In Tim.* I 299.18, II 266.3; *In Eucl.* 140.23)

519.25   *post* dialogum *spat. vac. codd.* tollere *addendum cens.* KL
520.1 *post* igitur *spat. vac. codd.* τω σωτηρι A^mg

καί, ἵνα μὴ πάντα διαριθμήσωμαι, ὅλον τὸν ἑξῆς διάλογον
<παριέμενος>, τὴν πατρικὴν φιλοσοφίαν νέοις δόγμασι ἐπεισκυ-   25
κλεῖν· ἵνα οὖν τοῦτο μὴ πάθωμεν, τὴν ἀντίφασιν ἐπὶ μὲν τοῦ
ἀρρήτου ψευδῆ ἅμα εἶναι ῥητέον, ἐπὶ δὲ μόνων τῶν ῥητῶν
διαιρεῖν τὸ ἀληθὲς καὶ ψεῦδος, συναληθεύειν δὲ μηδαμῶς ἐπὶ
μηδενὸς τῶν πραγμάτων.

  | Τὸ τρίτον τοίνυν τῷ σωτῆρι, φασίν, λέγομεν ὅτι   520
τὰς ἀποφάσεις ἐπὶ τοῦ ἑνὸς παραλαβὼν ὡς γεννητικὰς τῶν
καταφάσεων, ὥσπερ εἴρηται πολλάκις, ἵνα μή, δύναμιν νομίζων
ἔχειν τὸ ἓν γεννητικὴν πάντων τῶν ὄντων καὶ ὑποστατικήν, τὴν
ὕπαρξιν ἀφελὼν αὐτοῦ καὶ τὴν οὐσίαν, λάθῃς τὴν μεταξὺ   5
τούτων οὖσαν δύναμιν τῷ ἑνὶ προστιθείς, ἀφαιρεῖ καὶ τὰς
ἀποφάσεις τὰς γεννητικὰς ἀπ᾽αὐτοῦ. καὶ τοῦτό ἐστι τὸ μὴ
δυνατὸν εἶναι ταῦτα περὶ τὸ ἕν, τὸ μηδὲ δύναμιν
γεννητικὴν τῶν ὅλων αὐτὸ ἔχειν, οἵαν εἶναι τὴν ἀπόφασιν
ἐλέγομεν. κἂν οὖν γεννᾶν λέγηται κἂν ὑφιστάνειν, ἀπὸ τῶν   10
ὄντων ἐπ᾽αὐτὸ μεταφέρεται τὰ τιμιώτατα πάντων τῶν ὀνομά-
των τῶν ταῖς δυνάμεσι κειμένων, καὶ τούτων πάντων τῶν
ὀνομάτων ὂν κρεῖττον, ὥσπερ καὶ τῶν πραγμάτων τῶν ὑπὸ τῶν
ὀνομάτων σημαινομένων. καὶ γὰρ εἴ με δεῖ τὸ δοκοῦν εἰπεῖν, αἱ
μὲν καταφάσεις εἰσὶ μᾶλλον τῶν ἑνάδων τῶν ὄντων – ἐν γὰρ   15
ταύταις καὶ ἡ γεννητικὴ τῶν ὄντων δύναμις –, τὸ δὲ πρῶτον
καὶ πρὸ δυνάμεως πάσης καὶ πρὸ τῶν καταφάσεων.

520.1   = *Phil.* 66d4; *Charm.* 167a9; *Resp.* IX 583b2; *Ep.* VII 340a3-4   **3**
ὥσπερ...πολλάκις: cf. supra, VI 1075.17-18, 1077.9-10, 1099.24

519.25 παριέμενος scripsimus : spat. vac. g   520.6 προστιθεὶς ἀφαιρεῖ
Strobel : *apposita fert* g (προστεθεῖσα φέρει Γ?)

Quartum igitur post hos modum solutionis assumamus: ascendentem animam ad intellectum   cum multitudine potentiarum ascendere, sed omnia dimittere que sibi ipsi connata et quecumque diuidunt operationes ipsius; supergressam autem

20 et ibi factam et impetuatam in uno ente ad ipsum unum ipsam adducere et unire, non multum negotiantem neque querentem quid non est aut est, sed omniquaque claudentem et omnem operationem contrahentem et contentam unione solum. Hoc itaque et Parmenides imitans, in fine et abnegationes abstulit et

25 omnem sermonem ad indicibile concludere eum qui de uno sermonem uolens. Oportet enim esse finem eius qui ad ipsum progressus   impetum,   et   sursumductionis   locationem,   et sermonum quod indicibile, et omnis cognitionis unionem.

Propter   omnia   itaque   hec   uidetur   michi   ultimo   et

30 abnegationes auferre ab uno. Ad ea quidem enim que uelut preianualia unius deducet utique nos que per abnegationes hec

521 tota dialetica methodus, auferens omnia | inferiora, et per ablationem soluens impedimenta speculationis illius, si possibile dicere. Post pertransitum autem per omnia seponere oportet et hanc tamquam ualde negotiosam et coattrahentem abnegatorum

5 conceptum, cum quibus non est illi adiacere. Neque enim intellectum est sincere uidere preiacentem intelligentiam eorum que   post   ipsum,   neque   animam   circumdistractam   a

---

520.20 impetuatam : ὁρμισθεῖσαν (cf. supra, VI 1072.8)   27 impetum : τὸν ὅρμον (cf. *In Parm.* I 693.20, V 1015.33, 1025.26, VII 1171.4)

520.17   *post* intellectum *spat. vac.* AOR *spat. vac. om.* VC   20   *ante* factam *addendum cens.* intellectum KL

Τέταρτον οὖν ἐπὶ τούτοις τρόπον τῆς λύσεως παραλάβωμεν·
ἀνιοῦσαν <μὲν> τὴν ψυχὴν ἐπὶ τὸν νοῦν <οὐ θεμιτὸν> μετὰ τοῦ
πλήθους τῶν δυνάμεων ἀνιέναι, ἀλλὰ πάντα καταλείπειν τὰ   20
αὐτῇ σύμφυτα καὶ ὅσα διαιρεῖ τὰς ἐνεργείας αὐτῆς, ὑπερβεβη-
κυῖαν δὲ καὶ ἐκεῖ γενομένην καὶ ὁρμισθεῖσαν ἐν τῷ ἑνὶ ὄντι πρὸς
αὐτὸ τὸ ἓν αὐτὴν προσάγειν καὶ ἑνίζειν, μὴ πολυπραγμονοῦσαν
μηδὲ ζητοῦσαν τί οὐκ ἔστιν ἢ ἔστιν, ἀλλὰ πάντῃ μ ύ σ α σ α ν
καὶ πᾶσαν τὴν ἐνέργειαν συστέλλουσαν καὶ ἀρκουμένην τῇ   25
ἑνώσει μόνον. τοῦτο δὴ οὖν καὶ ὁ *Παρμενίδης* ἀπομιμούμενος,
ἐπὶ τέλει καὶ τὰς ἀποφάσεις ἀφεῖλεν καὶ πάντα λόγον εἰς τὸ
ἄρρητον συνάγειν τὸν περὶ τοῦ ἑνὸς λόγον βουλόμενος. δεῖ γὰρ
εἶναι τέλος τῆς ἐπ᾽ αὐτὸ πορείας τὸν ὅρμον, καὶ τῆς ἀναγωγῆς
τὴν ἵδρυσιν, καὶ τῶν λόγων τὸ ἄρρητον, καὶ πάσης τῆς γνώ-   30
σεως τὴν ἕνωσιν.

Διὰ δὴ πάντα ταῦτα δοκεῖ μοι τελευταῖον καὶ τὰς ἀποφάσεις
ἀφελεῖν τοῦ ἑνός. εἰς τὰ μὲν γὰρ οἷον π ρ ό θ υ ρ α τοῦ ἑνὸς
περιάγοι ἂν ἡμᾶς ἡ διὰ τῶν ἀποφάσεων αὕτη ὅλη διαλεκτικὴ
μέθοδος, ἀφαιροῦσα πάντα | τὰ καταδεέστερα καὶ διὰ τῆς   521
ἀφαιρέσεως λύουσα τὰ ἐμπόδια τῆς ἐκείνου θέας, εἰ δυνατὸν
εἰπεῖν. μετὰ δὲ τ ὴ ν δ ι ὰ π ά ν τ ω ν δ ι έ ξ ο δ ο ν ἀποθέσθαι δεῖ
καὶ ταύτην ὡς πάνυ πραγματειώδη καὶ συνεφέλκουσαν τὴν τῶν
ἀποπεφασμένων ἔννοιαν, μεθ᾽ ὧν οὐκ ἔστιν ἐκείνῳ προσβάλ-   5
λειν· οὐδὲ γὰρ τὸν νοῦν ἔστιν εἰλικρινῶς ἰδεῖν προβάλλοντα τὴν
ἔννοιαν τῶν μετ᾽ αὐτόν, οὐδὲ τὴν ψυχὴν π ε ρ ι ε λ κ ο μ έ ν η ν

520.24   = Plot., *Enn.* I 5 [36] 8.25   **33**   *cf. Phil.* 64c1   **521.3**   = *Parm.*
136e1-2   **7**   = *Prot.* 352c2

520.19 μὲν addidimus | οὐ θεμιτὸν addidimus : spat. vac. **g**

superinstantia eorum que post animam, neque totaliter cum superinstantia uidere aliquid perfecte. Nam superinstantie sunt
10 difficultatem patientis speculationis, propter quod et natura anepistatos (idest <sine> superinstantia) facit que facit, et scientia dicit que dicit. Tunc autem superinstat, quando dubitat solum et deficit secundum quod est scientia. Sicut igitur in hiis oportet operationem purgari a superinstantia, quamuis per
15 superinstantias perfectam, secundum hec utique et in hiis oportet purgari ab omni dialetica operatione. Preparatio enim est hec eius que in illud tensionis, sed non tensio; magis autem non hec solum, sed et tensio. Finaliter autem concludentem animam coesse   in ipsa facta solum   eliget solum le simpliciter
20 unum.

Ad hoc enim et Parmenides concludens multam hanc de ipso sermonum pertractationem uidetur hanc ultimam fecisse interrogationem. Unde merito et Aristoteles coassequens ipsi ad indicibile ipsum e   dat nature entis. Nam per negari et ipse
25 remouit   abnegationes. Silentio autem conclusit eam que de ipso theoriam.

521.11 sine *add.* KL   **18** *post* tensio *addendum cens.* desinit KL   **19** *post* coesse *spat. vac.* ARVC *spat. vac. om.* O θεμιτον A^mg | *ante* in *addendum cens.* et KL | *post* solum¹ *spat. vac.* AR *spat. vac. om.* OVC   **24** ipsum *om.* O | *post* e *spat. vac.* AOR *spat. vac. om.* VC   **25** *post* remouit *spat. vac.* AO *spat. vac. om.* RVC

ὑπὸ τῆς ἐπιστάσεως τῶν μετὰ τὴν ψυχήν, οὐδ᾽ ὅλως μετ᾽ ἐπι-
στάσεως ἰδεῖν τι τελείως· αἱ γὰρ ἐπιστάσεις τῆς δυσχεραινού-
σης εἰσὶ θεωρίας, διὸ καὶ ἡ φύσις ἀνεπιστάτως ποιεῖ ἃ ποιεῖ, καὶ 10
ἡ ἐπιστήμη λέγει ἃ λέγει. τότε δὲ ἐφιστάνει, ὅταν ἀπορῇ μόνον
καὶ ἐκλείπῃ καθ᾽ ὅ ἐστι ἐπιστήμη. καθάπερ οὖν ἐν τούτοις δεῖ
τὴν ἐνέργειαν ἀποκαθαίρεσθαι τῆς ἐπιστάσεως, καίτοι δι᾽ ἐπι-
στάσεων ἀποτελουμένην, κατὰ ταῦτα δὴ καὶ ἐν τούτοις δεῖ
ἀποκαθαίρεσθαι πάσης τῆς διαλεκτικῆς ἐνεργείας· παρασκευὴ 15
γάρ ἐστιν αὕτη τῆς εἰς ἐκεῖνο ἀνατάσεως, ἀλλ᾽ οὐκ ἀνάτασις·
μᾶλλον δὲ οὐχ αὕτη μόνον, ἀλλὰ καὶ ἡ ἀνάτασις. τέλος δὲ
συναγειρομένην τὴν ψυχὴν συνεῖναι <τῷ ἑνὶ> θεμιτόν· ἐν αὐτῇ
γενομένη μόνον αἱρήσεται μόνον τὸ ἁπλῶς ἕν.

Εἰς γὰρ τοῦτο καὶ ὁ Παρμενίδης συνάγων τὴν πολλὴν 20
ταύτην τῶν περὶ αὐτοῦ λόγων πραγματείαν δοκεῖ ταύτην
τὴν τελευταίαν ποιήσασθαι ἐρώτησιν. ὅθεν εἰκότως καὶ ὁ
Ἀριστοτέλης συνεπόμενος αὐτῷ πρὸς τὸ ἄρρητον αὐτὸ †
ἀπέφησε †· τῷ γὰρ ἀποφάσκεσθαι καὶ αὐτὸς ἀφεῖλεν <πάσας>
τὰς ἀποφάσεις. σιγῇ δὲ συνεπεράνατο τὴν περὶ αὐτοῦ θεωρίαν. 25

521.20–21 = *Parm.* 136c6

521.18 συναγειρομένην scripsimus (cf. Dam., *Vit. Isid.* 40.3, 240.2) :
concludentem g | τῷ ἑνὶ add. KL | ἐν αὐτῇ scripsimus : *in ipsa* g
19 post μόνον¹ spat. vac. g **23–24** αὐτὸ...τῷ : *ipsum e ... dat natura
entis. per* g locus nondum sanatus (cf. supra, 517.9-10) **24** πάσας add.
KL : spat. vac. g

Appendix I : Orthographica, Elisiones, Iotacismi

Liber Sextus

1040.13	ἐννάτῃ : sic in codicibus
1040.22	γοῦν FᶜGPRᶜ : οὖν AFR
1042.24	ἀλλὰ Σ: ἀλλ' A
1043.6	ἄττα A : ἅττα Σ
1047.27	ἐκλείπειν A¹Σ : ἐκλίπειν A
1048.5	γοῦν Σ (γ' οὖν P) : οὖν A
1048.19	τηροῦσα AGR : τυροῦσα FP
1051.29	πραγματειώδη Σ (πραγματιώδης F) : πραγματιώδη A
1052.5	ἄττα Cous² : ἅττα AΣ
1053.21	ἐπιστήσασιν AGP : ἐπεστίσασιν FR
1054.12	γενομένη AGP : γενημένη F γεννομένη R
1054.24	γοῦν AP : γ' οὖν G δ' οὖν FR
1056.3	τέτταρες MGP : τέσσαρες A³FR
1056.3-4	Παρμενίδῃ A : Παρμενίδι FR Παρμενιᴰ GP
1056.12-13	Παρμενίδῃ A : Παρμενίδι Σ
1059.18	Παρμενίδῃ A³M : Παρμενίδι FR Παρμενιᴰ GP
1060.25	τέτταρας Σ : τέσσαρας A
1060.29	τέτταρες PG : τέσσαρες AFR
1061.3	ἐλάττονος scripsimus : ἐλάσσονος AΣ
1061.14-15	μεταχείρισιν A : μεταχείρησιν Σ
1062.3	ἐπωνυμίαι MᶜΣ : ἐπονυμίαι A
1062.11	ἔνδειξιν A : ἔνδειξιν Σ

1062.16	γοῦν Σ : οὖν A³M
1063.12	ἑαυτὴν Σ : αὐτὴν A
1069.17	ἀλλὰ Σ : ἀλλ' M legi nequit A²
1071.4	νοείσθω AFG : νοήσθω PR
1074.6	ἀποτεμαχίζουσι Σ : ἀποτεμμαχίζουσι A⁴M
1074.15	τετεμαχισμένου Σ : τετεμμαχισμένου A
1078.5	ἔμμεν A²M : ἔμμε Σ
1082.10	φανταστικῶς A : φανταστῶς Σ
1084.4	θρυλλοῦσι A : θρηλλοῦσι Σ
1086.15	γοῦν Σ : οὖν A
1087.26	δι᾽ὃ A : διὸ Σ
1088.11	ἔλαττον scripsimus : ἔλασσον AΣ
1097.17	οὔτε A : οὔτ' Σ
1104.16	οὔτε AFR : οὔτ' GP
1106.13	ταύτωμα A : ταύτομα Σ
1107.6	γοῦν Σ : οὖν A
1111.11	δυοῖν AFR : δυεῖν GP
1114.29-30	τελειότερον Σ : τελεώτερον A
1115.27	εἴτ' Σ : εἴτε A
1116.12	ἐνερριζωμένα A : ἐνερριζόμενα Σ
1118.9	ἀδιεξίτητον AFG : ἀδιεξήτητον PR
1118.27	εὐθυβόλως Cousin : ἰθυβόλως A²MΣ ἐθυβόλως Aᵍ
1119.30	ἀνελίττει Σ : ἀνελίσσει A
1122.23	συνελίττει scripsimus : συνελίσσει AΣ
1122.23	ἑαυτὴν Σ : αὐτὴν A
1123.8	ἧττον A : ἧσσον Σ
1123.26	αἰτιατὸν A : αἴτια τὸν Σ

1124.2	κρεῖττον scripsimus : κρεῖσσον ΑΣ
1125.7	διττόν scripsimus : δισσόν ΑΣ
1129.20	μαθηματικῶς ΜΣ : μαθητικῶς Α
1131.12	ἰσογωνίων Α : ἰσογονίων Σ

LIBER SEPTIMUS

1133.1	τοιοῦτόν Α PLAT. codd. : τοιοῦτό Σ
1133.7	ἑαυτοῦ Σ : αὑτοῦ Α
1134.9	ἑαυτό Σ : αὑτό Μ legi nequit Α³
1136.6	δὲ Σ : δ' Α
1139.9	πολυθρυλλήτους Α : πολυθρηλλήτους Σ
1141.26	ἰδιότητας Σ : εἰδιότητας Α
1142.15	γοῦν Σ : οὖν Α
1145.11	ἑαυτῷ Α : αὑτῷ Σ
1145.16	μεταχείρισις ΑF : μεταχείρησις GPR
1145.27	ὅ ΑΡ : ὁ FGR
1148.8	συνελίττειν scripsimus : συνελίσσειν
1148.20	ἄγονονΑFG : ἄγωνον PR
1149.6	ὡδὶ ΑΡR : ὡδὶ FG
1149.7	ὡδί ΑΡR : ὡδί FG
1151.19	γεννώντων ΑR : γενώντων FGP
1151.21	ἐνέργεια² Μᶜ : ἐνεργείᾳ ΑΣ
1153.4	Παρμενίδην Σ (Παρμενίδης G) : Παρμενίδη Μ Παρμενι^Δ Α
1153.25	σταθερῶς Α : σταθηρῶς Σ
1154.2	ὑπεριδρυμένον ΑGR : ὑπὲρ ἰδρυμένον F ὑπερυδρυμένον Ρ

1154.2	ἔχοιμεν AR : ἔχοι μὲν FGP
1155.3	ἀνακάμψασα A : ἀνακάμψαισαι Σ
1155.6	διΐστησι AFP : διήστησι GR
1155.10	ἀλλοιοῖτ᾽ Σ : ἀλλοιοῖτο A PLAT. codd.
1156.4	ἑαυτῷ Σ : αὑτῷ A
1158.1	ταὐτὰ correximus ex g (eadem) : ταυτὰ (sic) AΣ
1159.1	ἐζήτει AF : ἐξήτει GPR
1159.30	οὐδὲ Σ : οὐδ᾽ A
1161.11	σφαῖραν Σ : σφαίραν A
1164.3	ἄλλοτε Σ : ἄλλοτ᾽ A PLAT. codd.
1164.24	ἔν MGP : ἕν AFR
1165.2	ὡδὶ scripsimus : ὠδὶ A²MΣ
1166.14	οὔτε Σ : οὔτ᾽ A PLAT. codd.
1166.14	οὔτε² Σ : οὔτ᾽ A PLAT. codd.
1167.2	μιμήσηται APR : μιμήσειται FG
1167.9-10	μεταχειρίσεως AF : μεταχειρήσεως GPR
1167.30	γοῦν FGP : οὖν AR
1169.17	οὐθ᾽ FGR : οὔτε AP PLAT. codd.
1170.16	ἐλάττονα scripsimus : ἐλάσσονα AΣ
1172.7	ὥστ᾽ Σ : ὥστε A⁴M
1172.22	ἑαυτοῦ AΣ : αὑτοῦ PLAT. codd.
1173.19	ποτέ Σ : ποτ᾽ A
1174.4	γοῦν Σ : οὖν A
1175.6	ὀμίχλην A : ὁμίχλην Σ
1177.3	Παρμενίδην scripsimus : Παρμενι^Δ AΣ
1177.4	ἑαυτό Σ : αὑτό A
1177.9	Παρμενίδην A : Παρμενι^Δ FGP Παρμενίδη R
1177.28	γ᾽ἓν Σ : γε ἓν A

1180.24	ἤρκει A : ἤρκει Σ
1181.12	εἴδους AGP : εἶδους FR
1181.13	εἴδους AGP : εἶδους FR
1181.16	μήτ᾽ ἐν FGP : μήτε ἐν AR
1181.16	μήτ᾽ ἐν² FG : μήτε ἐν APR
1182.1	ἤ τε APR : ἤτε FG
1182.12	δῆτα ἀλλὰ A PLAT. codd. : δῆτ᾽ἀλλὰ Σ
1183.19	ἦν A : ἦν Σ
1183.28	μηδέτερον A : μηδ᾽ἕτερον Σ
1184.29	παρ᾽ἔλαττον scripsimus : παρ᾽ἔλασσον Σ παρέλασσον A
1185.17	ἀεὶ Σ PLAT. codd. : αἰεὶ A
1188.29	ἦν AP : ἦν FG ἦν R
1190.11	ἕτερα A : ἑτέρα Σ
1191.3	τὰ ἄλλα Σ : τἆλλα A
1191.8	οὐδὲ² Σ : οὐδ᾽ A PLAT. codd.
1192.2	ἀπὸ Σ : ἀπ᾽ A
1192.9	οὐδ᾽ Σ : οὐδὲ A
1192.20	πολυθρυλλήτων APᶜ : πολυθρηλλήτων Σ
1193.20	ἀναλογίας A : ἀναλοᵞ Σ
1195.10	ἑξῆς Σ : ἐξ᾽ ῆς A
1195.19	οὔτε Σ PLAT. codd. : οὔτ᾽ A
1195.19	οὔτε² APR PLAT. codd. : οὔτ᾽ FG
1195.22	οὔτε² APR PLAT. codd. : οὔτ᾽ FG
1197.5	προϊέναι AFP : προϊναι GR
1197.8	κρείττονος scripsimus : κρείσσονος ΑΣ
1197.23	οὔτε ΑΣ : οὔθ᾽ PLAT. codd.
1197.24	οὔτε ΑΣ : οὔθ᾽ PLAT. codd.

1198.23	οὔτε Σ Plat. codd. : οὔθ' A
1200.28	ἀναλογίαν AR : ἀναλο⁷ FGP
1201.27	ποτέ Σ : ποτ' A
1204.14	ξύμμετρον Σ : σύμμετρον A Plat. codd.
1204.24	ἀλλ' Σ : ἀλλὰ A
1205.5	οὖν Σ : γοῦν A
1205.32	ἐπὶ πλέον Σ : ἐπιπλέον A
1206.9	ἐλάττονα scripsimus : ἐλάσσονα AΣ
1206.15	ἐλάττονα scripsimus : ἐλάσσονα A²ΜΣ
1206.16	ἐλαττονάκις scripsimus : ἐλασσονάκις A²ΜΣ
1206.18	ἐλάττονα scripsimus : ἐλάσσονα AΣ
1206.22	ἐξῆς ΜΣ : ἐξ ἧς A
1207.18	οὐδὲ Σ : οὐδ' A
1208.15	ἐλαττόνων scripsimus : ἐλασσόνων AΣ
1208.16	ἔλαττον scripsimus : ἔλασσον AΣ
1209.19	διαφορότης FGR : διαφερότης AP
1209.28	καθ' αὑτό AR : καθαυτό FGP
1211.18	προρρηθέντων APR : προρηθέντων FG
1211.21	ἔλαττον scripsimus : ἔλασσον A Σ
1215.16	μικρόν Σ : σμικρόν A
1216.15	καταλείπειν A : καλείπειν Σ
1216.22	Πυθαγορείοις AR : Πυθαγορίοις FGP
1217.2	ποτέ Σ : ποτ' A
1217.5	συστοιχίας AGP : συστοιχείας FR
1218.16	μετρῆται AFG : μετρεῖται PR
1219.8	ἑαυτῷ Σ : αὑτῷ A Plat. codd.
1222.14	ἑαυτῷ Σ : αὑτῷ A Plat. codd.
1223.14	οὔτε¹ Σ : οὔθ' A

1223.20	οὔτε[1] Σ : οὔθ' A
1223.20	ἑαυτῷ A : αὐτῷ Σ (αὐτῷ P)
1223.22	δύναιτ' Σ : δύναιτο A Plat. codd.
1223.24	ἀεὶ Σ Plat. codd. : αἰεὶ A
1224.25	Πυθαγόρειοι AGP : Πυθαγόριοι FR
1225.18	ἀεὶ Σ Plat. codd. : αἰεὶ A
1226.5	πειραθέντες A : πειρασθέντες Σ
1229.23	ἄττα A : ἅττα Σ
1231.10	ἐλαττούμενον scripsimus : ἐλασσούμενον ΑΣ
1231.18	ἑαυτοῦ Σ : αὑτοῦ A
1232.15	οὐδὲ[2] Σ : οὐδ' A Plat. codd.
1233.5	τουτέστι Σ : τουτ' ἔστι A
1233.14	οὐδὲ Σ : οὐδ' A
1234.4	ταῦτα FR : ταῦτ' AGP
1234.9	ἐννεαχῶς A : ἐνναχῶς Σ (ἐνναχῶς P)
1235.11	ἑαυτῷ Σ : αὐτῷ A
1236.28	συνελίττουσι scripsimus : συνελίσσουσι ΑΣ
1238.15	οὔτε[2] Σ : οὔτ' A Plat. codd.
1238.16	οὔτε[3] Σ : οὔτ' A Plat. codd.
1238.17	ἔπειτα APR Plat. codd. : ἤπειτα FG
1241.8	οὐδὲ Σ : οὐδ' A

APPENDIX II : VARIAE LECTIONES CODICUM
RECENTIORUM QUI EX Σ PENDENT
(UBI A TEXTUM INCORRUPTUM PRAEBET)

LIBER SEXTUS

1041.8	ἀληθεύωσιν AGR : ἀληθεύουσιν FP
1042.2	ἐπισκεψάμενοι AP : ἐπισκεψόμενοι FGR
1042.11	μενέτεον AFG : μενετέων P μετιτέον R
1042.25	ἄλλην AFGᶜ : ἄλλων GPR
1044.21	δὴ A³MFGP : δεῖ Gᵃ δὲ R
1046.16	Διοτίμα A : Διοτίμη FR Διοτίμω G Διοτίμων P
1048.6	ἄλλα AGR : ἄλλως F ἄλλην P
1050.8	ἐνερρίζωνται AFP : ἐνερίζωνται R ἐνερρίζονται G
1052.30	ὕλης AGR : ὅλης FP
1054.4	post ἡ add. τις FG τε PR
1054.10	παραλαμβάνουσιν AF : περιλαμβάνουσιν GPR
1055.19-20	παραλαμβάνειν AF : περιλαμβάνειν GPR
1056.4	ὄντος AGPRᶜ : ὄντως FR
1056.18	εὐθεῖαν A : εὐθ FP εὐθῆ G εὐθειῶν R
1058.5	ἄλλως AGR : ἄλλα FP
1058.22	παραλαμβάνει AFG : περιλαμβάνει PR
1060.3	ἄλλας AG : ἄλας FP ὅλας R
1061.9	τεθέντος A : τεθενᵀ FGR τεθέντα P
1062.6	παραδίδοσθαι AFG : περιδίδοσθαι PR
1062.6-7	ἀπαραλείπτως AF : ἀπεριλείπτως GPR
1062.8	παραλαμβάνεσθαι AFG : περιλαμβάνεσθαι PR

1062.24	αὐτοτελεῖς AP : αὐτοτελὴς εἰς F αὐτοτελεῖς εἰς GR
1063.6	post περιέχεσθαι spat. vac. FG
1063.13	παραδίδοσθαι AFG : περιδίδοσθαι PR
1070.16	post αὐτὸν spat. vac. GR
1070.18	ὃ² AR : οἱ FG om. P
1071.13	παρακολουθήσωμεν AG : παρακολουθήσομεν F περικολουθήσωμεν PR
1079.23	περιλαβεῖν GR : παραλαβεῖν AFP
1079.27	γιγνώσκει AFGRᶜ : γιγνώσκειν PR
1080.14	ἕνεκα AP : ἐνε F ἔνεξις G ἔν ἐστιν R
1084.9	ἡ μονὰς AFG : ἡ μοˠ PR
1084.10	σχημάτων A : σχημαᵀ FG σχήματα PR
1086.2	πραγμάτων AFR : πραγμαᵀ GP
1086.3	ἀπαραλείπτως AF : ἀπεριλείπτως GPR
1086.10	διηριθμημέναι AFR : διηριθμῆ GP
1087.7	αὐτὸ τῶν κοινῶν AGR : τῶν κοινῶν αὐτὸ FP
1093.19	Παρμενίδειον A²M : Παρμενιᐃ Σ
1096.1	συναποπεφασμένον A²GM : συναποπεφωσμένον FPR
1105.28	ἡμετέρας APR : ἡμετέρου FG
1106.13	τούτοις AP : ταύτης FR ταύτοις GRᶜ
1120.27	ἐξήρτηνται AFR : ἐξήρτηται GP
1125.14	πρόληψις AGP : πρόληψιν FR
1132.28	ἄρα εὐθὺ A PLAT. codd. : ἄρα (εὐθὺ in mg.) F εὐθὺ ἄρα GPR

LIBER SEPTIMUS

1133.6	ἐν ἄλλῃ AP : ἐ ἄλλῃ FGR
1134.15	ἐκείνου A : ἐκεῖνο FR ἐκεῖνον G ἐκει^ν P
1140.17	προωμολογημένων AFG : προωμολογουμένων P προομολογημένων R
1144.6	ἄγονος AFP : ἄγωνος MR ἄγονον G
1156.13	ὑπομένοι AGPR^c : ὑπομένω F ὑπομένει R
1156.29	φορᾶς APR : φθορᾶς F μεταφορᾶς G
1162.17	δὴ AFG : δεῖ PR
1163.30	μέσον AR : μένον FGP
1164.30	ἐκτὸς A³GMR : ἐκ(...) FP
1168.21	ἐνεργείας² AGP : ἐνέργειαν F ἐνερ^γ R
1171.8	στασίμων AFP : τασίμων GR
1171.20	οὐχ AFR : τοῦχ P τοῦ οὐχ G
1172.17	εἰ καὶ κατ' AGP : εἰ καὶ τ' F ἢ καὶ κατ' R
1174.9	τὸ πρὸ δυνάμεως AFG : τὸ πρὸς δυνάμεως P om. R
1175.17	μεθέξουσι AP : θέξουσι FGR
1176.18	τε AGP : τι FR
1177.27	παραδέξαιτο AF : περιδέξαιτο GPR
1181.3	τῇ AGR : τῆς FP
1181.26	ἀνοίκεια AG : ἀνοίνεια F ἀνείκεια PR
1182.17	παραλαμβάνει A²MF : περιλαμβάνει GPR
1190.13	τὸ A : τὸν FPR τοῦ G
1193.20	τὰς A²FGM : τὰ PR
1194.2	παραδίδωσι AG : περιδίδωσι FPR
1195.4	περὶ APR : παρὰ FG

1200.4	τοῦ AFG : τὸ PR
1202.4	ὑπερκοσμίου AR : ὑπερκοσμίους FGP
1204.17	παραλαμβανόμενον AFR : περιλαμβανό-μενον GP
1205.1	αἱ AGR : ἡ F οἱ P
1205.7	τὸ AP : τὸν FGR
1206.29	ἑαυτῷ AR PLAT. codd. : ὁ αὐτῷ FP ὁ αὐτῷ G
1206.32	τοιοῦτός A : (.)οιουτόν FP τοιοῦτόν G (.) τοιοῦτόν R
1206.32	οὐδενὸς AFG : οὐδ᾽ἓν PR
1212.4	ὑπερθέσεις AFP : ὑποθέσεις GR
1212.16	μετέχει AGP : μετέχει(.) F μετέχεις R
1212.19	καθ᾽ ἑαυτὸ AF^{mg}G : καθ᾽έτο FP καθ᾽ἓν τὸ R
1214.7	θέμενοί A : θεόμενοί FG θεώμενοί P θεύμενοί R
1215.2	Παρμενίδης AGP : Παρμενίδοις F Παρμενίδου R
1215.20	παραλαμβάνεσθαι AFR : περιλαμβάνεσθαι GP
1217.2	ἀναζητήσασιν AFR : ἀναζητήσουσιν G ἀναζητήσωσιν P
1217.3	παραδεδομένον AFG : περιδεδομένον P δεδομένον R
1218.24	πᾶσαν AGR : πᾶς F πᾶσα P
1218.25	παραδεδόσθαι AFG : περιδεδόσθαι PR
1219.29	καὶ AGR : κᾶν FP
1220.25	ἐξήρτηνται AG : ἐξήντηνται FR ἐξήτηνται P
1221.9	οὔτε AFR : εἴτε GP
1221.14	τριακοντούτῃ APR : τριακούντῃ FG
1223.15	παραδέδωκε AFG : περιδέδωκε PR

1236.30-1237.1   ὁλοτήτων AGR : ὑλοτήτων FP
1237.29   παρατάσεως AG : περιτάσεως FPR

APPENDIX III : MENDA CODICIS A ET EMENDATIONES
SCRIBARUM POSTERIORUM

LIBER SEXTUS

1039.19   ὅροις ΜΣ : λόγοις A[3]
1039.23   ὥς[1] ΜΣ : τὸ A[3]
1039.26   λόγος τῶν δύο ΜΣ : λόγος(...)ὁ A[3]
1044.17   οὐ μέντοι ΜΣ : ἀλλ᾽ οὐ A[3]
1048.18   ἰδιότης A[1]Σ : τελειότης A
1050.2   καὶ om. A[3]
1050.3   ὃν[2] om. A[3]
1050.11   ἑνὰς ΜΣ : ἓν A[3]
1052.29   ᾗ ΜΣ : ἧς A[3]
1053.3   post μετουσίαν add. αὐτὴν A[3] [sl]
1055.15   δὶς ΜΣ : διὸ A[3]
1059.21   ἔσται μόνον inv. A[3]
1059.24   τὸ ἓν ὡς ΜΣ : τοῦτο ἀλλ᾽ ὡς τὸ A[3]
1061.22   ταῖς πραγματείαις ΜΣ : ταῖς πραγματείας A[3]
1063.15   ἀκοῦσαι ΜΣ : ἀθρῆσαι A[3]
1066.25   εἰ ΜΣ : ἐπεὶ A[2]
1066.25   μὲν ΜΣ : ἓν A[2]
1067.9   ἀπὸ ΜΣ : ὑπὸ A[2]
1069.21   οὕτω ΜΣ : εἰ δὲ A[2]
1069.22   χωριστὴ ΜΣ : ζωτικὴ A[4]

1069.23	ἑαυτῆς ΜΣ : ἐν ἑαυτῇ A⁴
1069.23	ἄλλου ΜΣ : ἐν ἄλλοις A⁴
1070.7	ἄμικτον ΜΣ : ἀμέριστον A²
1070.12	εἴρηται ΜΣ : χρή A⁴
1070.25	ὧν ΜΣ : τῶν A⁴
1071.3	τῶν ΜΣ : τούτων A⁴
1072.22	οἰκειοτέρα τῆς ΜΣ : κρείττων τῆς A⁴
1072.24	ἔφατο ΜΣ : ἔφη καὶ A⁴
1072.25	καὶ ὅτι ΜΣ : τοῦτο ἐστι A²
1072.26	τὸ ΜΣ : καὶ A²
1072.27	προσθεὶς ΜΣ : προθεὶς A²
1073.3	τοῦ ὄντος ΜΣ : καὶ ἐπέκεινα τοῦ ὄντος A⁴
1073.3	τῷ ὄντι om. A⁴
1073.15	ἀληθὴς ΜΣ : ἐστι A⁴
1075.12	δὲ ΜΣ : γε μὴν A⁴
1075.17	πρώτη ΜΣ : προτέρα A⁴
1076.8	ante αἰτίας add. τῆς A⁴
1076.9	δηλοῦσιν ΜΣ : legi nequit A² τὴν add. A⁴
1081.2	κακῶν ΜΣ : καὶ A⁴
1081.10	οὕτως ὡς ΜΣ : οὕτως A⁴
1084.9	πιθανώτατοι ΜΣ : πιθανώτεροι A⁴
1084.9	καὶ γὰρ A⁴ ˢˡΜΣ : τὰ δὲ A⁴
1084.9	ἡ μονὰς ΜΣ : τὸ μὲν A⁴ τε A⁴ ˢˡ
1084.14	δῆλον ΜΣ : δηλονότι A⁴
1087.16	μηδὲ ΜΣ : καὶ δὴ A⁴L
1089.24	ἐκεῖ ΜΣ : ἐκεῖνο A⁴
1089.26	τὸν δὲ νοῦν ΜΣ : τὸ δὲ ὂν A⁴
1089.27	διὰ ΜΣ : εἰς A⁴

1090.4	τὸ ΜΣ : τὰ Α⁴
1091.2	ὧν ΜΣ : οὗ Α⁴
1093.4	post ἔστι spat. vac. Α, ἓν οὐχὶ καὶ add. sed del. Α
1093.6	δὴ ΜΣ : spat. vac. Α²
1093.8	πάλιν ΜΣ : πολὺ Α⁴
1094.3	στερήσας ΜΣ : στερήσῃ Α⁴
1094.4	post ἑνὸς add. καὶ Α⁴
1095.14	δὲ² ΜΣ : γὰρ Α⁴
1095.16	τὸ πλῆθος ΜΣ : τοῦ πλήθους Α⁴
1095.16	οὐκ ΜΣ : spat. vac. Α⁴
1095.17	ante ἓν spat. vac. Α⁴
1095.19	ἓν ΜΣ : ὃν Α⁴
1095.20	ante οὐκ add. τὸ Α⁴
1096.1	συναποπεφασμένον GM : συναποπεφωσμένον FPR συναναπεφασμένον Α⁴
1098.2	καθαμάθωμεν ΜΣ : καταμάθοιμεν Α²
1098.7	ἡγούμενον ΜΣ : ζητούμενον Α²
1098.9	γὰρ ΜΣ : δ' Α²
1098.10	τῶν λεγομένων ΜΣ : spat. vac. Α²
1098.25	πάντων ΜΣ : παντὸς Α²
1100.18	τῆς ΜΣ : πάσης Α²
1100.23	γὰρ ΜΣ : ἀλλ' Α²
1103.1	τοῦτο ἐν τούτοις ΜΣ : legi nequit Α² spat. vac. L
1103.5	ἐκείνοις ΜΣ : ἐκεῖ Α²
1104.31	ἢ ἐνοειδὲς ΜΣ : ἐκείνου Α²
1105.2	αὐτὸς ΜΣ : αὐτὸ ὃ Α²

1105.5	γε ΜΣ : τε Α²
1105.25-26	καθορῶ μοι Σ : καθορῶμαι Μ (.)οῖμαι Α
1107.18	οὐδὲ ΜΣ : οὔτε Α²
1107.19	ἐκεῖ παραινέσεως ΜΣ : ἐκ(.)η(.)σεως Α²
1107.20	ἀλλὰ ΜΣ : ἀλλ᾽ ἢ Α²
1107.24	ὅλον ΜΣ : ὅλος Α²
1107.27	τῇ μέσῃ ΜΣ : τὰ μέρη Α²
1108.8	ἐκείνῳ ΜΣ : ἐκείνοις Α²
1110.11	δέον ΜΣ : ἓν Α²
1110.20	εἰσόμεθα ΜΣ : οἰσόμεθα Α²
1113.14	τέλος ΜΣ : τελευτὴν Α²
1113.14	ταῦτα ΜΣ : αὐτὸ Α²
1113.15	αὐτὰ ΜΣ : αὐτὸ Α²
1113.21	οὖν ΜΣ : μὲν Α²
1113.30	ὑπεναντία ΜΣ : ὑπεναντίως Α²
1114.5	οὓς ΜΣ : οὔ(.)Α²
1116.9	μένειν ΜΣ : μὲν Α²
1116.9	λέγωμεν ΜΣ : λέγομεν Α²
1116.10	δηλοῦμεν ΜΣ : καλοῦμεν Α²
1116.10	ἀνάτασιν ΜΣ : ἀνάπαυσιν Α²
1116.13	ἐστι τὰ ΜΣ : πάντα Α²
1116.21-22	ante ὑφίστησι add. καὶ Α²
1118.23-24	τρεῖς γὰρ...τὴν πρώτην spat. vac. Α²
1118.29	πρῶτον μὲν πόσαι ΜΣ : πρῶ(...) Α²
1119.8	ἀποίου ΜΣ : ἀπείρου Α²
1119.17	πλῆθος ΜΣ : πλήθη Α²
1119.26	τὰς περιόδους ΜΣ : περ(...) Α²
1121.14	ἰσοτήτων ΜΣ : ἰσότη(.)ιυς Α²

1121.20	ἡμᾶς Ὀρφικῶς ΜΣ : spat. vac. A²
1124.8	ἐστι ΜΣ : ἕκαστον A²
1124.13	post καὶ add. δὴ A²
1124.15	αὐτὸ ΜΣ : ἐπανο A²
1124.24-25	παρ᾽ οὐδενὸς ὁριζόμενον ΜΣ : παρ᾽ οὐ ἀφοριζόμενον A²
1126.23	ὁ ταῦτα ΜΣ : ὅταν A²
1126.23	λόγος ΜΣ : λέγει A²
1126.24	ἐν τούτοις ΜΣ : καὶ ἐσχάτων A²
1126.26	ante εἰ add. καὶ A²
1126.31	ἑαυτῷ ΜΣ : spat. vac. A²
1129.6	γνωστῶν ΜΣ : νοητῶν A²
1129.6	δὲ ΜΣ : ἂν A²
1129.7	ἔχει ΜΣ : ἔχοι A²
1129.7	γνώριμον ΜΣ : πόριμον A²
1129.23	ἑαυτὸ² ΜΣ : τὸ αὐτὸ A²
1129.26	ὄν ΜΣ : ἕν A⁴
1131.22	ἡ ἀκμὴ...ἀφίκοιτο ΜΣ : (..)εφικοιτο A²
1131.23	πάντως ἡ ΜΣ : πρὸς δὲ A⁴
1131.24	ὁδὸς ἐπὶ τὸ λοιπόν ΜΣ : ὁδὸς ἐπὶ(...)A⁴
1132.1	δῆλον ὡς ΜΣ : ἄλλως A²

LIBER SEPTIMUS

1134.7	λέγει ΜΣ : (...)εἰ A³
1134.10	αὖθι ΜΣ : αὕτη A³
1134.11	πείρατος ΜΣ : πειρατ A³
1134.11	ἐέργει ΜΣ : ἐνεργεῖ A³

1134.13	αἱ ῥήσεις ΜΣ : (...)ὡς Α³
1134.14	ἃ ΜΣ : ἓν Α³
1135.11	δὲ ΜΣ : γὰρ Α³
1137.12	τὸ ΜΣ : γὰρ Α³
1137.14	θέμις ΜΣ : ἐν τοῖς μετ' αὐτό add. Α² ˢˡ
1137.14	ἔστιν ΜΣ : ἐν τῷ πρὸ αὐτοῦ add. Α² ˢˡ
1137.15	πέφυκε ΜΣ : ἐν ἑαυτῷ add. Α² ˢˡ
1137.29	πρὸς ΑᶜΣ : πρὸ ΑΜ
1143.12	αἰτίαν ΜΣ : αἴτιον Α³
1143.12	πρὸ αὐτοῦ ΜΣ : νοητὸν Α³
1143.12	τὴν ΜΣ : τὸ Α³
1143.13	ἁπτομένην ΜΣ : ἁπτόμενον Α³
1143.17	τὸ¹ ΜΣ : spat. vac. Α²
1143.17	τὸ² ΜΣ : spat. vac. Α²
1143.23	καὶ ΜΣ : ὡς Α³
1144.9	δὲ ἐκείνην ΜΣ : (...) ἐκείνην Α³
1149.9	δυάδος ΜΣ : τοῦ ἑνὸς Α⁴
1152.7	τούτου Α¹Σ : τούτων Α
1152.14	ἀποφαίνων ΑˢˡΣ : ἀποφαῖνον Α
1152.15	κατέφησε ΜΣ : κατέφαινεν Α⁴
1154.11	post ἐνεργοῦν add. ἢ Α⁴ ˢˡ
1155.13	πάσας ΑᶜΣ : ταύτας Α
1157.4	τῆς om. Α³
1157.6	καὶ αὗται ΜΣ : εἴδεσι Α⁴ αὖ τάχα L
1157.13	νοητὸν ΜΣ : αὐτὸν Α⁴
1157.13	εἰδότος ΜΣ : εἰδόντος Α
1157.26	αἱ ΜΣ : οὐ Α⁴
1159.22	νοητὸν ΜΣ ; νοητὸς Λ⁴

1161.16	ἐνδέδωκε Aᶜ Σ : ἐνέδωκε A
1162.21	πῶς ἂν οὖν ΜΣ : πῶς οὖν A²
1162.23	προειρημένων ΜΣ : εἰρημένων A²
1164.29	ἐκτός ΜΣ : ἑκατέρου ἐκτός A²
1164.30	ἐκτὸς ΜΣ : ἑκατέρου ἐκτὸς A²
1166.12	ἐκφέρει ΜΣ : ἐκφέρειν A²
1166.30	ἀνατρέχουσαν Aᶜ Σ : ἀνατρέχει Aᵃ
1169.22	ἀμφοῖν Σ : ἀμφοτέρων A⁴
1177.26-27	δυσμεταχείριστα...γὰρ ΜΣ : δυσμετα(...) A²
1179.17	supra ἑτέρῳ add. τοῦ ἑνὸς A² ˢˡ
1179.18	αὐτὸ ΑΣ Plat. codd. : τὸ ἓν add. A² ˢˡ
1179.19	ἕτερον ΑΣ Plat.codd. : ὡς ταὐτὸν ἐκείνῳ add. A² ˢˡ
1179.23	γὰρ A¹Σ : δὲ A
1182.13	supra αὑτῷ add. ἕτερον A² ˢˡ
1182.13	supra οὐδὲ add. ἑνὶ ὄντι A² ˢˡ
1187.31	εἰπεῖν Σ : εἶπον M legi nequit A²
1188.5	γίγνηται ΜΣ : γίγνεται A²
1189.2	post ἑτερότητος add. ἀδύνατον ἄρα καὶ τῷ ἑνὶ ἢ ἑτέρου ἢ ἕτερον εἶναι ἢ ἑαυτῷ ταὐτόν A sed ipse del.
1193.7	τούτων A¹Σ : τούτῳ A
1195.17	εἶναι ΑΣ : add. ἢ ταὐτὸν Aˢˡ
1196.6	πεπόνθοι Aᶜ Σ : πέπονθε A
1214.5	μετέχει A²Σ : μετέχειν M
1240.12	ζῶντα ἄττα Σ : ζῶν τάττα A

APPENDIX IV : LECTIONES TRANSLATIONIS LATINAE GUILLELMI DE MOERBEKA QUAE A TEXTU RECEPTO DISCREPANT

LIBER SEXTUS

1039.9	παρεισέδυ : *ortum habet* g
1040.6	μὴ : *et* g
1040.25	πάντα om. g
1041.10	κἂν : *et* g
1041.19	καὶ om. g
1042.8	εἴσω αὐτῶν : *apud ipsa* g
1042.9	οὐ δέον : *neque quorum* g (οὐδὲ ὧν ?)
1043.4	αὕτη : *ipsa* g (αὐτὴ ?)
1043.22	αὗται : *ipse* g
1044.4	τῇδε : *hunc* g
1044.9	ἐνέσπειρε : *dispersit* g (διέσπειρε ?)
1045.16	νοῦ μετέχει : *intellectus participant* g
1045.19	κατὰ : *et* g
1046.10	τοῖς ὑπὸ φύσεως βασιλευομένοις : *subnascentiis dictis* g (τοῖς ὑποφυομένοις λεγομένοις ?)
1046.12	γνώσεως : *cognitionem* g
1046.16	φησι καὶ ἡ Διοτίμα : *natura hec autem quia solum* g (φύσει ἡ δὲ ὅτι μόνον ?)
1046.22	πᾶσα : *omnium* g (πασῶν ?)
1047.4	γὰρ om. g
1048.5	ἐν om. g

1048.8	ἐκβαίνεις : *euades* g
1048.21	μὲν om. g
1051.6	οὐδὲ¹ : spat. vac. g
1052.9	συντέλειαν : *cooperatio* g
1053.10	στοιχειώδης : *coelementale* g
1053.22	μόνον : *solam* g (μόνην ?)
1053.24	δὲ om. g
1054.18	ὡς οὔτε : *quare* g (ὥστε ?)
1055.10	ψυχῶν om. g
1056.8	post ὑποτεθέν add. *puta* g (οἷον ?)
1056.10	ἀλλὰ om. g
1056.16	λέγει om. g
1056.16	τοῦτο om. g
1056.17	πάντως : *omnis* g (παντὸς ?)
1057.19	διαφώνων : *differentibus* g (διαφόρων ?)
1057.21	διανοητὰ : *intelligibilia* g (νοητὰ ?)
1058.15	αὕτη : *ipse* g (αὐτὴ ?)
1058.16	κατατεμεῖν : *abscidit* g (κατέτεμε ?)
1058.19	τῆς νεωτέρας : *posteriori* g (τῆς ὑστέρας ?)
1060.29	ἢ : *et* g
1060.30	ἧς om. g
1061.2	καὶ om. g
1061.3	εἰκαστοῖς : *singulis* g (ἑκάστοις ?)
1061.19	τοῦτο δὴ om. g
1061.20	ὥριστος : *determinatus* g (ὁριστὸς ?)
1062.15	ὡς om. g
1062.16	ὄν : *le ens* g
1063.1	ἐμφανίζουσα : *insinuantes* g

1063.13	τῶν ὑποθέσεων : *ypothesi* g
1064.3	ἑκάσταις : *unaquaque* g
1065.2	περὶ om. g
1065.13	εἰς : *si* g (εἰ ?)
1065.13-14	τοῦ τὸ ἓν om. g
1065.24-25	τῷ μέρη μὴ ἔχειν ἕπεται πάντα : *partes non habere sequitur ad omnia* g
1066.7-8	ὑπὲρ τὴν οὐσίαν : *circa substantiam* g
1066.21	ὑπερανέχουσαι : *exstantes* g (ὑπάρχουσαι ?)
1067.26	πῶς : *tamquam* g (ὡς ?)
1068.12	μόνον om. g
1069.2	καὶ om. g
1069.17	ἕν ἐστιν : *inest* g
1069.17	καὶ om. g
1070.19	καὶ om. g
1071.2	μὲν om. g
1071.18	ἐκείνων : *imaginum* g (εἰκόνων ?)
1071.25	δ'ἂν : *etiam* g
1071.26	διὰ τῶν : *per ipsas* g
1072.6	ἀπωσθέντες : *aliqualiter positi* g (πως τεθέντες ?)
1072.12	ἔστω : *erit* g (ἔσται ?)
1073.12	κυρίως om. g
1073.27	ἄγνωστον : *cognoscibile* g (γνωστόν ?)
1074.22	ἀλλ' : *et* g
1074.26	τῶν ἀποφασκομένων : *abnegato* g
1075.8	ὄν : *unum* g
1075.25	ὧν ὑφίστησι ἐστι om. g

1075.28	τοῦ πλήθους om. g
1076.5	δὲ om. g
1076.10	τῶν δευτέρων om. g
1077.16	ἐκείνου : *illa* g
1078.4	καὶ om. g
1078.5	τὴν δή τοι : *hanc* g
1078.5	ἔμμεν ἀταρπόν : spat. vac. **g**, mg. A^g habet ὡς χρών
1078.18	μεμερισμένον : *mensuratum* g (μεμετρημένον ?)
1079.9	πάντα : *hec* g (ταῦτα ?)
1080.9	ἐνθεάζων : *inspiciens* g
1081.6	καὶ om. g
1081.8	καὶ om. g
1082.13	οὖν om. g
1085.5	post αἰτίαν add. *ut* g
1085.23	ἀναφὴς : *inapparens* g (ἀφανὴς ?)
1086.3	τοῦ ἑνὸς ὄντος : *intelligentis* g (τοῦ νοοῦντος ?)
1086.20	τοῦτο...ἔστιν² om. g
1087.24	λέγω : *dicens* g (λέγων ?)
1088.19	συνοχικῆς : *synoche* g
1088.29	καὶ² om. g
1089.22	καταφάσκεται : *affirmat* g
1089.24	παρισοῦται : *ex equo* g
1090.5	ἓν om. g
1090.7	οὐ μόνον ἐστί om. g
1090.13	πρὸ : *ab* g
1091.27	νοερῶν : *intellectuale* g

1092.4	ἂν ἔθεμεν : *reposuit* g
1093.2	οὐχὶ : *nequaquam* g
1093.3	οὐχὶ[2] : *nequaquam* g
1094.1	ἐξελίττει : *diuersificat* g
1094.25	ποιήσασθαι : *facientem* g
1095.5	ἑστώς : *alterum* g (ἕτερον ?)
1095.28	ἐστι om. g
1096.10	καὶ...πολλὰ[1] om. g
1096.14	ἐστι : *adhuc* g
1096.17	μήν om. g
1097.1	ἔχουσιν : *habentes* g
1097.3	μὴν om. g
1097.6	ἥτις : *si quis* g
1097.11	καὶ γὰρ : spat. vac. g
1098.3	λέγομεν : *dicamus* g
1098.19	ἑαυτοῦ : *ipsius* g
1099.22	post δεύτερα add. *et* g
1101.14	εἴη om. g
1101.16	ἔχειν : *habens* g
1101.19	ταῦτα om. g
1101.24	δὲ om. g
1102.7	δείξουσιν : *ostendentes* g
1102.7	πάντως om. g
1102.23	δὴ : *autem* g
1102.29	δὴ : *autem* g
1103.5	ἐκείνοις : *in illis* g
1103.17	δὲ om. g
1103.28	ἄλλων : *totis* g

1104.31	ἢ...ἄλλο om. g
1105.10	μεριστόν : *impartiale* g
1106.18	οὐσία ταῦτα : *et substantie hec et* g
1106.22	γὰρ : *autem* g
1107.5	γὰρ : *utique* g
1107.19	παραινέσεως : *electionis* g (προαιρέσεως ?)
1108.13	διδόν : *dante* g (διδόντος ?)
1108.23	καὶ¹ om. g
1109.21	ἔχον εἶναι δεῖ : *habere si oportet esse* g
1111.5	τὸ¹...ἡγούμενον : spat. vac. g
1111.6-7	καὶ...τελευτὴν om. g
1111.7	ἔχον : *habere* g
1111.12	ἔχον : *habere* g
1112.10	ταῦτα...ἔχοι om. g
1112.13	ὡς om. g
1113.13	εἰ om. g
1113.27	τὸν θεὸν : *le intellectuale* g (τὸ νοερὸν ?)
1114.10	post ἐκτεινόμεναι add. *que et* g
1115.10	συνέχοντος : *continentia* g
1115.23	γὰρ om. g
1115.24	ἐπ᾽ αὐτὸ : *in ipso* g
1116.12	τῷ πρώτῳ om. g
1118.26	πεισόμεθα : *credimus* g
1119.2-3	μετιοῦσι τὴν τοῦ προκειμένου ζήτησιν : *procedentibus in propositi inquisitione* g
1119.26	post ἀεικίνητος add. *et* g
1120.16	τί om. g
1120.17	δὴ : *autem* g

1121.20	ἢ : *et* g
1122.2	γὰρ om. g
1122.5	καὶ² om. g
1122.10	καὶ¹ om. g
1122.26	οὐδ' ὡς ἐστερημένον : *quare dicibile* g (ὥστε εἰρημένον ?)
1123.15-16	ὡς συλλήβδην γὰρ εἰπεῖν : *ut materia enim* g (ὡς ὕλη γὰρ ?)
1123.23	γὰρ om. g
1123.25	προσείπομεν : *dicimus* g
1123.26	προσωνομάσαμεν : *nominamus* g
1124.8	ἄλλο om. g
1124.18	γάρ om. g
1124.24	μήτ' om. g
1126.20	ἃ om. g
1127.2	τοῦτο om. g
1127.7	δύο : *quattuor* g
1127.13	ἓν om. g
1127.15	καὶ om. g
1127.16	ὧν : *ens* g
1127.27	τοῦτον om. g
1128.19	πάντῃ : *omni* g
1129.2	ἐστι om. g
1129.18	καὶ² om. g
1130.25	καὶ om. g
1131.6	αὖθις om. g
1131.19	ὡς : *et* g
1132.15	τούτων om. g

1133.2	ἐπίταδε : *deinceps* g (ἔπειτα ?)
1133.5	ἐπιστρέφων : *conuersionum* g (ἐπιστροφῶν ?)
1134.4	τῶν ὄντων om. g

LIBER SEPTIMUS

1133.12	τοῦ : *hoc* g (τούτου ?)
1134.13	ἀλλ'ὡς : lectio duplex g
1135.4	μενούσης : *quidem ente* g (μὲν οὔσης ?)
1135.7	γὰρ om. g
1136.2	αἱ : *et* g
1136.12	ἤδη om. g
1136.20	ἑαυτὰς : *ipsas* g
1136.28	τελέως om. g
1138.15	ὡς² om. g
1138.19	ἔστι : *adhuc* g (ἔτι ?)
1138.23	ἐστι : ἡ mg. Aᵍ
1138.24	ἑνὸς om. g
1138.24	ἓν ὑπάρχον : *inexistens* g (ἐνυπάρχον ?)
1139.14	ἂν om. g
1139.17	ἔχοιμεν : *habebit quidem* g (ἔχοι μὲν ?)
1139.17	οὐδὲ : *hic* g (ὅδε ?)
1139.18	ἑαυτὸν¹ : *in ipso* g (ἐν αὐτῷ ?)
1140.9	οὕτω : *neque* g (οὔτε ?)
1140.10	ἅπτεται...πολλοῖς : *tangere...multa* g
1140.13	περιεχόμενον : *continetur* g
1141.4	μὲν om. g
1141.9-10	ὑπεριδρυμένη : *superlocata* g

382

1141.23	καὶ² om. g
1142.16	καὶ¹ om. g
1143.3	δὴ : *autem* g (δὲ ?)
1143.25	ἐπεὶ πάντως : *in omni* g (ἐπὶ παντὸς ?)
1144.3	τοῖς...δευτέροις : *quam secunde* g
1144.9	ἀνατεινόμεθα : *sursumtensa* g
1144.10	ἂν om. g
1145.5	τῆς ἑτέρας : τῆς σερας Aᵍ ᵐᵍ
1145.6	ἐξήτασται : *aggreditur* g
1145.29	τὰ αὐτοκίνητα : *ipsa automobilia* g
1146.2-3	ἔστι τὸ...εἰ δὲ om. g
1146.8	ὡς om. g
1146.9	ἐκεῖνο : *illa* g
1146.27	εἴη...ἐστιν om. g
1148.3	αὐτῆς : *eiusdem* g (τῆς αὐτῆς ?)
1148.14	δὲ om. g
1148.16	δὴ om. g
1149.3	τι¹ om. g
1149.13	ἑαυτῷ : *ipso* g
1149.23	οὐ : *neque* g
1150.9	οὔτε : *non* g
1150.15	καὶ om. g
1150.25	μὲν om. g
1150.28	πάντα om. g
1150.28	ἄλλα : *sed* g
1150.28	ἑαυτῶν : *ipsorum* g
1150.28	ἑαυτῶν² : *se ipso* g
1151.18-19	καὶ ἄλλα...γεννώντων om. g

1151.19	γεννητικά : *generatiuum* g
1151.20	ἀρχικώτερα om. g
1152.25	αὖθι : οὔθι (sic) g
1152.27	ταὐτὸν : ρουτον (sic) g
1152.32	ὅμως : δ'ὁμος (sic) g
1152.32	ἀπέοντα : αὐπέοντα (sic) g
1152.34	τινα om. g
1153.16-17	αὐτῶν...ἀποφήσας : *ipsis enuntiatis* g
1153.21	ἰδόντας : *scientes* g
1153.21	καὶ om. g
1153.24	ἐκφαίνουσα : *insinuans* g
1154.4	εἰσαῦθις : *alias* g
1154.4	μόνον : *solos* g
1155.6	αὕτη : *ipsa* g
1155.22	περιλάβοιμεν : *comprehendens* g (περιλα-βὼν ?)
1155.22	ἢ om. g
1155.23	δεῖ : *utique* g
1155.28	καὶ[3] om. g
1156.4	ἑαυτῷ : *ipso* g
1156.22	καὶ om. g
1156.29	ἀλλ'αἱ : *alii* g
1157.7	τῶν νοουμένων : spat. vac. g
1157.18	ἄλλων : *inuicem* g (ἀλλήλων ?)
1157.20	καὶ[2] om. g
1157.28	δὲ om. g
1158.8	διέξοδος : *pertransire* g
1158.15	ἀφῆκε...αὐτοκίνητον om. g

1158.17	μὲν om. g
1159.14	ἔκαστα: *unumquodque* g
1159.14	αὐτήν : *se ipsam* g
1159.24	ἑνὸς : *entis* g
1160.17	δέ om. g
1160.21-22	τοῖς ἑστῶσιν…κινεῖσθαι om. g
1160.26	ἀμεῖβον : *procedens* g
1160.30	οὖν om. g
1160.31	καθ᾿ ὅλα : *uniuersalem* g
1161.18	μὲν om. g
1161.19	ἀπειρέσιον : *infinitis* g
1161.21	ἀρχὰς : *principium* g
1162.21	ἂν om. g
1163.2	μὲν om. g
1163.5	βέβηκε om. g
1163.7	καὶ om. g
1163.10	ὑπερβιβάσαι : *discutere* g
1163.11	ἔχειν : *habet* g
1163.11	ἄλλα : *sed* g
1163.17	ῥητέον : *neque ens* g (μήτε ὄν ?)
1163.25	ὡς om. g
1163.25	ἐφαπλούμενον : *superexpansum* g
1164.6	ἆρ᾿ οὖν : *ergo* g (perperam pro *ergone*)
1164.12	ἄν τι αὐτοῦ : *pro ipso* g (ἀντὶ αὐτοῦ ?)
1164.22	καὶ² om. g
1165.4	ἢ¹ om. g
1165.7	ἄν τι τῶν ὄντων : *utique pro entibus* g (ἂν ἀντὶ τῶν ὄντων ?)

1165.10	ἐκτός : *intra* g
1165.10	ἐντός : *extra* g
1165.27	τὰς αὑτῆς : *easdem* g (τὰς αὐτὰς ?)
1166.6	εἰληχέναι : *accepit* g
1166.21	καὶ om. g
1167.6	μόνιμοι : *fecunde* g (γόνιμοι ?)
1167.11	καὶ om. g
1167.22	τὸ ἕν om. g
1167.29	δι᾽ ἔλλειψιν : διελλει *aliquid* A^g
1168.5-6	τὴν διδοῦσαν τὸ εἶναι om. g
1168.8-9	δι᾽ἐνέργειας γνωστικῆς : *per operationes cognitiuas* g
1168.10	ἀφέλῃς : *auferam* g
1168.17	ἑαυτοῦ : *ipsius* g
1168.17-18	εἰ μὲν γὰρ : *et si* g
1168.20	ἄνιμεν : *procedemus* g
1168.29	ὑπέστησεν ὃ πρῶτον ὑπέστησεν : *subsistit primum* g
1169.3-4	ἀνενέργητον : *operatiuam* g
1169.27	καὶ om. g
1170.12	σὺν ἀντιθέσει τῆς προτάσεως : *per contrapositionem* g
1170.14	δῆλον δήπουθεν ὅτι τὸ ἓν οὐχ ἕστηκεν om. g
1171.11	μήτε[1] : *non* g
1171.13	ἐπενεγκών : *subinferens* g
1171.19	ἕν : *unius* g
1172.4	οὖσα : *esse* g
1172.5	εἶναι : *ens* g

1172.7	μὲν om. g
1172.27	δὲ om. g
1173.3	δ'αὖ : *autem* g
1173.11	ὡς : *quomodo* g
1173.26	μετασχόν : *participat* g
1174.6	ἀναφαινόμενον : *relatam* g
1174.11	δὴ : *autem* g
1175.3	πᾶσαν : *quoniam* g
1175.8-9	περιείληφε : *preaccipit* g
1177.14	ἂν : *in* g
1177.15	προσθῇς : *et appositum* g
1178.16	ἕν : *le unum* g
1179.4	ἀληθέστερον : *uerissimum* g
1179.14	εἶναι om. g
1179.22	θαρρεῖ : *affirmat* g
1179.30-31	μετέχοι...ἐκεῖνα om. g
1180.25	μὴν : *solum* g
1182.16	πάλιν om. g
1183.29	καὶ om. g
1184.3-4	διὰ τῆς συνοχῆς καὶ τῆς κοινωνίας : *propter continuationem et communionem* g (διὰ τὴν –χὴν καὶ τὴν –νίαν ?)
1184.11	δὲ om. g
1184.12	διῄρηται : *diuisum* g
1185.1	μετέχοι : *participare* g
1185.20	μὴν om. g
1185.24	καὶ πρότερον...ταυτότης om. g
1186.5	τῷ λευκῷ : *album* g

1186.13	γιγνόμενα : *factum* g
1186.24	ἐστι...ταυτότης om. g
1187.1	ἐν : *unum* g
1187.6	δύο om. g
1188.25	τι om. g
1189.10	εἶναι : *est* g
1189.27	διαπεπλεγμένον : *perplexa* g
1190.15-16	ἑτερότητός...ὔφεσις om. g
1190.26-27	τῆς δὲ...κρειττόνων om. g
1191.17	ὅπως om. g
1191.24	προσήκατο : *adduxit* g
1192.5	καί² om. g
1192.13	εἶναι om. g
1192.21	δείκνυοι : *ostendit* g
1193.20	τοῖς θείοις : *diis* g (τοῖς θεοῖς ?)
1194.10	ἐνταῦθα : *hec* g
1194.28	αὐτοῦ om. g
1195.3	δῆλα : *utique* g
1196.11	καί² om. g
1196.13	παθεῖν : *passum* g
1196.21	πάθος : *passum* g
1196.27	τι om. g
1197.4	ἡ : *si* g
1197.15	post ἔν add. *et* g
1197.26	δὲ om. g
1198.12	ὑπεριδρυμένη : *locata* g
1199.9	καὶ om. g
1199.27	ἀνέλκειν τὰ : *retrahentia* g (ἀνέλκοντα ?)

1200.17	μετέχοι : *participant* g
1200.20	ἀπόρων : *infinito* g (ἀπείρῳ Γ?)
1201.4	πέπονθεν : *passum* g
1202.8	εἰ : *in* g
1203.26	ἴσον : *medium equale* g
1204.25-26	ἐφαρμόζουσιν : *congruant* g
1204.27	καὶ τοῖς ἐν τοῖς : *et in* g
1205.10	μὲν om. g
1206.22	δὴ : *autem* g
1207.4	ταὐτὰ : *idem* g
1207.9	γε : *autem* g
1207.9-10	ὃ ἀντεξετάζεται : *quamcumque exquiratur* g
1207.23	προσείπομεν : *appellamus* g
1208.17	μὲν om. g
1210.15	τολμῴη : *audeam si* g
1211.8	καὶ² om. g
1212.15	δι᾽ ἣν : *per quem* g
1212.18-19	καὶ τὸ ὁμοιούμενον om. g
1212.31	ὑπὸ χρόνου : *sub tempore* g
1213.3	ante τῆς add. *melius* g
1213.6	ἔχοιμεν ἂν : *habemus* g
1213.20-21	οὖν δέδεικται : *nichil ostensum sit ens* g
1214.2	κατὰ...ἣ² om. g
1214.11-12	ἐπ᾽... ἀναδραμοῦσαν : *in hoc quod...recurrit* g
1215.1	διαίρεσις : *diuisiones* g
1215.6	τεμνόμενον : *hoc quidem ens* g (τὸ μὲν ὂν ?)
1215.12	αὐτῆς om. g
1215.14	ποτε ἄρα om. g

APPENDICES

1215.27	ὄντως om. g
1216.9	ἀντιπαρατείνοντας : contraprotendentes g
1216.24	γὰρ om. g
1218.9	ἔτι : est g
1218.13	ἄγον : habens g
1218.18	κἀκεῖνο : et ibi g (κἀκεῖ ?)
1218.30	ζωῆς : animali g (ζῴω ?)
1219.6	παραλαμβάνομεν : assumentem in g
1219.16	ὅτι om. g
1219.19	καὶ om. g
1219.20	καὶ om. g
1219.23-24	οἷον τὸ αὐτοζῷον τοῦ ζῴοις μόνον εἶναι αἴτιον om. g
1219.25	ὡς ἢ : ac si g
1219.27	ἑνάδων : unum g
1219.29	ἐστι om. g
1220.3	ἀδιαίρετος : indiuisibile g
1221.20-21	συλληπτέον : sumendum g
1222.3	αἱ : hiis g
1222.20	τοιόνδε : tali autem g
1223.7	ante ἄνισον add. et g
1223.31	γὰρ om. g
1224.19	προκειμένην : positam g
1225.14	αὐτῶν : ipsam g
1225.15	καὶ² om. g
1226.11	ἄλλου¹ om. g
1226.17	πρὸς¹...ἐσόμενον om. g
1227.2	γὰρ om. g

1227.5	καὶ om. g
1227.6	πέρατι : *termino alicui* g (πέρατί τινι ?)
1227.19	διελέσθαι : *arguere* g (διελέγχειν ?)
1227.28	μετειληχότων : *participatorum* g
1228.3	ὡς om. g
1228.7	καὶ om. g
1228.10	μένει : *quidem si* g
1228.10	εἰ om. g
1228.14	ἐκεῖνο : *illo* g
1228.14	καθάπερ : *secundum quod* g
1228.15	μεθιστάμενον : *consistens* g
1228.29	καὶ om. g
1229.15	τῷ εἶναι : *le esse* g
1229.28	ὡς εἴπομεν om. g
1229.28	αὐτῶν om. g
1230.14	κατ᾽...ἀμερής om. g
1230.30	πρεσβύτερος : *senius* g
1231.24	ἕν : *et* g
1231.32	καὶ μέλλει om. g
1231.33-34	γὰρ...καὶ εἰ om. g
1231.34-1232.2	καί...χρόνον om. g
1232.14-15	μετῆν : *attinet* g
1232.23	μετέχει om. g
1232.25	καὶ[1] om. g
1233.2	καὶ om. g
1233.30	μήτε[2] : *non* g
1234.1-2	τοῦτο[1]...ὅλον om. g
1234.19	ὥσπερ om. g

1234.26	γέγονε...τῷ om. g
1234.29	ἀφορίζεται : *determinabitur* g
1235.13	φρουρητικήν : *eorum que custodiuntur* g
1235.20	πρὸ τῶν : *primarum* g (πρώτων ?)
1236.1	δὴ : *per* g (διὰ ?)
1236.7-8	συμπληρωτικὸν : *completiuorum* g
1236.21	μέλλον : *magis* g (μᾶλλον ?)
1237.3	δήπου : *autem utique* g
1237.15	τῷ : *le* g
1237.30	εἰπεῖν om. g
1237.31	ἐστιν om. g
1238.2	τοῦ¹ : *de* g (perperam pro *del*)
1238.9	καὶ² om. g
1238.23	κατενείματο : *significant* g
1238.25	ἡ μὲν ἀπόδειξις : *hoc quidem ab hinc* g
1238.30	Πολιτείᾳ : *Politico* g
1239.1	νοερῶς : *intellectualium* g (νοερῶν ?)
1239.12	διαιρουμένης : *que exprimatur* g
1239.24	καὶ² om. g
1241.7-8	τῆς δευτέρας...ἀληθές om. g
1242.2	ἓν¹ om. g

SCHOLIA

LIBER SEXTUS

Scholia codicis deperditi Σ

Σ, ad 1044.3-4 (om. R) :
ζήτει
Σ, ad 1052.25 (om. R) :
τίς ἡ Ἀμελίου δόξα περὶ τῶν ὑποθέσεων
Σ, ad 1052.26 (om. GR) :
α᾽
Σ, ad 1052.26-27 (om. GR) :
β᾽
Σ, ad 1052.27-28 (om. GR) :
γ᾽
Σ, ad 1052.28 (om. GR) :
δ᾽
Σ, ad 1052.29 (om. GR) :
ε᾽
Σ, ad 1052.30-31 (om. GR) :
ϛ᾽
Σ, ad 1053.2 (om. GR) :
ζ᾽
Σ, ad 1053.5 (om. GR) :
η᾽
Σ, ad 1053.28 (om. R) :
τίς ἡ Πορφυρίου δόξα περὶ τῶν ὑποθέσεων

Σ, ad 1054.31 (om. R) :

τίς ἡ Ἰαμβλίχου δόξα περὶ τῶν ὑποθέσεων

Σ, ad 1058.17 :

τίς ἡ Πλουτάρχου δόξα περὶ τῶν ὑποθέσεων

Σ, ad 1059.7-9 (om. R) :

ση(μείωσαι) ὅτι ἓν ἡ ἀσώματος οὐσία παρὰ τῶν παλαιῶν ὀνομάζεται, ἄλλα δὲ ἡ σωματική

Σ, ad 1061.17 (om. R) :

τίς ἡ τοῦ φιλοσόφου Συριανοῦ δόξα περὶ ὑποθέσεων

Σ, ad 1071.7 (om. R) :

β΄· τίς τρόπος οἰκεῖος ἐστὶ τοῖς (F τοῦ) περὶ τοῦ πρώτου λόγου (sic)

Σ, ad 1072.14 :

γ΄· τίνες αἱ τοῦ ἑνὸς ἀποφάσεις κρείττους (F κρείττων) τῶν καταφάσεων ἢ χείρους ἢ σύζυγοι (scripsimus : συζυγος Σ) αὐταῖς (F αὐτοῖς)

Σ, ad 1073.2 :

ὅτι τὸ μὴ ὂν πολλαχῶς

Σ, ad 1073.17 :

περὶ καταφάσεως καὶ ἀποφάσεως ταῦτα

Σ, ad 1074.17 :

δ΄· ποῖον τὸ εἶδος τῶν ἀποφάσεων ἐπὶ τοῦ ἑνός

Σ, ad 1074.28 :

ἀναγκαῖα καὶ ταῦτα διόλου

Σ, ad 1075.10-11 :

ὡραιότατον

Σ, ad 1075.13 :

καὶ τῶν νοερῶν ἐπιβολῶν τοῦ σοφωτάτου Πρόκλου ἐπάξια

Σ, ad 1075.19 :

ἑλληνικὸς ὕθλος ταῦτα, Πρόκλε σοφώτατε

Σ, ad 1075.23-24 :

ἀληθὲς τοῦτο

Σ, ad 1075.27-28 :

θαυμάσια ταῦτα πάντα

Σ, ad 1076.3 :

ἐν τίσιν αἱ κατάφασεις κρείττους τῶν ἀποφάσεων, ἐν τίσιν χείρους;

Σ, ad 1077.16 :

πέμπτον· πῶς <εἰ> ἀπὸ τοῦ παρ'αὐτοῦ ἑνὸς ἄρχεται ὁ Παρμενίδης, οὐ καταφάσκει πάντα, ἀλλ' ἀποφάσκει μόνον;

Σ, ad 1079.20 :

ἕκτον· ὅτι οὐ δι'ἀσθένειαν ἐπὶ τοῦ ἑνὸς ἀποφάσκομεν πάντα, ἀλλὰ καὶ τὰ κρείττονα ἡμῶν οὕτως αὐτῷ σύνεστιν

Σ, ad 1083.1 :

ἕβδομον· τίνα τὰ ἀποφασκόμενα τοῦ ἑνός;

Σ, ad 1084.4 :

ποῖα τὰ γένη τοῦ ὄντος;

Σ, ad 1087.22 :

ζήτει

Σ, ad 1088.3 :

ὄγδοον· πότερον ἄνωθεν ἄρχονται αἱ ὑποθέσεις ἢ κάτωθεν

Σ, ad 1092.15 :

ἔννατον· πῶς ἔλαβεν ὅτι οὐ πολλὰ τὸ ἕν;

Σ, ad 1093.28-1094.1 :

ζήτει

Σ, ad 1095.3 :
δέκατον
Σ, ad 1108.7 :
ση(μείωσαι)
Σ, ad 1119.25 :
ζήτει

Scholia quae in codice Paris. gr. 1810 leguntur

A² (f. 175ᵛ), ad 1039.5 :
|ση(μείωσαι) ὅ|τι τὸ πλῆθος τῶν ὑποθέσεων |τοσοῦ|τόν ἐστιν
A² (f. 176ʳ), ad 1041.15 :
ση(μείωσαι) ὅτι τὸ ἓν λέγεται τριχ[ῶς|, ὅτι τὸ μὴ ὂν διχῶς
A² (f. 176ᵛ), ad 1043.8 :
|ση(μείωσαι)| περὶ ἀρχῆς
A (f. 177ᵛ), ad 1049.27 :
ση(μείωσαι) τοῦ μεγάλου Διονυσίου
A (scholion in cod. Paris. f. 177ᵛ legi nequit, addidimus ex M f.
103ʳ), ad 1049.28 :
Διονύσιος ὁ μέγας ἐκ τοῦ προφήτου παρειληφώς
A² (f. 178ʳ), ad 1051.12 :
ση(μείωσαι)
A (f. 178ᵛ), ad 1053.29 :
Πορφυρίου δόξα
A (f. 178ᵛ), ad 1054.31 :
'Ιαμβλίχου δόξα
A (f. 179ʳ), ad 1058.17 :
Πλουτάρχου δόξα

A (scholion in cod. Paris. f. 179ᵛ legi nequit, addidimus ex M f. 105ʳ), ad 1061.17 :

Συριανοῦ δόξα

A² (f. 181ʳ), ad 1069.20-21, omittit L :

ση(μείωσαι) ὅτι πρὸ τῶν ἐνύλ<ων εἰδῶν τὰ ἄϋλα>

A² (f. 181ʳ), ad 1071.4 :

ση(μείωσαι) τὸν σκοπὸν τῆς πρώ|της| ὑποθέσεως

A² (f. 181ʳ), ad 1071.7 :

ση(μείωσαι) ποῖόν τι ἔχον|τες| ἀντιλαβέσθαι τῆς |τῶν προ|κειμένων ἐξηγή|σεως|

A (scholion in cod. Paris. f. 181ʳ legi nequit, addidimus ex M f. 107ʳ), ad 1072.14 :

περὶ τῆς τοῦ ἑνὸς ἀποφάσεως καὶ καταφάσεως καὶ ποῖαι σεμνότεραι

A² (f. 181ᵛ), ad 1073.2, omittit L :

ση(μείωσαι) ὅτι <πολλα>χῶς τὸ μὴ ὂν καὶ ὅτι <τριττὰ> ἀποφάσεων εἴδη

A² (f. 181ᵛ), ad 1074.17, omittit L :

<ση(μείωσαι) ὅτι> ἐπὶ τῆς πρώτης αἰτίας <ἀποφάσ>εις ἁρμόζουσιν

A (f. 182ʳ), ad 1075.8 :

ση(μείωσαι)

A (f. 182ʳ), ad 1075.23-24 :

ἀναγκαῖα

A (f. 182ʳ), ad 1076.6-7 :

ση(μείωσαι)

A (f. 182ʳ), ad 1076.11-12 :

ση(μείωσαι)

A (f. 182ʳ), ad 1076.24-25 :

ση(μείωσαι)

A (f. 182ʳ), ad 1077.7-8 :

ση(μείωσαι)

A (f. 182ʳ), ad 1077.15 :

πέμπτον

A² (f. 182ᵛ), ad 1079.20 :

ἢ χρώμεθα ταῖς ἀποφάσεσι πότερον διὰ τὴν ἀσθένειαν |φύ|σει οὐ δυναμένης τῆς ψυχῆς <...> <κατα>φατικῶς τὸ γνωστόν, ἢ κακεῖνο <οὐ> πέφυκε παρὰ πάντων γινώσκεσθαι

A (f. 182ᵛ), ad 1080.8 :

Διονυσίου τοῦ μεγάλου ἐκ τοῦ προφήτου

A² (f. 183ʳ), ad 1083.1 :

ἕβδομον

A² (f. 184ʳ), ad 1088.3 :

ὄγδοον

A² (f. 184ʳ), ad 1088.16-17 :

ση(μείωσαι) τί τὸ ἀχρώματον καὶ ἀσ|χη|μάτιστον καὶ ἀναφὲς ἐν |τῷ Φαίδρῳ|

A (f. 184ᵛ), ad 1092.17 :

ὅρα τὰ τῆς τάξεως λοιπόν

A² (f. 185ʳ), ad 1093.3 :

ση(μείωσαι) ἀπόδειξιν ὅτι οὐ π|ολλὰ τὸ ἕν|

A (f. 185ᵛ), ad 1097.7 :

ζῷον

A² (f. 186ʳ), ad 1097.23 :

ση(μείωσαι) λογικῶς ὅτι τὰ π|ολλὰ πρότερον| καὶ ὅλου ἢ μερῶν

A (scholion in cod. Paris. f. 186ʳ legi nequit, addidimus ex M f. 111ᵛ), ad 1098.3-4 :

ση(μείωσαι)

A² (f. 186ʳ), ad 1098.4 :

α

A² (f. 186ʳ), ad 1098.22 :

β. ση(μείωσαι) ὅτι τὸ περιληπτι|κώτερον| ἐγγυτέρω τοῦ ἑνός

A² (f. 186ʳ), ad 1100.10 :

ση(μείωσαι) πραγματειω|δέστερον| περὶ τοῦ αὐτοῦ

A² (f. 186ᵛ), ad 1101.14 :

|τοῦτο καὶ| ἐν τοῖς θεολογικοῖς ἀποδέδεικται

A² (f. 186ᵛ), ad 1102.7 :

|ση(μείωσαι) ὅτ|ι πᾶν ὅλον συνάγει τι |πλ|ῆθος ἐξ ἀνάγκης

A² (f. 186ᵛ), ad 1102.8 :

τριττὴ γὰρ ἡ ὁλότης, ἡ μὲν τῶν μερῶν, ἡ δὲ ἐκ τῶν μερῶν, ἡ δὲ πρὸ τῶν μερῶν

A² (f. 187ʳ), ad 1102.22, omittit L :

ση(μείωσαι) ὅτι καθ᾽ ἕτερόν ἐστιν λύειν ταύτην τὴν ἀπορίαν <...>· ἐπεὶ γὰρ ὅλον ἐστὶ πρὸ τῶν μερῶν καὶ ἐκ τῶν μερῶν διὰ μὲν <legi nequit 1/2 lin.> μερῶν ὁλότητα

A² (f. 187ʳ), ad 1104.21 :

schema structurae logicae textus in margine superiore truncata

ση(μείωσαι) ὅτι οὐ τὸ αὐτὸ ἀμε|ρὲς καὶ| μέρη μὴ ἔχον

A² (f. 187ᵛ), ad 1105.1, omittit L :

τῆς ἀμερίστου καὶ κατὰ ταῦτα ἐχούσης οὐσίας καὶ τῆς αὖ περὶ τὰ σώματα μεριστῆς τρίτον ἐξ ἀμφοῖν συνεκεράσατο οὐσίας εἶδος, τῆς τε ταὐτοῦ φύσεως αὖ πέρι καὶ τῆς τοῦ ἑτέρου, καὶ κατὰ ταῦτα συνέστησεν ἐν μέσῳ τοῦ τε ἀμεροῦς αὐτῶν καὶ τοῦ κατὰ τὰ σώματα μεριστοῦ (cf. *Tim.* 35a1-6)

A² (f. 187ᵛ), ad 1106.31, omittit L :

ση(μείωσαι) ὡς ἐπὶ μὲν τῶν συν|θέτων πάντως ἄλλο ἐστὶν ἄνθρωπος <καὶ τῷ ἀνθρώπῳ> εἶναι, ἐπὶ δὲ τῶν ἁπλῶν <...>

A² (f. 188ᵛ), ad 1111.6 :

ση(μείωσαι) ὅτι τὸ ἀρχὴν καὶ μέσον καὶ τε|λευ|τὴν ἔχον, μερικώτερον <...> ἔστιν

A (f. 188ᵛ), ad 1111.18 :

ἀπορία

A (f. 188ᵛ), ad 1111.27 :

λύσις

A (f. 188ᵛ), ad 1112.9 :

ἑτέρα λύσις

A (f. 188ᵛ), ad 1112.20 :

ἑτέρα λύσις καὶ ὅτι τριχῶς τὸ μέρος

A (f. 189ʳ), ad 1113.25 :

ἀπορία

A (f. 189ʳ), ad 1114.1 :

λύσις

A (f. 189ʳ), ad 1114.17 :

ἑτέρα λύσις

A (f. 189ʳ), ad 1114.29 :

ἑτέρα |λύσις|

A² (f. 189ʳ), ad 1115.18 :

ση(μείωσαι) πῶς ὁ θεὸς |καὶ ἀρχὴ| καὶ μέσον |καὶ τέλος πάντων|

A² (f. 189ᵛ), ad 1118.7 :

|ση(μείωσαι)| πῶς ἄπειρον τὸ ἕν· ὅτι διχῶς τὸ ἄπειρον

A² (f. 190ʳ), ad 1119.5 :

ση(μείωσαι) ἐν πόσοις ἡ ἀπει[ρία]

A² (f. 190ʳ), ad 1120.21 :

ση(μείωσαι) τὸ τοῦ Ὀρφέως [περὶ τοῦ ἀπείρου]

A² (f. 190ᵛ), ad 1121.18 :

[ση(μείωσαι)] τὴν τοῦ πέρατος τάξιν

A² (f. 191ᵛ), ad 1127.21 :

[ση(μείωσαι) περ]ὶ τοῦ ἀσχηματίστου καὶ [ἀναφοῦ]ς τοῦ ἐν
Φαίδρῳ

A² (f. 192ʳ), ad 1129.18 :

ση(μείωσαι) τί τὸ στρογγύλον καὶ εὐθὺ ἐν τοῖς θείοις

A² (f. 192ᵛ), ad 1133.4-5 :

δαιμόνιον

LIBER SEPTIMUS

Scholia codicis deperditi Σ

Σ, ad 1156.29 :

ζήτει

Σ, ad 1188.22 :

ση(μείωσαι) ἀναγκαῖα ταῦτα (om. PR)

Σ, ad 1189.10 :

οἷον τὸν ἀδύνατον ἐνταῦθα ὁ σοφὸς οὗτος φησί (om. R)

Σ, ad 1190.12 :

κάλλιστά σοι καὶ ταῦτα σὺν τοῖς ἄλλοις πεφιλοσόφηται,
Πρόκλε θαυμάσιε (om. PR)

Σ, ad 1194.15 :

φα(σὶν) **ταῦτα** (om. GPR)

Σ, ad 1195.1 :

φα(σίν) (om. GPR)

Σ, ad 1200.12 :

ζήτει

Σ, ad 1200.20 :

ζήτει

Σ, ad 1200.24 :

ζήτει

Σ, ad 1202.7 :

ζήτει

Σ, ad 1206.19 :

ζήτει

Σ, ad 1207.23 :

ζήτει

Σ, ad 1219.26 :

ζήτει

Σ, ad 1242.17 :

ζήτει

Scholia quae in codice Paris.gr. 1810 leguntur

A² (f. 193ʳ), ad 1135.5, omittit L :
ση(μείωσαι) **περὶ τοῦ οὐδαμοῦ** <**ὅτι**> **πρώτως μὲν καὶ κυριώτατα**
<**ἐπὶ τοῦ**> **ἑνὸς λέγεται, ἐπὶ δὲ νοῦ** [...] **δευτέρως**

A² (f. 193ʳ), ad 1136.6, omittit L :

ση(μείωσαι) περὶ τῶν ἐν ἄλλῳ

A² (f. 193ʳ), ad 1137.6, omittit L :

|ση(μείωσαι)| περὶ τοῦ οὐδ<αμοῦ>

A² (f. 193ᵛ), ad 1137.17 :

|ση(μείωσαι) ἀ|πορίαν |ἐφ᾽ἑκά|τερ|α|, πότερον |τὸ οὐδ|αμοῦ τοῦ
πανταχοῦ |κρεῖτ|τον, ἢ τὸ ἀνάπαλιν

A² (f. 193ᵛ), ad 1137.24 :

ση(μείωσαι) ὅτι τὸ πανταχοῦ διττόν

A² (f. 193ᵛ), ad 1138.15, omittit L :

|ση(μείωσαι)| ὅτι κατ᾽οὐδένα τῶν ὑπ᾽<Ἀριστ>έλους εἰρημένων
τοῦ ἕν τινι <τρό>πων, δυνατὸν τὸ ἓν <ἕν τι>νι εἶναι

A² (f. 193ᵛ), ad 1139.20-21 :

<κ>είμενον

A² (f. 194ʳ), ad 1141.13 :

ἀπορία

A² (f. 194ʳ), ad 1141.18 :

λύσις

A² (f. 194ʳ), ad 1142.9 :

|ἑτ|έρα λύσις, βελτίων

A² (f. 194ᵛ), ad 1144.6 :

|ταῦτα| κἂν τοῖς θεολογικοῖς ἀκριβέ|στερον| ἀποδέδεικται

A² (f. 194ᵛ), ad 1144.14 :

|ση(μείωσαι) ὅτι τὸ| ἐν τῇ αἰτίᾳ εἶναι κρεῖττον τοῦ ἐν αὐτῷ

A² (f. 195ʳ), ad 1146.6 :

ση(μείωσαι) ἀπόδειξιν ὅ|τι ἐστὶν| αὐθυπόστατον

A² (f. 195ʳ), ad 1147.29 :

⌊ση⌈μείωσαι⌉⌋ ὅτι τὸ αὐτοκίνητον ὅ⌊λον ἅμα⌋ ἐστί, καὶ κινοῦν καὶ κ⌊ινούμενον⌋

A² (f. 195ʳ), ad 1148.1 :

⌊ση⌈μείωσαι⌉⌋ ὅτι διτταὶ αἱ τ⌊ῆς ψυχῆς⌋ δυνάμεις· αἱ μ⌊ὲν γεννητικαί⌋, αἱ δὲ ἐπιστρεπ⌊τικαί⌋

A (f. 195ʳ), ad 1148.13, omittit M :

νοῦς ἐπέ<κεινα> τῆς ψυχ<ῆς>

A (f. 195ᵛ), ad 1149.25 :

<αὐθ>υπόστατον, <ἀρχ>ὴ τῶν ὁπωσοῦν <ὑφ>εστηκότων ὡς τὸ <αὐτο>κίνητον τῶν κι<νου>μένων

A² (f. 195ᵛ), ad 1150.3 :

⌊ση⌈μείωσαι⌉⌋ ἀπο⌊δείξεις⌋ ὅτι τὸ πρῶτον ⌊οὔτε α⌋ὐτοκίνητον οὔτε αὐθ⌊υπόστ⌋ατον

A² (f. 195ᵛ), ad 1150.13 :

⌊ση⌈μείωσαι⌉ ὅτι τὸ ἓν⌋ κρεῖττον καὶ τοῦ ⌊αὐθυπ⌋οστάτου

A² (f. 195ᵛ), ad 1151.6 :

⌊ὅτι πᾶν τὸ⌋ αὐθυπόστατον καὶ ἄλλων ⌊ἐστὶ παρακ⌋τικόν. τὸ δὲ ἄλλων παρα⌊κτικόν⌋, τὸ μὲν⌋ τῶν αὐθυποστάτων ⌊κρεῖττον⌋ ⌊scripsimus : χεῖρον L legi nequit A²⌋, ⌊τὸ δὲ⌋ χεῖρον

A (f. 195ᵛ), ad 1151.7 :

τὰ αὐθυπόστατα τῶν ὄντων οὔτε πρῶτα οὔτε ἔσχατα

A² (f. 196ʳ), ad 1151.20 :

ση⌈μείωσαι⌉ θεολογικώτατον

A² (f. 196ʳ), ad 1151.28 :

ση⌈μείωσαι⌉ περὶ προτάσεως ⌊καὶ ἀπο⌋δείξεως καὶ συμπ⌊εράσματος⌋, καὶ τὸ τούτων ἕκαστον ⌊δηλοῖ⌋

SCHOLIA

A² (f. 196ᵛ), ad 1154.25 :

ǀσηǀ(μείωσαι) πǀερὶ τῶν πέντε γενῶν

A² (f. 196ᵛ), ad 1156.14 :

ǀσηǀ(μείωσαι ἀπόǀδειξιν πῶς τὰ θεῖα ǀτῶν σωμάτǀων κυκλοφορικὴν ǀἔχει τὴνǀ κίνησιν

A² (f. 197ʳ), ad 1157.2 :

ὅρα τί τὸ ἀλλοιοῦǀσθαι καὶǀ φέρεσθαι ταῖς ǀψυχαῖςǀ

A² (f. 197ʳ), ad 1157.22, omittit L :

ση(μείωσαι) τὰ αὐτὰ καὶ ἐπὶ τοῦ <νοῦ>

A² (f. 197ʳ), ad 1158.7 :

ση(μείωσαι)

A² (f. 197ᵛ), ad 1158.15 :

ση(μειώσαι) ὅτι οὐκ αὐτοκίνητον τὸ ἕνǀ

A (f. 197ʳ), ad 1159.17 :

schema structurae logicae textus in margine inferiore truncata.

A² (f. 197ᵛ), ad 1160.21 :

ǀσηǀ(μείωσαι) ὅτιǀ διττὴ ἡ φορὰ ἀπὸ ǀδιαιρέσǀεως

A² (f. 198ʳ), ad 1163.6 :

ση(μείωσαι) ǀτǀ καλεῖ ἐν τῷ Ποǀλιτικῷǀ σμικρότατον πόδα ἐν τῇ σǀφαίρᾳǀ· ὅτι τὸ κέντρον

A² (f. 199ʳ), ad 1167.16 :

ση(μείωσαι) ὅτι ἐν τῷ πǀρώτῳ αἰτίῳǀ οὔτε κίνησιν οὔτε ǀἐνέργειανǀ ἀποτίθεσθαι δεῖ

A² (f. 199ʳ), ad 1167.29-30 :

ση(μείωσαι) ὅτι τὸ τῷ ἐνεργεῖν τι ǀπαράγονǀ δι᾽ ἔλλειψιν τοῦτο πάσχǀει δυνάμεωςǀ

A² (f. 199ʳ), ad 1168.1-1169.4 :

ση(μείωσαι) ταῦτα πάντα ἀναγκαῖα γάρ

A² (f. 199ʳ), ad 1169.4 :

ση(μείωσαι) πρὸς Ἀριστοτέλη

A (f. 199ʳ), ad 1169.10 :

schema structurae logicae textus in margine inferiore truncata.

A² (f. 199ᵛ), ad 1171.13 :

ἀπορία

A² (f. 199ᵛ), ad 1171.16 :

λύσις

A² (f. 199ᵛ), ad 1171.19-21 :

ὡρ(αῖον)

A² (f. 199ᵛ), ad 1171.24 :

ἑτέρα ἀπόδειξις

A (f. 200ʳ), ad 1172.21 :

|ση(μείωσαι) ὅτι| τὰ μὲν προ|τέρου| προβλήματος αὐτοῦ πρὸς ἑ|αυτὸ| τοῦ ἑνός, τὰ |δ'| ἐντεῦθεν καὶ αὐ|τοῦ| πρὸς ἑαυτὸ καὶ αὐτοῦ πρὸς |ἄλλο|

A² (f. 201ʳ), ad 1178.21 :

ἀπορία

A² (f. 201ʳ), ad 1178.30 :

λύσις

A² (f. 201ʳ), ad 1179.4 :

ἑτέρα λύσις, βελτίων

A (f. 201ʳ), ad 1179.17 :

schema structurae logicae textus in margine inferiore truncata

A (f. 201ʳ), ad 1179.17-18 :

τὸ ἕτερον τοῦ ἑν|ὸς| ὡς ταὐτὸν |ἐκείνῳ|

A² (f. 201ʳ), ad 1179.23 :

ση(μείωσαι) ἀκριβ|ῶς|

A² (f. 201ᵛ), ad 1180.15 :

|ση(μείωσαι) ὅτι| δύο εἶναι τὸ ὡς ἀληθῶς |ἓν ἀμ|ήχανον

A (f. 201ᵛ), ad 1182.8 :

|ἑαυ|τῇ καὶ δι' ἑ|α|υτὴν ἕτερον

schema structurae logicae textus in margine inferiore truncata,

μήτε ἑτερότης μήτε μετέχον ἑτερότητος

A² (f. 202ʳ), ad 1183.16 :

ση(μείωσαι)

A² (f. 202ʳ), ad 1183.18-19 :

ση(μείωσαι)

A² (f. 202ʳ), ad 1183.26 :

ση(μείωσαι) καὶ ἑτέρα ἀπό|δειξ|ις|

A² (f. 202ʳ), ad 1184.8 :

ἀπορία

A² (f. 202ʳ), ad 1184.12 :

λύσις ἀρίστη

A² (f. 202ʳ), ad 1185.5 :

ση(μείωσαι)

A (f. 202ᵛ), ad 1185.10 :

|π|ρῶτον ὡς οὐ ταυ|τ|ότης τὸ ἕν

A (f. 202ᵛ), ad 1185.15 :

ἀποσκευάζεται ὅτι οὐκ ἔστι ἀντιστρέφον πρὸς τὸ ταὐτὸν τὸ ἓν οὐδὲ πρὸς τὸ ἓν τὸ ταὐτόν. ἕτερον τοίνυν τὸ ταὐτὸν καὶ ἕτερον τὸ

ἕν. τὸ ἓν ἄρα ταὐτὸν ἑαυτῷ ὂν ὡς μετέχον ταυτότητος οὐ
τηρηθήσεται ἕν· ἔστι δὲ δι᾽ ἀδυνάτου ὁ συλλογισμός

A (f. 202ᵛ), ad 1185.22 :

[ὅ]τι οὐδὲ με[τ]έχον ταυ[τ]ότητος

A (f. 202ᵛ), ad 1185.31 :

[ἢ] μετέχει ταυ[τό]τητος ἢ αὐτο[τα]υτόν ἐστίν

A (f. 202ᵛ), ad 1186.10-11 :

schema structurae logicae textus in margine inferiore truncata.

A (f. 202ᵛ), ad 1186.24 :

[ση(μείωσαι) ὅτι τὸ] ἓν οὐ μετέχει ταυ[τότη]τος ὡς ἄλλης οὔσης
[καὶ πα]ρὰ τὸ ἕν· ἄλλο γὰρ [ἡ τα]υτότης καὶ ἄλλο τὸ ἕν, [οὔτε]
ἐστὶ αὐτοταυτότης· [οὐ γὰρ] οἷς ὑπάρχει ταυτότ[ης], τούτοις καὶ
τὸ ἕν

A (f. 202ᵛ), ad 1187.14 :

ση(μείωσαι)

A² (f. 203ᵛ), ad 1191.24 :

ση(μείωσαι)

A² (f. 203ᵛ), ad 1192.12 :

ση(μείωσαι) ἀκριβῶς.

A² (f. 203ᵛ), ad 1193.7 :

[ση(μείωσαι) ὅτι] ὁ νοῦς μετὰ τὸ ἕν. λέγεται [νῦν, καὶ] τῷ
πανταχοῦ τὴν [τρίτη]ν ἔχων τάξιν ἀπὸ τοῦ [ὄντος] ἢ ἔστιν ὡς καὶ
τοῦτ᾽ [ἀλη]θές

A² (f. 204ʳ), ad 1193.23 :

ση(μείωσαι) ὅτι μᾶλ[λον ἐν εἴδει] τὸ ὅμοιον ἢ [τὸ ἴσον], ὡς παντὸς
μ[ὲν ἴσου καὶ] ὁμοίου ὄντος· [οὐκ ἀνάπαλιν δέ]

A (f. 204ʳ), ad 1195.12 :

[ἢ] πέπο[νθε ταὐτὸν] οὔτε ἑαυτῷ οὔτ᾽ ἄλλ[ῳ]

schema structurae logicae textus in margine dextra truncata.

A (f. 204ʳ), ad 1196.5 :

τὴν ἐλάττονα π|ρό|<τασιν> κατασκευά|ζεται| παραμυθίας ἀξ|ιοῖ|·
χωρὶς γὰρ ταυτ|ότητος| τὸ ἓν ἐφάνη· τὸ δὲ πεπονθ|ὸς| πολλά
ἐστιν, καὶ ὃ ἔστιν καὶ ὃ πέπονθεν

A (f. 204ᵛ), ad 1197.11 :

οὐ πέπονθε τὸ ἕτερον οὔτε πρὸς |ἑαυ|τὸ οὔτε |πρὸ|s ἄλλο

schema structurae logicae textus in margine sinistra truncata

ADDENDA ET CORRIGENDA AD VOL. I ET II[1]

619.10	κατελύετον] κατελυέτην coni. Salvini ap. Luna-Segonds
621.1	ἔξει] ⌊ἀνάγκη⌋ ἔχειν corr. Luna-Segonds ex **g** (*necesse habere*)
628.24	μεθεκτόν] <ὅλον καὶ> praem. Luna
628.27	γὰρ] <καὶ> praem. Luna
631.1	τὴν δὲ ἐπιγραφήν] δὲ del. Strobel
639.19	ἐμποδὼν] ἐκποδὼν coni. Strobel ex A**g**
643.8	ἀνήγετο] ἀνεῖτο corr. Luna-Segonds ex **g** (*aperiebatur*)
649.16	οὐδαμοῦ] ⌊ἀλλ' ⌋οὐδαμοῦ corr. Strobel ex **g** (*nusquam tamen*)
649.21	ὑποθεμένου εἶναι τὸ ζητούμενον] ὑποκειμένου εἶναι τοῦ ζητουμένου Luna-Segonds
653.14	δέ, ἀναπαύουσα] δ' ἐπαναπαύουσα scripsimus
659.14	τοῦ τόπου τούτου] τούτου del. Strobel
660.6	παραστάσεως] περιστάσεως Luna-Segonds cum GRW
667.3	φιλοφροσύνης] εὐφροσύνης corr. Luna-Segonds ex **g** (*temperantia*)
671.14-15	πὴ (bis)] πῇ

---

[1] Gratias agimus viro docto B. Strobel qui totum textum diligenter legit et nobis multa corrigenda rettulit.

673.17	ἀμελέτη (in apparatu)] ἐμελέτη
675.16	ἐκ Ag : ἀπὸ Σ (in apparatu)] ἀπὸ Σ : ἐκ A
675.25	ἔλκον] ὁλκόν coni. Strobel (cf. *trahibilitatem* g)
676.13	μήπω] μή πῃ corr. Strobel ex g (*ne aliqualiter*)
678.26	αὐταῖς] αὐτοῖς coni. Luna
679.20	ἐπιγραφαί] περιγραφαί coni. Luna
683.9	τῷ εἰπεῖν] εἰπὼν coni. Luna-Segonds
687.13	(in apparatu)] 687.14
688.10	κατ'ὀλίγους] παρ'ὀλίγους corr. Strobel ex g (*preter paucos*)
690.18	ἢ ὁπωσοῦν] ἢ ὅπως ἂν coni. Strobel
691.19	καίτοι] καὶ τί coni. Luna
696.20	ἐπὶ τοῖς οὖσι] ἐπί <τε> τοῖς οὖσι Strobel
696.20	ὀνομάτων] ὀνοματικῶν corr. Strobel ex g (*nominalibus*)
696.22-23	μεταπίπτειν] μεταπεσεῖσθαι Luna-Segonds
696.23	ἄν] δή Luna-Segonds
696.24	εἶναι] ἔσεσθαι Luna-Segonds ex g (*fore*)
707.17	πὴ (bis)] πῇ
715.16	<καὶ>] delendum
716.2	<τῷ>] delendum
716.4-5	εἰπεῖν] εἰπὼν Cousin[2]
716.10	λέγοιτο] λέγοι τις coni. Luna-Segonds
716.19	προσεπιφέρουσιν] ἐπιφέρουσιν coni. Luna-Segonds
717.15	ἀρχομένη] <μὲν> praem. Luna

717.26	†ἐζητεῖτο†] ζητείτω corr. Strobel ex g (queratur)
718.10	μέν del. Luna-Segonds
718.22	τὴν †διὰ† κλοπὴν] ταύτην δεῖ σκοπεῖν coni. Strobel
720.13	γραμμάτων an delendum?] ῥημάτων coni. Strobel
720.24	ὅτι μὴ] ὅτι δὴ corr. Strobel ex g (quia etiam)
722.1	ἐκδέδοται τοῖς ἐν Ἰταλίᾳ, δηλαδὴ νῦν πρῶτον] ἐκδέδοται· τοῖς ἐν Ἰταλίᾳ δηλαδή· νῦν <γὰρ> πρῶτον coni. Strobel
723.14	νοητῶν;] νοητῶν·
725.15	τρόπον] τρόπον; <ἢ> Strobel
725.16	<ὅμοια καὶ>] delendum cens. Strobel
725.17	ἐστι·] sic interp. Strobel
726.2-3	τις ἐστὶ] τίς ἐστι
728.8	αὐτῶν A : αὐτῷ Σ ab ipso g] αὐτῷ Σg : αὐτῶν A
730.25	τοῖς ὁριστικοῖς] τοῖς ὁριστοῖς coni. Strobel (cf. 730.2, 15)
730.26	λέγεσθαι] ἄγεσθαι coni. Strobel
736.10	ἰσοτὴς ... ἀνισότής] ἰσότης ... ἀνισότης
736.11	ἐστι ... γάρ ... ἐστι] ἐστί ... γὰρ ... ἐστὶ
741.3	μιᾶς ... κορυφῆς] cf. Phd. 60b8
742.5-6	καταδεεστέρα] καταδεέστερα

413

745.5	*El. theol.* § 192, p. 168.1] *El. theol.* § 192, p. 168.11
752.3-4	παραδείγματα ἔσονται; †παρὰ τὸ εἶναι ἄνθρωποι ἄπειροι ἐν νῷ;†] παραδείγματα; ἔσονται παρὰ τὸν τινὰ ἄνθρωπον ἄπειροι ἐν νῷ· coni. Strobel
752.8	ὑποτιθὲν] ὑποτεθὲν corr. Strobel ex g (*supposita*)
754.7	αὐτοῖς Cous²: αὐτοῖς ΑΣg] αὐτοῖς ΑΣg
755.15	ἐνήλεγκται] ἐλήλεγκται corr. Strobel ex g (*redargutum est*)
756.10	μετέχει, κἀκείνης *** ἡ ὁμοιότης] μετέχει κἀκείνης —, <οὐ μέντοι> ᾗ ὁμοιότης coni. Strobel
756.27	ἐστιν] ἐστὶν
757.19, 21	ἆρα] ἄρα
759.15	εἶδός] εἶδος
764.16	ἐστιν] ἐστίν
764.18	αἰτία] αἴτιον
765.3	ἐξηπόρησεν] ἐξηυπόρησεν coni. Strobel
767.10	ἀλλὰ δὴ τίνα] ἄλλα δή τινα corr. Strobel ex g (*alia itaque quedam*)
771.18	γὰρ ἔστι] γάρ ἐστι
771.24	ζῆν] ζῆν
771.26	ἑαυτῷ Α : αὐτῷ Σg] αὐτῷ Σg : ἑαυτῷ Α
773.6	κίνησιν,] κίνησιν

777.20	ἐστι] ἐστὶ
778.12, 18	εἰσι] εἰσὶ
780.18	ἀφιλόσοφος] ἀφιλόσοφός
780.26	ἀποβλέποντας correximus ex g (aspicientes)] ἀποβλέποντες corr. Strobel
781.23	ποιουμένου] πορευομένου coni. Strobel
784.1	προσκαλούμενος] προκαλούμενος correximus ex g (prouocans)
784.8	νεὸς] νέος
785.3	εἰσι] εἰσὶ
791.22	γίγνεταί φαμεν] γίγνεται, φαμέν,
792.4-5	τις] τὶς
793.18	εἰσι] εἰσὶ
801.12	πολλ'] πόλλ'
801.13	πάροντι] παρόντι
803.6	τιθέντων] τεθέντων corr. Strobel ex g (positarum)
803.19	πρόαγον] προάγον
806.17	εἰσι] εἰσι
807.1	τοῦ πέρατος τε] τοῦ τε πέρατος
808.8	αὐτόκαλον] αὐτοκαλὸν
809.13	νοούμενον] νοούμενον
809.14	μερίζεται] μερίζει Strobel
809.25	ἐστι] ἐστὶ
809.26	μεχρὶ] μέχρι
810.1-2	δικαιοσύνης ... ὁμοιώμασι] = Phdr. 250b1-3

812.1	εἴσιν] εἰσὶν
814.14	ἠνώμενα] ἠνωμένα
816.8	εἴσι] εἰσὶ
817.1	εἰσὶ] εἰσι
817.6	μέν] μὲν
817.8	κἃκ] κὰκ
827.26	ζωγράγῳ] ζωγράφῳ
828.12	ζῆν] ζῆν
829.4	οὐδεμίας] οὐδεμιᾶς
831.22-23	ἐξημμένην correximus ex g (seiunctam): ἀνημένην A ἀνημμένην Σ] ἀνημμένην Σg: ἀνημένην A
832.3	θριχὸς] τριχὸς
833.6	ἐστι] ἐστὶ
834.3	γάρ] γὰρ
834.5	πολλῶν·] πολλῶν,
835.1	ὑποτίθεσθαι Cous² : ἀποτίθεσθαι ΑΣ ponere g] ἀποτίθεσθαι
836.4-5	ὑποστήσασα· ... παρὰ φύσιν, διατιθεῖσα] ὑποστήσασα, ... παρὰ φύσιν διατιθεῖσα
835.11	εἴποις] εἴπῃς coni. Strobel
851.10	cf. *Parm.* 130c6] cf. *Parm.* 130e6
984.31	ἄλλ'] ἀλλ'
990.14-15	νέων οἱ μεγάλοι πόνοι = *Resp.* VI 536d3
1024.4-5	cf. *Ep.* II 314a3-4
1024.30	<ἐπὶ> post ἀεὶ addidimus ex M^{c sl}

INDEX FONTIUM

V 1 [10] 8.25-26: VI 1089.26-27

V 3 [49] 15.12: VII 511.30

V 5 [32] 12.7-8: VI 1116.10-11

VI 1 [42] 2.16: VII 1192.12-14

VI 2 [43] 16.1: II 745.25-26

VI 4 [22] 14.17-22: IV 948.14

VI 5 [23] 5: IV 930.13-14

VI 6 [34] 3.30: VII 1192.10-11

VI 6 [34] 17.13-15: VI 1118.8

VI 7 [38] 13.28-44: V 995.27-28

VI 7 [38] 30.27: VI 1047.17

VI 7 [38] 35.19-28: VI 1080.8-9; VII 511.28

VI 7 [38] 35.25: VI 1047.17

VI 8 [39] 10.35-38: VII 1146.7; VII 1149.25

VI 9 [9] 3.3-4: VI 1079.24

VI 9 [9] 3.4-6: VII 509[lat].35

VI 9 [9] 6.10-11: VI 1118.8

VI 9 [9] 6.55: VI 1108.19-20; VII 517.18-19

VI 9 [9] 11.32: VI 1081.4-6; VII 506.5-6

PLUTARCHUS ATHENIENSIS
(ed. Taormina)
fr. 62: VI 1058.17-1061.16
fr. 63: VI 1059.22-24

PLUTARCHUS
De animae generatione
1030e10: IV 883.21

PORPHYRIUS
I 659.2
IV 851.17
V 1023.17
VI 1054.30
VI 1055.4
VI 1106.2
VII 1140.22
VII 1173.6
VII 1173.16
VII 1174.1
VII 1174.24

apud DAM., *de princ.*
II, p. 1.11-13: VI 1070.14; VI 1096.23

Fragmenta
(ed. Smith)
fr. 170: VI 1053.28-1054.30

Theologia Platonica

SYRIANUS
VI 1061.20-21
VI 1085.11-12
VI 1114.30
VI 1118.26
VII 1142.9-10
VII 1174.22
VII 1217.11
VII 1226.22
VII 1227.24

In Aristotelis Metaphysica Commentaria
39.35-40: III 784.12-13
57.3: IV 938.17
92.27: VII 513^lat^.27
106.5-12: IV 899.10
108.31-109.4: III 784.12-13;
   V 992.26-28
147.2-6: VII 1150.3

TIMO PHLIASIUS
fr. 819.1-2: I 632.13-15

THEMISTIUS
In Aristotelis libros de Anima paraphrasis
111.26-112.1: III 833.11-12

THEODORUS ASINAEUS
VII 1169.26

(ed. Deuse)
test. 9: VII 508.11

THEOPHRASTUS
(ed. Fortenbaugh)
fr. 44: I 659.15-16
fr. 124b: I 635.2-8

THUCYDIDES
II 35-46: I 631.16-17

XENOCRATES
fr. 30: IV 888.13-15

ZENO (FVS)
29A15.8-10: I 694.17-695.4